JN412011

근대의
장소들

Orte der Moderne
Erfahrungswelten des 19. und 20. Jahrhunderts
Edited by Alexa Geisthövel and Habbo Knoch

Korean edition is published by arrangement with Campus Verlag GmbH, Frankfurt am Main
through BC Agency, Seoul

근대의 장소들

19세기와 20세기의 경험세계

Orte der Moderne

Alexa Geisthövel
Habbo Knoch (Hg.)

Central-Hotel, Berlin, Am Bahnhof Friedrichstrasse

알렉사 가이스트회벨 외 지음
이노은 · 이재원 옮김

교유서가

차 례

일러두기

• 일부 외래어 표기는 국립국어원 외래어 표기법을 따르지 않았다.

서론

알렉사 가이스트회벨Alexa Geisthövel

하보 크노흐Habbo Knoch

정신없이 분주한 베를린 알렉산더광장 한가운데에서 프란츠 비버코프는 감방으로 돌아가고 싶어진다. 1929년에 발표된 알프레트 되블린의 소설 『베를린 알렉산더광장』의 주인공인 비버코프는 오랜 수감 생활을 마치고 나와 근대 도시의 번잡함 속에서 망연자실한 채 서 있다. "수백 개의 반짝이는 유리창들"이 위협적으로 번쩍거리고 행인들은 마치 마네킹처럼 보이며 건물의 정면들은 숨을 곳을 내어주지 않는다. 비버코프는 주저앉았다가도 무엇에 홀린 듯 계속해서 되돌아간다. 그는 광장과 군중들을 관찰하기 시작한다. "밴드 연주와 대형 제과점"이 있는 맥주홀 '아싱거' 앞에서 말뚝 박는 기계가 '쿵쿵' 소리를 내며 땅속에 쇠기둥을 박아넣는다. 광장 주위에 나무울타리가 세워져 있고 낡은 백화점이 철거되고 있다. "전차가 덜컹덜컹 지나간다. [……] 뛰어내리는 것은 위험하다. 기차역 앞은 넓게 열려 있고 베르트하임백화점을 지나 쾨니히슈트라세까지는 일방통행로이다."

경찰이 "광장을 강력하게 장악하고" 교통을 통제한다. 경찰의 신호에 따라 "북에서 남으로, 남에서 북으로 흘러간다". 많은 자동차들이 "남쪽에서 동쪽으로 꺾어지기도 한다". 보행자들은 "버스나 전차에 앉아 있는 사람들과 마찬가지로 무심하게" 움직인다. 비버코프는 이 같은 무관심 앞에서 좌절한다. "저 사람들 머릿속에서 무슨 일이 일어나고 있는지 누가 그것을 알아낼 수 있을까. 엄청난 분량의 장章을 할애해야 할 것이다." 그는 도시에서 이방인으로 존재한다. 그의 감각들은 레스토랑, 트램, 기차역, 백화점, 버스, 교차로 등과 같은 근대의 교통수단과 건물, 움직임들을 따라가지 못한다. 급변하는 도시는 그에게 따라잡을 시간도 허락하지 않는다.

현재 알렉산더광장에 아싱거 맥주홀과 베르트하임백화점은 사라졌다. 그러나 풍경은 익숙하게 남아 있다. 유흥업소와 그랜드호텔, 영화관들이 아직도 성업중이고, 기차역과 지하철역, 교차로는 예나 지금이나 현대적인 이동의 중심지이다. 비버코프가 공사장 울타리를 보았던 곳에 엘리베이터가 있는 최초의 고층건물과 새로운 대형 사무실들이 생겨났다. 이미 그 당시에도 비버코프가 간신히 볼 수 있었던 하늘 위로 비행기가 날아다녔다. 기차와 자동차는 당시에도 교외 주택단지와 도심을 연결해주었다. 이러한 차량을 이용할 수 있는 여유가 있는 사람들은 그것을 타고 해변으로 달려갔다.

오늘날 도시의 공간들뿐만 아니라 여러 교외지역들을 주의깊게 살펴보면 1870년에서 1930년 사이 '고전적 근대' 시기에 탄생한 장소들로 둘러싸여 있음을 알게 된다. 이는 오늘날까지 현대인의 공간적 경험을 특징지어왔다. 기차역, 공장, 아케이드는 1830년 이후에 나타나기 시작했다. 기술적 진보와 새로운 행동방식이 결합되면서 이를 미래의 상징으로 간주하는 열광적 해석들이 절정에 달했다. 기차역의 커다란 홀은 도시의 대표적인 볼거리이자 기능적이고 합리적으로 설계된 이동의 장소가 되었다. 아케이드는 고급스러운 분위기에서 다양한 상품을 판매하며 다양한 계층의 소비자들을 좁은 공간에 모이게 했고, 이들은 관찰하고 소통하고 행동하는 새로운 기술을 배워야 했다.

그러나 이러한 체험이 가능한 세계의 수와 영향 범위는 1900년 전후 몇십 년 동안 비로소 현격히 증가했다. 대도시는 전기에 기반한 제2차 산업화와 도시화 속에서 근대적 삶의 "동시녹음기"(Armin Nassehi)가 되었고, 이러한 흐름 속에서 이 장소들과 그 공간들의 조직화 원리가 점점 더 공적·사적 삶으로 침투했다. 그 장소들은 세분화된 기능을 수행하고 그때까지 알지 못했던 욕구들을 충족시켰다. 또한 다방면에서 서로 연결된 도시의 장소와 시골의 장소가 하나의 앙상블을 이룰 수 있도록 성장했다. 이동과 탐색의 장소, 오락과 중개의 장소, 만남과 파괴의 장소들은 경험의 새로운 공간적 질서를 만들어냈다.

기차역과 철도가 역참과 마차를 점차 대체했던 것처럼 그후에 등장한 근대의 장소들 역시 수많은 경쟁자들을 밀어냈다. 민족학박물관은 관람객을 유치하기 위해 '인종 전시회'와 경쟁했고, 아케이드의 상점들은 백화점과 비슷한 고객층을 겨냥했다. 어떤 경우에는 새로운 장소들이 이전 장소들의 개별적인 공간 요소들을 이어받았으며, 어떤 경우에는 서로 다른 시대의 장소들이 계속 병존하면서 서로에게 영향을 주었다. 예를 들어 대표적인 건축물들은 오랫동안 교회나 궁전을 모델로 삼아 지어졌다. 기존의 공간구조와 새로운 방식의 공간구조가 만나면서 생겨난 수많은 갈등은 오늘날까지도 해결되지 않고 있다. 예를 들어 농장의 생태 적합성 문제나 자동차 교통에서 보행자와 자전거 탑승자의 안전 문제와 같은 것 등이다.

근대의 장소들과 더불어 공간을 설계하고 전유하고 인식하는 새로운 방식이 등장했다. 인간과 장소는 비행기와 같은 새로운 교통수단을 통해 또는 신문사 편집부나 전화교환소와 같은 커뮤니케이션 기술을 통해 서로 더욱 밀접하고 빠르게 연결되었다. 도심과 주거지역이 분리됨에 따라 시내의 아파트와 좀더 가족에 적합한 교외 주택단지가 등장했다. 잠수함, 벙커, 우주선은 근대적인 공급 기술에 의존해 이용자들에게 고립을 경험하게 했다. 기업형 농장이나 댐과 같이 중심에서 멀리 떨어진 장소들은 일상생활에서 사회기반시설이라는 핵심적인 역할을 담당했다. 이전에는 알지 못했던 위험들이 많은 근대적 장소의 이미지를 특징지었는데, 영화나 자동차에 대한 초기 인식에서 볼 수 있듯이 이용자에게 영구적인 손상을 입힐 수 있다는 두려움도 포함되었다.

수많은 위험 시나리오가 신체와 결부되었다. 이에 따라 실험실의 연구원들은 신체의 최적화를 위해 노력했다. 많은 사람들이 웨이트룸에서 몸매를 가꾸는 데 노력을 기울이거나 운동선수들의 단련된 몸을 보며 경탄했다. 컨베이어벨트와 같은 근대산업의 작업방식은 첨단공학적 발명품이라기보다는 노동자들을 생산 형태에 맞게 공간적으로 새롭게 배치한 것이었다. 이에 맞춰 예컨대 노동청에서는 등록과 행동지침을 통해 생활세계에까지 관료주의를 침투시켰다. 정치적 공간에서도 정당생활이나 민주적 선거의 조직과 통제가 중앙당사나 기표소와 같은 중요한 공간과 결부되었다.

20세기가 지나면서 또다른 장소들이 추가되었다. 원자력발전소와 같은 첨단공학의 장소나 모험 놀이터, 여성 서점처럼 특정 시대의 분위기가 반영된 장소들이 그것이다. 디지털화, 생화학, 뇌과학이 진보의 새로운 패러다임으로 자리잡은 이후에는 '가상 공간'이 새로운 전환점이 되는 듯해 보인다. 이것은 "비장소"(non-place, Augé 1994)를 만들어내며 공간을 사라지게 만든다(Virilio 1995). 실제로 이로 인해 공간적 경험이 확장된다. 하지만 이미 고전적 근대 시기에 환상의 방Illusionskabinett이나 영화관에서 몸이 다른 현실 속으로 이동하는 경험을 했다. 어쩌면 새로운 정보공학은 이러한 관점에서 볼 때 공간 경험 내지 커뮤니케이션 경험에 있어서 근본적인 변화가 아닐 수도 있다. 오히려 프란츠 비버코프가 이미 체험한 바 있는 지속적인 변혁의 한 부분이라고 할 수 있다. 즉 이미 등장했던 것이 최적화되고 정교해지며 새로운 스타일을 갖게 된 것이다. 소비상품들은 더욱 합리적으로 디자인되고 노동 분야는 더욱 자동화된다. 하지만 노동과 휴식의 근본적인 관계는 해체되지 않는다. 이전에 등장했던 근대의 장소들이 1930년대 이후 확대되어 더 넓은 계층들이 접근할 수 있게 되었으며 그 수와 기능도 다양해졌다.

이 책에 실린 글들이 모두 구체적인 사례로 시작하기는 하지만 여기서 말하는 '근대의 장소들'이란 특정한 장소를 의미하는 것은 아니다. 오히려 그것은 일반화할 수 있는 특정한 방식으로 3차원의 공간을 외부와 내부에서 공간적으로 정리한 유형을 의미하며, 공간 특유의 기능 및 경험과 연결된다. 이 장소들은 말하자면 세계로부터 한 조각의 공간을 잘라내어 그것을 배치하고 이용함으로써, 그리고 그것과 결부된 실제적 또는 매개된 공간 경험을 통해 그 장소들을 독자적인 경험세계로 변화시킨다(Bittner 2001). 그리하여 이 한 조각의 공간은 고유한 의미를 갖게 된다. 역사의 행위자들이 그 공간을 설계 및 전유하고 인식함으로써 비로소 그것을 "공간감각 구성물"로 "만들었다"(Simmel 1992, 697). 해당 장소는 네트워크의 일부분이다. 예를 들어 인기 있는 댄스홀은 전형적인 질서를 가지고 있는 댄스홀이라는 하나의 공간적 사례이다. 이것은 대도시의 다른 근대적 장소들과 다양하게 연결되어 있다. 결국 이것은 이전 세기들의 건물들과 금세 사라지는 가판대에 둘러싸인 채 이전 장소의 층과 이후 장소의 층들 사이에서 근대를 구현하고 있다.

32개 텍스트의 저자들은 이 앙상블을 각각 세 가지 차원에서 조망했다. 한 장소의 모범이 되는 공간에서 출발해 '긴 세기전환기' 동안 그것이 자리잡게 되는 모습을 묘사한 다음 그것이 다른 장소와 상호작용하며 어떻게 인식되고 해석되었는지를 보여준다. 이 책에서 소개된 예들은 '기억의 장소들'이 아니다. 즉 한 민족문화의 기억이 표현되는 물질적 상징이나 가상의 상징들과는 다르다(François/Schulze 2001). 물론 전화교환소나 실험실, 우주선 등 많은 장소가 상상력을 자극함으로써 근대의 자아상을 위한 기억의 장소이자 참고의 장소가 되기도 했다. 그러나 어쨌든 근대의 장소들은 구체적이고 물질적이다. 근대에 살고 있다는 생각은 본질적으로 그러한 장소에 대한 인식을 통해 형성되었다. 오늘날 고전적인 마천루나 대형 영화관이 미래지향적이고 세련되며 강렬했던 시대의 증빙으로 소환될 경우 이러한 향수 자체도 이미 역사적 장소의 유산인 것이다.

카우치나 자동차와 같은 장소가 다루어질 때에는 근대의 일상적인 물건의 역사와 겹치는 부분이 있다(Ruppert 1993). 그것을 일상용품으로 분류할 수도 있을 것이다. 하지만 일상적인 경험에 따르면 언제나 텔레비전을 중심으로 공간 배치도 발전한다는 것을 알 수 있다. 어떻든 산업화된 생산, 획일성, 대량소비는 근대의 사물과 장소에 똑같이 영향을 미친다. 이런 점에서도 이 장소들은 1900년 전후의 몇십 년간 행위와 경험의 공간적 배치가 근본적으로 변화하는 역사적 전환기에 속한다(Knoch/Morat 2003). 따라서 시대를 초월한 "일상의 장소들"(Haupt 1994)과는 구별된다.

각 텍스트들은 고전적인 여행기에서처럼 한 장소에서 다음 장소로 나아간다. 그러나 시간적 순서에 의한 것이 아니라 "사회적 장소들"(de Certeau 1991)이 동시적으로 하나의 앙상블을 이루도록 서술하고 있다. 이 텍스트들을 통해 근대적 경험세계의 공간적 지형학의 여러 층들이 드러난다. 각 텍스트는 가능한 한 '초기의' 구체적인 장소들을 방문하는 것으로 시작하여 그 공간적 특징들을 조사하고 그러한 장소가 어떻게 직접적으로 지각되었는지를 보여준다. 이어서 각 장소의 탄생과 발전이 서술되는데, 이때 기능적 변화와 사회적 용도가 중심이 된다. 마지막으로 해석과 상상, 그리고 다른 장소들과의 관계가 논의된다.

이때 각 텍스트는 시간적·공간적 연결을 위해 매번 독일의 사례에서 출발한다. 서술이 진행되면서 이 '독일의 장소들'은 국제적 발전의 맥락 속에 배치된다. 독일은 근대의 장소들에서도 많이 뒤처져 있었다. 그러나 예를 들어 자동차나 영화관과 같은 몇몇 경우에는 선도적인 역할을 하기도 했다. 이러한 점에서 독일의 근대의 장소들은 최소한 안내자 역할을 하며, 많은 경우 보편적인 근대화 과정이 국가적·지역적으로 변형되는 과정에서 촉매제 역할을 한다.

이 장소들 중 몇몇 장소는 등장했을 때부터 이미 근대의 아이콘이었다. 그것은 실현된 유토피아이자 현재가 된 미래의 모델로서 부푼 기대와 종말론적 공포로 가득차 있었다. 이와 달리 댐이나 기업형 농장과 같은 장소들은 집단적 기억 속에 그만한 인상을 남기지 못했다. 이 장소들은 좀더 무미건조하게 다가와서 지속가능성과 공장식 축산에 대한 논쟁이 벌어진 후에야 언론의 관심 대상이 되었다. 모든 장소에는 현장에 있는 사람들이 경험하는 현실과 미디어를 통해 유포되는 비경험자의 상상력이 뒤섞여 있다. 이러한 비경험자의 상상력이 가장 분명하게 나타나는 곳이 잠수함과 우주선이다. 두 장소가 집단적 상상력 속에서 차지하는 공간은 실제 방문 횟수와 비례하지 않는다.

따라서 이 책에서 논하는 근대의 장소들은 모두 산업화된 소비사회가 형성되면서 등장한 곳이기는 하지만 많은 사람이 찾고 이용하지는 않은 곳들도 포함된다. 이 장소들의 근대성은 매우 다양한 속성과 기능들로부터 나온다. 대부분은 우주선이나 전화교환소처럼 기술혁명의 결과물이다. 제철소는 규모와 계획이라는 비교적 전통적인 수단을 가지고 새로운 질서를 창조했다. 이에 반해 스트립 클럽을 특징짓는 것은 특수한 관찰 상황이다. 기존에 존재하던 많은 장소들은 '긴 세기전환기' 동안 기능 변화를 겪었다. 예를 들어 소도시나 주말농장은 가속화되고 합리화된 대도시의 삶에 대한 '대항 장소'로서 수요가 생겼다. 아파트나 교외 주택단지의 공간 모델은 사회적 동질화와 차별화를 만들어냄으로써 주거 생활을 변화시켰다. 신문사 편집부처럼 일터로서 일상생활의 한 부분을 이룬 장소들도 있다. 근대의 미디어적 상상력은 신문사 편집부에 의해 크게 형성되었다.

양면성이라는 특성은 근대 및 근대성의 상상력과 경험의 일부이다. 프란츠 비버코프가 그 주인공이다. 그는 대도시가 구현하고 있는 근대적 삶의 도전들 앞에서 좌절한다. 그러나 그는 자신의 삶을 설계할 자유를 가졌기 때문에 이러한 좌절이 불가피한 것은 아니었다. 소외와 자기실현, 기회와 부담 사이의 긴장은 에밀 뒤르켐이나 게오르크 지멜과 같은 사회학자들이 1900년에 이미 인식했던 것으로, 많은 장소에서 뚜렷하게 나타난다(van der Loo/van Reijen 1992). 컨베이어벨트와 생산 기술은 육체적으로 힘든 노동의 부담을 덜어주지만 시간의 압박이 더 커진 가운데 단조로움을 만들어낸다. 영화관은 다른 세계로 도피할 수 있게 해주지만 현실의 종속성에서 벗어나게 해주지는 못한다. 휴가를 떠난 사람들은 해변에서 휴식을 취하고 싶어하지만 밀접하고 붐비는 친밀한 분위기는 경계를 짓고 싶은 반사작용을 불러일으킨다. 많은 경우 사람들은 그러한 장소들의 부당한 요구에서 벗어나 예컨대 주말농장과 같은 자신만의 은신처를 만든다. 프란츠 비버코프가 알렉산더광장의 혼잡 앞에서 무기력했던 이유는 그가 가진 익숙한 어떤 능력도 도움이 되지 못했기 때문이다. 그는 게오르크 지멜이 말한 의미의 근대적 공간에 의해 형성된 '근대적 인간'이 아니었다. "수많은 것들에 충격을 받은" 그는 "더욱 단단한 감각방식"을 발전시키는데, 그것은 불가피하게 "개인적인 영역을 더욱 분명하게 경계짓고 더 큰 고립"을 초래했다(Simmel 1992, 734).

텍스트는 7개의 그룹으로 모아놓았는데, 그룹의 제목은 이러한 다층성을 보여준다. 움직임은 목표 없이 자유로울 수도 있고, 목표를 가지고 확장하기 위한 것일 수도 있다. 연결하기와 조종하기, 가까이 가기와 거리두기, 설계하기와 합리화하기, 점유하기와 전시하기, 밀집하기와 파괴하기, 물러나기와 해방하기가 비슷한 긴장관계에 놓여 있다. 근대의 지속적인 위험은 항상 그 행위자와 설계자에게 큰 부담을 안겨준다. 동시에 정신분석가의 카우치처럼 이러한 과부하로부터 자신을 지키는 기술들도 공간구성의 법칙 속에 확고하게 자리잡고 있다.

대부분의 장소들은 다른 그룹의 측면들도 가지고 있다. 이는 공간구조의 설계와 전유, 인식의 차원이 서로 상호작용하며 얽혀 있는 앙상블의 성격을 강조한다. 이 앙상블에는 이 책에 소개된 장소들보다 훨씬 많은 장소들이 포함되어 있는데, 그중 상당수는 간접적으로 언급되거나 관련성을 통해 다루어지고 있다. 이 책에 실린 글들이 이곳에서 다루지 않은 다른 장소들에 대한 호기심을 불러일으킨다면 그것은 편집자와 저자들이 처음에 가졌던 생각을 뒷받침하는 것이다. 왜냐하면 그 장소들은 지속가능한 방식으로 체험된 세계로서 근대의 경관을 형성해왔기 때문이다.

참고문헌

Augé, Marc (1994): Orte und Nicht-Orte. Vorüberlegungen zu einer Ethnologie der Einsamkeit, Frankfurt.

Bittner, Regina (Hg.) (2001): Urbane Paradiese. Zur Kulturgeschichte modernen Vergnügens, Frankfurt.

Certeau, Michel de (1991): Das Schreiben der Geschichte (1975), Frankfurt.

Döblin, Alfred (1988): Berlin Alexanderplatz (1929), München.

François, Etienne/Hagen Schulze (Hg.) (2001): Deutsche Erinnerungsorte, 3 Bde., München.

Haupt, Heinz-Gerhard (Hg.) (1994): Orte des Alltags. Miniaturen aus der europäischen Kulturgeschichte, München.

Knoch, Habbo/Daniel Morat (Hg.) (2003): Kommunikation als Beobachtung. Medienwandel und Gesellschaftsbilder 1880~1960, München.

Loo, Hans van der/Willem van Reijen (1992): Modernisierung. Projekt und Paradox, München.

Ruppert, Wolfgang (1993): Fahrrad, Auto, Fernsehschrank. Zur Kulturgeschichte der Alltagsdinge, Frankfurt.

Simmel, Georg (1992): Soziologie. Untersuchungen über die Formen der Vergesellschaftung (1908), Frankfurt.

Virilio, Paul (1995): Der negative Horizont. Bewegung, Geschwindigkeit, Beschleunigung, Frankfurt.

움직이다: 확장의 장소

움직임은 '근대'의 상징이다. 견고하게 형성된 세계상과 사회적 경계는 해체되고 새로운 정치질서가 등장하며 개인의 자유가 증가한다. 19세기가 이러한 변화를 경제적 역동성과 영토 확장이라는 맥락에서 '진보'라고 찬양했을 때 그것은 모든 사람이 한 장소에서 다른 장소로 효율적으로 이동할 수 있음을 의미하는 것이기도 했다. 20세기로 넘어가면서 개인의 이동성에 대한 이러한 요구는 기술에 대한 열광과 대중의 이동을 통제하려는 국가의 계획과 결합되었다. 자동차, 비행기, 우주선은 속도를 특징으로 하는 사회의 상징이자 위험 요소가 되었다.

19세기 중반 이후 철도는 강력한 기술을 통해 제한된 지평선의 공간적 개방을 가져왔다. 기차역은 연기를 뿜어내는 시끄러운 탈것보다는 "자유를 향한 관문"(Alfred Polgar)이었다. 1900년경에는 웅대한 신축 건물들이 진보적인 도시의 이미지를 형성했는데, 기차역은 이러한 진보를 보여주는 절대적 긍정의 상징이 되었다. 공항이나 지하철역처럼 기차역은 다중 네트워크 운송시스템의 물류 허브이자 기술적 허브이다. 이러한 장소는 여행자들에게 무엇보다도 도시 영역에서 여행 상태로 전환된다는 것을 의미한다. 이곳은 이용객들의 짧은 만남 속 친밀함의 장소가 된다. 전차와 지하철은 이동시간이 짧고 일상적으로 이용하기 때문에 장거리 교통과는 다른 경험을 제공한다. 기술적 움직임을 수직으로 바꾸는 엘리베이터에서는 일상적 운송이 더욱 압축되어 나타난다.

기계적 이동성을 통해 자신을 뛰어넘고 남보다 앞서나갈 수 있다는 확신은 19세기 후반 이후 자연과학에 대한 거의 종교적인 신뢰에 기반을 두고 있다. 이는 연구를 통한 확장의 장소로서 **실험실**에서 구현되었다. 기술지식의 힘에 대한 믿음은 교육이 사회적 출세를 보장해준다는 시민계급의 생각과 '자연'을 객관적으로 파악할 수 있다는 확신에 바탕을 두고 있었다. 실험실 자체는 움직이거나 사람들을 움직이게 만드는 것이 아니라 오히려 번잡한 주위 환경으로부터 최대한 차단되어 있지만, 이 은둔의 장소에서도 움직임은 중요하다. 과학자들은 자연의 모델을 설계하기도 하고 폐기하기도 하며, 연관성을 인식하고 새로운 물질과 처리방법을 개발해 생활환경과 궁극적으로는 인간 자체를 개선하고자 한다. 이러한 지식을 전달하는 것은 대학의 과제로, 1900년경 연구소들이 연구에 집중하기 위해 대학의 부속기관이 되었다. 근대의 확장욕은 이 시기에 탄생한 초등학교의 기초적인 수준의 교육까지도 특징지었다. 국가가 의무교육을 통해 충성스러운 국민을 양성하고 교실을 통제의 장소로 만들고자 한 것은 분명하다. 그럼에도 이곳에서 지식과 문화 기술이 전수됨으로써 개인은 자기를 계발하고 사회적 장벽을 넘어설 수 있게 되었다.

처음에는 **자동차**를 소유하고 있다는 것만으로 신분의 경계가 정해졌다. 자전거에 이어 자동차는 개인의 이동성을 증가시켰다. 그러나 자동차는 오랫동안 상류층의 사치 소비품으로 남아 있었기 때문에 먼저 개인의 이동 공간을 크게 확장시킨 것은 오토바이였다. 무엇보다도 자동차 덕분에 이용자는 집단적으로 움직이는 운행 시간표로부터 자유로워졌다. 자동차 원칙은 공공 여객운송에서는 노선버스를 통해, 화물운송에서는 화물차를 통해 확립되었다. 새로운 운송방식에 맞춰 인프라가 생겨났다. 고속도로나 첨단공학이 적용된 교량 및 터널 건설과 같은 연결의 장소들이 등장한 것이다.

비행기는 '3차원'을 정복함으로써 자동차에 비해 훨씬 더 넓은 공간을 정복하는 매체로서 신화적 지위를 얻게 되었다. 엔진 동력을 이용한 이동은 특히 고속일 때 매력적이었다. 따라서 경주용자동차와 달리 조종하기 어려운 덩치가 큰 체펠린비행선은 성공적인 모델이 되지 못했다. **우주선**은 이미 항공교통에 혁명을 일으킨 제트 추진의 도움으로 비록 처음에는 현실이라기보다는 상상에 불과했지만, 인간의 생활 공간의 한계를 넘어서려는 억제할 수 없는 충동을 불러일으켰다. 미지의 세계를 탐험하는 우주선은 실험실과 마찬가지로 발견의 장소가 되었다.

그러나 이동 기계 덕분에 개인의 활동 공간이 확대되고 자유를 약속받게 되었지만 그 이면에는 비자발적 이동이라는 측면이 존재했다. 1900년경 많은 동시대인들은 자신들이 불안하고 쫓기는 "신경쇠약의 시대"(Joachim Radkau)에 살고 있는 것처럼 느꼈다. 매순간 움직여야 한다는 것은 과도한 부담으로 여겨졌다. 이에 따라 주말농장이나 아파트, 그랜드호텔의 온실 같은 휴식의 장소에 대한 동경이 커져갔다. 물론 감속을 위해서는 많은 노력을 기울여야 했다. 이에 반해 근대의 움직임에 아직 싫증이 나지 않은 사람들은 댄스홀이나 영화관에서 그 욕구를 충족시킬 수 있었다.

기차역

알프레트 고트발트Alfred Gottwaldt

프랑크푸르트암마인 중앙역, 1888년

화려하고 복고적인 프랑크푸르트 중앙역은 1888년 8월 18일에 문을 열었다. 이 역은 세기전환기 대도시 기차역의 모범적인 사례로서 탁월한 '고전적 근대'의 장소였다. 프랑크푸르트역 이외에도 쾰른(1894)이나 드레스덴(1898), 함부르크(1906), 라이프치히(1915) 중앙역도 전형적인 대도시의 기차역이라고 할 수 있다. 코펜하겐과 로마, 암스테르담과 부다페스트를 잇는 라인에 놓일 중요한 역으로 프랑크푸르트가 선택되었다. 프랑크푸르트 근처의 노이이젠부르크나 오버헤센 지역의 잘츠하우젠 같은 조용한 소도시나 시골의 역이 아니라 가속화되고 합리화된 대도시 생활의 장소가 선택된 것이다. 시골역에서 노동자들, 시장 아주머니들, 학생들은 매일같이 3회에서 10회 운행하는 기차를 통해 '세계 교통망'으로 연결되었다.

오늘날 거리를 지나는 사람들 중 프랑크푸르트 최초의 기차역들이 도심의 역사지구와 성벽 바로 서쪽, 현재 고층빌딩이 즐비한 은행가와 갈루스구역이 위치한 곳에 있었다는 사실을 아는 사람은 거의 없다. 예전에는 베를린에서도 기차역 전체가 역사적인 도시 성벽 밖에 위치해 있었다. 19세기에는 철도회사들이 자체적으로 기차역을 설계하는 것이 일반적이었다. 새로운 프랑크푸르트 중앙역을 건립하기 위해 프로이센 건축아카데미는 1880년부터 유명한 건축가들이 모두 참여하는 대규모 공모전을 실시했다. 그들은 "최고의 예술 실력을 발휘해야 하는 기념비적인 건축이라는 인식"(Bundesbahndirektion 1988, 122에서 재인용)하에 이 공모전에 초대되었다. 이 '기술의 대성당'은 비용에 거의 구애받지 않고 건설될 수 있었다. 이는 새로 국유화된 철도가 사실상 육상운송을 독점하게 됨에 따라 최소한 1914년 8월까지는 돈방석에 앉아 있었기 때문이다. 접수된 55개의 설계도 중에서 알자스 스트라스부르 출신의 농업감독관이자 대학의 건축기사인 헤르만 에거트Hermann Eggert가 1등을 차지했다.

프랑크푸르트가 프로이센왕국과 헤센대공국의 경계 지점에 위치했기 때문에 중앙역은 두 영방국가의 공동 프로젝트였다. 남쪽에는 프로이센 국립철도청이, 북쪽에는 헤센의 루트비히 철도[1]가 각자 사무실을 설치했다. 이론적으로 대형 역사 건물은 모두 매표소, 대합실, 식당가와 역장 및 역무원들을 위한 공간과 같은 기능적 요소들로 구분되어야 했다. 헤르만 에거트는 이 과제를 탁월하게 해결했는데, 일반적으로 여행객들에게 필수적이었던 계단을 거의 제거한 것이다. 그때까지만 해도 프랑크푸르트 중앙역에는 기차역 위에 대성당의 교회탑을 가장한 커다란 시계탑이 세워지지 않았다. 곧이어 지어진 쾰른(1894), 비스바덴

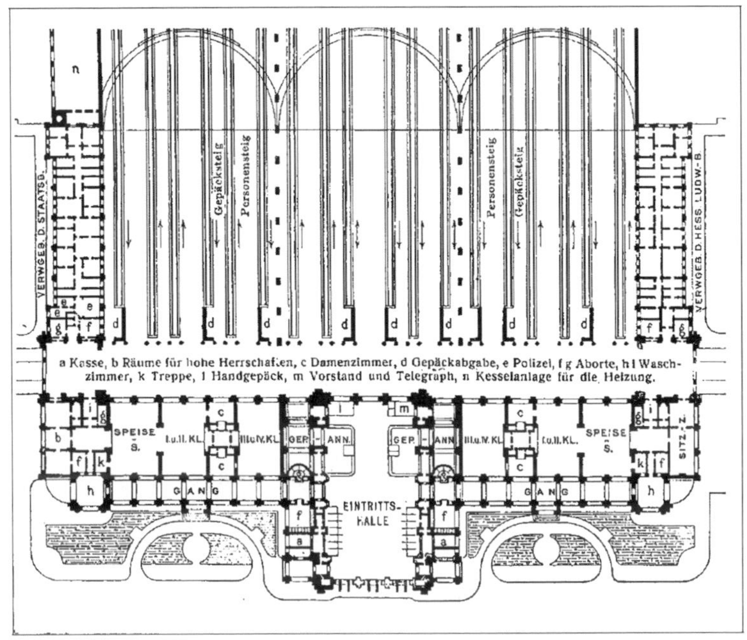

프랑크푸르트암마인 기차역 역사(驛舍) 평면도(1887)

(1906), 단치히[2](1910), 올덴부르크(1915) 기차역에는 시계탑이 세워졌다. 그럼에도 1902년 『베데커 여행 안내서』는 헤르만 에거트의 작품을 "이런 종류의 시설 중 가장 웅대한 것"으로 꼽았다. "건축의 실용성 면에서 이와 견줄 만한 것을 찾기 힘들다. 기차역 건물은 너비가 200미터가 넘으며, 위풍당당한 25미터 높이의 출입구 공간을 지나면 너비 168미터, 길이 186미터에 달하는 홀이 이어진다. 그 홀은 3개의 개별 홀들을 포함하고 있는데, 각 홀은 28미터 높이의 웅장한 원통형 궁륭으로 덮인 철제구조로 만들어져 있고, 홀마다 각각 6개의 선로 위에 3개의 승강장이 있다."

철도청은 프랑크푸르트에 종착역을 건설하기로 결정했다. 어차피 기관차를 교체해야 했으므로 하노버(1880)나 베를린 도시철도(1882)와 같은 중간역을 건설하지 않기로 한 것이다. 종착역의 경우 여행객들은 횡단 승강장을 이용해 수많은 입구에서 그에 못지않게 많은 승강장 출구로 이동한다. 여행자들 이외에도 엄청난 양의 짐과 우편물, 긴급 특송 물품, 식당차용 물품들을 운송해야 했다. 이를 위해 승객용 승강장들 사이마다 그보다 낮게 수하물용 승강장이 건설되었다. 이 승강장은 전기 승강기가 있는 터널시스템으로 서로 연결되었다. 그 밖에도 개별 탁송 화물들을 위한 중앙 화물역이 인접해 있었고, 그곳은 마차 적재를 위한 지역 화물역과 연결되었다. 그리고 기관차를 정비하기 위한 기관차 창고 내지 철도차량기지가 부설되어 있었다. 세심하게 계획되었음에도 중앙역은 열차 사고를 피하지 못했다. 1901년 12월 6일 연착한 오리엔트 특급열차가 "전속력으로 달려와 사람들이 다니는 공간과 선로를 구분하는 중앙분리대를 엄청난 힘으로 통과했다. [……] 기관차는 탄수차[3]와 함께 큰 소리를 내며 두꺼운 석벽을 뚫고 2등석 대합실까지 돌진했다. [……] 다행히 이 사고로 인명피해는 발생하지 않았다" (Bundesbahndirektion 1988, 17에서 재인용).

개장 후 20년이 지나자 프랑크푸르트 중앙역의 18개 선로로는 더 이상 교통량을 감당할 수 없게 되었다. 1912년 여름에는 평일 출발 277편, 도착 267편 도합 544편의 기차가 운행되었다. 공간을 확보하기 위해 1914년에서 1923년 사이에 남쪽과 북쪽 날개에 있던 사무실을 철거하고 그 자리에 3개의 선로를 갖춘 매우 실용적인 건축양식의 작은 승강장홀이 각각 들어섰다. 이제 프랑크푸르트 중앙역은 선로 24개, 승강장 15개를 갖춤으로써 26개의 선로를 갖춘 새로 지어진 라이프치히 중앙역과 비슷한 수준이 되었다. 1939년 프랑크푸르트 중앙역에는 매일 3만 명의 승객과 965편의 기차가 오갔다.

이러한 중앙역은 대개 같은 도시 안의 다른 역들과 더 큰 네트워크를 이루고 있다. 프랑크푸르트의 경우 1944년의 공식 역 목록에 따르면 이러한 목적지 역이 21개가 더 있었다. 제2차세계대전 시기에는 휴가병, 부상병, 아동 대피령Kinderlandverschickung[4]과 강제노역의 피해자들이 중앙역에 도착하거나 출발했다. 프랑크푸르트의 유대인들은 주로 오스텐트에 있는 그로스마르크트할레[5]역의 측선에서 강제로 추방되었다. 나치정권에 의해 범죄자로 몰리거나 탄압을 당한 또다른 사람들은 프랑크푸르트 중앙역에서 정기적으로 운행되는 죄수 호송열차로 이송되었다(강제수용소). 1939년 이후 독일의 모든 대도시 기차역 주변에는 대규모 벙커가 들어섰다. 벙커들의 건축적 수준은 상이했지만 그후로도 수십 년 동안 기차역 부지와 도시 공간에 경고하듯 서 있었다. 프랑크푸르트 중앙역에는 상당한 규모의 북쪽 벙커와 남쪽 벙커가 건설되었는데 전쟁이 끝난 뒤에는 '벙커호텔'로 개조되었다. 승강장과 신호소 옆에는 철도 공무원들을 위한 작은 규모의 '방탄 벙커'가 여러 개 있었다.

전쟁이 끝난 뒤 프랑크푸르트 중앙역은 1957년에 중앙신호소가 건설되면서 근본적인 현대화 작업이 이루어졌으며, 이때 선로들이 처음으로 가공 전차선[6]으로 연결되었다. 베를린의 도시철도시스템보다 50년에서 100년 정도 늦게 건설된 오늘날의 프랑크푸르트 전철망은 멀리 타우누스산맥까지 닿으며, 로트가우시와 헤센주 남부에 위치한 라인-마인강 주변의 인구 밀집지역까지 포괄하고 있다. 교외교통이 꾸준히 성장하는 것은 주거지와 일터가 분리된 결과였으나 동시에 도심 도로의 교통체증의 원인이기도 했다. 'D레벨'(도로보다 3개 층 아래)의 전철용 터널은 1969년부터 건설되어 1978년 5월 22일에 개통되었다. 이로써 프랑크푸르트 중앙역은 전철을 위한 중간역이 됨으로써 종착역의 성격을 부분적으로 상실했다.

오늘날 프랑크푸르트 중앙역에 들어서면 공간적 특징에 대한 몇 가지 변화를 알 수 있다. 예전에는 시내에서 지상으로 걸어서 매표소까지 들어갈 수 있었고, 말이 끄는 트램을 타고도 갈 수 있었다. 이 대합실은 도로 쪽과 선로 쪽이 두꺼운 벽으로 차단되어 있었는데, 그 벽은 일찌감치 철거되고 유리벽으로 대체되었다. 도로교통과 전차 때문에 1975년부터 카이저슈트라세에서 역사 대합실로 진입하기 위해서는 에스컬레이터가 설치된 지하도를 통과해야 했다. 적어도 이 지하도를 통해 도시 지하철의 깊은 승강장과 더 깊은 급행열차의 터널까지 편리하게 이동할 수 있었다. 하지만 1985년 시당국은 도로를 건너 중앙역까지 갈 수 있도록 신호등을 설치한 지상 보행로를 건설하지 않을 수 없었다.

연출된 움직임: 수문이자 도시 관문으로서의 기차역

일반인이라면 기차를 타고 떠나거나 손님을 맞이하고 배웅하는 장소를 '기차역'이라고 부른다. 이 모든 과정은 자기체험과 자기연출이 이루어지는 하나의 의식이다. 철도 직원에게 '기차역'은 열차가 출발하거나 종착할 수 있고, 최소한 하나의 선로 전환기를 갖춘 시설의 운영 업무를 의미할 것이다. 철도 운영 규정에서는 정차 지점을 의미한다. 기차역은 철도 운송시스템의 일부로서 증기기관과 함께 산업화의 가장 중요한 상징으로 여겨진다. 철도는 증기기관으로 달리는 기차와 그 아래 고정되어 있는 매끄럽고 편평한 선로로 이루어진 '복합기계'였다. 직선 선로의 양끝에는 그리고 종종 중간의 정차 지점들에도 점 모양의 '정거장'을 건설해야 했다.

1835년 12월 7일 프랑켄지역의 무역도시인 뉘른베르크와 퓌르트 사이를 연결하는 최초의 독일 철도가 개통되었다. 괴테는 이 '루트비히 철도'와 그의 고향 프랑크푸르트암마인에 1839년 처음 세워진 타우누스역[7]도 보지 못했지만 1828년에 이미 미래를 예견하듯 다음과 같이 말했다. "나는 독일이 하나가 되지 못할까 걱정하지 않는다. 우리의 훌륭한 도로와 미래의 철도가 그 역할을 할 것이다." 영국에서는 이미 1828년부터, 독일의 영방국가들에서는 1834년부터 '철도역' 건설이 의제로 제기되었다(Kubinszky 1969; Parissien 1997). 기차역 건설의 전성기는 1870년에서 1914년 사이로 독일제국에서 수많은 새로운 노선과 역들이 건설되었다. 대도시에서는 새로운 기차역이 1세대 역을 대체하기도 했다. 그러나 도시의 기차역이 기술적·도시적 기능에서는 아무리 근대적이었다고 하더라도 그 건축적 외관은 처음에는 과거로 돌아간 듯한 모습이었다. 영국은 1839년에 이미 런던 유스턴역을 기념비적인 그리스 도리아식 주랑현관 형태로 건설했는데(Meeks 1956; Biddle 1986), 이 수준에 이른 것은 극히 드물었다. 장식은 독립적으로 존재했고 높은 정면 뒤에는 건물이 없었다.

1838년 브라운슈바이크에 지어진 최초의 기차역만이 이에 필적할 만한 강렬한 외관을 지니고 있었다. 그것은 도리아양식으로 된 터널 모양의 정문을 가진 "거의 무서울 정도로 낭만적인 건축물"(Mihály Kubinszky)이었다. 이 건물은 1845년에 이미 신고전주의양식의 새로운 건물로 대체되었다(Gronen 2002). 1840년부터는 오스트리아식 표현으로 이 최초의 '대합실 건물'들은 주로 신고딕양식으로 지어졌고, 1870년부터는 종종 네오로마네스크양식, 그리고 늦어도 1890년 이후에는 네오르네상스양식으로 지어졌다(Krings 1985). 이 역사주의 시기는 바우하우스와 신즉물주의의 대표자들에 의해 품위 없고 하찮은 것으로 폄하되었고, 미술사에서 다시 진지하게 받아들여지기까지는 매우 오랜 시간이 걸렸다.

지난 세기전환기에 독일제국의 각 영방국에는 약 3만 개의 기차역이 있었다. 제1차세계대전의 종전과 함께 영토를 잃으면서 그 숫자는 줄어들었다. 1920년 처음으로 독일의 각 영방철도들이 '제국철도'로 통합되었다. 1945년에는 독일 영토 내의 기차역 수가 다시 한번 급격히 감소했다. 오늘날에도 주의깊게 살펴보면 쾨니히스베르크, 브레슬라우, 뮐하우젠, 포젠 등에서 '독일' 기차역을 발견할 수 있다.[8] 2004년 말 독일철도주식회사Deutsche Bahn AG는 여전히 약 5,700개의 기차역을 보유하고 있었다.

큰 규모의 여객용 기차역에는 두 가지 주요 건축 요소가 있다. 도로 쪽으로는 유명한 건축가가 설계한 웅장한 석조 건물이 있는데, 이 건물은 성이나 대성당의 양식을 효과적으로 모방했다. 그곳에는 석재나 벽돌로 된 정문, 아치, 탑, 풍부한 조각 장식들이 있지만 그다지 근대적이지 않고 단지 크기 때문에 눈에 띌 뿐이다. 그 뒤에는 대개 공학자가 설계한 하나 이상의 '네이브'가 있는 승강장홀의 무미건조한 뼈대가 있다. 이 구조물은 값비싼 철골구조 위에 저렴한 골 모양의 함석지붕으로 마무리되었다. 따라서 기차역은 언제나 "절반은 공장, 절반은 궁전"(Wolfgang Schivelbusch)이었으며, 절반은 도시를 향하고 나머지 절반은 철도나 먼 곳을 향했다. 엔지니어와 건축가들은 언제나 1851년 런던 만국박람회의 경이로운 '수정궁'을 염두에 두고 있었다. 수정궁은 이런 규모의 근대적인 철골 유리 건축을 처음으로 실현한 것이었다. 그러나 19세기에는 여전히 차가운 강철을 가리기 위해 주조, 단조 또는 압연한 철과 리벳을 박은 철에 그리스 기둥의 주두 장식이나 단조한 철로 만든 꽃 요소로 장식했다. 프랑크푸르트 승강장홀의 빗물받이 홈통은 한때 사자머리로 장식되어 있었다.

철도 세기를 상징하던 이처럼 밝게 빛나는 홀은 증기기관차의 굴뚝에서 나오는 더러운 연기로 인해 금세 어두워졌다. 철제 지붕과 그 지지대는 유황을 함유한 배기가스의 손쉬운 희생양이 되었다. 이미 80여 년 전부터 북미를 시작으로 철도 건축가들은 거대한 홀이 꼭 필요한지 의문을 제기하기 시작했다. 지금은 훨씬 더 저렴한 표준화된 작은 승강장 지붕이 설치되고 있다. 옛 건물에서 홀 건축이 극적으로 사라지게 되었다. 독일철도주식회사는 2002년부터 2006년까지 프랑크푸르트의 홀들을 화려하게 복구한 데 반해 하노버에서는 철거했다.

기차역 건축가와 엔지니어 간의 조정이 언제나 성공적인 것은 아니었다. 때로는 별개의 두 건물이 벽면을 공유하고 있는 것처럼 보이는 경우도 있다. 예를 들어 1880년에 문을 연 베를린의 안할트역에서는 기능적으로 더 중요한 승강장홀의 범위와 승강장홀 전체를 덮고 있는 둥근 지붕이 네오로마네스크양식으로 지어진 벽돌 건물의 파사드까지 쭉 관통하고 있는데, 이런 경우는 매우 드물었다. 1888년에 새로 지어진 프랑크푸르트 기차역의 경우 주 출입구가 3중구조로 된 거대한 홀의 모티브를 육중하게 드러내고 있지만 그 면적은 실제보다 축소되어 있다. 즉 뒤에 있는 철제 승강장홀이 매표소의 홀 로비가 있는 앞쪽의 아치형 통로보다 조금 더 크게 지어진 것이다.

제1차세계대전 이후 독일제국에 새로 지어진 대도시 기차역은 슈투트가르트(1911~1927), 뒤스부르크(1933), 오버하우젠(1934), 뒤셀도르프(1934) 등 몇 개밖에 되지 않았다. 1930년경에는 기차역 건설 대신 국제 고속도로 프로젝트가 등장해 독일의 수많은 철도공무원들이 이 프로젝트에 참여했다. 유럽에서는 밀라노(1906~1931), 헬싱키(1910~1920), 쾨니히그레츠[9](1935), 암스테르담 암스텔(1939) 기차역 건축이 전위적이라고 할 수 있을 것이다(Kubinszky 1969; Parissien 1997). 알베르트 슈페어Albert Speer[10]는 엄청난 규모의 광궤철도 건설 프로젝트를 계획했는데, 여기에 프랑크푸르트를 연결하는 것은 포함되지 않았다. 나치시대에는 베를린, 뮌헨, 린츠, 빈에 거대한 역사驛舍 건축이 계획되었다.

기차역은 도시와 철도라는 서로 다른 두 교통 공간을 연결하기 위한 갑문 공간이다(Schivelbusch 1983). 기차역은 사람들을 적어도 일시적으로 변화시킨다. 사람들은 잠시 기차역에 머물더라도 떠날 때는 다른 기분을 느끼게 된다. 수많은 사람들은 온갖 이유로 기차역을 찾는다. 사람들이 오고가면서 그곳에는 언제나 많은 사람들이 머무른다. 사람들은 자신이 직접 떠나거나 다른 사람을 마중하기 위해 또는 그곳에서 먹고 마시기 위해 매일 그곳으로 간다. 그러나 기차역에서 한가롭게 거닐며 익명성 속에서 자신과 같은 사람들과 이야기를 나누기 위해 역을 찾는 사람들도 많다. 북적이는 사람들 속에서 도둑질을 하거나 어둠 속에서 약물이나 매춘을 구하는 꾼들도 있다. 어떤 사람들은 구걸하거나 최소한 따듯한 곳에서 잠을 자기 위해 기차역을 찾는다. 철도 역무원과 역에서 안내 봉사를 하는 여성들은 일을 하러 역사로 가야 하며, 어떤 사람들은 신문 판매대와 역 식당에서 일을 구하기 위해 간다. 그 밖에 약국, 사진관, 기타 온갖 종류의 필요사항을 만족시키는 상점들이 있다. 이 상점들은 여행객의 필요를 위해 마감시간이 연장된 덕분에 혜택을 누리고 있다.

기차역에서는 노숙, 중독, 가난, 매춘, 범죄와 같은 전형적인 대도시 현상들이 근대인의 매우 고유한 공간 경험으로 가시화된다. 대중교통과 대중사회는 익명성을 선호한다. 역에는 모든 것을 소유하고 있는 사람도, 모든 것을 신경쓰는 사람도 없다. 건물의 관리 권한이 문제가 된다. 역의 경찰과 국경수비대 등 고용된 직원들이 소유자를 대리할 수 있지만 이들은 해당 장소에 대한 정체성이 부족할 수 있다. 이들이 오면 많은 사람들이 떠난다. 과거에는 기차역이 하루종일 개방되었지만 지금은 밤이 되면 문을 닫는다. 그러므로 기차역은 거리와 광장, 공원처럼 열린 공간이 아니다. 하지만 주로 남유럽에서 기차를 타고 왔던 1950년대와 1960년대의 외국인 노동자들에게 기차역은 "산책로이자 광장이자 시장, 즉 '남쪽에서 온 탕자들의 교차로'"(Gisela Kyrieleis) 역할을 했다.

근대 기차역의 전성기에 계급사회의 기준이 제시되었다. 1900년경에는 기차, 대합실, 역 식당에서 사람들을 최대 4개의 등급으로 나누었다. 때로는 상류계급 2개, 하층계급 2개를 묶어 두 그룹으로 나누기도 했다. 기차역의 레스토랑들은 매우 훌륭한 경우가 많아서 도시의 손님들까지 끌어들일 수 있었다. 그래서 역 식당은 한쪽 면은 도로를 향해, 한쪽 면은 승강장 쪽을 향해 있었다. 1900년에 처음 대규모로 식당차가 도입되어 기차를 타고 가면서 식사를 할 수 있게 되었다. 최초의 식당차 운영자는 자신들의 사업이 쇠퇴할 것을 걱정한 역의 식당 주인들이었다. 때때로 기차에 여성 전용칸이 있었던 것처럼 기차역에도 '여성 전용실'이 설치된 곳이 있었다. 황제나 다른 군주들이 특등 객실이나 왕실 전용 열차로 출발할 수 있도록 프랑크푸르트역 남쪽 끝에는 별도의 왕실 전용 공간이 마련되어 있었다.

역에 있는 사람들의 행동은 획일적이지 않다. 그들은 서로 유사하지만 다양한 행동을 보인다. 화가 막스 베크만Max Beckmann의 부인이 쓴 글에 따르면 남편이 "프랑크푸르트 시절에 [……] 순전히 오고가는 사람들의 모습을 보기 위해 종종 늦은 밤에 중앙역으로 갔다"고 한다. "이런 식으로 그는 다양한 '유형들'을 관찰해 나중에 자신의 그림에서 사용했다. 사람들의 물결, 그들의 기분과 변덕, 여행의 흥분, 삶의 끊임없는 부침, 기쁨과 고통이 그를 매혹시켰고 그의 상상력에 날개를 달았다" (Beckmann 1983, 16). 익명의 대중이 한곳에 모이는 점에서 기차역은 거의 잊힌 아케이드나 백화점, 박람회장, 최근에는 쇼핑센터나 쇼핑몰과 같은 한 측면을 공유한다. 기차역에서 사람들 간의 대화는 사라졌다. 자동발매기가 매표소 직원을 대체했고, 더이상 개찰구에서 기차표를 보여주고 집게로 구멍을 뚫지 않는다. 통근자들은 정기권을 가지고 있다.

기차역 어디에나 있는 시계와 매일 반복되는 열차 시간표는 하루와 사계절이 규칙적으로 갱신된다는 순환적인 시간 개념 외에도 언제나 덧없음이라는 직선적 시간 개념 또한 늘 함께한다는 사실을 냉혹하게 상기시킨다. 1893년 철도의 영향으로 독일제국에서 처음으로 시간이 통일되었다. 열차 시간표가 변경될 때마다 매일 새로운 순서가 펼쳐지지만 언제나 또다른 시간표 변경이 계속해서 이어진다. 모든 기차역에서 상연되는 연극은 키스와 손수건, 오늘날에는 거의 존재하지 않는 열린 열차 창문과 같은 개인들 간의 의례화된 작별 장면으로 이루어진다. 언제나 배우는 동시에 관객이기도 하다. 수십만 명의 사람들이 매일 엑스트라로 함께 참여한다. 대부분은 곧 무대를 떠나 새로운 무대에서 다른 역할로 등장한다.

무대로서의 중앙역

항구는 18세기의 역마차역, 19세기의 철도역의 원형이라고 할 수 있다. 1910년 비행이 시작된 이후 비행장을 공항, 즉 '공중항구'라고 부르는 것은 다 그럴 만한 이유가 있는 셈이다(비행기). 다만 도로교통에서 철도와 직접 경쟁하는 경쟁자는 (버스 정류장을 가리켜) '노선버스 기차역'이라는 말이 안 되는 단어를 만들어냈다. 근대의 대도시 기차역은 하나의 역사적 현상이 되었다. "주차장, 아케이드, 광장, 시장, 커피숍, 레스토랑, 호텔, 왕궁 등의 모든 과제를 대도시 기차역이 떠맡아야 했던 것이다. 개장 순간의 광채는 끊임없이 뿜어져나오는 기관차의 연기 속에서 대부분 급속히 빛이 바랬다. 교통 수요와 정치경제의 구조 변화에 따라 기존 건물은 끊임없이 변화를 겪어야 했고, 그나마 남은 것은 전쟁으로 파괴되었다. 한때 그토록 자부심 넘쳤던 건축양식의 특징적인 대표작이 보존된 경우도 간혹 있었지만 많은 경우 심각하게 훼손되거나 완전히 사라졌다"(Krings 1985, 86).

기차역이 가장 큰 변화를 겪은 것은 지하철과 전철을 위한 터널 건설에 의해서였다. 이로 인해 기차역은 1층 혹은 2층으로 된 2차원 평면에서 땅속으로 박힌 타워구조로 변화되었기 때문이다. 그 위에 사무실 건물이나 **고층건물**이 증축되는 경우는 거의 없었다. 그래서 독일 출신의 건축가 발터 그로피우스Walter Gropius가 1963년에 뉴욕 그랜드센트럴 터미널 위에 행정타워인 팬암 빌딩(현재는 메트라이프 빌딩)을 올리자 이는 현대의 아이콘이 되었다. 그후 팬암 빌딩은 널리 모방되었다. 59층 건물의 모서리를 프리즘 모양으로 깎은 구조도 과감했을 뿐만 아니라 축소된 센트럴역의 선로 위에 지은 건물의 위치 또한 과감했다. 뉴욕의 큰 공항들을 직통으로 연결하는 헬리콥터 착륙장인 미래주의적인 '헬리패드'가 빌딩 꼭대기에 설치되었는데, 불과 몇 주 동안만 운영되었다. 헬리콥터를 이용한 도시 간의 교통을 꿈꾸었던 독일연방철도청도 1960년경에 프랑크푸르트 중앙역에 이 같은 비행장의 설치를 계획한 적이 있었다. 이로써 기차역은 유원지와 같은 오락세계에 점점 더 가까워졌으며 진지함과 놀이 사이의 경계가 해체되기 시작했다.

중앙역에는 역 주변 구역도 포함된다. 제국창건기[11]에 기차역들이 건설되면서 그 주변에 새로운 도시구역이 생겨났다. 이 지역은 1900년 이후 교통과 각종 서비스업으로 인해 곧 미심쩍은 평판을 얻게 되었다. 과거 기차역 부근이나 기차역 안에는 항상 자판기로 운영되는 무인 식당과 짤막한 시사·오락 영화를 반복해서 상영하는 영화관이 있었다. 이에 따라 '역 주변 구역'이라는 단어는 곧 욕이 되었다. 물론 과거에 항구 주변 지구가 무역도시의 일부였던 것처럼(스트립 클럽) 이런 도시구역은 근대의 일부였다. 영국이나 프랑스에서는 그랜드호텔이 기차역에서 중요한 부분을 차지했는데 독일에서는 그렇지 않았다. 지난 세기전환기에 영국과 프랑스의 철도회사들은 역사 건물을 종종 승강장홀을 완전히 덮는 진정한 '궁전-호텔'로 만들었다.

1993년부터 프랑크푸르트에서는 문화재보호 전문가들의 경악을 자아내는 프로젝트가 추진되었다. 이 프로젝트는 24개의 플랫폼 선로 위의 넓은 지역을 콘크리트판으로 덮고, 그 위에 도심과 가까운 거대한 행정 및 서비스 센터를 건설하는 것이었다. 슈투트가르트와 뮌헨의 기차역에서도 이러한 꿈이 있었지만 경제위기로 인해 추진력을 다소 상실했다. 어쨌든 2003년에는 장거리 교통을 위한 고속철도와 연결된 공항역이 건설되어(비행기) 옛 중앙역과 경쟁을 벌이고 있다. 현재 기차역 호텔은 '인터시티호텔'이라고 불리며, 기차역의 식당 역시 '인터시티 레스토랑'이나 '비스트로 비테스'[12]와 같은 이름을 가지고 있다. 당연히 기차역 화장실도 '프리시파우제'[13]나 '맥클린'이라고 불러야 한다.

참고문헌

Baedeker, Karl (Hg.) (1902): Die Rheinlande von der Schweizer bis zur Holländischen Grenze, 29. Aufl., Leipzig.

Beckmann, Mathilde Q. (1983): Mein Leben mit Max Beckmann, München.

Berger, Manfred (1988): Historische Bahnhofsbauten, Bd. 3, Berlin (Ost).

Biddle, Gordon (1986): Great Railway Stations of Britain. Their architecture, growth and development, Newton Abbot.

Brunn, Burkhard/Diedrich Praedel (1992): Der Hauptbahnhof wird Stadttor. Zum Ende des Automobilzeitalters, Gießen.

Bundesbahndirektion Frankfurt am Main (Hg.) (1988): 100 Jahre Hauptbahnhof Frankfurt am Main, Darmstadt.

Bund Deutscher Architekten u.a. in Zusammenarbeit mit Meinhard von Gerkan (Hg.) (1996): Renaissance der Bahnhöfe. Die Stadt im 21. Jahrhundert, Berlin.

Cornelius, Carl (1921): Eisenbahn-Hochbauten. Reihe Eisenbahnwesen und Städtebau, Berlin.

Gottwaldt, Alfred (1983): Deutsche Bahnhöfe. 500 Ansichtskarten von 1900 bis 1945, Zürich.

Gronen, Claudia A. (2002): Der erste Braunschweiger Hauptbahnhof von Carl Theodor Ottmer. Ein Hauptwerk früher europäischer Bahnhofsarchitektur, Hannover.

Kirn, Richard (1967): Frankfurt—so wie es war. Ein Bildband, Düsseldorf.

Krings, Ulrich (1985): Bahnhofsarchitektur. Deutsche Großstadtbahnhöfe des Historismus, München.

Kubinszky, Mihály (1969): Bahnhöfe Europas. Ihre Geschichte, Kunst und Technik, Stuttgart.

Kyrieleis, Gisela (1985): Großstadt-Heimat. Der Frankfurter Hauptbahnhof, in: Eisenbahn-Ausstellungsjahr-Gesellschaft (Hg.), Zug der Zeit—Zeit der Züge. Deutsche Eisenbahn 1835~1985, Berlin (West), 338~349.

Meeks, Carroll L. V. (1956): The Railroad Station. An architectural history, New Haven.

Parissien, Steven (1997): Bahnhöfe der Welt. Eine Architektur- und Kulturgeschichte, München.

Deutsche Reichsbahn (Hg.) (1944): Amtliches Bahnhofsverzeichnis 1944, gültig vom 1. Juni 1944 an, Berlin.

Röttcher, Hugo (1933): Hochbauten der Deutschen Reichsbahn. Empfangsgebäude der Personenbahnhöfe, Berlin.

Schack, Martin (2004): Neue Bahnhöfe. Die Empfangsgebäude der Deutschen Bundesbahn 1948~1973. Mit einem Beitrag von Ulrich Langner, Berlin.

Schivelbusch, Wolfgang (1983): Geschichte der Eisenbahnreise. Zur Industrialisierung von Raum und Zeit im 19. Jahrhundert, München.

Schomann, Heinz (1983): Der Frankfurter Hauptbahnhof. 150 Jahre Eisenbahngeschichte und Stadtentwicklung (1838~1988), Stuttgart.

Zimmermann, Karl (1954): Bahnhof—geliebt und erforscht, Frankfurt.

실험실

필리프 펠슈Philipp Felsch

1870년경 라이프치히 생리학 실험실

라이프치히의 녹지가 우거진 조용한 교외지역에 대학의 생리학 연구소가 철제 울타리 뒤에 자리잡고 있다. 이곳은 교통소음도, 인근의 농아학교로부터도 방해받지 않는 곳이었다. 단순한 외벽의 정면에는 정문이 없고 말굽 모양의 시설 끝에 있는 좁은 입구들이 실험실로 이어졌다. 정규 강의는 안뜰에 있는 별도의 건물에서만 진행되었다. "방해하지 마시오!" 건축물이 메시지를 구현했다면 바로 이것이었다(Hoffmann 2001). 안전대책은 내부에서도 계속되었다. 현미경실은 직사광선을 피하기 위해 북쪽을 향하고 있었다. 실험에 지장을 주지 않을 수준으로 바닥의 진동을 완화하기 위해 칸막이벽은 두꺼웠다.

동쪽 날개에 있는 생리물리학 실험실에서는 기계장치들 사이에서 생체해부가 이루어졌으며, 빛을 차단한 채 작업할 수 있는 암실 하나와 고온이나 저온을 일정하게 유지하는 격리실 등이 있었다. 남쪽 날개에 있는 화학 실험실에서는 선발된 학생들이 커다란 작업대에서 동물의 신진대사가 어떻게 작용하는지 실제로 눈으로 직접 보면서 배웠다. 1869년 완공된 이 연구소에는 독일의 생리학자인 카를 루트비히(1816~1895)와 같은 저명한 교수들을 비롯해 기술자와 조교, 그때그때 달라지는 국제적인 과학자집단이 머물렀다. 또한 물고기, 개구리, 토끼, 개, 때로는 말 등도 있었는데, 동물들은 계단을 오르지 못해 별채에 수용되었다. 교수와 그의 가장 가까운 공동 연구자들은 실험실 위 2층에 거주했다. 동물들은 정원에 있는 다양한 우리, 새장, 수족관에서 키웠다(Wurtz 1870).

실험실은 여러 가지 점에서 근대의 "비밀스러운 인식론적 중심지"라고 할 수 있다(von Herrmann/Hoffmann 2004). 1900년경 자연과학 연구시설이 어디에나 존재한다는 사실을 대중들이 알게 되었는데, 분명 그 세심하게 요새화된 공간 안에서 중요한 일들이 벌어지고 있었지만 그것이 정확히 무엇인지는 알 수 없었다. 1870년 일러스트 가족 잡지 〈다하임Daheim〉에 실을 기사를 위해 새로운 생리학 연구소를 방문한 라이프치히의 한 기자는 카를 루트비히의 예상치 못한 친절함과 개의 몸에 알 수 없는 방식으로 연결된 채 종이띠 위에 "상승 및 하강 곡선"을 그리는 일종의 "전신장치"를 보고 놀라움을 금치 못했다(Ploss 1870, 334). 실제로 카를 루트비히의 혁신적인 전문 분야는 '그래픽 방법'으로, 호흡이나 혈액순환과 같은 유기체의 운동 과정들을 기계적으로 기록할 수 있는 영상기법이었다. 생명의 생리학적 실험을 통해 신체의 기능은 역학법칙을 활용할 수 있는 곡선으로 번역되었다. 그리고 국제청년생리학자 모임은 주관적이거나 문화적인 매개를 통하지 않고 구불구불한

'자연의 언어' 자체에 접근할 수 있다는 자신감 넘치는 확신을 가지고 작업했다(Daston/Galison 2002).

1878년 작센의 지방귀족인 에른스트 폰 베버는 카를 루트비히가 없는 동안 연구소를 방문한 적이 있다. 그가 쓴 '과학의 고문실'에 관한 인기 있는 소책자는 훨씬 더 음침한 모습을 그렸다. 그를 안내한 경비원의 음울한 미소에서부터 호전적인 기구들과 벽에 묻은 핏자국을 지나 '궁전 같은 건물' 지하에 있는 퀴퀴한 냄새가 나는 감옥에 이르기까지 연구소는 상상 이상으로 잔혹함의 악취를 풍겼다(Weber 1879, 51ff.). 에른스트 폰 베버와 독일 동물보호운동단체는 생체해부가 의학적으로 전혀 도움이 되지 않는다고 굳게 믿고 있었다. 1880년대에 그들의 공개적인 항의가 의회에 전달되었다. 하지만 리하르트 바그너가 대변자로 참여하고 보수진영에 많은 동조자들이 있었음에도 불구하고 생리학 실험실은 계속 허용되었다(Tröhler/Maehle 1987).

골방, 실험실, 실험실시스템

이런 종류의 연구소로서 세계 최초의 사례인 라이프치히 연구소는 실험적 연구와 의대생의 체계적인 양성이라는 임무를 위해 하나의 기능적 건물에 다양한 생리학 분야들을 통합시켰다. 낭만주의적인 자연철학과 베를린의 실험생리학자 에밀 뒤부아레몽Emil du Bois-Reymond이 자신의 예전 일터에 대해 "곰팡내나는 골방"이라고 말했던 그 시대는 이미 지나갔다(Lenoir 1992, 58). 1870년 작센왕국에 의해 설립되어 독일제국 건국 후 더 많은 자금을 지원받은 이 연구소는 1900년경 독일의 자연과학에서 일어난 “제도적 혁명”(Cahan 1984)을 보여주는 초기 사례이다.

국가는 가시적 이익을 추구했다. 당시 프랑스의 한 관찰자가 정확히 언급했듯이 “과학문화가 산업 및 상업을 부흥시킬 수 있다는 사실은 의심의 여지가 없었기 때문이다”(Wurtz 1870, 68). 처음에는 생리학, 화학, 물리학에서 대규모의 대학 연구소들이 등장했다. 이 연구소들은 실험실과 강의실을 결합하고 실험방법을 연구와 교육의 새로운 표준으로 끌어올렸다. 연구소와 더불어 전체 대학생 수도 증가했다. 특히 의학 분야의 증가가 두드러졌는데, 1870년 독일 대학에 등록한 의대생 수가 2,900명에 불과했다면 제1차세계대전 직전에는 그 수가 1만 8,000명에 달했다(Cahan 1984, 44). 이들의 교육에 실험실 실습이 점점 더 많이 포함되면서 새로운 연구시설들이 빠르게 증가했다.

실험실은 이미 근대 초기 연금술에서도 존재했는데, 19세기 초반에는 개별 과학자들이 개인적으로 문을 연 민간 실험실, 예를 들어 브레슬라우에 있던 얀 에반겔리스타 푸르키네의 생리학연구소(1824), 기센에 있던 유스투스 리비히의 화학 실험실(1825), 베를린에 있던 하인리히 구스타프 마그누스의 물리학 실험실(1843) 등이 있었다. 그러나 국가의 재정지원을 받는 ‘실험실시스템’이 등장해 근대 자연과학의 핵심축으로 발전한 것은 1870년 이후이다. 이러한 시스템은 독일제국에서 시작해 프랑스, 영국, 이탈리아, 미국, 러시아까지 확산되었다. 이는 베를린의 산업가 에른스트 베르너 폰 지멘스Ernst Werner von Siemens가 1886년에 선언한 ‘자연과학시대’ 속에서 관련 학문 분야들이 세분화된 것에 공간적으로 대응하는 표현이었다. 8년 후 필라델피아의 ‘윌리엄 페퍼 임상의학 실험실’ 개소식에서 축하 연설자로 나선 한 인사는 “오늘날 어떤 국가나 대학도 [……] 과학 연구에 적합한 실험실이 없다면 교육과 진보에서 신뢰할 만한 자리를 차지할 수 없다"(Welch 1896, 21ff.)라고 단언했다.

근대적 실험실시스템은 이후 다음과 같은 세 가지 특징을 띠고 발전했다. 민간자금의 중요성이 증가하고 순수한 연구기관이 설립되었으며 실험실 및 그 운영의 규모가 커지고 합리화되었다. 독일 전기산업의 최고 원로 에른스트 베르너 폰 지멘스는 1880년대에 이미 대학에 속하지 않는 제국 차원의 물리학 연구기관의 설립을 위해 노력했다. 1887년 그의 주도하에 그가 연구소 설립자금을 기부해 탄생한 제국물리기술연구소Physikalisch-Technische Reichsanstalt, PTR는 제1차세계대전 전까지 응용 및 기초연구를 위한 세계 최대 규모의 물리학 실험실단지를 운영했다(Cahan 1989). 1911년부터는 국립 카이저빌헬름 과학진흥협회 산하에 대학의 교육 의무가 없는 순수 연구기관들이 탄생했다.

19세기 말에는 물리학이나 화학에 비해 산업적 중요성이 훨씬 떨어진다고 여겨졌던 생명과학 분야에서도 이미 개인 후원자들이 등장했다. 파리의 권위 있는 파스퇴르연구소가 그 초기 사례이다. 19세기 후반의 가장 두드러진 과학적 성과라고 할 수 있는 파스퇴르 미생물학의 제도적 정점인 이 연구소는 1888년 대규모 기금 모금운동으로 재원을 마련할 수 있었다. 이 모금운동에는 수공업자에서 왕가에 이르기까지 모든 계층의 개인과 파리의 르봉마르셰백화점의 소유주인 마담 부시코 같은 다양한 기업가들이 참여했다. 프랑스 정부는 반대급부로 지속적인 후속 비용의 상당 부분을 부담하기로 약속했다. 물론 파스퇴르의 미생물 연구는 보건 분야에서 놀라운 성공을 거둠으로써 1870년대에 이미 '그랑드 나시옹Grande Nation'[14]과 그 국민들의 과학적 자부심이 되었다(Weindling 1992, 172ff.).

1892년에 이미 영국의 생물학자 토머스 H. 헉슬리Thomas H. Huxley

는 근대 대학을 '신지식의 공장'이라고 일컬었는데, 특별히 대학의 실험실을 지칭한 것이었다(Fye 1986, 920). 그 이후로 공장이라는 비유는 자연과학연구소에 그대로 정착되었다(제철소). 이는 연구자금의 증가, 연구소의 공간적 확장, 노동분업의 증가를 가리킨다. 그 결과 1900년경에는 이미 일일이 알 수 없을 정도로 많은 저자집단이 과학 저널에 게재하는 논문을 작성하기에 이르렀다. 개의 조건반사 실험으로 유명한 악명 높은 러시아의 실험생리학자 이반 페트로비치 파블로프Ivan Petrovich Pavlov는 네번째 시도 만에 1904년에야 노벨상을 받을 수 있었다. 상트페테르부르크 실험의학연구소에서 다수의 젊은 조수들에게 연구 작업을 맡기는 그의 연구방식이 이례적이고 새로운 것이어서 이반 파블로프의 개인적 업적에 대해 의구심을 가졌기 때문이었다(Todes 2004). 실험실이 증가함에 따라 자연과학 저술의 근대적인 변화가 본격적으로 진행되었다. 1905년 라이프치히의 물리학자 오토 비너Otto Wiener는 과학자들 간의 소통 문제를 방지하기 위해 4층짜리 연구소 건물에 전화를 설치했다(전화교환소). 원활한 연구를 위해서는 앞으로 동료들이 서로 전화로 소통할 수 있어야 한다고 생각한 오토 비너는 "전화가 없다면 연구소에서 다른 사람을 찾느라 30분을 허비할 것이다"라고 단언했다. 그는 전화망을 가리켜 자기 연구소의 '신경체계'라고 부르며 자부심을 감추지 않았다(Cahan 1984, 36).

근대의 실험실

실험실이 장소로서 승리의 가도를 달리게 된 것은 실험이 근대 자연과학의 실천으로서 대성공을 거둔 것과 밀접하게 연관되어 있다. "모든 실험과학은 실험실을 필요로 한다. 연구자는 실험적 분석을 통해 관찰된 자연 과정을 이해하기 위해 실험실로 들어간다." 1865년 클로드 베르나르Claude Bernard는 영향력 있는 실험의학 개설서에서 이같이 설명했다(Bernard 1961, 201). 사실상 실험실은 사물의 자연스러운 진행이 중단되는 피난처의 기능을 한다. 실험실에서는 정의할 수 없는 자연의 소음으로부터 자유로운 공간 속에서 실험이 이루어지기 때문에 고립된 변수들이 다소 인위적인 환경에서 통제된 채 상호작용을 할 수 있게 된다. 공간적 고립과 밀집(잠수함, 우주선)은 두번째 측면인 불확실한 결과와 맞물려 있다. 프랑수아 자코브François Jacob에 따르면 실험이란 "미래를 생산하기 위한 기계"이다. 이는 과학자, 실험동물, 도구들의 취약한 배열로, 본래적 의미의 기계인 기술적 배열과는 구분된다. 실험은 동일성을 재생산해내는 대신 차이, 보다 정확하게는 정보를 생산하기 때문이다(Rheinberger 1992, 25f., 71f.).

인위적 집중과 절차적 개방성이 연결되는 지점인 실험과 실험실은 1900년경에 이미 근대의 관념들이 투사되는 영향력 있는 장이 되었다. 근대의 장소 중에서 긴 세기전환기 동안 특히 예술적·지적 아방가르드 중에 '실험실'이라는 이름이 붙지 않았거나 적어도 실험실 형태를 암시하지 않은 곳이 있었던가? 이탈리아의 미래주의자들은 '집중된 삶의 영역'으로 비행기와 전선戰線, 대도시와 자동차에 열광했고, 발터 벤야민Walter Benjamin은 영화관을 충격적 지각의 장소로 분석했으며(Smuda 1992), 구소련의 구성주의자 오시프 브릭Ossip Brik은 근대의 대도시를 '실제 삶의 실험실'이라고 표현했는데(Lethen 1987, 289), 이 모든 경우에 '실험'과 '실험실'이 참조 대상으로 소환되었던 것이다. 이는 불확실한 결과를 초래하는 인위적인 집중 또는 밀집 과정이라는 근대의 경험에 상응하는 것이었다. 20세기 초반의 상트페테르부르크를 '근대의 실험실'이라고 보는 오늘날의 은유에 따르면 새로운 시대는 그 자체가 실험실의 산물이었다(Schlögel 2002).

실험실은 인위적인 예외 상태로서 민감하고 방해를 받기 쉬웠다. 특히 실험실의 자연스러운 생활 공간인 도시에서 그러했다. 1900년경의 실험실 건물들이 도시의 방해로부터 안전하게 실험을 수행할 수 있도록 얼마나 강화되고 개선되었는지를 보여주는 수많은 사례들이 있다. 1884년 에른스트 베르너 폰 지멘스는 샤를로텐부르크에 제국물리기술연구소를 설립하기 위해 사유지를 기부했다. 다른 많은 사람들처럼 그도 베를린 외곽의 전원적인 소도시를 설립 장소로 선택했던 것이다. 전자기장을 발견한 하인리히 헤르츠Heinrich Hertz가 아버지에게 쓴 편지에서 이야기한 것처럼 대도시의 시끄러운 소음에서 벗어나 "보리수와 오렌지" 향기 속에서 지내기 위함이었다(Hertz 1927, 97). 그러나 상황이 변했다. 1895년부터 샤를로텐부르크에 전차가 운행되기 시작한 것이다. 제국물리연구소의 2대 소장인 프리드리히 콜라우슈Friedrich Kohlrausch는 베를린-샤를로텐부르크 전차회사, 그리고 그동안 창업자가 고인이 된 지멘스운트할스케 전신건설회사와 레일과 케이블의 연장 및 절연을 두고 오랜 시간 힘든 분쟁을 벌였다. 새로운 운송수단이 방출하는 기계적 진동과 땅 위로 누전되는 전류가 실험실의 정밀 실험을 심각하게 방해할 수 있었기 때문이다. 1901년이 되어서야 합의가 이루어졌다. 전차회사는 간섭 없는 자기탐지기를 구축할 수 있도록 제국물리연구소에 고액의 보상금을 지불해야 했다(Cahan 1989, 140ff.).

전차뿐만 아니라 곧이어 등장한 자동차 역시 대부분의 연구소장들에게는 골칫거리였다. 1911년 실험물리학자 오토 레만Otto Lehmann은 도시의 교통 소음에 지쳐 슈바르츠발트에 '휴가 연구소'를 세웠고, 독일 동료들에게 편지를 보내 이 아이디어를 널리 알렸다. 오토 레만은 목가적인 자연환경에서 소음공해가 차단될 뿐만 아니라 교육의 의무에서 벗어나 휴식을 취하며 물리학의 근본적인 문제들에 몰두하는 분위기가 만들어질 것이라고 기대했다(Cahan 1984, 62). 그러나 그것으로는 충분하지 않았다. 때로는 신중하게 방어된 실험실 내부가 스스로를 방해하기도 했다. 라이프치히에 있는 빌헬름 분트Wilhelm Wundt의 실험심리학연구소의 반응시간 측정기는 소음에 너무 민감해서 피실험자를 측정기와 그것들이 내는 미세한 배경 소음으로부터 분리해야 했다. 결국 빌헬름 분트의 제자 에드워드 스크립처Edward Scripture의 예일대학 실험실에서는 방음장치가 된 격리실을 설치하게 되었다. 1895년 에드워드 스크립처는 "사람이 안에 들어가면 전화 외에는 외부세계와 더이상 연결되지 않는다"라고 설명했다. 당시의 목격자에 의하면 그 실험실은 과도한 부르주아 인테리어처럼 '방 속의 방'을 만들어 신경증에 걸린 대도시 거주자들이 코르크 벽 뒤에 숨어 잊고자 했던 바로 그 신경을 탐구했다(Schmidgen 2004, 300)(**아파트, 고층건물, 그랜드호텔**).

실험실 벽은 반대 방향에서도 뚫고 들어갈 수 없다. 환경조건을 물질적으로 배제함으로써 인공적인 환경을 가능하게 하는 건물인 실험실은 동시에 불투명하고 비밀스러운 장소이기도 하다. 이러한 특징은 실험실에 대한 인식과 그 안에서 수행되는 과학의 위상에 지속적으로 영향을 미쳤다. 근대 자연과학의 공간적 조직에는 연금술이 그랬던 것처럼 비밀에 둘러싸여 내부자들에게만 접근을 허락하는 비밀스러운 지식의 전통이 지속되고 있다. 17세기 런던왕립학회는 신비주의적 관습에 맞서

명망 있는 신사들의 접근을 보장하고 검증 가능성을 실험 지식의 필수 조건으로 선언함으로써 새로운 실험의 토대를 명확하게 확립했다. 그 이후 자연과학자의 실험실에는 전문가들의 시선이 쏠리게 되었다.

나아가 자연과학 역시 19세기 후반에는 대중적 공개를 원하는 시민사회의 커지는 요구와 마주하게 되었다. 대중과학이라는 새로운 장르가 바로 이 시점에 등장한 것은 우연이 아니다. 근대 실험과학이 학문 분야로 형성되면서 실험실로 들어가 복잡한 기구들에 의존하는 등 새로운 형식주의로 인해 직관적이지 않게 되었던 것이다. 제국물리기술연구소가 설립된 지 1년 후 선견지명을 가진 연구소 사람들—그중에는 언제나 그렇듯이 에른스트 베르너 폰 지멘스가 포함되어 있다—은 1888년 과학의 대중적 보급을 위해 베를린 우라니아협회를 창립했다(Daum 2002, 178ff.). 그후 근대의 연구기관에는 시민 대중의 시선도 집중되었다.

그러나 대중적인 과학의 노력에도 불구하고 1900년경의 새로운 실험실들은 '블랙박스'로 남아 있었다. 실험실은 증권거래소나 관공서(노동청)처럼 사회의 핵심 기능들이 더이상 개인이 꿰뚫어볼 수 없는 방식으로 이루어진다는 바로 그 점에서 특수한 근대적 경험을 전달했다. 실험실에 접근하는 것은 여전히 이해하기 어려운 업무를 수행하는 흰 가운을 입은 소수의 전문가들에게만 국한되어 있었기 때문에 새로운 연구시설에 대한 대중의 인식은 상상 속 깊은 곳에서만 이루어질 수밖에 없었다. 앞에서 언급한 라이프치히의 카를 루트비히 생리학연구소가 전형적인 사례이다. 일반 방문객들은 성향에 따라 의학적 구원을 약속하는 기술적 천재의 기적—"장인의 손이 한 번 건드리자 복잡한 기어가 순식간에 움직였다"(Ploss 1870, 334)—에 대해 호기심을 느끼거나 고문기구들과 벽에 묻어 있는 핏자국에 몸서리를 쳤다.

실험실은 기술적이고 비밀스런 지식이 형성되는 장소로서 전혀 눈에 띄지 않거나 제멋대로의 억측을 불러일으켰다. 그곳에서는 기적의 기계 또는 지옥의 기계, 천재적 두뇌 혹은 인간을 멸시하는 냉소주의자 등 괴물 같은 무언가가 일하고 있다고 의심하게 되었다. 많은 연구자들 스스로가 전설을 만드는 데 기여했다. 1903년 이탈리아 토리노대학의 생리학 교수 안젤로 모소Angelo Mosso는 다음과 같이 말했다. "실험실의 역사에는 낭만적인 사건들이 존재한다. 그에 비하면 천일야화나 쥘 베른의 소설은 아이들 장난처럼 여겨진다." 세기전환기 직전에 등장한 로버트 루이스 스티븐슨의 비극적인 지킬 박사(1886), 그리고 자신의 외딴 섬을 듣도 보도 못한 생체해부 실험실로 만든 H. G. 웰스의 모로 박사(1895)는 오늘날에도 친숙한 고삐 풀린 과학자의 원형으로, 그 어느 것보다도 근대 실험실의 섬뜩한 가능성을 보여주었다. "그것은 집이라고 보이지 않는다. [……] 아무도 들어가거나 나오지 않는다[……]. 2층에는 안뜰을 향하고 있는 창문이 3개 있는데 늘 닫혀 있지만 깨끗하다. 그리고 굴뚝이 하나 있는데 대부분 연기가 올라온다. 그러니까 누군가 그곳에 살고 있음이 분명하다. 그렇지만 그것조차도 확실치 않다"(Stevenson 1997, 19). 지킬 박사의 골방은 근대 실험실의 비밀스러움을 소름끼치는 극한까지 몰아간다.

같은 시기 독일의 임상의들은 더이상 환자들의 병상이 아니라 실험실에서 진단과 처방을 결정하자는 실험 세균학의 새로운 패권적 주장에 맞서 싸웠다. 한 브레슬라우의 의사는 코흐의 제자들이 일상적 고통의 임상현장에서 물러나는 것을 보고 "비인간적이고 반사회적이며 반기독교적인 결과"라고 개탄했다(Rosenbach 1903, V). 여기서 볼 수 있는 것처럼 자연과학이 생활세계와 그 실천적 지식으로부터 소외되는 것은 그후로도 계속되었다. 19세기 말 이후 자연과학의 소외는 빌헬름 딜타이Wilhelm Dilthey와 에드문트 후설Edmund Husserl에서부터 외재주의-내재주의 과학이론을 거쳐 찰스 퍼시 스노Charles Percy Snow의 '두 문화'에 이르기까지 여러 가지 다양한 이론에서 지적되고 비판되었다(Hagner 2001). 실험실은 확실히 공간적으로 그러한 소외와 상응한다. 그런데 실험실 지식도 과학 외적인 그 시대의 철저하게 '세속적'인 관행에 기반하고 있다는 주장이 1930년대에 루드비크 플렉Ludwik Fleck과 같은 예외적인 선구자에 의해 제기되었다. 이러한 입장은 50년이 지난 후에야 실험실 문화기술지文化記述誌, Laborethnographie 학자들에 의해 뒷받침되었다(Latour/Woolgar 1986). 그 이후로 실험실과 실험 또한 '문화'의 한 부분으로 다루려는 노력이 이루어지고 있다.

어떤 점에서 전문가란 고삐 풀린 연구자와 반대되는 존재이다. 전문가는 공개적으로 활동하는 과학자이다. 이 역시 근대 실험실의 산물이다. 전문가는 비좁은 실험실이 있는 그 건물에서 나와 세상 속으로 연이어 탈출하고 확장되는 모습을 의인화한다. 프랑스의 실험생리학자 에티엔-쥘 마레Étienne-Jules Marey는 시대를 앞서 1883년에 "실험실은 더이상 충분치 않다[……]. 자연을 그 자체의 현장 속에서 관찰하지 않는다면 유기체에 대한 연구는 곧 한계에 도달할 것이다"라고 말했다. 그는 파리 외곽에 인간의 신체운동을 야외에서 연구할 수 있는 스타시옹 피지올로지크를 열었다(Marey 1883, 226). 에티엔-쥘 마레의 토리노 동료이자 카를 루트비히의 제자였던 안젤로 모소는 곧 도시를 완전히 떠나 인근 알프스지역에서 군인, 자전거선수, 등반가들을 대상으로 실험을 시작했다. 이 실험은 개구리 근육이라는 대용물이 아니라 실제 조건에서 인간 유기체의 에너지대사를 연구하는 것이었다.

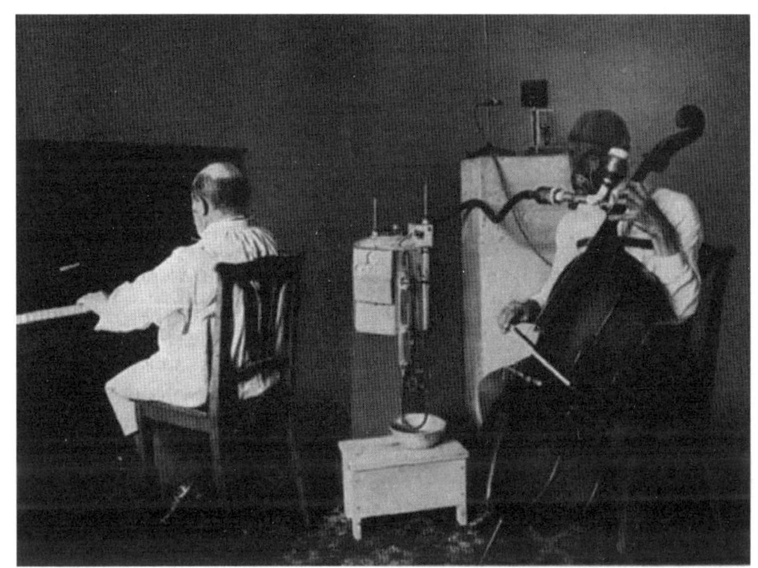

첼로를 연주할 때의 에너지 소모(1925경)

에티엔-쥘 마레와 안젤로 모소 등은 신진대사와 피로를 그래픽으로 기록하는 이동장치를 사용함으로써 유럽 노동과학의 창시자가 되었다. 이는 헨리 포드의 컨베이어벨트가 도입되기 전에 실험적 표준에 따라 산업생산을 재편하는 시험을 실시한 것이었다(제철소). 벨기에의 자선가이자 과학 후원자 에르네스트 솔베이Ernest Solvay의 브뤼셀 생리학연구소(1902)나 베를린의 카이저 빌헬름 노동생리학연구소(1913)와 같은 새로운 연구기관, 그리고 나탄 춘츠의 〈보행 생리학 연구〉(1901), 피에라치니의 인쇄공의 피로 실험(1905), 관련 법안의 근거가 된 아르망 앵베르Armand Imbert의 건물 건축시 손수레 타입별 효율성 연구, 쥘 아마르Jules Amar의 공업용 연마 작업시의 에너지 균형 연구(1910)와 같은 일련의 연구들이 공동으로 유럽 전역의 고정식 및 이동식 실험실로 구성된 유럽 네트워크를 형성했다. 이들은 에너지적 관점에서 먼저 육체적 소모 문제, 그다음에는 정신적 소모 문제까지도 계산해 최적화할 것을 약속했다(Rabinbach 1992, 179~239). 이러한 맥락에서 일상활동에 대한 실험적 측정이 이루어졌으며, 1911년 드레스덴에서 열린 세계보건박람회에서 스포츠과학을 위한 경기장 실험실을 설립한 것과 웨이트룸에서 체계적인 보디빌딩을 시작한 것도 같은 맥락에 속한다. 생리학자들은 교양시민계층의 영역까지 과감히 나아가 가능한 모든 문화 기술에서 '인간 엔진'의 에너지 균형을 측정하고자 했다.

임상의학 또한 노동생리학의 소용돌이 속으로 빨려들어갔다. 베를린 샤리테병원의 제2클리닉은 1902년 새로운 원장 프리드리히 크라우스Friedrich Kraus의 지휘 아래 심혈관 진단에 새로운 디바이스 집약적 방법을 적용하는 모범기관으로 발전했다. 그것은 심장을 성능의 관점에서 바라봄으로써 다양한 질병을 '기능부전'으로 취급하는 것이었다. 일상생활이 실험의 식민지가 되면서 측정 행위 자체가 일상적인 것이 되었다. 긴 세기전환기 이후부터 비로소 과학 전문가들이 진료소, 공장, 운동장, 학교 등에 장비를 들고 나타나 실험을 수행하고 정량적 데이터를 수집하는 일이 일반화되었다. 과학연구자 브뤼노 라투르Bruno Latour는 "실험실의 벽이 이제는 지구 전체를 둘러싸고 있다. [……] 외부세계가 마치 로그모눈종이로 이루어진 듯이 기기들이 도처에서 종횡무진 누비고 다닌다"(Latour 2004, 19)라고 말한다. 이러한 경계 해체는 19세기 말부터 시작되었다.

참고문헌

Bernard, Claude (1961): Einführung in das Studium der experimentellen Medizin, Leipzig.

Cahan, David (1984): The Institutional Revolution in German Physics, 1865~1914, in: Historical Studies in the Physical Sciences 15, 1~65.

Ders. (1989): The Geopolitics and Architectural Design of a Metrological Laboratory: The Physikalisch-Technische Reichsanstalt in Imperial Germany, in: Frank A. James (Hg.), The Development of the Laboratory. Essays on the Place of Experiment in Industrial Civilization, New York, 137~154.

Daston, Lorraine/Peter Galison (2002): Das Bild der Objektivität, in: Peter Geimer (Hg.), Ordnungen der Sichtbarkeit. Fotografie in Wissenschaft, Kunst und Technologie, Frankfurt, 9~99.

Daum, Andreas (2002): Wissenschaftspopularisierung im 19. Jahrhundert. Bürgerliche Kultur, naturwissenschaftliche Bildung und die deutsche Öffentlichkeit 1848~1914, 2. Aufl., München.

Fye, W. Bruce (1986): Carl Ludwig and the Leipzig Physiological Institute: ≫A factory of new knowledge≪, in: Circulation 74, 920~928.

Hagner, Michael (2001): Ansichten der Wissenschaftsgeschichte, in: ders. (Hg.), Ansichten der Wissenschaftsgeschichte, Frankfurt, 7~39.

Herrmann, Hans-Christian von/Christoph Hoffmann (2004): Die Technik geistig in der Hand halten, in: Frankfurter Allgemeine Zeitung, 28. August.

Hertz, Heinrich (1927): Erinnerungen, Briefe, Tagebücher, Leipzig.

Hoffmann, Christoph (2001): The Design of Disturbance: Physics Institutes and Physics Research in Germany, 1870~1910, in: Perspectives on Science 9, 173~195.

Latour, Bruno (2004): Von ≫Tatsachen≪ zu ≫Sachverhalten≪. Wie sollen die neuen kollektiven Experimente protokolliert werden?, in: Schmidgen/Geimer/Dierig (Hg.), Kultur, 17~36.

Ders./Steve Woolgar (1986): Laboratory Life: The construction of scientific facts, 2. Aufl., Princeton.

Lenoir, Timothy (1992): Naturwissenschaft für die Klinik. Die Vorgeschichte von Carl Ludwigs Physiologischem Institut in Leipzig, in: ders. (Hg.), Politik im Tempel der Wissenschaft. Forschung und Machtausübung im deutschen Kaiserreich, Frankfurt/New York, 53~106.

Lethen, Helmuth (1987): Lob der Kälte. Ein Motiv der historischen Avantgarden, in: Dietmar Kamper/Willem van Reijen (Hg.), Die unvollendete Vernunft. Moderne vs. Postmoderne, Frankfurt, 282~324.

Marey, Étienne-Jules (1883): La Station Physiologique de Paris, in: La Nature 11, 226~230.

Mosso, Angelo (1903): Di un Politecnico a Torino, in: Nuova Antologia 192, 494~510.
Ploss, H. (1870): Im physiologischen Laboratorium zu Leipzig, in: Daheim 6, 332~335.
Rabinbach, Anson (1992): The Human Motor. Energy, fatigue, and the origins of modernity, Berkeley.
Rheinberger, Hans-Jörg (1992): Experiment, Differenz, Schrift. Zur Geschichte epistemischer Dinge, Marburg.
Rosenbach, Ottomar (1903): Arzt contra Bakteriologie, Berlin.
Schlögel, Karl (2002): Petersburg. Das Laboratorium der Moderne, 1909~1921, München.
Schmidgen, Henning/Peter Geimer/Sven Dierig (Hg.) (2004), Kultur im Experiment, Berlin.
Ders. (2004): Telegraphie, Zeit und Lärm, in: ders./Geimer/Dierig (Hg.), Kultur, 270~306.
Smuda, Manfred (1992): Die Wahrnehmung der Großstadt als ästhetisches Problem des Erzählens.
Narrativität im Futurismus und im modernen Roman, in: ders. (Hg.), Die Großstadt als ≫Text≪, München, 131~182.
Stevenson, Robert L. (1997): Der seltsame Fall von Dr. Jekyll und Mr. Hyde, München.
Todes, Daniel P. (2004): Pawlows Physiologie-Fabrik, in: Schmidgen/Geimer/Dierig (Hg.), Kultur, 215~269.
Tröhler, Ulrich/Andreas-Holger Maehle (1987): Anti-vivisection in Nineteenth-century Germany and Switzerland: Motives and methods, in: Nicolaas A. Rupke (Hg.), Vivisection in Historical Perspective, London, 149~187.
Weber, Ernst von (1879): Die Folterkammern der Wissenschaft. Eine Sammlung von Thatsachen für das Laien-Publikum, Berlin/Leipzig.
Weindling, Paul (1992): Scientific Elites and Laboratory Organisation in fin de siècle Paris and Berlin. The Pasteur Institute and Robert Koch's Institute for Infectious Diseases compared, in: Andrew Cunningham/Perry Williams (Hg.), The Laboratory Revolution in Medicine, Cambridge, 170~188.
Welch, William H. (1896): The Evolution of Modern Scientific Laboratories, in: Johns Hopkins Hospital Bulletin 7, 19~24.
Wurtz, Adolphe (1870): Institut Physiologique de Leipzig, in: ders. (Hg.), Les Hautes Études Pratiques dans les Universités Allemandes. Rapport présenté par M. Adolphe Wurtz, Paris, 65~68.

자동차

알렉사 가이스트회벨Alexa Geisthövel

조종가능한 속도: 다임러 자동차회사의 35마력 경주용자동차, 일명 '메르세데스', 1901년

사람이 타지 않고 정지해 있는 차량을 측면에서 보면 먼저 기계구조가 눈에 들어온다. 차대車臺는 동일한 높이의 두 구동축과 넓은 휠베이스를 연결하는 강철 프레임으로 구성된다. 동일한 크기의 네 바퀴에는 '공압장치', 즉 공기 타이어가 장착되어 있다. 자동차는 4기통 프론트엔진으로 구동되며 그 엔진은 알루미늄 케이스 안에 감춰져 있다. 이 차량을 움직이는 연료는 휘발유인데, 당시에는 증기엔진과 전기엔진도 여전히 널리 사용되었다. 배기량이 6리터에 불과한 이 엔진은 35마력의 출력을 내며 엔진은 체인을 통해 뒷바퀴를 구동해 차량을 나아가게 한다. 전면에는 폐쇄형 냉각회로를 갖춘 벌집형 라디에이터가 엔진박스를 차단하고 있다(Daimler-Benz AG 1961, 74; Niemann 1995, 121~125).

'오토모빌'이라는 용어는 승용차를 스스로 움직이는 기계로 규정한다. 그러나 이것은 혼자서 움직이지 못하고 누군가 조작을 해야 한다. 오늘날 자동차를 운전하는 사람은 구동 메커니즘에 대해 자세히 알 필요가 없다. 그러나 1901년에는 기술적으로 숙련된 사람만이 자동차의 시동을 걸고 운전할 수 있었다. 시동을 거는 것부터가 많은 힘이 요구되는 복잡한 과정이다. 그러나 주행중에도 점화와 냉각 과정을 계속 관찰하면서 조절해주어야 한다. 경주용자동차에 운전자와 보조 정비공이 함께 탑승하는 데에는 그럴 만한 이유가 있는 것이다(Möser 2002, 36).

차량의 중앙에는 운전석이 있다. 운전자가 앉은 상태에서 조작할 수 있도록 컨트롤장치들이 배치되어 있다. 스티어링칼럼은 운전자 쪽으로 기울어져 있고, 운전자는 핸드레버와 페달을 사용해 기어를 조정하고 연료 공급을 조절하며 브레이크를 작동한다. 경주용자동차인만큼 전조등과 경음기는 장착되어 있지 않다. 도로교통에서는 이 두 가지가 의사소통에 필수적이기 때문에 같은 시기에 출시된 4인승 투어링카에는 탑재되어 있다. 나중에 나온 자동차와 비교해보면 이 차량은 보호해주는 차체가 없어 벌거벗은 것처럼 보인다. 차체는 외형의 디자인을 통해 사회적 지위를 나타내기도 한다.

이 최초의 메르세데스는 낮은 무게중심과 비교적 가볍지만 강력한 엔진을 결합한 획기적인 모델이다. 이렇게 해야만 차량을 제어하면서 빠르게 운전할 수 있다. 이러한 역동적인 주행 특성을 개발하는 과정에서 빌헬름 마이바흐Wilhelm Maybach가 이끄는 제작자들은 치명적인 사고에 직면하게 되었다. 1900년 자동차 성능시험 운전자인 빌헬름 바우어가 니스에서 열린 자동차경주중 커브길에서 차량의 통제력을 잃었던 것이다. 니스에 거주하는 부유한 '아마추어 레이서'이자 다임러사의 사업 파트너인 에밀 옐리네크Emil Jellinek는 차량의 파괴적인 잠재력에 좌절하지 말고 최적화를 통해 이를 극복할 것을 촉구한다. 그는 이에 대한 인센티브로 개량된 차량 36대를 구입할 것을 약속하고 그 차량에 자기 딸의 이름을 붙여 판매할 것이라고 했다. 1901년 3월 메르세데스는 니스의 레이싱위크에서 시속 86킬로미터의 속도로 대중의 큰 주목을 받았다. 그것은 스포츠적인 성공뿐만 아니라 사업적인 성공이기도 했다. 빠르면서도 상대적으로 더 안전하다는 원칙을 통해 대중들이 일상에서 자동차를 이용할 수 있는 길을 열었기 때문이다.

개인 이동성: 전기자전거 인력거에서 폭스바겐까지

휘발유 차량은 1901년이 되기 몇 년 전부터 존재했다. 1880년대 중반 고틀리프 다임러Gottlieb Daimler는 칸슈타트에서 사륜 전동마차에 대한 특허를, 카를 벤츠Carl Benz는 만하임에서 삼륜 전동차에 대한 특허를 받았다. 이때 두 사람 모두 니콜라우스 오토Nikolaus Otto가 특허를 받은 4기통 엔진을 무단으로 사용했는데, 오토의 특허가 1886년에 취소되었기 때문이다. 두 발명가 모두 개인용 이동수단의 혁명을 염두에 둔 것은 아니었다. 고틀리프 다임러는 어디에나 장착이 가능한 가벼운 범용 엔진에 관심이 있었던 반면, 카를 벤츠는 상용 마차를 위한 대체 동력을 찾고 있었다.

승용차는 단계적으로 세상에 출시되었다. 다임러와 벤츠 같은 자동차 제작자는 기존의 여러 기술을 짜깁기해 자동차를 만들었다(Möser

2002, 23f.). 따라서 자동차는 1900년까지 모터를 장착한 마차에 가까웠다. 이러한 원형이 남아 있는 것은 마력을 뜻하는 PS라는 측정 단위뿐만이 아니었다. 독자적인 차체 형태가 확립된 지 한참이 지난 뒤에도 페이톤Phaeton[15]과 런들렛Landaulet[16]처럼 마차의 유형을 가리키는 명칭이 여전히 자동차에 적용되었다. 또다른 기원은 자전거였다. 19세기 말 자전거는 이미 교통수단으로 완전히 자리잡은 상태였다. 자전거는 근대적 셀프 모빌리티의 선구자로서 "개인의 자유로운 이동"이라는 새로운 이동성의 특징을 처음으로 보여주었다(Scharfe 1990). 또한 볼베어링에서부터 견고하고 가벼운 강관에 이르기까지 자동차의 수많은 구성요소들은 자전거 제작에서 비롯되었고, 일부 자전거 제조업체는 나중에 자동차생산으로 전환하기도 했다. 초창기 상당수의 자동차 소유주와 운전자는 자전거경주를 하던 사람들로 처음에는 공동으로 경주대회를 개최하고 협회를 조직했다. 1920년대까지 '자동차 운전자'와 자전거 운전자는 전통적인 교통과 구별되는 방식으로 운행했다. 특히 기계화된 대중교통의 선구자로서 전용 철도망을 가지고 있던 철도와 거리를 두었는데, 이 전용 철도망은 고속도로의 모델이 되었다.

자동차가 대중교통수단으로 자리잡기까지의 과정은 순탄치 않았다. 다양한 구동방식과 차량 형태에서 서서히 표준화된 유형이 등장하기 시작했다. 수십 년 동안 수많은 혁신들을 거치며 주행 안전성과 사용 편의성이 개선되었다. 고틀리프 다임러와 카를 벤츠가 특허를 냈던 당시에는 독일에서 차량을 개인적으로 이용하기 위해 구매하려는 사람은 없었다. 1889년 파리 세계박람회에서 고틀리프 다임러가 엔진을 선보인 후 비로소 프랑스에서 자동차에 대한 사회적 토대가 형성되기 시작했다.

"자동차는 위에서부터 사회 안으로 성장해 들어왔다"(Sachs 1984, 51). 그것은 사치소비재로 출발해 마침내 만인을 위한 소형차로 발전했다. 이 전도유망한 자동차에 대한 관심을 끌기 위해 〈르 프티 주르날Le Petit Journal〉의 편집장인 피에르 기파르Pierre Giffard는 1894년 자신의 신문에 '말馬 없는 차'대회를 광고했는데, 이것이 세계 최초의 자동차경주였다. 파리-루앙 구간에서 이루어진 이 경주에서는 최고속도가 아니라 차량의 안전성과 쉬운 조작이 관건이었다. 다음해 파리-보르도-파리 구간에서 '장거리 내구성 시험운전'이 이루어진 것을 계기로 파리에 본부를 둔 최초의 저명한 '프랑스 자동차 클럽'이 설립되었다. 은행가, 기업가, 정치인, 귀족 등 영향력 있는 회원들은 스펙터클한 경주, 자동차 전시회, 출판물을 통해 새로운 사용자들과 자동차 정책 입안자들을 끌어들이기 위해 적극적으로 활동했다(Merki 2002, 210f.). 프랑스 운전자들은 무엇보다 개인 운전자를 염두에 두었기 때문에 승용차의 표준화를 추진했다. 1899년 '파나르 에 르바소Panhard et Levassor'사는 전기자전거 인력거를 주행 안전성과 조향성을 개선시킨 멋진 차량으로 개조했다. 이 차량에는 탑승자용 좌석이 주행 방향을 향해 앞뒤로 2개가 배치되었다. 이에 따라 유쾌한 마차집단 대신 운전자가 지배하는 말 없는 속도 공동체가 탄생하게 되었다(Möser 2002, 37f.).

최초의 메르세데스가 이러한 '시스템 파나르système Panhard'를 독일의 엔진구조와 결합한 것처럼 프랑스 모델을 기반으로 엘리트들로 이루어진 독일 자동차 클럽이 탄생했다. 이 클럽은 황제 빌헬름 2세가 자동차를 애호하게 되면서 1905년에 황립 자동차 클럽으로 이름이 바뀌었다(Haubner 1998). 높은 구입비와 유지비 때문에 고장이 잦은 자동차는 처음에 실용성 측면에서 뒷전으로 밀려났다. 빠른 차량에 대한 수요가 있었고, 국내 및 국제 경주대회, 세계일주 모험 여행, 전국 유람 여행 등이 자동차의 이미지를 형성했다. 운전대를 운전기사에게 맡기지 않고 자신이 직접 운전하는 사람들도 시간과 노력이 많이 드는 정비나 수리 작업은 별도의 담당 인력을 고용해 맡기는 것이 일반적이었다.

자동차의 기계적 자율성이 아무리 사람들을 매료시켰다고 해도 자동차는 연료 공급과 도로 상태에 의존할 수밖에 없었다. 휘발유자동차가 증기자동차나 전기자동차와의 경쟁에서 승리한 이유는 무엇보다도 휘발유가 비교적 쉽게 운송할 수 있는 연료였기 때문이다. 더 큰 문제는 주로 표면이 울퉁불퉁한 비포장도로로 이루어진 도로망이었다. 게다가 위험한 자동차로 인해 다른 도로 이용자들이 사고를 당하는 경우가 많았기 때문에 이 또한 도로를 자유롭게 통행하는 데 방해가 되었다. 그리하여 예컨대 도시고속도로 등을 통해 자동차를 나머지 도로교통수단과 분리하자는 아이디어가 제시되었다. 도시에서 도시로 달리는 자동차경주로 인해 수많은 행인들이 사망하는 일이 발생하면서 사설 레이싱시설과 테스트시설이 등장하게 되었다. 가장 먼저 1906년 롱아일랜드모터파크웨이 자동차전용도로가 만들어졌고, 다음해 런던 인근에 브룩랜즈 모터레이싱시설이 만들어졌다. 1909년에 창설된 '자동차 운행 및 연습 도로 유한회사Automobil-Verkehrs- und Übungs-Straße GmbH, Avus'는 1913년 베를린 그루네발트에 경주 구간을 건설하기 시작해 1921년에서야 완성했다. 그 이후로 아부스Avus는 당시 가장 빠른 포장도로를 갖춤으로써 수십만 명의 관중이 모이는 자동차경주대회의 현장이 되었다. 비행사나 권투선수, 축구선수, 자전거경주선수처럼 프로 레이서들도 용기와 냉철함, 유연성 그리고 근대의 빠른 속도를 구현하는 스포츠의 우상이 되었다. 일부 레이서들은 심지어 비행기 엔진을 자신의 자동차에 장착해 수명이 짧은 '일회용 로켓'으로 직선 트랙에서 최고 속도를 갱신하기도 했는데, 1935년에 이미 시속 500킬로미터에 육박했다(Borscheid 2004, 208ff.).

1895년부터 1905년 사이에는 자동차가 우아한 스포츠카로 자리잡았다면 그 이후에는 자동차의 다른 용도도 주목받게 되었다. 시골 의사들의 요구에 맞춰 제작된 '의사 차'는 일차적으로는 실용성을 추구하지만 가족과의 주말 나들이에도 이용하고자 하는 구매자들을 대상으로 했다. 1907년 독일제국 최초의 자동차 통계조사에 따르면 약 1만 대의 차량이 기록되었고 1910년에는 최초의 규제 및 법제화가 시작되었다.

이처럼 자동차 교통을 안정시키려는 노력에도 불구하고 처음에는 자동차와 운전자에 대한 폭력적인 행동이 흔히 발생했다. 옛 교통과 새로운 교통이 맞부딪칠 경우 속도와 이동방식에 대한 합의가 어려웠을 뿐만 아니라 사회계층 간의 입장 차이 또한 충돌했다. 이런 현상은 특히 시골에서 두드러졌다. 기괴하게 복면을 쓴 '신사 운전자들'이 경적을 울리며 자갈길에 커다란 먼지구름을 일으키면서 마을을 질주했다. 특히 순전히 통과하기만 하는 지역에서 자동차 운전자들은 이전에 시골 주민들이 자전거 타는 사람들을 겁주기 위해 가했던 것과 같은 공격과 장애물을 경험했다. 도로에 돌을 던지거나 못이나 유릿조각을 뿌려놓거나 생명의 위협이 될 정도로 도로를 가로질러 철사줄을 설치하는 식이었다. 그러나 도시에서도 마찬가지로 도로는 자동차가 경쟁해야 하는 공공장소였다. 배기가스, 엔진 소음과 경적 소음은 다른 도로 이용자들을 괴롭혔고, 놀고 있던 아이들은 인도와 마당으로 밀려났다(Fraunholz 2002).

특히 갈등이 컸던 것은 마부들과 마주쳤을 때였다. 마부들은 앞지르기를 용납하지 않거나 채찍을 휘둘렀다. 자동차 운전자의 눈에는 겁이 많은 말보다 그 마부가 더 큰 문제로 보였다. 그들의 전통적인 운전 행태가 이제는 굼뜨고 무모해 보였기 때문이다(Scharfe 1991, 149f.). 자동차 운전자들 사이에서는 말에게 운전을 맡기고 졸고 있는 마부라는 고정관념이 널리 퍼져 있었다. 말과 잠자는 마부의 '동물성'은 깨어 있는 시선을 가진 '자동차의 얼굴', 즉 다른 교통 이용자들에게 끊임없이 주의를 기울이고 염려하는 자동차 운전자의 자세와 대비되었다(Glaser 1986, 16f.).

1920년대에 처음으로 트렌드의 전환이 이루어졌다. 자동차가 대중교통과 기타 상업적 교통수단으로 사용되면서 대중들은 자동차와 화해하게 되었다. 노선버스, 택시, 양조장 차량, 구급차와 소방차는 더이상 소수 특권층의 의심스러운 사적인 즐거움만을 위한 것이 아니었다. 이동중에도 업무를 수행할 수 있게 된 비즈니스맨과 프리랜서들은 "오늘날 자동차를 사는 사람은 더이상 과시하려는 벼락부자가 아님"을 보여주었다(Bernhard 1925, 86).

자동차산업은 서서히 국민경제의 중요한 분야로 떠올랐다. 공방에서 개별 제작과 소량생산을 하던 것에서 공장의 대량생산으로 발전했다. 1913년 디트로이트의 자동차 제작자 헨리 포드Henry Ford가 도입한 제조공정 덕분에 저렴한 대량생산이 가능해졌다. 그는 작업 단계의 순서를 공간적으로 배치하고, 분리되어 있던 조립 스테이션들을 조립라인으로 연결했다(제철소). 그는 이러한 합리화 기술을 통해 수년 안에 모델 T의 가격을 대폭 낮출 수 있었다. 1920년대 초 미국에서 자동차의 대중화가 이루어질 수 있었던 것은 무엇보다도 틴 리지Tin Lizzie 모델[17]이 1,500만 대나 판매되었기 때문이다. 그러나 소박한 대량생산품의 매력은 1927년에 이미 시들해졌다. 포드의 경쟁자 제너럴 모터스는 혁신적인 마케팅 전략으로 변화하는 소비자의 요구에 대응했다. 저렴한 자동차부터 고급 리무진까지 다양한 모델을 매년 리뉴얼함으로써 여러 해에 걸쳐 변화하는 구매자의 요구를 충족시키면서도 한 브랜드에 머무를 수 있게 했던 것이다. 이로써 자동차는 마침내 "대표적인 일상용품"(Sachs 1984, 46f.)이 되었다.

독일에서는 제1차세계대전 이후에도 한동안 상류층의 요구에 맞춘 소량생산에 머물렀다(Braun 1995). 그러나 모험용 자동차나 좋은 날씨에만 타는 자동차와 작별을 고하게 되면서 자동차의 형태가 변화했다. 차체가 폐쇄된 형태가 표준이 되었고, 자동차는 운전자와 동승자가 주위 환경으로부터 차단되는 실내 공간으로 바뀌었다. 오늘날 통용되는 자동차의 형태를 갖추게 된 것이다.

1920년대 중반에는 승용차의 수가 비약적으로 증가해서 1923년에 약 9만 8,000대에서 4년 후에는 26만 1,000대가 되었다. 이러한 추세는 심지어 대공황기 초반에도 멈추지 않았다. 1932년에는 이미 50만 명에 가까운 독일인이 자동차를 소유하게 되었다. 1930년경에는 자동차 수가 마차의 수를 넘어섰다. 승용차가 아직은 보편적인 개인의 이동수단이 되지는 못했지만 인정받고 널리 보급되었다. 블루칼라 및 화이트칼라의 노동자 대다수가 오토바이를 거쳐 자동차로 옮겨갔다(Ruppert 1993, 133).

자동차의 보급이 계속해서 증가할 것이라는 전망에 따라 건설업계의 로비스트와 도로 엔지니어들이 등장했다. 그들은 1926년부터 '자동차 전용도로'의 전국적인 장거리 네트워크를 계획했다. 그것은 아부스의 경주용 트랙과 달리 일반 교통에 이용되는 것이었다. 1924년 밀라노에서 이탈리아 북부의 호수들까지 이어지는 최초의 3차선 전용도로 '아우토스트라다Autostrada'가 개통되었다. 1927년에는 스위스의 금속공 견습생이었던 빌리 자르바흐Willy Sarbach가 클로버형 입체교차로를 설계했다. 그러나 1932년까지는 계획된 독일 전체 네트워크 중 극히 일부인 쾰른에서 본까지 20킬로미터만 완공되었다. 그것은 중앙분리대를 제외하면 펜스, 분리된 양방향 차선, 포장된 노면 등 고속도로의 모든 특징을 갖추고 있었다(Schütz/Gruber 1996, 31~35).

1933년부터 '총통의 도로'라는 슬로건 아래 체계적으로 실행된 나치의 아우토반 계획은 바이마르시대의 사전 작업에 기반하고 있다(앞의 글, 35ff.). 이 자동차화정책의 결과로 100만 개의 일자리와 3,500킬로미터의 도로가 건설되었다. 이때 군사적인 고려사항 못지않게 독일의 풍경을 부드럽게 가로지르는 '밝은 회색 띠'의 미학이 중요한 역할을 했다. 나치 자동차정책의 또다른 요소는 페르디난트 포르셰Ferdinand Porsche가 설계한 폭스바겐, 즉 모든 국민을 위한 자동차였다. '고급 승용차'의 이미지를 벗은 자동차를 소유하기 위해 수십만 명이 매주 5라이히스마르크씩 할부금을 저축했다(Aicher 1984, 8). 폭스바겐 공장은 1939년에 완공되었지만 최초의 판매용 '비틀'은 종전 직후에야 생산되기 시작했다.

이후 수십 년 동안 자동차는 유럽의 자본주의지역에서 민주적인 이동수단이 되었다. 점점 더 많은 사람들이 자가용의 편리함을 경험했지만 동시에 교통사고 사망자 수도 급격히 증가했다. 자동차 교통의 '안전'이 사회적 이슈가 되면서 제조업체들은 제품 개발과 홍보활동으로 이에 대응했다(Sedlaczek 1994). 개인의 이동성이 전례없을 정도로 증가하면서 새로운 무력감의 경험도 초래했다. "우리 시대의 대표적 화석"

(Strübin 1973, 13)에는 개인의 이동성의 이면으로 교통체증과 주차 공간 부족, 고철더미, 에너지 위기, 환경오염 등이 동반된다.

위험한 자기강화

자동차는 근대의 다른 어떤 교통수단과 달리 언제든지 이용할 수 있는 개인의 이동성을 상징했고 지금도 그러하다. 1906년 〈알게마이네 아우토모빌 차이퉁〉에 따르면 자동차로 인해 인간은 "공간과 시간에 대한 지배력"을 획득했다(Sachs 1984, 19에서 재인용). 19세기 중반에는 철도의 공간 극복 능력이 이와 비슷한 연상작용을 일으켰고, 이는 산업 발전의 상징이 되었다(Schivelbusch 1977, 171)(기차역). 그러나 1900년경 자동차의 장점은 철도와 반대되는 것이었다. 철도에서는 고정된 노선과 시간표에 의존해야 하며 모르는 승객과 잠시나마 불편하게 같이 있어야 한다면, 자동차에서는 자신이 움직임의 주인이라는 느낌을 가질 수 있었다.

그러나 자동차 운전자가 느끼는 이동의 자기결정권의 핵심에는 제어 가능성과 주행 역학도 포함된다. 운전대를 잡은 사람은 상대적으로 적은 힘을 사용해 압도적인 힘을 발산하고 자신의 생각대로 조종한다. 따라서 주의력과 능숙함은 운전자의 미덕이다. 속도의 변화는 차량 안에 가만히 앉아 있는 몸으로 전달된다. 웨이트룸에서는 신체가 기계의 저항에 맞춰 서서히 그러나 지속적으로 변화하는 것과 달리 자동차의 순응적인 힘은 단지 빌려온 것에 불과하다. 기술적으로 전권을 위임하는 것은 정지하는 순간 끝이 난다. 그럼에도 자동차는 신체의 힘을 초인적인 힘으로 증폭시키기 때문에 '자기강화'의 매체로 간주되어야 한다(Sachs 1984, 137). 많은 경우 자동차는 거리의 대중을 관객으로 삼아 근대적 개성을 투영하는 곳이 되었다(Ruppert 1993, 122). 운전자는 특정 차량과 특정 운전 스타일을 통해 다른 도로의 사용자에게 자신을 드러낸다. 차별화에 대한 욕망은 다양한 엔진 성능과 디자인 및 장치를 갖춘 여러 등급의 모델 라인업을 통해 충족된다. 아파트와 마찬가지로 자동차도 표준화된 제품이지만 개성을 표현하는 데 이용될 수 있다.

개방형 자동차시대에 이미 고급 자동차의 호화로운 인테리어가 살롱이나 내실과 비교되었다는 점에서 사적인 생활 공간과의 유사성 또한 명백하다(Ruppert 1993, 152). 폐쇄형 차체가 자리를 잡으면서 안락하고 친밀한 인테리어를 할 수 있는 공간이 더 많이 만들어졌다. 1950년대부터 자동차 소유주들은 마치 집처럼 차량 안에 개인용품과 오락용 전자제품을 설치하기 시작했다. 이에 따라 속도기계는 역설적으로 감속의 특성을 지니게 되었다(주말농장, 카우치). 디자이너 오틀 아이허Otl Aicher는 "로켓으로서의 소파"라는 말로 이러한 양면성을 적확하게 표현했다. 20세기 초 의사들은 신경증 환자에게 부드러운 진동을 통해 신경증을 진정시키거나 치료할 수 있다고 운전을 추천했다. 1903년 작가 오토 율리우스 비어바움Otto Julius Bierbaum은 『자동차를 타고 떠나는 감성 여행Empfindsamen Reise im Automobil』에서 (운전기사와 함께) 관조적으로 풍경을 즐기는 여행으로 되돌아가는 것을 예찬했다. 그는 이를 통해 기차 여행의 분주함과 일시성의 영향을 받지 않았던 마차시대의 좋았던 옛날로 돌아간 듯한 느낌을 받았다고 했다(Reinecke 1984, 44, 58).

마치 집처럼 편안한, 보호하는 차체는 차 안에 있는 사람을 외부세계로부터 고립시킨다. 닫힌 자동차 안에서 외부세계는 거리를 두고 인식된다. 속도가 빨라질수록 운전자는 앞의 길에 더욱더 집중한다. 극단적인 경우 레이서는 자신의 고속 장갑차 속에서 빠르게 지나가는 주위 환경으로부터 완전히 차단된다(Borscheid 2004, 213). 이러한 경험은 우주선이나 잠수함의 승무원들도 실질적으로 더 열악한 조건 속에서 공유한다. 일반적인 자동차 탑승자는 언제든지 고립을 포기할 수 있다. 하지만 적어도 벽으로 막혀 있고 방음시설이 된 고속도로에서는 자동차가 선로 위에서 발사체처럼 풍경을 쏜살같이 뚫고 지나가는 철도와 비슷하다(Schivelbusch 1977, 53).

자동차는 그 안락한 속성에도 불구하고 무엇보다 '동역학혁명'의 한 부분이었다(Ruppert 1993, 143). 중립적인 척도였던 속도는 매우 다양한 삶의 영역에 침투한 최상급의 척도로 변모했다. 이러한 맥락에서 폴 비릴리오Paul Virilio는 '속도 권력Dromocracy'이라는 개념을 사용했는데, 권력자들이 가속수단을 행사하는 정치체제를 말한다(Virilio 1989, 246ff.). 1900년에서 1910년 사이에 자동차의 속도는 몇 배로 빨라졌다. 자유와 결합된 속도는 자동차를 근대성의 가장 두드러진 상징 중 하나로 만든 속성이었다. 따라서 이러한 상징으로서 자동차는 사람뿐만 아니라 장소의 근대적인 이미지를 강화했다. 예를 들어 1920년대의 '신여성'은 활동적인 자가운전자의 모습으로 더욱 자신감 넘치게 등장했다. 신문사들은 뉴스 전달 속도를 과시하기 위해 계속해서 화려한 레이싱대회를 주최했고(Johae 2002, 241f.), 신문사 건물의 이미지를 고급 자동차로 장식하기도 했다(신문사 편집부). 도시 및 교통 설계자들은 미래에 완전한 자동차화를 꿈꾸며 다른 모든 도로 이용자보다 자동차에 우선권을 부여했다. 이는 1935년 도로교통법에도 명시되었다. 나아가 자동차는 레이싱대회를 통해 한편으로는 경기장과 연결되고, 다른 한편으로는 실험실과 연결되었다. 예를 들어 이미 제1차세계대전 이전에 풍압 실험실에서 최적의 유선형을 찾기 위한 실험이 이루어졌다.

자동차는 비행기와 많은 부분을 공유한다. 두 가지 모두 스스로 움직이는 상자로서 공간을 극복하는 능력을 통해 자유를 약속한다. 특히 1920년대에는 어느 곳이든 갈 수 있다는 비슷한 근대적인 환상을 자극했는데, 이는 비행기의 경우 3차원으로까지 확장되었다. 그러나 육상교통과 항공교통은 교통 흐름을 제어하는 방식에서 차이가 있다. 자동차의 2차원적 이동성에서는 고정된 방향 차선, 교통표지 및 신호등이 차량의 상호작용을 조정한다. 이에 반해 조종사와 지상요원은 비행할 때마다 통신 기술(전화교환소)을 이용해 이동경로에 대해 새롭게 소통해야 한다. 비행기와 달리 자동차는 사실상 근대적 인간의 '기본 장비' 중 하나가 되었다(Sachs 1984, 56). 일상생활에 사용되는 자동차의 복잡성은 자동차를 "보편적 인식의 형식"(Reinecke 1986, 22)으로 만들었다. 정치, 경제, 예술 분야에서 이와 관련된 은유는 셀 수 없이 많다. 개인용 항공 모빌리티는 여전히 공상과학소설의 영역에 머물러 있는 반면, 자동차는 어디서나 볼 수 있는 친숙한 일상적인 물건으로 이 시대의 "위대한 고딕 성당에 상응하는 것"으로 묘사되었다(Barthes 1964, 76).

비록 입문 의식도 없이 매우 불경스럽게 거리에 등장했지만(Reinecke 1986, 26f.) 자동차는 신성화의 대상이 되었다. 자동차로 빠르게 주행하는 것은 인간을 변화시키고, 운전자와 공급자는 달리는 물체를 물신화시킨다. 모든 신성한 물건과 마찬가지로 자동차도 희생자를 요구한다. 자동차 제작에는 어떠한 파괴의 의도도 없지만 자동차의 가속 능력은 운전자에게 공격성이나 폭력성을 행사할 수 있는 엄청난 잠재력을 제공한다. 따라서 자동차는 특별히 "힘의 과시"(Aicher 1984, 21)와 도발에 적합하다. 미래파의 반부르주아적 아방가르드는 그들의 타불라 라사 숭배에 자동차를 포함시켰다. 자동차경주는 죽음의 위험을 과시한다는 바로 그 점 때문에 매력적이었다. 고속에서의 사고는 "근대의 영웅적 패러다임"을 만들어냈다(Möser 1999, 164)(전선).

자동차에서는 힘과 무기력이 극적으로 병존한다. 초기에는 고장이 '신사 운전자들'에게 스포츠와 같은 도전의 대상이었다면, 오늘날 일상이 된 이동기계의 고장은 최소한 짜증나는 일이 되었다. 교통체증은 자동차 탑승자를 오도가도못하는 곤혹스러운 상황에 빠뜨린다. 자동차의 대중화는 개인의 이동성을 계속해서 모순적으로 만든다. 그럼에도 자동차는 가능성의 수단으로서 그 가치를 입증해왔다. 일, 주거, 쇼핑, 학습, 스포츠, 오락, 여가, 정치 참여 등이 여러 장소에 분산되어 있을 때 대중화된 자동차는 이러한 근대적 장소들 사이를 유연하게 연결해준다(Ruppert 1993, 141). 자동차는 지하철이나 다른 대중교통수단과 달리 이 앙상블의 개인적 연결을 단순화시킨다. 이곳에서 저곳으로 오가는 이동하는 사람에게 자동차보다 더 사적인 이동수단은 없다. 끊임없이 움직이고 때로는 어떤 장소에도 속하지 않는 이동하는 사람은 자동차 안에서 자신만의 장소로 자신을 에워싼다.

참고문헌

Aicher, Otl (1984): kritik am auto. schwierige verteidigung des autos gegen seine anbeter, München.

Barthes, Roland (1964): Mythen des Alltags (1958), Frankfurt.

Bernhard, Kurt (1925): Was man vom Auto wissen muß, in: Uhu 2, H. 1, 86~91.

Borscheid, Peter (2004): Das Tempo-Virus. Eine Kulturgeschichte der Beschleunigung, Frankfurt/New York.

Braun, Hans-Joachim (1995): Automobilfertigung in Deutschland von den Anfängen bis zu den vierziger Jahren, in: Harry Niemann/Armin Hermann (Hg.), Die Entwicklung der Motorisierung im Deutschen Reich und den Nachfolgestaaten, Stuttgart, 58~68.

Daimler-Benz AG (Hg.) (1961): Chronik Mercedes-Benz Fahrzeuge und Motoren, Stuttgart.

Fraunholz, Uwe (2002): Motorphobia. Anti-automobiler Protest in Kaiserreich und Weimarer Republik, Göttingen.

Glaser, Hermann (1986): Das Automobil. Eine Kulturgeschichte in Bildern, München.

Haubner, Barbara (1998): Nervenkitzel und Freizeitvergnügen. Automobilismus in Deutschland 1886~1914, Göttingen.

Johae, Dirk (2002): Mittendrin statt nur dabei. Eine historisch-kritische Bestandsaufnahme zum Einfluss der Medien auf die Entwicklung des Motorsports, in: Harry Niemann/Wilfried Feldenkirchen/Armin Herrmann (Hg.), Die Geschichte des Rennsports, Bielefeld, 239~269.

Merki, Christoph Maria (2002): Der holprige Siegeszug des Automobils 1895~1930. Zur Motorisierung des Strassenverkehrs in Frankreich, Deutschland und der Schweiz, Wien/Köln/Weimar.

Möser, Kurt (1999): Zwischen Systemopposition und Systemteilnahme: Sicherheit und Risiko im motorisierten Straßenverkehr 1890~1930, in: Harry Niemann/Armin Hermann (Hg.), Geschichte der Straßenverkehrssicherheit im Wechselspiel zwischen Fahrzeug, Fahrbahn und Mensch, Bielefeld, 159~167.

Ders. (2002): Geschichte des Autos, Frankfurt.

Niemann, Harry (1995): Wilhelm Maybach, König der Konstrukteure, Stuttgart.

Reinecke, Siegfried (1986): Mobile Zeiten. Eine Geschichte der Auto-Dichtung, Bochum.

Ruppert, Wolfgang (1993): Das Auto. ≫Herrschaft über Raum und Zeit≪, in: ders. (Hg.), Fahrrad, Auto, Fernsehschrank. Zur Kulturgeschichte der Alltagsdinge, Frankfurt, 119~161.

Sachs, Wolfgang (1984): Die Liebe zum Automobil. Ein Rückblick in die Geschichte unserer Wünsche, Reinbek bei Hamburg.

Scharfe, Martin (1990): ≫Ungebundene Circulation der Individuen≪. Aspekte des Automobilfahrens in der Frühzeit, in: Zeitschrift für Volkskunde 86, 216~243.

Ders. (1991): Pferdekutscher und Automobilist, in: Hessische Blätter für Volks- und Kulturforschung N.F. 27, 139~162.

Schivelbusch, Wolfgang (1977): Geschichte der Eisenbahnreise. Zur Industrialisierung von Raum und Zeit im 19. Jahrhundert, München.

Schütz, Erhard/Eckhard Gruber (1996): Mythos Reichsautobahn. Bau und Inszenierung der ≫Straßen des Führers≪ 1933~1941, Berlin.

Sedlaczek, Dietmar (1994): Vom Ausblenden der Gewalt. Auto-Biographisches aus den 60er Jahren, in: Rolf W. Brednich/Walter Hartinger (Hg.), Gewalt in der Kultur, Bd. 2, Passau, 403~417.

Strübin, Eduard (1973): Volkskundliches zum Automobil, in: Schweizer Volkskunde 63, 1~13.

Virilio, Paul (1989): Der negative Horizont. Bewegung, Geschwindigkeit, Beschleunigung, München/Wien.

비행기

데틀레프 지크프리트Detlef Siegfried

경금속으로 만든 민간 비행기, 융커스 F13, 1919년

제1차세계대전이 끝난 직후 독일 항공기 제작자인 후고 융커스Hugo Junkers는 성공적인 민간 비행기 F13 모델을 출시했다. F13은 승객을 4명밖에 태울 수 없었지만 이미 근대적인 항공교통의 기본 형태를 구현한 것이었다. 먼저 F13은 비행기의 기본적인 특징들을 갖추고 있었다. '공기보다 무거운' 원리에 따라 땅의 속박에서 벗어나 자유롭게 나아가며, 동체에 단단히 부착된 날개와 추진장치를 통해 양력과 추진력, 즉 비행 능력을 얻는 구조였다. 제어와 안정화를 위해 꼬리날개가 사용된다. F13은 여러 가지 면에서 기존의 비행기 구조에 혁명을 일으켰다. 하나로 이어진 날개가 받침대나 버팀대로 지지되지 않고 아래쪽에 달려 있었다. 또한 민간 비행기라는 기능에서 파생된 비행기의 형태도 새로운 것이었다. 운항중에 바람과 날씨의 영향을 받지 않도록 객실을 밀폐했는데, 이는 승객과 수하물을 위한 공간이 되었으며 승무원은 분리된 기능 공간에 탑승함에 따라 최적의 근무조건에서 일할 수 있었다.

F13은 안전, 경량화 및 효율적인 공간 사용이라는 기준을 최우선으로 하여 설계되었다. 여기에는 소재가 핵심적인 역할을 했다. 후고 융커스는 처음으로 전체 구조의 기초로 두랄루민을 사용했다. 이는 1906년에 발명된 합금으로 알루미늄과 거의 같은 정도로 가볍지만 강철보다 강했다. 이 합금은 군용기의 요구사항을 뛰어넘는 특성을 가진 비행기 유형을 제작하기에 적합했다. 경금속을 사용해 생산하는 것은 일반적인 전쟁용 항공기 제작에 비해 비용이 훨씬 더 많이 들고 더 많은 연구개발 작업이 요구되었다. 전쟁용 항공기의 경우 그럴 만한 가치가 있는 일로 여겨지지도 않았다. 군용기는 비행기 유형 및 사용 기간 측면에서 빠른 소모를 전제로 하고 있었기 때문이다. 두랄루민은 풍화 및 노화, 파손에 강했다. 또한 경금속 비행기는 공차 중량이 낮아 많은 짐을 실을 수 있었다. 후고 융커스의 상업용 비행기는 타의 추종을 불허하는 방식으로 에너지 투입 대비 적재량 비율을 최적화해 안전할 뿐만 아니라 저렴하게 비행할 수 있었다.

1925년부터는 여러 개의 엔진을 장착한 좀더 큰 비행기들이 F13을 대체하기 시작했고 F13은 1930년까지 생산되었다. 그럼에도 F13은 패러다임의 전환을 의미했고 이것은 당대 미학의 변화를 보여주는 것이기도 했다. 20세기의 처음 20년 동안은 나무와 천으로 덮은 2개 또는 3개의 날개가 겹쳐진 형태의 비행기가 일반적이었다. 1930년경이 되어서야 경금속으로 만든 단엽비행기가 자리를 잡을 수 있었다. 가장 발전된 형태에서는 내부의 지지시스템조차 없었다. 그리하여 비행기는 20세기 초반 3, 40년 이내에 천으로 덮은 비대한 버팀목 구조에서 하나의 연속된 날개를 가진 우아한 유선형의 금속 케이스로 변화했다. 이것은 "밧줄, 캔버스 조각, 철로 만든 것"(Brecht 1988, 22)에서 유선형의 화살과 같은 완전히 다른 모습이 되었다. 이 근대적인 형태는 상당한 상징적 매력을 발휘했다.

동력 비행의 중요한 토대를 마련한 것은 미국과 프랑스의 비행사들이었다. 1903년 라이트 형제는 처음으로 동력을 이용해 비행기를 공중에 띄웠고, 루이 블레리오Louis Blériot는 1909년에 프로펠러와 꼬리날개가 달린 단엽비행기로 도버해협을 횡단했다. 하지만 제1차세계대전으로 촉발된 뜨거운 경쟁에서 독일에서 새롭게 등장한 융커스, 도르니어, 로어바흐가 결국 승리를 거두었다. 이는 무엇보다 독일제국이 전쟁에서 패했기 때문이다. 독일과 달리 다른 유럽국가의 비행기 제조사들은 군용기를 대신할 민간 비행기에 대해 고민할 필요가 없었기 때문에 상업항공 분야에서 뒤처지게 된 것이다. 예를 들어 그들은 개조한 전투기를 항공운송에 사용한다거나 여전히 전통적인 소재를 선택했다. 프랑스의 비행기 제작에서 금속을 사용한 실험이 무게 문제로 실패하자 실제로 운항 가능한 금속 비행기를 만들 수 있을지에 대한 회의론이 널리 퍼졌다. 이는 1920년대까지 유럽 비행기 제조사들의 소재 선택에 영향을 미쳤다. 1929년 한 미국의 항공기 산업가는 유럽국가들을 답사한 뒤 프랑스에서는 목재구조를 사용하는 경향이 있고, 영국에서는 놀랍게도 수많은 목재 프로펠러가 사용되며, 네덜란드의 포커 비행기는 "완전히 목재로 제작"되었던 반면, 독일은 "실질적으로 모든 것을 금속으로 제작"하는 점이 눈에 띈다고 기록했다(Nicholas 1929, 74).

그러나 1920년대 후반 독일의 항공산업은 점차 미국으로부터 경쟁의 압박을 받게 되었다. 1929년부터 미국의 비행기 제조사들은 비행기 내부의 지지시스템을 제거하고, 외피 자체를 지지구조로 변형함으로써 기술적인 면에서 선두의 자리에 올랐다. 곡면외부강판공법으로 인해 비행기는 더욱 가벼워졌고 따라서 더 빨라졌다. 이러한 기술적 패러다임 전환의 원형은 더글러스사의 DC-3 모델로 이 비행기는 1935년 첫 비행을 마친 뒤 가장 많이 생산된 상업용 비행기가 되었다. 1929년에는 독일 비행기로 운항하는 독일 루프트한자사가 국제 항공교통 부문에서도 미국의 경쟁사에게 1위 자리를 빼앗겼다.

F13 이후 이루어진 수많은 기술혁신들이 비행기의 안전성과 효율성을 개선했다. 내비게이션시스템, 플라스틱과 같은 소재, 특히 제트엔진과 같은 추진시스템 등을 들 수 있다. 승객수가 증가하면서 안락함이라는 차별화 메커니즘에 따라 승객들을 사회적으로 세분하는 등급제가 마련되었다. 여행의 대중화 또한 대형 비행기에 대한 수요를 일으켰는데, 최초의 모델로는 1970년 보잉 747이 시장에 출시되었다. 이전 비행기 모델의 객실은 좌석 배치와 창문 크기가 밖을 내다보기 좋게 만들어졌지만 소음이 커서 대화가 거의 불가능했던 반면, 가압 객실이 도입되면서 시야는 나빠졌지만 소통 가능성은 개선되었다. 외부요인들을 대거 차단함으로써 비행 체험에 대한 인식이 크게 바뀌었다. 자연과 직접 대면하는 비행 체험이 효율적이고 안전하며 편안한 이동을 위한 서비스에 의해 뒷전으로 밀려나게 된 것이다.

대양적 상상력: 자유, 항공기 유형, 항공정책

많은 기술적 유토피아가 그렇듯이 비행에는 무한한 자유에 대한 상상들이 덧붙여졌고, 따라서 비행은 모든 종류의 총체적 비전에 적합했다. 일찍이 열기구와 체펠린비행선이 이 같은 상상들을 실현시킨 기술이었다. 이에 반해 더 작고 더 빠르고 더 안정적인 비행기는 조종사 개인에게 새롭게 획득한 공간을 최적으로 활용할 수 있는 유연성을 제공했다. 교통수단으로서의 비행은 점점 더 많은 대중에게 '3차원'에서의 전설적인 자유를 맛볼 수 있게 해줌과 동시에 이 공간에 일상적인 기능을 부여함으로써 탈신화화했다. 체펠린비행선은 곧 향수를 불러일으키는 것이 되었고 미니멀리즘, 효율성, 속도에 매혹된 시대에는 금속 비행기가 근대성의 아이콘이 되었다.

자유가 내포하고 있는 의미는 정치적 성향에 따라 완전히 다른 내용으로 채워졌다. 예컨대 에른스트 윙거Ernst Jünger는 20세기 기술중심주의 인간학을 개진하면서 비행과 비행사라는 말을 반복적으로 사용했다. 그의 견해에 따르면 근대 기술은 전통적인 보수적 문화비평이 믿었던 것처럼 탈개인화와 보편적 가치의 붕괴를 초래하는 것이 아니라 오히려 개인을 해방시켜 새로운 엘리트의 출현을 가능하게 한다는 것이었다. 그는 제1차세계대전에서 비행사가 전통적인 지상전의 제약에서 벗어나 기술을 매개로 하는 전투에 전적으로 집중할 수 있는 진정한 자율적 인간임을 입증했다고 보았다. 전투기 조종사들은 "수십 일씩 행군하며 진창과 부패와 피투성이 속에서 뒹굴 필요가 없다. 야간전투나 안개 속 전투도, 팔다리가 잘려나가는 것도 그들은 알지 못한다. 그들은 깨끗한 제복과 새하얀 속옷을 입은 채 매끈한 손으로 담배를 던져버리고 비행기에 올라탔다가 1시간 뒤에 돌아온다"(Jünger 1930, 80).

자율적인 지위와 군사적 파괴력으로 인해 비행사는 남성적인 상징인물이 되었으며, 평화시에도 롤모델의 역할을 했다. 1929년 에른스트 윙거는 다음과 같이 기술했다. "비행하는 인간은 아마도 새로운 남성성을 가장 선명하게 표현한 인물일 것이다. 그것은 전쟁중에 이미 암시되었던 하나의 유형을 나타낸다"(Jünger 1929, 11f.). 근대가 끝날 무렵에도 비행은 긍정적 의미의 '탈구속성'의 매체로 여겨졌다. 이는 여전히 전통적 공동체를 강력하게 옹호하는 사람들에 대항하기 위한 것으로서 시민적이고 평등주의적인 의미를 갖는다. 예를 들어 1960년대 초 서독의 교육자들은 개성 교육을 위한 개념을 모색하는 과정에서 비행을 자유의 원초적 경험으로 찾아냈다. 젊은 세대는 탈산업사회로 이행하는 과정에서 전통적인 구속에서 벗어나 민주적이고 다원화된 사회에 적절한 삶의 형태로 개인주의를 발견해야 하는데, 이러한 교육을 위한 힌트를 여기에서 얻고자 했던 것이다(Gebhard/Nahrstedt 1963, 134).

비행기는 거의 제한 없는 경로를 통해 지구의 가장 먼 지역에서도 작전이 가능했기 때문에 욕망을 자극하는 매우 중요한 정치적 요소가 되었다. 이 새로운 기술은 제1차세계대전 이후 새롭게 확정된 지정학적 세력관계를 변화시킬 수 있는 것처럼 보였고, 특히 패전국의 경우 다시 일어설 수 있다는 환상을 불러일으켰다. 독일은 '3차원'의 정복을 통해 육지와 바다에서 다른 강대국들에 의해 차단당한 세계적 위상을 회복할 수 있는 가능성을 보았다. 융커스사의 한 관리자는 이 새로운 상황에 대해 "공중 바다의 문 앞에는 바다를 지배하는 알비온Albion[18]이 없다"고 지적했다(Sachsenberg 1929, 4).

그러나 비행기는 권력정치적 야망과는 별개로 내부적으로 국가공동체를 복원하는 매개체로도 여겨졌다. 사회민주주의부터 정치적 극우에 이르기까지 비행이 국민의 "도덕적 노력"으로서 국가를 통합하고(Ernst Jünger), "항공 마인드를 가진 국민air minded nation"(Hugo Junkers)을 만들 수 있다고 확신했다. 특히 미국과 이탈리아에서는 이러한 비전이 국가적으로 상당한 지지를 받았다. 예컨대 1927년 '비행하는 정치인flying politician' 찰스 린드버그Charles Lindbergh의 대서양 비행이 미국에서 국가적 열광을 촉발했던 사실은 이러한 비전이 국민들에게 얼마나 큰 반향을 일으켰는지를 잘 보여준다. 더욱 중요한 것은 이처럼 비행 자체, 특히 대서양 횡단 비행 여행에 대한 인기가 급증하면서 미국의 항공기산업도 활기를 띠게 되었다.

비행대 자체 내에서는 귀족적인 배경이 지배했지만 그럼에도 불구하고 사회적 신분 상승자들은 이미 제1차세계대전 때 전투기 조종사들의 '결투'에서 자신들의 능력을 입증할 수 있었다. 정치적 우파는 전쟁을 통해 탄생한 에른스트 윙거의 '비행사 유형'이 현재의 엘리트적이고 귀족적인 투쟁정신의 화신이라고 생각한 반면, 정치적 좌파는 바로 이 유형의 해체를 강조했다. 베르사유조약에 의해 강제로 항공산업의 민영화가 이루어지면서 이 유형의 해체가 시작되었다. 비행의 정치적 유토피아는 전시 항공의 엘리트주의적 이상이 아니라 상업용 비행의 민주화 잠재력에서 그 힘을 얻었다. 전쟁이 끝난 뒤에도 비행기 조종사들은 대개 장교 출신이었다. 그러나 그들의 지위는 상업용 비행기 조종사가 되면서 변화되었다. 정치적 좌파는 조종사가 전쟁의 자율성을 가진 귀족적이고 특권적인 지위에서 일상적인 교통서비스를 수행하는 역할로 변모하는 것을 민주화 과정이라고 환영했다(Reissner 1930, 236). 1920년대 말부터 폭발적으로 증가한 글라이더 비행에는 민족주의적 대학생뿐만 아니라 사회민주주의적 배경을 가진 노동자와 공무원의 자녀들도 참여했다. 주로 부르주아들로 이루어진 초당파적인 '독일항공협회'와 사민당과 가까운 글라이더 비행사 조직인 '바다제비'가 경쟁했다. 이 협회는 "독일 항공의 철저한 민주화를 추구하고 국경을 초월한 국제적 화해와 연대의 도구로서 독일 항공을 적극적으로 활용하기 위해" 싸웠다(Interessengemeinschaft der deutschen Luftfahrt 1931, 166). 글라이더비행협회에서 비행은 더 많은 사람들, 특히 젊은이들에게 개인적인 경험이 되었다. 수동적으로 감탄하는 대신 어디서나 직접 해볼 수 있게 된 것이다. 이는 그저 동경만 할 뿐 직접 실행할 수 없는 비행선 여행에 비해 근대적인 대중문화의 이동 메커니즘에 더 부합하는 것이었다. 그러나 자동차회사를 통해 '국민 비행기'를 판매함으로써 도로에서와 비슷한 수준의 일상적인 이동성을 공중에서 실현하려는 시도는 성공하지 못했다.

비행기는 제2차세계대전에서 폭격기나 저공비행기 형태로 결국 사회적 평준화를 가져왔다. "예외 없이 적의 직접적인 공격에 노출되기 때문에" 전쟁중인 국가의 모든 국민들을 잠재적 피해자와 '전투원'으로 만들었던 것이다. 적어도 정치적 우파는 총력전을 이렇게 상상했다(Douhet 1935, 16). 소비사회가 확대되면서 대중은 더이상 피해자 신분으로 전락하지 않고 경제적 능력을 지닌 주체로서 비행기의 객실을 장악하게 되었다. 그들은 '미세한 차이'로 사회적으로 세분화되기는 했지만 국제 관광의 성과를 누렸다.

대중 항공교통이 자리잡은 것은 1945년 이후였다. 서독에서 비행기 탑승객 수는 1950년 65만 명에서 1989년 7,000만 명 가까이로 증가했는데, 1950년대와 1960년대에 특히 높은 증가율을 보였다(Treibel 1992, 36). 승객수가 증가함에 따라 더 크고 경제적인 비행기의 개발을 촉진했을 뿐만 아니라 항공교통의 지상 조직에도 새로운 요구가 제기되었다. 19세기의 건축적 앙상블인 기차역이 철도의 선로 기반 운송 기능을 도시와 연결했다면, 20세기의 이동성 완충지대인 공항은 승객이 수평 차원에서 수직 차원으로, 또 그 역으로 이동하는 데 적응하도록 만들었다. 기차역이 도시가 커지면서 도시 안에 둘러싸이게 되었던 것과 달리 공항은 대개 도시 외곽지역에 위치해 근거리교통망과 연결되고 대규모 주차장도 갖추었다. 이는 특히 1950년대부터 제트기가 대량으로 도입되면서 소음이 증가하고 넓은 면적이 필요하게 되었기 때문이다. 1920년에서 1930년대 도시 가까이에 위치한 공항들은 대부분 잔디 활주로를 갖추고 타원형으로 건설되었는데 증가한 교통량을 감당할 수도, 더 길고 더 잘 포장된 활주로에 대한 요구도 충족시키지 못했다. 1920년에 문을 연 세계 최초의 런던 크로이던공항은 1959년 더이상 확장의 가능성이 없어 문을 닫았고, 1923년 문을 연 베를린 템펠호프공항은 1974년 테겔에 새로운 공항을 건설해 부담을 줄였다.

운송 인원의 증가로 인해 최적화된 처리 조직이 필요하게 되었고, 이는 결과적으로 공항 건축의 기능적 특성을 강화했다. 공항은 기차역과 유사하게 호텔, 레스토랑, 회의시설 외에도 모든 종류의 소비 기회를 제공하는 서비스센터가 되었다. 그러나 기차역과 달리 공항의 내부에는 승객과 수하물이 육상교통에서 항공교통으로 이동하는 동안 통과해야 하는 정교한 이동 및 보안 시스템이 갖추어져 있다. 오늘날에는 컴퓨터를 이용해 예약, 분류, 이동 과정을 처리하며, 이러한 프로세스는 고도로 자동화되어 있다. 영어를 사용하거나 픽토그램을 안내 기호로 사용하는 것은 한편으로는 비행기라는 운송수단의 민주적이고 국제적인 특성을 나타내며, 다른 한편으로 세분화된 통제시스템은 특정 규칙을 준수해야만 국제 항공교통의 기능이 유지될 수 있음을 나타낸다.

세계화된 교통과 국가의 이익을 동기화시키기 위해 세관과 국경 검문소에서 신분증 검사가 이루어지며, 민감한 항공교통시스템에 대한 공격을 방지하기 위해 보안검사가 실시된다. 2001년 9·11 테러가 발생하기 훨씬 전부터 사보타주 및 항공기 납치 행위로 인해 보안을 강화하려는 노력이 확대되었고 때로는 국제적인 공조도 이루어졌다. 특히 1960년대 후반과 1970년대 초에는 (종종 정치적 동기에 의한) 비행기 납치사건이 많이 발생했는데, 1969년에만 92건이 발생했고 그중 58건이 아바나로 납치되었다. 이로 인해 금속탐지기의 도입이나 비행기 납치범을 지원하는 국가에 대한 제재와 같은 보안 조치들이 강화되었다. 이러한 조치들의 직접적인 결과로 1971년부터는 납치 건수가 다시 감소했다(Mondey 1980, 436ff.).

모든 이동 기술이 그렇듯이 비행기도 처음에는 특히 남성의 조종 능력을 향상시켰지만 20세기가 지나면서 성별 선호도가 변화되었다. 기계에 의해 구동되는 운송 기술을 숙달하는 데에는 체력이 중요하지 않았기 때문이다. 세계대전 비행사들의 "댄디즘"(Jünger 1930, 79)에 이미 여성적 요소가 포함되어 있었다. 1920년대에서 1940년대 사이의 고전적 근대의 전성기에 여성 조종사에 대한 대중의 관심이 높아지면서 비행이 여성의 활동 영역이 되었다. 그러나 양적인 면에서는 제한적이었다. 여성 비행사들은 미래의 가벼운 기술의 도전을 능숙하게 마스터한 도시적이며 독립적이고 활동적인 젊은 여성의 이상을 구현했다(Pfister 1989; Douglas 1990).

무한한 이동성: 근대 세계를 열다

이동용 공간의 역할은 사람들이 한 장소에서 다른 장소로 이동하기 위해 잠시 머무르는 운반용 케이스이다. 이러한 기능에서 그 내부 형태가 도출된다. 하지만 이동용 공간들이 특히 근대의 장소로서 중요한 것은 인간의 공간감각을 전반적으로 변화시켰기 때문이다. 지평의 확장은 생활세계를 변화시켰을 뿐만 아니라 현재에 대한 사회정치적 해석과 역사철학적 모델에도 영향을 미쳤다. 1940년 카를 슈미트Carl Schmitt가 당대의 역사적 원동력으로 여긴 것은 바로 기술적으로 매개된 '공간혁명'이었다(Adam 1991). 그리고 근대의 이동성을 보여주는 결정적 상징이 된 것은 바로 비행기였다. 비행기는 전 지구적으로 물리적 이동을 가능케 하고 사회적 동원의 매개체가 됨으로써 사회구조를 붕괴하는 데 기여했다.

종종 별개로 고찰되는 이 두 가지 이동성 차원을 함께 생각하게 되면 비행기의 역사는 근대의 중요한 경향을 반영할 뿐만 아니라 그러한 경향의 촉진제이기도 하다는 사실을 알 수 있다(Bonß/Kesselring 2001). 전통사회에서 근대사회로 이행하는 과정에서는 다른 교통수단들이 이러한 혁명적 기능을 수행했다. 19세기 중반 유럽의 대중은 "메테르니히와 합스부르크 왕가 전체가 증기기관의 바퀴에 깔려 으스러지고, 오스트리아 군주제가 자신의 기관차에 의해 조각조각 잘려나가는"(Engels 1974, 508) 것을 보며 숨을 죽였다. 부르주아계급이 근대의 첫번째 세계화 물결 속에서 세계시장을 창출하기 위해 철도와 증기선을 타고 "전 지구를"(Marx/Engels 1974, 465) 사냥했다면, 비행기는 "**시간**을 극복하고 [……] **공간**을 정복하며"(Junkers 1929, 99) 최단시간 내에 지구상 어디든 자유롭게 갈 수 있게 함으로써 발전된 산업사회를 훨씬 더 광범위하게 국가적·지리적 한계에서 해방시켰다. 국민국가의 경계를 극복할 수 있는 잠재력 때문에 비행기는 점점 빠르게 세계화되는 세계 속에서 다른 어떤 교통수단보다 국가의 윤곽, 국가의 이미지, 국가의 위치를 둘러싼 논쟁의 중심이 되었다(Fritzsche 1992).

그러나 비행기는 사회를 그 국가적 한계로부터 해방시켰을 뿐만 아니라 기존의 사회구조와 문화적 영향으로부터도 해방시켰다. 사회학자 게오르크 지멜Georg Simmel은 개인이 전통적 공동체로부터 해방되는 것에 대한 보완적인 움직임으로 "멀리 떨어진 사람들"과 새로운 유대관계를 형성한다고 보았다(Simmel 2001, 48). 제1차세계대전 때 이미 국제적 규모로 이러한 연결을 만들어낸 비행기는 사회적 전통을 해체하는 물리적 촉매제로 여겨졌다. 1920년대 중반 바우하우스 학생이자 데사우에 위치한 융커스 비행기 공장의 직원이었던 지크프리트 에벨링Siegfried Ebeling은 공간적인 대중 이동성과 항공교통의 관계를 다음과 같이 묘사했다. 근대 유럽은 "모든 것이 흘러나가고 흘러들어오며 기능적으로 체류할 뿐인 땅"이 되었다. "그곳에서 사람들은 떠돌아다니다가 한데 모여 서로 뒤섞이는 도중에 일시적으로만 땅에 닿을 뿐이다." "비행기가 이륙과 착륙시 잠시 땅에 닿는 모습은 [……] 이에 대한 훌륭한 상징이다"(Ebeling 1924).

자동차 교통의 흐름은 지상차로에 직접 설치되어 있거나 그에 대응하는 안전 및 제어 시스템에 의해 제어되는 데 반해 공중에서는 3차원 제어시스템이 구축되어야 했다. 초기에는 오로지 육안과 해상운송용 장비를 사용해 운항이 이루어지다가 나중에는 무선항법시스템과 계기비행을 통해 보완되고 일부는 대체되었다. 1920년대에 최초의 다자간 협정이 이루어졌고, 제2차세계대전이 끝난 뒤 처음으로 항공관제 및 안전에 관한 신뢰할 만한 국제표준이 정립되었다. 1947년에 창립된 '국제민간항공기구International Civil Aviation Organization, ICAO'는 민간항공을 담당하는 유엔 조직으로서 무엇보다도 안전기준과 항공운송에 관련된 안건들 및 책임법에 대해 정의했다.

오늘날에는 비행기 이동을 통제하고 규제할 수 있도록 '공중 바다'가 전 세계적으로 구조화되어 있다. 이 비행정보구역[19]은 관제공역과 근거리 교통구역으로 나뉜다. 관제공역은 미국에서는 이미 1920년대에 도입되었는데 공항과 공항을 잇는 공중 길을 관장하는 곳이며, 근거리 교통구역은 공항 위에서 대기하는 공간들도 포함하고 있다. 부문별로 나뉜 이 시스템을 통해 비행을 지속적으로 모니터링할 수 있다. 공항의 항공교통관제센터에 상주하는 관제사는 접근하는 비행기를 주차 위치로 안내한다. 1960년대부터 항공관광의 확대로 공역이 과부하되면서 항공 안전에 심각한 문제가 발생했고, 교통계획의 개선과 공역의 정밀한 조직화를 통해 이에 대응하기 위해 노력했다. 항공노선의 체계 역시 항공교통의 수용 능력을 제한하기 때문에 개편되어야 한다.

'3차원'의 발견은 특히 사회 고밀도화의 직업인 건축과 도시계획에 광범위한 영향을 미쳤다. 예를 들어 영구적 이동성이라는 유토피아가 주택 건축에 적용되어 '이동식 주택'이라는 아이디어가 '유럽 유목민의 근대적인 주거용 텐트'로서 큰 매력을 얻었다. 바이마르공화국의 가장 진보적인 건축 저술가 알렉산더 슈바프Alexander Schwab는 다음과 같이 상상했다. 그것은 "원하는 곳 어디에나 설치할 수 있어 직장을 옮길 때마다 적합한 새로운 위치로 이동할 수 있으며, 10년 후 생활수준이 향상되면 확장하거나 더 큰 것으로 교체하고, 또 10년이 지난 후에도 손해 없이 중고품으로 판매하고 더 좋은 새 물건으로 대체할 수 있다" (Schwab 1973, 168f.). 프랑스의 부아쟁사나 독일의 융커스사와 같은 항공기 제조사들이 가볍고 이동가능한 건축 비전을 실험한 것 또한 우연이 아니었다.

그러나 비행기에서 영감을 받은 것은 주거의 이동성뿐만이 아니었다. 공중에서 지면을 내려다볼 수 있었기 때문에 19세기 중반 파리에서 오스만 남작의 주도로 추진되었던 것과 같은 대규모의 도시 '정비régularisations'가 가능해졌다. 르코르뷔지에Le Corbusier는 1929~30년에 리우데자네이루의 재개발을 계획하는 과정에서 무질서하고 다소 비민주적인 도시의 난개발을 비판적으로 검토하면서 비행기의 계몽적 기능을 칭찬했다. "우리는 알고 있었다. 하지만 우리는 이 도시의 불결함, 주민들에 대한 불성실함이 얼마나 터무니없고 혐오스러운지 전혀 알지 못했다. 비행기는 우리가 통찰할 수 있게 도와주었다. 비행기는 그것을 보는 눈을 가졌다. 비행기는 고발한다"(Ingold 1980, 321). 이것은 역사적으로 형성된 기존 도시구조의 조망 불가능성에 대한 고발이었다. 이러한 구조는 이제 제거되고 계획된 건설로 대체되어야 했다. 20세기의 도시들은 전적으로 합리주의적 기준에 따라 설계된 '신인류'의 근대적 주거지를 위한 공간이 되어야 했다.

항공교통은 20세기 후반 소비사회가 확대되면서 대중적인 시장으로 자리를 잡았다. 여기에서 군사적 이용과 민간 이용 사이의 시간차가 특히 명확하게 드러났다. 제2차세계대전 당시에는 비행기가 특히 민간인을 상대로 전쟁을 수행하는 효과적인 수단으로 사용되었지만, 근대가 더이상 고전적이지 않게 된 시기에는 폭넓은 계층이 이 고전적 근대의 기술적 성취로부터 혜택을 누리게 된 것이다. 이는 이 계몽의 도구가 가진 변증법을 완전히 드러나게 해주었다. '제2의 근대' 시기에 근대성과 이동성이 가장 진보된 교통수단과 직접적으로 연결되는 것이 얼마나 문제가 될 수 있는지는 2001년 9월 11일에 와서야 드러난 것이 아니다.

이미 1960년대 후반부터 비행기 소음, 환경오염, 대중관광의 결과에 대한 논쟁을 통해 이러한 문제가 제기되었다.

참고문헌

Adam, Armin (1991): Raumrevolution. Ein Beitrag zur Theorie des totalen Krieges, in: Martin Stingelin/Wolfgang Scherer (Hg.), HardWar/SoftWar. Krieg und Medien 1914 bis 1945, München, 145~158.

Asendorf, Christoph (1996): Super-Constellation —Flugzeug und Raumrevolution. Die Wirkung der Luftfahrt auf Kunst und Kultur der Moderne, Wien.

Bonß, Wolfgang/Sven Kesselring (2001): Mobilität am Übergang von der Ersten zur Zweiten Moderne, in: Ulrich Beck/Wolfgang Bonß (Hg.), Die Modernisierung der Moderne, Frankfurt, 177~190.

Brecht, Bertolt (1988): Der Flug der Lindberghs, in: Werke, Bd. 3, Berlin/Weimar/Frankfurt.

Budraß, Lutz (1998): Flugzeugindustrie und Luftrüstung in Deutschland 1918~1945, Düsseldorf.

Douglas, Deborah G. (1990): United States Women in Aviation, 1940~1985, Washington.

Douhet, Giulio (1935): Luftherrschaft, Berlin.

Ebeling, Siegfried (1924): Luftfahrt und Fremdenverkehr. Glossen zum internationalen Luftverkehrsprogramm der Junkers-Werke Dessau, Deutsches Museum, München, Junkers-Archiv, Juprop 733.

Engels, Friedrich (1974): Der Anfang des Endes in Österreich (1848), in: Karl Marx/ders., Werke, Bd. 4, Berlin, 504~510.

Fritzsche, Peter (1992): A Nation of Fliers. German aviation and the popular imagination, Cambridge/London.

Gebhard, Julius/Wolfgang Nahrstedt (1963): Studentische Jugendarbeit. Dargestellt am Beispiel Hamburgs. Ein Beitrag zur Freizeiterziehung, Hamburg.

Ingold, Felix Philipp (1980): Literatur und Aviatik. Europäische Flugdichtung 1909~1927, Frankfurt.

Interessengemeinschaft der deutschen Luftfahrt (Hg.) (1931): Aviaticus. Jahrbuch der deutschen Luftfahrt, Berlin.

Jünger, Ernst (Hg. unter dem Protektorat des Deutschen Luftfahrtverbandes e.V.) (1929): Luftfahrt ist not!, Leipzig/Nürnberg.

Ders. (1930): Das Wäldchen 125, Berlin.
Junkers (1929): Festschrift Hugo Junkers zum 70. Geburtstage, Berlin.
Marx, Karl/Friedrich Engels (1974): Manifest der Kommunistischen Partei (1848), in: dies., Werke, Bd. 4, 459~493.
Mondey, David (1980): Illustrierte Geschichte der Luftfahrt, München.
Nicholas, Russel (1929): Die Eindrücke eines Amerikaners von der europäischen Luftfahrt, in: Aero Digest, Oktober.
Pfister, Gertrud (1989): Fliegen—ihr Leben. Die ersten Pilotinnen, Berlin.
Reissner, Larissa (1930): Junkers, in: Karl Radek (Hg.), Larissa Reissner. Oktober. Ausgewählte Schriften, 3. , erw. u. neubearb. Aufl., Berlin, 229~250.
Sachsenberg, Gotthard (1929): Die deutsche Luftfahrt-Wirtschaft als Gesamtproblem, Leipzig.
Schatzberg, Eric (1999): Wings of Wood, Wings of Metal. Culture and Technical Choice in American Airplane Materials 1914~1945, Princeton.
Schivelbusch, Wolfgang (1989): Geschichte der Eisenbahnreise. Zur Industrialisierung von Raum und Zeit im 19. Jahrhundert, Frankfurt.
Schwab, Alexander (u. d. Namen Albert Sigrist) (1973): Das Buch vom Bauen (1930), Gütersloh.
Simmel, Georg (2001): Über sociale Differenzierung. Sociologische und psychologische Untersuchungen, in: ders., Gesamtausgabe, Bd. 2, Frankfurt.
Treibel, Werner (1992): Geschichte der deutschen Verkehrsflughäfen. Eine Dokumentation von 1909 bis 1989, Bonn.

우주선

레베카 라데비히Rebekka Ladewig

고공비행

1929년 10월 15일 베를린의 우파UFA[20] 영화관 정면에는 별이 빛나는 하늘을 배경으로 지구와 달, 그리고 발사체 모양의 달로켓이 그려진 거대한 플래카드가 걸려 있다(Neufeld 1997, 18). 이날 이곳에서 프리츠 랑Fritz Lang 감독의 〈달의 여인Die Frau im Mond〉 시사회가 열린다. 관객이 열광한 것은 달에서 절정에 이르는 감상적인 질투 드라마가 아니라 연인이 천체에 도달하기 위해 사용하는 기술적 구조를 영화적으로 묘사한 부분이다. 즉 영화의 실질적인 주인공은 달로켓이다. 시사회에서 박수갈채를 받은 장면 역시 애니메이션으로 처리된 로켓 발사 장면이다. 그러나 홍보용 아이디어로 예고된 실제 액체로켓의 발사는 실현되지 못했다. 프리츠 랑은 영화 속 로켓을 기술적으로 구현하고 영화화하는 과정에서 과학적인 도움을 받기 위해 로켓 전문가인 엔지니어 헤르만 오베르트Hermann Oberth를 고용했다. 시사회에서 계획된 로켓 발사가 실패한 것과는 달리 엔터테인먼트산업과 과학의 동맹은 프리츠 랑뿐만 아니라 헤르만 오베르트에게도 성공적이다. 〈달의 여인〉이 SF영화로 독일 영화사의 한 장을 장식하는 동안 헤르만 오베르트는 바벨스베르크에서 우파UFA의 자금을 지원받아 15개월 동안 작업하면서 액체연료용 연소실 개발에 성공했다. 그의 '원뿔형 노즐'은 현대 로켓엔진의 원형 중 하나이다.

1942년 10월 3일 "x-1. 카운트다운 시작. 10초 전! 점화! 이륙! 음속 돌파! 연소 종료! 하강!" 기존의 기술사技術史 기록에 따르면 이 일련의 사건은 바로 우주시대의 시작을 의미한다(Dornberger 1981, 15~24). 페네뮌데 군실험기지의 제11무기실험소 책임자인 육군소장 발터 도른베르거Walter Dornberger가 묘사한 이 극적인 순간은 아그레가트 4('A-4')의 비행경로에서 가장 중요한 지점들을 나타낸다. 이 로켓은 얼마 뒤에 V-2로 알려지게 된다. 이 기술 퍼포먼스의 결정적인 순간은 문자 그대로 비행의 정점에서 거의 85킬로미터의 고도에 이른 것이다. 제어시스템의 기술적 결함으로 인해 아그레가트가 의도치 않게 성층권에 도달한 것이다. 탄도학적 오류의 산물인 1942년 10월 3일의 고공비행은 (기술)역사의 전환점이 되는데, 같은 날 발터 도른베르거는 연설에서 별에 도달하는 것, 그리고 새로운 교통 기술인 우주비행의 시작을 언급했다(앞의 글 1981, 26). 1920년대 초 나치가 로켓을 기술 개발의 원동력으로 보고 10년 넘게 개발 작업에 매달린 끝에 로켓의 운명이 이렇게 빛을 보게 된 것이다. 그들은 로켓을 "미래의 우주선"(Valier 1924, 44)으로 상상했다. 1942년 10월 3일의 통제 불가능한 사건 속에서 로켓의 형태는 우주혁명을 일으키는 비행체의 모습과 잠시 일치한다. 그리고 실제 장거리 무기는 그 제작자들의 상상 속에서 13년 전 프리츠 랑이 영화에서 보여주었던 것과 같은 우주선의 이미지와 오버랩된다.

두 시나리오 모두 명시적으로 우주선을 다루고 있지는 않지만 그것은 우주선을 실제로 그리고 상상 속에서 만들어내는 데 똑같이 영향을 미쳤다. 프리츠 랑의 달로켓이 미디어에서 우주선의 이미지에 영향을 미쳤다면, 이 기술적 유토피아의 실질적 영향은 V-2 로켓의 형태로 처음 나타났다. V-2 로켓은 나치의 군수산업 및 군비정책의 전략적 구성물이라기보다는 이데올로기적 구성물이었다. 군사적 시나리오와 미디어적 시나리오가 우주선 역사의 배경을 이룬다는 사실은 상징적이다. 이 기술적 근대의 장소는 20세기 후반에 군비경쟁의 산물로 기술적으로 실현되었고, 실제로 존재함에도 오늘날까지 대부분 미디어적 재현을 통해서만 등장하고 있다. 무엇보다 이 장소가 일상적이고 사회적인 경험 및 행동 공간에서 벗어나 있다는 점이 이와 관련해서 다양한 상상이 펼쳐질 수 있는 이유일 수 있다. 그리고 바로 그 점이 이 장소의 미래지향적인 특징이기도 하다. 이 장소를 공간을 혁신하는 기술적 상상력의 매개체로 만드는 것은 그 개발 과정에서 다양한 형태를 취해온 장소 자체의 공간적 특성이라기보다는 오히려 그 이동으로 인해 열리는 공간적 차원들이다. 이로써 우주를 무엇보다 인간을 위한 이동 공간으로 생각할 수 있게 된 것이다.

초창기에 이 기술적 유토피아를 구현한 것이 로켓이었던 것은 우연이 아니다. 20세기로 넘어가는 시기에 로켓은 이미 우주비행을 위한 기술적 해결책으로 구상되었고 "로켓 열차", "성층권 비행기"(Ziolkowski), "세계선"(Ley) 또는 "우주선"(Valier) 등의 표현과 동의어로 사용되었다. 1920년대 말이 되어서야 '우주선'이라는 용어가 일반적으로 사용되기 시작했다. 1927년에만 해도 브레슬라우에 설립된 우주비행협회는 '우주선'이라는 용어가 협회의 목적을 "명확하게 보여주지 못한다"는 이유로 법원 명령에 따라 정관을 명확히 해야 했다(Winkler 1995, 98). 상상 속에 머물던 로켓 계획에서 유인우주선을 위한 동력으로서 로켓 기술의 이론적 토대를 세우는 것으로 패러다임의 전환이 이루어진 것은 헤르만 오베르트Hermann Oberth의 1923년 저술 『행성 공간으로 보내는 로켓Die Rakete zu den Planetenräumen』에 의해서였다. 따라서 1929년에 『우주비행으로 가는 길Wege Zur Raumschiffahrt』이라는 강령적 제목으로 3차 확장개정판이 나온 것은 놀라운 일이 아니다.

그때부터 '우주선'은 지구대기권 밖의 빈 공간에서 이동하기 위해 만들어진 차량을 지칭하는 상위 개념이 되었다. 우주선은 다른 유형의 차량과는 달리 인간이 절대적인 외부에 도달해 지구를 행성의 관점에서 바라볼 수 있게 해주는 이동수단이다. 우주선은 완전히 자동화된 비행체로서 비행하는 동안 지상의 통제센터에 의해 조종된다. 우주선은 다른 운송수단과는 달리 자연환경 요소들의 변위를 통해 이동하는 것이 아니라 주위 환경으로부터 독립된 제트엔진에 의해 진공 상태에서 이동할 수 있다는 특징이 있다. 따라서 이러한 추진력의 기술적 구현인 로켓은 '우주선'이라는 기술적 구조의 본질적인 요소이다. 우주선의 공간적 특징 자체는 주위 공간의 특성에 의해 결정된다. 우주선의 외벽은 우주의 진공 상태, 극단적 기온, 방사선 등을 차단한다. 내부에는 매우 비좁은 공간 안에 인간에게 필수적인 대기 생활조건이 마련된다. 그러나 기술적인 관점에서 볼 때 '우주선'이라는 단어를 일반화해서 쓰는 것은 부정확하다. 우주비행의 기술이 발전하면서 형태와 소재가 변화했을 뿐만 아니라 국가별 특징에 따라서도 달라졌기 때문이다. 또한 각 우주비행 프로그램에 따라 다양한 유형의 우주선이 생산되었다.

무한 속의 무중력: 기술적 비전과 기술적 현실 사이의 우주선

우주비행에 대한 상상은 이미 고대시대부터 존재했지만 근대가 되어서야 비로소 이것을 기술적으로 실현하는 데 필요한 지식을 갖추게 되었다. 모든 기술적 유토피아가 그렇듯이 최초의 개념화와 실험에 앞서 문학적 구상이 먼저 등장했다. 그 상상의 에너지에 의해 이후 우주비행의 아이디어가 추진되었다(Warrick 1980).

근대 SF소설의 창시자 중 한 명인 쥘 베른Jules Verne은 소설 『지구에서 달까지』(1865)와 『달나라 탐험』(1870)에서 미국이 달에 착륙하기 100여 년 전에 달 탐사 프로젝트를 놀라울 정도로 정확하게 그려냈다(Ladewig 2000). 쥘 베른은 당시의 기술 수준을 참작해 이 프로젝트를 탄도학적 이벤트로 구상했다. 그는 포격의 관점에서 발사를 생각했고, 가상의 우주 기계인 '콜럼비아드'는 달을 향해 거대한 대포에서 발사되는 알루미늄으로 만든 유인 중공 포탄으로 묘사했다. 그러나 여기서 지구의 중력을 필요한 속도로 극복하고 우주에 도달하는 우주캡슐의 윤곽이 분명하게 드러난다. 또한 쥘 베른의 달 탐사 소설은 최초의 SF영화의 원작이 되었다. 프랑스의 영화감독이자 마술사인 조르주 멜리에스Georges Méliès는 1902년 〈달세계 여행〉에서 처음으로 움직이는 이미지와 영화적 투사를 결합했다(Virilio 1992, 41). 이로써 영화라는 매체와 영화관은 우주에 대한 상상을 매체적으로 재현하고 환상적으로 공간화해 보여주는 중요한 장소가 되는데, 그가 바로 이러한 역사의 시작점이었다.

이에 반해 진정한 "우주비행의 아버지"(Ditchev)로 여겨지는 사람은 러시아의 과학자 콘스탄틴 에두아르도비치 치올콥스키Konstantin Eduardovich Tsiolkovskii이다. 그는 1903년에 발표한 논문 「반작용 추진장치에 의한 우주 탐험」을 통해 자신이 '성층권 비행기시대'라고 일컬었던 비행의 새로운 시대가 등장하는 것을 보았다. 실제로 콘스탄틴 치올콥스키는 1890년대에 이미 '기본 로켓 방정식'으로 무중력 비행의 꿈을 실현하기 위한 수학적 전제를 만들어냈다. 이 로켓 방정식은 로켓효과를 이론 역학의 특수한 경우로 발전시키고 로켓을 자체 추진하는 비행체로 설계한 근대 로켓 기술의 기초가 되었다. 이를 통해 자체 추진력, 즉 자신의 질량 일부를 방출해 주변 요소와 독립적으로 지구에서 분리되는 비행체를 처음으로 설계할 수 있게 된 것이다(Kosmodemjanski 1979, 59ff.). 1910년대와 1920년대 러시아에서는 비행이 하늘 정복에 대한 숭고한 정치적 은유였다면 로켓은 그 이미지를 훨씬 초월하는 것이었다. 콘스탄틴 치올콥스키에게 로켓 비행은 하늘과 땅을 넘어 인류의 새로운 생활 공간이 열리게 될 곳으로 들어갈 수 있는 가능성이 점점 더 현실화되는 것을 의미했다. 또한 로켓은 지상의 자연을 극복하는 것으로서 완전한 초월을 구현하는 것이었다.

쥘 베른의 달 여행에서는 우주정복이라는 식민주의적인 판타지와 우주에 대한 낭만적인 향수가 뒤섞여 있던 반면, 콘스탄틴 치올콥스키의 작업에서는 기술적-물리적 구성주의와 정치혁명의 파토스에 의해 촉진된 무중력에 대한 꿈이 그 배경이 되었다. 이러한 점에서 그가 『우주로켓 열차』(1929)에서 그린 우주 공산주의사회 모델은 사회적 유토피아의 요소를 지닌 기술적 비전을 일관성 있게 표현하고 있다. 이 책에서 콘스탄틴 치올콥스키는 우주 정착을 '우주 진화적 발전'으로 보았다. 여기에서 '인공 생활세계의 건설'은 먼저 로켓 안에서 이루어지고 나중에는 더 큰 궤도 정거장에서 이루어질 것이라고 했다. 콘스탄틴 치올콥스키가 80여 년 전에 자급자족이 가능한 생태계로서 인간의 영구적 생활 공간으로 상상했던 우주정거장은 오늘날까지도 실현되지 못하고 있다. 그러나 그가 기반을 마련한 로켓 제작 원리는 그의 생전에 구체화되었다.

실험적 로켓 기술은 제1차세계대전 이후 독일에서 처음 시작되었다. 1923년 발표된 헤르만 오베르트의 저서 외에도 엔지니어였던 막스 발리어Max Valier의 대중과학 버전 『우주로의 진출: 기술적 가능성은?』(1924)이 특히 우주비행에 대한 아이디어 확산에 크게 기여했다. 3년 후 막스 발리어의 주도로 창립된 '우주비행협회Verein für Raumschiffahrt, VfR'는 우주비행에 대한 아이디어를 대중에게 널리 확산시키는 동시에 로켓 기술의 실험 단계를 연 최초의 기관 중 하나였다. '우주비행협회'가 만든 "우주선 제작을 도와주십시오!"라는 구호는 당시까지 이론적으로만 논의되었던 로켓의 추진, 제어 및 안정화 문제를 이제 기술 실험을 통해 테스트하는 근대적 의식을 상징적으로 보여주는 것이다. 이러한 로켓추진 우주선의 이미지는 콘스탄틴 치올콥스키와 달리 "독일 우주선"(Willi Ley)의 우주 진출을 무엇보다 전쟁 이전의 영토적·물질적·이념적 가치의 회복과 연관시키는 복고적 사고의 표현이었다(Valier 1924).

로켓의 비행이 실제로 공간적 차원을 획득하게 된 것은 실험적 연구가 군사적 이해관계와 결합되면서였다. 이것은 무엇보다 베르사유조약의 군비 제한 규정을 회피하려는 목적을 가지고 있었다. 독일군의 육군무기청Heereswaffenamt[21]은 이전 로켓 개발의 원대한 목표였던 "우주발사체의 미래주의적 구상"(Neufeld 1997, 32)에는 관심이 없었다. 육군무

Helft das Raumschiff schaffen!

Es ist in letzter Zeit wiederholt dargetan worden, daß es bei dem heutigen Stande der Technik möglich sein muß, den leeren Raum, der uns von benachbarten Himmelskörpern trennt, zu durchfliegen, ein Projekt, das an Großartigkeit kaum seinesgleichen kennt. Alles, was bisher dagegen vorgebracht wurde, ist nicht durchschlagend. Es gilt daher, den großen Gedanken mit allen Kräften zu pflegen und zu fördern.

Freilich kann ein solches Werk nur gelingen, wenn alle die vielen Wünsche auf Verwirklichung sich zu einheitlichem Wirken zusammenschließen. Zu diesem Zwecke ist bereits am 5. Juli 1927 der Verein für Raumschiffahrt E. V. in Deutschland mit der Fachzeitschrift „Die Rakete" gegründet worden, dem die führenden Persönlichkeiten auf diesem Gebiet (Prof. Oberth-Mediasch, Dr.-Ing. Hohmann-Essen, Fritz von Opel-Rüsselsheim, Johannes Winkler-Breslau u. a.) angehören.

Die Führer der Bewegung wissen sehr wohl, daß es zunächst näherliegendere Aufgaben zu lösen gilt als Weltraumfahrten zu unternehmen; vor allem ist die Motorenfrage, die theoretisch heute bereits zu überblicken ist, auch der praktischen Lösung näherzubringen, erst dann dürfte die Zeit gekommen sein, Raumschiffe zu bauen, die mit der Geschwindigkeit eines Geschosses uns in kürzester Zeit an entfernteste Punkte der Erdoberfläche tragen, und die in hochentwickelter Form uns den Besuch benachbarter Himmelskörper ermöglichen.

Wie die Luftschiffahrt wird auch die Raumschiffahrt zunächst durch uneigennützige Förderung seitens derjenigen Kreise geschaffen werden, die in der Raumschiffahrt einen großen Kulturfortschritt erblicken. Die Raumschiffahrt ist einer der besten Gedanken unserer Zeit, und wenn recht viele Hand anlegen, werden wir voraussichtlich auch Zeugen seiner Verwirklichung sein können. Es ergeht daher an alle interessierten Kreise die Einladung:

**Tretet dem Verein für Raumschiffahrt E. V.
in Deutschland bei!
Helft das Raumschiff schaffen!**

Verein für Raumschiffahrt E. V. in Deutschland

Hauptgeschäftsstelle Breslau 13

Postschließfach Nr. 11

Mitgliedsbeitrag z. Zt. 5 RM jährlich. Höhere Beiträge und besondere Zuwendungen werden dankbar entgegengenommen.

1929년의 광고 "우주선 제작을 도와주십시오!"

기청은 이미 1930년부터 액체로켓의 실험적 개발을 지원했는데, 이것의 설계는 우주비행협회의 작업뿐만 아니라 프리츠 랑과 헤르만 오베르트의 협력에도 기반을 두고 있었다. 히틀러가 정권을 장악하기 몇 달 전 마침내 로켓 기술이 육군무기청의 군비정책 프로그램에 포함되었고, 약 10년 뒤 페네뮌데 V-2 로켓이라는 파괴적인 제품의 탄생으로 이어졌다(Pynchon 1973). 이 로켓은 우주로켓의 우주 수직 비행을 탄도

포물선으로 구부려 지대지미사일로 설계함으로써 먼저 파괴 무기로 실현되었다. 나치는 그것의 사정거리가 미치는 곳이 곧 제국 자체라고 선전했다.

1933년 발터 벤야민은 근대적 설계자를 가리켜 "새롭게 시작하기 위해 먼저 책상부터 깨끗이 정리하고 [……] 역사가 시작한 파괴 작업을 완수하는" 유형으로 묘사했다. 페네뮌데의 로켓 엔지니어들, 그중에서도 선두적 인물인 베른헤르 폰 브라운Wernher von Braun의 활동을 이보다 더 적확하게 예견할 수는 없었을 것이다. 전쟁이 끝난 직후 페네뮌데의 과학 기술 엘리트들은 미국의 비밀작전 '페이퍼클립Paperclip'의 일환으로 뉴멕시코주 화이트샌드에 상륙했다(McDougall 1985, 44ff.). 이곳에서 독일 로켓 기술의 역사는 미국의 우주비행의 역사로 곧바로 이어졌다. 널리 알려진 것처럼 군비정책적 측면에서 미래 첨단기술 개발의 계기가 된 것은 1957년 스푸트니크 충격에 이어 1961년 4월 구소련의 우주비행사 유리 가가린의 궤도 비행이었다. 보스토크 1호는 기술 장비, 개, 원숭이에 이어 인간을 우주에 보낸 최초의 우주선이었다. 이 비행으로 제2차세계대전 당시 연합군의 '공중 우위'가 구소련의 '궤도 우위'로 바뀌었고, 이로 인해 우주가 냉전의 장이 되면서 1960년대 초 강대국 간의 '우주 경쟁space race'이 촉발되었다.

이 경쟁에서 공간적 목표에 먼저 도달한 것은 미국이었다. 미국은 1969년 아폴로 11호의 달 탐사 임무를 성공시켰는데, 그 운반 로켓인 새턴 5호는 베른헤르 폰 브라운의 지휘 아래 독일의 V-2 로켓을 기반으로 설계된 것이었다. 또한 미국항공우주국NASA이 실현한 '달 궤도 랑데부Lunar-Orbit-Rendezvous, LOR'는 아폴로 시리즈의 설계방식을 결정지은 달 착륙 기술로, 미국의 기술적 우위를 재확립해 스푸트니크 충격의 마지막 흔적을 지웠다(McDougall 1985, 344ff.). '가장 오래된 TV'(백남준)에 달 착륙선 이글호가 착륙하면서 기존의 인간 존재의 기준축이 "달의 영점 고도"로 대체되었다(Virilio 1992, 126ff.). 19세기 말에 역사학자 프레더릭 잭슨Frederick Jackson은 서부로 진출한 개척정신이 미국 역사의 진정한 동력임을 강조했는데, 이제 그러한 개척정신이 수직적 차원으로 변형되어 실현된 것이었다. 1974년 나사가 시작한 셔틀 프로그램은 아폴로시대의 일회용 우주선과 로켓 대신 재사용이 가능한 우주왕복선을 제작하는 것이었다. 이로써 군사, 과학, 상업적 목적을 위해 우주비행을 정기화하는 단계로 이행하게 되었다. 오늘날까지 미국 우주 프로그램의 핵심을 이루고 있는 셔틀 시리즈의 설계방식에 결정적인 기준이 된 것은 경제성, 특히 재사용의 가능성이었다.

1981년에 운항을 시작한 셔틀 시리즈는 궤도선, 외부 연료 탱크, 재사용이 가능한 고체연료 로켓 2개로 구성된 새로운 우주선 유형으로, 보잉 737 여객기 크기로 아폴로 착륙선의 10배 크기이며 특히 수평으로 착륙하는 기술을 사용하는 점에서 차이가 있었다. 이 우주선의 용도는 무엇보다도 우주의 상업적·과학적 활용을 위한 것이었다. 따라서 우주왕복선은 지금까지는 우주정거장을 위한 공급 및 수송 시스템의 기능을 수행했다. 인간이 우주에서 비교적 오래 머물 수 있는 유일한 기술적 근대의 장소인 우주정거장은 주거, 연구, 공급 등 다수의 모듈로 구성된 궤도복합체를 이루고 있다. 1986년부터 가동된 러시아의 우주정거장 미르MIR는 SF소설의 신비한 날짜인 2001년에 대기권에서 불타 소멸되기까지 100명이 넘는 세계 각국의 우주인들이 방문했고, 1989년부터 1999년까지 계속해서 사람이 거주했다(아파트, 실험실). 이러한 점에서 우주정거장이 단지 우주비행에서 국제화가 활발해지고 있다는 사실만을 보여주는 것은 아니다. 우주정거장은 인간에게 비교적 넓은 (고정된) 생활환경을 제공함으로써 인류 최초의 진정한 우주 전초기지라고 볼 수도 있다. 우주선으로 갈 수 있는 우주 공간의 장소로서 우주정거장은 (우주)공간적 목적지로 달을 대체하게 되었다.

우주선을 주로 운송수단으로 인식하는 것이 당연해 보이지만 우주선의 공간적 특질은 이러한 도구적 기능에만 국한되지 않는다. 우주선은 사람들을 우주의 암흑 속으로 이동시킨다. 그리고 고향 행성을 떠남으로써 지구가 의미의 근원적 토대로서 시야에 들어오게 된다. 구소련의 우주비행사 세르게이 크리칼레프Sergei Krikalev는 영화감독인 안드레이 우지카Andrei Ujica와의 인터뷰에서 다음과 같이 이야기했다. "그 경험을 말로 표현하는 것은 언어의 한계 때문에 불가능합니다. [……] 우주에서 하늘이 까맣다는 것은 누구나 알고 있습니다. 하지만 태양이 검은 하늘에서 어떻게 나타나고 별이 태양과 얼마나 가까이 있는지 눈으로 직접 본다면 그것은 이루 형언할 수 없습니다. 우주비행을 하며 지구 곳곳을 눈으로 직접 본 적이 있다면 이전과는 결코 같을 수 없습니다" (Ujica 2001, 74).

약 100여 년에 이르는 우주비행에 관한 상상의 역사는 우주의 어둠 속을 향해 있었다. 달 착륙으로 어둠의 공간이 인간의 이동에 개방되기 전부터 투사의 방향이 바뀌었다. 스푸트니크 충격으로부터 1년 뒤 최초의 외계의 "이름 없는 공포"가 단순한 "덩어리"[22]의 모습으로 지구에 착륙했다(*The Blob*, USA 1958). 제2차세계대전의 방어 및 방공 기술에서 탄생한 가상 공간이 우주비행의 기술적 실현과 동시에 발전시켜야 했던 공간적 배치의 한 부분을 이룬다. 영토를 덮는 가상 보호막의 형태로 지구는 열린 우주의 다가오는 위협으로부터 스스로를 차단한다.

우주선의 이심률離心率, Exzentrizität에 관하여

미셸 푸코Michel Foucault에 의하면 배는 전형적인 헤테로토피아이다. 현실적이고 효력이 있는 장소, 현실화된 유토피아, 실제로 묘사 가능한 동시에 신화적인 장소, 즉 모든 장소 바깥에 있는 장소이다(Foucault 1990, 46, 39). 배, 비행선, 우주선은 모든 장소의 바깥에서 움직이지만 그때 다양한 공간들(물, 공중, 빈 공간)을 가로지른다. 이들의 공통점은 공간을 만들고 감싸서 보호하는 특성을 통해 사람들이 원초적인 (자연)공간을 이동할 수 있게 하고, 이를 행동 및 활동 공간으로 열어준다는 것이다(잠수함, 비행기). 이런 의미에서 배, 비행선, 우주선은 공간혁명의 상징이다. "정치적·역사적 활동의 새로운 척도와 차원, 새로운 과학, 새로운 질서"(Schmitt 1974, 19)의 탄생이 이들의 기술적·문화적 발전과 결부되어 있는 것이다.

카를 슈미트는 근대 해운산업에 대해 "해양문화의 시작"이라고 주장했는데, 이는 문자 그대로의 의미에서 20세기 우주비행 기술에도 해당된다. 우주비행은 이전의 어떤 기술과도 다르게 우주에 대한 총체적인 개발의 표현이다. 비행기와 달리 우주선은 우주 안으로 들어가기 위해 자연의 중력을 극복한다. 따라서 우주선을 통해 아이작 뉴턴이 일찍이 자신의 중력이론의 수학적 기초에서 암시했던 이론적 역학의 가능성이 실현되었다. 그는 던진 돌의 속도가 가속되면 "마침내 지구의 한계를 넘어 더이상 떨어지지 않게 된다"고 생각했다(Newton 1963, 514). 우주선은 자연적이고 물리적인 제약에 대한 기술적 정복을 구현하고 있다는 점에서 인간의 자연 지배를 보여주는 유례없는 표현이다(댐).

근대 자연과학이 등장한 이후 특히 기술적 근대 시기에 공간과 세계에 대한 개념, 관념, 구조의 변화가 이루어진 데에는 공간혁명에 대한 열정이 큰 역할을 했다. 그러나 이러한 열정에는 망상적인 면이 따르게 되는데, 인간에게 낯선 요소와 삶에 적대적인 공간을 기술적으로 정복한다는 위태롭고 섬뜩한 면을 가지고 있다. 우주비행은 인간 존재의 기반인 지구를 문자 그대로 뒤에 남겨둔다는 점에서 완벽한 실험적 인류학의 시도이다(Sloterdijk 2004, 231). 우주선 내부에서는 인간의 생활세계의 조건이 재구성되고 삶에 적대적인 우주의 조건으로부터 보호된다. 그러나 인간의 자연적인 생활세계 대신에 지구의 중환자실에 있는 것과 같은 인공적인 첨단 생명유지시스템으로 대체된다. 예를 들어 우주정거장에 영구적으로 머물 수 있게 하는 기술에는 온도 및 기내 압력 조절, 식량 공급, 폐기물 및 배설물 처리 외에도 공기 관리가 중요하게 포함된다(벙커). 이곳에서 인간의 호흡은 전적으로 기술에 의존해 이루어진다. 예를 들어 수면중의 산소 공급은 얼굴 부위의 인공 공기 순환장치를 통해 이루어진다(Ujica 2001, 75).

우주정거장과 우주비행 프로젝트는 전체적으로 첨단기술의 폐쇄형 시스템을 무생물세계에 이식하는 기술적 구성주의에 기반하고 있다. 물론 우주정거장은 지금까지 지구의 보급품에 의존해왔다. 모선 지구와 연결해주는 탯줄이 계속 남아 있음에도 우주에 장기간 머무르면 인간을 규정하는 '세계 내 존재'에 문제가 생긴다. 무엇보다도 다른 사람과 '함께 있음'이 중요하기 때문이다. 우주정거장에서의 생활은 사회적 상호작용의 가능성을 소수의 승무원 사이에서 이루어지는 거의 자동화된 행동으로 축소시킨다. 그뿐 아니라 이것은 지구의 사건으로부터 배제되는 것을 의미하기도 한다. 롤랑 바르트Roland Barthes는 쥘 베른의 환상적인 여정을 '폐쇄성의 탐구'라고 묘사하고 이러한 맥락에서 쥘 베른의 우주 여행자의 특징을 "자기 격리 행위", 즉 '거주'와 '안전'으로 긍정적인 평가를 내렸다(Barthes 1964, 39). 그러나 여기에는 언제나 배제와 배제되어 있음의 계기 또한 반영되어 있다(아파트).

안드레이 우지커의 다큐멘터리영화 〈아웃 오브 더 프레젠트Out of the Present〉의 소재가 된 사건들에서보다 이러한 "외부와 내부의 변증법"(Bachelard 2003)을 더 분명하게 보여주는 사례는 없다. 이 영화는 1991년 5월 "10월혁명의 신격화"(Ujica 2001, 79)인 우주정거장 미르로 출발한 구소련의 우주비행사 세르게이 크리칼레프의 우주 임무에 관한 내용을 다루고 있다. 그가 우주에 머무는 동안 모스크바에서 8월 쿠데타[23]가 일어났다. 세르게이 크리칼레프가 계획보다 6개월 늦은 1992년 3월에 지구로 돌아왔을 때 구소련은 붕괴되어 과거가 되어 있었다(Ditchev 1993, 44). 따라서 우주정거장의 체류는 언제나 일시적인 고립과 사회적·정치적·문화적 환경으로부터의 배제를 의미하는 것이기도 하다.

롤랑 바르트가 강조한 '자기 격리 행위'는 기술시스템에 절대적으로 내맡겨져 있는 상태로서 우주비행의 위험성을 나타낸다. 사고와 재난은 우주비행의 발전과 처음부터 함께했다. 1967년 1월 27일 아폴로 1호가 지상에서 발사 전 시험을 하던 중 화재가 발생해 3명의 미국 우주비행사가 생명을 잃은 사고에서부터 2003년 2월 우주왕복선 컬럼비아호가 대기권에 재진입할 때 불에 타서 4명의 승무원이 사망한 사고에 이르기까지 우주비행의 역사에서 기술적 재앙은 기술적 성능의 한계와 인간의 자연 정복의 실패를 입증한다. 난파선의 은유가 인간 존재에 대한 은유인 것은 우연이 아니다. 바다 여행도 그렇지만 특히 우주여행은 위험할 뿐만 아니라 신성모독적인 요소를 포함하고 있다. 인간

생활의 제도를 확립하고 보장하는 법칙을 위반한다는 점에서 그러하다(Blumenberg 1979). 신화는 일찍이 이를 보여주고 있다. 파에톤은 우주 높이까지 날아오른 비극적 인물로, 그런 점에서 우주비행사의 신화적 원형을 나타낸다. 파에톤은 태양 마차를 몰아 신성한 아버지 헬리오스의 일, 즉 자연을 지배하려는 잡종적 욕망에 사로잡힌다. 이러한 시도는 죽음과 자연의 파괴로 끝날 수밖에 없다. 신화에서 불타는 어머니 대지의 탄식을 들은 제우스는 파에톤의 과대망상에 빠진 행동을 끝내고 세계의 대화재를 막기 위해 벼락을 던져 그를 하늘에서 떨어뜨린다.

우주비행의 시작부터 불의 지배, 즉 비행체에 추진력을 제공하는 폭발을 제어하는 것은 인간의 기술이 직면한 가장 큰 도전 중 하나이다. 괴테가 신화 속 파에톤의 욕망을 묘사한 것처럼 이 기술의 발전은 "가장 높은 곳으로 향하는 심장의 영원한 내면의 불꽃"에 의해 점화된다. 한계를 넘어서는 그의 도전은 기술적 근대의 실험적 인류학의 원형을 이룬다. 나사의 웹페이지에 게시된 강령은 이 프로젝트를 계속해서 추진할 것을 선언하고 있다. "이곳에서의 삶을 개선하고, 저곳으로 삶을 확장하며, 그 너머의 삶을 찾으십시오Improve life here–extend life to there–find life beyond."

참고문헌

Bachelard, Gaston (2003): Poetik des Raumes (1957), Frankfurt.

Barthes, Roland (1964): Mythen des Alltags (1957), Frankfurt.

Benjamin, Walter (1977): Erfahrung und Armut, in: ders., Illuminationen. Ausgewählte Schriften I, Frankfurt, 291~297.

Blumenberg, Hans (1979): Schiffbruch mit Zuschauer. Paradigmen einer Daseinsmetapher, Frankfurt.

Ditchev, Ivaylo (1993): Über Raketen, Unsterblichkeit und den Kommunismus, in: Kommune. Forum für Politik, Ökonomie, Kultur 11, 33~34, 43~49.

Dornberger, Walter (1981): Peenemünde. Die Geschichte der V-Waffen, Esslingen.

Eisfeld, Rainer (1996): Mondsüchtig. Wernher von Braun und die Geburt der Raumfahrt aus dem Geist der Barbarei, Reinbek bei Hamburg.

Foucault, Michel (1990): Andere Räume (1967), in: Karlheinz Barck u.a. (Hg.), Aisthesis. Wahrnehmen heute oder Perspektiven einer anderen Ästhetik, 34~46.

Ingold, Felix Philipp (1978): Literatur und Aviatik. Europäische Flugdichtung 1909~1927, Frankfurt.

König, Wolfgang (Hg.) (1992): Propyläen Technikgeschichte, Bd. 5: Energiewirtschaft, Automatisierung, Information, Berlin.

Kosmodemjanski, Arkadij A. (1979): Konstantin Eduardovic Ziolkowski, Moskau.

Ladewig, Rebekka (2000): Vom unendlichen Universum zur geschlossenen Welt. Über die Phantasie der Rakete und ihrer Spur durch den Raum, www.culture.hu-berlin.de/rl/rakphan.

McDougall, Walter A. (1985): The Heavens and the Earth: A political history of the space age, New York.

Neufeld, Michael J. (1997): Die Rakete und das Reich: Wernher von Braun, Peenemünde und der Beginn des Raketenzeitalters, Berlin.

Newton, Isaac (1963): Mathematische Prinzipien der Naturlehre (1687), hg. von J. Ph. Wolfers, Darmstadt.

Pynchon, Thomas (1973): Gravity's Rainbow, New York.

Schmitt, Carl (1974): Der Nomos der Erde im Völkerrecht des Jus Publicum Europaeum (1950), Berlin.

Sloterdijk, Peter (2004): Sphären III: Schäume, Frankfurt.

Strouhal, Ernst (1991): Challenger—Technik als Performance, in: ders., Technische Utopien. Zu den Baukosten von Luftschlössern, Wien, 7~14.

Turner, Frederick Jackson (1994): The Significance of the Frontier in American History (1893), in: John Mack Faragher (Hg.), Rereading Frederick Jackson Turner, New York.

Ujica, Andrei (2001): Schwerelos um Heimat Erde. Das Leben im All—Das All im Leben (Andrei Ujica im Gespräch mit Sergei Krikalev), in: Lettre International, H. 53, 73~76.

Valier, Max (1924): Der Vorstoß in den Weltenraum. Eine technische Möglichkeit?, München/Berlin.

Virilio, Paul (1992): Rasender Stillstand, München.

Warrick, Patricia (1980): The Cybernetic Imagination of Science Fiction, Cambridge, Mass.

Winkler, Johannes (Hg.) (1995): Die Rakete. Zeitschrift des Vereins für Raumschiffahrt e. V., Jahrgänge 1927~29, Breslau, Nachdruck New York.
Winter, Frank E. (1983): Prelude to the Space Age. The Rocket Societies: 1924~1940, Washington.
Wolfe, Tom (1980): The Right Stuff, New York.

연결하다: 조종의 장소

근대 생활의 숨겨진 인프라는 수도꼭지나 라디오와 같은 일상적인 사물에서 드러난다. 배전소는 지하 파이프와 배수로에 전력을 공급하고, 멀리 떨어져 있는 특수 설비는 무형의 무선신호를 전송한다. 제어 노드를 이용해 대규모 집단과 사회 전체에 공급, 연결, 유도하는 네트워크를 따라 자원, 상품, 정보가 순환한다. 합리화와 기술 발전은 강력한 능력을 지녔지만 고장나기 쉬운 장치를 탄생시켰다. 이것은 전모를 파악하는 것이 어렵기 때문에 때로는 위협적으로 작용하기도 한다. 그러나 이 네트워크의 몇몇 연결 지점들은 근대의 상상의 가정에서 특별한 위치를 차지한다. 이 지점들에서 효율성과 의존성, 비밀이라는 양면성이 가시화된다.

신문사 편집부는 기차역과 실험실처럼 낙관적인 19세기의 유산이다. 언론의 자유는 정치적 요구였다. 즉 모든 사람이 정보에 접근할 수 있고 다른 사람들과 의견을 교환하는 가운데 자신의 의견을 형성할 수 있게 하는 것이 자기결정적 참여를 위한 전제조건으로 여겨졌다. 언론의 확산과 증가로 매스미디어시대가 도래했을 때 신문사 편집부는 정보를 민주적으로 보호하고 보급하는 곳의 상징이었다. 동시에 신문사 편집부는 현실을 선택적으로 제시하고 자체 시장법칙에 따라 뉴스를 '만들어낸다.' 신문사 편집부는 통신사에 의존하고 라디오 및 텔레비전 방송센터와 연계해 세계에 대한 우리의 이미지를 형성한다. 편집부가 뚜렷한 공적 자기표현을 유지하고 있음에도 불구하고 편집부가 뉴스를 어떻게 선별하는지는 투명하지 않다. 그들은 이 과정에서 기술장치들의 아우라를 활용하는데, 그것은 방송탑과 같은 랜드마크나 방송국에 대한 신화 속에서 종교적 숭배의 성격을 띠게 되었다.

전통적 의미의 매스미디어와 달리 **전화교환소**에서는 네트워크 참여자들이 일시적으로만 서로 연결된다. 20세기 초에 전화가 공간적 거리를 연결하는 친밀감의 장소로 확산될 수 있었던 것은 바로 전화교환소의 기술 덕분이었다. 연결 전환의 자동화로 인해 전화교환소는 이제 중개센터라기보다는 정보센터가 되었다. 점점 더 많은 상업서비스 제공업체가 전화망을 시장으로 이용하고 있다. 초창기에 전화교환원이 대화를 엿들을 수 있었던 것처럼 이제는 비밀정보기관들이 전화시스템에 접속해 정보를 얻고 있다. 다른 한편으로 근대사회는 병원 당직실이나 소방 및 경찰의 출동센터에서 전화로 제어되는 응급 네트워크에 의존하고 있다.

노동청 또한 중개 역할을 한다. 그러나 노동청이 제공하는 기회는 복지국가가 통제하고자 하는 이해관계에 의해 주로 결정된다. 직원들은 국가의 위임을 받아 고객들을 분류한다. 노동청의 내부 공간은 이러한 관료주의적 탈개인화에 맞게 조직되어 실업자들의 움직임을 엄격히 규제한다. 노동청은 제한된 자원의 분배를 통제함으로써 사회적 정체성을 형성하는데, 이는 주민등록 사무소나 국경 역의 일시적인 상황과 비슷하다. 국가의 관료는 정보 저장소에 의존하고 업무 결과를 문서보관소에 저장한다. 문서보관소는 알려지지 않았거나 비밀스러운 일이 밝혀질 때에는 확장의 장소가 되지만, 동시에 원치 않는 영향력 행사와 정치적 이해관계를 위한 지배의 장소로 도구화될 수도 있다.

중앙당은 정치권력을 공개적으로 추구하며, 경우에 따라서는 은밀한 수단을 사용하기도 한다. 전체주의 일당一黨 통치에서는 당의 특수한 목적이 사회 전체로 확대될 수 있다. 중앙당 건물은 당원들과 조직기구들을 관리하고 연결한다. 서로 경쟁하는 대표적인 중앙당 건물은 유사한 비전을 구현하고 있다. 밀실에서 당 간부들의 긴밀한 소통이 이루어지고 당의 노선에 맞춰 정치집단이 동원되어야 하는 것이다. 정당과 유권자가 이러한 기대에 부응하지 못할 경우 광고대행사의 조작 능력을 이용할 수 있다. 광고대행사는 고객사에 대한 좋은 소식만 퍼뜨림으로써 신문사 편집부에서 암묵적으로 이루어질 법한 일을 공격적으로 수행한다.

정당과 다른 광고주들이 대중의 관심을 끌기 위해 노력하는 데 반해 **기업형 농장**은 식량이 부족해지거나 건강상의 위험이 이슈가 될 때 주목을 받는다. 기업형 농장은 도시의 시장사회에 일상용품을 공급하는데, 그 원산지는 상표를 통해 어느 정도 식별할 수 있지만 대체로 익명으로 남아 있다. 기업형 농장의 생산물들은 기본적인 생필품의 연결 지점인 슈퍼마켓에 도달하기 위해 화물열차와 트럭에 실려 사용자의 교통 경로를 통과한다. 그럼에도 기업형 농장은 예를 들어 도매시장이나 발전소 또는 하수처리장과 같은 다른 공급 및 폐기 회로의 장소처럼 눈에 띄지 않는다.

신문사 편집부

프랑크 뵈슈Frank Bösch

울슈타인출판사 편집부, 1909년경, 베를린 12시 30분

건물의 규모가 압도적이다. 5층 높이로 우뚝 솟은 울슈타인출판사의 장식 없는 건물 정면은 150미터에 걸쳐 끝없이 뻗어 있다. 그 뒤로 1만 제곱미터가 넘는 부지에 건물 단지가 들어서 요새를 이루고 있다. 1902년에 새 건물을 지은 뒤 출판사가 이 부지를 매입해 6배로 급격히 넓어졌다(de Mendelssohn 1982, 191f.). 새 건물에는 이전 건물의 가벼운 외관 장식이 남아 있지 않다. 건물 앞 베를린 중심부의 번화한 코흐슈트라세에서는 신문배달부들이 도보와 자전거, 오토바이, 배달용 밴을 타고 분주하게 움직인다. 이들은 정오에 '세계에서 가장 빠른 신문'이라는 자부심을 가지고 있는 〈베를리너 차이퉁 암 미탁〉을 건물 밖으로 정신없이 운반한다. 이 신문은 독일 최초의 타블로이드 신문으로 12시 30분이면 이미 베를린 증권거래소의 정오 시세를 전한다. 속도가 성공을 위

1900년경의 〈베를리너 일루스트리어테 차이퉁〉 편집부

한 콘셉트로서 지역 전체의 분위기를 특징짓는다.

거리에는 구인광고에 즉시 응답할 수 있도록 제일 먼저 신문을 구입하려는 사람들로 넘쳐난다. 뒤편 건물들의 윤전기 소리가 들리는 앞쪽 건물 입구에서는 울슈타인출판사 소속의 여러 신문기자들이 서로 마주친다. 그곳에는 〈베를리너 차이퉁〉 이외에도 〈베를리너 모르겐포스트〉나 〈베를리너 일루스트리어테 차이퉁〉의 편집부도 있기 때문이다. 이 건물에는 100명 가까이 되는 편집자들이 근무하고 있는데 7년 전보다 3배가량 증가한 숫자이다(Stöber 2000, 162). 다른 대형 출판사들처럼 울슈타인출판사의 신문들도 세기전환기의 신문붐을 타고 발행 부수가 급격히 증가했고, 이는 건물의 급속한 확장으로 이어졌다. 울슈타인출판사의 〈베를리너 모르겐포스트〉는 약 40만 부를 발행하는 주요 일간지이고, 〈베를리너 일루스트리어테 차이퉁〉은 약 100만 부의 발행

부수를 자랑하는 독일 최대 주간지이다.

기자들은 편집부로 가는 길에 경쟁사의 동료들과 주기적으로 마주쳤다. 1900년경에는 '모세'나 '셰를'과 같은 다른 대형 출판사들도 새로운 베를린의 신문구역 인근에 자신들을 대표하는 건물단지를 세웠기 때문이다. 또한 편집자들은 입구에서 신문 독자들을 만나기도 한다. 독자들은 광고를 접수하기 위해서만 방문하는 것이 아니다. 편집부는 독자들의 소식을 기록하고 구독자를 위한 무료 법률 자문도 제공한다. 앞쪽 공간에는 여러 개의 개방형 사무실이 있다. 책상에서 수기로 의뢰를 받는 남자들, 타자기로 작업하는 여자들이 있는 공간, 교정자가 오탈자를 찾거나 그래픽디자이너가 이미지를 편집하는 긴 테이블이 있는 홀 등이 있다.

편집부 자체는 혼란스러운 인상을 준다. 그들의 방을 찍은 당시의 사진들은 무엇보다 근대적 커뮤니케이션이 집약되어 표현된 모습을 보여준다. 전화, 전보, 넘쳐나는 우편함, 책장, 사진, 신문더미 등이 기자들을 둘러싸고 있다. 이미 1900년경에도 생산적 무질서가 편집부의 특징이었다. 국가행정기관의 모습과 달리 책상에는 종이가 가득 쌓여 있었고, 종이 사이로 종종 커피잔이나 가득찬 재떨이가 튀어나와 있었다. 이러한 모습을 통해 편집부는 지식사회에서 창의적이고 표준화된 방식으로 마감의 압박 속에서 처리해야 하는 과중한 업무를 상징적으로 보여준다. 초창기의 사진에서는 기자들 자신이 편안하면서도 활동적인 모습으로 등장한다. 그들은 담배를 피우고 카메라를 쳐다보지 않으며, 지치지 않는 활동력을 보여준다. 이들의 이미지는 얼마 후 에곤 에르빈 키쉬 Egon Erwin Kisch가 자신을 '달리는 리포터'라고 지칭하면서 대중화되었다(Kisch 1930). 사무실 벽 또한 관공서나 기업의 벽과는 다르다. 대표자의 사진들 대신 메모, 달력, 그리고 무엇보다도 자사의 신문상품을 광고하는 포스터가 붙어 있다. 또한 사진 속 기자들은 책상에서 혼자 일하는 모습이 아니라 토론하는 자세를 취하고 있다. 이를 통해 뉴스의 '집단적' 선택과 구성 및 조정이 편집부 본연의 업무임이 강조된다.

역사적 관점에서 본 장소와 사회적 실천

1900년까지 편집부라는 개념은 장소보다는 '인쇄물'을 관리하는 편집자집단이자 실무를 의미했다(Brockhaus 1898). 세기전환기 이후로는 '편집부'가 뉴스를 편집하는 과정이자 미디어 콘텐츠가 제작되는 물질적 공간이면서 미디어 콘텐츠를 조달, 처리, 조정하는 편집자집단을 동시에 지칭하게 되었다. 따라서 장소와 사회적 실천은 이미 개념적으로 밀접하게 연관되어 있으며 상호의존적이다.

19세기 후반까지는 발행인, 편집자, 기자 등을 한 사람이 담당하는 '발행인 신문'이 지배적이었다. 심지어 교수, 교사, 목회자, 작가 등이 부업으로 기사를 쓰고 편집하거나 외국 신문의 기사를 번역하기도 했다(Requate 1995, 119). 독일에서는 정보가 가장 풍부한 신문 중 하나로 꼽히던 〈아우크스부르거 알게마이네 차이퉁〉에서 일찍이 전문 편집부가 등장했다. 1830년대부터 이미 4명의 편집자가 있었다(Blumenauer 2000). 반면 19세기의 1인 편집부는 의사소통의 교환을 단지 가상으로 조직했다. 우편이나 다른 인쇄물을 통해 편집자에게 전달된 다양한 소식과 의견들을 한데 합쳐 붙인 것이었다. 따라서 언론인들이 자신의 일을 묘사한 글과 초기 신문학에서도 '풀과 가위'가 19세기의 원형적인 편집부와 20세기의 소규모 지역신문을 상징하는 단어가 되었다(Groth 1928, 383).

전문화된 편집부는 가장 먼저 미국과 영국에서 등장했고 다음은 프랑스였다(Bollinger 2002). 일간지, 특히 1880년대에 새로운 베를린의 대중지들이 나타나면서 독일에서도 편집부가 등장했다. 이를 선도한 것은 〈베를리너 로칼안차이거〉의 편집부로, 1899년에 이미 46명의 기자를 두고 있었다(Stöber 1994). 이웃 서구국가들의 대도시로부터 문화가 전파되면서 이러한 과정이 가속화되었다. 베를린의 주요 편집부 편집장들은 뉴욕, 런던, 파리 등지에서 경험을 쌓았다. 동시에 외국 대도시의 아이디어들이 모범이 되었다.

편집부는 당시 등장한 대도시의 산물로서 독일은 두 가지 모두에서 뒤처졌다. 제2차세계대전 때까지 수많은 소규모의 지역신문에서는 단 1명의 편집자가 기사와 지형紙型, 조립식 인쇄판까지 담당했다. 최초의 편집부 직원들은 주로 교양 시민 가정 출신으로 대학 교육을 받은 남성들이었으나 비교적 다양한 사회계층에 문이 열려 있었다. 바이마르공화국 시절까지 대형 출판사의 편집자 중 3분의 1이 유대인이었다(Requate 1995, 143f.; Retallack 1993, 141, 183). 다른 전문직과 달리 편집부는 비교적 일찍부터 여성들에게도 개방되었다(Ichenhäuser 1905). 또한 편집부는 당시에 등장하기 시작한 대중조직 및 대중정당과 결합해 민족주의, 자유주의, 사회주의의 정점을 형성했다.

편집부의 소재지는 도심으로 시청, 시장, 정부 근처에 자리를 잡았다. 정보를 신속히 전달하기 위해서뿐만 아니라 가능한 한 많은 독자에게 신문을 빠르게 보급하기 위해서도 이처럼 중심부에 위치하는 것이 필요했다. 특히 독일에서는 우체국에 신문 보급의 독점권을 주었던 빌헬름

제국의 언론법 때문에 신문사 편집부들이 대형 우체국 주변에 모여 있었다. 이로 인해 베를린의 코흐슈트라세에 있는 유명한 '신문구역'처럼 여러 출판사 건물들이 밀집해 들어섰다. 영국 런던의 플리트 스트리트나 뉴욕의 시빅센터 디스트릭트도 같은 경우이다. 이러한 공간적 밀집은 언론인들 간의 의사소통의 네트워크를 만들었고, 언론을 응집력 있는 새로운 권력으로 인식하게 만들었다. 편집부는 초기에 언론의 자기표현이 집중적으로 이루어지는 장소이기도 했다. 출판사 건물의 외부 사진은 내부 이미지와 마찬가지로 생산적이고 혼란스러운 역동성을 강조했다. 울슈타인출판사는 대도시적 근대성과의 연관성을 강조하기 위해 새로운 출판사 건물 사진에 자동차를 추가로 합성해 넣었다.

건축적으로 입구부터 발행인의 높은 지위를 강조하는 경우가 종종 있었다. 예를 들어 루돌프 모세Rudolf Mosse의 발행인실은 발코니 창살에 금박을 입힌 청동 부조를 장식해 외관에서부터 이미 구별되었다. 심한 경우 아우구스트 셰를August Scherl은 직원들과의 접촉을 피하기 위해 출판사 입구 옆에 전용 출입구를 만들어 자신의 지위를 건축적으로 뒷받침했다. 비서실 뒤의 쿠션으로 감싼 문은 그의 방의 단절성을 더욱 강조했다(de Mendelssohn 1982, 182). 이러한 건축은 1900년경 미국의 언론인 조지프 퓰리처Joseph Pulitzer, 1847~1911, 영국의 언론인 비스카운트 노스클리프Viscount Northcliffe, 1865~1922, 독일의 언론인 레오폴트 울슈타인Leopold Ullstein, 1826~1899과 같은 몇몇 유명 발행인이 대중적으로 얻은 특별한 지위를 보여주는 것이었다. 이제 모든 나라에는 정치와 여론을 조종하는 소수의 언론 황제들이 존재하게 되었다.

1900년경에는 편집부 공간이 출판사의 일부에 불과했다. 시간을 절약하기 위해 신문 전체를 하나의 건물단지 안에서 제작했다. 이 거대한 출판단지에서 넓은 입구가 있는 인상적인 정면 뒤편으로 방문객들이 볼 수 없는 곳에 인쇄소가 위치해 있었다. 좁은 의미의 편집부 공간은 처음에는 여러 개의 작은 방들이 이어져 있는 긴 복도였다. 1900년경에 사무실이 전문 분야에 따라 나누어졌기 때문에 그 방들은 지식 분야의 분화를 상징한다. 복도 자체에 끊임없는 움직임이 있었다. 대화는 주로 부서들 사이에서 이루어졌고, 부서의 경계를 넘어 일상적인 의사소통이 이루어지는 경우는 드물었다. 비서실이 딸린 편집장실은 허브 역할을 했다. 편집자들은 기사에 대해 논의하기 위해 편집장실로 소환되었다. 편집진이 점점 다양해지면서 신문의 공통된 노선을 강력하게 대변하는 편집장의 중요성이 커졌다. 편집장에 대한 편집자들의 복종과 그의 방에 들어가는 것에 대한 두려움이 회고록과 자전적 소설에서 대중적으로 묘사되었다(Kracauer 1995).

1900년경부터 이미 편집부의 배치가 국가적으로 차이를 보였다. 독일에서는 모든 언론인이 취재와 집필, 편집을 동시에 담당했기 때문에 전문 부서에 따라 방이 분류되었다. 이와 달리 앵글로색슨 세계에서는 일찍부터 작업 단계에 따른 분리가 일반적이었고, 이것이 공간 배치에 반영되었다(Esser 1998). 대중, 특히 보수적인 정치인들은 편집부가 방대한 카드 색인, 아카이브 및 서신을 보유하고 있을 것이라고 추측하고 두려워하는 경우가 많았다. 그러나 초기에는 변변찮고 체계적이지 못한 지식 저장수단이 있을 뿐이었다. 이보다 주목해야 할 것은 1900년경에 전자통신장치, 특히 회사 자체의 전신과 전화 장비를 갖춘 것이었다. 이를 통해 편집부는 많은 정치인보다 더 빠르게 정보를 얻을 수 있었다.

편집부는 회의실에서 단체로 만나 편집 및 부서 회의를 했다. 이 회의는 어떤 면에서 정치적 위원회와도 비슷했다. 원탁이나 말굽 모양의 책상 배치는 동료적 원칙을 반영하는 동시에 편집장을 향해 정렬됨으로써 그 원칙을 깨뜨렸다. 정부 부처의 명칭과 유사한 '부서'의 소속원들은 정치, 경제, 문화와 같은 사회적 분야를 대변했다. 20세기 초에 실제로 동료적 합의제도를 갖춘 편집부는 〈프랑크푸르터 차이퉁〉과 같은 소수에 불과했다. 마찬가지로 매일 편집회의를 여는 것도 20세기 초에는 아직 일반적인 관행이 아니었다. 가톨릭계에서 발행부수가 가장 많았던 신문인 〈쾰니셰 폴크스 차이퉁〉은 1920년대에도 시사 문제에 대한 입장을 논의하기 위한 회의를 일주일에 한 번만 소집했을 뿐이었다(Groth 1928, 399).

그럼에도 불구하고 특히 독일의 편집부는 자신들을 한목소리를 내는 하나의 집단으로 바라보는 경향이 높았다. 기사에 기자의 이름을 쓰는 일이 일반적이지 않았기 때문에 신문은 대개 발행인의 정치적 입장과 연계되어 강력하게 통합되어 있었다. 국가의 탄압이나 경쟁 언론의 집단적 공격으로 인한 외부의 압력, 그리고 독일 언론이 정당정치와 밀접하게 연관되어 있는 점 또한 이러한 생각을 부추겼다. 편집부는 자체의 업무에서 원고 편집이나 통신사 뉴스 검토와 같은 일상적인 업무보다 편집자 간의 의사소통과 정보 제공자와의 대화가 훨씬 더 중요하다고 보았다. 1900년 이후 편집자의 수가 증가했을 뿐만 아니라 그들의 전문 분야가 형성되면서 지식 분야가 세분화되었다. 편집자들은 스포츠, 농업, 여행 등의 분야가 학문적으로 나뉘기 훨씬 전부터 해당 분야의 전문지식을 발전시켰다. 편집자의 업무 영역과 주제 분야가 발전하면서 뉴스의 평가, 분류, 배열에 대한 기준도 함께 발전했다. 그때까지는 기껏해야 지리적으로 분류해서 나열하는 방식이 일반적이었는데 이제는 계층화된 배치방식이 등장했다.

1900년경에 등장한 대규모 편집부는 공론화를 명시적으로 내세웠다. 신문 제호에서는 독자들에게 서면이나 전화 또는 직접 방문해 편집부에 의견을 제시해달라고 독려했다. 상담시간을 표시함으로써 이를 강조했다. 외부 방문객들은 뉴스를 전달할 뿐만 아니라 스스로가 언론 보도의 대상이 되고 싶어했다. 예를 들어 1903년 3월 22일 〈베를리너 일루스트리어테 차이퉁〉은 갑자기 '발명가'나 예술가인 척 행세하는 집요한 방문객들에 대해 개탄했다. 동시에 편집부는 실험실과 마찬가지로 폐쇄된 비밀의 장소였다. 필자에 대한 정보는 개별 언론인들을 형사소추로부터 보호하기 위해 재판정에서도 편집자가 줄곧 지켜야 할 중요한 비밀이었다. 이는 정보원의 보호에도 해당되었다. 특히 편집부의 기록보관소는 국가의 상상 속에서 곧바로 위협적인 장소로 여겨졌다. 이곳은 비스마르크 치하의 사회주의자 탄압에서부터 1962년의 '슈피겔 사건'[1]에 이르는 사례가 보여주듯이 국가를 위협하는 문서들이 모이는 곳이 되었다.

제1차세계대전 때까지 편집부의 이와 같은 수많은 특성들이 형성되었고, 그동안 많은 기술혁신이 있었음에도 오늘날까지 여전히 그 물질적 구조와 사회적 실천 및 표현을 특징짓고 있다. 그러나 편집부는 극단의 시대에 단순한 관찰자와 행위자가 아니었다. 오히려 20세기의 극적인 역사는 특히 편집부 공간에 뚜렷하게 새겨졌다. 모든 체제 변화와 정치적 격변이 있을 때마다 편집부는 중요한 격전장이었다.

제1차세계대전은 서유럽의 모든 편집부의 작업방식에 강력한 제한을 가했다. 전쟁으로 인해 국제 뉴스가 차단되었고, 검열로 자유로운 담론이 가로막혔다. 전쟁이 일어나기 몇 년 전에 이미 한계에 부딪혔던 신문붐은 광고와 종이 부족으로 더욱 제동이 걸렸다. 전쟁이 끝난 뒤에는 편집부의 물질적 장소가 위태로워졌다. 노동자 평의회는 대형 출판사가 의사소통에서 핵심적 위치를 차지하고 있다는 것을 알고 있었다. 1919년 초 결정적인 혁명 투쟁이 불타오른 곳이 바로 베를린의 신문구역이었다. 건물에 난 총알구멍들이 오랫동안 이 투쟁을 상기시켰다. 공산주의자들이 편집부를 점거하고 그곳에서 며칠 동안 〈로테 파네Rote Fahne〉와 같은 마르크스주의 신문을 발행한 것은 많은 편집자들에게 트라우마가 되었다. 이 경험은 그들의 정치적 사고에 영향을 미쳤다. 어쩌면 일부 전통적으로 자유주의적이거나 보수적인 편집부들이 1930년경에 더욱 우경화한 것을 이 일로 설명할 수 있을 것이다.

제1차세계대전으로 수많은 소규모 편집부들이 몰락했지만 전쟁이 끝난 뒤 1930년까지 새로운 팽창기가 도래했다. 신문의 수는 다시 전쟁 이전 수준으로 증가했다. 하지만 독립적인 편집부의 수는 감소했는데, 이는 원판시스템Maternsystem[2]이 확대되면서 적어도 정치 섹션은 점차 중앙에서 제공했기 때문이다. 신문의 경제 조직도 포함하고 있는 이러한 중앙집중화 과정은 유명한 '후겐베르크체제' 내의 우파뿐만 아니라(Holzbach 1981) 좌파에서도 이루어져 사회민주주의 계열의 콘첸트라치온주식회사가 창립되고, 공산주의 계열에서는 뮌첸베르크출판사가 성공을 거두었다. 이로써 대략 200개의 대형 신문들을 제외하고는 대다수 신문의 편집 업무가 지역 이슈에 집중되었다. 반면 언론 집중화의 혜택을 받은 출판사는 건물을 다시 증축하거나 재건축하고, 새로 창간된 신문의 편집부를 확장된 건물로 이전했다. 이로 인해 편집부는 점차 기자가 소속감을 느끼는 집단이라기보다는 출판정책 연합체제가 기자에게 세계관의 틀을 제공하는 가상의 장소가 되었다.

나치 집권 이전인 1930년경에 이미 경제위기와 여러 편집부의 소유권 변화를 겪으며 다시금 편집부가 축소되었다. 1930년경에 세대교체가 이루어지면서 여러 면에서 분위기가 변화되었고, '나치 집권' 이전에 이미 수많은 좌파 자유주의 성향의 편집자들이 해고되었다(Frei/Schmitz 1999, 41f.). 나치 시기에는 예상대로 편집부의 구조가 근본적인 변화를 겪었다. 널리 알려진 인종적·정치적 박해와 소유권 박탈 외에도 다양한 관점에서 국유화가 이루어졌다. 1933년 10월의 편집자법은 편집자들로 하여금 발행인의 지시를 받지 않고 국가를 위해 일하도록 했고, 이전에는 자유직이던 편집자에 대해서도 국가의 허가를 받게 했다. 이로 인해 해고가 이루어지고 대규모 인력 변동이 발생했다. 신문사 인수와 폐간을 통해 수많은 편집부가 나치의 준정부기관인 에어Eher출판사로 넘어갔다. 늦어도 1941년부터는 대대적인 '폐업 조치'가 이루어지면서 대부분의 편집부가 문을 닫았다. 주요 편집부들의 물리적 장소도 대도시의 중심부에 위치했기 때문에 제2차세계대전중에 특히 많이 파괴되었다. 울슈타인출판사에서는 인쇄기 몇 대만 폭격에서 살아남았고, 모세와 셰를 출판사의 경우는 건물 전면만 남았다.

1945년 이후 연합군의 미디어정책은 편집부를 근본적으로 재편하는 것이었다. 영국군 점령지역에서 변화가 가장 적었다. 점령군이 정당과 가까운 편집부들을 부활시켰기 때문에 특히 사회민주주의 계열의 발행인과 가톨릭 계열의 발행인들이 예전 장소와 전통을 이어갈 수 있었다. 미군 점령지역에서는 새로운 방식으로 조직된 편집부들이 만들어졌고, 한 신문 안에서 서로 다른 정치색을 가진 편집자들이 새로운 다원주의를 보장해야 했다(Koszyk 1999). 이전에는 완전히 다른 (정치적) 세계에 속했던 편집자들이 이제는 갈등을 내포한 채 강제로 한 공간 안에 앉아 있게 된 것이다. 구소련군 점령지역과 동독에서는 언론의 집중화가 강화되어 대형 편집부가 지배적이었다(Holzweißig 2002). '편집위원회Kollegium', '편집집단'과 같은 새로운 명칭을 도입해 단결된 행동을 강조했다. 1950년대 지역 편집부에서는 편집장이 월간 업무 계획을 세우고 그에 대해 '편집위원회'가 결정을 내렸다(Bönisch 1955). 동독의 통합사회당과 편집부는 서로 긴밀하게 연결되어 있었다. 담당 부서와 편집진은 양방향 보고체계를 발전시켜 편집자들에 대한 정보까지 제공했다.

서독에서는 1949년 인가 의무[3]가 폐지될 때까지 '구-발행인'의 건물들이 언론 목적으로 이용되지 못하는 경우가 많았다. 특히 지역신문의 편집부 공간들이 그러했다. 이들 편집부는 1950년대 초 지방에서 잠시 번성했다가 1955년에서 1976년 사이 언론 집중기에 다시 사라지거나 다른 신문사에서 작성한 공통 기사를 넘겨받았다. 1960년대 편집부에 대한 학계와 의회의 연구 결과 '편집 단위Redaktionelle Einheit'[4]라는 개념을 가지고 편집부의 독립성을 측정하는 새로운 통계적 인식이 등장했다. 특히 바이마르공화국에 대한 고찰을 통해 독립적인 편집부의 쇠퇴가 민주주의에 대한 위협으로 여겨졌다(Melchert 2003).

이와 동시에 우뚝 솟은 대도시의 대형 출판사 건물은 1960년대 이후 다시 한번 편집부의 자의식과 권력, 그리고 근대성을 상징하는 존재가 되었다. 이제 길게 이어진 파사드 대신 근대의 상징인 **고층건물**이 우세하게 되었다. 이러한 추세에 가장 중요한 방점을 찍은 사람은 악셀 슈프링거Axel Springer일 것이다. 그는 1957년 옛 베를린 신문구역에 있는 예전 셰를출판사 부지를 매입해 베를린장벽 바로 옆에 편집부와 출판 부서를 위한 고층건물을 지었다. 원래는 35층 건물을 계획했으나 지반 때문에 20층만 지을 수 있었다. 그럼에도 1966년 완공된 건물은 당시 베를린에서 텔레비전 송신탑 다음으로 가장 높은 건물이었다. 함부르크에 있는 슈피겔의 고층건물도 도심지에 위치해 있었다.

편집부 내의 사회적 관행은 1960년대까지 근본적으로 변하지 않은 것으로 보인다. 이러한 관행은 라디오, 텔레비전과 함께 등장한 새로운 미디어 편집부로 전이했다. 이러한 발전은 놀라운 유사점을 보여준다. 소수의 〈타게스샤우Tagesschau〉[5] 편집자들의 작업 역시 처음에는 기존의 보도에서 '풀과 가위'를 사용해 자체 제작물을 만들어내는 방식으로 이루어졌다. 신문사 편집부의 경우 건물의 자유로운 접근성이 달라졌다. 이는 특히 정치부에 해당되었다. 당시 사회과학자들이 참여 관찰을 통해 확인한 바에 따르면 1960년대에는 정치부에서 다른 부서나 정보제공자 및 독자들과의 업무 접촉이 특히 미미했다(Rühl 1969). 일반적으로 전화와 텔렉스가 널리 사용되면서 외부 취재를 위해 사무실을 비울 일이 거의 없었던 것이다. 여전히 외부와의 접촉은 대부분 지역 편집부에서 이루어졌다.

가속화된 지식: 근대의 장소로서의 신문사 편집부

편집부는 근대의 촉진자이다. 증권거래소나 **전화교환소**와 마찬가지로 편집부는 가속화된 커뮤니케이션의 결과이자 허브이다. 이는 지식정보사회의 촉매제이며 산업화, 기술화, 민주화된 소비사회의 산물이자 원동력이라고 볼 수 있다. 편집부는 익명의 이질적인 대규모 고객들을 지향하는 개방성이라는 점에서 예를 들어 **백화점**과 같은 새로운 장소들과 관련이 있다. 세계관적인 지도와 통제를 요구하는 점에서는 이제 막 등장하기 시작한 **중앙당**과 연결된다. 또한 **기표소**의 경우처럼 미디어 소비자들이 독자의 편지나 구독 취소 등의 방법으로 편집부의 정치활동에 최소한 간접적인 영향을 미칠 수 있기 때문에 '행정적 참여'의 기회를 제공한다. 시간의 압박 속에서 엄격하게 기한이 정해진 정밀한 작업이 이루어진다는 점에서 편집부는 컨베이어벨트로 대표되는 기술적 근대의 장소(제철소)와도 일치한다. 관료주의적 분류는 관공서(노동청)와 유사하며, 정교한 물류는 기업형 농장과 같은 대규모 기술기업과 일치한다. 편집부는 다른 미디어 제작 및 이용 장소, 특히 영화관처럼 지각을 확장시킴으로써 미디어 이용자의 경험을 변화시킨다.

편집부는 전임자들의 의미를 퇴색시킨 새로운 장소이다. 어떤 의미에서 이것은 초기 부르주아 대중이 정치, 문화 이슈와 저술에 대해 토론하던 클럽이나 카페를 전문화된 방식으로 대체했다. 따라서 근대의 대중언론은 상업화된 미디어 공론장(Habermas 1990, 302)의 출현을 의미할 뿐만 아니라 위르겐 하버마스Jürgen Habermas가 이상형으로 생각한 시민적 공론장의 담론 형식을 계승한 개인들 간의 새로운 커뮤니케이션 장소의 탄생을 의미하는 것이기도 했다. 편집부의 특징은 과중한 업무로 파수꾼을 자처하며 야간에 일하는 모습으로 나타났다. 이것은 수많은 사진에서 연출된 바 있는 쏟아지는 뉴스의 홍수를 선별하는 일이었다. 편집부는 근대의 모순적 특징을 반영하고 있다. 즉 의견들을 합리적으로 비교함으로써 진실과 현실을 인식하는 믿음, 사회의 개선을 위해 어느 편에 서겠다는 유토피아적 목표, 소비자 및 여론의 취향과 관심사에 맞추려는 열망이 그것이다. 신문사 편집부는 근대의 새로운 통제기관이 되었다. 이곳은 현실을 미디어적으로 구성하는 제도적 장소이다. 원고와 경쟁 언론 및 내용의 진실성을 검토하고 언어를 전달할 수 있게 수정했다. 따라서 편집부는 대중의 인식을 양극화시키고 감정적으로 만들었다. 특히 민주화 과정을 촉진하거나 저해할 수 있다는 점에서 매력적이기도 했지만 두려움과 위험을 불러일으키기도 했다.

참고문헌

Blumenauer, Elke (2000): Journalismus zwischen Pressefreiheit und Zensur. Die Augsburger ≫Allgemeine Zeitung≪ im Karlsbader System (1818~1848), Köln/Weimar/Wien.

Bollinger, Ernst (2002): Die goldenen Jahre der Massenpresse (1840~1930), 2. Aufl., Freiburg.

Bönisch, Werner (1955): Zur Arbeit des Redaktionskollegiums, in: Neue Deutsche Presse 5, 14~16.

Danker, Uwe u.a. (2003): Am Anfang standen Arbeitergroschen. 140 Jahre Medienunternehmen der SPD, Bonn.

Esser, Frank (1998): Die Kräfte hinter den Schlagzeilen. Englischer und deutscher Journalismus im Vergleich, Freiburg.

Frei, Norbert/Johannes Schmitz (1999): Journalismus im Dritten Reich, München.

Freyburg, Joachim/Hans Wallenberg (Hg.) (1977): Hundert Jahre Ullstein 1877~1977, Bd. 4, Frankfurt.

Groth, Otto (1928): Die Zeitung. Ein System der Zeitungskunde (Journalistik), Bd. 1, Mannheim u.a.

Habermas, Jürgen (1990): Strukturwandel der Öffentlichkeit. Untersuchungen zu einer Kategorie der bürgerlichen Gesellschaft, Frankfurt.

The History of the Times (1947): Bd. 3. The Twentieth Century Test 1884~1912, London.

Holzbach, Heidrun (1981): Das ≫System Hugenberg≪. Die Organisation bürgerlicher Sammlungspolitik vor dem Aufstieg der NSDAP, Stuttgart.

Holzweißig, Gunter (2002): Die schärfste Waffe der Partei. Eine Mediengeschichte der DDR, Köln.

Ichenhäuser, Eliza (1905): Die Journalistik als Frauenberuf, Berlin.

Kisch, Egon Erwin (1930): Der rasende Reporter, Berlin.

Köcher, Renate (1985): Spürhund und Missionar. Eine vergleichende Untersuchung über die Berufsethik und das Aufgabenverständnis britischer und deutscher Journalisten, München.

Koszyk, Kurt (1999): Presse unter alliierter Besatzung, in: Jürgen Wilke (Hg.),

Mediengeschichte der Bundesrepublik Deutschland, Bonn, 31~58.
Kracauer, Siegfried (1995): Georg, Frankfurt.
Melchert, Florian (2003): Meinungsfreiheit in Gefahr? Die medienpolitische Debatte in der Bundesrepublik vom Fernsehstreit bis zur Anti-Springer-Kampagne (1961~1969), Ms. Diss. Bochum.
Mendelssohn, Peter de (1982): Zeitungsstadt Berlin. Menschen und Mächte in der Geschichte der deutschen Presse, Berlin.
Mergel, Thomas (2001): Die Bürgertumsforschung nach 15 Jahren, in: Archiv für Sozialgeschichte 41, 515~538.
Requate, Jörg (1995): Journalismus als Beruf. Entstehung und Entwicklung des Journalistenberufs im 19. Jahrhundert. Deutschland im internationalen Vergleich, Göttingen.
Retallack, James (1993): From Pariah to Professional? The journalist in German society and politics, from the late Enlightenment to the rise of Hitler, in: German Studies Review 16, 175~223.
Rühl, Manfred (1969): Die Zeitungsredaktion als organisiertes soziales System, Bielefeld.
Stöber, Rudolf (1994): Der Prototyp der deutschen Massenpresse. Der ≫Berliner Lokal-Anzeiger≪und sein Blattmacher Hugo von Kupffer, in: Publizistik 39, 314~330.
Ders. (2000): Deutsche Pressegeschichte. Einführung, Systematik, Glossar, Konstanz.
Verlag der Frankfurter Zeitung (Hg.) (1906): Geschichte der Frankfurter Zeitung 1856~1906, Frankfurt.

전화교환소

안드레아스 킬렌Andreas Killen

집중화된 커뮤니케이션: 베를린 전화교환소 VI, 1900년

뤼초슈트라세에 있는 전화교환소 VI는 독일 수도에 설립된 최초의 진정한 의미의 전화교환소였다. 1만 명의 가입자를 보유해 당시 최대 규모였던 이 전화교환소는 고도로 합리화된 배치와 기술장치들을 갖추고 있었고, 이는 이후 모든 대도시 전화교환소의 특징이 되었다. 동굴같이 생긴 방의 긴 벽면을 따라 교환대가 일렬로 늘어서 있고, 그곳에 80명에서 100명의 여성 교환원이 헤드폰을 끼고 앉아 있었다. 전기공학의 경이로운 작품인 교환대는 전구, 스위치, 벌집 모양의 구멍이 있는 자판으로 구성되었다. 전면에 가로로 배치된 이 잭패널들은 수많은 케이블로 연결되었다. 불빛이 깜박거리며 전화가 들어오는 것을 나타내면 교환원은 플러그를 잭에 꽂고 발신자에게 "전화교환소입니다"나 "안녕하십니까, 센터입니다"와 같은 표준 문구로 인사를 하면서 전화를 받았다. 그리고 전화를 연결하기 위해 플러그를 원하는 상대방과 연결된 교환기 상단 패널에 있는 회선 반대쪽 끝의 잭에 꽂았다.

한 명 혹은 서너 명의 여성 감독관이 전 시스템을 감독했으며, 이들은 방 한쪽 끝에 위치한 자신의 교환대에 앉아 있었다. 전화교환원은 거의 대부분 젊은 미혼여성으로 검은색 긴 원피스를 입고 정성스럽게 머리를 틀어올렸다. 교환원과 발신자 간의 사적인 대화는 엄격히 금지되었고, 직원 간의 대화는 최소한으로 제한되었다. 사무실 안에는 긴장감이 팽팽하게 감돌아 바쁜 시간대에는 교환원들이 신경과민이 되기도 했다. 이를 해소하기 위해 휴게실에는 운동기구가 구비되어 있었다.

초기의 교환대부터 자동화까지

뤼초슈트라세에 있는 전화교환소는 교환대가 급속하게 발전한 끝 무렵에 등장했다. 최초의 전화교환소는 알렉산더 그레이엄 벨Alexander Graham Bell이 전화를 발명한 지 2년 뒤인 1878년 미국 뉴헤이븐에서 문을 열었고, 전신국이 그 모태가 되었다. 전화가 주로 비즈니스맨들이 이용하던 서비스에서 일반 대중을 위한 시스템으로 발전함에 따라 엔지니어들은 먼저 빠르게 증가하는 회선망의 노드에서 발생하는 정체를 제거해야 했다. 최초의 전화교환소는 케이블이 스파게티처럼 얽혀 있고 원시적인 분업체계로 운영되는 혼란스러운 공간이었다. 시스템이 커질수록 두 가입자를 연결하는 과정 역시 더욱 복잡해졌다. 교환대(스위치보드)를 가로지르며 복잡하게 엇갈려 있는 케이블더미의 수와 크기, 복잡성은 직원들에게 과도한 부담을 안겨주었다. 단 한 통의 전화를 연결하기 위해 당시 대개 소년들이었던 교환원의 손을 최대 5명까지 거치기도 했다. 교환원들은 서로에게 발신자의 요청을 큰 소리로 전달하고 전화를 연결하기 위해 교환대에서 교환대로 뛰어다녔다. 연결 불량과 지연은 고질적인 문제였다. 회선의 대기잡음大氣雜音은 알 수 없는 소음을 발생시켜 통화하는 동안 신경을 자극했다. 그러나 10년이 지나지 않아 이러한 원시적인 배열은 새로운 형태로 대체되었다. 여성에 의해서만 운영되는 정교한 다중 스위치시스템으로 바뀌었고, 이것이 자동화가 시작될 때까지 전화교환소를 특징짓는 형태가 되었다. 새로운 교환 기술과 여성 교환원의 앙상블이 전화의 대중화시대를 열었다.

가장 중요한 문제는 정보통신 기술이었다. 시스템의 지속적인 확장은 일련의 기술적 위기를 초래했고, 이는 새로운 통신수단을 무력화시킬 수 있었다. 미국인 찰스 스크리브너Charles Scribner는 가장 심각한 문제를 극복한 교환대를 개발했다. 그의 새로운 다중교환기는 일부 과정을 부분적으로 자동화한 동시에 다른 프로세스는 단순화 및 압축시켰다. 이제 교환원은 하나의 키보드에서 걸려오는 모든 전화를 해당 수직 잭패널에 연결할 수 있게 되어 귀중한 시간을 절약할 수 있게 되었다. 1890년대의 평균 작업량은 시간당 10통이었지만 1920년대 뉴욕 전화교환원의 평균 작업량은 시간당 500통이었다.

베를린에서는 1881년에 이미 50명의 가입자를 보유한 최초의 전화교환소가 운영을 시작했지만 다중연결시스템은 1900년경 처음으로 독일에 도입되었다. 1896년 베를린 산업박람회에서 지멘스운트할스케사가 1만 회선을 연결할 수 있는 전화교환기를 선보였다. 독일 전화시스템의 운영자였던 제국 체신청은 지멘스사에 뤼초슈트라세에 있는 새로운 전화교환소 VI에 이 시스템의 설치를 의뢰했다. 전화교환센터의 시운전은 매우 까다로운 일이었다. 시운전은 가동 중단 시간을 최소화하기 위해 야간에 이루어졌다. "예민한 베를린 시민들"과 처음에는 새로운 시스템을 이해하지 못한 직원들 때문에 이 과정은 종종 "신경이 곤두서는 테스트"였다(Siemens 1961, 194). 대표적인 예가 1902년 당시 베를린에서 가장 큰 프리드리히슈트라세의 교환소 Ⅳ를 연결하는 과정에서 발생한 히스테리였다. 교환원들은 새로운 시스템에 대처할 수 없었고, 발신자들은 조바심을 내다가 화를 냈으며 결국 직원들은 패닉 상태에 빠졌다. 전신국 관리들이 도착해 폭풍을 진정시키고 나서야 질서가 회복되었다. 오후가 되면서 교환원들은 각자의 자리로 돌아왔고 새로운 시스템은 원활하게 작동되었다(앞의 글, 195; Killen 2003, 205).

한 동시대인은 1890년대 후반의 새로운 전화센터를 "조용하고 긴장감이 넘치는 장소"라고 묘사했는데 이는 초창기 전화교환소와 비교해보면 분명 정확한 표현이었다(Casson 1910, 155). 소음이 사라진 대신 복잡성이 그 자리를 대신했다. 근대적 '교환소'의 완벽한 교환대는 200만 개가 넘는 부품으로 구성되어 있고 1만 5,000개의 작은 전구로 불이 밝혀졌으며, 케이블 배선은 "총길이가 뉴욕에서 베를린에 이를" 정도였다(앞의 글, 142). 이곳은 긴장감이 감돌았다.

전화교환소의 출현으로 글로벌 네트워크가 탄생하면서 비로소 전화는 혁명적인 도구가 되었다. 전화는 공간적 장벽뿐만 아니라 사회적 장벽도 무너뜨렸다(Kern 1983, 316). 전화교환소는 새로운 형태의 일상적 커뮤니케이션을 가능하게 했고, 새로운 금융질서를 발전시키는 데 없어서는 안 될 필수 요소였다. 전화교환의 원리는 수많은 새로운 조직을 탄생시켰다. "필요하다면 심지어 낯선 사람들 사이에서도 어떤 의례나 소개, 추천 없이 무제한으로 사회적 접촉을 할 수 있게 해주었기 때문이다"(Cherry 1977, 113).

전화교환소의 효과는 세기가 바뀐 뒤 빠른 속도로 성장한 대도시에서 가장 뚜렷하게 나타났다. 허버트 캐슨Herbert Casson은 교환대를 전화 신경계의 '두뇌'라고 묘사하면서 그 어떤 것도 "전화교환소만큼 민감하고 효과적인" 시설은 없다고 했다(Casson 1910, 149). 대도시의 전화교환소와 외딴지역을 담당하는 회선 사이에도 유사한 계층구조가 존재했다. 전화는 강력한 중앙집중화 과정을 촉진했다. 이는 "안녕하십니까, 센터입니다"라는 교환원의 표준 인사말에서 상징적으로 표현되었다. 무엇보다도 전화는 특정 도시지역에 사무실이 집중되는 결과를 낳았고(고층건물), 특히 막스 베버가 묘사한 바 있는 20세기의 특징 중 하나인 조직화된 행정 형태에 결정적인 기여를 했다(노동청, 중앙당).

세기가 바뀌면서 전화시스템은 사회의 가상 축소판으로 여겨졌다. "벨시스템은 이미 유례없을 정도로 거대해져 국가 신경망과 유사해졌다. [……] 벨시스템 전체를 한곳에 집중시킨다면 볼티모어 크기의 텔레포니아라는 도시를 형성할 것"이며 "케이블제국의 수도"가 될 것이다. 매일 아침 출근하는 부대는 "11만 명의 남성과 여성 [……], 특히 소녀들로 구성된 군대"이다(Casson 1910, 196ff.). 텔레포니아에는 자체적인 규칙과 예절이 있어 이를 위반한다는 것은 '전화공동체에 부적합한 존재로 추방'되는 것을 의미했다. 전화시스템은 이전의 모든 통신 네트워크와 달리 사람의 목소리를 전송했기 때문에 전례없는 수준의 친밀감을 형성했다. "전기화된 말을 실은 채 떨리는 전선의 경이로움, 대도시의 비밀을 담은 채 진동하는 교환대의 낭만"은 시적 성향을 자극했다(앞의 글, 297). 이러한 속성들은 전화를 가장 카리스마 있는 기술로 만들었다. 이것은 거리를 극복하는 매체로, 이를 통해 완전하고 즉각적인 소통을 달성함으로써 거대하고 복잡한 사회를 조화롭게 작동시킬 수 있기 때문이다.

그러나 전화교환소는 실시간 통신, 질서, 효율성이라는 유토피아적 이미지에 영감을 준 것만큼이나 과부하와 붕괴라는 새로운 시나리오도 만들어냈다. 폴 비릴리오에 따르면 사고는 모든 기술시스템에 내재되어 있으며, 철도와 함께 탈선 사고도 발생했다(비행기, 댐). 전화교환소 역시 종종 비교되는 뇌처럼 반복적인 충격을 받게 되면 전체 시스템이 혼란에 빠질 수 있었다. 극단적인 경우 회선의 메시지가 독자적인 생명을 얻어 사회질서를 불안에 빠뜨리기도 했다. 예를 들어 스티븐 컨Stephen Kern은 제1차세계대전을 앞둔 7월의 위기에서 전화와 전신電信을 통한 커뮤니케이션이 나름의 논리와 역학관계를 형성했다는 사실을 지적한다(Kern 1983, 271). 야전 전화는 의심할 여지없이 합리적인 전투를 조직하는 데 도움이 되었다. 통제된 네트워킹은 통제된 파괴가 되었다(전선). 마찬가지로 전화가 없었다면 현대적 형태의 월스트리트를 상상할 수 없지만 이 새로운 매체에 의해 거의 무너질 뻔하기도 했다. 1929년 주식시장 붕괴를 촉발한 패닉 매도는 전화가 없었다면 일어나지 않았을 것이다.

따라서 전화교환소는 새로운 연결의 가능성뿐만 아니라 과부하, 단락短絡, 고장 모두를 상징했다. 동시대 사람들은 이러한 측면의 많은 부분을 전화교환소에서 일했던 여성들의 몸과 정신에서 발견했다. 1878년 벨전화회사가 보스턴에서 최초의 여성 교환원 엠마 너트를 고용한 이후 여성 교환원의 고용이 엄청나게 증가했다. 이는 사무실, 상점, 백화점에서 여성 노동시장이 크게 성장한 추세와 일치한다. 독일에서는 1890년대 초가 되어서야 여성이 처음으로 교환원 업무에 종사할 수 있었는데, 세기가 바뀐 뒤에는 이미 교환원 업무가 여성의 전유물이 되었고, 전신과 달리 전화는 여성의 직업으로 인식되었다. 1920년대 중반에는 6만 5,000명의 여성이 전화교환원으로 일했는데, 이로 인해 제국 체신청은 독일에서 여성 노동력을 가장 많이 고용한 곳이 되었다.

여성들은 남성들보다 임금이 낮고 온순해 보였다. 대부분의 사용자들은 일상적으로 사용함에도 불구하고 그 기술의 원리를 이해하지 못했는데, 이 여성들은 그 기술을 구현하는 인간적 얼굴이 되었다. 마르셀 프루스트Marcel Proust는 이들을 "보이지 않는 것을 주관하는 여사제"라고 일컬으며 그들이 우리를 "극복된 공간"의 속삭임 속으로 떠나게 한다고 했다(Proust 1967, 1429). 1896년 베를린 산업박람회에서 '전화관'은 가장 큰 볼거리 중 하나였다. 그곳에서는 방문객들에게 전화의 물리학을 실증했고, 전화교환원들은 직접 '전화 작동의 비밀'을 소개했다(Lindenberg 1896, 170). 파빌리온은 생명력을 상징하는 요정의 모습으로 '전화교환소 아가씨Fräulein vom Amt'를 묘사한 조각상으로 장식되었다. 이는 대중이 기술을 쉽게 받아들일 수 있도록 마련한 장식적 전략의 일환이었다. 동시에 전기에너지와 인간의 노동이 동일한 근본적인 힘의 표현 형태라는 것을 암시했다(Osietzki 1996).

새로운 에너지 네트워크에 연결된 전화교환원은 이전에는 상상할 수 없었던 인간과 기술의 상호연결을 상징하는 존재가 되었다. 고도로 규제된 활동을 수행하며 표준화된 문장으로 이야기하는 신체들이 공간 안에 함축적으로 배열되어 있는 전화교환소는 합리화된 세계의 상징이 되었다. 허버트 캐슨은 "교환대 불빛 앞에 길게 늘어서 있는 하얀 팔들"이 이리저리 움직이는 모습에서 "도시 생활의 실제 맥박을 본 것 같은" 느낌을 받았는데, 그의 이러한 인상은 1920년대 후반 지크프리트 크라

카우어Siegfried Kracauer의 에세이 『대중의 장식Ornament der Masse』을 예견한 것이었다(Casson 1910, 156).

교환대의 인간적인 얼굴인 여성들은 교환대의 아우라뿐만 아니라 섬뜩함도 공유했다. 발터 벤야민은 베를린에서 보낸 유년 시절의 글에서 전화기를 "어둠 속에서 날카로운 종소리"가 나오는 "지옥의 기계"라고 칭했다. 소년에게 복도 한구석에 놓인 전화기는 두려움과 공포를 불러일으켰다(아파트). 발터 벤야민은 아버지가 '교환 당국'과 이야기할 때면 어떻게 변했는지 묘사하고 있다. 평소에는 예의바른 남자가 전화를 할 때면 흥분해서 전화교환원과 반복적으로 언쟁을 벌이는 모습을 보였다(Benjamin 1985, 498). 발터[6] 루트만Walter Ruttmann 감독의 영화 〈베를린-대도시 교향곡〉의 한 장면에서는 전화교환원을 심지어 수다쟁이 원숭이와 연관짓기까지 했다.

전화를 국가의 신경계에 비유했을 때 전화교환원, 특히 그녀의 신경은 그 시스템의 약점이었다(카우치). 이 새로운 직원집단은 특수한 방식으로 정신, 신경, 감각에 부담을 주는 새로운 형태의 '정신노동'을 수행했다. 어느 기록에 따르면 1907년 공황 당시 "절망에 빠진 한 투기꾼이 월스트리트의 거의 모든 전화에 전화를 건 미친 시간"이 있었다고 한다. "교환대에 불이 났다. 몇몇 소녀는 패닉 상태에 빠졌다. 한 명은 기절해 화장실로 실려갔다." 이러한 사고를 방지하기 위해 "항상 예비 소녀들이 있었고 [……] 교환원들의 손이 눈에 띄게 떨리고 양쪽 뺨에 빨간 경고 표시가 나타나면 교환대에서 내보내 평정을 되찾을 때까지 휴식을 취하게 했다"(Casson 1910, 155f.).

이러한 시나리오는 의학적 담론을 발전시켰다. 하나는 교환 업무의 부담을 반영한 담론과 다른 하나는 여성의 직업활동에 따른 젊은 여성들의 새로운 독립에 대한 우려를 반영한 담론이었다. 업무로 인해 신경쇠약에 걸린 여성 전화교환원들에 대한 이야기가 널리 알려질수록 그들의 '도덕적 위생'에 대한 우려도 커졌다. 전화의 아우라는 무엇보다도 전통적인 커뮤니케이션의 경계를 허무는 능력에서 나왔기 때문이다. 당국이 규정된 어구와 직장 규율을 준수하게 하여 이러한 경계를 유지하려고 했지만 전화교환소는 낭만적인 말과 에로틱한 환상의 공간이 되기도 했다(스트립 클럽). 보수주의자들은 무절제한 발언의 결과에 대해 개탄하며 이를 교환대의 해방된 여성들과 연관지었다.

더 심각한 문제는 노동계급의 전투적 성향이 커지면서 파업에 대한 두려움이 널리 퍼졌다는 것이다. 1910년 〈보스턴 포스트〉는 전화교환소 파업으로 인해 마비된 사회의 모습을 다음과 같이 묘사했다. "20세기의 생활방식은 대도시 보스턴의 200만 명의 사람들을 전화에 전적으로 의존하게 만들었다." 파업은 증권거래소나 철도를 비롯한 거의 모든 비즈니스를 실제로 마비시킬 수 있었다(Norwood 1990, 109에서 재인용). 전화교환소를 통해 강제된 중앙집중화로 인해 대도시의 전화교환소에서 파업이 일어날 경우 사회 전체가 마비될 수도 있는 위험이 있었다. 제1차세계대전 이후 독일에서 정치적 소요가 이어지는 가운데 1919년 여성 전화교환원들의 파업이 발생했다. 이 파업으로 제국 정부는 나라 전체와 단절되었고, "왕실 군 전신부대의 도움으로 전화에서 전신통신으로 전환"함으로써 간신히 해결할 수 있었다(Thomas 1988, 192). 이처럼 종속성과 통신 업무가 무너질 때의 재앙적 잠재력을 확인하면서 효율성과 신뢰성을 높이려는 노력이 이루어졌다.

처음에는 감시에 중점을 두었다. 여성 감독관은 자신의 교환대에서 모든 교환원에게 '연결'해 대화를 엿들을 수 있었고, 이 같은 식으로 그들의 업무를 정확하게 관찰했다. 위반사항이 발견되면 즉시 감독관의 분노를 샀다. 20세기 초 전화교환소는 세심하게 규제되고 철저하게 합리화된 공간이 되었다. 다른 어떤 직업에서도 직원들을 이렇게 엄격하게 감시하는 곳은 없었다(Norwood 1990, 33; Nienhaus 1995, 110). 이는 규율에는 도움이 되었지만 미국 노동부가 실시한 연구에서 밝혀졌듯이 "무자비한 감시를 받고 있다는 인식"은 "전화교환원들의 긴장감"을 증가시켰다(U.S. Bureau of Labor 1910, 55). 이와 더불어 과학적 업무 관리에 관한 테일러주의 원칙이 적용되었다. 독일계 미국인으로 정신공학의 아버지로 불리는 후고 뮌스터베르크Hugo Münsterberg는 전화교환원의 업무 프로세스를 최적화하는 방법을 개발했다. 그는 교환원들을 전화교환소의 회로시스템에 더 잘 통합시키는 방법을 모색했는데, 이는 1920년대 합리화 광풍이 불던 독일에서 모방한 것이었다. 독일의 제국체신청은 정신공학자들에게 여성 직원을 위한 적성검사 개발을 의뢰했다. 그들은 대부분의 대도시에 검사소를 설치하고 여성들의 능력 한계를 정하기 위한 표준화된 일련의 테스트를 실시했다(실험실).

경제심리학자들이 갈망하던 자동화된 근로자는 전화교환소의 자동화로 인해 쓸모없는 존재가 되었다. 1920대 중반에 도입된 셀프 다이얼링시스템은 1960년대에 완전히 표준이 되었다. 이 자동화로 인해 전화교환원의 일자리가 대부분 사라졌다. 그러나 자동화는 텔레포니아의 인력을 대폭 감소시켰을 뿐만 아니라 통화 연결 응답시간과 요금도 감소시켰다. 한 농담 섞인 추정에 따르면 자동화가 이루어지지 않고 전화시스템이 확대되었다면 언젠가는 모든 미국의 성인 여성이 전화교환원이 되었을 것이라고 한다(Fischer 1992).

전화교환소의 자동화는 근대화 과정의 가장 눈에 띄는 형상 중 하나인 여성 전화교환원의 존재를 밀어냈다. 1920년대를 최초의 대중문명의 시대로 볼 수 있다면 전화는 그 상징이었다. "그 당시에 중요한 일을 하는 사람이라면 거의 모두가 전화를 가지고 있었고 수시로 사용했다" (Brooks 1977, 217). 이것은 1930년대의 스크루볼 코미디와 '신문 영화'에서도 볼 수 있다(영화관, 신문사 편집부). 이러한 영화의 단골 장면은 호텔과 기자실에서 사람들과 분주하게 통화하는 기자의 모습을 전신주와 케이블, 그리고 전화를 연결하는 전화교환원의 모습과 합성한 것이다. 이러한 시각적 표현은 거리를 극복하는 전화의 능력을 연상시킨다. 이것은 〈그랜드호텔〉과 같은 당시의 고전적인 호텔 영화들에서 더욱 강조되었다. 이 영화들은 교환대와 케이블, 전화교환원들로 구성된 어지러운 회로시스템 속에 엮여 있는 전화로 연결된 사회, 진정한 텔레포니아를 보여준다.

전화교환소, 사회적 신체의 기술적 도플갱어

전화교환소가 자동화되고 교환원이 사라지면서 제2차세계대전 이후에는 전화시스템이 새로운 통신 및 제어 이론의 모델로 적합하다는 사실을 발견하게 되었다. 전화교환소와 그 케이블망은 처음 시작될 때부터 뇌와 중추신경계처럼 사회적 신체에 새겨져 있었고, 따라서 이것은 새로운 것이 아니었다. 프리츠 마우트너Fritz Mauthner는 '사고思考의 연상'이라는 심리적 과정을 설명하기 위해 '전화 기억'이라는 은유를 사용해 "2만 명의 베를린 전화 사용자 모두의 상호연결"에 비유했고, 발터 라테나우Walter Rathenau는 전화시스템을 '정신의 진동'을 연장한 '전기적 신경다발'로 보았다(Asendorf 1989, 72; Hughes 1990, 16). 후고 뮌스터베르크는 전화의 독특한 특징인 기술과 인력의 조합을 집단적 두뇌로 상상하면서 이것이 기억과 주의력, 기타 정신적 기능에 대한 실험에 매우 적합한 것으로 보았다.

전화교환소에 대한 초기의 은유는 제2차세계대전 이후 노버트 위너Norbert Wiener가 사이버네틱스를 창시하면서 본격적으로 꽃을 피웠다. 사이버네틱스는 "사회는 그 메시지와 통신시스템을 연구해야만 이해할 수 있다"는 전제에 기반하고 있다(Wiener 1950, 9). 클로드 엘우드 섀넌Claude Elwood Shannon을 비롯한 새로운 커뮤니케이션학 분야의 주요 인물들은 벨전화회사의 연구소에서 일했다. 정보 및 메시지 전송에 대한 클로드 섀넌의 정의는 알렉산더 그레이엄 벨의 장거리 전화망의 흐름에 대한 분석에 근거했다. 이런 점에서 전화시스템은 정보사회의 선구자 역할을 했다. 전화시스템이 전화교환원이라는 '중개자' 대부분을 밀어내자마자 정보화사회가 발전한 것은 우연이었을까? 사회이론가인 도나 해러웨이Donna Harraway와 캐서린 헤일스Katherine Hayles는 정보화사회가 부상하면서 나타난 특징을 탈신체화로 규정했다. 반면 마셜 매클루언Marshall McLuhan은 전화를 중추신경계의 '확장'으로 상상함으로써 초기 논평가들이 앞서 언급한 바 있는 생물학적 시스템과 기술적 시스템의 임의적 결합을 재생산했다(McLuhan 1994).

초기 사이버네틱스학자들은 전화시스템을 정보사회의 표본으로 삼았지만 이 시스템에 내재된 남용과 감시의 가능성을 무시하는 경향이 있었다. 1928년 미국 대법원은 정부 관리의 전화 도청이 헌법상 권리를 침해하지 않는다는 획기적인 판결을 내렸다. 미국 연방수사국FBI은 1960년대 시민운동 시기에 이 판결을 광범위하게 이용했다. 이 시기는 바로 마셜 매클루언의 유토피아적 비전이 대중적으로 가장 널리 알려진 시기였다. 프레드릭 제임슨Fredric Jameson에 따르면 바로 그 시기에 전화시스템이 사회의 기술적 도플갱어라는 지위를 대중적으로 획득한 것은 당연한 일이었다. "전화 케이블과 전화회선은 [……] 우리를 어디든 따라다니며, 비밀스러운 지하세계를 통해 가시세계의 거리와 건물을 복제"함으로써 "편집증적인 인지적 지도"를 제공한다(Jameson 1992, 15).

이러한 인식은 1960년대와 1970년대에 가장 어두운 영화적 판타지를 탄생시켰다. 초기의 코미디영화에서 전화가 (비록 부패할 수 있지만) 본질적으로 민주적 기관인 뉴스 저널리즘에 봉사하는 역할을 했다면, 이후 영화에서는 전화가 지배, 통제, 감시의 도구로 나타났다. 영화 〈대통령의 분석The President's Analyst〉(1967)에서는 전화회사가 심지어 대통령을 전복시키려는 음모에 가담하는데, 이는 현대국가의 권력이 전화시스템의 통제에서 나온다는 것을 시사한다. 사이버네틱스가 폭주해 전화를 스탠리 큐브릭Stanley Kubrick 감독의 〈2001: 스페이스 오디세이〉에 나오는 악당 컴퓨터 할과 같은 존재로 변모시켰다.

그러나 이 이후의 영화에서는 새로운 종류의 '전화교환원'이 등장하는데, 바로 해커이다. 대표적인 영화는 〈코드 네임 콘돌Three Days of the Condor〉(1975)로, 로버트 레드퍼드가 자신의 부서 전 직원이 모두 살해당한 중간급 중앙정보국CIA 요원으로 나온다. 훈련된 군사정보 기술자였던 로버트 레드퍼드는 맨해튼의 홀리데이 인 호텔의 배전반에 들어가 그곳에서 CIA 본부의 컴퓨터를 해킹함으로써 자신을 제거하려는 세력에 맞서 전세를 역전시킬 수 있게 된다. 이러한 과정은 완전히 자동화되어 있다. 호텔의 배전반은 영화 〈그랜드 호텔〉의 여성스러운 모습과는 달리 빛나는 전기회로의 바다이며, 로버트 레드퍼드는 회선 반대편에 있는 컴퓨터에 직접 말을 건다. 이것은 다시금 〈2001: 스페이스 오디세이〉를 연상시킨다. 이후 장면에서는 로버트 레드퍼드가 뉴욕 전화의 메인 회로에 잠입하는 모습이 그려진다. "엄청나게 많은 스위치와 시냅스가 배열되어 있는 전화교환소 내부로 내려간"(Jameson 1992, 14) 그는 50대의 전화기를 연결해 최초의 원시적인 교환기 상태로 되돌리는 데 성공한다. 그는 스스로 증식해 뉴욕시 전역에 무작위로 확산되는 흔적을 만들어 CIA의 추적시스템을 혼란에 빠뜨린다. 이러한 전화시스템의 분산화는 워터게이트 스캔들 이후 벨전화회사의 해체와 정계 개편을 상징하게 되었다.

프레드릭 제임슨은 이 장면이 이후에 나온 모든 컴퓨터 해커에 대한 묘사의 선구자로 볼 수 있다고 지적했다. 해커포럼 〈2600〉은 원래 '폰 프리커(phone phreaker, 전화 해커)'를 위한 '잡지'였다. '프리킹phreaking'은 전화기를 해킹해 전화시스템의 취약점을 발견하는 것을 의미한다. 최초의 '폰 프리커' 중 한 명은 캡틴 크런치 브랜드의 시리얼 상자에 들어 있는 장난감 호루라기를 이용해 무료로 전화를 걸 수 있다는 사실을 발견한 뒤 '캡틴 크런치'라는 가명을 사용했다. 이러한 점에서 신경계를 기술시스템에 연결('접속')하는 이야기를 다룬 윌리엄 깁슨William Gibson의 소설 『뉴로맨서Neuromancer』(1984)와 직접적인 연관성이 있다. 전화교환소의 유산은 기술적 제어시스템을 장악하려는 현대 해커의 꿈속에, 그리고 그것이 주는 권력 속에 계속 살아 있다.

참고문헌

Asendorf, Christoph (1989): Ströme und Strahlen. Das langsame Verschwinden der

Materie um 1900, Gießen.
Benjamin, Walter (1985): Berliner Chronik (1932), in: ders., Gesammelte Schriften, Bd. VI, Frankfurt, 465~519.
Brooks, John (1977): The Telephone in Literature, in: Ithiel de Sola Pool (Hg.), The Social Impact of the Telephone, Cambridge, Mass.
Casson, Herbert (1910): The History of the Telephone, New York.
Cherry, Donald (1977): The Telephone: Creator of mobility and social change, in: Ithiel de Sola Pool (Hg.), The Social Impact of the Telephone, Cambridge, Mass.
Fischer, Claude (1992): America Calling: A social history of the telephone to 1940, Berkeley.
Hughes, Thomas (Hg.) (1990): Ein Mann vieler Eigenschaften: Walter Rathenau und die Kultur der Moderne, Berlin.
Jameson, Fredric (1992): Geopolitical Aesthetic: Cinema and space in the world system, Bloomington.
Kern, Stephen (1983): The Culture of Time and Space 1880~1918, Cambridge, Mass.
Killen, Andreas (2003): From Shock to Schreck: Psychiatrists, telephone operators, and traumatic neurosis in Germany 1900~1926, in: Journal of Contemporary History 38, 201~220.
Lindenberg, Paul (1896): Pracht-Album photographischer Aufnahmen der Berliner Gewerbe-Ausstellung 1896, Berlin.
McLuhan, Marshall (1994): Understanding Media (1964), Cambridge, Mass.
Münsterberg, Hugo (1912): Psychologie und Wirtschaftsleben, Leipzig 1912.
Nienhaus, Ursula (1995): Vater Staat und seine Gehilfinnen. Die Politik mit der Frauenarbeit bei der deutschen Post (1864~1945), Frankfurt.
Norwood, Stephen (1990): Labor's Flaming Youth. Telephone operators and worker militancy, 1878~1923, Urbana.
Osietzki, Maria (1996): Weiblichkeitsallegorien der Elektrizität als Wunschmaschinen, in: Technikgeschichte 63, 47~70.
Proust, Marcel (1967): Die Welt der Guermantes (1920/21), in: ders., Auf der Suche nach der verlorenen Zeit, Bd. 2, Frankfurt.
Siemens, Georg (1961): Der Weg der Elektrotechnik. Geschichte des Hauses Siemens, Bd. 1, Freiburg/München.
Thomas, Frank (1988): The German Telephone System, in: Renate Mayntz/Thomas Hughes (Hg.), The Development of Large Technological Systems, Frankfurt.
U.S. Bureau of Labor (1910): Investigation of Telephone Companies, Washington, D.C.
Wiener, Norbert (1950): The Human Use of Human Beings: Cybernetics and society, New York.

노동청

브리트 슐레한Britt Schlehahn

일자리를 기다리다: 뮌헨시 노동청, 1914년

뮌헨시 노동청의 가사 및 요식업 여성 종사자 담당 사무실의 나무 벤치에 여성들이 앉아서 구직자 등록을 기다리고 있다. 창구 공간에는 널빤지를 댄 온도조절장치가 있고, 그 주위에 풍경사진, 행동지침 및 노동시장 현황 정보가 걸려 있다. 여성 공무원들은 구직자와 카운터로 분리되어 자신의 책상에서 대기자들의 행동을 관찰할 수 있다. 책상 자체가 구직 신청서를 제출하는 창구라고 불린다. 여성 구직자는 이름과 직업 옆에 날짜 도장이 찍힌 접수장을 받는다. 그런 다음 대기실에 자리를 잡는다. 이곳에서 접수된 일자리가 발표된다. 여성 공무원들이 예비 선정을 하는데, 이때 자격과 직업에 대한 경험뿐만 아니라 노동청에서의 대기 기간도 고려한다. 이러한 장애물을 통과한 사람은 옆방에 있는 고용주와 면접을 볼 수 있다. 이상적인 경우는 면접 이후 바로 노동청에서 고용계약서에 서명을 하는 것이다.

이러한 절차에 따라 이 기관은 노동중개소Arbeitsnachweis라고 불리며, 바이에른과 뷔르템베르크에서는 노동청Arbeitsamt이라고 불린다. 1895년에 설립된 뮌헨시 노동청은 1897년부터 이자르강 옆 옛 병영이 있던 자리에 위치해 있다. 이곳에서도 다른 독일의 도시와 마찬가지로 이전 건물(특히 식당, 호텔, 상점)의 공간 상황에 맞춰 대기실과 창구 공간, 고용주와 공무원을 위한 방을 마련해야 했다. 모든 노동청에서 여성 구직자를 위한 공간의 공식 명칭인 '여성부'는 '남성부'와 근본적으로 구분되어 있다. 남성 구직자의 수가 더 많기 때문에 남성부에 훨씬 더 많은 공무원이 있다. 이들은 제복을 입은 경비원의 지원을 받는다. 창살로 이루어진 벽을 통해 공무원과 구직자의 영역이 철저하게 나뉜다.

경제 번영을 상징하는 대표적인 산업 및 교통, 행정 건축물이나 백화점과 달리 노동청은 근대 산업사회의 어두운 면을 보여준다. 이 공간은 끊임없이 변화하는 방문자 수에 대응해야 하며, 행정 업무를 처리할 수 있는 역동적인 공간구조를 갖춰야 한다. 또한 확신에 차 있거나 실망에 빠진 구직자들을 수용해야 한다. 많은 사람들이 일자리를 잃었기 때문에 수치스러워한다. 이 공간은 이것을 완화하거나 강화할 수 있다. 사회적 평화를 위태롭게 하지 않기 위해서는 노동청의 공간구조와 구직자를 대하는 방식이 배려와 발전을 암시해야 한다. 노동청에 교육적인 역할이 부여됨에 따라 1840년대 이후 복지기관의 공간구조를 변화시켰고, 노동청 내 실업자의 태도와 움직임에 근본적인 영향을 미쳤다. 노동청 건축에서 가장 중요한 것은 건물 안팎에 구직자들을 위한 공간을 어떻게 할당하고, 대기 프로세스를 어떻게 설계해 쓸데없이 낭비되는 시간과 혼잡함을 방지하는가이다.

'대기 관청': 세기전환기의 새로운 건축 과제인 노동청

1844년 초 라이프치히 빈민국이 '시립 노동중개소'를 설립하게 된 것은 "빈민들의 고질적인 게으름"(Leipzig 1844, 1) 때문이었다. 이 기관의 역할은 단순히 구직자들에게 일자리를 제공함으로써 구직자들의 성과 없는 구직활동을 통제하기 위한 것만이 아니었다. 일할 수 있는 사람들에게 일자리를 제공하면 구빈원의 운영비도 절감된다. 중개소에서는 빈민국 예산으로 고용된 접수원과 회계원들이 사무실에서 노동자에 대한 요청을 접수받고 실업자에게 일자리를 알선한다. 등록한 시점에 따라 배정이 이루어지므로 대기시간이 길어지거나 기관을 여러 번 방문하는 번거로움을 방지할 수 있다. 사무실에 머무르거나 통지를 받은 뒤 오래 지체하는 것은 허용되지 않는다. 라이프치히 노동청과 1840년 드레스덴에서 시작된 '노동 및 노동자 중개협회Verein für Arbeits- und Arbeiternachweisung'는 길드나 개인적인 면접을 통하지 않고, 즉 '직접 돌아다니며 일자리를 구할Umschau' 필요 없이 일자리를 중개해주는 최초의 단체이다. 이 단체는 주로 미숙련 구직자에게 집중했다.

독일제국 창건 직후 발생한 경제공황으로 1870년대 독일제국에서는 새로운 상황이 등장했다. 실업이 빈민 행정을 벗어나 처음으로 사회문제로 의식되게 된 것이다. 오늘날에는 다시 잊힌 인식이지만 실업이 "본질적으로 개인의 잘못이 아니라 자본주의 경제 과정의 사회적 현상"이라는 인식이 자리를 잡게 되었다. "실직자가 잘못이 없다는 사실은 사회가 실직자에게 필요한 생계를 제공할 의무가 있다는 것을 의미한다"(Schröder 1930, 8).

1893년 10월 '자유독일재단Freies Deutsches Hochstift'의 가을 회의는

'산업 및 상업 도시의 실업과 직업 알선' 문제에 중점을 두었다. 노동청의 평등한 운영과 더불어 빈민 구제를 넘어선 직업 알선 분야에서 지자체의 책임에 대해서도 논의되었다. 시 노동청은 민간 부문, 동업조합이나 빈민 행정 또는 복지협회에서 제공하는 직업 소개 서비스와는 다르게 설계되었다. 모든 직업군에 대한 직업 알선 및 상담 서비스는 무료이다. 실업 문제를 처리하는 중립적인 공간을 만들기 위해 숙련노동자의 증명서를 중앙에서 관리한다. 노동청이 정당의 '놀이터'가 되어서는 안 된다(Weigert 1899, 4). 1894년 4월 1일 에슬링겐 시청에 첫번째 시 노동청이 문을 연 뒤 1900년까지 50개가 추가로 문을 더 열었다. 1902년 베를린에 첫 신축 건물이 지어지기 전까지 임대 사무실은 가능한 한 짧은 시간 안에 적은 비용으로 최대한 기능적으로 꾸며져야 했다.

공간구조는 대기실과 창구 공간뿐만 아니라 입구에서도 성별을 구분하도록 만들어진다. '남성' 부서와 '여성' 부서를 분리하는 것은 논란의 소지를 방지하기 위해서인데, 같은 시기에 학교나 병원 등 다른 공공건물에서도 성별에 따른 공간 분리가 이루어졌지만 그 이상이다. 남성과 여성의 분리가 이루어진다는 것은 한편으로 직업군들의 여성화를 나타내는 징후이다. 다른 한편으로는 중앙집중식 노동중개소 내에 보호 공간을 마련해주는 역할을 한다. 19세기 중반 이후 여성의 가정 밖 취업에 대한 요구가 등장하면서 여성 노동을 남성 실업의 원인으로 보는 목소리가 커졌다. 예를 들어 루이제 오토-페터스Louise Otto-Peters가 1866년 라이프치히에서 열린 제1회 독일 여성회의에서 여성이 직업을 가질 권리를 요구했지만, 1년 뒤 '라살레파'인 전독일노동자협회Allgemeiner Deutscher Arbeiterverein의 대표들은 여성의 산업체 고용에 반대하는 시위를 벌였다. 그들은 여성 고용이 노동자의 물질적 상황을 악화시키고 가정을 파괴하기 때문이라고 주장했다. 여성 노동자들에 반대하는 그들의 투쟁은 노동조건의 악화를 막기 위한 파업 형태로 이루어졌으며, 남성의 고용을 늘리고 남성의 임금을 인상하는 것을 목표로 했다.

정치적 동기에서 여성 취업에 대한 불만이 제기되는 것 외에도 여성이 구직시 겪는 '도덕적 위험성'의 문제 또한 제기된다. 공간이 협소해 대기실과 출입구가 하나뿐인 노동청에서는 남성과 여성의 업무시간을 엄격히 분리하거나 추후 공간의 변경이 이루어진다. 오래된 펜싱학교 건물에 시립 빈민구호기금과 함께 위치한 레겐스부르크 노동청은 대기실에서 여성들이 성희롱을 당한 뒤 별도의 출입구와 대기 공간을 마련했다(Riedl 2000, 42).

세기전환기에 노동청의 업무방식은 일자리가 발표되기를 기다리는 방식이었다. 노동청이 자율적으로 건물을 짓게 되면서 위치 선정만큼이나 대기실이 설계의 중심이 되었다. 1902년 쇼이넨지구의 고르만슈트라세에 있는 베를린 중앙 노동중개소의 신축 건물에는 미숙련노동자들을 위한 커다란 남성 대기실이 만들어졌다. 대기실은 단순한 나무 벤치들로 이루어져 있다. 벤치는 방 한쪽에서 기다리는 사람들이 다른 쪽에 있는 사람들의 행동을 관찰할 수 있도록 배치되어 있다. 높은 단 위에 있는 공무원이 접수된 일자리를 발표할 때까지 제복을 입은 감독관이 대기 과정을 함께한다. 남성과 여성 구역의 대기실 옆에는 편의시설이 마련되어 있다. 구내식당, 도서실, 구둣방, 재봉실은 대기 과정을 보완해줄 뿐 아니라 구직자들의 면접 준비를 도와주기도 한다.

노동청을 시내에 건립할 경우 공공질서를 어지럽혀서는 안 된다. 따라서 입지를 둘러싼 논쟁에는 수익 손실을 우려하는 지역 사업가들의 반대가 뒤따르게 마련이다. 또한 실업자들이 시내에 교통체증을 일으키고 노동청 주변을 지나는 행인들에게 존재 자체만으로 불편을 준다는 우려도 수반된다. 뮌헨에서 1912년부터 1914년 사이에 공공 식당까지 갖춘 노동청 건물이 세워졌는데, 뮌헨의 도시계획 책임자인 한스 그레슬Hans Grässl은 이러한 이유로 건물의 전면을 도로면에 비스듬하게 건설함으로써 대기중인 사람들이 인도에서 직접 입구 쪽으로 바로 이동할 수 있도록 제안했다. 그는 실내 디자인에 고정된 평면도를 사용하지 않고 공간의 구성과 배치를 변경할 수 있게 허용했다. 온수난방과 전기조명을 갖춘 '신뢰감을 주는 건축물'이 탄생했다. 예전처럼 객실, 막사, 호텔이 아니라 수공업자들의 상징을 포함해 천장화 2점과 유화 8점이 걸려 있는 홀이 마련되었고, 대기자들은 공공장소와 떨어져 그곳에서 머물렀다.

직원의 감시 목적 외에도 건물 내부의 원활한 통행을 보장하기 위해 난간과 차단봉을 설치해 방문객의 이동을 유도했다. 그러나 제1차세계대전이 끝난 뒤 징집 해제에 따른 실업률 증가로 인해 노동청의 수용 인원은 한계에 이른다. 실업자들 간의 갈등을 피하기 위해서는 실업자를 보다 효율적으로 관리하는 방법뿐만 아니라 새로운 질서 개념도 정립되어야 한다. 만하임 노동청은 근대적 성과 원칙과 통제의 특별한 공생이 이루어진 공간이다. 노동청은 경찰을 투입해야 할 정도로 남성 대기실에서 폭행사건이 증가하자 지역 레슬링 클럽과 역도 클럽 회원 2명을 질서팀으로 고용했다. 국제적으로 인정받는 운동선수인 이들은 외모를 통해 단련된 신체의 힘을 보여준다. 또한 진정한 남성 스포츠에서 이룬 이들의 성공은 대기자들에게 존경심을 불러일으킨다(웨이트룸).

바이마르공화국에서는 실업 및 취업 알선 관리가 지방자치단체의 복지에서 국가로 이관되었다. 1922년 제정된 노동중개소법은 구직자에게

보다 개별화된 지원을 제공함으로써 도식적인 관료주의를 종식시키기 위한 것이다. 이를 위해서는 노동청 공간을 재구성해야 했는데, 3년 후 제국 노동부장관은 노동청들의 신축을 명령하고 이를 위해 30억 제국 마르크의 대출을 승인했다. 1927년 직업 소개 및 실업보험에 관한 법으로 실업을 위한 사회보험이 도입되고 지자체의 복지 업무를 대체했다. 이러한 패러다임의 변화에 따라 건물 안팎의 공간이 재구성된다. 특히 대기 공간은 기관의 이미지가 건축적으로 반영될 수 있도록 근본적으로 변화되어야 한다. 데사우 노동청은 이러한 새로운 형태의 관청을 구현하는데, 더이상 대기 과정에 집중하지 않고 테일러주의적 '선형계획법linear programming'에 따라 구직자의 이동을 안내한다(제철소). 행정기구는 뒷전으로 물러난다. '일하는 관청'은 움직임을 시사하며, 창구 원칙을 없앰으로써 대면 소통을 통해 개별화된 지원을 제공한다는 인상을 주게 된다.

1926년 베를린의 도시계획 담당관 마르틴 바그너Martin Wagner는 데사우 시의회의 의뢰를 받아 새 건물을 위한 건축 공모전을 조직했다. 그는 후고 해링Hugo Häring, 브루노 타우트Bruno Taut, 발터 그로피우스를 초대했다(Kutschke 1983; Krause 2000). 건물은 당시 이미 바우하우스 교장 자리에서 물러난 발터 그로피우스의 설계에 따라 1928~29년에 건설되었다. 이 건물은 마르틴 바그너의 기준에 부합할 뿐만 아니라 건축에서 합리화를 추구한 발터 그로피우스의 사상에도 바탕을 두고 있다. 발터 그로피우스는 이미 바우하우스 건물(1926)과 개인 주거 공간인 바우하우스의 교수들을 위한 관사단지Meisterhaussiedlung(1925~26)를 통해 공공 공간에서 이러한 사상을 구현한 바 있다. 목표는 "개인의 경제활동을 전체의 복지에 이롭게 연결"하는 것이다. "근대적 건축 신조"에 따라 "다양한 기능을 가진 복합적 요소"가 탄생하며, "그것은 오직 더 높은 의미에서의 이성을 통해서만 하나의 통일체로 결합될 수 있다"(Gropius 1997, 200).

마르틴 바그너의 공모 개요에 따르면 노동청은 녹음이 우거진 도심 광장에 위치해 있어 노동청까지의 이동거리를 단축한다. 그는 노동청까지의 거리가 멀다는 점이 실직자들의 불만의 원인으로, 이 불만은 결국 직원들을 향하게 된다고 생각했다. 건물은 반원형으로 구성되어 방문자들이 교차로 없이 통행할 수 있고 공무원들은 공간적으로 서로 연결된다. 건물은 한눈에 파악할 수 있고 분리될 수 있도록 외륜과 내륜으로 나뉘어 있으며 그 사이에 복도가 있다. 행정 건물과 자전거 보관소, 위생시설과 차고가 건물과 이어져 있다.

발터 그로피우스는 노동청을 여러 개의 건물단지로 나누어 반원형 건물에 비해 훨씬 절제된 모습을 보여줌으로써 자신이 세운 기준을 충족시켰다. 그의 아이디어에 따르면 '공중의 통행로'를 위해서는 새로운 건축방식이 필요하다. 실용적인 건축 해법은 위에서 내려다보았을 때 분명히 드러나야 한다(Gropius 1997, 16). 구직자와 공무원은 건물의 실용주의를 몸으로 직접 경험하게 된다. 발터 그로피우스는 공간 콘셉트에서 업무 능력을 높일 수 있는 밝은 조도를 중시하지만, 데사우의 반원형 노동청 건물은 외부에서 내부를 들여다볼 수 없다. 마찬가지로 모든 벽에는 2.5미터 높이에서부터 유리 패널이 설치되어 있기 때문에 접수실과 중개실의 직원들은 건물 앞의 상황을 관찰할 수 없다. 벽의 투명성과 가벼움은 채광창을 통해 더욱 강화된다. 노동청의 출입과 건물 내 이동은 모두 전기 안내시스템에 의해 이루어지며, 공무원이 이를 감독한다. 따라서 노동청 내부에는 난간이나 경비원과 같은 보안 조치가 필요하지 않다. 출납구역조차도 별도의 보안장치 없이 말발굽 모양의 카운터로 이루어져 있다.

효율적인 업무를 위해 입구가 7개, 출구가 2개 설치되어 있고, 직업군 및 성별에 따라 실직자 동선이 분리된다. '사무직' 직업군만 공동 입구를 이용한다. 건물 중앙 복도에 설치된 가림막을 통해 내부에서도 여성과 남성의 동선과 공간이 분리된다. 건물의 중심인 출납대 앞에서만 여성과 남성이 마주치게 된다. 밝은 색상의 둥근 타일 벽은 역동적이고 위생적인 전체 인상을 강화한다.

파놉티콘적 관리: 근대적 장소의 스펙트럼 속 노동청

노동청에서 정보를 관리하는 방식은 편집부의 방식과 유사하다. 데사우 노동청에서 창구 원칙을 포기함으로써 공무원이 실업자에 대해 가능한 한 많은 정보를 얻기 위한 "체계적이고 의식적인 관찰"이 가능해졌다(Jülich 1930, 23). 1925년에 이미 쾰른 노동청의 안토니 호프만Antonie Hopmann은 '실업극복협회' 회의에서 공무원이 실업자들을 온전히 보지 못한다고 비판했다. 창구는 실업자와의 연결을 방해할 뿐만 아니라 평가를 제한한다는 것이다(Kahrs 1990, 41에서 재인용). 그러나 사람들을 분류하는 일은 노동청의 공간 안에서만 이루어지는 것은 아니다. 그것은 건물 외부의 움직임에도 광범위한 영향을 미친다. 노동청은 1928년 3월부터 '여행 허가증'을 발급해 정해진 노동청 영역 내에서만 독자적인 구직활동을 허용했다. 이를 통해 유연성 있고 일할 능력이 있는 사람들을 노동시장의 통제에서 벗어난 '비사회적' 떠돌이들과 구분할 수 있다.

데사우의 실용주의 건물은 실업자 수가 증가하면서 공간적으로 감당할 수 없게 되었기 때문에 문을 연 지 3년 만에 건물을 변경해야 했다. 또한 반원형 건물의 외부 전면에 창문을 설치할 예정인데, 이는 천창에서 들어오는 빛이 직원들의 "분위기에 부정적인 영향"을 미치는 원인이 된다는 점을 노동청장이 인식했기 때문이다(Kutschke 1983, 77에서 재인용).

데사우 노동청이 창구로 경계를 나누지 않는 소위 개방적인 분위기가 특징이라면, 오스트리아의 노동청은 정반대의 모습을 보인다. 오스트리아 최초로 노동중개소 목적으로 지어진 건물로 실업자들이 건립한 건설업 분야 노동중개소(1927), 그리고 양차대전 사이 전간기 동안 국제주의양식의 대표적 건물로 에른스트 안톤 플리슈케Ernst Anton Plischke가 건설한 빈 리징구역 산업위원회의 모든 노동중개소(1930~1931)에 창구가 설치되었다. 금속 및 목재 산업 분야 노동중개소(1929~1931)와 플로리스도르프의 노동중개소를 설계한 건축가 헤르만 스티크홀처Hermann Stiegholzer와 헤르베르트 카스팅거Herbert Kastinger는 건설업 노동중개소를 신축하며 총 48개의 창구를 설치했다. 건물 뒤쪽에 관리실과 출납실이 있고, 측면 날개에는 활동 분야별로 나누어진 중개실이 있는데, 이 공간들은 중앙에 위치한 공무원 사무실과 연결되어 있다(전화교환소, 중앙당). 노동중개소의 공간구조는 현대의 개방형 사무실처럼 책상이 앞뒤로 배치되어 있어 공무원들 간의 상호통제를 촉진한다.

에른스트 안톤 플리슈케 역시 이 원칙에 따라 빈 리징구역의 노동청을 설계했다. 철골구조로 지어진 건물의 넓은 정면은 도로 쪽으로 개방되어 있다. 전면이 유리창으로 덮여 있는데, 이는 한편으로는 건물 내부를 들여다볼 수 있게 해줌으로써 개방적인 효과를 연출하는 동시에 마르틴 바그너가 요구한 거울효과가 발생해 건물 표면에 주변의 모습이 반사됨으로써 궁극적으로 노동청을 사라지게 만든다. 도로 방향으로 돌출된 건물 측면의 계단만이 정면에서 내부를 들여다보는 시선을 차단한다. 대신 유리로 된 측벽을 통해 움직이는 사람들의 모습을 볼 수 있다. 따라서 건물에 얼굴을 부여하는 것은 대기중인 실업자가 아니라 실직 후의 보살핌을 표현하는 움직임과 개방성이다. 동시에 건축이 교육적 효과를 가져야 한다는 에른스트 안톤 플리슈케의 구상은 외부에서 건물 내부의 실직자를 바라보는 가상의 시각을 통해 가시화된다. 실직자들은 직원과 행인의 이중 관찰 아래 놓여 있게 된다.

노동청은 근대 산업사회의 변방에서 산업예비군을 위한 장소로 존재하지만 건축 콘셉트는 노동의 합리화를 공간구조로 전환한다(제철소). 생산공정의 경제적이고 신속한 진행은 공간들의 논리적 배열 속에서 표현된다. 도로망, 전기유도시스템, 철제 비계 및 픽토그램은 **기차역**이나 **고층건물**에서와 같은 유사한 방식으로 대중의 동선을 규정한다. 또한 평면도와 사용된 건축자재를 통해 파놉티콘적 계기가 만들어진다. 일방통행의 동선은 많은 사람들이 건물 안에서 서로 충돌하지 않게 유도한다. 대기 과정은 '해로운 나태함'을 최대한 방지하는 방식으로 규제된다. 노동청은 이러한 다양한 수행방식을 통해 근대적 규율 건축물의 대열에 합류하게 되었다(강제수용소). 이러한 유형의 건물에서 가장 중요한 원칙은 대중을 서로 나누고, 통제되지 않은 채 배회하는 것을 방지하는 것이다(Foucault 1994).

지크프리트 크라카우어와 에리히 캐스트너Erich Kästner는 1930년대 초 실업률이 증가하는 상황에서 공간적 실용주의가 실패하게 되는 과정을 매우 생생하게 묘사하고 있다. 1933년부터 '노동전투'의 현장인 노동청에서 근대의 가장 어두운 장이 시작된다. 예를 들어 프랑크푸르트에서는 실업자들을 제국 고속도로의 노동현장으로 보내는 모습이 SA 고적대를 동원해 노동청에서 출발해 대중들 앞에서 대대적으로 연출된다. 1935년 고용 수첩 도입, 1938년 의무복무 규정, 1938년 이후 유대인 강제 고용 등 독일 노동청의 통제 조치가 더욱 강화된 가운데 1939년 9월 1일 폴란드 침공이 이루어지자 공무원들이 이에 참여해 불과 이틀 뒤 폴란드 노동자 등록을 위한 첫번째 사무소를 열게 된다.

참고문헌

Arbeitsamt Gera (Hg.) (1995): 100 Jahre Arbeitsamt Gera. Die wechselvolle Geschichte des Amtes vom Arbeitsnachweis zur modernen Dienstleistungseinrichtung, Gera.

Foucault, Michel (1994): Überwachen und Strafen. Die Geburt des Gefängnisses, Frankfurt.

Gropius, Walter (1997): Bauhausbauten Dessau (1930), Berlin.

Jülich, Hermann (1930): Arbeitsvermittlung als Dienst am Menschen, Berlin.

Kästner, Erich (1931): Fabian. Die Geschichte eines Moralisten, Stuttgart.

Kahrs, Horst (1990): Die ordnende Hand der Arbeitsämter. Zur deutschen Arbeitsverwaltung 1933 bis 1939, in: Arbeitsmarkt und Sondererlass. Menschenverwertung, Rassenpolitik und Arbeitsamt, Berlin, 9~61.

Kracauer, Siegfried (1992): Über Arbeitsnachweise. Konstruktion eines Raumes (1930), in: ders., Der verbotene Blick. Beobachtungen, Analysen, Kritiken, Leipzig, 31~40.

Krause, Robin (2000): Das Arbeitsamt von Walter Gropius in Dessau, in: Zeitschrift für Kunstgeschichte 63, 242~268.

Kutschke, Christine (1983): Bauhausbauten der Dessauer Zeit. Ein Beitrag zu ihrer Dokumentation und Wertung, Diss. Weimar.

Leipzig (1844): Statuten der städtischen Anstalt für Arbeitsnachweisung zu Leipzig, Leipzig.

Riedl, Petra (2000): 100 Jahre Arbeitsamt Regensburg 1900~2000. Von der Stempelstelle zum Dienstleistungsbetrieb, Regensburg.

Schröder, Fritz (1930): Die Reichsanstalt für Arbeitsvermittlung und

Arbeitslosenversicherung. Ihr Aufbau und ihre Aufgaben, Berlin.
Weigert, D. (1899): Arbeitsnachweise und Schutz der Arbeitswilligen, Berlin.

중앙당

틸 쾨슬러Till Kössler

독일공산당의 카를 리프크네히트 하우스, 베를린, 1926년

활기찬 슈판다우구역[7]의 뷜로플라츠에 있는 4층 건물은 제국의회와 제국 정부 주변의 시위 금지구역 가장자리에 상징적으로 위치해 있는데, 멀리서도 눈길을 사로잡았다. 건축물 때문에 눈에 띄는 것은 아니었다. 바로 옆에 있는 거대한 폴크스뷔네극장 건물과 한스 펠치히Hans Poelzig가 설계한 표현주의 건물인 '바빌론 영화관' 옆에서 오히려 수수하게 보였기 때문이다. 1911년 사업가 루돌프 베르트Rudolph Werth가 다층 공장으로 의뢰한 이 건물은 1920년대 베를린에서 흔히 볼 수 있던 철골구조의 상업용 건물 중 하나였다.

하지만 카를 리프크네히트 하우스는 평범하지 않은 정면 장식 덕분에 주변 건물들과 차별화되었고, 바이마르공화국 말기에는 베를린에서 가장 유명한 건물 중 하나가 되었다. 입주 후 독일공산당KPD은 뷜로플

1932년 베를린의 독일공산당(KPD) 중앙당사

라츠(지금의 로자 룩셈부르크광장)를 마주보고 있는 중앙당사의 둔각으로 꺾인 두 면을 대형 정치 슬로건과 정당 선거유세 현수막으로 뒤덮어 광장을 관중석으로 만들었다. 또한 초대형 정당의 상징물과 당 지도자의 대형 초상화가 정기적으로 외벽을 덮었고, 붉은 깃발들이 거리 위로 펄럭였으며 대부분의 대형 창문 역시 선동 현수막으로 반쯤 덮여 있었다.

당시 노동운동에서 정치적 메시지로 건물 전면을 장식하는 것은 결코 낯선 일이 아니었다. 독일제국시대에 사회민주당 서점들이 이미 쇼윈도에 사민당의 구호들을 게시하곤 했다. 그러나 새로운 점은 장식의 차원이었다. 건물이 정치광고 뒤로 완전히 물러났고, 사망한 당 지도자의 이름을 딴 건물명에서 확인할 수 있듯이 당과 장소가 동일시되었다. 건물 정면의 표현적인 장식은 당시 도시 이미지를 특징지었던 광고 포스터를 연상시켰다. 그러나 이러한 외관은 건물을 요새처럼 보이게도 했는데, 1층 창문 앞의 창살과 이곳을 정기적으로 순찰하는 경찰관들도 이러한 인상에 기여했다. 실제로 1933년까지 중앙당사는 경찰이나 나치 시위에 의해 반복적으로 '포위'되곤 했다(Kuczynski 1975, 229, 240f.).

독일공산당은 1926년 11월 초에 이 건물을 인수했는데, 정치 중심지인 베를린의 외곽이라는 위치와 건물이 지닌 산업적 분위기 때문만은 아니었다. 사무실과 상업용 건물로 다양하게 활용할 수 있다는 점도 그 이유가 되었다. 1918년 이후 이어진 혁명적 시기의 숨가쁜 행동주의가 끝이 나고 1923년 '독일의 10월혁명'에서 뼈아픈 패배를 맛본 결과, 독일공산당은 위태로운 침체기에 접어들었지만 이 시기는 동시에 조직을 강화하는 시기이기도 했다. 공산주의 인터내셔널[8]과 협력해 당의 구조가 간소화되고 당의 기구가 확대되었으며 당 전체가 베를린 지도부를 중심으로 집중되었다. 권력의 집중으로 중앙당의 직원 수와 행정비용이 증가했다(Weber 1969, 265). 1918년부터 당의 본부로 사용해온 하케셰 마르크트의 임시 사무실 공간으로는 충분치 않게 되었다.

이러한 상황에서 뷜로플라츠로의 이전은 공간 문제를 해결하고 공산주의운동의 가장 중요한 통제 장소들을 한곳에 모이게 했다. 독일공산당 중앙위원회와 정치국, 베를린-브란덴부르크주 지도부 외에도 다양한 일선 조직의 수뇌부, 중앙 기관지인 〈로테 파네〉의 편집부, 당 출판사 및 당 자체의 도시 인쇄소도 이 건물에 입주했다. 당과 신문사, 출판사가 건물을 함께 사용하는 것은 일찍이 독일제국시대부터 사민당과 사회주의 노동운동의 대표적인 '인민의 집'에서 흔히 볼 수 있던 관행이었다. 이 역시 자신들의 도시환경에 대한 정치적 표현이었다. 그러나 카를 리프크네히트 하우스는 주로 중앙당사로 사용되었다. 독일 공산주의는 이 건물로 이전함으로써 인상적인 대중적 얼굴을 갖게 되었을 뿐만 아니라 처음으로 정당이 도시 공간에 시각적으로 자리잡게 되었다. 새 건물은 점차 독일 공산주의를 대표하는 공간이 되었고, 수도와 제국 전역의 대중에게 시각적으로 다가갔다.

카를 리프크네히트 하우스 안팎의 생활은 근대의 행정부 및 출판사 건물의 생활과 비슷했다(신문사 편집부). 그러나 그 특유의 분주함은 공산주의운동의 쉼없는 활동성을 반영했다(Kuczyinski 1975, 232). 갑문처럼 내부와 외부 공간을 명확하게 구분하는 안뜰로 이어지는 입구에서는 당원, 간부, 노사협의회, 신문배달원, 편집자 등이 밤늦게까지 끊임없이 오가는 모습을 볼 수 있었다(Benenowski 1983, 24).

카를 리프크네히트 하우스는 정치적 상징이자 상징적인 정치의 장소였다. 사진에서 건물 앞에 사람들이 가득 모여 있는 모습을 자주 보게 되는데, 이처럼 이 건물은 특히 바이마르공화국 말기에 정치적 양극화에 영향을 미쳤다. 이 건물은 정기적으로 친공 및 반공 시위의 표적이 되었다. 1933년 1월 22일 나치당은 일부러 뷜로플라츠를 시위 장소로 정하고 지지자들이 경찰의 보호 아래 중앙당사를 지나 행진하도록 했다. 독일공산당은 이를 상징적인 모욕으로 받아들였고, 사흘 후 같은 장소에서 수만 명이 참가한 대규모 시위로 대응했다. 이때 분노한 지지자들이 경찰을 공격하는 것을 간신히 막을 수 있었다. 당사에 대한 포위공격을 반대파와 지지자 모두 당 자체에 대한 공격으로 이해했으며, 이로 인해 중앙당사는 시위하는 거리정치의 중심지가 되었다. 독일공산당이 금지된 후 나치당이 이 건물을 처리한 방식을 보면 이곳이 얼마나 정치적으로 민감한 장소였는지 잘 알 수 있다. 이 건물은 1933년 3월 1일 퇴마 의식을 연상시키는 의식을 통해 '호르스트 베셀[9] 하우스'로 이름이 바뀌고 지붕에 하켄크로이츠 깃발이 게양되었다.

관료주의와 대표성:
기능적이며 표현적인 장소로서의 중앙당

중앙당은 19세기 말 이후 근대적 대중정당과 정치적 대중시장의 출현과 함께 등장했다. 그때까지만 해도 정당은 본질적으로 개인적 관계에 기반한 저명인사들의 모임으로서 의회 정파들과 개별 정당 지도자들이 느슨하게 결합되어 있었다. 특히 남성의 보통선거권이 도입된 1870년대 이후 선거운동이 빈번해지고 치열해지면서 정치집단의 상설 조직을 설립하는 것이 합리적이라고 여겨졌다. 이는 정당활동의 초지역적 조정, 선거운동의 전국적인 자금 조달, 점점 증가하는 당원의 통합을 보장할 수 있는 유일한 방법이었다. 처음에는 임시로 운영되던 정파들의 선거사무소는 시간이 지나면서 당 집행위원회 및 사무국 등의 상설기관으로 발전했다. 선거사무소는 재정 및 회원 관리와 정치적 선동 업무 외에도 곧 대외적인 대표성을 갖게 되었다. 중앙당이 이익단체, 협회 및 다양한 언론을 상대하는 역할을 맡게 되면서 당내에서의 중요성도 커졌다. 1918년 이후 제국 차원에서 후보자를 선출하는 비례대표제가 도입되고 당 조직이 확대되면서 중앙당의 중요성은 더욱 강화되었다. 늦어도 이 무렵에는 대부분의 당에서 중앙당이 의회정파와 더불어 독자적인 권력 중심부로 자리를 잡았다(Nipperdey 1961, 399f.).

당의 일상적인 업무를 맡은 새로운 유급 당직자 계층은 중앙과 지역 그리고 코뮌에서 조직 확장을 추진했다. 1914년 이전에는 당 사무국원의 수가 서서히 증가하다가 바이마르공화국에서는 주요 정당들이 보통 수백 명에 달하는 사무국원을 고용했다. 1928년 사민당은 1,000명 이상을 고용했다(Kössler/Stadtland 2004). 모든 수준에서 당기구의 인력이 확대되면서 이는 다시 정당의 관료화를 촉진했다.

중앙당의 정치적 구조와 마찬가지로 중앙당을 공간적으로 조직하는 일도 빠르게 이루어지지는 않았다. 특히 초기에는 조직의 임무를 대부분의 의원들이 부업으로 생각했기 때문이다. 사무국은 나중에 중앙당으로 발전하는데, 처음의 사무국은 순수한 보조기관으로서의 기능에 맞게 대표성이 없는 작은 사무실에 위치했다. 이때 사무실을 선택하는 기준은 오로지 수도의 중요한 정치기관과의 근접성과 편리한 이용성으로 보인다. 사민당은 세기가 바뀌면서 이미 수십만 명의 당원을 거느린 대중정당이 되었지만 사민당 집행부는 베를린의 린덴슈트라세에 있는 눈에 잘 띄지 않는 건물 4층의 방 하나를 차지하고 있었다. 그 건물 1층에는 어느 당원 동지의 음식점이 있었다(Ebert 1928, 347). 능률적인 관료주의의 구조는 정당의 성장보다 훨씬 뒤처져 있었다. 조직의 중앙집권화가 상당히 일찍 이루어진 사민당의 중앙당조차 1906년 프리드리히 에베르트Friedrich Ebert가 신임 당서기로 베를린에 도착했을 때 타자기도 전화기도 없었다(Schorske 1981, 167).

그러나 조직화에 대한 요구가 증가하면서 모든 정당의 행정과 당직자들이 전문화되었다. 국가의 관료제를 모범으로 하여 점차 규칙에 따른 행정 절차가 도입되고 전문 분야에 따라 활동 영역이 세분화되었다. 조직, 재정, 교육, 홍보를 담당하는 부서가 만들어졌다. 이러한 발전은 국제적인 현상이었다. 예를 들어 영국 노동당도 20세기에 조직 부서를 지속적으로 확대했다(Berger 1994, 73f.). 업무가 증가함에 따라 중앙당의 공간적 확장이 필요하게 되었다. 새로 고용된 당 사무국원들뿐만 아니라 늘어나는 당원 명부와 당의 기록보관소를 위한 공간을 마련해야 했다. 재정 여건이 허락하는 한 공간의 내부구조는 노동청을 모델로 구성되었고 관료적 관리의 필요성을 반영했다(노동청). 다른 행정 건물과 마찬가지로 사무실구역, 등록소, 회계과, 기록보관소, 회의실 등이 중앙당사 안에 위치했다.

그러나 1945년 이전에는 더 큰 건물로 이전하더라도 중앙당이 외적으로 눈에 더 잘 띄는 것은 아니었다. 1914년 사민당 집행위원회가 당 출판사 〈포어베르츠〉를 대표하는 건물로 이전했지만 이 건물은 여전히 출판 및 언론사로 먼저 인식되었다(Danker 2003, 108). 게다가 중앙당의 확장 과정이 거꾸로 되돌아가기도 했다. 독일인민당DVP은 당의 재정 상황이 급격히 악화되자 1926년 이후 제국사무국의 규모를 지속적으로 축소했고, 1920년에 입주한 베를린 프리드리히슈트라세의 더 큰 공간을 다시 포기했다(Richter 2002, 167ff.). 같은 이유로 독일민주당도 1932년에 베를린 중앙당을 완전히 해체했다(Stang 1994, 35).

중앙당은 처음부터 단순한 행정 단위가 아니었다. 이는 정치적 대중조직의 성과와 잘못된 방향에 대한 논의의 중심이 되는 상징적인 장소이며 상상의 장소였다. 유급 '부사관'을 거느린 중앙당의 영향력이 커지는 것에 대해 특히 부르주아 정당에서는 회의적으로 바라보았다. 정당 업무의 관료화는 정치적 개인의 자율성을 침해하는 것으로 여겨졌다. 또한 독일제국에서 제국 차원에서의 역량 집중이 제국과 지방 간의 불안정한 균형을 위태롭게 했다. 바로 이러한 우려 때문에 많은 중앙 조직들이 인력이나 재정 면에서 열악했으며, 대중적 대표성도 제한적이었다. 중앙당이 눈에 보이지 않음으로써 순수한 봉사 역할이라는 이미지를 강조했지만, 실제로는 이미 그 이상의 역할을 수행하고 있었다. 서독 시절에도 일부 정당들에서는 관료주의와 중앙당에 대한 회의적인 시각이 중요한 역할을 했으며, 이로 인해 초기에는 조직 지도부의 확장이 저해되었다(Bösch 2001, 254). 중앙당이 부상하면서 관료제와 간부에 대한 비판이 새롭게 제기되었다. 당 지도부가 독립적으로 움직이고 당 사무국원들이 권력을 장악했다고 생각한 것이다. 전권을 가진 독립적인 중앙당이라는 강력한 신화가 탄생했다(Michels 1911; Mergel 1999).

세기가 바뀌면서 조직에 대한 이러한 회의적인 태도와는 반대로 많은 정당, 특히 수뇌부에서 중앙집권적 통제에 대한 긍정적인 생각이 부상했다. 정당 내부의 개혁파와 프리드리히 에베르트, 구스타프 슈트레제만Gustav Stresemann 같은 주요 정치인들은 정치 업무의 중앙집권화와 관료화의 가능성을 강조했다. 이 모델에서는 중앙당이 통제센터로서 핵심적인 역할을 했다(전화교환소). 중앙당은 정치의 여러 흐름을 한데 모으고, 조직 내부의 의사 형성과 대외적 대표성을 중재하고 조정하는 역할을 해야 했다. 종종 군사적 이미지로 표현되는 중앙당 개념에 대한 이러한 재평가는 가장 먼저 사민당에서 나타났지만 곧 다른 정당으로 확산되었다. 예를 들어 구스타프 슈트레제만은 1919년부터 독일인민당에서 포괄적인 의사결정 권한을 가진 '제국 단위로 조직된 사무국'이라는 비전을 실현하기 위해 노력했다. 실제로 그는 인력 증원과 넉넉한 예산을 관철시켰다(Richter 2002, 166).

조직을 긍정하는 정치관은 1920년대 후반 바이마르공화국 시절 독일공산당에서 가장 적극적으로 표현되었다. 공산당의 정치관에서는 정치국과 중앙위원회에 권력을 집중하는 것이 정치과정 전체를 사회공학적으로 통제하려는 유토피아와 연결되었다(Mallmann 1996, 142~147). 그러나 희망과 두려움이 극명하게 엇갈리는 것과는 별개로 중앙당의 권력은 일상적인 운영에서 분명한 한계를 드러냈다. 일상 업무는 피곤한 반복으로 지칠 때가 많았다(Scheidemann 1928, 100f.). 중앙집권적인 노동자 정당에서조차 당 지도부의 인력만으로 하부 조직을 포괄적으로 통제하기에는 역부족이었다. 당 지도부의 권한이 커졌음에도 자율성에 대한 열망에 맞서 지도부의 의지를 관철시키는 데에는 언제나 한계가 있었다(Berger 1994, 74).

독일공산당의 카를 리프크네히트 하우스를 통해 관료주의적 통제 기능과 더불어 당의 공간적·시각적 자기표현이 근대적 중앙당의 구성 요소로서 처음으로 주목받기 시작했다. 이는 새로운 것이었다. 그러나 바이마르공화국 시절 미디어의 이미지 홍수가 시작되었음에도 정치는 여전히 대부분 '얼굴 없는' 상태로 남아 있었다(Mergel 2002, 354~361). 정치에서 이미지의 중요성을 처음으로 인식한 것은 극단주의 정당인 독일공산당과 특히 국가사회주의독일노동자당NSDAP, 나치당이었다. 그들은 정치광고에 이미지를 대규모로 활용하고 중앙당사를 당을 시각적·상징적으로 대표하는 존재로 격상시켰다. 당이 당원과 대중에게 자신을 드러내는 공간이 극적인 연출을 통해 꾸며졌다. 위치와 건축 형태는 대중의 반응을 고려해 설계되었다. 중앙당사는 당의 원칙과 목표를 표현하고 입증하는 모범적 장소가 되어야 했다. 연극의 언어 이미지와 개념이 중앙당을 표현하는 데 도입되었고, 행정기구로서의 기능 외에도 '정치 무대'로서의 역할이 부여되었다(Sarcinelli 1998). 무엇보다도 수도에 있는 중앙당은 정치적·미디어적 변화 속에서 존재감이 커졌지만 연방 주와 시, 군, 구에 있는 중간 단계의 당 본부는 그렇지 못했다.

중앙당사의 미디어적 연출은 1960년대에 이르러서야 확립되었지만 그 본질적인 특징은 1920년대에 이미 형성되었다. 건물 정면의 당 엠블럼과 깃발 그리고 당의 '가치'를 대표적으로 구현하고 있는 대개 전직 당 지도자의 이름을 딴 건물명은 중앙당사를 특별하고 개별적인 장소로 특징지었다. 그러나 일찍이 중앙당사의 표현적 기능에 특히 신경을 썼던 나치당의 당 건축을 보면 알 수 있듯이 평면도, 건축적 공간설계, 그리고 사용된 자재도 점차 대표적인 성격을 갖게 되었다. 1930년 5월 나치당은 제국사무국의 새 본부로 뮌헨 도심의 부촌에 있는 빌라를 매입했는데, 이미 대중에게 영향을 미치려는 의도가 깔려 있었다. 히틀러의 성명에 따르면 이후 '브라운 하우스'라고 불리게 된 이 건물을 구입한 목적은 "운동의 위대함에 걸맞은 품위 있는 자체 건물을 당에 제공하기 위한 것"이었으며, 이는 명백한 정치적 입장 표명이었다. 히틀러는 미디어 담당자들에게 "우리가 우리를 비판하는 사람들보다 더 많은 문화를 가지고 있다는 것을 보여"주고자 했다. 그는 "당신들은 수백만 달러의 자산을 가진 이 정당들의 사무국과 우리의 새 건물을 비교한 다음 스스로 판단해야 한다"고 말했다(Grammbitter 1995, 61에서 재인용).

독일공산당의 카를 리프크네히트 하우스와 달리 나치당은 기능적 관점뿐만 아니라 표현적인 관점에 따라 건물 내부를 설계했다. 히틀러는 사무실, 회의실, 당원 명부를 위한 대형 색인카드실 외에도 깃발실과 군기軍旗실을 건물 안에 만들어 당이 당원과 방문객을 비롯해 폭넓은 대중에게 자신을 과시할 수 있는 공간으로 이용했다. 권력을 장악한 후 뮌헨 쾨니히스플라츠에 중앙당을 신축하면서 행정과 자기과시가 '총통부'와 '행정부'라는 2개의 건물에 의해 공간적으로 분리되었다. 그러나 거울처럼 대칭을 이루는 두 건물의 배치뿐만 아니라 내부의 설계에서도 대표성과 행정은 서로 연관성을 유지했다.

'행정부' 역시 대표하는 기능을 수행했으며, 국내외 방문객을 위한 나치당 방문 프로그램에서 필수적인 부분이었다. 이 건물은 나치당이 "이론적 이념의 대표적인 사례이자 경영에서 지극히 엄격한 청렴 원칙에 따라 운영되는 조직"이라는 것, 곧 현대적이고 효율적이며 진지한 조직임을 보여주어야 했다. "[……] 그 건물은 의도적으로 화려함을 배제하고 있음에도 [……] 각 공간은 그 건물의 대표적인 품격에 부합한다"라고 선전되었다. 나치당의 프로파간다에서 특히 1920년대의 개방형 사무실을 모델로 한 거대한 색인카드실은 군대 같은 당의 효율성과 위대함을 보여주는 상징으로서 "길게 늘어선 철제 캐비닛과 똑바로 정렬된 책상들은 완벽함의 상징"(Seckendorff 1995, 121ff.에서 재인용)이라고 칭송되었다. 색인카드실은 당이 유기체로서 원활하게 기능하는 모습을 연출했으며, 군사적·위계적 차원에서도 나치사회 조직에 모범이 되는 특성을 보여주었다(전선).

대표성과 행정의 연결은 건축 전통에서도 표현되었다. 예를 들어 지붕이 덮인 중정 2개를 건설한 것은 19세기 이후 행정 건축의 양식을 따른 것이었다면, 독일 채석장에서 채취한 대리석으로 덮은 '행정부'의 입구홀과 전방에 '대기실'을 갖춘 '총통부'의 대형 반원형 회의장 형태는 극장과 의회의 건축양식을 따른 것이었다. 그럼에도 나치당은 중앙당사에 대한 바람직한 이미지를 국민들에게 확고하게 심어주는 데 성공하지 못했다. 이미 1933년 이전부터 나치당 건물이 "사치스러운 당의 궁전"이라는 여론의 비판이 시작되었다(Thomas Mann, Grammbitter 1995, 69에서 재인용). 건물의 호화로운 연출은 사치벽이자 국민의 이익과 동떨어진 것으로 해석되었다. 이러한 비판적 시각은 1945년 이후 새로운 중앙당사를 설계할 때에도 영향을 미쳤다.

서독에서는 정당들이 새로운 민주주의 원칙에 따라 중앙당사를 설계하려고 노력했다. 그것은 공산당의 '정치국'이나 나치당 건물의 연출된 화려함을 연상시키지 않아야 하면서도 중앙당의 중요성이 커진 것을 반영하고 대중매체에서 정당을 적절히 대표해야 했다. 정당들은 전후 수십 년 동안 상징적 대표성을 띠는 정치를 대부분 거부했다. 1951년에 사민당이 처음으로 독립된 본부로 이전했지만 일상적으로 부르던 '막사'라는 이름에서 이미 이 본부가 잠정적이고 일시적인 것임이 강조되었다. 이는 동독과의 통일을 위해 노력한다는 사민당의 목표를 표현하는 것이기도 했다. 본Bonn은 통일 때까지만 임시로 머무르는 수도일 뿐이었기 때문이다. 그러나 사민당은 막사라는 이름을 통해 위압적인 건축양식 또한 거부했다.

반면 1970년대에는 서독이 정치적으로 안정화되고 연방사무국 조직이 확대되면서 사민당과 기민당 모두에서 보다 절제된 대표성의 형태가 자리잡았다. 그러나 그 상징적 책임은 1920년대의 중앙당에 비해 결코 적지 않았다. 기민당 역시 정권을 잃은 후 중앙당의 조직을 업그레이드하고 현대화하는 추세에 따라 1973년 연방당사를 새로 건축하게 되었다. 기민당은 관료주의에 대한 뿌리깊은 회의론으로 인해 서독 초기 수십 년 동안 대표하는 중앙당사를 갖지 못했다. 1973년까지만 해도 연방사무국은 본의 쥐트슈타트지역에 있는 4층짜리 낡은 건물에서 소수의 직원과 함께 생활했다. 새 건물이 지어졌음에도 중앙당은 일부 개혁가들이 기대했던 '당의 최고 지휘기관'으로 올라가지는 못했다 (Kleinmann 1983, 259).

새로운 건물들은 실용적이고 시민 중심의 정치를 상징하는 과제를 떠맡았다. 1975년에 지어진 사민당의 에리히 올렌하우어 하우스는 '과시하기 위한 건물'이 아니며, '외적인 대표성을 추구하는 것이 아니라 당의 실용적 태도를 표현'하는 건물을 지향했다. 이러한 태도는 건물의 외부와 내부 모두에서 드러났다. 새 당사는 현대식 사옥의 요건을 충족하고 "시민 중심의 열린 당사"(Willy Brandt)가 되어야 하며, "당 간부들이 정치적으로 창의력을 발휘할 수 있는 분위기"를 갖춰야 했다(Jahrbuch der SPD 1973~1975, 222, 352). 관료적 효율성과 정치적 통제가 아니라 민주적 투명성, 당직자의 필요에 대한 건축적 고려, 당과 국민 간의 연결에 중점을 두었다. 이에 따라 새 당사는 사민당이 실현하고자 했던 민주적 복지국가의 구상을 반영했다.

그러나 개방성과 투명성이라는 수사적 표현은 새로운 중앙당사에서도 분명한 한계에 부딪혔다. 정치적·관료적 행위의 필요성 때문에 건물은 대중이 접근할 수 있는 대표성을 띤 대중구역과 '뒷방'구역으로 양분되고, 계단이나 엘리베이터와 같은 눈에 띄는 건축적 표현을 통해 효과적으로 연출되었다. 이는 대표성과 기능 사이의 내재적 긴장을 강조하는 현대 중앙당사의 구조적 요소로 남게 되었다.

근대적 장소로서의 중앙당

중앙당은 대중정치의 시장이 발전하는 과정에서 정치운동을 조직화할 필요성이 증가하면서 등장하게 된다. 중앙당의 우선 목표는 관료적 조직을 통해 새로운 대중정당을 통합하고 지휘하는 것이지만, 조직화에 회의적인 정당 내부의 움직임들은 그 영향력을 제한하려고 한다. 중앙당은 네트워크를 구축하고 사람들을 하나로 통합함으로써 보다 효율적인 정치적 리더십을 발휘해야 하는데(전화교환소), 이것은 근대적 교통수단과 통신매체를 통해 가능한 유토피아로 나타난다. 타자기와 전화기는 중요한 보조수단이 된다.

중앙당은 20세기를 지나며 이러한 주요 기능 외에도 폭넓은 대중에게 당을 대표하는 임무를 점점 더 맡게 되었고, 이에 따라 미디어를 통해 정치를 연출하는 주요 장소가 되었다. 이러한 이중성은 중앙당의 조직구조와 건축 형태를 특징지으며, 근대적 장소들의 관계망 속에서 중앙당이 차지하는 위치를 결정짓는다. 이는 관료적이고 합리적인 공간 분할과 관청의 작업방식을 지향한다. 즉 중앙당사의 우선적인 기능은 행정 건물인 것이다(**노동청**). 반면 표현적인 차원에서는 **그랜드호텔**이나 **백화점**과 비슷하다. 중앙당사는 의식적으로 주목을 끌며, 공간 디자인을 통해 정치활동과 사회조직의 기본 구상을 표현한다. 나아가 내부의 업무방식에서도 명백히 근대적 장소임을 보여준다. **신문사 편집부**와 유사하게 현대적인 기술적 보조장치로 무장하고 있다는 점과 직원들의 분주함이 그것의 특징이다.

행정과 통치 그리고 대중적 대표성의 결합이 중앙당이 장소로서 매우 상징적인 역할을 하는 핵심 이유이다. 건물은 공개적인 존재감과 동시에 그 내부에서 진행되는 과정의 비가시성 사이의 긴장에서 비롯되는 아우라로 둘러싸여 있다. 공개성과 비밀이라는 양면성은 그 정치적 상징성에도 해당되며, 이러한 점에서 **기표소**와 연결된다. 그러나 이보다 더 중요한 것은 중앙당이 정치적 의사결정에 참여할 수 있다는 약속을 연출하지만 동시에 참여에 대한 기대가 좌절되는 것을 상징하기도 한다는 것이다. 항의시위가 흔히 중앙당을 표적으로 삼는 것은 우연이 아니다.

중앙당은 정치권력을 가시적으로 보여준다. 당원과 지지자들에게는 정치적 행복을 약속하는 아우라에 둘러싸인 장소가 될 수 있다. 그러나 더 많은 대중에게는 일반적으로 밀실에서 정치가 '만들어지는' 불투명한 '정치 본부'라는 인식이 지배적이었고 오늘날까지도 여전히 그러하다. 중앙당은 실재하는 장소이자 상상의 장소로서 긴장의 장 속에서 발전해왔다. 한편으로는 정치적 통제에 대한 낙관주의가 존재하며, 이는 댐과 같은 환경 정복 기술 프로젝트와 연결된다. 다른 한편으로는 관료주의와 중앙집권주의에 대한 비판이 존재한다. 최근에는 정당들이 기술적·건축적 근대성의 양식 요소를 투명성이라는 건축적 은유와 결합해 이러한 긴장을 건축적으로 해결하기 위해 노력하고 있다.

참고문헌

1863~1963 (1963): Hundert Jahre deutsche Sozialdemokratie. Bilder und Dokumente, Hannover.

Benenowski, Hans (1983): Nicht nur für die Vergangenheit. Streitbare Jugend in Berlin um 1930, Berlin.

Berger, Stefan (1994): The British Labour Party and the German Social Democrats, 1900~1931, Oxford.

Bösch, Frank (2001): Die Adenauer-CDU. Gründung, Aufstieg und Krise einer Erfolgspartei, Stuttgart.

Danker, Uwe u.a. (Hg.) (2003): Am Anfang standen Arbeitergroschen. 140 Jahre Medienunternehmen der SPD, Bonn.

Ebert, Friedrich (1928): Kämpfe und Ziele, Dresden.

Grammbitter, Ulrike (1995): Vom ≫Parteiheim≪ in der Brienner Straße zu den Monumentalbauten am ≫Königlichen Platz≪. Das Parteizentrum der NSDAP am Königsplatz in München, in: Lauterbach (Hg.), Bürokratie, 61~87.

Kleinmann, Hans-Otto (1983): Geschichte der CDU 1945~1982, Stuttgart.

Kössler, Till/Helke Stadtland (2004): ≫Organisationsmenschen≪. Thesen zur Geschichte der Funktionäre im 20. Jahrhundert, in: dies. (Hg.), Vom Funktionieren der Funktionäre. Politische Interessenvertretung und gesellschaftliche Integration in Deutschland nach 1933, Essen, 7~36.

Kuczynski, Jürgen (1975): Memoiren. Die Erziehung des J. K. zum Kommunisten und Wissenschaftler, Berlin (Ost).

Lauterbach, Iris (Hg.) (1995): Bürokratie und Kult. Das Parteizentrum der NSDAP

am Königsplatz in München, München.
Mallmann, Klaus-Michael (1996): Kommunisten in der Weimarer Republik. Sozialgeschichte einer revolutionären Bewegung, Darmstadt.
Mergel, Thomas (1999): Der Funktionär, in: Ute Frevert/Heinz-Gerhard Haupt (Hg.), Der Mensch des 20. Jahrhunderts, Frankfurt, 278~300.
Ders. (2002): Parlamentarische Kultur in der Weimarer Republik. Politische Kommunikation, symbolische Politik und Öffentlichkeit im Reichstag, Düsseldorf.
Michels, Robert (1911): Zur Soziologie des Parteiwesens in der modernen Demokratie. Untersuchungen über die oligarchischen Tendenzen des Gruppenlebens, Leipzig.
Nipperdey, Thomas (1961): Die Organisation der deutschen Parteien vor 1918, Düsseldorf.
Richter, Ludwig (2002): Die Deutsche Volkspartei 1918~1933, Düsseldorf.
Sarcinelli, Ulrich (1998): Politikvermittlung und Demokratie in der Mediengesellschaft, Bonn.
Scheidemann, Philipp (1928): Memoiren eines Sozialdemokraten, Dresden.
Schorske, Carl E. (1981): Die große Spaltung. Die deutsche Sozialdemokratie 1905~1917, Berlin.
Seckendorff, Eva von (1995): Monumentalität und Gemütlichkeit. Die Interieurs der NSDAPBauten am Königsplatz, in: Lauterbach (Hg.), Bürokratie, 119~146.
Stang, Joachim (1994): Die Deutsche Demokratische Partei in Preußen, 1918~1933, Düsseldorf.
Weber, Hermann (1969): Die Wandlung des deutschen Kommunismus. Die Stalinisierung der KPD in der Weimarer Republik, 2 Bde., Frankfurt.
Zur Geschichte der Kommunistischen Partei Deutschlands (1954): Eine Auswahl von Materialien und Dokumenten aus den Jahren 1919~1946, Berlin (Ost).

기업형 농장

우베 슈피커만Uwe Spiekermann

1925년 늦여름, 동프로이센의 포피올렌

1925년 9월 24일 대농장 소유주인 예비역 소령 카를 블룬크Carl Blunk가 당당하게 등장했다. 그는 쾨니히스베르크[10]에서 열린 '농업 기술 실무 그룹' 회의에서 기조연설을 하게 되었다. 그는 30년 전인 18세 때 아버지의 농장에서 견습생으로 농업을 시작했는데 나중에 앙거부르크[11]와 골답[12] 사이에 위치한 포피올렌[13] 농장을 인수해 처음에는 조롱거리였던 농장을 모범적인 기업으로 발전시켰다. 따라서 그는 자신의 평생의 업적을 훌륭한 슬라이드 강연으로 소개했다. 카를 블룬크는 낙후된 동프로이센에 '농업공장'을 세우고 산업 원리를 적용했다. "기계의 도움을 받아 가능한 한 적은 말과 사람으로 가능한 한 많이, 그리고 가능한 한 저렴하게 생산한다"는 것이었다(Blunk 1926, 12f.). 포피올렌 농장은 길이 288미터, 너비 320미터로, 약 3,000에이커에 달하는 농경지의 중심이 되었다. 중앙에는 분뇨 구덩이가 있었고, 축사와는 벽으로만 분리되어 있었다. 운송경로를 짧게 유지하기 위해 사료 창고가 바로 옆에 붙어 있었다. 필수적인 보조작업은 중앙을 중심으로 동심원으로 배치되었고, 기타 축사와 크레인이 설치된 사료 사일로가 농장을 외부와 차단했다. 농장에서 150미터 떨어진 곳에는 최대 20대의 화물차량을 싣고 내릴 수 있는 철도역이 있었다.

주요 운송 물품은 가축과 사료였지만 인근 작업장에서 생산된 우유, 육류, 육제품 등도 있었다. 도시의 시장을 통해 판매가 이루어졌는데, 쾨니히스베르크보다 베를린에서 더 많이 판매되었다. 이 농장에서는 근대적 위생 관리를 중시했고, 소독실과 검역실을 마련해 가축의 전염병 발생을 방지했다. 도로가 작업 공간과 거주 공간을 분리했고, 40명의 노동자 가족과 농장주들을 분리하는 식으로 사회적 경계를 표시했다. 두 공간 사이에 포피올렌에 전기를 공급하는 기계센터가 위치하고 있었다. 기업형 농장의 근대화로 생산성이 비약적으로 증가했다. 연간 생산량이 "곡물 600~800톤에서 거의 1만 3,000톤으로, 우유 18만~20만 리터에서 35만~40만 리터로, 약 110킬로그램짜리 비육돈 100~150마리에서 평균 135킬로그램짜리 700~800마리"로 증가했다(Blunk 1926, 43). 추가 성장이 가능했고, 높은 수준의 자본 투자를 고려할 때 반드시 필요한 것이기도 했다.

통일된 농촌? 기업형 농장과 근대의 내적 이질성

포피올렌의 조직, 시장지향성, 전문화 정도는 이후 '농업공장'이라

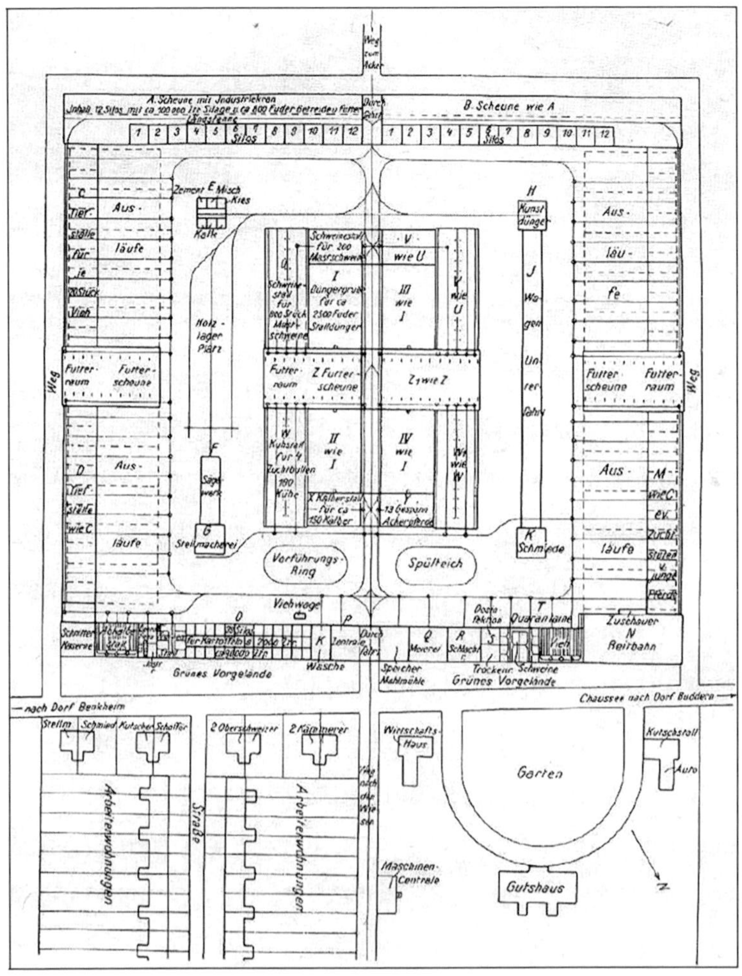

포피올렌 농장의 평면도(1926)

고 널리 비판을 받아온 기업형 농장의 사례를 보여주고 있다(Gegen Agrarfabriken 1965; Rinke 2000). 기업형 농장이 농업과 동일한 것은 아니지만 오늘날까지도 공급의 안정성은 기업형 농장에 달려 있다. 이러한 비판과 개념은 근대의 '농촌적' 장소들의 이름을 붙이는 일이 얼마나 어려운지 분명하게 보여준다. 역사적으로 유례없고 학문적 용어도 아닌 '기업형 농장'은 지난 200년 동안 농산물의 재배, 수확, 판매를 근본적으로 재편했다. 즉 한때 삶과 일이 직접적으로 연관되었던 1차 생산지가 경제화되고 합리화되는 것을 의미하는 것이다. 18세기 후반의 독일 재정학자들은 산업발전을 목표로 삼았지만 언제나 합리적인 농업을 전제로 했다(Pfeiffer 1773; von Benekendorf 1786). 19세기 초 알브레히트 테어Albrecht Thaer와 같은 농업학자들은 영국의 사례를 바탕으로 이미 농업을 소득을 올릴 수 있는 산업으로 이해했다. 농업학은 "가능한 한 최고의 소득"과 "가능한 한 최고의 이윤"을 창출하는 데 기여해야 했다(Thaer 1815, 2f.).

'농장'에 비해 '농업적 사업'이라는 개념에는 자급자족에서 벗어나 판매에 더 중점을 둔다는 의미가 반영되어 있다. 그러나 '기업형 농장'은 여전히 농업 전통의 특징을 강하게 지니고 있었다. 초기에는 근대적 의욕은 넘치지만 여전히 낡은 구조에 얽매여 있던 장소였다. 포피올렌과 같은 모범적인 농장에서도 농업의 기계화, 자본화, 화학화는 아직 대중적인 현상이 아니었다. 이는 1950년대에 가서야 전면적으로 시작되었다. 농업의 경영 형태는 다양했다. 1882년 독일제국에는 530만 개 정도의 기업형 농장이 있었는데, 1907년에는 570만 개가 넘었다. 대부분은 2헥타르 이하의 농경지를 소유한 소규모 농장이었다. 1882년에는 20헥타르 이상의 농장이 30만 6,501개에 불과했지만 1907년에는 28만 5,757개였고 현재는 약 17만 개이다. 기업형 농장의 규모 또한 자연조건, 이질적인 소유관계(지주 및 대농장 소유주), 다양한 사회제도 및 상속권이 반영되어 지역적으로 엄청난 차이를 보였다.

포피올렌의 경제적 기능은 분업에 따른 도시시장의 공급자 역할이었다. 시장용 생산과 가정용 생산은 중세 후기 이후로 밀접하게 연결되어 있었다. 인구 증가, 내수시장과 소비 중심지의 확대, 특히 철도로 인한 운송비용의 감소는 판매 기회를 크게 증가시켰다(Kopsidis 1996). 농업 개혁과 자본의 투입 증가에도 불구하고 19세기 독일에서는 영국과 달리 농업경제학자들이 기대했던 '농업산업'이 발전하지 못했다. 중소 규모의 농장이 주를 이루었기 때문에 규모와 결합의 장점을 활용할 수 없었다. 기계의 사용은 제한적이었고 비료의 소비 증가도 더디었다. 생산성의 이익은 무엇보다 수요구조의 변화에 의해 발생했는데, 특히 가공경제, 즉 육류, 우유, 유제품과 과일 및 채소 생산에 의한 것이었다. 농업의 자본집약화는 매우 더디게 이루어졌다. 과학적으로 보급된 새로운 품종과 종이 유입되었으며, 협동조합 형태의 생산 및 판매 방식이 중소 규모의 농장을 안정화시켰다(Achilles 1993; Zimmermann 1998; Wieland 2004). 그럼에도 불구하고 늦어도 1870년대 이후 독일의 기업형 농장은 더이상 국제 경쟁에 대응할 수 없었다(Schmoller 1882). 1878~79년 이후 반경쟁적 보호무역주의 관세정책은 농업 부문을 포괄적인 경제화로부터 정치적으로 보호했다.

그러나 기업형 농장은 판매를 추구한다는 관점만으로는 이해할 수 없다. 예를 들어 1900년경 헤센주의 한 중간 규모의 농장에서는 기본 식료품, 동물 사료, 섬유 원료와 같은 자체 경제의 현물 수확이 전체 수입의 거의 절반을 차지했다(Rudloff 1911, 280f.). 시장공급과 자급자족의 결합으로 합리적인 농업의 효율성 기준에서 벗어나도 경영이 가능했다(Becker 1935, 77). 심지어 대규모 기업형 농장에서도 자급자족은 중요한 위기에 대처하는 완충장치였다. 소규모 농장이나 작게 쪼개진

농지를 경영하는 농장의 경우에는 더욱 그러했다. “기업형 농장은 대규모 농민지역에서는 문화적으로 너무 저급하지 않은 상주 일용직 노동자계층을 확보하게 해준다. 공업지대에서는 산업인구의 정주성을 유지하고, 부가적 경제활동을 통해 그들의 생활수준을 높이며, 노동자의 아내와 딸에게 건강하고 수익성 있는 부업을 제공한다. 결국 기업형 농장은 최소한 지역적으로는 농업인구와 산업인구 간의 대립이 너무 뚜렷하게 나타나지 않게 해준다”(Kempf 1913, 52f.). 그러나 그 결과 전문화 수준은 상대적으로 낮아졌고, 효율성은 구조적으로 제한되었다.

기업형 농장의 경제화가 더디었던 또다른 이유는 사회적 요인에 있다. ‘가족 전체가 일과 주거를 함께하는 집Ganzes Haus’이라는 전근대적인 이미지, 즉 신분에 따른 의무와 가부장적 권력구조에 기반한 사회모델은 목가적인 환상에 불과하지만 20세기까지도 인적인 상호의존관계는 농촌과 농업을 특징짓는 요소였다. 사회적 안전장치가 일반적으로 가족이나 농장과 결부되어 있었지만 그 안에도 상당한 사회적 차이가 존재했다. 효율적인 기업형 농장에서는 기업형 농장주와 농촌 노동자의 대립이 뚜렷했지만 그 이전에도 농민은 통일된 집단이 아니었다(Dipper 1987; Mooser 2001). 18세기에 이미 농업 노동과 상업적 생산의 결합에 기반한 원시산업화가 이루어졌고 이후 많은 소농들이 이를 실천했다. 1860년대 이후 협동조합이 증가했음에도 많은 농촌지역에는 여전히 ‘계급사회’가 유지되었다(Mooser 1984).

생산기업과 소비기업이라는 이중구조는 특히 여성 농민들에게 점점 더 큰 문제가 되었다. 그들은 두 부문에서 유연하고 값싼 노동력이었기 때문이다(Wunder 2003; Albers 2001). 여성은 산업부문에서와 마찬가지로 처음에는 근대화의 패배자였다. 밭과 농장에서 적당한 기계화가 이루어지는 동안 가사와 위생에 대한 요구가 증가했음에도 처음에는 가사에까지 기계화가 미치지 못했다. 그러나 판매의 중요성이 커지면서 여성들에게도 경제적 기회가 주어졌다. 농장의 수확물은 대개 여성들이 독자적으로 관리해 살림살이와 의복을 구입하는 비용을 조달할 수 있었다. 그러나 증가하는 요구사항을 충족시킬 수 있는 적절한 교육은 행해지지 않았다. 기술학교, 농업협회, 협동조합의 혜택을 받은 사람은 주로 남성들이었고, 농촌 가사학교는 어느 정도 균형을 맞추는 역할을 했을 뿐이다. 기업형 농장의 경제적 문제로 인해 특히 1920년대와 1930년대에는 "노역과 혹사"(Brand 1933, 28) 수준의 강도 높은 여성 노동으로 이어졌으며, 이는 1950년대 이후가 되어서야 감소했다.

이러한 문제들을 고려할 때 기업형 농장이 언제나 조직적·기술적 비전을 위한 장소이기도 했다는 것은 놀라운 일이 아니다. 초기 가정경제학은 '프랑크푸르트 주방'[14]과 같은 근대화의 상징에 초점을 맞추기보다는 농장 경영과 여성 농민을 위한 보다 간단한 가사 관리, 유연한 소형기계의 효율적인 사용에 관심을 두었다. 이미 1815년 알브레히트 테어의 다음과 같은 말에서 이 학문의 이상적인 모습을 찾아볼 수 있다. 그는 "과학은 실행되어야 하는 것의 이념, 즉 [……] 법칙을 만들어내고, 기술은 노동자의 손을 통해 그것을 실행한다"라고 말했다(Thaer 1815, 168). 기술혁신은 일반적으로 비교적 소수의 대규모 기업과 특수작물에 집중되기는 했지만, 수산화칼륨과 인산염을 사용하는 것과 더불어 우유 원심분리기, 감자 수확기, 경운기 등은 바이마르공화국 시절 기업형 농장의 표준 장비였다.

과학적 경영이론은 공장과 기업형 농장을 동일시하여 추상적인 형식의 경영에 집중했으며, 부기를 통해 기업을 최적화하고자 했다. 산업적 농업에 관한 1920년대의 논의는 기업집약화, 새로운 작물, 개량된 동물 생산, 균질적인 품질의 제품과 같은 수많은 구상으로 이어졌다. 헨리 포드의 비전이 특히 중요한 의미를 갖게 되었다. "구식 농업은 곧 낭만적인 추억이 될 것이다. [……] 기계화된 농업은 성공을 가져다주며 농민의 삶에서 치명적이고 과중한 노동을 사라지게 만든다. 기계화된 농업은 인간의 부담을 덜어주고 강철과 철에 그 부담을 지운다"(Ford o. J., 239f.)(제철소). 이 미국 기업가의 비전은 구소련에서 수백만 명의 희생을 치르며 실현되었고, 1950년대부터 유럽에서 부분적으로 현실화되었다. 그러나 바이마르공화국에서는 미국의 회전형착유실이나 최신 품종개량에 대한 대중 잡지의 보도에도 불구하고 포드주의 농업은 불가능해 보였다. 특히 사회민주주의 농업경제학자들은 농촌에서의 이러한 '백색 사회주의'에 반대하며 독일의 중소기업형 농장 구조가 유지되기를 원했다(Baade 1925; David 1903).

포드의 모델은 당시 미국에서 현실인 동시에 상상이었다. 그러나 네덜란드나 덴마크와 같은 수출 중심인 유럽의 소국들에서는 더욱 그러했다. 동시대 사람들은 "감동적이고 고향 생각이 나게 하는" 표면 아래에 존재하는 공장의 현실을 알아챘다. "저울 위의 돼지, 우사, 트랙터. 곡물을 베고, 묶고, 분류하는 등 모든 작업을 기계가 수행한다. 심지어 가장 은밀한 과정인 씨앗의 발아나 수퇘지 정액의 경로도 컨베이어벨트의 일부로 밝혀졌다. 인간의 본성에는 어떤 탈출구도 허용되지 않는다. 소위 자연이라는 것과는 작별을 고해야 한다"(Ehrenburg 1930, 425f.). 반면 독일에서는 파편화된 생산으로 인해 균일한 품질을 유지할 수 없었고, 대량 공급과 고품질 포장은 드물었다. 특히 보호를 덜 받던 식물가공산업은 캘리포니아나 네덜란드의 경쟁자들을 따라잡을 수 없었다

(Heller 1905/06; Sandmann 1906; Erzeugungsverhältnisse 1929). 계몽, 표준화, 규격화가 확대되고 협동조합의 중요성이 커졌지만 기술적으로 수준 높은 산업적 기업형 농장의 비전은 여전히 실현되지 못했다. 독일의 농업학자들은 점진적인 정책을 홍보했으며 교육과 인공비료의 사용, 소형기계를 장려했다. 농업 위기와 세계 경제공황은 기술의 한계를 드러냈고, 컨베이어시스템은 이러한 충격을 "심화시킬 뿐"이라는 것이 그들의 생각이었다(Brinkmann 1932, 111).

기업형 농장은 단지 근대의 기술적 비전만을 키운 것이 아니다. 이것은 경제적·문화적 격변의 시기에 자연과 조화를 이루며 일하고 살아갈 수 있는 얼마 남지 않은 기회 중 하나로 여겨졌다. 자연은 정복되어서는 안 되며 공생적으로 이용되어야 했다. 이러한 논쟁은 생활개혁운동과 정착운동에만 국한된 것이 아니었다. 이것은 특히 감상주의문학과 캐리커처 속에서 찾아볼 수 있었지만 20세기에 들어와서는 광고에서도 점점 더 많이 사용되었다. 이는 낭만주의적 농업관에 그 기원을 두고 있다. 낭만주의적 농업관은 전반적인 문화 비판, 특히 문화적 근대에 대한 비판의 수단이 되었다. 1920년대에 처음으로 '농가'와 '농장'이 강조되기 시작했다. 이처럼 기업형 농장을 유기적으로 과거와 다시 연결시키려는 입장은 국가의 개입과 보존 중심의 구조정책을 뒷받침하는 중심 논거가 되었다. 이미 세기전환기에 효율적인 농업이 요구되었지만 부정적 평가를 받는 산업적 근대성에는 반대했다. "농사를 짓는 국가가 장기적으로 가장 행복하고 가장 만족스럽기" 때문이라는 것이었다(Löbe 1888, 15). 이에 따라 기업형 농장은 특히 전쟁이 일어났을 때 외국에 대한 의존도를 극복하고 방어 능력의 저하를 막았다. 나아가 기업형 농장은 독립적인 개인들의 피난처이자 사회평화, 농민과 노동자의 평등, 강력한 독일제국의 지속가능성을 상징했다(Dietzel 1923).

세기전환기 이후 생물학적 논쟁과 데카당스적 불안이 가세해 이제 많은 사람들이 농민계급을 "민족의 피의 원천"(Oswald Spengler)으로 여기게 되었다. 1848년 혁명 이전에도 농민은 군주제를 지탱하는 성채이며 민족의 젊음의 샘이자 도시민을 위한 힘의 원천으로 미화되었다. 합리적인 농업과 보수적인 해석으로 인해 국민경제의 1차 부문은 양면성을 띠게 되었다. 제2차세계대전중 마을이 군사화되면서 상황이 변하기는 했지만 나치시대에는 세습 농장과 농가가 지배적이었다. 보수주의자들과 나치들은 농업을 상품의 생산자라기보다는 가치의 생산자로 이해했다. 그들은 "농민의 경제적 사고는 [……] 경제적 고려에서 시작되는 것이 아니라 생명 있는 자산의 자연적인 것들을 자연 그대로 이해하는 것에서 시작된다. [……] 이것은 원자재나 비용, 자본이나 기계와 동일시되어서는 안 된다"라고 주장했다(Ostermayer 1933/34, 639). 인종전쟁 말기의 게르만 농민왕국에 대한 구상들, 그리고 그 생산물이 '민족의 실체'를 보존해야 한다는 산업에 대한 기능적인 해석은 전근대적 농민경제로의 회복을 바라는 갈망이 얼마나 활발했는지를 보여준다(Gies 2000).

시대에 뒤떨어진 농촌인가?
근대적 장소의 틀 속에서 본 기업형 농장

기업형 농장은 분명 도시의 시장과 연결되고 도시의 문화 및 생활방식을 채택할 때 그 중요성을 획득한다. 기업형 농장은 공급 인프라의 중요한 부분이라는 점에서 **백화점**과 직접적으로 연결된다. 물론 백화점은 도매상이나 협동조합을 통해 공급을 받는다. 전문화와 노동분업은 컨베이어시스템과 연결된다(**제철소**). 그러나 농업은 토양 및 기후와 밀접한 관련이 있기 때문에 효율적으로 이용하는 데 한계가 있다. 19세기 후반부터 특히 1920년대에 독일 농업의 부채가 증가하면서 증권거래소로 상징되는 당시의 확립된 화폐와 신용시스템에 대한 시각이 광범위해진다. **자동차**, **전화교환소**, **신문사 편집부**는 이동과 정보수집을 위한 연결 지점의 역할을 하며 중심지와 주변부 사이의 거리를 좁혔다. 그러나 이들은 근대의 장소로서 기업형 농장이 가진 국외자적 지위를 다시 한번 뚜렷하게 보여주는데, 근대성이란 농촌다움의 박탈과 자연과의 직접적인 접촉 상실로 나타나기 때문이다. 기껏해야 **주말농장**, **해변**, **웨이트룸**이 자연적인 것의 상실을 보상해주는 역할을 했을 뿐이다.

이러한 생각은 단순한 대립 구도를 전달하는 근대성의 자기 정의에 내재되어 있는 맹점을 드러낸다. 19세기 초 농업과 기업형 농장은 근대화 논쟁의 중심에 서 있었다. 기업형 농장은 합리적 경제와 응용과학, 효율적인 노동분업의 실험장이었다. 효율적인 기업형 농장이 없었다면 산업화와 도시화는 불가능했을 것이다. 그러나 이러한 근대화의 성과는 1848년 혁명 이후 뒷전으로 밀려났다. 자유주의적 도시 엘리트들은 농촌, 특히 농민을 변치 않는 피난처로 이데올로기화했다. 농경과 목축은 점점 더 광범위한 인구 계층의 시야에서 사라졌고, 기업형 농장은 점점 더 시장, 상품 등급, 재료의 구성 성분이라는 추상적 기준을 충족시켜야 하는 원자재 공급업체가 되었다. 그러나 일방적인 박탈이라는 생각은 근대화의 단절과 변혁을 과소평가하는 것이다. 근대화가 미래를 지향하기는 하지만 그 진보의 개념은 취약하기 때문이다. 자연과의 연결에 대한 갈망, 인간과 동식물, 환경의 온전한 공생에 대한 갈망은 오늘날까지도 존재하는 피할 수 없는 이데올로기로서 의미에 대한 질문과 미래에 대한 질문을 던진다. 그것은 곧 근대성의 표현이자 문제이다.

참고문헌

Achilles, Walter (1993): Deutsche Agrargeschichte im Zeitalter der Reformen und der Industrialisierung, Stuttgart.

Albers, Helene (2001): Zwischen Hof, Haushalt und Familie. Bäuerinnen in Westfalen-Lippe 1920~1960, Paderborn u.a.

Baade, Fritz (1925): Fordisierung der Landwirtschaft?, in: Magazin der Wirtschaft N.F. 1, 1345~1351.

Becker, Karl (1935): Naturaler Eigenverbrauch und Selbstversorgung der landwirtschaftlichen Betriebe, in: ders./Herbert Magen/Stella Seeberg, Erzeugung und Absatz landwirtschaftlicher Erzeugnisse im nordostdeutschen Wirtschaftsraum, T. III, Berlin, 77~110.

Benekendorf, Karl Friedrich von (1786): Gesetzbuch der Natur für den wirthschaftenden Landmann, Bd. 1, Halle a.d.S.

Blunk, Carl (1926): Fabrikmäßig betriebene Landwirtschaft, Berlin.

Brand, Marie Berta Freiin von (1933): Die wirtschaftliche und kulturelle Lage der Bäuerin auf den Fildern, Landw. Diss. Hohenheim, Stuttgart.

Brinkmann (1932): Schicksalsfragen und Zukunftsaufgaben der deutschen Landwirtschaft, in: Mitteilungen der Deutschen Landwirtschafts-Gesellschaft 47, 108~112.

David, Eduard (1903): Socialismus und Landwirtschaft, Bd. 1: Die Betriebsfrage, Berlin.

Dietzel, Heinrich (1923): Agrar-Industriestaat oder Industriestaat?, in: Handwörterbuch der Staatswissenschaft, Bd. 1, 4. Aufl., Jena, 62~72.

Dipper, Christof (1987): Bauern als Gegenstand der Sozialgeschichte, in: Wolfgang Schieder/Volker Sellin (Hg.), Sozialgeschichte in Deutschland. Entwicklungen und Perspektiven im internationalen Zusammenhang, Bd. 4, Göttingen, 9~33.

Ehrenburg, Ilja (1930): 3362900, in: Die Weltbühne 26, 425~429.

Erzeugungs- und Absatzverhältnisse im deutschen Gemüse- und Obstbau. Verhandlungen und Berichte des Unterausschusses für Landwirtschaft (1929), Berlin.

Ford, Henry (o. J.): Mein Leben und Werk, 15. Aufl., Leipzig.
Gegen Agrarfabriken. Maßnahmen zum Schutz der bäuerlichen Veredelungswirtschaft gefordert (1965), in: Deutsche Bauern-Korrespondenz 18, 198.
Gies, Horst (2000): Reagrarisierung oder Industrialisierung? Programmatik und Realität der nationalsozialistischen Agrar- und Wirtschaftspolitik, in: Zeitschrift für Agrargeschichte und Agrarsoziologie 48, 145~160.
Heller, M. (1905/06): Obst-Industrie. Eine Anregung nach amerikanischem Muster, in: Das Land 14, 59~62.
Huschke, Leo (1902): Landwirtschaftliche Reinertrags-Berechnungen bei Klein-, Mittel- und Grossbetrieben dargelegt an typischen Beispielen Mittelthüringens, Jena.
Kempf, R[osa] (1913): Die Frau in der bäuerlichen Landwirtschaft Bayerns, in: Annalen des Deutschen Reichs 46, 50~68.
Kopsidis, Michael (1996): Marktintegration und Entwicklung der westfälischen Landwirtschaft 1780~1880. Marktorientierte ökonomische Entwicklung eines bäuerlich strukturierten Agrarsektors, Münster.
Löbe, William (1888): Landwirthschaft, in: J. S. Ersch/J. G. Gruber (Hg.), Allgemeine Encyklopädie der Wissenschaften und Künste, 2. Sect., Th. 42, Leipzig, 15~16.
Mooser, Josef (1984): Ländliche Klassengesellschaft 1770~1848. Bauern und Unterschichten, Landwirtschaft und Gewerbe im östlichen Westfalen, Göttingen.
Ders. (2001): Das Verschwinden des Bauern. Überlegungen zur Sozialgeschichte der ≫Entagrarisierung≪ und Modernisierung der Landwirtschaft im 20. Jahrhundert, in: Daniela Münkel (Hg.), Der lange Abschied vom Agrarland. Agrarpolitik, Landwirtschaft und ländliche Gesellschaft zwischen Weimar und Bonn, Göttingen, 27~35.
Muth, Heinrich (1968): ≫Bauer≪ und ≫Bauernstand≪ im Lexikon des 19. und 20. Jahrhunderts, in: Zeitschrift für Agrargeschichte und Agrarsoziologie 16, 72~98.
Ostermayer, Adolf (1933/34): Beiträge zu einer Erkenntnislehre des Bauerntums als System einer bäuerlichen Nutzungslehre. IV. Die Gestaltung des bäuerlichen Landgutes, in: Odal 3, 625~646.
Pfeiffer, Johann Friedrich (1773): Lehrbegriff sämtlicher oeconomischer und Cameralwissenschaften, Bd. 1, Th. 1, Mannheim.
Plumpe, Werner (1996): Wirtschaftsstruktur und Strukturwandel: Landwirtschaft, in: Gerold Ambrosius/Dietmar Petzina/ders. (Hg.), Moderne Wirtschaftsgeschichte. Eine Einführung für Historiker und Ökonomen, München, 193~215.
Rinke, Andreas (2000): Mit Attacken gegen ≫Agrarfabriken≪ ist es nicht getan.

Es ist wichtiger, die Ursachen von BSE zu erforschen und Tiere zu testen, als die industrielle Landwirtschaft zu verdammen, in: Handelsblatt, Nr. 245 v. 19. Dezember, 2.

Rudloff, Hans L. (1911): Wirtschaftsergebnisse eines mittleren bäuerlichen Betriebes im hessischen Bergland (1888~1909), in: Jahrbücher für Nationalökonomie und Statistik N.F. 35, 251~283.

Sandmann, D. (1906): Wie kann der Absatz der deutschen Obstproduktion auf genossenschaftlichem Wege gefördert werden?, in: Deutsche Nahrungsmittel-Rundschau 4, 138~140, 146~148.

Schmoller, Gustav (1882): Die amerikanische Konkurrenz und die Lage der mitteleuropäischen, besonders der deutschen Landwirtschaft, in: Jahrbücher für Gesetzgebung, Verwaltung und Volkswirthschaft im Deutschen Reiche N.F. 6, 247~284.

Thaer, Albrecht (1815): Leitfaden zur allgemeinen landwirthschaftlichen Gewerbs-Lehre, Berlin.

Wieland, Thomas (2004): ≫Wir beherrschen den pflanzlichen Organismus besser ...≪. Wissenschaftliche Pflanzenzüchtung in Deutschland, 1889~1945, München.

Wunder, Heike (2003): Arbeiten, Wirtschaften, Haushalten: Geschlechterverhältnisse und Geschlechterbeziehungen im Wandel der deutschen Arbeitsgesellschaft im 18. und 19. Jahrhundert, in: Reiner Prass u.a. (Hg.), Ländliche Gesellschaften in Deutschland und Frankreich, 18.-19. Jahrhundert, Göttingen, 187~204.

Zimmermann, Clemens (1998): Ländliche Gesellschaft und Agrarwirtschaft im 19. und 20. Jahrhundert. Transformationsprozesse als Thema der Agrargeschichte, in: Werner Trossmann/ders. (Hg.), Agrargeschichte. Positionen und Perspektiven, Stuttgart, 137~163.

가까워지다: 거리두기의 장소

익명성, 피상성, 냉정한 객관성은 근대의 특징으로 여겨지며 대인관계는 어려운 일이 되었다. 20세기의 인간들이 안락함을 느낄 수 있는 피난처, 물러나 쉴 수 있는 곳을 확보하기 위해 엄청난 노력을 기울인 것은 우연한 일이 아니다. 이러한 피난처들은 인간 사이의 친밀함과 따듯함을 상실케 하는 '대도시'의 패러다임에 대립하고 있다. 하지만 대도시라고 해서 인간적인 소통이 완전히 사라졌다고 할 수는 없다. 옛날 방식의 친분관계가 완전히 해체된 대신 다른 사람들을 만나고 그들과 관계를 맺을 수 있는 수많은 새로운 기회가 생겨났다. 물론 이러한 기회는 대부분 이전에 서로 알지 못하던 사람들 사이에서 우연히 주어지는 것이기 때문에 거기에는 친근함과 거리감이 기이한 방식으로 뒤섞여 있다. 상대방이 친해지기를 원하는지 그렇지 않은지 분명히 알기가 어려운 것이다. 상대방을 불쾌하게 하거나 자존심을 버리지 않으면서 타인에게 접근하기 위해서는 새로운 기술이 필요하다.

일상 속에서 교통수단을 통해 이동하는 동안 사람들은 기차역, 지하철 또는 이와 유사한 이동 장소에서 익명의 타인들과 마주칠 수밖에 없다. 낯선 사람들과 함께 차를 타거나 같은 여행지를 방문하게 되어 몇 시간, 며칠 심지어는 몇 주를 함께 보내게 될 경우 그들은 상대방을 배려하면서도 자신의 자유를 지킬 수 있는 방식을 찾아야만 한다. 특히 옷을 벗은 사람들의 무리가 빽빽하게 모여 있는 **해변**에서 더욱 그러하다. 사람들은 일반적으로 격식 없이 타인들과 어울리기보다는 분명한 몸짓을 통해 타인으로부터 거리를 두는 쪽을 택한다. 휴가가 아닌 일상생활에서도 휴식용 의자들이 놓인 실내 수영장과 실외 수영장 혹은 노천카페에서 비슷한 일이 반복된다. 사람들은 다른 손님이나 지나가는 행인을 바라보면서 누군가에게 말을 걸 수 있는 기회를 활용하지 않은 채 대부분 그냥 가능성으로만 남겨둔다.

그랜드호텔에 출입하는 이들은 사회적 배제 메커니즘에 의해 이미 선택된 사람들이다. 이곳에서는 그 지역의 특권층들이 모여 차를 마시고 저녁식사를 하며 무도회를 개최한다. 타지인도 호텔의 멋진 시설과 수준 높은 서비스를 통해 자신의 신분을 확인할 수 있다. 그랜드호텔은 임시로 묵는 여행객에게 쾌적함과 안락함을 제공한다. 이러한 특징이 더 배타적으로 드러나는 것은 호화 유람선의 경우이다. 승객들은 항해 기간 동안 고립된 채 일시적으로 공동체를 이루기 때문이다.

댄스홀은 티댄스tea dance와 무도회가 열리는 장소로서 오랫동안 그랜드호텔과 긴밀한 관계를 맺어왔다. 하지만 댄스홀은 오히려 사회적 차별을 상대화시키는 장소로 자리잡았다. 왜냐하면 대중적인 댄스에서는 직관과 집중력이 중요해지기 때문이다. 댄스홀에서 육체에 대한 사회적 규범과 유희를 벌이는 가운데 자신의 경계를 초월할 수 있는 가능성이 열리게 된다. 전반적으로 즉흥적이고 음악에 몸을 맡길 준비가 되어 있는 분위기는 재즈 클럽에서도 발견된다. 반면 칵테일 바의 경우는 사람들 간의 만남에서 냉정함이 지배적이다. 하지만 이러한 장소 역시 그곳을 방문하는 일이 매력적인 체험이 되기 위해서는 수많은 타인이 그 장소에 존재하고 있어야만 한다.

마찬가지로 **경기장**Stadion에서도 방문자는 대규모 관중의 일부가 되어 스릴 넘치는 스포츠 경기의 매력에 빠져들어야 한다. 특히 축구 경기의 경우 수천 명의 사람들이 함께 있음으로써 일종의 음향효과가 만들어진다. 동시에 상대편 그룹의 존재는 경계를 더욱 확실하게 만들어준다. 사람들은 경기장이나 해변, 그랜드호텔, 댄스홀 등에서 이상적이고 규범적인 행동방식을 통해 자신의 존재를 과시한다. 왜냐하면 상업적인 성격을 지닌 근대의 오락은 백화점이나 영화관의 경우와 마찬가지로 시각적 경험이라는 특징을 지니고 있으며, 여기에는 상호간의 관찰 또한 포함되기 때문이다.

해변

알렉사 가이스트회벨Alexa Geisthövel

텅 빈 공간에서의 육체적 접근: 쥘트섬 베스터란트의 '가족 해수욕장', 1905년경

베스터란트의 '가족 해수욕장'을 찾은 여행객들은 육지와 바다 사이의 경계에 위치하고 있는 공간에서 서로 어울리게 된다. 이 공간은 얼핏 사람들의 손길이 거의 닿지 않은 것처럼 보인다. 북해에 위치한 섬의 모래 언덕을 사이에 두고 뒤편에는 사람들의 거주지, 휴양을 위한 호텔과 펜션, 카페와 요양소가 자리잡고 있다. 울타리를 둘러쳐 이곳이 해수욕장임을 알리고 아무나 들어오지 못하도록 저지한다. 저 멀리 조금 높은 곳에 지어진 '매점'은 음료 판매대를 갖추고 있어서 휴식을 취하며 전망을 즐길 수 있게 되어 있다. 기다란 막대기 끝에는 몇 개의 풍향계가 돌고 있고, 바다 가장자리에는 나무받침대가 놓여 있다.

해변을 이루고 있는 것은 공기, 물, 모래 그리고 억겁의 시간 동안 이

쥘트섬의 '가족 해수욕장'(1907)

어져온 지질학적 현상의 요동치는 모습들이다. 밀물과 썰물은 날마다 해변의 모습을 바꾸어놓지만 그렇다고 해서 해변의 모습을 완전하게 변모시키지는 않는다. 태양, 구름, 폭풍우, 비가 번갈아 등장한다, 이곳에 지속적으로 머무는 것은 물새와 작은 해안생물들뿐이다. 수백 년 동안 섬 주민들은 많은 노력을 기울여 이러한 해변의 풍경을 누리게 되었고 그것을 유지해왔다. 하지만 개간을 하지 않았고 바닷물이 밀려들어온다고 해서 모든 바닷가가 근대적인 해변을 만들기에 적합한 것은 아니다. 아직 해변에서의 휴가와 해수욕을 별개의 경우로 생각하고 있던 19세기에도 해수욕장 방문객들은 이미 맑은 물, 경사가 심하지 않은 단단하고 고운 모래바닥을 선호했다. 반면 자갈과 해초는 매우 싫어했다(Urbain 1996, 168f.). 이상적인 해변은 잘 관리되어 있어서 방문하기 좋은 황무지와 비슷하다. 그곳은 거칠고 황량하고 드넓지만 안전하고 한눈에 조망할 수 있는 편안한 곳이다. 그곳에서 육체는 자연과 대면하게 되지만 위험을 느끼지는 않는다.

남자, 여자, 아이들 중 일부는 옷을 모두 차려입고, 일부는 팔과 다리의 아랫부분을 드러낸 수영복 차림을 하고 있다. 수영복은 편안한 제2의 피부가 되어 몸을 감싸고 있다. 분주하게 일을 하는 사람은 눈에 띄지 않는다. 사람들의 행동에서 여유가 느껴진다. 몇몇 사람은 해수욕을 하고 있는데, 수영은 아직 그리 널리 보편화되지는 않았다. 한쌍의 남녀가 손을 잡고 부서지는 파도 위를 걷고, 다른 사람들은 물속에 선 채 이야기를 나누고 있다. 대부분의 사람들은 마른 모래사장 위에서 하늘을 바라보고 수다를 떨며, 산책을 하거나 해수욕을 준비한다. 망사로 감싸인 모자를 쓰고 있는 여자들은 의자 위에 자리를 잡고 앉았다. 생각에 잠겨 있거나 자연을 감상하는 해변 휴양객들은 혼자가 아니라 다른 사람들과 어울린다. 그중 일부는 이런 상태를 불편해할 수도 있지만 말이다. 커플이나 친숙한 소그룹은 서로 마주보고 있다. 이 그룹들 사이의 직접적인 접촉은 없다. 그들은 서로 다른 방향을 바라보기도 하고, 낯선 사람임이 분명한 다른 휴양객들을 쳐다보기도 한다. 그들의 시선을 받는 이들 또한 다른 곳을 바라본다.

해변의 큰 매력 중 하나는 정적인 장면이 사방을 향해 파노라마와 같이 펼쳐져 있다는 점이다. 바다와 하늘이 수평선을 이루며 만나는 것처럼 보이는 곳을 바라보면 절대적인 경계를 발견한 매혹에 빠져 자신의 몸이 닿지 못할 머나먼 곳을 응시하게 된다(Bollnow 2000, 75). 산과는 달리 바다의 수평선은 도전적이지 않다. 그것은 정복할 수 없는 상대일 뿐이다. 해변지역에서 사람들은 변화무쌍한 높낮이의 위계질서를 보는 대신 모두가 동일한 시선으로 넓은 공간을 바라보는 경험을 하게 된다. 수면은 마치 그림과도 같은 가벼운 잔물결을 일으킨다. 이곳 북해의 물은 차가운 편이다. 그것은 손에 잡히지 않으면서 온몸을 감싸고, 익숙하던 몸동작을 느리게 만들며 헤엄치는 이를 지탱해준다. 그러다가 엄청난 힘으로 파도를 일으킬 수도 있다.

바다는 언제나 독특한 냄새를 풍기고 단조로운 리듬으로 물결을 일으킨다. 시끄러운 바람 때문에 옆 사람의 이야기가 들리지 않고 오히려 먼 곳의 소음이 가깝게 들려오기도 한다. 태양은 밝고 따듯하게 비치며 모래는 그 온기를 저장한다. 젖은 모래 속에는 자신의 어색한 발자국과 다른 이들의 흔적이 오랫동안 남아 있다. 모래로 새로운 모양을 쉽게 만들 수 있기 때문에 어린이들과 어른들 모두 모래를 가지고 장난을 치기도 한다. 하지만 늦어도 다음날이면 모래는 말라버리거나 물에 휩쓸려 그들이 이리저리 파헤치고 쌓아놓은 것들, 그들이 서 있거나 앉아 있던 흔적들을 더이상 기억하지 못하게 된다. "해변의 세계는 임시로 존재한다"(Hennig 1997, 28).

해변용 수레에서 가족 해수욕장까지: 근대 해변의 기원

근대적인 의미의 해변이 생겨나게 된 것은 자연환경의 기술적인 조건이나 건축적인 구성 때문이 아니다. 물론 대부분의 해변 휴양지에는 모래언덕이 없고, 해변을 따라 산책로가 조성되어 있는 경우가 많기는 하다. 『근대의 장소들』 모음에 해변이 그 이름을 올릴 수 있게 된 첫번째 이유는 20세기에 접어들면서 점점 더 많은 사람들이 바닷가에서 수영을 하며 휴가를 보내게 되었기 때문이다. 근대적인 해수욕장의 역사는 18세기 중반으로 거슬러올라간다. 그 이전까지 황량하고 위험하며 쓸쓸한 곳으로 여겨지던 인적 없는 해안이 이때부터 사람들이 선망하는 장소로 바뀌었다(Corbin 1990). 1750년 영국의 의사 리처드 러셀Richard Russell은 바닷물을 의학적으로 사용하는 방법에 대해 기술했다. 영국 남부 해안에 위치한 브라이트헬름스톤[1]과 같은 어촌에서 처음으로 환자들에게 그 치료효과를 시험했다. 1793년 영주인 프리드리히 프란츠 1세는 메클렌부르크의 도베란-하일리겐담에 독일 최초의 해변 휴양지를 조성했다. 이어서 1797년에는 올덴부르크의 노르더나이Norderney 해변 휴양지를 북해 연안에 만들었다.

시민계층의 방문자 수가 증가함에 따라 해변도시에는 호텔, 극장, 바닷가 산책로, 바다가 보이는 화려한 사교장과 카페들이 생겨났다. 당시 해변 휴양지에서의 휴양 생활에는 오늘날 해변에서 즐길 수 있는 것 중에 핵심적인 것들이 이미 모두 포함되어 있었다. 하지만 훗날 같은 장소에 모이게 될 것들이 아직은 공간적으로 분리되어 있었다. 물속에서는 해수욕을 하거나 몸을 담그며 육체적인 변화를 경험했다면, 온천장의 세련된 시설에서는 다른 사람들과 자유롭게 어울리며 교제를 즐겼다. 다른 휴양객과 격의 없이 어울리며 사교를 하는 것은 성공적인 휴양 생활을 함에 있어서 규칙적이고 올바른 생활 태도 못지않게 중요한 것으로 여겨졌기 때문이다. 이때 해변 자체는 아무런 관심도 받지 못했다. 휴양객들은 치료효과가 있는 바닷물과 안전하고 문명화된 해안가 사이의 모래지역을 가능한 한 빠르게 지나가버렸기 때문이다. 그들은 나무 칸막이에 바퀴를 단 해변용 수레를 타고 말이 얕은 물로 끌고 가게 한 뒤 둥근 차양의 보호를 받으며 작은 계단을 통해 물속으로 들어갔다. 그들은 해수욕 보조인의 시중을 받으며 같은 자리에서 여러 번 몸을 물에 담갔다 빼거나 몇 분 동안 파도에 몸을 씻어냈다. 의학자들은 가급적 차가운 바닷물에 들어가는 것이 어쩌면 위험한 일일 수도 있지만 몸에 좋은 충격을 줄 것이라고 기술했다.

19세기 중반에 이르자 해변용 수레의 이동 범위가 더욱 넓어졌다. 동시에 해변에 간단한 천막과 오두막들이 들어섰고, 사람들은 이곳에서 제법 오랫동안 머물기도 했다. 1880년대부터 바람이 강하게 부는 발트해 해안가지역에서 해변 의자Strandkorb가 널리 퍼져나갔다. 바구니 모양의 이 의자는 사람들이 앉을 수 있는 동시에 바람과 햇빛도 피할 수 있게 해주는 이동식 도구였다. 하지만 물에서 나와 곧바로 모래사장에 앉거나 해변 의자에 자리를 잡는 일은 여전히 드물었다. 사람들은 해변에 머무는 동안 옷을 입고 있었다. 또한 지정된 해변 휴양지 밖에서 자유롭게 헤엄치는 것도 상상할 수 없는 일이었다. 1920년대에 이르러서야 관청과 휴양객들은 무의식적인 '자유' 수영이 비난거리가 되지 않음을 깨닫게 되었다. 휴양객들이 점점 더 자유롭게 자신의 숙소에서 멀리까지 헤엄칠수록 그들의 신체가 대중에게 노출된다는 사실이 더 큰 문젯거리가 되었다. 19세기 초까지만 해도 남자들과 여자들이 알몸인 채로 서로가 보이는 거리에서 수영을 하는 일이 간혹 있었지만 이제는 수영복 착용이 규정이 되었고 남녀의 수영 장소도 분리되었다. 해변은 세 곳으로 나누어졌는데, 그중 두 곳은 일정한 시간에 사용할 수 있는 여성용과 남성용 해수욕장으로 지정되었다. 그 사이에는 수영을 하지 않는 사람들이 머물 수 있는 '중간지역'이 자리잡았다.

근대적인 해변은 1870년 이후 독일에서 급격히 성장한 시민적 관광문화가 만들어낸 산물이다. 이러한 흐름은 해변 휴양지 시장의 사회적 분화를 더욱 강화시켰다. 소박한 숙박업소를 운영하는 저렴한 어촌에서부터 대도시적인 숙박시설과 편의시설을 제공하는 고급 해변 휴양지까지 매우 다양한 선택의 가능성이 제공되었다. 고급 해변 휴양지 시설로 인해 우제돔섬은 마치 '베를린의 교외'처럼 변모하게 되었는데, 황제인 빌헬름 2세와 구귀족층뿐만 아니라 많은 (신흥) 부유층 시민들까지도 헤링스도르프를 찾았기 때문이다(Tilitzki/ Glodzey 1984, 520ff.). 이에 반해 영국의 해변 휴양지는 이미 1840년대부터 수많은 프롤레타리아 방문객을 맞이했다. 1893년 블랙풀은 이미 200만 명이나 방문하기도 했다(Walton 1983, 72). 특별한 볼거리는 바닷속까지 이어지는 수백 미터 길이의 철제 선창으로, 그곳은 다양한 가게와 오락실이 들어서 있었다. 제대로 된 유원지는 뉴욕 근교 코니아일랜드의 시내 해변에 자리잡고 있었는데, 1900년경 여름 주말에는 약 50만 명의 사람들이 그곳에서 즐거운 시간을 보냈다(Löfgren 1999, 229).

독일제국시대에는 이런 유흥지 해변이 존재하지 않았다. 그 대신 수많은 독일 시민들은 품위 있는 중산층 해변 휴양지인 동시에 유흥을 즐길 수 있는 선창도 갖추어진 벨기에의 블랑켄베르허와 같은 곳을 자주 방문했다(Ostende 1906/07, 54). 1880년대에 독일인들은 벨기에와 네덜란드의 해안에서 이미 혼성 해변 휴양지의 존재를 알게 되었다. 그것은 독일에서는 풍기문란의 이유로 아직 허용되지 않았다. 1901년에야 헬골란트섬에서, 그다음 해에는 쥘트섬의 베스터란트에서 '가족 해수욕장'이 개장했다. 이곳에서는 여성용과 남성용 해수욕장으로 흩어졌던 가족들이 함께 수영을 할 수 있었다. 이러한 시설은 제1차세계대전 때까지 다른 여러 해변 휴양지에도 생겨났다(Spode 1990, 62; Wördemann 1992).

독신인 사람들은 비록 가족 해수욕장에 입장할 수 없었지만 이 해수욕장의 해변은 다양한 방식으로 사람들이 모일 수 있도록 개방되어 있었다. 또한 사람들은 그곳에서 친근하고 낯선 사람들과의 교류를 경험했다. 이를 통해 땅과 바다의 경계지역이 해수욕장 생활의 중심이 되었다. 엄격하게 되풀이되던 휴양의 규칙들은 울타리 없는 바닷가 해수욕장이라는 공동의 체류 공간에서 느슨해진 반면, 바다나 모래사장, 태양이 자아내는 분위기는 새로운 동력을 제공했다. "사람들은 가족 해수욕장에 가면 자신이 전날 힘겹게 쌓았던 성을 바로 찾아보고, 만일 탐욕스러운 바다가 밤사이 그 성을 무너뜨렸을 경우 생기에 넘쳐 즐거워하며 새로운 성을 쌓기 시작한다. 다른 사람들은 담요 위에 누워 책을 읽거나 꿈을 꾸며 잠을 잔다. [……] 활력을 주는 강렬한 바다 공기 속에서 속박도 근심도 없이 때로는 에메랄드그린으로, 때로는 진청색으로 변하는 [……] 무한한 바다를 바라보며 지내는 일상은 최고까지는 아니어도 훌륭한 치유의 요인이다"(Badedirektion 1904, 18f.). 근대의 해변에서 초기에는 치료를 위한 세심한 건강 회복활동이 한동안 중요한 요소로 여겨졌다. 하지만 해수욕의 즐거움과 아무 일도 하지 않으며 휴식하는 일이 점점 더 핵심적인 요소가 되기 시작했다.

1913년 알베크에서 초포트에 이르는 독일의 해변 휴양지를 찾은 방문객 수는 약 70만 명에 이르렀고, 이들 대부분은 시민계층이었다(Prignitz 1977, 132). 반면 하층민들이 해수욕을 즐길 수 있는 장소는 시내의 강변과 호숫가에 마련된 수영시설로 제한되어 있었다. 그곳에서는 해변의 분위기를 흉내내기 위해 해변 의자를 놓거나 모래를 쌓아두기도 했다. 더 많은 여가시간에 대한 노동운동의 오랜 요구가 바이마르 공화국 시절에야 비로소 충족되었고, 5일간의 유급휴가 또한 가능해졌다. 하지만 휴가 여행이 모든 사회계층의 기대지평으로 부상했음에도 불구하고 아직은 보편적인 것이 되지는 못했다. 노동자들의 여행을 조직화하려는 노력조차도 그러한 상황을 바꿀 수는 없었다(Keitz 1997). 1920년대 바닷가로 가고자 했던 사람들은 특히 중간계층이었다. 이제는 누구나 이용할 수 있는 해변의 해수욕장이 완전히 자리잡았고, 사람들은 어느 정도 몸을 드러낸 채 다른 사람들과 어울리면서 휴식을 취하며 즐거운 체험을 할 수 있었다.

그동안 젊은 미국인 부부가 프랑스의 리비에라에 향락적인 해변을 조성했다. 사라 머피와 제럴드 머피는 앙티브에서 한여름의 '단순한 생활방식easy-living'을 장려했다. 그들 부부가 속한 사교적인 모임인 '황금빛 젊음jeunesse dorée'에서는 일광욕과 수영, 육체의 감각을 강화하는 냉온욕이 하루의 중요한 일과가 되었고, 햇볕에 그을린 모습은 아름다움의 이상이 되었다. 자유로운 연애, 재즈, 짧은 자동차 여행, 칵테일과 해변 파티 등으로 인해 지중해의 향락적인 해변은 세련되고 단순한 분위기를 지니게 되었다(Löfgren 1999, 166~170). 이 지역은 영국 상류층의 겨울철 방문객들로 유지되는 곳이었기 때문에 19세기에는 니스에서 여름 시즌을 정착시키려는 시도가 번번이 실패로 돌아갔다. 1931년 코트다쥐르의 호텔업자들은 여름에도 호텔 영업을 하기로 결정했는데 그 시도는 성공적이었다. 이를 통해 국제적으로 퍼져 있던 이 해변에 대한 이미지가 더욱 강렬해졌다. 멀리 북쪽지역에서는 이 해변을 여름의 뜨거운 이미지로 상상했다. '남유럽'이 대중적인 여행지가 되기 훨씬 이전에 이 지역은 부담 없으면서도 체험할 거리가 많아 삶의 기쁨을 누릴 수 있는 동경의 장소로 자리매김했다.

1960년대 캘리포니아의 도시적인 해변의 일상이 서핑 관련 음악과 영화를 통해 대중문화에 스며들면서 해변의 분위기 또한 젊고 활기차게 변하게 되었다. 그러나 초기에는 자기 나라의 해변으로 휴가를 떠나는 일조차도 희망사항일 뿐이었다. 1930년대에 다양한 성향의 집권 세력이 이 문제를 정치적으로 다루었다. 1933년 이탈리아 파시즘의 국가여가 복지기구인 '노동 후 오페라Opera nazionale dopolavoro, OND'를 모델로 창립된 "나치당 소속 공동체 '즐거움을 통한 힘Kraft durch Freude, KdF'" 은 비용이 저렴한 여행 프로그램을 제공하는 세계적인 규모의 기관으로 성장했다(Spode 1990, 69). 이제는 폐쇄된 뤼겐섬의 프로라와 같은 공공 해수욕장에서는 수십만 명의 동지들이 처음으로 바닷가에서 휴가를 보내게 되었다.

실제로 모든 사람이 휴가 여행을 즐길 수 있게 된 것은 제2차세계대전 이후의 복지사회에서였다. 1970년경 해변에서의 휴가는 정기적인 일상으로 자리잡았다. 이와 함께 해변 생활을 통해 상상하고 실행할 수 있는 경험의 폭이 광범위하게 확장되었다. 발러만의 유흥거리, 고아의 테크노 파티, 모로코 해안가 서퍼들의 캠핑카존, 쥘트섬의 카페 '부네 16'에서 마시는 샴페인, 그리스 해안에서의 캠핑 또는 갯벌 국립공원에서 고무장화를 신고 보내는 휴가 등은 해변 방문객들이 자신의 사회적 정체성을 확립하는 데 사용하는 미세한 또는 대략적인 구분과 관련이 있다. 이는 주로 상상에 의한 것으로서 이미 19세기 후반에 해변은 이 같은 구분을 통해 애타게 그리던 타자의 장소가 되었다(민족학박물관). 그때부터 열대와 남태평양의 요소들을 활용하는 이국화 전략이 가장 효과적인 것으로 증명되었다(Urbain 1996, 151). 예를 들어 1940년대 후반부터 1950년대까지 미국에서 유행했던 하와이 열풍에는 여행산업뿐만 아니라 음반 및 영화 제작자, 의류산업과 실내장식가들이 합세했다. 오늘날 해변에 대해 갖는 가장 일반적인 상상은 야자수, 유리처럼 맑은 바닷물, 고운 모래가 조화를 이루고 있는 낙원과도 같은 곳이다(Löfgren 1999, 213f.).

1900년경의 해변 광고는 매우 유혹적이고 쉽게 접근할 수 있는 해변의 모습을 그리고 있는 데 반해(Kolbe 2004), 해변이 등장하는 요즘의 광고에서는 럼주, 초콜릿, 바디샴푸 또는 향수를 사용하는 소비자가 쉽게 접근할 수 없는, 그래서 더 갈망의 대상이 되는 배경 속의 모습을 보여준다. 광고 영상의 배경으로 자주 등장하는 장소는 개인 소유의 해변으로 현실에서도 부유한 사람들은 이러한 곳에서 휴식을 취한다. 그 같은 재산을 소유하지 못한 사람은 탐험정신을 가지고 노력해야 한다. 낯선 이들과 함께 공유할 필요가 없는 은밀한 만에서의 해변 생활은 자발적으로 선택한 로빈슨 크루소식의 모험처럼 여겨진다. 이러한 생활은 인적 없는 곳에 난파당한 채 도착하게 된 불안한 상황이 아니라 대중적인 해변 생활의 시대에는 꿈과 같은 것이다.

일상으로부터의 거리와 은밀한 익명성:
해변에서의 근대성 체험

1900년경의 해변은 바닷가에 위치한 적막한 장소가 아니라 관광지의 기반시설 중 일부를 이루고 있었다. 한편으로는 세상으로부터 해방된 것처럼 보이는 배경이 펼쳐져 있고, 다른 한편으로는 세상의 편리함을 누릴 수 있도록 휴가용 건축설계와 서비스 기구들이 마련되어 있었다. 해변 휴양지는 그랜드호텔과 소도시가 교차하는 곳이라고 할 수 있다. 왜냐하면 이곳은 도시성과 한적함, 다양한 체험과 탈속도화가 혼재하는 곳이기 때문이다.

이방인들은 '관광객의 친화력'을 가지고 서로 만났다. 익숙한 환경과 인간관계, 이해관계 및 사회적 지위에서 벗어난 그들은 낯선 장소에 사회적으로 고립되어 있다는 점에서 모두 동등했다. 이러한 고립감은 일상적인 개인 활동에서 대중을 통해 극복되었다(Gleichmann 1969, 73ff.). 예컨대 서로 모르는 사람들끼리 하루에도 몇 번씩 같은 식탁에 앉아 오랫동안 식사를 했다. 게다가 관악 반주와 함께하는 갯벌 탐험처럼 조직적인 공동 체험은 제한된 시간 때문에 일상에서 벗어난 친밀감을 느낄 수 있게 해주었다(Keller 1973, 78). 그러나 접근성의 위험은 정반대의 영향을 미쳐 경계짓기를 더욱 강화하는 역할을 할 수도 있었다. 이미 제국시대에도 모든 섬에 '유대인 출입금지'를 선포하게 했던 명백한 '해수욕장의 반유대주의'는 관광이 배타적인 영향을 미칠 수 있다는 사실에 대한 증거이다(Bajohr 2003, 12).

그러나 해변 휴양지에서의 상호작용은 낯선 사람들 사이에서만 일어나는 것이 아니었다. 휴양객들은 여전히 혼자서 여행하는 경우가 많았지만 소가족이나 대규모 가족, 친구들과 연인들은 바닷가에서 일상의 여러 가지 의무로부터 벗어난 채 함께 시간을 보내면서 정서적 친밀감이 형성되기를 기대했다.

해변용 수레는 인적이 드문 해변에 머무는 이들에게 개성화된 특색을 부여했다. 반면 해변 의자는 사람들로 가득찬 해변에서 자신의 자리를 확보하기 위해 필요했다. 또한 모래성은 전형적인 독일적 현상으로 여겨지는데, 이것이 강한 돌풍 때문인지 군국주의적 성향 때문인지는 분명하게 알려져 있지 않다. 1900년경 모래성은 대부분 해변 의자를 둘러싼 진짜 울타리 같은 형태로 만들어졌고 깃발이나 조개 장식품, 심지어 정치적 표어로 장식되었다. 독일의 북해와 발트해 해변의 사진들을 보면 종종 두더지가 파헤친 흙더미들이 쌓여 있는 듯한 풍경을 볼 수 있는데, 이러한 풍경은 주말농장과 아파트의 분할구조와 비슷하다(Prignitz 1977, 151).

이러한 예방책이 있음에도 불구하고 해변에서 다른 사람 곁에 너무 가까이 다가가지 않는 것은 거의 불가능한 일이었다. 사람들로 가득차 있기 때문에 다른 방법이 없다. 자리를 맡기 위한 비치타월들이 빽빽하게 놓인 '튜턴 그릴Teutonengrill'[2]의 시대가 오기 전부터 해변은 사회적 밀도가 높은 장소였다. 사람들이 이러한 '밀집 상태'를 괴롭게 여기며 억지로 참아낸 것인지, 아니면 그 활기에 매력을 느껴 오히려 더 찾아왔는지는 정확히 알 수 없다. 초기의 관광 비평가들은 사람들은 자연적으로 인적이 드문 해변을 선호한다는 주장을 자주 펼쳤지만 오히려 그러한 경향은 인파로 가득찬 해변에서의 '대중문화'에 대한 반응으로 보는 것이 옳다. 대중적인 오락을 즐기기 위해 인파가 한자리에 모여야 하는 장소로는 해변 이외에도 **영화관, 경기장, 댄스홀** 등이 있었다. 그러나 영화관과 경기장에서는 관객들이 일정한 시간 동안 하나의 중심 사건에 집중해야 했다. 댄스홀의 공간적 특징과 댄스의 체력 소모는 해변에 펼쳐진 드넓은 자연과 야외에서 경험하는 긴장완화와는 대조를 이루었다. 그럼에도 이 두 장소는 여러 종류의 감각적 인상들이 다양한 방식으로 녹아들게 하고 이를 통해 특별한 형태의 자기인식을 가능하게 해주었다.

특히 해변에서는 친밀한 방식으로 익명성을 경험할 수 있었다. 왜냐하면 도시의 수영장과 함께 해변은 공개적으로 몸을 드러내는 장소이기 때문이었다. 지하철이나 엘리베이터에서 연마한 길을 비키고 시선을 피하는 기술이 이곳에서도 필요했다. 그러나 누드에 익숙해지는 일과 함께 '옷 입은 시선'이라는 관행이 비로소 형성되어야 했다(Erving Goffmann, Edgerton 1979, 152에서 재인용). 사람들은 서로 아주 가깝게 자리잡은 채 몇 시간씩 시간을 보냈기 때문에 다른 사람들을 관찰할 수 있는 가능성이 매우 많았다. 이러한 상황은 관찰의 즐거움을 가져다 주었다. 그러나 **스트립 클럽**에서와는 달리 이러한 즐거움이 용인될 수 있으려면 적절한 배려가 필요했다.

해변이 경계 넘기의 장소로 해석되는 데는 그럴 만한 이유가 있다. 특히 영어권에서는 육지와 바다 사이의 이 불확실한 지역이 합법적인 유흥과 함께 불법적인 유흥도 함께 자리잡은 '유원지pleasure ground'로 등장한다. 비록 1920년대 브라이턴의 경우처럼 '은밀한 주말'에 즐기는 불륜의 대명사가 되지는 않았지만, 휴양지의 전통에서 해수욕장의 사교문화는 무엇보다도 성적 개방성으로 유명했다(Shields 1991, 105~109). 그러나 비록 바다가 성적인 억압을 넘어서는 곳이라는 환상과 연관되었던 것이 분명하다고는 해도 해수욕에서 느끼는 즐거움의 원인을 무조건 억눌린 성으로 소급시키는 것(Corbin 1990, 106f.)은 매우 단순한 사고이다. 1895년 바젤의 의사인 아돌프 해글러Adolf Haegler는 노르망디 빌레르쉬르메르 해변에서 아내와 딸들이 해수욕을 하는 동안 파도를 바라보며 혼란과 회의에 빠져 있었다. 파도는 처음에 단지 "모래만 적시고 다시 뒤로 물러났지만 계속해서 더 많은 영역을 확보하더니 [……] 곧 거부할 길 없이 모든 대지를 정복해버렸다. 그것은 죄의 모습과 똑같았다"(Schumacher 2002, 46f.에서 재인용).

수영하는 육체가 성적인 투사의 대상이 된 것은 감춤과 드러냄 사이의 긴장 때문이었다. 1900년경 수영복의 범위와 투명도를 상세하게 규정하는 조항이 존재했음에도 불구하고 수영복은 점점 가장 금기시되는 부위만 가리는 쪽으로 변하는 추세였다. 이런 추세와는 별개로 제국시대의 시민적 나체주의운동에 의해 대중으로부터 철저하게 분리된 '공기욕 및 일광욕 해수욕장'을 이미 만들었다. 그러나 노동자계급에 의한 나체 해수욕운동 역시 존재했고, 1931년에는 상트페테르부르크에서 최초의 공식적인 나체 해수욕장이 개장되었음에도 불구하고 해변의 방문자 중 옷을 완전히 벗은 사람은 극히 드물었다.

반면 19세기 후반부터 해수욕을 희극적으로 묘사하는 경향이 크게 유행했다. 그로테스크한 나체를 담은 캐리커처와 익살스러운 그림엽서가 넘쳐났다. 젊은 여성들이 물이 뚝뚝 떨어지는 수영복을 입은 모습으로 쉽게 소유할 수 있는 욕망의 객체로 포즈를 취했다. 해변 의자나 울타리의 틈새를 통해 서로 부둥켜안고 있는 커플을 관찰하는 관음증적인 장면들과 도덕을 설파하던 이가 자유분방하게 행동하다가 발각되는 순간을 그린 것도 있었다(Timm 2000, 65f.; Shields 1991, 97ff.).

옷이 벗겨지고 유머의 대상이 된 해변의 육체는 그의 건강함을 이야기하는 다양한 담론의 놀이터였다. 신경이 예민한 정책결정권자와 몸이 약한 아이들은 원기 회복을 위해 해변으로 보내졌다. 건강한 육체에 대한 연상은 아름다운(날씬한, 잘 그을린) 육체와 스포츠로 단련된 육체(웨이트룸)로 이어졌다. 이러한 육체는 해변에서 바닷물의 자연적인 힘 앞에 도전했고, 자기통제가 불가능할 수도 있는 위협적인 상황을 수영, 잠수 그리고 나중에는 파도타기와 같은 기술을 통해 극복했다.

근대 여가문화의 다른 영역들과 마찬가지로 해변에서의 휴가는 문명 비판적인 해석의 대상이 되었다. 이미 초기부터 향토보호운동가 및 기타 비판자들이 관광산업의 이익 추구를 비판했다. 그들의 눈에 여행객들은 교양 여행이나 자연과의 교감에 비해 피상적이고 소극적으로 보였다. 이러한 생각은 어느 정도 오늘날까지도 이어지고 있는데, 혼자서 여행하는 사람들이 낯선 것에 대한 호기심이라는 말로 자신들을 그럴듯하게 치장하면서 단체 관광객들은 그저 아둔한 소비자로 볼 수 있다고 생각하는 것에서 그러한 경향을 확인할 수 있다. 또다른 해석에서는 직업의 세계와 여가의 세계가 똑같은 모양이라는 점을 비판했다(제철소). '군사 총동원'을 패러디한 듯 대량으로 생산된 휴가에는 합리화된 현대의 일상적 메커니즘에 대한 대안이 존재하지 않는다는 것이다(Enzensberger 1987, 670ff.). 반면 최근의 인류학적 연구에서는 관광을 통한 휴식이 갖는 창의적인 본질을 강조하고 있다. 공간과 규범을 넘어서는 일, 가상으로 구성된 세계로 여행을 떠나는 일은 사회가 경직되는 것을 막아줄 공간을 창조한다는 것이다(Hennig 1997, 91). 현대의 해변에서 휴가를 즐기는 사람은 자아에 대한 작업을 수행하며, 이는 이성의 우위에 맞서 리비도적 욕망을 다시 회복시키는 것이라고 해석된다(Shields 1991, 112).

이러한 해석은 여가활동을 통해 표현되거나 표현되어야 하는 인간의 자연적인 욕구가 존재한다는 전제에서 출발한다. 그렇지만 해변에 머무는 동기는 다른 관광 형태와 마찬가지로 본질적으로 규정하기가 쉽지 않다. 에르빈 쇼이히Erwin Scheuch에 따르면 기본적인 요소로 일상으로부터의 거리 확보를 들 수 있는데(Spode 1995, 110), 이것이야말로 공간, 시간, 자기 자신에 대한 대안적 체험을 가능하게 해준 것이었다. 근대의 해변은 낯선 육체들 사이에 거리가 확보된 접근을 가능하게 했으며, 길들여진 자연환경 속에서 허용된 무위도식을 통해 휴식하게 함으로써 일시적인 변신을 가능하게 했다.

참고문헌

Bajohr, Frank (2003): ≫Unser Hotel ist judenfrei≪. Bäder-Antisemitismus im 19. und 20. Jahrhundert, Frankfurt.

Badedirektion (Hg.) (1904): Beschreibung des Nordseebades Helgoland, Cuxhaven/Helgoland.

Bollnow, Otto Friedrich (2000): Mensch und Raum (1963), 9. Aufl., Stuttgart.

Corbin, Alain (1990): Meereslust. Das Abendland und die Entdeckung der Küste 1750~1840, Berlin.

Edgerton, Robert E. (1979): Alone Together: Social order in an urban beach, Berkeley.

Enzensberger, Hans Magnus (1987): Eine Theorie des Tourismus (1958), in: Universitas 42, 660~676.

Gleichmann, Peter G. (1969): Zur Soziologie des Fremdenverkehrs, in: Wissenschaftliche Aspekte des Fremdenverkehrs, Hannover, 55~78.

Hennig, Christoph (1997): Reiselust. Touristen, Tourismus und Urlaubskultur, Frankfurt/Leipzig.

Keitz, Christiane (1997): Reisen als Leitbild. Die Entstehung des modernen Massentourismus in Deutschland, München.

Keller, Peter (1973): Soziologische Probleme des modernen Tourismus. Unter besonderer Berücksichtigung des offenen und geschlossenen Jugendtourismus, Bern/Frankfurt.

Kolbe, Wiebke (2004): Viel versprechende Strandwelten. Ein Werkstattbericht über den Umgang mit Bildquellen am Beispiel früher Seebäderplakate, in: WerkstattGeschichte 13, 42~56.

Löfgren, Orvar (1999): On Holiday. A history of vacationing, Berkeley.

Ostende, Blankenberghe, Heyst und die anderen belgischen Seebäder (1906/07): 3. Aufl., bearb. v. Otto Fiedler, Berlin.

Prignitz, Horst (1977): Vom Badekarren zum Strandkorb. Zur Geschichte des Badewesens an der Ostseeküste, Leipzig.

Saison am Strand (1986): Badeleben an Nord- und Ostsee, Herford.

Schumacher, Beatrice (2002): Ferien. Interpretationen und Popularisierung eines Bedürfnisses, Schweiz 1890~1950, Wien u.a.

Shields, Rob (1991): Places on the Margin. Alternative geographies of modernity, London.

Spode, Hasso (1990): Der moderne Tourismus—Grundlinien seiner Entwicklung vom 18. bis zum 20. Jahrhundert, in: Dietrich Storbeck (Hg.), Moderner Tourismus. Tendenzen und Aussichten, 2. Aufl., Trier, 39~76.

Ders. (1995): ≫Reif für die Insel≪. Prolegomena zu einer historischen

Anthropologie des Tourismus, in: Christiane Cantauw (Hg.), Arbeit, Freizeit, Reisen. Die feinen Unterschiede im Alltag, Münster/New York, 105~123.

Tilitzki, Christian/Bärbel Glodzey (1984): Die deutschen Ostseebäder im 19. Jahrhundert, in: Rolf Bothe (Hg.), Kurstädte in Deutschland. Zur Geschichte einer Baugattung, Köln, 513~536.

Timm, Werner (2000): Vom Badehemd zum Bikini. Bademoden und Badeleben im Wandel der Zeiten, Husum.

Urbain, Jean-Didier (1996): Sur la plage. Moeurs et coutumes balnéaires (XIXe-XXe siècles), Paris.

Walton, John (1983): The English Seaside Resort. A social history, 1750~1914, Leicester.

Wördemann, Wilfried (1992): ≫... daß diese neue Einrichtung thatsächlich einem berechtigten Wunsche vieler deutscher Familien entspricht ...≪. Seebädertourismus im frühen 20. Jahrhundert, in: Etta Bengen/ders. (Hg.), Badeleben. Zur Geschichte der Seebäder in Friesland, Oldenburg, 85~115.

그랜드호텔

하보 크노흐Habbo Knoch

후발 주자들의 사교 무대: 카이저호프호텔, 베를린, 1875년

매일 저녁 카이저호프호텔 옆을 지나가는 행인들은 불이 켜진 창문을 통해 상류층의 삶을 공유할 수 있었다. 이 불빛의 섬은 베를린 최초의 근대적 그랜드호텔을 고상함, 동경, 은밀함의 장소로 연출했다. 호텔은 보안에 신경을 썼기 때문에 눈으로 직접 본 것은 많지 않았다. 하지만 저명한 호텔 고객들은 무성한 소문과 추측을 불러일으킬 거리를 제공했다. 신문에 도착 소식이 보도된 백작부인은 어떤 객실의 누구 옆에서 잠을 자고, 옷을 차려입고, 식사를 했을까? 그녀는 분명히 아래층에 묵었을 것이다. 왜냐하면 위층의 작은 객실에는 하인이 없는 여행객이 묵었기 때문이다. 1층 역시 상상력을 자극했다. 그곳에서는 대부분의 시민들이 이름조차 제대로 알지 못하는 화려한 만찬과 서비스가 제공되었다.

1875년 독일제국의 건국 열기가 한창일 때 지어진 이 위풍당당한 신축 건물은 베를린 시민들은 물론 타지인들까지 모두를 놀라게 했다. 이 건물은 사방이 트여 있었고, 직사각형의 대지 위에 5층 높이로 우뚝 솟아 있었다. 비평가들은 호텔의 정면이 근대적 실용 건축물의 특징을 드러내며 단조로운 형태로 나뉘어져 있는 점을 불만스럽게 생각했다. 그럼에도 카이저호프호텔은 선구적인 건물이었다. 미국, 영국, 프랑스보다 몇십 년 늦게 독일 최초로 지어진 이 그랜드호텔은 그 규모와 쾌적함, 품격 등이 매우 뛰어났다. 물론 바덴바덴의 바디셔호프Badischer Hof호텔(1809)이나 뮌헨의 피어야레스차이텐Vierjahreszeiten호텔(1856)은 이미 개별적으로 명성을 얻은 발전된 형태의 호텔이었다. 그러나 주거용 건물을 사용하지 않고 처음부터 손님을 수용할 목적과 사교 모임을 위한 충분한 공간을 제공하기 위해 지어진 호텔은 새로운 것이었으며, 그 높은 투자비용을 고려해본다면 과감한 시도이기도 했다.

위치는 매우 신중하게 선택되었다. 그곳은 '운터 덴 린덴'이었다. 그때까지 귀족들과 알프레트 크루프Alfred Krupp 같은 초기의 기업가들은 품격을 갖추었으나 사치스럽지 않은 이 지역의 호텔에서 묵을 수 있었지만, 이제 이곳은 더이상 최상의 위치라고는 할 수 없었다. 그러나 이러한 호텔의 위치는 여전히 도시의 그랜드호텔이 가지고 있는 봉건적인 전통을 직접적으로 증명하고 있다. 귀족의 궁전과 저택에서 실내 장식과 표현양식에 관한 많은 것을 채택했지만 그럼에도 자신만의 고유한 양식을 구축했다. 카이저호프호텔은 안할터역과 포츠담광장에서 가까운 곳에 위치했기 때문에 공사를 진행하기에 적절했지만 그보다 더 중요한 것은 고객들과의 근접성이었다. 카이저호프호텔은 '고귀한 타지인들'을 위해 기차역에서부터 새롭게 부상하고 있는 베를린시로 향하는 관문 역할을 했다. 당시 베를린은 상업, 정치, 오락의 중심지인 린덴지역이 위치한 북쪽으로 확장되고 있었다. 이후에 지어진 베를린의 다른 그랜드호텔과는 달리 카이저호프호텔은 아직 기차역 광장 바로 앞에 인접해 있지는 않았다. 점점 빠르게 작동하는 선로 변경 전차대로부터 호텔 건물과 고객들을 멀리 분리하는 것은 당시 제대로 발달하지 않은 소음 방지장치를 생각할 때 장점이 되었다.

규모는 인상적이었지만 외부 장식은 오히려 검소한 카이저호프호텔은 무엇보다도 안락함, 휴식, 사교의 가능성을 약속하며 고객들을 유치했다. 카이저호프호텔은 모범이 되었던 런던과 빈의 호텔들과 비교해도 손색이 없었지만 기술적인 측면에서 볼 때 30년 후에 등장한 아들론호텔만큼 훌륭하지는 않았다. 아들론호텔에서 2명의 고객이 개인 욕실 하나를 나누어 썼던 것에 반해 카이저호프호텔은 당시의 기준에 맞추어 60개의 객실이 있는 각 층마다 몇 개의 화장실과 1개의 욕실을 갖추고 있었다. 층마다 여러 신분에 맞게 다양한 객실이 마련되어 있었다. 2층과 3층의 공간은 더 넓고 천장은 더 높았다. 이 공간들은 여행중인 가족이나 장기투숙하는 이들을 위해 아파트 형태로 결합될 수 있었다. 그 사용방식과 대표성 측면에서 개인주택의 2층 거주 공간을 연상시키는 이러한 공간은 많은 이들에 의해 장기투숙용으로 사용되었고, 고급 스위트룸과 최근의 사업가들에게 임시로 개인 주거 공간과 풀서비스를 제공하는 '서비스드 아파트먼트serviced apartment'를 통해 오늘날까지도 그 형태를 유지하고 있다. 카이저호프호텔의 상층에 있는 작은 공간은 단기간 투숙하는 개인 여행객을 위한 곳이었는데, 이들은 제국 건국기 이후 점점 증가하는 타깃층이었다.

카이저호프호텔이 근대적이었던 것은 무엇보다도 1층의 공간구성 때문이었다. 1층 전체가 통행, 휴식, 모임, 행정 등의 장소로 사용되었는데, 독일의 도시에서 이런 규모는 처음이었다. 런던이나 빈의 대형 호텔처럼 카이저호프호텔에도 건물 정면에 상점과 카페들을 위한 공간이 마련되어 있었다. 이 건물에 들어서는 사람은 현관에서 로비를 지나 유리 지붕이 덮인 안뜰에 이르게 되는데, 이 안뜰은 위로 2층 높이까지 트여 있었다. 식당에서 끝이 나는 이 독특한 중심축은 근대적 그랜드호텔의 전형적인 특징이었다. 그리스 신전을 모방한 뜰은 건물의 건축적·소통적 중심이었다. 이곳에서부터 식당 옆 오른쪽으로는 아침식사를 위한 홀, 왼쪽으로는 살롱이 이어지며 뒤쪽에는 식사와 만찬을 위한 더 작은 공간이 연결되어 있었다. 초기의 카이저호프호텔은 스위스의 휴양 호텔에서 흔히 볼 수 있는 작은 규모의 반쯤 폐쇄된 공간들로 이루어져 있었다. 그럼에도 이 호텔은 당시 이미 지역주민들의 필요에 맞추는 선구적인 모습을 보였다. 그리하여 이곳은 도시에서 멀리 떠나지 않고도 물러나 쉴 수 있는 곳이 되었고, 도시의 상류층이 스스로를 과시하는 무대 역할을 했다.

열려 있는 현관으로부터 측면에 위치한 명백한 '사적 공간'에 이르기까지 상이한 출입 규칙을 가진 공간의 배치는 호텔의 내부질서에서 도로와 주거 공간, 공적인 삶과 사적인 삶 사이의 경계가 얼마나 중요한지를 보여준다. 1층은 점차 개방된 대도시의 경계지역으로 발전했다. 출입은 신분과 행동방식, 자금과 재산에 따라 결정되었다. 사회적 신분 차이, 부유한 이들 사이에서의 미세한 차별의 유희가 이곳을 무대로 펼쳐졌다. 이곳에서 멀리 떨어진 지하층과 다락방은 직원들의 공간으로, 그들이 주방, 지하실, 세탁실에서 일하듯이 이러한 공간도 밖으로 드러나지 않아야 했다. 이 두 세계를 연결하는 것은 도어맨, 종업원, 사환 등이었다. 이러한 직종의 전문화는 품위 있고 점잖으며 부유한 호텔 투숙객이라는 이상적인 모습의 기준이 되었으며, 이러한 변화 또한 카이저호프와 같은 고급 호텔들에서 시작되었다.

노스탤지어의 중심지: 경계 공간으로서의 그랜드호텔

제2차세계대전이 끝난 지 3년 뒤 아서 밀러Arthur Miller에게 팔레르모에서 '유럽'을 체화해 보여준 것은 어느 호텔 도어맨의 모습이었다. 그는 "빳빳한 깃이 달린 연미복을 입고 얼룩진 회색의 실크 나비넥타이를 매고 있었으며, 손톱은 찢어져 있었다." 아서 밀러가 그를 본 것은 세기 전환기에 건축된 어느 호텔의 아케이드 앞에서였다. 그 호텔의 화려함은 '갈색 아마포'에서 끝났다. 그 뒤에는 "무너진 나머지 절반의 건물 잔해들"이 자리하고 있었다(Künzli 1996, 85에서 재인용). 1880년과 1910년 사이에 그랜드호텔이 선구자로 "대도시 삶의 암호"(Gruber 1994, 148)로서 그 첫번째 번성기를 누리도록 만들고, 1920년대 향락 추구의 가속화에 기여했던 요소들은 이미 제1차세계대전과 1930년경의 세계 경제 공황 동안 호텔들이 문을 닫으면서 급격히 사라졌다. 하지만 적어도 유럽대륙에서 그랜드호텔의 종말을 초래한 결정적인 계기는 점령군, 폭격전, 재건의 실용주의, 공산주의의 쾌락 거부 등이었다. 그 이전에 그랜드호텔은 유럽 전역에 확산되어 있었으며, 다양한 교류관계를 통해 북아메리카와 연결되어 있었지만 유럽 상류층의 여행 목적지인 식민지와도 연결되어 있었다.

19세기 후반 독일의 베를린 호텔들은 국제적인 후발주자인 동시에 국내적인 선구자였다. 대도시의 그랜드호텔은 미국에서는 이미 초기부터 존재했으며, 유럽에서는 유명한 영국의 "철도 호텔"과 함께 1830년대 후반부터 존재했다(Denby 1998). 철도로 인한 이동성의 증가, 세계박람회, 체험 형식으로서의 여행의 발견이 런던, 파리, 빈에서 특히 상류층이 이용할 수 있는 초기 관광 인프라 건설을 촉진했다. 1860년경 3개의 그랜드호텔을 소유한 파리는 하나의 모범이 되었는데, 같은 시기에 독일의 대도시에 지어진 몇 안 되는 규모 있는 호텔들은 그 수준이 아직 이것에 크게 미치지 못했다. 1870년대 이후 이루어진 엄청난 경제발전은 베를린에 먼저 그 흔적을 남겼다. 이곳에서는 카이저호프호텔 이후에도 몇 개의 고급 호텔들이 문을 더 열었다. 그리하여 1880년에 문을 연 500개의 객실을 갖춘 센트럴호텔은 오랫동안 베를린에서 가장 큰 호텔이었을 뿐만 아니라 영미식 호텔문화와의 연계 또한 의도하고 있었다. 이곳은 효율적인 공간 활용, 기차역과의 근접성, 공공 온실을 통해 잠시 지나가는 여행객이나 도시 여행자들을 타깃층으로 삼게 되었다. 이곳에서는 그 규모와 합리화의 필요성 때문에 증기난방, 전체 시설의 전동화, 최신 주방 설비 설치 등과 같은 기술적인 혁신을 받아들이지 않을 수 없었다.

제1차세계대전 이전의 몇십 년 동안 경제부흥, 도시화, 이동성의 증가는 모든 유럽의 대도시들을 호텔시장에서 경쟁하도록 만들었다. 특히 런던과 베를린에서는 여러 단계에 걸쳐 호텔 신축이 이루어졌다. 이러한 현상은 함부르크, 마드리드, 암스테르담, 맨체스터도 마찬가지였다. 자부심을 가진 도시라면 모두 제1차세계대전 이전에 '자신의' 그랜드호텔을 가지고 있었다. 시간이 지나면서 그랜드호텔이라는 이름의 호텔들이 더 작은 도시에도 들어서게 되었고, 그에 따라 전체적으로 호텔

1898년의 베를린 센트럴호텔의 그림엽서

규모도 작아졌다. 예컨대 스칸디나비아나 동유럽의 소도시에서는 그 지역에서 '제일 좋은 호텔'이 '그랜드호텔'이라고 불리며 세계적 화려함을 전파했다. 반면 이미 1850년경부터 취리히의 바우어 오 락(1844)이나 루체른의 슈바이처호프(1845~46)와 같은 스위스의 여러 호텔이 공간 구획의 예를 제시했다. 그러나 1880년경부터야 비로소 다양한 영향들이 결합되며 근대적 대도시 호텔이 구체화되었고, 다양한 양식의 혼합이 가능해졌다. 프랑스에서 퍼져나간 리츠문화Ritz-Kultur는 호텔을 최고급 요식서비스의 중심지로 변모시켰다. 특히 미국식 호텔문화가 영국을 거쳐 유럽시장에 진출했다. 1899년 칼튼호텔은 런던 최초로 방마다 욕실을 제공했다(Wenzel 1991, 53).

이와 동시에 19세기 중반 이후 증가한 휴양지와 여행지에 호텔의 수가 급격히 증가했다. 스위스에서만 1894년과 1912년 사이에 호텔의 수가 두 배로 증가해 3,500개가 넘었다(Schmitt 1982, 76). 지중해 연안에는 호텔들이 생기면서 니스와 같은 새로운 도시들이 생겨났다. 이 같은 여행지에서는 충분한 공간을 확보하고 건축법을 고려하지 않고도 계획을 세울 수 있었기 때문에 풍부하고 때로는 지나칠 정도의 장식이 이러한 호화 호텔 유형의 특징이 되었다. 이 호텔은 도시에 위치한 그랜드호텔과는 달리 외적인 전시효과에 더 중점을 두었다. 이러한 호텔 유형을 통해 부유한 유럽인들과 점점 증가하는 미국인들이 자신들의 개인 거주지에서 익숙하게 알고 있거나 열망하고 모방했던 주거 및 생활의 기준이 괴물 같은 대도시에서 멀리 떨어진 여행지로 옮겨졌다. 다보스나 니스의 그랜드호텔에서는 도시의 편리함을 포기하지 않고서도 도시로부터 벗어나 비슷한 사람들끼리 지내는 것이 가능했다.

1900년경에 지어진 많은 특급 호텔들을 국제적으로 비교해볼 때 그중 몇몇 호텔들은 특히 더 뛰어나 근대의 신화가 되었다. 이는 런던의 사보이호텔(1889), 뉴욕의 플라자호텔(1893, 1907), 파리의 리츠호텔(1898) 등이었다. 싱가포르의 래플스호텔(1887), 카이로의 셰퍼드호텔(1891), '인도의 문'이라는 드라마틱한 위치로 유명한 뭄바이의 타지마할호텔(1903)은 서구의 호화 관광이 식민지지역까지 진입했다는 것을 보여준다. 이와 마찬가지로 이 시기 뉴욕에 지어진 몇몇 그랜드호텔은 유럽문명의 거점이 되었다. 이 호텔들은 프랑스의 양식을 기반으로 지어졌으며 신흥 부자가 된 상류층의 만남의 장소가 되었다. 그들은 경제적 성공을 거둔 자들끼리 자체적인 사회 귀족을 결성해 자신들이 세습 귀족이 아니라는 것을 만회하기 위해 많은 노력을 기울였다. 이 집단에 속하고자 하는 사람은 전설적인 애스터 부인Mrs. Astor으로부터 그때그때의 호텔 모임에 초대받아야만 했다.

그랜드호텔은 그 이름을 통해 어느 도시 혹은 여행지의 명성을 과시하는 역할을 했다. 대부분의 경우 호텔의 위치가 그 지위를 대변해주었다. 여행지에서 호텔은 마치 왕좌처럼 높은 산비탈에 자리잡고 있었고(『마의 산』), 도시에서는 **백화점**, **영화관**, **댄스홀**과 결합해 기능적 중심지와 배타적 광장의 모습을 결정지었다. 호텔은 우월성, 활력, 차별성, 발전을 약속했다. 고급 호텔들은 관광사업에 대한 공적 후원이 시작되기 전부터 직접 광고를 하거나 자체 제작한 여행 안내서를 통해 그들에 의해 기획된 도시 또는 휴양지의 중심에 자리잡았다. 홍보용 광고는 호텔 생활의 이상적인 사회질서를 도시 공간에 투영하거나, 고상하고 빛나는 시각적 언어를 통해 근대성과 자연을 결합하기도 했다. 호텔은 보호의 공간이자 경계 넘기의 체험으로 등장했다. 점점 더 조밀하게 건축되는 도시 속에서 이에 대한 사람들의 관심을 끌기 위해 호텔의 정면 건축은 지나가는 사람들의 시선을 입구 쪽으로 잡아끌었다. 전기조명이 명멸하는 가운데 호텔의 이름을 새긴 글자까지 더해져 호텔 입구를 더욱 강조했다. 호텔 자체의 광고 간판을 위한 불빛도 연출되었다(Bien/Giersch 1988, 13).

아들론호텔은 1907년 개업과 함께 이미 독일에서 베를린 호텔문화의 최고봉으로 인정받았다. 아들론호텔과 같은 '주거기계Wohnmaschine'는 전통과 현대성, 신중함과 호화로운 양식 사이에서 위험한 줄타기를 했다. 제국 수도의 가장 중요한 '사회 무대' 중 하나였던 아들론호텔은 "유일무이하게 압축적인 소통의 공간"이었으며(Gruber 2000, 11), 호텔 자체의 전화시스템 설치에도 이러한 점이 내부적으로 고려되었다. 호텔의 '신경체계'를 살펴보면 모든 것이 유기적인 몸체와 같아서 엘리베이터가 멈추지 않는 한 그 안에서는 근대의 맥박이 효율적으로 뛰고 있었다.

많은 호텔 소유주들은 기술적인 성과 이외에도 호텔에서 제공하는 바, 그릴룸, 댄스홀 등의 사적이지 않은 공간들을 자랑했다. 이를 통해 대도시적 만남의 장소로서의 호텔 기능이 강조되었고, 그 안에서는 사적인 삶과 공적인 삶이 새로운 방식으로 뒤섞였다. 호텔 소유주와 많은 고객들은 대중의 관심을 원하는 동시에 사생활도 보장받고 싶어했다. 그러나 그랜드호텔이 무엇보다도 여러 고객들의 과시적인 행동으로 인해 점점 더 대중의 관찰 대상이 되면서 두 목표 사이의 긴장 또한 고조되었다. 특히 경제공황기 때에는 사치스러운 행동에 대해 매번 여론이 갈리곤 했다. 있지도 않은 신분과 부를 과시하며 호텔 소유주나 손님들을 속이는 데 성공한 사기꾼들의 이야기, 그리고 많은 보통의 사람은 접근할 수 없는 이 호텔로 들어가는 완전히 다른 길을 개척한 호텔 외벽 등반가들의 이야기는 황색신문의 관심을 끌었다.

사기꾼과 호텔 외벽 등반가들은 호텔의 외관과 비용, 예법과 광고 등을 통해 그랜드호텔 주변부와 내부에 둘러쳐져 있던 현실적인 경계와 가상의 경계를 나름의 방식으로 넘어섰다. 본래 귀족들이 고급 호텔의 첫번째 고객이었지만 산업화와 도시화의 결과로 인해 완전히 다른 고객층이 생겨났다. 사회적 신분 상승자, 낯선 여행객, 사업 관계자의 출입이 더이상 유명한 이름이나 타고난 귀족 신분에 구애받지 않게 되면서 귀족들끼리만 어울리는 것은 불가능해졌다. 재산과—반드시 그에 걸맞은 것은 아니었던—태도가 점점 더 호텔의 생활을 누리기에 적합한 열쇠가 되었다. 호텔 소유주와 직원들은 때때로 제멋대로인 고객들의 태도에 최소한의 영향을 미치고자 했다. 호텔 공간의 사용이 다양화되면서 호텔은 사교양식의 사회화기관이 되었다.

그랜드호텔의 문턱을 넘는 사람은 평가를 받았다. 자칭 '호텔 시민'

인 요제프 로트Joseph Roth에 의하면 도어맨은 "새로운 손님이 올 때마다 안내 책임자와 재빨리 시선을 교환했는데, 시선 하나하나에는 방 번호, 층수, 가격, 주의, 경고, 만족 또는 불만의 의미가 담겨 있었다"(Bien/Giersch 1988, 43에서 재인용). 도어맨의 시선을 통해 호텔 로비는 19세기 말 이후 대형 호텔의 소통의 중심지가 되었다. 이곳은 아무런 목적 없이도 머물 수 있었으며, 개별적으로 임대할 수 있는 살롱이나 가족 모임과 사업상의 모임 및 수많은 협회 모임을 위한 소형 식당홀, 호텔 고객들의 휴식처인 흡연실이나 온실, 그리고 다양한 사교의 장인 댄스홀이나 레스토랑 등 이곳과 잇닿아 있는 다음 공간으로 가기 위한 완충장치 역할을 했다.

모든 방문객은 이미 로비에서부터 호화로운 내부 장식을 볼 수 있었고, 개별 공간들이 역사적 주제에 맞게 서로 다르게 꾸며진 모습도 볼 수 있었다. 아들론과 같은 호텔은 여전히 진짜 재료의 품질을 중요하게 여겼던 반면, 완전히 경제적인 관점에 따라 지어진 많은 대형 호텔에서는 그럴듯한 외양이 진품을 대신했다. 그러나 이 신화로 무장한 호텔들은 동양에서 만든 양탄자, 아프리카산 조각상, 머나먼 아시아에서 건너온 샹들리에와 같은 진정한 이국의 정서를 보여주었다. 그랜드호텔은 여러 호화 저택의 비슷한 장식과 경쟁했으며, 식민지 여행의 경험과 소망을 담은 3D 입체 앨범에 어울리는 양식들을 제멋대로 뒤섞어 사용했다(민족학박물관).

호텔은 내부의 이러한 넓은 세계를 통해 최소한 자기 삶의 현실을 꿈과 같고 지리적으로 정확히 규정하기 어려운 풍경 속으로 옮겨놓을 수 있는 환상의 장소가 되었다. 이러한 풍경은 호텔이라는 실제 장소 안에 있는 비장소로서 감각 충족이라는 일종의 아편을 제공했으며, 호텔 내에서 매우 명백하게 존재하지만 비가시적이면서 당연한 것으로 여겨지는 계급 구분을 덮어버렸다. 자신의 집에 하인이 있는 사람은 그러한 일에 익숙했다. 그러나 이러한 관계는 그랜드호텔의 세분화된 운송체계와 직원 구조를 고려해 그곳에서는 다른 형태를 띠었다. 호텔 입안자와 소유주들은 서로 분리된 세계를 하나로 합치지 않겠다는 분명한 목표를 가지고 있었다. 각종 공급시설과 서비스 경로는 고객들의 세계와 수직적·수평적으로 분리되었는데, 직원 전용 객실, 엘리베이터, 계단뿐만 아니라 고도로 분업화된 주방 및 저장창고 등은 고상한 사교계의 이면을 구성했다. 하지만 그 벽은 얇았고, 일부 관찰자들은 특히 11월혁명(1918~1919) 이후 호텔의 사회적 이중세계가 사회혁명의 시발점이 되었다고 비유적으로 언급했다.

이 같은 현실과 상관없이 손님들은 호텔의 홀에서 "서로 낯선 상태로 무관심한 척하며", "교양의 유니폼"으로 "세계가 공인하는 야회복"을 입은 서로를 인식하면서 식사를 기다렸다(Thomas Mann, Künzli 1996, 156에서 재인용). 타지에서 온 많은 손님들은 이곳에서 '5시 티타임'과 고급 레스토랑을 방문하기 위해 몰려드는 이 지역 사람들의 모습을 관찰했다. 이미 1900년대 초, 특히 1920년대에는 수많은 그랜드호텔들이 도시의 오락문화에서 중요한 연결 지점이었다. 처음에는 그 경로가 궁중무도회에서 호텔의 댄스홀로, 극장에서 호텔 레스토랑으로 자연스럽게 이어졌지만 이후 대형 호텔들은 넓은 공간과 많은 손님의 수, 높은 수준의 접대를 결합하고 있는 호화로운 오락시설과 경쟁을 벌이게 되었다. 지크프리트 크라카우어Siegfried Kracauer의 시각에서 볼 때 특히 그 지역의 호텔 고객들이 저 근대적인 "탈개인화된 가상의 개인들"을 특별한 방식으로 체화하고 있었다. 그들은 오직 그들의 새로운 부를 과시하며 현실과는 어떤 연관성도 없는 의미 없는 대화를 나누는 이들이었다(Kracauer 1977).

호텔 생활을 즐긴다는 것은 장소의 단순한 기능을 훨씬 뛰어넘는 특별한 공간감의 문제가 되었다. 당시 많은 이들이 기술적 발전으로 인한 큰 소음에 대해 불만을 토로했던 것에 반해 알프레트 폴가르Alfred Polgar에게 호텔은 그저 '하나의 동화 같은 세계'일 뿐이었다. "손만 대면 뜨거운 물이 자기로 만들어진 욕조 안에서 뿜어져나온다. 또다른 곳을 만지면 따듯한 공기가 방안 전체에 퍼지며 쾌적함으로 방안을 가득 채운다. 손가락을 대고 누르면 빛이 들어온다"(Gruber 1994, 74에서 재인용). 전쟁이 끝난 직후 이것은 일상의 삶에 평온함이 돌아오기를 소망하는 것에 대한 비유이기도 했고, 경쟁력에 대한 미래적 구상이기도 했다. 왜냐하면 세기전환기 이후 도시에 거주하는 많은 유럽인들은 미국을 점점 더 부러움에 찬 눈으로 바라보았기 때문이다. 특히 시카고와 뉴욕에 지어진 거대한 호텔단지들을 부러워했다. 사람들은 1919년에 문을 연 뉴욕의 펜실베이니아호텔의 경우처럼 2,000개의 객실을 갖추는 것이 베를린에도 적절할지에 대해 고민했다. 하지만 결국에는 유럽식 해결책을 찾는 것으로 만족했다. 고층건물을 빽빽하게 건설하는 대신 고객에게 더욱 가깝게 다가가는 방식을 택한 것이다. 그리하여 유럽의 호텔리어들은 1929년과 1930년의 세계 경제대공황이 한창일 때 뉴욕에 새로운 월도프 아스토리아호텔이 최단시간 내에 지어지는 모습을 놀라움을 금치 못하며 지켜볼 수밖에 없었다.

그들은 미국의 실용주의에 맞서 호텔의 편안함이라는 전통을 따름으로써 자신들의 자본주의에 좀더 인간적인 면모를 부여하게 되었다. 방랑 생활과 가상성, 우연한 만남과 결정이 전통적 사회질서가 해체된 결과로서 호텔 내에서 구체화됨으로써 늦어도 1930년대 이후부터 그랜드호텔은 근대적 운명의 중심지로 신화화되었다. 호텔의 공간은 현대의 다면적인 자기관찰을 비춰주는 막이 되었다. 1929년 비키 바움Vicky Baum의 소설 『그랜드호텔』이 출판된 지 3년 만에 영화로 제작되어 영원한 기록으로 남게 된 '그랜드호텔'은 무엇보다도 서로 교차하는 여러 인생사의 모음으로 등장했다. 비키 바움은 호텔의 실습생을 통해 "그러한 호텔에서의 왕래, [……] 엄청난 왕래"에 대해 다음과 같이 요약할 수 있게 한다. "언제나 무슨 일이 일어난다. 누군가는 체포되고, 누군가는 죽고, 누군가는 여행을 떠나고, 누군가는 도착한다. [……] 엄청나게 흥미롭지만 사실 인생이란 그런 것이다"(Baum 1988, 319). 이를 통해 호텔의 정착성이 사라졌을 뿐만 아니라 호텔을 '엄청난' 경제적 사업체로, 사회적 불평등을 재생산하는 공간으로 이해하던 인식도 사라지게 되었다.

전환 속의 신뢰: 근대성의 무대로서의 호텔

그랜드호텔은 봉건적 상류층의 임시 거주지에서 점점 더 유동적이 되어가는 사회의 과도적인 생활 중심지로 발전했다. 이러한 결과가 건축 형태에도 영향을 미쳤다. 1920년대 이후의 미국, 그리고 1930년대의 유럽에서는 더욱 실용적이고 실질적인 건축이 주를 이루었다. 특히 제2차세계대전 이후 이러한 건축 경향에 따라 많은 호텔들이 지어졌는데, 이제는 세기전환기의 화려함과 사치스러움 대신 일상세계와 직업세계의 합리화가 자리를 잡았다. 이와 동시에 1950년대 이후 여행붐이 일면서 상대적으로 단순하기는 하지만 더 나은 시설을 갖춘 중급 호텔과 휴양지 호텔의 수가 뚜렷하게 증가했다. 여행객들이 이곳에서 경험하는 모든 실망에도 불구하고 심지어 소규모 호텔에서조차도 서비스의 규격성에 맞서, 그 호텔 고유의 개성을 내세우려 한다는 점이 여러 곳에서 확인된다. 이때 흔히 가족적인 스타일을 근거로 삼곤 한다(아파트).

긴 세기전환기의 그랜드호텔에서도 여행 왕래를 위한 중간역 이상의 역할을 해야 한다는 요구가 제기되었다. 그랜드호텔 이외에도 **백화점** 역시 이러한 노력을 기울였으며, 광고 상징물로서 건물이 갖는 위상적 가치와 관련해서는 **기차역**과 훗날의 공항이 비슷한 노력을 기울였다. 이러한 목적을 위해 엄청난 투자가 이루어졌다. 특히 광고산업과 신문업계는 호텔의 서비스를 통해 근대적 이동성을 통제하려는 노력으로 인해 이득을 보았다. 초기에 미국의 리조트 호텔들이 자리잡을 수 있도록 영향을 미친 자동차에 의한 개인주의화를 통해 이러한 일들이 더 단순해지지는 않았다. 그리하여 이제는 단조로운 호텔 건물의 이미지뿐만 아니라 낙원 같은 '시설 완비의 휴양지 숙소'의 이미지들 또한 휴가, **비행기**, 이동성 간의 긴밀한 관계를 체화하고 있다.

체류와 만남이 일시적인 성격을 띠고 있었으므로 특히 기술적인 설비는 안정감을 전달해야 했다. 이상적인 경우 호텔 고객은 24시간 내내 특별한 전문성을 갖춘 집단에 둘러싸여 보호받는다고 느꼈으며, 그중에서도 호텔 지배인은 그 모든 것을 독점적으로 체화하고 있는 인물이었다. 호텔업계의 거장들은 자신을 소개하는 글에서 그들의 사업이 안정적이지 못하다는 지속적인 평판에 대해 반박하곤 했다. 그들은 당시의 영웅적 이미지와 경쟁했는데, 그들이 특히 부러워한 사람은 기업가, 조종사, 기술자(비행기, 댐) 등이었다. 하지만 신중함이 그들의 고유한 업무였기 때문에 상호간의 존중, 그리고 특히 미국에서 유행한 직업적 선망에도 불구하고 그들이 실제로 근대성의 아이콘이 될 수는 없었다. 그들의 이미지는 종종 그들의 호텔 명성과 합체되기도 했다. 호텔은 서비스와 봉사의 문화를 통해 상호간의 비교가 가능해졌지만 확실히 차이가 생길 수 있는 여지를 만들었다.

근대 호텔의 준공공적인 성격, 특히 대도시에서의 이러한 성격은 사회적 역할을 형성하는 데 새로운 규칙을 요구하게 되었다. 이곳에서 사회적 겉치레를 익힐 수 있었고, 그것은 도시적 만남의 레퍼토리로 자리를 잡았다. 친근한 익명성과 예의바른 거리감 속에서 소통이 이루어졌다. 서로를 전혀 알지 못하거나 먼 사이일지라도 호텔의 예절을 통해 상호간의 행동에 어느 정도의 신뢰가 생겨났다. **해변**뿐만 아니라 **경기장**이나 **영화관**도 마찬가지로 이러한 장소들은 내면화된 행동규범을 기반으로 하고 있었다. 그럼에도 사회적 자기표현이라는 무대 위에서의 연기에 경계를 지어주는 관찰자와 감시자들의 추가적인 역할 또한 중요했다.

호텔이 스스로에게 부여한 도시 안에서의 보호 공간이라는 역할 또한 호텔 체류에 대한 친밀감이 생기게 하는 데 기여했다. 호텔 고객들은 육체노동에서 자유롭다는 바로 그 점 때문에 이 분야의 종사자들과 구분되기는 했지만, 그럼에도 온실형 실내정원은 여러 면에서 **주말농장**과 비슷했다. **백화점**이나 유원지처럼 그랜드호텔 또한 다양한 욕구를 충족시키고 자극했지만 호텔이 제공하는 것들은 일차적으로 부유한 이들이 서로를 구분할 수 있는 상징적인 자본의 역할을 했을 뿐이다. 매우 진보적인 시도였던 교외 주택단지 같은 장기간에 걸친 중간 단계를 거친 뒤에야 비로소 위생적인 개혁이 대량소비의 흐름 속에 자리를 잡았다. 그러나 적어도 긴 세기전환기 동안 그랜드호텔은 **고층건물**과 함께 주택 및 건축 기술혁신의 계보에서 우선순위를 차지했다. 많은 호텔, 특히 미국의 호텔들은 과거의 교회탑이 그러했듯이 주변지역 사이에 높이 솟아올라 있었다. 유럽에서는 밀집된 지역에서의 사용 목적을 고려한 건축 형식으로 인해 이와 비슷한 높이에 이르지는 못했지만 주로 가로로 뻗은 함선 모양의 건물로 변형되었다.

대중매체가 없었다면 그랜드호텔은 오늘날까지 지속되고 있는 과장된 후광효과와 함께 지금 공식적인 오락문화 속에서 차지하고 있는 위치를 점하기 어려웠을 것이다. 초기에는 상영을 위해 **영화관**이 호텔에 들어왔지만 곧 호텔이 영화 속에 등장하게 되었다. 영상들은 대부분의 관객들이 참여할 수 없는 현실을 약속했다. **스트립 클럽**에서와 마찬가지로 사회적 관음증은 실제로는 다가갈 수 없는 것을 들여다보기 위해 제공되는 모든 구멍을 이용했다. 사람들은 그랜드호텔을 통해 모든 지역적 속박으로부터 자유로운 상류사회의 이야기와 극적인 인생사를 투영할 수 있었다. 그랜드호텔이 제공하는 이러한 경계 넘기는 **카우치**에 누워 자신의 인생사를 여행하는 동안 진행되는 자아의 해방을 통해, **댄스홀**에서 자신의 육체성을 깊이 느끼려는 노력 가운데 체험하는 육체의 한계 극복을 통해, **영화관**에서 어두운 공간의 영상이 제공하는 대체 세계 속으로 빠져들 때의 현실 탈출을 통해서도 일어났다. 그랜드호텔은 전통을 차용한 조화로운 근대로 가는 꿈의 여행을 약속했다. 옆방 사람이 코를 골거나 호텔 건물 전체에 물 흐르는 소리가 들릴 때에야 비로소 얇은 벽과 그럴듯한 외양 뒤에 감춰져 있는 긴장감이 감지되었다.

참고문헌

Baum, Vicky (1988): Menschen im Hotel, Köln.

Bien, Helmut M./Ulrich Giersch (1988): Reisen in die große weite Welt. Die Kulturgeschichte des Hotels im Spiegel der Kofferaufkleber von 1900 bis 1960, Dortmund.

Damm-Etienne, Paul (1910): Das Hotelwesen, Leipzig.

Denby, Elaine (1998): Grand Hotels. Reality and illusion, London.

Gruber, Eckhard (1994): Fünfuhr-Tee im Adlon. Menschen und Hotels, Berlin.

Ders. (Hg.) (2000): Das Hotel Adlon, Berlin.

Hoffmann, Moritz (1960): Geschichte des deutschen Hotels. Vom Mittelalter bis zur Gegenwart, Heidelberg.

Kracauer, Siegfried (1977): Die Wartenden (1922), in: ders., Das Ornament der Masse. Essays, Frankfurt, 106~122.

Künzli, Lis (Hg.) (1996): Hotels. Ein literarischer Führer, Frankfurt.

Müller, Wolfgang (1980): Hotelbauten, in: Berlin und seine Bauten. Teil VIII: Bauten für Handel und Gewerbe. Band B: Gastgewerbe, Berlin/München/Düsseldorf, 1~52.

Schmitt, Michael (1982): Palast-Hotels. Architektur und Anspruch eines Bautyps, 1870~1920, Berlin.

Vehling, Paul (1910): Die Moral des Hotels. Tischgespräche, New York.

Wenzel, Maria (1991): Palasthotels in Deutschland. Untersuchungen zu einer Bauaufgabe im 19. und frühen 20. Jahrhundert, Hildesheim u.a.

댄스홀

알렉사 가이스트회벨Alexa Geisthövel

탱고를 추는 사람들: 베를린의 두 댄스홀, 1912년

요아힘슈트라세의 '알테스 발하우스(구舊무도장)'. 슈판다우 교외에 있는 높은 홀은 사람들로 가득차 있다. 수십 쌍의 커플들이 플로어 위에서 서로 밀고 돌며 춤을 춘다. 난간이 댄스플로어를 둘러싸고 있어 극장처럼 2층 관람석에서 아래를 내려다볼 수 있다. 몇몇 손님들은 난간 뒤에 설치된 테이블에 앉아 있기도 하지만 대부분은 댄스플로어 가장자리에 두세 줄로 서서 다른 사람들을 구경한다. 남성은 양복에 넥타이와 셔츠를 착용하고, 여성은 큰 모자를 쓰고 심플한 밝은색 블라우스에 짙은색 스커트를 입고 있다. 춤추는 사람들 위로 절제된 화려함을 지닌 거대한 샹들리에가 떠 있다(Wolffram 1992, 12).

무도장이라는 이 이름은 근대 댄스홀의 뿌리 중 하나를 가리킨다. 1800년경 왈츠가 궁정 댄스문화에 혁명을 일으키면서 유럽 대도시에서는 무도회장이 자리를 잡게 되었다. 무도회장은 특히 '시즌'에는 여러 주최자들이 각자 정한 날짜에 무도회를 개최하는 준공공의 장소였다(Braun/Gugerli 1993). 1960년대에 댄스홀이 디스코장으로 변모하기 전의 모습은 무도회장과 선술집이 섞인 것과 비슷했다. 댄스플로어는 관객이 언제든지 공연자가 될 수 있는 무대로서 댄스가 활동의 중심이기는 하지만 개인사업자는 주로 음료 소비로 수익을 얻는다. 그는 이 수입으로 음악가들과 댄스 휴식시간에 곡예나 농담 또는 마술을 선보이는 연예인들에게 돈을 지불한다.

요아힘슈트라세의 소시민 커플은 전통적인 의미의 무도회에는 참석하지 않았다. 그들은 춤을 추며 저녁을 보내기 위해 누구의 초대도, 특별한 행사도 필요하지 않았다. 여기서는 엄선된 관객도, 화려한 화장실이나 의상도 볼 수 없다. '알테스 발하우스'의 방문객들은 몇 달 동안 댄스 강사에게 레슨을 받은 적이 없다. 이곳은 일반적으로 '상류사회'에 속하지도, '화류계'에 속하지도 않는 우연히 모인 유료 손님들이 즐기는 곳이다. 주최자는 계속해서 댄스 행사를 마련하는데, 프로그램에 봄철 무도회나 가면무도회가 포함되어 있을 경우 여기에 좀더 힘을 줄 뿐이다. 댄스 행사에는 주말뿐만 아니라 평일에도 많은 관객이 몰려든다.

이곳에서는 왈츠, 폴카, 기타 사교댄스 외에도 시버Schieber라는 춤도 볼 수 있다. 커플은 왈츠처럼 거리를 유지하며 도는 대신 서로 가까이 붙어서 앞뒤로 미끄러지듯 움직인다. '밀다schieben'라는 단어는 수상쩍은 느낌을 주었다. 그래서 1880년경 베를린과 빈의 노동자 거주지역에서 이 춤이 등장했을 때 따라할 만한 가치가 없다고 여겨졌다. 그러나 점차 거리의 유행곡과 레뷔Revue[3] 넘버들이 릭스도르퍼와 같은 시버의 지역적 변형 형태들을 선보였으며, 그것에 맞는 쉬운 행진곡풍의 유행가들이 성공을 거두었다.

베렌슈트라세의 '팔레 드 당스Palais de Danse'. 이 우아한 댄스홀은 구시가지 한복판의 '운터 덴 린덴'과 평행하게 나 있는 거리에 위치해 있다. 이곳은 댄스플로어, 난간, 칸막이 좌석, 테이블 등 발하우스와 비슷한 구조로 되어 있지만, 웅장한 계단과 수많은 전구 등 호화롭고 세련된 장식으로 이루어져 있다. 연미복을 입은 웨이터들이 분주히 움직인다. 현장에 있는 사교계 기자는 옷감과 액세서리에 큰 관심을 보이며 주목할 만한 모습들을 추적한다. "팔각형 댄스플로어 위에서 다채로운 색채의 물결이 춤을 추듯 일렁인다. 사람들은 서로 부딪치고 밀치며 지나간다. 멜로디는 점점 작아지다가 마침내 소음에 완전히 묻혀버린다. 그리고 커플들은 이어지는 발베르데의 인디언 투스텝에 맞춰 춤을 계속 춘다. 이쪽에서는 3명의 여성 댄서가 함께 모인다. 일렬로 서서 마치 2명인 것처럼 보인다. 저쪽에서는 한 여자가 혼자 춤을 춘다. 불타는 듯한 빨간색 스페인 드레스를 입고 레이스 숄을 두른 채 손에는 캐스터네츠를 들고 있다"(Koebner 1912, 12).

'팔레 드 당스'는 '알테스 발하우스'보다 음악과 춤이 더 혁신적이다. 왈츠 사이에는 이따금씩 음악이 시끄럽고 리드미컬해지기도 한다. 그것은 행진곡에서 유래한 래그타임으로, 강세가 없는 마디를 강조하면서 당김음으로 연주된다. 존 필립 수자John Philip Sousa의 '래그타임 밴드'는 1900년 파리 만국박람회에서 구세계의 관객들에게 '찢어진 시대'의 소리를 처음으로 선보였다. 독일의 음악 제작자들은 재빨리 표절곡과 자신만의 래그타임 히트곡을 만들어 악보, 뮤직박스 실린더, 레코드판을 통해 배포했다. 해외에서 건너온 춤들은 음악만큼이나 찢어지고 화성악적 관습을 깨트린 느낌을 주지만 그래도 대부분 국내의 시버와 별반 다르지 않다. 개막을 알린 것은 1903년 케이크워크Cakewalk이다. 이 춤은 순전히 무대용 쇼댄스로서 흑인 무용수들이 남부 백인 상류층의 살롱댄스를 패러디한 것이다. 이러한 새로운 춤은 처음에는 전문 무대 예술가들의 영역으로 남아 있었다. 1905년 주로 미국인 세계 여행자들인 소수의 감식가들이 유럽의 사교댄스를 '보스톤화'했고, 그후 조금 더 많은 사람들이 단순한 투스텝과 원스텝 댄스를 배웠다. 1909년경에는 플로어에서 춤을 출 때 쪼그려 앉거나 갑자기 다리를 옆으로 뻗거나 상체를 흔드는 동작이 허용되었다. 이러한 동작은 주로 몸통을 움직이는 것이어서 '품위 없다'는 인상을 남겼음에도 불구하고 혹은 그러한 인상을 남기기 때문이었다(Braun/Gugerli 1993, 311). 1912년 세속과 교회의 지도자들이 외설적인 '미끄러지고 흔드는 춤'에 대한 전쟁을 선포했는데, 이는 이 춤의 인기만 높일 뿐이었다.

대서양을 건너온 대중문화는 춤출 수 있는 서민용 술집이나 프롤레타리아 펍이 아니라 '유행을 선도하는' 댄스 행사의 형태로 유럽의 댄스홀에 등장한다. 댄스홀의 손님들은 자신들을 취향의 엘리트로 여기며, 뉴욕의 댄스 강사 부부인 아이린과 버논 캐슬 같은 영향력 있는 전파자들이 다민족이 사는 미국 도시의 인기 댄스에서 기괴하고 외설적인 요소들을 걸러내고 남긴 것을 받아들인다. 그들은 그랜드호텔과 우아한 바의 안전한 공간에서 이루어지기 때문에 용인될 수 있는 적절한 관습의 위반으로 자신과 비슷한 부류의 사람들에게 도전한다. 또한 그들은 전통과 예의범절에서 벗어나 근대성과 불경스러운 세련됨으로 자신을 차별화한다.

요아힘슈트라세에서 '시버'라고 불리는 것은 베렌슈트라세에서는 '버니 허그Bunny Hug', '피시테일Fish Tail' 또는 독일어로 옮긴 '푸터트랍Putertrab, 칠면조 걸음', '베렌탄츠Bärentanz, 곰댄스'와 같은 유행하는 동물

1920년대 베를린의 댄스홀

이름을 가지고 있다. 또한 머시셔Maxixe와 같은 남미에서 유래한 춤은 활기와 열정을 상징한다. 그러나 가장 열광적인 반응을 불러일으킨 것은 탱고이다. 아르헨티나 교외에서 시작된 탱고는 1907년 이후 파리에서 유럽 전역으로 널리 퍼졌다. 파리의 포주 춤인 아파슈Apache가 탱고로 인해 막간쇼로 성공을 거두게 되었다. 이 춤은 고급 카페에서 5시 티타임에 매춘부에 대한 포주의 집착적인 관계를 탱고로 표현한 것이다. 1911년 '탱고 열풍'은 상류층의 작은 모임을 넘어 최초의 근대적인 '스스로 추는 춤Selbsttanz'의 유행을 낳았다. 또한 언론의 큰 관심을 끌며 문화산업뿐만 아니라 시계 제조사와 제과업체에서도 자사의 제품에 '탱고'라는 이름을 붙이는 등 대대적인 상품화로 이어졌다(Elsner/Müller 1989, 312).

한 댄스 입문서에 의하면 탱고의 특별한 점은 단지 까다로운 스텝 순서뿐만이 아니다. "왈츠는 슬개골 변형으로 고생하지 않고 누구나 배울 수 있다면 탱고는 전혀 '배울' 수 없다. [……] 탱고는 발뿐만 아니라 근육과 신경기관 전체를 사용해 창조해내야 한다"(Müller 1914, 5). 댄스플로어는 개별 커플의 움직임 공간으로 나뉘며, 각 커플은 온전히 자신들에게만 집중한 채 동작의 선택을 자유롭게 변형한다. 대부분의 보수적인 댄스 강사들은 이러한 경향 때문에 방어적인 태도를 취한다. 따라서 탱고와 같은 유행 댄스를 발전시키고 더 많은 대중이 접할 수 있도록 시도한 것은 1911년부터 댄스 클럽을 통해 조직화된 저명한 아마추어들이다. 이듬해 베를린의 아드미랄스 팔라스트에서 첫번째 탱고 챔피언십이 개최되었다. 이 모임에서 '야생적인' 아르헨티나 춤에 엄격한 규칙이 적용된다(Schär 1991, 113~120).

전문적인 탱고 마스터뿐만 아니라 부담 없는 취미 댄서 모두 기량은 더이상 정확한 스텝 순서와 완벽한 기교로 표현되지 않는다. 사람들은 "더이상 정해진 틀에 맞춰 춤을 추지 않고 개인적으로 춤을 춘다"(Koebner 1912, 10). 리듬감 그리고 음악을 즉흥적인 움직임으로 전환하는 재능, 특히 저속하지 않게 자유분방함을 전달하는 움직임이 가장 중요해진다. 1913년 〈베를리너 모르겐포스트〉지에 실린 다음과 같은 시에서 하위 문화적 차별화 전략이 드러난다. "사람아, 계급과 지위가 무슨 소용이며, / 아름다움, 세련됨, 부유함이 무슨 소용인가, / 당신이 그 한 가지를 못한다면, / 탱고를 아직 못 춘다면?! / 어떤 멍청이도 당신보다 낫다, / 그가 제대로 탱고를 출 줄 안다면"(Eichstedt/Polster 1985, 32에서 재인용).

야생적 몸을 위한 장소: 댄스홀의 발전

'알테스 발하우스'와 '팔레 드 당스'는 1900년경 사람들이 춤을 출 수 있었던 수많은 장소 중 대표적인 한 예이다. 그러나 근대적인 의미의 댄스홀이 탄생하기 위해서는 먼저 대서양을 건너온 베렌슈트라세의 유행 댄스들이 요아힘슈트라세의 평범한 일반 고객들과 한 장소에서 만나야 했다.

19세기에는 매춘업소, 극장 또는 바리에테Varieté[4] 무대(스트립 클럽)에서 다리와 치마가 휘날리는 춤이 등장했다. 1840년대 이후 등장한 유흥시설에서 춤은—댄스 공연이든 유료 손님들이 스스로 추는 춤이든—여러 오락거리 중 하나에 불과했으며, 19세기 말까지는 대중적인 노래 공연이 주를 이루었다. 자기 스스로 추는 춤이 이처럼 여러 형태가 혼합된 공연에서 분리되어 나와 남녀를 위한 독립적인 여가활동으로 자리잡게 되면서 비로소 입장료를 내고 정기적으로 춤을 출 수 있는 공공장소가 생겨났다. 1905년에도 한스 오스트발트Hans Ostwald는 대부분의 댄스홀을 "매춘시장에 불과하다"고 보았다(Ostwald 1905, 3). 근대적 댄스홀에서는 여전히 성적인 서비스가 제공되었지만 더이상 프로그램의 일부는 아니었다. 춤을 출 때 나타나는 개방적인 태도는 오랫동안 비판의 대상이 되었다. 그러나 춤이 공간적으로 전문화됨으로써 재미있고 사교적인 활동으로 서서히 받아들여지게 되었다(Nye 1973, 14f.).

근대적 댄스홀은 대중매체와 대중시장에 깊이 연관되어 있다. 그 선구자는 '게이 나인티즈gay nineties', 즉 '즐거운' 1890년대에 형성된 미국의 음악산업이었다(Baxendale 1995, 151; Ritzel 1987, 266). 이러한 초기 대중문화에 비추어볼 때 1920년대의 '댄스 열풍'을 단순히 당시의 위기에 대한 신체적 반응으로 설명할 수는 없다. 시미Shimmy와 찰스턴Charleston의 현실도피적 열광에는 전쟁 및 전후 시기의 고난과 격변의 경험 또한 반영되어 있을 수 있다(Braun/Gugerli 1993, 346; Eksteins 1990, 385f., 435). 그러나 여러 가지 정황으로 보아 독일에서는 전쟁으로 인해 특히 춤이 금지되고 국제 음악시장과 단절되면서 사교댄스의 확산이 지연되었다는 점이 분명하다. 전쟁이 끝난 후 당시 불법이었던 댄스홀 중 상당수가 허가를 받았다. 제1차세계대전은 댄스홀의 역사에서 중요한 전환점이 되었는데, 이는 결핍과 폭력으로 인해 감정 표현이 억눌려 있었기 때문이 아니라 많은 국가에서 사회적 변혁을 강요했기 때문이다.

소비사회와 서비스사회로 변화하는 추세에 따라 표현적인 여가댄스는 도시 엔터테인먼트의 필수적인 부분이 되었다. 다양한 시설과 고객층을 갖춘 수천 개의 새로운 댄스홀이 생겨났다. 근로시간이 법적으로 주당 48시간으로 단축되면서 비록 모든 사람에게는 아니었지만 더 많은 사람들에게 댄스플로어의 문이 개방되었다. 바리에테극장에서 발전한 영화관과 댄스홀은 양차대전 시기 젊은이들에게 가장 중요한 상업적 여가활동으로 자리잡았다(Langhamer 2000). 춤은 광범위하게 널리 퍼져서 장소에 구애받지 않는 것처럼 보였다. 찰스턴 댄서들의 사진은 이들이 고층건물이나 자동차의 지붕에서처럼 예상하지 못한 환경에서 춤추는 모습을 선호한다는 것을 보여주었다. 실제로 더 자주 춤을 추었던 곳은 해수욕장이나 야외 피크닉, 유람선이나 길거리, 업무 휴식시간이나 조합과 자선단체가 주최하는 파티였을 것이다. 라디오 방송국은 '가상의 무도장make-believe ballroom' 형식으로 개인 파티에 댄스음악을 제공했다.

1919~1920년에 시미는 재즈댄스의 시대를 열었다. 재즈댄스의 특징은 '새로운 팔동작. 새로운 움직임. 어깨춤, 배춤, 등춤'(Pollack 1921, 71) 등이었다. 시미와 블랙 바텀Black Bottom에서는 경련적인 몸의 파동이 어깨와 골반에서부터 퍼져나갔다. 춤추는 사람들은 짝을 지어 마주보고 서 있었지만 서로 독립적으로 제자리에서 움직였다. 이러한 제자리춤Platztänze에서는 시버와 달리 춤추는 사람들이 이동할 공간이 더이상 필요하지 않았기 때문에 많은 사람들이 밀집해 춤을 출 수 있게 되었다.

1920년대에 재즈는 드럼을 주요 리듬악기로 사용하는 것이 특징인 순수한 댄스음악이었다. 그러나 '재즈'는 대개 빠르고 시끄러운 음악에 붙는 꼬리표에 불과했다. 독일은 연합국의 봉쇄와 인플레이션으로 인해 1924년까지 세계 문화상품시장에서 단절되었다. 독일에서는 미국 밴드의 공연이 매우 드물었고, 현지 음악가들은 처음에는 적절한 악보를 구할 수 없었기 때문에 미디어를 통해 생겨난 수요를 충족시키기 위해 악기 편성을 바꾸어 익숙한 래그타임을 '재즈'라는 이름으로 연주했다(Schröder 1990, 272~278; Robinson 1994, 4f.).

1920년대 중반에는 독일에도 찰스턴이 등장했다. 이 춤은 엉덩이 또는 무릎 아래쪽으로 종아리를 번갈아 위로 올리며 추는 춤이었다. 쇼 공연은 스타일을 만들어내는 역할을 했다. 예를 들어 1925~1926년 조세핀 베이커Joséphine Baker가 유럽에서 처음으로 공연한 뮤지컬 〈레뷰 네그르La Revue Nègre〉에서 바나나 스커트를 입고 등장한 모습은 비교적 짧은 기간 유행했던 찰스턴의 전형으로 여겨졌다. 무대 위 그녀의 모습은 단발머리에 짧은 스커트를 입고 담배 파이프를 든 채 주말에는 오토바이 여행을 떠나는 '신여성'의 특징을 함축적으로 보여줌으로써 시대의 상징이 되었다. 이 아이콘이 당시 대부분의 여성들의 실제 삶과 거리가 멀었던 것처럼 찰스턴이 미디어를 장악했다는 사실 역시 동시대 사람들의 댄스 선호도에 대한 대략적인 추론만을 가능하게 한다. 해외의 최신 유행 댄스에 대한 열광에도 불구하고 여가시간에 춤을 즐기는 대부분의 사람들의 레퍼토리에는 왈츠와 절제된 버전의 탱고나 폭스트롯이 굳건히 자리잡고 있었다.

비평가들이 대중적인 춤을 계속해서 도덕적·육체적 타락과 연관시켰음에도 댄스는 1920년대 말에는 대중적인 사교 오락이 되었다. 예를 들어 중산층은 프랑스 모델을 따라 그랜드호텔, 고급 바와 카페에서 5시 댄스 티타임을 갖고 "저렴한 가격으로 오후의 사교 공연"(Szatmari 1927, 72)을 즐겼다. 특히 1930년경 '새로운 사랑스러움'이라는 트렌드 속에서 여성의 여성성이 강조될 뿐만 아니라 차분한 커플댄스도 부활하는 것처럼 보이자 근대적 여가댄스는 받아들일 만한 것으로 여겨졌다. 베를린 서쪽에서 대형 댄스 궁전Tanzpalast의 시대가 시작되었고, 필요한 경우 훈련된 댄스 파트너를 빌릴 수도 있었다.

그러나 곧 새로운 '야생' 스타일의 음악과 춤이 등장했고, 그 후예인 지터버그Jitterbug와 부기우기Boogie-Woogie에 이르기까지 20년 동안 지속되었다. 스윙은 맨해튼의 흑인지역인 할렘에서 시작되었다. 이곳은 그 후 전설적인 나이트클럽, 극장, 댄스홀 등이 들어서면서 백인들도 찾는 유흥가가 되었다. 1927년 할렘의 '사보이 볼룸'에서 매우 빠른 템포의 운동적인 린디합Lindy-Hop이 처음 등장했는데, 이는 비행의 선구자 찰스 린드버그Charles Lindbergh의 비행(비행기)에서 영감을 받은 것이었다. 이 춤은 제자리에서 엉덩이와 다리를 움직이는 대신 파트너와 느슨한 커플 자세를 취하고 팔다리뿐 아니라 '스로어웨이throwaway'를 통해 파트너까지도 내던지듯 움직이는 방식이었다. 스윙은 '빠른 템포'에서 기진

맥진할 때까지 춤을 추는 것을 조장했는데, 그중 악명 높았던 것은 관객이 댄서들의 지친 모습을 보며 즐기는 댄스 마라톤이었다.

금주법 시대의 미국에서는 재즈, 스윙, 조직범죄가 긴밀하게 연관되어 있었다. 이외에도 음악산업은 백인 엔터테인먼트산업에 스윙이라는 문화를 도입했다. 1930년대 중반 베니 굿맨Benny Goodman과 프레드 아스테어Fred Astaire는 음반과 할리우드영화를 통해 유럽에 진출했다. 풍부한 오케스트라 사운드에 세련된 멜로디와 편곡이 어우러진 스윙은 재즈보다 음악적으로 더 대중적이었으며 댄스 궁전은 규모가 큰 장소가 되었다. 댄스 궁전은 세련된 조명과 호화로운 마감으로 누구에게나 매력적이고 낭만적인 스타일을 제공했다. 장식과 기술은 함께 발전했다. 예를 들어 베를린 동쪽의 댄스 궁전 '레지Resi'는 끝부분에 거울을 붙여 후대의 디스코볼처럼 보이는 환기장치로 유명했다(Wolffram 1992, 119~123). 스윙 댄스 궁전은 큰 인기를 끌어 나치시대에도 베를린에서 핫재즈를 연주하고 춤을 추는 댄스홀의 수가 1920년대의 댄스홀 수를 넘어섰다(Wolffram 1992, 13).

동시에 소수의 젊은이들은 하위문화를 발전시켰는데, 이는 독일에서 특히 강하게 탄압을 받았다. '스윙하이니스Swingheinis'와 '스윙베이비'는 매우 어른스럽고 댄디하며 느긋한 태도와 과한 춤을 결합했다(Fackler 2002). 음악적 전문지식과 미국에서 수입한 음반 컬렉션이 그룹 안에서의 명성을 보장했다. 스윙 팬들은 수영장, 아이스크림 가게, 공원 등지에서 휴대용 축음기를 이용해 기술적으로 재생된 음악에 맞춰 정기적으로 즉흥 댄스파티를 열었다. 점령된 파리에서도 마찬가지였다. 프랑스의 스윙집단인 '자주Zazous'[5]는 펍과 불법 지하 클럽에서 축음기를 스피커에 연결해 비밀리에 모인 대중이 춤을 출 수 있게 했다. 전쟁이 끝난 뒤

라이브 밴드가 다시 연주할 수 있게 되었지만 일부 사람들은 이 관행을 유지했고, 개인 음반 컬렉션에서 유래한 '디스코텍'이라는 용어가 춤을 추는 장소에 붙여지게 되었다(Poschardt 2001, 103; Mühlenhöver 1999, 31f.).

리드미컬한 자아의 경계 해체와 연출된 즉흥성

지크프리트 크라카우어Siegfried Kracauer는 근대의 노동자들이 '즐거움의 막사' 안에서 피난처를 찾을 것이라고 예상했는데, 그러한 '즐거움의 막사' 중 하나가 댄스홀이었다(Kracauer 1930, 123). 전후 유럽 전역에 널리 퍼진 '댄스 열풍'이라는 말은 댄스활동이 실제로 확산된 사실을 반영하기도 했지만 그보다 중요한 것은 당시의 대중적인 댄스문화에서 문화적 몰락의 징후를 본 사회적 자기 묘사였다는 것이다. 이는 새로운 것이 아니었다. 이미 근대 이전에도 '금송아지를 둘러싼 춤', '화산 위의 춤', '죽음의 춤'과 같은 은유에서 보듯이 과도한 춤은 위기에 처하거나 파국적인 사회적 비상 상태를 상징했다.

그러나 새로운 점은 춤의 즐거움에 대한 찬성과 반대의견이 모두 육체적으로 제한된 자아를 중심으로 이루어졌다는 것이다. 낯선 사람들로 붐비는 곳에서 탱고, 찰스턴, 스윙을 추는 것은 내부와 외부, 정신과 감각, 문화와 자연 사이에 확립된 경계를 위태롭게 만들었다. 관찰자들은 댄스홀이 일상생활 속에 숨겨져 있던 육체적인 것, 심지어 본능적인 무언가를 드러낸다고 보았다. 반대자들은 댄스홀이 개인의 불안정한 자제력을 계속 위협한다고 생각했다. 또다른 사람들은 춤추는 동안의 통제력 상실이 합리적 근대의 내면화된 규율로 인해 상실했던 자연스러운 삶의 질을 회복시켜줄 것이라고 기대했다.

근대의 댄스는 의도적으로 기괴하고 뻔뻔스러워서 보수적인 대중들에게는 품위가 떨어진다고 여겨졌다. 댄스문화는 이러한 금기를 가지고 놀았다. 댄스와 음악 스타일의 이름에는 성적인 의미가 담겨 있었고, 댄스동작은 성관계를 암시하거나 성적으로 금기시되는 신체 부위를 적극적으로 사용했다. 근대 오락댄스의 상상력은 주로 '야생적인' 몸에 투사하는 식으로 이루어졌으며, 이를 통해 타자의 다양한 놀이방식을 구체적으로 표현했다. 동물이 새로운 여러 춤에 영감을 주었다는 것은 우연이 아니다. 동물적 요소는 아프리카에서 많은 춤의 기원을 찾는 인종주의 담론과 교집합을 이루었다(민족학박물관). '검둥이 음악'과 '검둥이 춤'은 20세기 후반까지도 욕설로 남아 있었다. 반면 '미국'은 가속, 센세이션, 물질주의, 인공성을 가리키는 암호 역할을 했다. 원시적·여성적·미국적인 속성이 조세핀 베이커라는 인물 속에서 활력 넘치는 근대성의 아이콘으로 응축되어 나타났고, 이는 독일 지식인들을 매료시켰다(Nenno 1997; Gumbrecht 2003). 그러나 10년 후에는 베니 굿맨과 같은 저명한 연주자들과 음악업계의 거물들을 언급하며 재즈는 '유대적'이고 '타락한' 음악이라는 낙인이 찍혔다.

많은 동시대 사람들은 댄스홀을 신체를 통해 자신을 표현하는 장소로 생각했다. 근대적 인간은 춤을 추면서 일방적이고 지속적인 감각적 긴장을 해소하고 컨베이어벨트의 단조로움이나 대도시 교통의 "쇼크"(Walter Benjamin)에서 벗어나고자 했다. 또다른 사람들은 인간의 신체가 근대적 규율을 통해 고도로 문명화되었다고 보았다. 이들에게 춤은 스스로 선택한 감각적 극복의 수단으로서 해방의 매개체였다. 이러한 해석에서 특히 아프리카계 미국인들은 북미와 유럽의 (백인) 중산층에게 삶의 기쁨을 가르쳐주는 진정한 스승이자 변함없는 표현력의 우상이 되었다.

1980년대까지 댄스홀에 대한 해석은 시장법칙에 따라 소비자의 욕구를 조종하는 '문화산업'(Adorno/Horkheimer 1994)에 대한 비판을 통해 특징지어졌다. 일찍이 테오도어 아도르노Theodor Adorno는 1920년대와 1930년대의 대중 댄스음악을 청취자나 춤추는 사람들을 자족적이고 아무런 의미도 없는 동기화된 움직임에 리듬적으로 고정시키는 문화상품으로 묘사한 바 있다. 그는 재즈가 겉보기에만 반항적인 것처럼 보일 뿐 재즈의 성공은 복종 욕구와 개인성 상실이 표현된 것이라고 보았다(Adorno 1982)(**카우치, 아파트**).

의심의 여지없이 '과대광고hype'는 팝산업 본연의 사업방식이다. 이 산업은 관중의 상상력을 계산에 넣고 춤추는 열광을 상품으로 만들어낸다. 그러나 수요를 유도하려는 시도가 항상 성공하는 것은 아니다(**전화교환소**). 새로운 댄스 스타일에 원래 존재했던 전복성은 흡수되었지만 작은 불안의 씨앗들은 여전히 남아 있다. 심지어 통제된 상업적 대중문화조차도 개인이 창의적으로 수용할 수 있는 여지를 제공한다(Maase 1992). 소비자는 대중문화상품을 자신의 관심사를 투사하는 스크린으로 활용할 수 있다. 따라서 소비자의 결정은 댄스홀에서도 다양한 욕구를 충족시킬 수 있는 자유를 최소한 허용한다(**백화점**).

댄스홀에서는 시각적인 것이 주가 되지 않는다는 점에서 **영화관**, **경기장**, **스트립 클럽** 등의 오락 장소와 구분된다. 댄스홀은 청각적인 것이 중심이 되고 열기와 냄새가 가득하며 자신의 몸을 느낄 수 있는 곳이다. 하지만 댄스홀에서는 관찰도 이루어진다. 춤을 추러 가기 위해 자신의 외모를 세심하고 즐겁게 가꾸는 준비작업도 경험의 일부이다(Langhamer 2000, 65f.). 아무런 구속도 느끼지 않고 춤에 빠져드는 일은 전제조건 없이는 불가능하다. 춤추는 사람들은 노동의 신체적 규칙이나 사회적 금기로부터 자유로워진다. 이런 점 때문에 댄스홀은 미래의 완벽함을 목표로 자신에 대한 지속적이고 통제된 작업을 수행하는 웨이트룸과 유사하다. 표현적인 춤은 언제나 연출된 즉흥성의 형태로 독립적으로 발전할 수 있다. '진정한 탱고 댄서'의 기질 앞에서 지위와 재산이 더이상 중요하지 않게 될 때 춤추는 사람들은 다른 사람들 앞에서 자신을 관능적으로 보여주기 위해 노력한다. 사람들은 통제력을 잃은 것처럼 보이는 장소에서 열정이 성공적으로 연출되는지 관찰한다.

사람들은 댄스홀에서 때때로 한 명의 파트너와 춤을 추지만 항상 다른 사람들과 함께 춤을 추어야 한다. 많은 손님들이 누군가를 알아가거나 하룻밤, 몇 주 또는 평생 함께할 파트너를 찾기 위해 댄스홀을 방문하곤 한다. 그러나 춤을 추며 친구들과 시간을 보내거나 단순히 낯선 사람들과의 애정어린 친밀감을 느끼기 위해서 갈 수도 있다. 이러한 익명의 친밀감은 해변에서 다른 형태로도 찾을 수 있다. 댄스홀의 이상적인 상황은 자유로운 움직임은 허용하지만 순간순간 접촉이 발생해 개인이 리듬을 타는 사람들과 경험을 공유한다는 느낌이 들게 하는 호의적인 밀집 상태이다(경기장). 가까이 있는 타인의 신체를 어떻게 다루어야 하는지, 특히 남성과 여성이 댄스홀에서 어떻게 서로를 대해야 하는지는 오랫동안 사교댄스의 규칙에 따라 평가되어왔다. 그래서 춤추는 사람들이 이성 커플의 배려 있는 상호작용을 무시하고 남자가 리드하고 여자가 리드당하는 뿌리깊은 성별 위계질서를 지키지 않는다는 점이 계속해서 비난의 대상이 되었다. 제자리에서 혼자 추는 춤은 댄스

커플을 완전히 없애버렸다. 동시대 사람들은 이 고립의 순간(잠수함)이 만연한 개인주의를 보여주는 것으로, 개성을 발전시키는 것이 아니라 애착 결핍을 조장한다고 생각했다.

근대적 댄스홀에서 이루어지는 두드러진 신체적 활동 위에는 '의미'라는 단어가 '알테스 발하우스'의 샹들리에처럼 큰 글씨로 걸려 있는 것처럼 보인다. 모든 춤동작을 사회적 과정이나 개인적 시련의 표현으로 읽으려는 욕구는 이 장소에 대한 현대의 해석으로까지 이어지고 있다. 그럴 경우 댄스홀을 찾은 방문객들이 어쩌면 그곳에서 그저 자신들이 한 일을 즐겼을 수도 있다는 사실을 간과하기 쉽다.

참고문헌

Adorno, Theodor W. (1982): Über Jazz (1937), in: ders., Musikalische Schriften IV, Frankfurt, 74~108.

Ders./Max Horkheimer (1994): Kulturindustrie, Aufklärung als Massenbetrug (1944), in: dies., Dialektik der Aufklärung. Philosophische Fragemente, Frankfurt, 128~176.

Baxendale, John (1995): ≫... into another kind of life in which anything might happen ...≪. Popular music and late modernity, 1910~1930, in: Popular Music 14, 137~154.

Braun, Rudolf/David Gugerli (1993): Macht des Tanzes—Tanz der Mächtigen. Hoffeste und Herrschaftszeremoniell 1550~1914, München.

Eichstedt, Astrid/Bernd Polster (1985): Wie die Wilden. Tänze auf der Höhe ihrer Zeit, Berlin.

Eksteins, Modris (1990): Tanz über Gräben. Die Geburt der Moderne und der Erste Weltkrieg, Reinbek bei Hamburg.

Elsner, Monika/Thomas Müller (1989): Das Ich und sein Körper—Europa im Tango-Fieber, in: Manfred Pfister (Hg.), Die Modernisierung des Ich. Studien zur Subjektkonstitution in der Vor- und Frühmoderne, Passau, 312~322.

Fackler, Guido (2002): Die ≫Swing-Jugend≪. Oppositionelle Jugendkultur im nationalsozialistischen Deutschland, in: Alenka Barber-Kersovan/Gordon

Uhlmann (Hg.), Getanzte Freiheit. Swingkultur zwischen NS-Diktatur und Gegenwart, Hamburg/München, 33~50.
Gumbrecht, Hans Ulrich (2003): Tanz, in: ders., 1926. Ein Jahr am Rand der Zeit, Frankfurt, 253~262.
Koebner, F. W. (1912): Die Bälle der Behrenstraße. Metropol—Palais de Danse, in: Elegante Welt 1, 10~12.
Kracauer, Siegfried (1930): Die Angestellten. Aus dem neuesten Deutschland, Frankfurt.
Langhamer, Claire (2000): Women's Leisure in England 1920~60, Manchester/New York.
Maase, Kaspar (1992): BRAVO Amerika. Erkundungen zur Jugendkultur in der Bundesrepublik in den fünfziger Jahren, Hamburg.
Mühlenhöver, Georg (1999): Phänomen Disco. Geschichte der Clubkultur und der Popularmusik, Köln.
Müller, Ph. (1914): Der perfekte Rag-, Onestep-, Twostep-, Boston- und Tango-Tänzer, Berlin.
Nenno, Nancy (1997): Feminity, the Primitive, and Modern Urban Space: Josephine Baker in Berlin, in: Katharina von Ankum (Hg.), Women in the Metropolis. Gender and modernity in Weimar culture, Berkeley, 145~161.
Nye, Russell B. (1973): Saturday Night at the Paradise Ballroom: or, Dance Halls in the Twenties, in: Journal of Popular Culture 7, 14~22.
Ostwald, Hans (1905): Berliner Tanzlokale, 5. Aufl., Berlin/Leipzig.
Paysan, Marco (1989): Zauber der Nacht. Tanz- und Vergnügungsbetriebe im Berlin der Dreißiger Jahre, in: Bernd Polster (Hg.), ≫Swing Heil≪. Jazz im Nationalisozialismus, Berlin, 75~94.
Pollack, Heinz (1921): Die Revolution des Gesellschaftstanzes, Dresden.
Poschardt, Ulf (2001): DJ Culture. Discjockeys und Popkultur, 2. Aufl., Reinbek bei Hamburg.
Ritzel, Fred (1987): ≫Hätte der Kaiser Jazz getanzt ...≪. US-Tanzmusik in Deutschland vor und nach dem Ersten Weltkrieg, in: Sabine Schutte (Hg.), Ich will aber gerade vom Leben singen ... Über populäre Musik vom ausgehenden 19. Jahrhundert bis zum Ende der Weimarer Republik, Reinbek bei Hamburg, 265~293.
Robinson, J. Bradford (1994): The Jazz Essays of Theodor Adorno. Some thoughts on jazz reception in Weimar Germany, in: Popular Music 13, 1~25.
Schär, Christian (1991): Der Schlager und seine Tänze im Deutschland der 20er Jahre. Sozialgeschichtliche Aspekte zum Wandel von Musik- und Tanzkultur während der Weimarer Republik, Zürich.

Schröder, Heribert (1990): Tanz- und Unterhaltungsmusik in Deutschland 1918~1933, Bonn.
Szatmari, Eugen (1927): Das Buch von Berlin, München.
Wolffram, Knud (1992): Tanzdielen und Vergnügungspaläste. Berliner Nachtleben in den dreißiger und vierziger Jahren, Berlin.

경기장

페르 레오Per Leo

2개의 대규모 행사:
베를린 독일 경기장Deutsches Stadion, 1922년

카를 디엠Carl Diem에게는 고무적인 광경이었을 것이다. 독일 체육대학Deutschen Hochschule für Leibesübungen, DHfL[6] 학생들의 선도 아래 독일 스포츠 및 체조 협회 소속의 최고 선수들이 행렬을 이루며 경기장에 입장했다. 새로운 행렬이 등장할 때마다 일정한 간격을 두고 커졌다 작아졌다 하는 관중의 규칙적인 박수소리와 군악이 울려퍼지는 가운데 선수들은 세세한 부분까지 미리 짜놓은 계획에 따라 광활한 경기장 내부에 정렬했다. 레발트 내무장관이 개회사를 시작하기 직전 잠시 정적이 흘렀다. 독일 전역에서 모인 1만여 명의 운동선수와 체조선수들, 그리고 3만여 명의 관중이 마치 한몸처럼 멈추었다. 관중석에 붙어 있는 타원형의 사이클 트랙만이 두 그룹을 나누고 있었다.

경기장은 땅속 10미터 깊이에 마련되어 있었고, 위쪽 가장자리는 소나무로 빽빽하게 둘러싸여 있었다. 그리고 잔잔한 호수 위에서처럼 햇빛이 수영장 레인의 물에 반사되었다. 직육면체의 수영장으로 인해 황제석 맞은편의 관중석이 원형 밖으로 밀려났다. 뒤로 밀려난 관중석 가장자리 중앙에 위치한 높은 기둥 위에서 승리의 여신상이 군주의 빈 자리를 향해 인사했다. 승리의 여신상 양옆으로 고대풍의 운동선수 조각상이 줄지어 서 있었고, 그것이 끝나는 수영장 양쪽 머리에는 각각 말 조각상이 세워져 있었다(Bensemann/Frommel 1922, 40ff.). 1913년에 지어진 베를린 그루네발트 독일 경기장이 마침내 1922년 6월 25일 본래의 목적을 달성하게 되었다. 최초의 '독일 체전Deutschen Kampfspiele'이 '독일의 올림피아'에서 성대하게 개막되었던 것이다. 축제의 전체적인 인상은 대회 조직위원장 카를 디엠이 그리스어 '스타디온stadion'과 연관시킨 장엄한 비전에 매우 가까웠을 것이다(Diem 1913, 5).

체전의 일환으로 열린 경기는 이미 개막식 전 일요일에 함부르크 SV와 1.FC 뉘른베르크의 독일 축구선수권대회 결승전으로 시작되었다. 그런데 이 경기는 카를 디엠의 기준에서 보면 축제 행사와는 거리가 멀었다. 약 4만 명의 관중 중에는 특별 열차를 타고 온 두 팀의 팬들도 많이 있었다. 그들은 함성을 지르고 휘파람을 불며 욕설을 하면서 자신의 팀을 큰 소리로 응원했다. 3시간이 넘는 경기에도 점수는 여전히 2대 2 동점이었고 어둠이 내리면서 심판이 경기를 중단시켰다. 가득찬 관중석에서 소란스러운 장면이 벌어졌다. 나중에 목격자들은 특히 함부르크 팬들이 난동을 부렸다고 비난했다(Eggers 2001, 48).

하지만 '독일 경기장'에서 일어난 '불미스러운 사건'은 몇 주 후 라이프치히에서 벌어진 재경기의 예고편에 불과했다. 수천 명의 축구팬들이 티켓 없이 경기장에 입장했고, 소리를 지르며 수많은 스탠딩석 관중들을 차단목 너머 경기장 안으로 밀어넣었다. 경찰의 통제가 더이상 불가능했다. 돌과 병이 날아다녔다. "부상자가 속출했고, 경기가 시작되자 분위기가 격앙되었다"(Leipziger Volkszeitung 1922). 120분간 이어진 치열한 공방전으로 수많은 부상자와 퇴장자가 발생해 뉘른베르크 선수 7명만 경기장에 남게 되자 심판은 1대 1 상태에서 다시 경기를 중단시켰다. 흥분한 관중들은 집으로 돌아가는 길에 어느 주말농장 부지를 짓밟고 지나갔다. 세번째 경기는 고려되지 않았고 1921~22 시즌은 우승팀 없이 막을 내렸다.

이 사건들은 경기장이 신체의 집단적 공존이 배치되고 경험되고 관찰될 수 있는 근대적 장소임을 보여준다. 동시에 그것은 경기장 안에서 신체가 배치되는 양 극단을 보여준다. 한편에서는 조직된 인간 대형이 경기장의 기하학 모양을 그대로 재현하며 이상적 질서를 가시적으로 나타내 보여준다면, 다른 한편에서는 제멋대로의 군중이 경기장을 향해 밀려드는 통제불가능한 홍수처럼 소음을 내며 피할 수 없는 존재감을 드러낸다.

경기장은 모든 면에서 개방적인 건물이다. 지붕이 없고 공간이 넓으며 구조가 단순하고 특정 용도에 국한되지 않기 때문에 신체를 자유롭게 배치할 수 있다. 따라서 경기장에서 정확히 어떤 일이 일어나는지는 물질적·상징적 경계를 설정하느냐 없애느냐, 경계를 존중하느냐 침범하느냐의 문제이다. 모든 경기장 건설은 세 가지 공간 사이의 관계를 설정한다. 최소한 축구장 하나 크기(110×70m)의 평평한 내부 공간, 이를 둘러싼 수직으로 배열된 관중석, 그리고 절대 제외시킬 수 없는 주변 환경이 그것이다. '독일 경기장'의 경우 설계자들은 이러한 공간 사이의 경계를 완화하는 데 큰 비중을 두었다. 축구 경기장 양쪽 끝에 있는 2개의 대형 체조 경기장 주위까지 연장된 잔디밭, 넓은 수영 레인, 육상 트랙과 사이클 트랙의 이중 링으로 실내와 관중석 사이에 넓은 완충지대를 만들어 두 공간의 충돌을 차단했다.

경기장의 건축 형태는 관중석과 주변 환경 사이의 대비 또한 완화시켰다. 땅속에 파묻힌 경기장에는 외부 정면이 없었고 스탠딩석의 가장 꼭대기 열이 지상 높이에 있었으며, 주변 그루네발트 숲의 나무가 사방에서 보였고 관람석 지붕이 시야를 가리지 않았다. 건축가 베르너 마르히Werner March는 고대 그리스 경기장을 염두에 두고 '독일 경기장'을 구조화된 경관의 일부로 설계했다. 경기장의 내부 디자인 역시 통합을 상징했다. 경기장은 다양한 스포츠의 통합뿐 아니라 스포츠와 다른 사회 영역 간의 결합을 구현했다. 수영장 관람석에는 발터 슈마르예Walter Schmarje나 게오르크 콜베Georg Kolbe와 같은 저명한 조각가들의 조각상이 설치되었고, 그 아래에는 1920년 이후 설립된 독일 체육대학의 실험실과 강의실이 있었으며, 맞은편 관람석에는 황제를 위한 웅장한 파빌리온이 자리함으로써 예술, 과학, 통치가 한자리에 어우러졌다(Krause 1926, 20ff.).

1922년 독일 체전에서의 선수 입장은 이러한 공간 콘셉트를 이상적으로 활용한 사례였다. 경기장의 양 공간을 가득 채운 사람들이 조직된 통일체를 이루어 민족의 생물학적 신체와 지리적 통합을 상징했다. 반면 축구 경기는 넓은 내부 공간에 흩어져 있는 소수의 선수들과 밀집된 관중석에 있는 열중한 대중 사이에 긴장감 넘치는 대조를 만들어낸다. 이는 공간들 사이에 지속적인 상호작용을 촉진해 곧바로 언어적 또는 폭력적인 경계 침범을 유발한다(Bale/Moen 1995, 314). 축구 클럽의 경기장은 전적으로 이러한 용도에 맞춰져 있다. 아무 장식 없이 경기장 경계에 바로 붙어 가파르게 올라가는 4개의 관람석은 선수와 관중을 매우 근거리에서 대면하게 하며 경기장 공간을 주변으로부터 차단한다.

로마의 원형극장이 모델인 동심원형 수직 배치 덕분에 내부 공간뿐만 아니라 관람석 전체를 모든 좌석에서 볼 수 있다. 따라서 경기장은 스포츠(또는 기타) 공연을 위한 무대일 뿐만 아니라 관중이 자신을 대중의 일부로 여기는 동시에 자신을 감시에 노출시키는 파놉티콘적 거울이기도 하다.

올림픽의 공간계획과 지역 커뮤니티 공간

베를린의 '독일 경기장'은 근대 올림픽운동이라는 배경에서 탄생했다. 근대의 산업화와 대도시화로 인한 '퇴행적' 영향에 대해 우려한 피에르 드 쿠베르탱Pierre de Coubertin과 그의 추종자들은 19세기 말부터 민족공동체를 도덕적·육체적으로 최적화하는 사회위생적 수단으로 스포츠를 널리 보급해야 한다고 홍보해왔다. 많은 사람들에게 근대의 스포츠 이념을 알리기 위해 고대 그리스를 참고해 하나 이상의 '문화' 및 '문명' 국가에서 참가한 최고의 선수들이 경쟁하는 올림픽을 부활시켰다(Alkemeyer 1996, 49ff.). 1900년경 국제 스포츠 운동과 민족주의적 해석이 긴밀하게 결합되면서 1900년 파리, 1904년 세인트루이스, 1908년 런던에서 만국박람회와 병행해 올림픽이 개최되었다. 올림픽 경기장과 전시장은 각국의 기술적·경제적·신체적 역량을 보여주는 경연장이 되었다.

빌헬름제국의 기득권층과 전통적인 '독일적teutsch' 체조선수들의 강력한 저항에도 불구하고 1904년에 설립된 '독일제국 올림픽위원회'는 독일에서도 스포츠 운동을 전파했다. 카를 디엠과 같은 스포츠 전문가들은 독일에서 국내 및 국제 올림픽의 이념을 성공적으로 홍보했다. 1912년 여름 그루네발트 경마장이 경기장 부지로 정해지고 민간자금이 확보되자 국제올림픽위원회는 1916년 올림픽 개최지를 베를린으로 선정했다(Krause 1926, 15).

제1차세계대전으로 인해 올림픽은 개최되지 못했지만 전쟁으로 인한 신체적 문제들이 증가하면서 스포츠가 갑자기 '국민의 의사'로서 큰 정당성을 갖게 되었다(Eisenberg 1997, 100ff.). 이에 따라 운동장과 경기장 건설이 1920년대 지자체 건설활동의 주요 관심사가 되었다. 전쟁 발발 당시 독일 전역에는 그루네발트 경기장 하나뿐이었지만 1929년에는 독일의 100개 도시에 125개 운동장이 건설되어 100만 명 이상의 관중을 수용할 수 있었다(Verspohl 1975, 185).

'독일 경기장'과 카를 디엠이 이것을 모델로 하여 설계한 '표준 경기장'이 기능적·미적 기준을 정립했다(Diem 1928, 424ff.). 대부분의 시설은 다양한 스포츠 종목을 위한 경기장들을 통합했지만 수영과 사이클 트랙은 별도로 건설되는 추세였다. 또한 운동장은 '도시의 오아시스'로서 도시경관에 융화되어야 했다. 특히 숲으로 둘러싸인 하노버와 프랑크푸르트암마인의 경기장, 개방된 물가에 지어진 카셀, 뒤스부르크, 포츠담의 시설들은 뛰어난 경관으로 호평을 받았다.

1926년 쾰른에 건설된 스포츠공원은 이 표준을 확장시켰다. 쾰른 시장이던 콘라트 아데나워Konrad Adenauer의 지휘 아래 국가 보조금 프로그램을 잘 활용해 뮌거스도르프에 세계에서 가장 큰 규모의 종합운동장이 건립되었다. 8개의 개별 경기장에서 육상 및 중량 경기, 축구, 하키, 승마, 수영, 테니스 경기를 치를 수 있었으며, 평일에는 학교와 스포츠 클럽이 수업과 훈련을 위해 사용할 수 있었다(Ostrop 1928). 경기장은 도심이든 외곽이든 지리적 위치와 관계없이 모든 주민이 접근할 수 있어야 하는 장소로 여겨졌다(교외 주택단지). 따라서 교통편이 없는 경우 경기장까지 교통을 연결하는 것이 가장 중요했다.

'올림픽' 경기장을 건설할 때 독일을 비롯한 유럽의 지역 정치인, 스포츠 관계자, 건축가들은 근대적 대중정치의 전략과 대표적인 대중 공론장 조성을 결합했다. 이들은 경기장 방문을 통해 도시 주민들이 한 곳에 모여 활동적인 스포츠에 참여하도록 유도하고자 했다. 건축은 "좋은 비례"와 "쾌적한 선"(Pierre de Coubertin)을 통해 관중과 운동선수의 정서를 완화하고, 넓은 공간감을 통해 훈련으로 만들어진 신체가 등장하는 무대를 만들어야 했다. 이를 위해 다양한 공간계획 모델이 사용되었다. 베를린(1913)과 프랑크푸르트(1925)에서는 풍경이, 뉘른베르크(1927)와 암스테르담 올림픽 경기장(1928)에서는 기하학적-기능적 객관성이, 빈Wien 경기장(1931)에서는 자연과학이 공간계획 모델로 사용되었다. 빈 경기장을 설계할 때 건축가 오토 에른스트 슈바이처Otto Ernst Schweizer는 정신물리학 실험을 통해 관중과 실내 공간 사이의 이상적인 관람 거리를 산출했다(Verspohl 1976, 210).

이러한 공간은 부르주아 민족주의 진영의 교육적·자기표현적 요구에만 유용한 것은 아니었다. 정치집단의 존재 의지, 통합력, 수행 의지를 표현하는 대중 스포츠 축제는 양차대전 사이의 시대를 보여주는 징후나 다름없었다. 사회주의 노동자 스포츠 운동은 1925년에는 프랑크푸르트에서, 1931년에는 빈에서 공들여 연출한 노동자 올림피아드를 개최했고, 전 세계의 유대인 선수들은 1932년 텔아비브에서 열린 마카비아 경기대회[7]에서 시온주의국가에 대한 주장을 재확인했다. 구소련에서는 1920년대 말부터 '집단 공연Massovye Dejstva'이 공산주의 체육문화의 무대가 되었다.

이에 반해 1880년부터 1925년까지 영국을 시작으로 유럽과 남미의 모든 도시에 민간 축구 클럽의 경기장으로 건설된 수많은 경기장은 완전히 다른 전통을 가지고 있었다. 이는 국민교육적이고 대표적인 요구에서 자유로웠다. 그 경기장들은 제1차세계대전 전까지만 해도 나무 울타리와 나무 스탠드 몇 개로 이루어진 경우가 허다했으며, 시간이 지나면서 확장되고 좌석 위에 지붕이 설치되었다. 보통 클럽이 속한 지역의 중심부에 위치한 경기장은 좁은 직사각형 형태로 지어져 친밀감을 형성하고 관중들이 선수와 장소에 대해 감정적 유대감을 갖게 했다 (Nielsen 1995, 26ff.; Torberg 1979, 169). 관중 수입에 의존하던 클럽은 축구의 독특한 대중적 매력 덕분에 경기장을 대중오락의 장소로 만들었으며, 시민들은 자신들의 고유한 문화적 전통을 창의적으로 표현하는 장이자 지역 커뮤니티의 장으로 활용했다.

특히 영국, 유럽 지중해 연안국가, 남미 그리고 무엇보다도 양차대전 시기 빈에서 특징적인 경기장 문화가 발전했다. 좁은 지역에 분산되어 있는 빈 축구 클럽의 12개 경기장은 새로운 유형의 대중 이동성의 중심지가 되었다. 일요일마다 빈 전체 인구의 최대 7분의 1이 경기장으로 이동했다. 정기적으로 교통시스템이 마비되었고, 도시 내 개별 커뮤니티들이 공개적으로 대립하며 서로 경쟁했다. 마이들링구역의 '바커Wacker'나 휘텔스도르프구역의 '라피트Rapid'와 같은 팀은 특수한 지역문화와 결부되어 매우 전투적인 경기 스타일로 프롤레타리아 교외지역을 대표했다. 이에 반해 도심의 '아우스타리아Austria'나 유대계의 '하코아Hakoah'와 같은 팀의 관중은 중산층과 커피하우스 모임 출신으로 이루어졌다(Horak/Maderthaner 1995).

반면 영국의 '축구 관중football crowd'은 거의 예배의식에 가까울 정도로 엄격하게 규범화된 노래문화가 특징이었다. 가장 중요한 발상지는 웸블리에 있는 영국 국립 경기장이다. 이곳에서는 1923년 건설된 이후 매년 컵대회 결승전이 열릴 때마다 궁정 의례와 대규모 행사가 뒤섞여 거행되었다. 1936년 조지 5세가 세상을 떠날 때까지 거행된 시상식의 마지막에는 10만 명의 관중이 국왕이 가장 좋아하는 찬송가를 함께 불렀다. 결승전에 참석해 깊은 인상을 받은 한 독일 관중은 "〈때 저물어 날이미 어두니Abide with me〉[8]는 오직 웸블리에서만 이렇게 불린다"라는 견해를 전하기도 했다(Fußballwoche, 1934. 8. 12, 12). 관용구가 된 '웸블리 경험'의 장엄함은 국가적 표준이 되었고, 이는 클럽 경기장으로 옮겨져 각 지역의 특성에 맞게 변형되었다(Morris 1981, 304ff.).

근대의 축구관광은 경기장을 문화적 변혁의 장으로 만들었다. 1963년 리버풀 출신의 밴드 '게리 앤드 더 페이스메이커스Gary and the Pacemakers'가 〈그대는 결코 혼자 걷지 않으리You'll never walk alone〉로 영국 차트를 정복한 직후 이 노래는 안필드 경기장 관중석에서 리버풀 FC의 클럽 찬가로 떠올랐고, 몇 년 후 유럽 전역의 축구팬들이 이 노래를 따라 불렀다. 마찬가지로 1986년 멕시코 관중들이 전 세계 대중에게 선보인 '라 올라La Ola', 즉 파도타기 응원은 대중매체를 통해 확산되었고, 이제 축구 경기 및 기타 주요 행사에서 관중이 자신을 표현하는 필수 요소가 되었다.

유럽의 축구 경기장은 텔레비전의 상업화로 인해 미국에서 1960년

대부터 일반화된 표준에 가까워졌다. 축구에 새로운 관계자와 광고 고객을 유치하기 위해서는 1985년 브뤼셀의 헤이젤 경기장에서 39명이 사망한 사건과 같은 참사와 관중 폭력을 배제해야 했다. 경기장은 스탠딩석을 대폭 줄이고 관중석을 지붕으로 완전히 덮음으로써 더욱 편안하고 안전해졌다. 또한 관중과 소통하는 진행자, 최대 20대의 카메라 위치, 대형 스크린, 유리로 된 VIP 라운지 등을 갖춤으로써 경기장은 소비 가능한 이미지를 제작하는 스튜디오와 같은 공간으로 변모했다(Eichberg 1995, 340ff.)(영화관).

축구 패러다임

1920년경 축구 경기는 스펙터클한 대중 공론장을 형성하는 데 기여했다. 축구 경기는 관중들을 감정적으로 강하게 몰입시킴으로써 종종 건축가의 의도와는 달리 경기장의 다른 어떤 용도보다 더 지속적으로 근대적인 체험방식에 영향을 미쳤으며, 경기장을 근대의 장소로 인식하게 만들었다. 경기장에서는 제한된 공간에 낯선 사람들이 밀집함으로써 대도시의 익명성이 해변에서보다 더욱 강화된다. 더 나아가 경기장은 최근 수십 년 동안 조직적인 팬문화가 자리잡으면서 친숙한 커뮤니티의 장소가 되었다. 동시에 경기장에서는 도시세계의 파편화를 상쇄하는 일체감을 감각적으로 체험할 수 있다. 많은 수의 사람들이 동시에 하나의 초점에 집중함으로써 엘리아스 카네티Elias Canetti가 '군중'이라고 일컬은 특수한 형태의 경험이 나타난다(Canetti 1982, 230~237). 군중 속에서 신체의 양적 집중은 변화된 지각이라는 질로 전환된다. 군중의 통일성은 강제수용소에서처럼 단순히 신체를 공간적으로 한곳에 모아 놓는다고 얻어지는 것이 아니라 영화관에서처럼 맥락에 맞게 감각이 유도되고 분화됨으로써 가능해진다.

축구를 관람할 때 관중은 어떻게 진행될지 모르는 순간순간 깜짝 놀라게 하는 긴장감 넘치는 하나의 사건을 보게 된다. 시선이 한곳에 고정되면서 피부와 코는 다른 신체와의 거리를 조절하는 기능을 상실한다. 반면 음향 현상은 어둠 속에 있을 때처럼 그 자체로 강한 존재감을 드러낸다. 이 존재감은 축구 관중이 눈에 보이는 움직임을 목소리의 진동으로 변환할 때—이는 실험실에서 기계에 기록하는 것과 정반대의 과정이다—강력한 울림 형태로 고조된다. 인근 주민들에게 축구 경기장은 마치 록 콘서트처럼 뚜렷이 구별되는 사운드를 내는 강력한 공명체이다. 특히 2개의 반대 진영으로 나뉘는 것이 특징적이다. "나는 경기 내내 자리에서 움직이지 않고 귀를 기울였다. 골이 들어가면 환호성이 들렸고 승리한 쪽에서 나왔다. 실망의 외침도 들을 수 있었는데 소리가 달랐다"(Canetti 1982, 240).

라디오의 축구 경기 생중계는 특히 배경 소음 때문에 경기장 공간을 거실 안까지(아파트) 연장시키는 가장 강렬한 청취 경험 중 하나이다. "특별한 순간에 갑자기 수만 명의 목소리가 울려퍼질 때면 얼마나 숨이 멎고 심장이 멈추는 기분이 드는지." 한 기자는 라디오로 경기 중계를 처음 들었을 때의 경험을 이렇게 묘사했다(Fußballwoche, 1927. 7. 5, 9). 하지만 경기장의 음향적 잠재력은 관중들이 자기연출을 위해 사용하기도 한다. 한목소리로 외치는 응원의 함성 외에도 합창 음악과 지중해의 샤리바리Charivari나 카니발풍의 드럼 연주와 같은 전통적인 '소음문화noise culture'를 활용함으로써 관중석은 자체적으로 소리를 만들어내는 무대가 되었다. 관중은 이 무대에서 경기 진행과 상호작용할 수도 있지만 초연하게 무시할 수도 있다(Nielsen 1995, 35). 관중은 무정형이면서 동시에 한눈에 들어오고 뚜렷하게 들리는 '무대 배경'으로서 스스로가 주목받는 대상이 된다.

축구 경기중에는 관중의 시간 인식 또한 고유한 규칙을 따른다. 이를 통해 특정한 근대적 경험의 일부 측면들을 확인할 수 있지만 동시에 어떤 측면들은 제거해버린다. 경기장은 속도가 느려지는 장소가 된다. 생리학 실험실에서 측정하고 웨이트룸에서 훈련한 프로선수들은 인체 속도의 한계를 시험하지만, 자동차의 기술적 속도와는 달리 관중은 이를 쉽게 따라갈 수 있다(Alkemeyer 1996, 153). 경기시간은 컨베이어 벨트의 리듬(제철소)처럼 표준화되어 있지만 이것에 대한 인식은 영화관에서와 마찬가지로 극적인 사건의 진행에 따라 달라진다. 경기가 끝날 무렵 스코어가 접전인 경우 경기장 시계는 관심의 초점이 된다. 지고 있는 팀의 팬들에게 시곗바늘은 야속하게도 흘러간다. 이에 반해 라디오 리포터 헤르베르트 치머만Herbert Zimmermann에게는 1954년 월드컵 결승전에서 독일 대표팀이 3대 2로 앞선 뒤 경기의 마지막 몇 분이 끝이 나지 않는 것처럼 느껴졌다. "더 빨리, 더 빨리 가라고 시곗바늘을 향해 소리치고 싶은 심정이다. 하지만 바늘은 야속하게도 정해진 대로 정확하게 자기의 길을 간다"(Kollektives Gedächtnis der Bundesrepublik Deutschland 1954~2004).

동시에 경기장은 사회적 관계의 장소로서 신체적 가까움과 멂, 소속과 구별이 협상되고 연출되며 공간적으로 경험되는 곳이다. 경기 직전과 직후 수천 명의 관중이 경기장 입구로 몰려들어 탁 트인 스탠딩석에 고르게 분포되는 시간은 불편한 친밀감으로 경험되며 공포로까지 느껴

질 수 있다. '관중 해일'이 경기장으로 밀려들고, 특히 '인간 눈사태'에 파묻혀 수많은 부상자와 사망자가 발생할 경우 경기장은 **댐**과 비슷한 재앙적 잠재력을 갖게 된다(Morris 1981, 272ff.).

관중석은 **해변**과 마찬가지로 사회적 경계가 강화되거나 허물어지거나 새롭게 설정되는 경계 공간이다. 양팀의 팬들은 서로 존경을 표하기도 하고 욕을 하기도 한다. 저렴한 스탠딩석의 관중들은 좌석에 앉은 관중들에게 더 적극적인 응원을 요구하기도 하고 환호를 하며 그들과 하나가 되기도 한다. 선수들은 격려를 받기도 하고 날아오는 물건에 위협을 받기도 한다. 또한 축구 경기의 관중석은 한 팀의 선수와 팬들이 계급, 도시, 인종, 국가를 대표하는 무대가 된다(Nielsen 1995, 32ff.). **전선**에서와 마찬가지로 이곳에서도 물리적 대결을 통해 상상의 공동체를 경험할 수 있다.

나아가 경기장은 1960년대 팬문화의 등장을 시작으로 독립적인 사회적 공간으로 발전했으며, 이 점에서도 **강제수용소**와 비슷하다. 경기장에서 관중은 조직 수준, 클럽과의 연대감, 정기성 및 방문 이유에 따라 구분된다(Morris 1981, 233ff.). 다른 모든 구분을 넘어 경기장은 **전선** 및 **스트립 클럽**과 함께 최근까지 배타적 남성성이라는 특성을 공유했다. 날씨에 노출된 스탠딩석은 오랫동안 단련을 위한 학교로 여겨졌고(Horvath 1983, 30~34), 경기장의 여성은 유머러스한 스포츠문학의 인기 소재였으며(Torberg 1979, 163), 오늘날까지도 상대팀의 관중이나 선수들은 동성애자로 낙인찍힌다.

근대의 공공장소 중 어떤 곳도 경기장만큼 많은 사람들이 동시에 집중적으로 모이는 곳은 없다. 이에 따라 경기장은 스포츠 관계자, 언론인, 사회과학자들이 때로는 매료되기도 하고, 때로는 우려하기도 하며 관찰하는 대상이 되었고, '대중시대'로 묘사되는 시대의 아이콘이 되었다. 1세대 '올림픽' 기획자들이 열정적으로 강조한 '스타디온'이라는 개념은 체육문화와 정치적 통합을 위한 대표적인 대중 공론장을 만들기 위해 미적·기능적으로 조직된 공간을 의미했다. 축구 관중은 교육이 불가능한 것으로 보였기 때문에 축구 관계자와 경찰의 이러한 통제 환상에 위기를 초래했다(중앙당). 그리하여 오스발트 슈펭글러Oswald Spengler를 비롯해 다양한 배경을 가진 문화비평가들은 경기장이 스펙터클한 대중 행사에 의해 장악되는 것을 시대적 몰락의 징후로 해석했다. "1914년 큰 경기가 열리는 날의 베를린 운동장은 로마의 원형 경기장과 이미 거의 차이가 없었다"(Spengler 1918, 49). 1970년대에 경기장은 영화관과 마찬가지로 네오마르크스주의적 이데올로기 비판의 주요 대상이 되었다. 이러한 해석에 의하면 엘리트 프로스포츠는 산업자본주의의 생산관계를 상징적으로 복제한 것으로서, 이를 위해 경기장에서 대중을 조종하고 화려한 볼거리라는 가상세계를 통해 실제 모순과 화해시킴으로써 동시에 탈정치화시킨다는 것이다(Prokop 1972; Vinnai 1972). 마지막으로 폭력적인 청소년 하위문화가 관중석을 장악하면서 1970년대 말부터 '범죄현장으로서의 경기장'이 사회학적·사회교육적 담론의 중심이 되었다(Dembowski/Scheidle 2002).

그러나 축구 관중은 제1차세계대전 이후 엄청나게 성장한 스포츠의 대중성을 가장 극명하게 보여주는 존재로서 언론보도의 매력적인 대상이기도 했다. 1920년대에는 스포츠기자가 하나의 직업이 되었다. 라디오 리포터는 하프라인에 위치한 단상에서, 언론사 동료들은 신문사 편집부와 통화하면서 경기장의 대중을 신문 독자 및 라디오 청취자 대중들과 연결시켰다. '매진!'이라는 딱지는 독자들의 관심을 확실하게 끄는 하나의 페티시가 되었다. 4만 명(1920), 5만 5,000명(1926), 10만 명(1936)과 같은 국내 기록이나 13만 6,000명(1933년 글래스고), 20만 명(1950년 리우데자네이루)과 같은 국제 기록이 헤드라인을 장식했다. 점점 더 많은 신체를 한 장소에 모으는 것이 고전적 근대의 성장 환상이 되었다. 이러한 환상은 나치의 거대한 경기장 프로젝트에서 절정을 이루었다. 이 프로젝트를 위해 알베르트 슈페어Albert Speer는 1936년 베를린 올림픽 경기장을 현실화시켰으며, 45만 명의 관중을 수용할 수 있는 뉘른베르크의 독일 경기장을 설계했지만 건설되지는 못했다(Verspohl 1976, 250).

최근 수십 년 동안 경기장은 근대의 역설이 드러나는 장소로 주목받았다. 예를 들어 기하학적 공간구조를 정서적 유대감이 형성되고 민속문화 관습이 전승되는 구체적인 장소로 만들려는 시도가 이것에 해당된다(Morris 1981; Nielsen 1995; Eichberg 2003). 오늘날 많은 경기장이 아우라를 갖게 되고 그 이름이 오래전의 경기나 팀의 스타일 또는 관중의 문화와 연관되어 있는 것은 무엇보다도 축구의 매스미디어적 연출 덕분이다. 멕시코시티 아스테카 축구장의 '마녀의 가마솥', 웸블리의 숭고한 '축구 성당Fußballkathedrale', 함부르크 밀레른토어에 있는 '리그의 기쁨의 집', '브레멘의 유러피언컵 기적'이 일어난 장소인 베저슈타디온 등은 전체 서사의 구성요소를 이룬다. 이러한 서사 마케팅은 경기 결과의 예측불가능성, 그리고 주인공과 경기장에 대한 친숙함에 달려 있다.

마지막으로 문학은 댄스홀에서처럼 경기장에서도 특정한 의례적이고 전통적인 행동양식을 기대할 수 있지만, 가장 중요한 것은 결국 갑작스러운 황홀경의 순간이라는 사실을 보여준다. "하지만 그다음 앨런 선덜랜드Alan Sunderland가 공을 발로 차서 우리 앞에 있는 골대에 정확히 꽂아넣었다. 나는 그런 순간에 일반적으로 목에서 나오는 '그렇지'나 '골'

또는 다른 어떤 소리가 아니라 그냥 '아아아아악' 하는 소리만 낼 뿐이었다. 극도의 기쁨과 믿을 수 없음으로 마비되어 나온 소리였다. 그리고 갑자기 콘크리트 좌석에 있던 사람들이 흥분에 들뜬 눈으로 광란 상태가 되어 서로 뒤엉켜 굴렀다"(Hornby 1996, 156).

참고문헌

Alkemeyer, Thomas (1996): Körper, Kult, Politik. Von der ≫Muskelreligion≪ Pierre de Coubertins zur Inszenierung von Macht in den Olympischen Spielen von 1936, Frankfurt/New York.

Bale, John/Olof Moen (Hg.) (1995): The Stadium and the City, Bodmin.

Bensemann, Walther/Fritz Frommel (1922): Deutsche Kampfspiele 1922, Berlin.

Canetti, Elias (1982): Die Fackel im Ohr. Lebensgeschichte 1921~1931, Frankfurt.

Dembowski, Gerd/Jürgen Scheidle (Hg.) (2002): Tatort Stadion. Rassismus, Antisemitismus und Sexismus im Fußball, Köln.

Diem, Carl (1913): Das deutsche Stadion, in: August Reher (Hg.), Das Deutsche Stadion. Sport und Turnen in Deutschland. Eine Denkschrift für das deutsche Volk, Berlin, 5~12.

Ders. (1928): Moderne Sportplatzanlagen, in: F. Breithaupt/ders./H. Sippel (Hg.), Stadion. Das Buch von Sport und Turnen, Gymnastik und Spiel, Berlin, 420~431.

Eggers, Erik (2001): Fußball in der Weimarer Republik, Kassel.

Eichberg, Henning (1995): Stadium, Pyramid, Labyrinth: Eye and body on the move, in: Bale/Moen (Hg.), Stadium, 323~347.

Ders. (2003): Stadion, in: Hans-Otto Hügel (Hg.), Handbuch der Populären Kultur, Stuttgart, 437~441.

Eisenberg, Christiane (1997): Deutschland, in: dies. (Hg.), Fußball, Soccer, Calcio. Ein englischer Sport auf seinem Weg um die Welt, München, 94~129.

Horak, Roman/Wolfgang Maderthaner (1997): Mehr als ein Spiel. Fußball und populare Kulturen im Wien der Moderne, Wien.

Hornby, Nick (1996): Fever Pitch. Ballfieber—Die Geschichte eines Fans, Köln.

Horvath, Ödön von (1983): Jugend ohne Gott, Frankfurt.

Krause, Gerhard (1926): Das Deutsche Stadion und Sportforum, Berlin.

Morris, Desmond (1981): Das Spiel. Faszination und Ritual des Fußballs, München/Zürich.

Nielsen, Niels Kayser (1995): The Stadium in the City: A modern story, in: Bale/Moen (Hg.), Stadium, 21~44.
Ostrop, Max (1928): Deutschlands Kampfbahnen, Berlin.
Prokop, Ulrike (1972): Soziologie der Olympischen Spiele, München.
Spengler, Oswald (1918): Der Untergang des Abendlandes, Bd. 1, München.
Torberg, Friedrich (1979): Die Erben der Tante Jolesch, München.
Verspohl, Franz-Joachim (1976): Stadionbauten von der Antike bis zur Gegenwart. Regie und Selbsterfahrung der Massen, Gießen.
Vinnai, Gerhard (1972): Sport in der Klassengesellschaft, Frankfurt.

설계하다: 합리화의 장소

인간을 한낱 기계 속의 부품으로 그려내는 이미지 속에는 생산, 관리, 향유의 합리화에 대한 비판적 시각이 강력하게 담겨 있다. 특히 컨베이어벨트는 이러한 부정적 이미지에 책임이 있는 동시에 그에 못지않게 기술적 근대의 매력 또한 보장하고 있기도 하다. 컨베이어벨트를 중심으로 작업 과정이 해체되고 배열됨으로써 모든 작업이 일사불란하게 들어맞고 눈곱만큼의 시간 낭비도 없이 진행될 수 있기 때문이다. 이처럼 대단히 효율적인 방식은 컨베이어벨트에서 일하는 사람들로 하여금 박자에 맞춘 듯 단조롭게 진행되는 기계의 리듬에 전폭적으로 순응하도록 강요한다. 하지만 컨베이어벨트는 높은 상징적 가치에도 불구하고 20세기 중반이 되어서야 비로소 본격적으로 산업생산에 투입되었다. 세기전환기에는 거대한 규모의 제철소에서 볼 수 있듯이 처음에는 분업과 표준화가 중요했다. 고도의 생산성을 위한 극단적인 압축을 통해 타율적인 절차가 만들어졌고, 노동자들은 웬만해서는 그러한 절차로부터 벗어날 수 없었다.

이러한 효율적인 원료의 가공은 소비재의 대량생산뿐만 아니라 도시의 변모에도 전제조건이 되었다. 새로운 건축 기술이 도입되었다. 고층건물은 수직선을 활용했고 그 거대함을 통해 우월함과 부유함을 드러냈다. 3차원 건축은 기능적·사회적 분화를 가속화시켰다. 특히 관청과 서비스산업이 자리잡고 있는 도심의 상업지구에서 더욱 두드러졌다. 새로 지어진 거대한 사무실은 엘리베이터를 타고 이동할 수 있었다. 책상 위에서는 업무 조직, 사무 기술, 근대적인 의사소통수단이 성장하는 서비스업 계층의 활동 공간을 체계화했다. 일렬로 배치된 작업 공간에서 동료들은 서로를 감시하거나 규정과 억압에 저항하는 공범이 되었다.

세기전환기에 시작된 합리화 과정은 영리경제Erwerbswirtschaft 영역에서 그치지 않았다. 이것은 몇 년 지나지 않아 다양한 기능의 영역들이 서로 조화를 이루는 가정경제 영역에도 도입되었다. 첨단기술을 갖춘 욕실은 신체 위생을 침실과 주방으로부터 분리했다. 주방 역시 '보행 대신 핸들Griffe statt Wege'이라는 표어대로 축소된 작업용 주방으로 완전히 새롭게 체계화되어야 했다. 건축가 마가레테 쉬테-리호츠키Margarete Schütte-Lihotzky는 고도로 압축된 식당차 주방 모델을 기반으로 그 유명한 프랑크푸르트 주방을 설계했다. 컨베이어벨트에서와는 달리 주부는 이곳에서 항상 똑같은 손동작을 반복하지 않았다. 매우 다양한 활동을 효율적으로 압축시킴으로써 주부는 노동자인 동시에 가사 운영의 매니저가 될 수 있었다. 합리적인 가사 운영의 원칙과 함께 효율성의 범주가 사적인 영역에 침투하게 되었다. 왜냐하면 이렇게 절약된 시간, 에너지, 자원은 남편과 자녀들의 평안을 위해, 결국에는 '국민 건강'을 위해 유용하게 사용되어야 했기 때문이다. 산부인과의 진료 의자에서 진행된 신체의 합리화 과정 역시 이와 비슷하다. 예방과 위생적 치료가 여성들과 아이들의 생명과 건강을 지켜주었고, 이와 동시에 의사들은 이곳에서 '민족공동체'의 형태에 영향을 미치고자 했던 국가 출산정책을 적시에 실행에 옮겼다.

도시 내부에서 특정한 기능과 비슷한 생활방식을 공간적으로 통합하고 분리하는 수많은 건축계획 이면에는 또다시 '유기적인' 도시 성장의 이상이 존재하고 있었다. **교외 주택단지**에는 고급주택, 연립주택, 단독주택 혹은 공공주택 단지들이 일종의 앙상블을 이루고 있는데, 녹색에 둘러싸인 입지는 설계의 의지보다는 은둔을 떠올리게 한다. 하지만 이러한 주거지들은 이미 많은 조종의 장소들 혹은 '녹색 초원' 위의 공장이나 슈퍼마켓들과 마찬가지로 자연에 개입한다. 이러한 개입의 결과가 가장 분명하게 드러나는 장소는 바로 골짜기의 저수구역과 댐이다. 이것은 자연을 지배하고자 하는 욕망을 구체화하고 있다. 원시적 힘을 기술적으로 제어하는 것은 위험으로부터 보호해주지만 만약 억제된 힘이 벗어나려고 할 경우에는 새로운 위험을 야기하기도 한다. 이러한 대규모 프로젝트를 통해 자원을 무제한으로 사용한 대가는 매우 크다. 근대에는 위험과 파괴에 대한 인식이 꾸준히 증가하고 있다. 자연보호구역이 지정되고, 스키장 슬로프조차 논란거리가 된다. 지속가능성의 원칙은 계속되는 무분별한 개발에도 불구하고 의미론적으로 매우 성공적인 것으로 증명되었을 뿐만 아니라 무한해 보이는 공간 체험이 경솔한 단순함으로 점철되지 않도록 경계하는 역할을 했다.

제철소

하보 크노흐Habbo Knoch

용광로 안의 근대: 에센의 주강회사 크루프와 뒤스부르크의 프리드리히-알베르트 제련소, 1905년

에센 근교의 크루프시Krupp-Stadt[1]는 그곳 노동자들의 감각을 사로잡았고, 방문객들을 매혹시켰다. 세기전환기에 1,200구가 넘는 용광로, 수백 개의 증기기관, 그리고 에센지역 밖에서까지 듣고 느낄 수 있는 전설적인 25톤 해머 '프리츠'를 포함한 100개가 넘는 증기해머의 위용은 강철 롤러, 기관차, 신호음을 배경으로 소음, 증기, 불꽃이 등장하는 멋진 장면을 완성했다. 작업장의 거대한 규모 때문에 그 안의 사람들은 마치 '난쟁이처럼' 보였고, "기계장치와 건물들은 교회 첨탑보다 더 높이 하늘로 솟아 있었다"(Muthesius 1941, 75). 2만 5,000명에 달하는 노동자가 내는 기본적인 소음은 기계가 지속적으로 내는 굉음에 묻혔다. 참고로 주공장의 노동자 수는 1881년에 처음으로 1만 명이 넘었고, 전쟁이 발발하기 직전에는 4만 명을 넘어섰다. 그들의 자녀들은 치료가 어려운 '크루프 기침'에 시달렸다.

노동자들은 회사의 심장부이기도 한 '제련 건물' 안의 강철 용광로, 대장간과 철공소, 금속봉 압연공장, 양철판 압연공장과 장갑판 압연공장, 다양한 가공 및 생산 공장, 증기기관과 급수시설 등 200개가 넘는 작업장, 공장, 건물 안에서 작업에 전념했다. 관리부서, 설계사무실, 연구실에서 일하는 직원들은 '관리자'라 불렸고 그중에는 '마이스터'도 일부 포함되었는데, 그들은 공장 내부의 위계구조에서 적어도 한 단계 높은 위치를 차지했다. 하지만 고전적 근대의 주도적 산업인 철강생산을 구현한 것은 제련소의 이글거리는 분화구 앞에 선 노동자들이었다. 그들의 노동조합은 산업생산의 요충지에서 근무하는 이러한 원시적 요소의 조련사들을 대변하며 명맥을 유지했다. 그사이 대부분의 작업장은 폐쇄되었고, 화부와 제련공들은 전자동화의 추세 속에서 기계공과 기술자들에 의해 대체되었다.

1912년 회사 창립 100주년을 기념해 제작된 파노라마 사진을 보면 원래의 공장 건물을 중심에 두고 점점 증축된 것을 알 수 있다. 하지만 내부질서는 없어 보이고, 한 뼘의 땅도 남김없이 모두 활용해 지어진 건물의 지붕과 고층화되어가는 에센의 형상이 뒤죽박죽으로 섞여 있다. 작업장의 건축양식은 건축 연도와 기능에 따라 구분되었다. 그리하여 가장 높은 합각머리가 있는 건물 안에는 부분적으로 거대한 증기해머가 설치되어 있었고, 좀더 낮은 건물 안에서는 부품들이 조립되었다. 길게 뻗은 평평한 지붕 아래 혹은 짧은 천장 모서리를 채광창으로 이용하는 톱니 모양 지붕의 작업장 안에는 전체 생산라인이 숨겨져 있었다. 이러한 거대 산업체들이 생겨난 것은 불과 50년밖에 되지 않았다. 새로운 기계, 전문화와 분업화 때문에 대형 작업장의 건설이 필요하게 되었다. 상당수는 교회의 홀을 모델로 삼았다. 하지만 크루프사의 경우 세기전환기 이래로 공장 건축을 "기념비적인 예술"(Walter Gropius)로 격상시킨 페터 베렌스Peter Behrens의 혁명적인 산업 미학의 영향을 별로 받지 않았다.

크루프시의 파노라마 사진을 보면 인상적인 시설을 갖춘 제9기계공장이 가장자리에 우뚝 솟아 있다. 1905년에 건설되어 5년 후 크게 확장된 이 공장은 3만 제곱미터가 넘는 면적으로 세계 최대 규모의 작업장 복합 건물이었다. 이곳에서 대구경 포탑인 '장갑 포탑'이 14미터 깊이에 이르는 용광로 샤프트 안에서 조립되었다. 2개의 반원형 지붕을 가진 우뚝 솟은 중앙 건물의 좌우에 여러 개의 측면 통로가 두 단계에 걸쳐 층고가 낮아지면서 연결되어 있었다. 물결 모양으로 설계된 지붕의 벽면을 통해 작업장에 측면에서부터 햇빛이 비추게 했으며, 촘촘하게 엇갈린 지붕의 랜턴 부착물에 의해 그 빛이 더욱 강렬해졌다. 작업 플랫폼이 측면 통로를 여러 층으로 나누고, 그곳에 작은 작업 부품을 처리하는 기계를 배치할 수 있도록 했다. 그 사이 건축 규정은 기계와 관련된 작업장의 최소 크기를 제정했다. 감독관들은 높은 '마이스터 부스'에서 작업장을 내려다볼 수 있었다. 중앙 작업장에서는 24대의 이동식 크레인이 작동하고 있었다. 총 500여 대의 공작기계가 줄지어 대기하고 있었는데, 그것은 작업장 내부를 특징짓는 변속기 벨트에 의해 구동되었다. 이 복합단지는 1,600명의 직원을 위한 세면시설과 별도의 식당을 갖추고 있어서 부지의 다른 영역들로부터 독립되었을 뿐만 아니라 건축 당국의 위생 요건도 준수했다.

크루프가 근대식 공장을 지을 수 있었던 것은 1890년대 이후 장갑용 강철과 그것으로 제작한 제품이 회사에서 가장 큰 수익을 창출했기 때문이다. 이 수익은 재투자로 이어져 회사가 성장하게 되었다. 외부의 광산에 의존하지 않기 위해 창립자 크루프는 이미 1860년대부터 자체적으로 수많은 광산, 채탄장, 수송선을 보유하고 공장을 대규모 통합시스템으로 확장했다. 1914년 당시 크루프 직원은 8만 명이 넘었고 그중 절반이 외부 공장에서 근무했다. 루르지역과 미국에서의 경쟁이 치열했기 때문에 어쨌든 생산 중단을 피하는 것이 중요했다. 1900년 당시 미국은 세계 최대의 철강 생산국으로 전체 생산량의 3분의 1을 생산했다. 또한 제철소의 기본 동력은 실험실의 기술 발전에 의해 점점 더 통제될 수 있었다. 크루프시 설립자의 아들이자 후계자인 프리드리히 알프레트 크루프Friedrich Alfred Krupp는 새로운 철강 합금과 '가스침탄법'을 이용해 빌헬름제국의 함대 건설정책과 자신의 회사 간의 공생관계를 강화했다.

'대포의 왕' 알프레트 크루프는 전쟁으로부터 언제나 이익을 얻었다. 1850년대부터 그는 유럽의 여러 군대에, 때로는 적군에게까지 대포를 공급했다(Gall 2000). 전쟁물자는 회사 매출의 최소 3분의 1, 때로는 절반까지 차지했으며 특히 높은 이윤을 남겼다. 하지만 그가 철도용 휠림과 레일 제작에서 선두를 달렸기 때문에 그의 주강공장은 항상 두 사업의 기둥 위에 서 있었다. 크루프는 이 두 분야 모두에서 혁신에 집중했으며 새로운 제조공정을 주도했다. 그는 베세머 공법 덕분에 1862년부터 고품질의 도가니 주조방식과는 비교도 할 수 없을 정도로 빠르게 레일과 철도 부품에 필요한 대형 주물을 생산할 수 있었다. 고압으로 선철에 산소를 불어넣으면 용광로에서 천둥소리처럼 요란한 소음과 함께 불꽃이 분수처럼 뿜어져나오는 장관이 연출되었다. 노동자들이 그것을 '쥐떼'라고 부른 데에는 그럴 만한 이유가 있었다. 1869년 크루프

1930년대 지멘스-마틴 용광로에 고철을 적재하는 모습

에 도입된 지멘스-마틴 용광로에서 생산된 더욱 품질 좋은 강철에 이르러서야 비로소 포신의 압력을 견딜 수 있게 되었다. 또한 이 용광로에서는 선철과 고철의 다양한 혼합물로부터 더욱 폭넓은 제품을 생산할 수 있는 유연한 강철 종류를 얻을 수 있었다.

다양한 유형의 용광로를 중심으로 여러 제철소와 작업장이 만들어졌다. 용광로의 용량이 크고 수가 많을수록 제련소에서 불과 증기의 어울림은 더욱 장관을 이루었다. 베세머 공법에서는 작업장에 줄을 맞춰 세로로 배열된 제련 전구('컨버터')를 송풍을 위해 기계적으로 높은 굴뚝의 바닥 부분으로 돌리고, 액화된 강철은 용광로의 불이 꺼진 뒤 지상의 용기 안으로 붓는다. 노동자들은 작업장 반대편에서 쇳물로 강철 블록을 주조하거나 추가 가공을 위해 곧바로 그것을 운반한다. 지멘스-마틴 공장의 용광로 역시 일렬로 배치되어 있었지만 적재와 주조

작업은 건물의 긴 면이 맞닿아 있는 옆 작업장의 맞은편 용광로 끝에서 이루어졌다. 선철은 밀폐된 용광로에서 끓이는데, 탄소를 연소시키는 데 필요한 철의 '정련공정'은 불꽃의 과도한 공기와 첨가된 광석을 통해 이루어졌다. 그런 다음 옆 작업장에서 추가 가공을 위해 강철이 용광로 아래의 용기 속으로 흘러들어갈 수 있도록 뚫어주어야 했다. 노동자들은 더위와 화상의 위험에도 불구하고 이제는 더이상 낡은 방식이 된 '퍼들링Puddling방식'으로 막대를 들고 반죽이 되어가는 덩어리를 휘저을 필요가 없었다.

제련공들은 도가니와 용광로 앞에서 1871년 크루프가 선포한 '철강시대'의 아이콘으로 성장했다. 크루프는 강철은 미래와 전쟁의 재료이며, 청동은 기념물에만 쓰인다고 주장했다. 그는 대기업은 군사국가와 같다고 생각했고, 이 군사국가는 철저하게 조직된 공장이라고 생각했다. 크루프는 한동안 노동자들의 생활방식, 그리고 무엇보다도 정치적 활동을 감시할 수 있도록 비밀경찰을 조직하는 방안까지도 고려했다. 하지만 철강생산 자체에도 규율과 통제가 필요했다. 대포 제작에 사용되는 것과 같은 강철 블록을 주조하는 작업은 참모본부의 작전처럼 진행되어야 했다. 녹인 수백 개 때로는 1,000개 이상의 도가니에 담긴 강철은 식기 전에 금형에 부어넣어야 했다. 항상 노동자 2명이 도가니 중의 하나를 주조 지점까지 운반했다. 이 과정에서 문제가 발생할 경우 전체 블록을 사용할 수 없게 될 수도 있었다.

노동자들은 능력과 전문성에 따라 공장의 공간을 여러 구역으로 나누었다. 제련공은 혼합 비율을 제대로 맞추기 위해 경험이 필요했다. 작은 크기의 선철 블록을 생산하기 위해서는 주조 작업을 맡은 조장을 중심으로 운반 엔진을 작동하고 주조용 쇳물 운반통을 조정하는 노동자들, 그리고 장비에서 노폐물을 제거하는 비숙련 노동자들로 이루어진 조화로운 그룹이 필요했다. 단조용 해머를 다루는 기술자는 자신의 장비에 맞는 특별한 정밀 기술을 가지고 있었다. 제철소에서 어떤 경험을 하는가는 용광로, 해머 또는 롤러에서 맡은 위계상의 위치에 달려 있었다. 해머 아래에서 집게로 부품을 잡고 있어야 하는 사람은 피할 수 없는 불꽃 세례로부터 보호받기 어려웠다. 해머 작업자가 보호벽 뒤에 몸을 반쯤 숨길 수 있었다면, 마이스터는 안전거리를 유지하고 뒤쪽에 머물러 있었다. 지속적인 소음으로부터 벗어날 수 있는 사람은 아무도 없었는데, 특히 압연공장에서는 더욱 그러했다. 이곳의 공기는 "구르는 소리, 날카로운 금속성 굉음, 바퀴와 롤러가 윙윙대는 소리, 엔진이 웅웅거리는 소리, 신호기의 휘파람소리"로 가득차 있었다. 벌겋게 이글거리는 강철 자체도 블록 이동라인에서 위험하게 으깨지고 압착될 때면 "욕설을 내뱉으며 신음했다"(Muthesius 1941, 220f.). 자동화가 가장 빠르게 진행되었던 다양한 형태의 압연공장에서는 강철을 유연한 양철판이나 튼튼한 장갑판으로 만들었다.

1905년 제9기계공장과 같은 해에 뒤스부르크-라인하우젠의 프리드리히-알프레트 제련소가 겨우 1년의 공사 기간을 거쳐 가동에 들어갔다. 이 공장은 3년 전 이탈리아에서 일탈로 인한 대형 스캔들을 일으킨 후 의문의 죽음을 맞이한 아들 크루프가 가장 좋아했던 프로젝트였다. 제1차세계대전 이전 라인하우젠은 총 10개의 용광로를 보유한 유럽 최대의 제철소로, 곧 전체 회사의 선철 약 90퍼센트와 조강의 60퍼센트를 생산했다. 이 제철소는 설계 단계부터 푸른 초원에 건설되어 자연경관을 산업도시로 탈바꿈시켰다. 대량생산된 강철은 '열처리' 과정을 거쳐야 했다. 특히 선로생산을 위한 자체 압연공장, 철강 부품 제작을 위한 다양한 부대설비와 시설이 생산라인을 완성했다. 항구와 철도 연결이 운송을 보장했다. 에센의 크루프사가 핵심 부지에 증축했던 건물과 달리 새로 건설되는 공장은 압축적이고 기능적으로 조율된 통행로를 갖춘 효율적인 형태로 설계할 수 있었다. 건축가들은 이를 위한 스케치도 곧바로 제공했다.

에센의 크루프사가 제1차세계대전 이후, 특히 제2차세계대전 이후 독일에서 산업과 군비확장 간 동맹의 상징이었다면, 라인하우젠은 산업적 근대의 내적 위기를 구현했다. 두 공장 모두 1950년대와 1960년대의 재건을 통해 상당한 혜택을 입었다. 하지만 경기침체와 브라질과 한국에서 생산된 저렴한 철강으로 인해 1970년대부터 많은 서독의 제철소가 '철강 위기'에 빠졌고, 이는 국가 보조를 통해서만 겨우 완화될 수 있었다. 라인하우젠의 공장은 1993년 대중의 큰 논란 속에 폐쇄된 공장 중의 하나였다. 근대의 희망이었던 것이 공룡으로 변해버렸다. 뒤스부르크의 라인하우젠지역은 이미 그전에 사회적 관심 지역이 되었고, 텔레비전 범죄드라마의 배경으로 논란거리가 되었다.

컨베이어벨트 없는 진보: '고전적 근대'에 진행된 노동의 기계화

분업과 기계화는 산업화 초기의 공장제 수공업, 그리고 일반적으로 여러 명의 노동자가 자신의 집에서 제품 일부를 생산하던 출판업에 이미 존재했었다. 하지만 전문화와 기계화된 작업이 자본, 신축 건물, 자체 관리 차원 및 시장지향성과 결합된 1840년대 이후에야 비로소 독일에서 근대적인 공장이 등장했다(Ruppert 1983). 근대적인 공장은 작업장, 농장, 감옥으로부터 공간 요소를 도입했지만 출판업과는 달리 무엇보다도 기업가의 생산 및 규율 관련 권한을 서로 연계되어 있는 공간적 앙상블 안에 집중시켰다. 1870년에서 1930년 사이 기계공업, 화학산업, 전기산업과 함께 '제2차 산업화'의 핵심 기술들이 확장되었다. 기술 발전과 작업 과정의 최적화를 통해 반자동 생산시스템이 가능해졌으며, 이를 통해 대량생산 제품을 이전과는 비교할 수 없을 만큼 효율적으로 생산할 수 있었다.

제철소는 1900년경 산업계의 활기찬 분위기를 주도했다. 피츠버그의 앤드류 카네기 제철소에서는 계속해서 새로운 속도 기록이 수립되었고 용광로, 롤러, 기계의 생산량은 몇 배나 증가했다. 공장 내부 합리화의 선구자인 프레더릭 W. 테일러Frederick Winslow Taylor는 수년간 제철소에서 시간연구를 수행했고, 혁신적인 절삭 공구를 직접 발명하기도 했다. 이러한 가속화로 인해 비로소 소비사회가 가능해졌다. 자동화된 대량생산, 특히 소비재생산의 발상지로 꼽히는 디트로이트에 있는 헨리 포드의 하이랜드 파크 자동차공장에서는 1913년부터 컨베이어벨트에서 표준 모델 T를 생산했다. 헨리 포드는 전문화된 공작기계, 대량생산 및 최대 분업화를 대규모 사업장에 통합시켰고, 이를 통해 광범위한 소비자시장을 겨냥했다. 가장 중요한 두 가지 요소, 컨베이어벨트시스템과 노동자의 단일 영역 전문화는 그가 도축장에서 관찰한 것이었다. 이미 18세기 말부터 총기류, 시계, 직물 등이 분업에 기반해 부분적으로 자동생산기계의 도움을 받아 생산되었다. 1850년 이후 재봉틀의 발명과 작업복에 대한 대량 수요로 인해 직물의 대량생산과 표준화가 강화되었다. 이 시기 독일의 기계 제작에는 분업과 대량생산이 도입되었지만 기업들은 여전히 노동자의 숙련된 기술에 의존하고 있었다. 납품되는 개별 부품은 현장에서 정밀하게 마무리되어야 했다.

그러나 포드주의가 20세기 산업계에서 지속적으로 중요한 역할을 하게 된 것은 노동생리학 및 산업심리학적 조치가 보완된 이후이다. 1911년에 발표된 프레더릭 테일러의 『과학적 관리의 원칙The Principles of Scientific Management』은 이미 '테일러화'가 진행중이던 독일에서 2년 후에 출판되었다. 이미 1899년에 중견 사업가 알로이스 리들러Alois Riedler는 '신속한 작업'에 대해 홍보했다(Borscheid 2004, 260). 프레더릭 테일러는 자신의 시간연구에서 어떻게 하면 최소한의 육체적·시간적 노력으로 작업을 수행할 수 있는지를 탐구했다. 그에 따르면 신체는 공간에서 가능한 한 효율적이고 계산적으로 움직여야 하고(고층건물), 작업 공간은 인체의 능력에 맞게 설계되어야 하며, 목표로 하는 작업량을 위해 '가장 유능한 사람'을 찾아야 했다. 1900년경 10분의 1초 단위의 스톱워치가 산업과 스포츠에 도입되었고, 제1차세계대전이 일어나기도 전에 프레더릭 테일러의 기본 이념은 개인 주방으로 전파되었다.

또한 프레더릭 테일러는 설계, 기획, 실행을 일관되게 분리하는 것을 옹호했다. 19세기까지도 숙련된 장인이 제작중인 반제품에 직접 설계 스케치를 하는 것이 여전히 관례로 남아 있었다. 하지만 프레더릭 테일러 이전에도 대기업들은 이미 엔지니어를 위한 자체 사무실을 마련했고, 이들은 실험실도 사용할 수 있었다. 게다가 크루프에서 미리 계획된 공정을 확인할 수 있는 '종이쪽지'를 손에 든 마이스터의 모습은 제1차세계대전 훨씬 이전부터 흔히 볼 수 있는 광경이었다. 제품을 처음부터 끝까지 제작하는 마이스터의 능력에 대한 요구는 점점 줄어들었고, 이제 마이스터는 무엇보다도 감독하고 지휘할 수 있어야 했다.

헨리 포드와 프레더릭 테일러에 대한 열광이 널리 퍼지기는 했지만 그것이 일치된 견해는 아니었으며, 1950년대까지 유럽 공장의 이미지를 특징지은 것은 컨베이어벨트가 아니라 전동벨트였다. 작업장을 확장하고 기계화함으로써 개별 제품을 대량생산할 수 있었다. 컨베이어벨트 작업을 하는 그룹은 특히 소규모 전기산업에서 생산을 가속화했다. 연속 공정기계에서 전기모터는 더 정밀하게 설정할 수 있기 때문에 증기기관을 대체했다. 모든 노동자는 기계를 자신의 작업방식에 맞게 조정하고 일종의 규격화된 개성을 형성할 수 있었다(아파트). 20세기 초반 대기업의 전기화는 물류에도 영향을 미쳤다. 공장의 벨트컨베이어와 엘리베이터는 운송과 보관을 용이하게 했고, 나선형 컨베이어, 셰이커컨베이어, 버킷컨베이어는 특히 광업과 곡물 생산에서 세밀한 상품이나 작은 조각의 기계적 이동을 가능하게 했다(기업형 농장). 광업에서는 1920년대에 전기 광산 해머의 급속한 증가로 '채탄' 작업이 혁명적 변화를 겪었다.

급속한 기계화는 노동자들 사이에서 큰 불만을 야기했다. 숙련된 노동자들은 미숙련 노동자들에 대해 가지고 있던 신분적 우위를 상실했다. 비록 19세기 말에 신고된 작업장 사고 중 기계와 관련된 사례는 전체의 4분의 1에 불과했지만 사고 빈도는 증가했다. 그럼에도 불구하고 노동자들은 생산량 압박과 시간시스템으로 인해 규율에 얽매여 있었기 때문에 엄청난 새로운 부담을 짊어져야 했다. 도급 임금, 형편없는 자격조건, 장시간 노동, 그리고 운송기계를 더 빠르게 가동해 컨베이어벨트에서의 생산량을 늘린 조장에게 지급되는 악명 높은 보너스제도는 이미 제1차세계대전 이전부터 특히 독일에서 '미국식 작업장'의 평판을 떨어뜨렸다. 루트비히 뢰베스Ludwig Loewes와 베르너 지멘스Werner Siemens는 이미 1870년대 최초의 미국화 추진 과정에서 자신들의 전기

공장에 이러한 작업장을 설치했다. 1928년 에곤 에르빈 키슈Egon Erwin Kisch가 관찰한 것처럼 헨리 포드의 컨베이어벨트에서 노동자들은 "바짝 붙어 있어서 [……] 옆사람의 얼굴 아래에서 굴러오는 부품을 잡아 왼쪽 사람의 얼굴 가까이에서 작업을 시작하고, 오른쪽 사람의 얼굴 바로 앞에서 작업을 마무리해야만 할 지경이었다"(Kisch 1995, 179).

포드주의와 테일러주의에 반대하는 사람들은 미국 노동자의 사고방식이 다르다는 점을 비판의 근거로 삼았다. 미국 노동자는 "더 자유분방"하고 "더 서슴없이" "기계화되고 단조로운 작업에 훨씬 더 잘 적응"할 수 있다는 것이다. 독일 노동자는 "비판적이고 느리며, 자신의 노동과 내적으로 더 연결되어 있기" 때문에 합리화에 저항한다는 것이다(Rogier 1928, 12). 이로 인해 독일 노동자는 컨베이어벨트 작업의 후유증, 신경과민과 내적 공허에 빠지기 쉬울 것이라는 주장이다. 19세기 중반 이후 기계 작업이 인체에 가하는 과도한 요구로 인해 인체는 기술적·물리적 관점에서 최적화되어야 할 기계로 여겨지게 되었다. 신체는 점점 더 "힘, 에너지, 노동력의 장"으로 등장했다(Rabinbach 2001, 81). 세기전환기 이전의 20년 동안 과학자들은 운동과 피로 연구에서 '인간 엔진'의 법칙을 추적했다. 사회정치연구소는 프레더릭 테일러의 책이 독일에 알려지기 직전에 막스 베버의 주도하에 대규모 산업이 노동자의 성격과 생활방식에 미치는 영향에 대한 연구를 이미 수행했다. 일찌감치 확립된 노동학에 의해 하루 8시간 근무, 교대시스템 및 신체 훈련의 토대가 마련되었다.

제1차세계대전 당시 병사들의 전쟁에 대한 피로감과 히스테리는 정신공학 연구자들에게 큰 힘을 실어주었다. 1925년 보수진영과 루르지역의 대기업가들이 노동자 선발과 교육의 원칙을 명백한 반미주의와 결합한 독일 기술직업훈련연구소DINTA의 설립을 지지한 것은 우연이 아니었다. 이 '독일방식'은 1933년 나치 집권 이후 독일노동전선 산하에서 계속되었다. 작업장을 근대화하는 과정에서 '노동의 아름다움'으로 선포되고 일부 대기업에서 미국 모델에 따라 부분적으로 실행되기도 한 것의 목표는 규율과 생산을 더 효율화하는 것이었다. 당시 독일은 전쟁을 준비하고 있었다.

노동학과 산업심리학도 중요했지만 성공적인 생산을 위해서는 부품, 기계, 생산공정의 표준화가 결정적이었다. 하지만 1920년대 독일에서는 생산공정과 부품의 표준화를 위한 새로운 국가기관이 존재했음에도 불구하고 테일러주의와 합리화는 현실이라기보다는 선전적 요소에 더 가까웠다. 독일 자동차 제조업체는 소량의 고급 모델을 생산했으며, 독일의 전기공학 관련 기업 중 컨베이어벨트시스템에 지속적으로 주력하는 기업은 소수에 불과했다. 특히 변동하는 수요와 함께 독일의 숙련공에 대한 전통적인 이상은 컨베이어벨트의 투입을 가로막는 장애물이었다. 수년간의 작업공정에 대한 예비 연구 끝에 1925년 지멘스에서 진공청소기 생산을 위해 처음으로 컨베이어벨트가 가동되었다. 1930년대에 특히 군수산업에서 기계화에 대한 압력이 커졌지만 전문 인력의 부족은 값싼 노동력을 고용하고 결국에는 강제노동자와 전쟁포로를 투입하는 것으로 대응했다.

금속으로 만들어진 사람들: 제철소와 근대의 비전

교대 근무. 노동자들은 도시적으로 보이기는 하지만 도시의 화려함이라고는 찾아볼 수 없는 공간에서 분주히 움직인다. 오전 근무조가 아직 어두울 때 도착했다면 이제 오후 근무조는 한낮의 햇살 속에서 공장으로, '그들의' 공장 안으로 몰려 들어간다. 공장과의 동일시는 소규모 경영의 유산이며, 교대 근무는 사회정책과 경영학의 성과이다. 발터 루트만의 영화 〈베를린-대도시 교향곡〉에서는 시간에 의해 관리되는 움직임이 공간을 변화시키는데, 이것은 1920년대 **영화**의 고전적인 주제이다. 사람들의 물결은 공장으로 들어가는 문에서 새로운 세계가 시작되는 듯한 인상을 상대적으로 만든다. 하지만 출퇴근 도장을 찍을 수 있거나 통제 스탬프가 있는 사람만 그곳으로 들어갈 수 있으며, 실업자와 가족은 배제되고 구내식당은 교대 근무를 하는 동안 도시로부터의 차단을 가능하게 한다. 많은 회사 건물의 경우 입구를 통과하자마자 직원과 노동자를 각기 다른 층의 업무 공간으로 안내하는 효율적인 경로 시스템이 시작되었다. 직원들의 호기는 그들의 통일성의 허상이 그러하듯 마치 회사의 카지노처럼 엄격하게 위계적으로 조직된 사무실에서 사라져버렸다. 여기서 중요한 것은 의자의 높이와 전화기의 개수였다. 책상의 효율적이고 이상적인 배치는 개인적으로 사용할 수 있는 공간을 거의 남기지 않았다. 직원들은 자주 언급되곤 하는 이러한 사무실에서의 정신적 스트레스를 퇴근 후에 **댄스홀**과 **영화관** 혹은 자신의 **교외 주택단지**로 도피해 그곳에서의 즐거운 시간을 통해 해소할 수 있었다. 그에 반해 노동자들은 회사 건물 밖에서도 생산의 리듬에 계속 묶여 있었다.

도시와 지역 전체가 공장의 생명줄에 의존했다. 공장은 비록 외곽에 위치했지만 도시의 내적인 중심지로서 교회와 시청을 대신했다. 1880년대 에센시는 크루프 부지의 절반도 되지 않는 규모였다. 그후 에센 역시 크루프사와 주변 산업체들로부터 점점 더 많은 혜택을 받았고, 이를 통해 에센은 도르트문트, 뒤셀도르프와 함께 루르지역의 대도시 중심지가 되었다. 1886년 인상적인 시청 건물과 하수처리장이 세워진 후 1892년부터 1902년 사이에 새로운 시립극장, 루르지역 최초의 전차, 고급 쇼핑 아케이드인 카이저할렌, 라인-베스트팔렌 전기공사 본사, 독일제국철도청 중앙행정 건물, 새로운 **기차역**, 호화롭게 장식된 공공건물, 미술관과 지역박물관이 빠른 속도로 연이어 건설되었다(민족학박물관). 1912년 1만 제곱미터에 53개의 전문 매장을 갖춘 루르지역 최대 규모의 **백화점**인 알트호프가 문을 열었다.

크루프 자신이 1873년부터 독특한 양식의 '빌라 휘겔'에 거주함으로써 정점을 찍었다. 빌라 안에는 많은 **그랜드호텔**과 마찬가지로 고급 장식과 넓은 공간이 귀족적 화려함과 비교되는 어느 정도의 절제와 결합되어 있었다. 크루프의 주도하에 세워진 광범위한 사회복지시설에서는 기업에 대한 충성심과 대농장 소유주의 가부장주의가 함께 나타났다. 효율성과 지속가능성을 결합한 공장도시와 산업체 마을에 대한 비전은 '과학적 산업 관리'가 시행되기 훨씬 이전부터, 특히 철강생산의 사례에서 노동자를 인간 톱니바퀴로 분류했다. 시카고의 자동차 및 철도 제조업체인 풀만과 영국의 캐드버리와 레버는 이미 19세기 후반에 회사 부지에 합리적이고 진보적인 산업 주거지를 추가로 건설해 효율성과 통제는 물론 노동자들의 생활수준도 향상시켰다. 1911년 마르가레텐회헤의 첫번째 공사 분기가 시작되었을 때 크루프 부지에는 이미 수많은 노동자 주택단지가 들어서 있었다. 이곳은 '빈곤층'을 위한 주거지로서 오래된 'D-철도-주택단지'의 연립주택과 일부 도심의 임대아파트 단지와는 확연히 구별되었다. 건축가는 명확한 평면도, 단독주택, 부드러운 거리

배치를 통해 '주민들의 번호 매기기'를 피하고자 했다. 공장에서 통제표식시스템이 자동기록기로 교체된 것이 겨우 몇 년 전의 일이었다.

1920년대의 주택 설계자들은 한걸음 더 나아갔다. 특히 바우하우스 건축가들은 노동자와 직원들에게 충분히 개방적이고 위생적인 생활환경을 제공하기 위해 효율적인 주거 공간의 활용과 합리적인 생산공정을 서로 결합하고자 했다(아파트). 그들은 많은 건물에서 **자동차**와 기관차의 강철 차체와 금속판에 사용되었던 역동적인 형태를 차용해 제1차 세계대전 이후 진보의 상징이 되었다. 1940년대 초반 나치의 주택 건설은 '자동차 같은 주택'을 건설한다는 아이디어를 채택했다. 이때 규격 건축물의 경우 '단순하고 명확'하며 내부와 외부 디자인에 편차가 없는 것이 아름다운 것으로 인식되어야 했다(Fehl 1995). 제2차세계대전중 철강을 생산하는 헤르만 괴링 공장 인근에 인공 도시 잘츠기터를 건설하는 과정에서 군대 경영의 오만함과 꼼꼼한 기획 설계방식이 결합되었다. 1951년 바우하우스의 미적 요구는 배제된 채 제철소기업연합 아이젠휘텐콤비나트 오스트의 직원들을 위해 동독 최초의 '사회주의 주거 도시'로서 아이젠휘텐슈타트가 건설되었다.

어쨌든 철강은 자본주의와 사회주의 간의 경쟁의 장이 되었다. 미국에서는 철강과 철근 콘크리트가 **고층건물**의 건설을 가능하게 했고, 구소련에서는 자국의 철강생산의 엄청난 성장을 농업 기계화에 투자했다(기업형 농장). 구소련의 트랙터 운전사는 새로운 출발, 급진적인 현대화, '새로운 인간'을 구현한 사회주의 '강철시대'의 상징이 되었다. 동양과 서양 모두에서 철강은 시대를 초월하는 느낌을 갖게 되었고, 바우하우스 선언문에는 이에 대해 "과거, 달빛, 영혼에게 죽음을, 현재는 정복자의 몸짓으로 그렇게 성큼성큼 걸어간다"라고 명시되어 있다. 철근 콘크리트와 프리스트레스트콘크리트를 사용해 반구형 지붕을 돌출시킬 수 있었던 새로운 공공 오락시설과 실용적 건물들이 매우 낭만적이지 않은 방식으로 사람들을 사로잡고 칭송을 받았다. 하지만 공장 건설과 작업장 건설을 위해서는 여전히 대안이 존재했다. 1925년 도르트문트에서 개장한 베스트팔렌홀은 **경기장**과 같은 규모로 최대 1만 6,000명의 관중을 수용할 수 있는 스포츠 경기를 위해 설계되었으며, 당시 유럽에서 가장 큰 독립형 홀로 기초를 제외하고는 모두 목재로 지어졌다.

이러한 종류의 대형 프로젝트는 전반적인 전기화와 연결되었으며, 이것이 없었다면 공장에서의 근대적 생산 기술 또한 상상할 수 없었을 것이다. 제1차세계대전 당시 독일에서는 군수 생산량이 증가한 결과 최초의 대규모 발전소가 건설되었다. 이곳에서 생산된 전기는 육로로 운송되었고, 훨씬 더 효율적인 지역 발전기보다 우위를 점했다. 고압 송전선과 변전소는 지역 전체를 에너지구역으로 변화시켰다. 이에 맞춰 독일의 에너지기업들은 일찌감치 네트워크와 공동 운영체계를 조직했다(**전화교환소**, **기업형 농장**). 전기화와 기계화는 공생적으로 발전했고, 합리화 과정을 거쳐 전자동화된 생산방식을 추구하게 되었다. 1920년대 센서로 제어되는 복사기를 사용하면서 컴퓨터제어 자동화의 길이 열렸다. 평범한 인간의 신체적 부족함과 결함으로부터 해방되고자 하는 기업가와 엔지니어들의 오랜 꿈이 현실이 되는 듯했다. 완전 자동화되고 프로그래밍된 기계가 기술적으로 가능해지기 전에는 **우주선** 같은 것이 문학의 소재였다. '로봇'이라는 용어의 유래는 1921년 카렐 차페크Karel Čapek가 인간과 비슷한 기계가 결국에는 자신의 제작자에게 반기를 든다는 내용을 그린 연극의 제목 〈로숨의 유니버설 로봇Rossum's Universal Robots〉으로 거슬러올라간다. 에른스트 윙거Ernst Jünger의 강철 같은 '노동자'는 제1차세계대전 이후 강철 헬멧의 보호를 받았던 전선에서의 경험을 바탕으로 로봇과 비슷한 특성을 갖게 되었다.

이에 대립되는 것은 합리화된 노동세계에 대한 비판적 이미지였다. 이미 1879년에 쥘 베른은 크루프의 에센을 염두에 두고 독일의 '강철 도시'라는 끔찍한 이미지를 잘 정돈된 프랑스의 산업 마을과 대조적으로 묘사했다. 제1차세계대전 이후의 신즉물주의 예술에서 인간은 기술의 단순한 연장으로, 기껏해야 기술의 우두머리로서 지속적인 주제가 되었다. 하지만 나중에 전체 포드주의를 대표해 시카고의 도살장을 비난했던 베르톨트 브레히트Bertolt Brecht조차 1927년에는 '아이언맨'으로 미화된 미국의 사이클선수 레지 맥나마라Reggie MacNamara에 열광했다. 1932년 프랑크 아르나우Frank Arnau는 자신의 소설 『강철과 피Stahl und Blut』에서 기술 근대화의 위험성을 지적했는데, 한 노동자가 사고를 당해 마치 철판처럼 롤러 속에서 압착된다. 근대의 산물 중에서 강철보다 더 양면성을 가진 경우는 거의 없었다. 강철은 역동성과 경직성, 지속성과 퇴화, 해방과 내적 공허, 시민적 삶의 진보와 전쟁의 폭력을 구현했다. 자신의 공장도시를 매우 자랑스럽게 생각했던 창업자 크루프마저도 그곳이 너무 시끄럽고 너무 답답하다고 여기게 되었다. 그는 50세 생일 이후 정기적으로 몇 주에 걸친 휴가 여행을 떠났다.

참고문헌

Borscheid, Peter (2004): Das Tempo-Virus. Eine Kulturgeschichte der Beschleunigung, Frankfurt.

Braun, Hans-Joachim/Walter Kaiser (1997): Propyläen Technikgeschichte, Bd. 5: Seit 1914. Energiewirtschaft, Automatisierung, Information, Berlin.

Fehl, Gerhard (1995): ≫Eine Wohnung, gebaut wie ein Auto≪. Ford und die ≫Industrialisierung des Wohnungsbaus≪ im Nationalsozialismus, in: Zukunft aus Amerika, 250~275.

Franz, Werner (1923): Fabrikbauten, Leipzig (Handbuch der Architektur, 4. Teil, 2. Halbbd., 5. Heft).

Gall, Lothar (2000): Krupp. Der Aufstieg eines Industrieimperiums, Berlin.

Kisch, Egon Erwin (1995): Aus den Ford-Werken, in: Zukunft aus Amerika, 176~191.

Krupp (1912): Zur Hundertjahrfeier der Firma Krupp 1812~1912, Essen.

Muthesius, Volker (1941): Du und der Stahl, Berlin.

Rabinbach, Anson (2001): Motor Mensch. Kraft, Ermüdung und die Ursprünge der Moderne, Wien.

Reif, Heinz (1986): ≫Ein seltener Kreis von Freunden≪. Arbeitsprozesse und Arbeitserfahrungen bei Krupp 1840~1914, in: Klaus Tenfelde (Hg.), Arbeit und Arbeitserfahrung in der Geschichte, Göttingen, 51~91.

Rogier, Hermann (1928): Die Stellung der Arbeiterschaft zur Rationalisierung, Diss. jur. Breslau.

Ruppert, Wolfgang (1983): Die Fabrik. Geschichte von Arbeit und Industrialisierung in Deutschland, München.

Welskopp, Thomas (1994): Arbeit und Macht im Hüttenwerk. Arbeits- und industrielle Beziehungen in der deutschen und amerikanischen Eisen- und Stahlindustrie von den 1860er bis zu den 1930er Jahren, Bonn.

Zukunft aus Amerika (1995): Fordismus in der Zwischenkriegszeit, hg. v. Stiftung Bauhaus Dessau und Lehrstuhl Planungstheorie RWTH Aachen, Dessau.

고층건물

외른 바인홀트Jörn Weinhold

예나 카를 차이스 공장의 '15호 건물', 1915년·1917년

1917년 사진작가는 새로 건립된 카를 차이스 공장의 15호 건물을 '타워로서의 고층건물'로 보고자 했다. 하지만 고층건물의 특징으로 추정되는 이러한 형태는 원래 의도된 것이 아니었다. 다름슈타트의 건축가 프리드리히 퓌처Friedrich Pützer는 훨씬 더 광범위한 건물단지를 계획했다. 그의 설계는 총길이가 102미터의 원반형 고층건물을 구상했는데, 당시로서는 기념비적인 규모의 인상적인 공장 건축물이었다. 하지만 프리드리히 퓌처의 설계는 3분의 1만 실현될 수 있었기 때문에 그로 인해 고층건물이 타워 같은 느낌을 주게 되었다. 이러한 인상을 명료하게 포착하기 위해 사진작가는 카를 차이스 공장 안뜰에서 매우 특별한 각도로 15호 건물을 향해 카메라를 맞춰야 했다. 사실 그것은 결코 독립된 타워가 아니었다. 도시 쪽에서 이 건물은 다층구조의 긴 측면만 볼 수

1917년 5월 첫번째 건설 단계가 완료된 직후
안뜰에서 본 카를 차이스 공장의 15호 건물(고층건물)

있었고, 실제 고층건물은 그곳으로부터 직각으로 회사 부지 쪽으로 돌출되어 있었기 때문에 도심에 사는 주민들은 이 건물이 고층건물이라고 인식하기 어려웠다. 이렇듯 고층건물의 느낌이 약화된 데는 세로 방향 건물과 고층건물 사이를 테라스 형태의 계단 모양으로 만든 것도 영향을 미쳤는데, 건물의 도시 쪽 측면 두 부분 사이의 높이 차이가 두드러지지 않도록 했다(Klein 1999, 106ff).

따라서 예나의 공장 고층건물은 처음부터 급진적인 근대성을 일부 상실했다. 15호 건물의 디자인이 축소된 것은 부분적으로는 전쟁의 결과였다. 1914년 이후 독일에서 건축활동은 심각한 제한을 받았던 것이다. 1916년 마침내 일반적인 건축 금지령이 내려졌지만, 카를 차이스 공장의 증축 공사의 경우에는 군수산업에서 회사가 차지하는 중요성 때문에 이를 피할 수 있었다. 그러나 15호 건물의 형태가 완화된 것은 무엇보다도 지역 건축가협회와 시당국의 항의 때문이었다(Kurze 1997, 42f.; Klein 1999, 105f.). 카를 차이스사에서는 건축이 시작되었거나 완공된 연도에 따라 건물의 명칭을 정하는 것이 관례였는데, 이렇게 명명된 13호 건물과 15호 건물을 통해 차이스 공장은 세기전환기 이후 도심의 서쪽 가장자리에서 엄청나게 성장한 회사의 부지를 완성한 셈이었다. 그뿐만 아니라 산업체의 전체 건물단지는 새로운 윤곽선과 근대적인 디자인을 통해 구시가지와 분명하게 차별화되었으며, 도심을 장악할 만한 위협적인 요소가 되었다.

따라서 카를 차이스사의 새로운 건축 프로젝트는 점점 더 많은 비판을 받게 되었다. 독일 자유건축가협회 예나지부는 1913년 2월 19일자 편지에서 차이스 경영진에게 다음과 같이 기업의 건설계획에 대해 불만을 토로했다. "차이스 공장의 급속한 발전으로 인해 도심의 가장 아름다운 지역에 도시계획과 건축적 측면을 고려하지 않은 채 높은 공장 건물들을 지어야만 하게 되었다. 얼마 지나지 않아 아직 비어 있는 부지도 [……] 차이스사의 효용성 원칙에 따라 희생될 것으로 추측된다" (Baupolizeiakte 13/15, 27). 마침내 시당국은 건축설계에서 건물의 원거리효과를 고려한다는 조건으로 15호 건물의 축소 버전에 동의했다 (Klein 1999, 107).

그런 점에서 15호 고층건물은 건축주와 건축가, 시당국 간의 타협의 결과물이었지만 그럼에도 불구하고 새 건물은 공장에서 일하는 사람들에게는 위압적으로 보였다. 일부 묘사에서 "차이스 공장의 타워 하우스"라고도 불리는 이 건축물은 콘크리트 골조 공법으로 지어졌다. 이 건물은 높이가 약 43미터에 달했고, 지하층 이외에 9층으로 이루어져 있었다. 고층건물의 상부에는 추가로 7미터 높이의 기둥 없는 옥상홀이 있었는데, 이 홀은 군용 거리측정기를 테스트하기 위한 냉장실로 사용되었다. 카를 차이스사는 바로 옥상홀의 무기 관련 기능 때문에 새 건물에 대해 건축감독국의 승인을 받았던 것이다. 정면의 디자인, 특히 남쪽 정면에 엘리베이터가 있는 계단의 디자인에서 15호 건물은 미국의 고층 건축 모델을 강하게 연상시켰다.

두 줄로 늘어선 커다란 창문 뒤에는 광학제품을 대량생산하기 위한 작업장이 자리잡고 있었다. 고층건물의 내부 풍경은 차이스 공장의 노동자들에게는 그다지 장관이 아니었을 것이다. 이 회사의 다른 작업장은 기계와 작업대가 각 층마다 일렬로 규칙적으로 길게 배열되어 있다는 점에서 15호 건물과 별다른 차이가 없었다. 한 지붕 아래 생산공정의 여러 부서를 수용함으로써 군수산업의 분업체제에 따라 작업 동선이 현저히 단축되었다(Markowski 1997).

공장 고층건물의 완공은 도시 발전의 결정적인 전환점으로 드러나게 되었다. 이는 한편으로는 도시 내부 밀집도의 증가와 관련이 있었다. 건물 높이와 도로 너비가 1대 1로 맞춰져야 한다는 옛 기준은 이미 오래 전부터 의문시되었고, 좁은 회사 부지의 높은 건물에서 일하는 사람들의 수는 계속 증가하고 있었으며, 예나 시민들은 공장 정문에서 도시의 거리로 쏟아져나오는 차이스 노동자들에 대해 점점 더 많은 불만을 쏟아내었다. 무엇보다도 15호 건물은 "고층건물 도시로서의 예나시대의 출발"을 의미했다(Klein 1999, 106). 본공장 부지에서 또다시 심각한 공간 부족 문제가 발생한 이후 1936년 66미터 높이의 15층짜리 회사 관리용 고층건물이 건설되었다. 20년 후 현재 VEBVolkseigener Betrieb, 국영기업 카를 차이스 예나로 운영되고 있는 이 공장에서는 67미터의 고층 연구 건물이 설계되고 건설되었다. 마지막으로 1972년에 헤르만 헨젤만Hermann Henselmann의 설계에 의해 120미터 높이의 원형 타워 형태로 대학의 고층건물이 완공되었다.

경제적 효율성과 과시성 사이의 고층건물 논쟁

독일로서는 비교적 이른 시기 예나에 최초의 고층건물을 건설할 수 있도록 매우 유리한 상황이 조성되었다. 번창하는 회사가 있었고, 자신감 넘치는 경영진이 인상적인 근대적 산업 건물로 회사의 세계적 위상을 표현하고자 했던 것이다. 사용 가능한 부지에 공간이 부족해 생산시설을 위쪽으로 확장할 수밖에 없었고, 그리하여 시 행정부의 수많은 반대에도 불구하고 이러한 계획의 실현이 가능했다. 또한 여기에 전쟁 상황이 더해져 군수 관련 프로젝트에 관한 건축감독국의 허가를 받을 수 있었다. 산업체의 주도로 고층건물을 공장 건물로 개조하고 타워 하우스의 형태를 취한 것은 이례적인 일이 아니었다. 1923년에 지어진 드레스덴의 에르네만 공장의 타워 하우스와 같이 이후의 수많은 고층건물도 산업적 용도, 층수, 높이 등에서 예나의 건물과 일치했다(Deutschlands erstes Turmhaus 1923).

차이스 고층건물의 디자인이 미국 모델을 기반으로 한 것은 우연이 아니었다. 1913년 15호 건물이 계획되고, 이로 인해 건축가와 영향력 있는 시민들 사이에서 수많은 논쟁이 벌어지고 있을 때 슈투트가르트 출신의 정부 소속 건축가 오토 라폴트Otto Rappold는 자신이 미국 유학중에 관찰한 내용을 기록한 『초고층 빌딩의 건설Der Bau der Wolkenkratzer』을 출간했다. 그가 이 책을 쓴 것은 미국을 직접 여행할 기회가 없었던 독일의 기술자와 건축가뿐만 아니라 "위대한 나라를 방문하는" 그의 저서를 지침서로 활용할 수 있었던 "점점 더 규모가 커져가는 교육에 목마른 수많은 전문직 동료들"을 위해서이기도 했다(Rappold 1913, V). 오토 라폴트의 책은 미국을 방문한 많은 독일 여행자들이 고층건물에 대해 느꼈던 매력을 잘 보여준다. 야심찬 목표를 세우고 대규모 프로젝트를 선호하는 열광적인 분위기의 독일제국시대에 고층건물에 대한 이러한 열광은 독일의 기술자들 사이에서만 널리 퍼졌던 것은 아니다. 무엇보다도 철강산업은 석재와 시멘트 클래딩을 사용한 철골구조물이라는 새로운 건설방식에서 큰 수익을 기대했다(제철소). 따라서 제1차세계대전 이전부터 고층건물에 대한 논쟁을 일으키고 독일에 이 근대적 건축유형에 대한 호기심을 불러일으킨 것은 주로 산업가들이었지만, 토지투기꾼과 부동산 소유주들도 있었다(Neumann 1995).

그러나 처음에는 독일에서 '고층건물', '마천루', '타워 하우스'라는 용어가 실제로 무엇을 의미하는지에 대해 상당한 혼란이 있었다. 예를 들어 1911년 건설중이던 고층건물의 화재에 대한 보고서 제목이 "함부르크 최초의 마천루 화재"였는데, 높이가 34.5미터의 10층짜리 건물에 불과했다(Beton und Eisen 1911, 250). "독일에서는 기존의 건축법 때문에 고층건물의 건설이 허용되지 않는다"는 추측이 널리 퍼지면서 혼란은 더욱 가중되었다(Rappold 1913, VI). 하지만 그것은 주로 프로이센, 특히 제1차세계대전 전후로 고층건물에 대한 많은 논쟁이 벌어졌던 도시 베를린에 적용되는 이야기였다. 수도 중심부의 경우 최대 건물 높이가 22미터, 최대 5층으로 규정되어 있었다. 따라서 베를린에서는 6, 7층짜리 건물은 이미 고층건물로 여겨졌다. 그러나 함부르크, 튀링겐, 작센의 건축법은 1914년 이전에 이미 10층 건물을 허용했다. 그리하여 베를린에서 많은 토론과 설계가 진행되었음에도 실제로 건축된 것은 거의 없었던 데 반해 독일 고층건물의 근대화는 지방에서 이루어졌다(Kloft 2002; Neumann 1995; Stommer 1990).

이러한 상황은 1921년 복지부장관이 발표한 법령에 따라 기존 건축법에 대한 예외 조항으로 고층건물의 건설이 허용된 이후에도 그대로 유지되었다. 물론 물리적 형태에 대한 보다 정확한 정의는 이때에도 이루어지지 않았다. 타워 하우스도 함부르크의 칠레 하우스와 같이 일정한 높이를 초과하기는 하지만 높이보다는 옆으로 넓은 건물도 모두 법적으로 고층건물로 간주되었다. 그럼에도 전쟁 전과 비교해보면 1921년은 고층건물 논쟁에 대한 관심이 급격히 증가해 전문가집단의 범위를 훨씬 넘어선 시기였다. '고층건물 열풍', '타워 하우스 전염병', 또는 히스테릭한 '고층건물을 요구하는 울부짖음'과 같은 말들이 나왔다. 독일의 고층건물은 1920년대 초의 감정적인 고층건물 논쟁에서 근대의 장소로서 첫번째 정점을 찍었는데, 이는 매력적인 동시에 논란을 불러일으키는 장소였다. 여러 건의 공모전이 진행됨으로써 고층건물 건설에 중요한 역할을 했으며, 대중들도 이에 관심을 보였다. 1921년 베를린 미테의 프리드리히슈트라세 기차역 근처에 있는 삼각형 부지 개발에 관한 공모전이 대표적이었다. 미스 반데어로에Mies van der Rohe의 유리 타워 설계도를 통해 근대의 건축 아이콘이 탄생했지만 1929년 신규 입찰 이후에도 건설은 되지 않았다(Neumann 1995, 39~61).

반면 다른 곳에서는 건축이 진행되었다. 1920년대 중반 함부르크의 칠레 하우스와 발린 하우스, 뒤셀도르프의 빌헬름 마르크스 하우스와 슈툼 그룹 하우스, 그리고 앞에서 언급한 드레스덴의 에르네만사의 고층건물이 완공되었다. 1924년 베를린은 마침내 보르지히 공장 부지에 사무용 고층건물을 지었으며, 쾰른에는 한자Hansa의 고층건물이 세워져 큰 주목을 받았는데 이 건물은 17층으로 유럽에서 가장 높은 사무용 건물이었다. 1년 후 슈투트가르트에 무엇보다도 장식이 없고 수평적이며 근대적인 형태가 특징인 타크블라트 타워가 세워졌다. 하노버 광고신문, 지멘스, 셸, 오펠 등 다양한 분야의 기업들은 새로운 건물의 대표성에 큰 의미를 부여했는데, 고층건물은 기술적 진보, 경제적 성공, 사회적 역동성을 상징했다. 하지만 이제 뮌헨과 뒤셀도르프의 시 행정부도 고층건물을 건설하기 시작했다. 그리고 마침내 쇼른도르프와 슈투트가르트에 고층건물을 지은 우체국의 경우처럼 정부기관도 그 대열에 합류했다.

예나의 차이스에서는 인상적인 건물이 이미지 구축에 얼마나 중요한지를 이미 오래전부터 알고 있었다. 1920년대 말 건축가 에밀 파렌캄프Emil Fahrenkamp는 이 회사를 위해 여러 채의 고층 공장 건물을 설계했는데, 이는 "예나를 도시계획과 건축적 측면에서 진정한 '대도시'로" 만들 수 있었을 것이다(Kurze 1997, 52). 거기에는 24층의 높이 80미터가 넘는 행정용 고층건물도 포함되었는데, 결국 건설되지 못한 고층건물 계획은 미국에서도 주목받았다. 차이스의 뉴욕 지사는 예나의 독일 본사에 보낸 편지에서 "광고 목적으로 활용될 수 있다"며, 예나에 독일 최초의 진정한 초고층 건물이 세워질 것이라는 〈로스앤젤레스 헤럴드〉와 〈뉴욕 월드〉의 보도가 사실인지 문의했다(Unternehmensarchiv, 14565).

대서양 건너편에서는 19세기 후반에 이미 최초의 고층건물들이 지어졌다. 세기전환기에 시카고의 프리메이슨 사원과 뉴욕의 파크 로 오피스 빌딩은 이미 92미터와 119미터 높이의 고층건물이었다. 제1차세계대전 이후 미국은 이러한 기술적인 우위뿐만 아니라 무엇보다도 경제적인 우위를 통해 강한 인상을 남겼다. 막스 베르크Max Berg와 같은 건축가들은 고층건물의 경제적 목표와 기술적 잠재력 사이의 연관성을 발견했다. "공간적인 집중을 통해 거리와 시간의 낭비를 줄임으로써 업무와 관리를 위한 이동이 단순화되고 비용이 절감되며, 이와 함께 인력의 절감도 가능하다는 인식이 비즈니스센터의 공간 부족 현상과 결합되면서 미국에서 고층건물이 등장하게 되었다. 낙후된 독일의 경우 능률 향상에 대한 압박이 훨씬 더 크다. 그렇기 때문에 독일의 경제적 두뇌의 중심지인 독일 대도시들은 집중적인 도심 상업화의 필요성을 절실하게 느끼고 있다"(Berg 1922, 54).

고층건물의 평면도를 경제적으로 설계하고 작업 동선을 단축함으로써 업무 효율성을 높이고 비용을 절감하려는 목표가 설정되었다. 기획자와 건축가들은 작업 진행 과정을 과학적 방법에 따라 조직하는 테일러주의(제철소)를 고층건물에 적용했다. 사무용 고층건물의 관리직원과 행정 타워에서 근무하는 공무원의 이동경로가 미리 결정되었다. 또한 백화점의 판매직원과 고객, 공장의 노동자, 병원의 의사, 간호사, 간병인들 역시 완전히 새로운 공간관계 속에서 활동을 하게 되었다. 고층건물에서는 많은 일상활동들이 새로운 방식에 따라 공간적으로 조직되었고, 어떤 경우에는 거의 기계화되었다. 1927년에서 1929년 사이 베를린 헤르만플라츠광장의 카르슈타트백화점으로 탄생한 소위 '세상에서 가장 현대적인 백화점'은 기능적으로 배치된 수많은 계단, 엘리베이터, 당시로서는 생소했던 에스컬레이터로 새로운 경험의 표본을 제공했다. 고객들은 직통 경로를 통해 아무런 방해도 받지 않고 다양한 제품 부서와 영업직원들을 찾아갈 수 있었다. 직원들은 기계를 통해 한 층에서 다른 층으로 빠르게 이동할 수 있었고, 건물 밖으로 나가지 않고도 동료 및 경영진과 소통할 수 있었다. 무엇보다도 이러한 내부의 체계화는 백화점을 미국주의의 상징으로 만들었다(Stommer 1990).

고층건물 논쟁에 참여한 다른 이들은 토지 가격 상승을 고려할 때 독일에서 고층건물이 경제적 유용성을 갖는지에 대해 의구심을 제기했다. "엄청난 토지 가격만이 고층건물을 수익성 있게 만든다. [……] 건물이 높을수록 설계비용과 기초공사비용이 많이 들고, 계단이나 엘리베이터 등으로 인한 각 층의 평면도에서의 공간 손실도 커지며 환기, 조명 그리고 고층건물의 경우 특별한 사안인 소화장비에 더 많은 비용이 든다"(Poellnitz 1921, 689). 고층건물의 열기를 비판하는 사람들이 볼 때 타워 하우스의 건설을 정당화할 만한 비좁은 도심환경이 독일 도시에는 존재하지 않았다. 서로 다른 위치에 있는 낮은 건물 2채가 과도한 높이의 건물 1채보다 수익성이 높다는 것이었다(Behrendt 1922).

그러나 고층건물은 대중의 인식과 이미지에 지속적인 영향을 미칠 수 있는 수많은 위험 또한 내포하고 있었다. 시민계층의 건축가와 도시행정부 관리들은 미국의 고층건물을 주로 미적인 위협으로 느꼈다. 어쨌든 미국 예술은 유럽 예술을 모방하지 않는 한 잔인한 것으로 간주되었다. 고층건물 건축을 지지하는 사람들조차도 도시환경에 대한 미국의 경시와 미국에서 유행하는 "풀칠하듯 장식을 붙인 건축"과는 다른 독일의 고층건물양식을 옹호했다(Berg 1922, 54). 또한 '공기와 빛'의 상실에 대한 두려움도 존재했다(Hegemann 1928). 고층건물의 골짜기 속에서 살게 될 미래의 삶, 도심의 밀집된 교통량, 고층건물을 건설하는 동안 발생하는 엄청난 불편에 대한 우려가 제기되었다. 화재나 붕괴 사고시 가망 없이 고층건물 안에 갇혀 재난에 무력하게 노출될 수 있다는 공포가 널리 퍼졌다.

이 논쟁은 1920년대 말부터 서서히 사그라들었지만 사람들은 그 이후 몇 년 동안 고층건물을 이중적인 시각으로 바라보았다. 나치스는 이른바 '고층건물 전염병'에 맞서는 조처를 마련하기도 했는데, 그 이유 중 하나는 고층건물에 대한 공습 대비가 보장될 수 없다는 것이었다. 그럼에도 불구하고 나치스는 카를 차이스 공장의 36호 건물의 경우와 같이 산업기업을 위한 고층건물 건설은 허용했다. 그러나 무엇보다도 나치정권은 고층건물을 자기 자신을 상징하는 기념비적인 건물로 이용했다. 함부르크의 엘베 강변에 계획된 60층짜리 초고층 건물은 '가우 고층건물Gauhochhaus'[2]로서 미국의 초고층 건물과 경쟁하기 위해 의도적으로 건설될 예정이었다(Neumann 1995, 82). 그러나 고층건물이 현대 발전의 원동력으로서 다시 중요성을 되찾은 것은 1950년대와 1960년대 이후의 일이었다. 미국에서는 사람들이 새로운 재료, 더 선명한 형태, 장식이 없는 외부 표면을 선호함으로써 마침내 역사주의와 아르데코Art Déco에 작별을 고했고, 이를 통해 고층건물의 정면 디자인에서 모더니즘이 승리를 거두었다(Goldberger 1984, 117). 합리적으로 조직된 내부가 특징이며 기능적인 도시시스템에 통합된 고층건물이 '근대성'의 요소로 자리잡는 동안 기능적인 외관 역시 확립되었는데, 이는 독일의 사례에서처럼 전쟁 전에 이미 산발적으로 존재했던 것이다.

고층건물에 대한 독일의 관심이 새로이 증가한 것은 무엇보다도 파괴된 도시에 상업용 공간이 필요하기 때문이었다. 1960년대 구동독에서 도시의 사회주의적 개조는 전쟁 전에도 논의되었던 것처럼 도시의 특징적인 건물을 건설함으로써 '대미'를 장식했다. 따라서 베를린의 건물 외에도 특히 라이프치히에 있는 대학 본부 건물은 142미터 높이의 '펼쳐진 책' 형태로 지어졌으며, VEB 카를 차이스 예나를 위해 지어진 원통형의 연구용 고층건물은 '망원경' 혹은 '렌즈'로 설계되었다(Topfstedt 1999, 506ff.). 구서독에서 프랑크푸르트는 일찌감치 고층건물의 주요 입지로 자리잡았다. 이곳의 조건은 특히 유리했다. 미국 점령군 본부로 인해 국제공항이 급속히 확장하게 되었고, 많은 주요 은행이 헤센주의 이 도시에 본사를 두기로 결정했으며, 늦어도 1957년에는 연방은행 창설과 그에 이은 국제 증권거래소의 설립을 통해 프랑크푸르트는 금융 및 서비스업의 중심지로 자리잡았다. 도시가 새로 지어진 고층건물을 통해 자신들의 경제적 번영을 보고 싶어한 것과 마찬가지로 은행들은 자신들의 경제적 능력이 가시적으로 기록되기를 원했다. 이를 위해 도시 행정부는 독일 내에서 유일무이한 결정을 받아들였는데, 그것은 바로 미국의 환경을 연상시키는 스카이라인과 함께 생활하기로 한 것으로 이 결정에는 은행들의 압력이 없지 않았다(Kloft 2002).

기술적 근대의 산물, 도시적 근대의 원동력

오랫동안 고층건물은 현실이라기보다는 오히려 미래에 대한 약속에 가까웠다. 특히 초기에 몇 개의 고층건물만 실제로 건설되었을 뿐인 독일에서는 더욱 그러했다. 하지만 바로 이러한 점 때문에 다양한 계층의 주민들이 오히려 이 새로운 유형의 건물에 매료되었다. 그리하여 건축가들의 수천 가지 설계와 기업가 및 지역 정치인들의 수많은 프로젝트 계획을 통해 표현된 현대세계에 대한 상상력과 비전에는 한계가 거의 없었다. 특히 예술가들은 〈메트로폴리스〉, 〈모던 타임스〉, 〈다가올 세상〉, 〈플레이타임〉 등과 같은 영화의 작품에서 초고층 빌딩 배경을 설계할 때 상상력을 마음껏 발휘할 수 있었다. 아직은 비교적 새로운 장르인 영화가 현대의 악몽과 유토피아를 작품화할 때 고층건물은 매우 유용한 소재였다(Weihsmann 1988, 165~198). 동시에 영화, 소설, 엽서 등을 통해 고층건물이 대중화되면서 양극화된 고층건물 논란은 매번 다시 점화되었고 대중의 관심을 끌게 되었다.

위에서 세상을 폭넓게 내려다보기 위해 지상으로부터 떠올라야 한다는 오래된 상상은 필연적으로 기술의 진보와 연결되었다. 비행기나 우주선과 같은 새로운 기계와 기술은 이전에는 상상할 수 없었던 높이까지의 상승을 약속했지만 동시에 추락할지도 모른다는 새로운 두려움도 야기했다. 그러나 혁신적인 기술에 대한 인식과는 별도로 고층건물에는 애초에 그 건설과 활용을 가능케 하는 구체적인 기술적 전제조건이 있었다. 강철을 원료로 한 골조 제조 기술(제철소)과 더불어 특히 모든 층에 충분한 수도, 난방, 환기, 전기조명을 공급할 수 있는 대책이 필요했다. 그럼에도 불구하고 결정적으로 중요한 것은 엘리베이터의 개발, 특히 승객용 엘리베이터와 자동순환식 엘리베이터(파터노스터)의 개발이었다. 미국에서는 1850년대부터 엘리베이터가 개발된 뒤 비교적 빠르게 고층건물 건설이 이어졌던 반면, 독일에서는 예나의 경우처럼 특별한 도시 공간적 상황들이 먼저 형성되어야 했다.

의심할 여지없이 이러한 건물 유형이 미치는 가장 큰 영향은 특히 미국과 유럽에서 고층건물이 도시의 발전에 영향을 미친 특이한 방식과 연관되어 있다. 고층건물은 공간의 수직적 고밀도화로서 도심 상업화의 중요한 수단이었다. 이로 인해 도시의 기능적 분리가 더욱 강화되었고, 다기능적인 도심을 갖춘 전통적인 '유럽 도시'는 점차 해체되었다. 서비스 장소로 축소된 도심의 고층건물은 내부구조를 통해 행정부 및 관청의 개방형 사무실의 합리적 업무 절차를 만들어냈다. 미국과 달리 독일에서는 **그랜드호텔**과 고층건물이 밀접하게 연관되어 있지 않았다. 1920년대 독일에서 고층 호텔 건물이 허가되지 않은 것은 바로 화재에 대한 두려움 때문이었다(Neumann 1995, 144~147). 도심 상업화와 함께 많은 사람들이 **교외 주택단지**로 이주했고, 성장하는 도시경관에서 고층건물은 이제 랜드마크 역할을 하게 되었다. 당시 도시 개발을 관찰했던 사람들이 보기에 "국제도시의 특정한 목적을 위해 수직, 즉 고층건물"은 독일에서도 "삶의 필수품"으로 자리잡았다(Hegemann 1928, 289).

참고문헌

Baupolizeiakte Bau 13/15, Bauaktenarchiv der Stadtverwaltung Jena.

Behrendt, Walter Curd (1922): Die Wirtschaftlichkeit der Wolkenkratzer, in: Die Bauwelt 13, 841~843.

Berg, Max (1922): Die deutsche Hochhausbauweise, in: Deutsche Bauhütte 26, 54~59.

Brand des ersten Wolkenkratzers (1911): Beton und Eisen 10, 250.

Deutschlands erstes Turmhaus in Dresden (1923): Der Baumeister 21, H. 7, Beilage 39.

Douglas, George H. (1996): Skyscraper. A social history of the very tall building in America, Jefferson.

Flierl, Bruno (2000): Hundert Jahre Hochhäuser. Hochhaus und Stadt im 20. Jahrhundert, Berlin.

Goldberger, Paul (1984): Wolkenkratzer. Das Hochhaus in Geschichte und Gegenwart, Stuttgart.

Hegemann, Werner (1923): Hochhaus-Gefahren in Leipzig und in anderen Städten, in: Städtebau 8, 273~275.

Ders. (1928): Soll Berlin Wolkenkratzer bauen? Abdruck von Antworten auf eine Umfrage im Berliner 12-Uhr-Blatt vom 2. April 1928, in: Wasmuths Monatshefte für Baukunst 12, 286~289.
Klein, Martin (1999): Jena als Hochhausstadt, in: Michael Diers/Stefan Grohé/ Cornelia Meurer (Hg.), Der Turm von Jena. Architektur und Zeichen, Jena, 105~115.
Kloft, Ellen (2002): Gebäudetypologie, in: Johann Eisele/dies. (Hg.), Hochhaus-Atlas. Typologie und Bespiele, Konstruktion und Gestalt, Technologie und Betrieb, München, 10~23.
Kurze, Bertram (1997): Architekturgeschichtliche Aspekte zur Fabrikarchitektur in Jena—Die Bauten des ZEISS-Hauptwerkes, in: Thüringisches Landesamt für Denkmalpflege (Hg.), Das Hauptwerk von CARL ZEISS JENA. Ursprung und Wandel, Bad Homburg/Leipzig, 16~67.
Markowski, Frank (1997): Präzisionsarbeit, Massenproduktion und Gruppensystem. Arbeit und Technik bei Carl Zeiss bis zur Weltwirtschaftskrise, in: ders. (Hg.), Der letzte Schliff. 150 Jahre Arbeit und Alltag bei Carl Zeiss, Berlin, 54~75.
Neumann, Dietrich (1995): ≫Die Wolkenkratzer kommen!≪ Deutsche Hochhäuser der zwanziger Jahre. Debatten, Projekte, Bauten, Braunschweig/Wiesbaden.
Poellnitz (1921): Der Schrei nach dem Turmhaus, in: Die Bauwelt 12, 689~690.
Rappold, Otto (1913): Der Bau der Wolkenkratzer, München/Berlin.
Schmidt, Jochen N. (1991): Wolken-Kratzer. Ästhetik und Konstruktion, Köln.
Stommer, Rainer (1990): Hochhaus. Der Beginn in Deutschland, Marburg.
Topfstedt, Thomas (1999): Wohnen und Städtebau in der DDR, in: Ingeborg Flagge (Hg.), Geschichte des Wohnens, Bd. 5: 1945 bis heute. Aufbau, Neubau, Umbau, Stuttgart.
Unternehmensarchiv der Carl Zeiss Jena GmbH, Bestand: Betriebsarchiv des VEB Carl Zeiss Jena bis 1990, Signatur: 14565.
Weihsmann, Helmut (1988): Gebaute Illusionen. Architektur im Film, Wien.

교외 주택단지

외른 바인홀트Jörn Weinhold

'숲속의 은둔': 함부르크의 발트되르퍼, 1914년경

"우리 발트되르퍼는 함부르크 주변에서 의심할 여지없이 가장 아름답고 사랑스러운 지역 중 하나입니다. [……] 모든 가치관이 변화하고 있는 오늘날 발트되르퍼는 멋진 삼림지대가 둘러싼 곳에 빌라단지를 지을 수 있는 가장 적합한 부지를 제공하기에 도시를 위해 특히 값어치 있는 곳입니다. 좋은 건축 부지와 매력적인 환경에서 신선한 숲의 공기를 마시며 살고 싶은 사람에게 우리 발트되르퍼보다 더 좋은 곳은 없습니다" (Hamburgs Walddörfer 1914, 2). 함부르크 북동쪽의 건축 부지를 매각해 수익을 얻고자 했던 토지개발회사들은 1914년 홍보 책자의 도입부를 이 같은 문장으로 시작했다. 풍부한 삽화를 담고 있는 홍보 책자는 인적 없는 호수에서 오붓하게 노를 젓는 커플, 폴크스도르프 연못길을 따라 줄지어 늘어선 자작나무, 파름젠Farmsen의 초원에서 평화롭게 풀을 뜯고 있는 소들, 쿱퍼타이이히 연못에 비친 나무 등 폴크스도르프 근처 발트되르퍼의 풍경을 촬영한 사진을 통해 시골의 전원적인 분위기를 부각시켰다. 사진에 딸린 짧은 텍스트는 발트되르퍼를 형성하고 있는 마을들과 함부르크시 간의 역사적 연관성과 함께 각각의 마을이 가지고 있는 흥미로운 농촌 풍습과 전통을 강조했다. 부동산 중개인은 매물로 내놓은 건축 부지를 통해 중산층 독자와 잠재적 구매자들에게 무엇보다도 '모든 가치관이 변화하고 있는 오늘날'의 번잡한 도시로부터 벗어난 시골의 한적함을 약속했다.

이 시기는 특히 도시의 급속한 인구 증가와 그에 따른 공간 확장으로 인해 함부르크 주민들에게 혁명적이고 새로운 시기였다. 1900년 말 함부르크의 인구는 76만 8,349명이었지만 12년 뒤에는 인구가 100만 명이 넘는 도시로 성장했다. 하지만 이러한 인구의 증가는 도시 전체에 고르게 분포되지 않았다. 도심이 급속하게 상업지구화되고, 1880년대 항구에 슈파이허슈타트Speicherstadt[3]를 건설하기 위해 도시의 한 구역 전체가 철거되자 시민과 노동자들은 도시 외곽으로 밀려나게 되었다. 1900년에서 1912년 사이 구시가지의 인구는 절반으로 줄어들었다. 동시에 중산층이 거주하는 아임스뷔텔과 노동자 거주지역인 바름베크에서는 인구가 두 배로 증가해 각각 10만 명을 훨씬 초과했다(Hamburg und seine Bauten 1914, 제1권).

이 기간 동안 발트되르퍼의 주민 수 역시 2,103명에서 3,718명으로 크게 증가했다. 비록 함부르크 전체 인구의 1퍼센트에 불과했지만 발트되르퍼는 도시 전체 면적의 10분의 1을 차지했다. 토지 투기꾼들이 자신들의 건축 부지를 광고하던 시기의 발트되르퍼는 아직은 몇 곳의 농장, 작은 마을 중심지, 그리고 무엇보다도 넓은 숲으로 이루어진 마을일

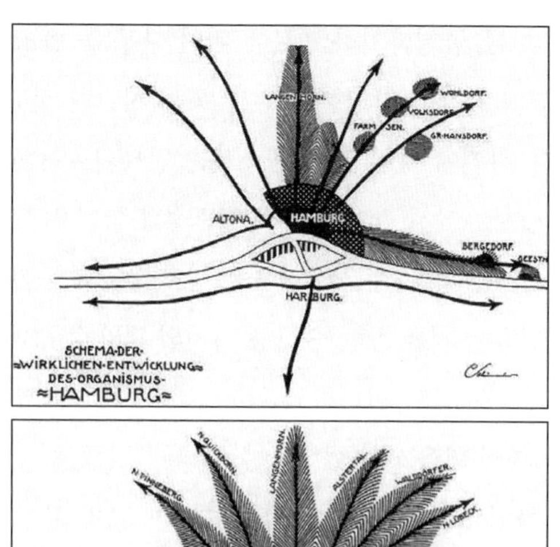

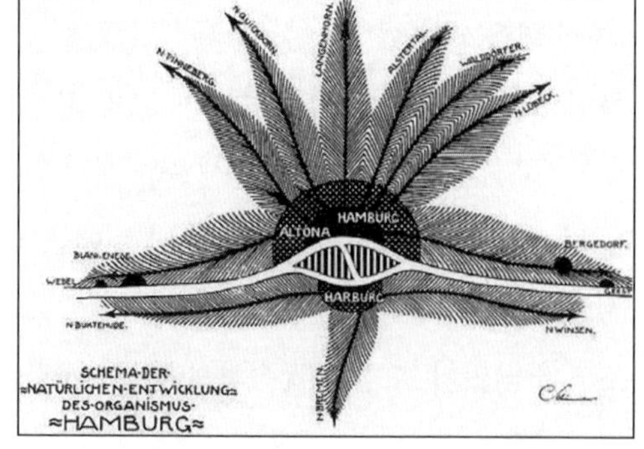

프리츠 슈마허(Fritz Schumacher)의 함부르크시
발달 모형(1921)

뿐이었다. 이미 몇 채의 전원주택이 지어졌지만 마을에서 꽤 멀리 떨어져 있는 경우가 많았다. 발트되르퍼 철도가 이미 건설중이었고, 철도 제방은 바름베크에서 파름젠, 베르네Berne, 폴크스도르프를 거쳐 더 북쪽으로 뻗어 있었다. 그뿐 아니라 이 마을들은 1904년부터 전기 협궤열차를 이용해 알트랄슈테트에서 폴크스도르프까지 접근할 수 있었다. 부지로 지정은 되었지만 부분적으로만 구획이 된 건축 부지는 기껏해야 앞으로 계획된 주택단지와 정착촌의 모습을 어렴풋이 보여줄 뿐 당

시 실제로 들어선 집은 몇 채 되지 않았다.

자연 공간의 관점에서 볼 때 이 마을은 중산층 빌라를 짓는 사람들에게 매우 많은 매력적인 요소들을 갖추고 있었다. 실제로 발트되르퍼는 함부르크 사람들의 공간적 인식에서 주로 가끔씩 여행을 떠날 수 있는 목적지로 존재했다. 폴크스도르프를 "세상으로부터 동떨어진 숲속의 한적함"으로 특징지은 광고 책자는 이러한 상황에 대해 친근하면서도 매우 적절하게 표현한 셈이다. 발트되르퍼는 프로이센 영토에 속해 있어서 도시와 육로로 직접 연결되지 않고, 일부 지역은 시내 중심지로부터 20킬로미터 이상 떨어져 있었기 때문에 함부르크의 영토를 표시하는 지도에는 나오지 않는 경우가 많았다. 통계에서는 교외나 도시 구역으로 표기되지 않고 별도로 구분되어 '시골지역' 혹은 '불모지 시골구역'으로 표기되었다. 그렇기 때문에 1909년부터 함부르크의 건축책임자였던 프리츠 슈마허Fritz Schumacher는 함부르크가 중심부로부터 여러 축을 따라 '자연적으로' 성장할 수 없는 원인이 이 자치도시의 경계지역에 있다고 보았다. 실제로 '함부르크 유기체'의 북동쪽 가지는 약간의 성장 징후를 보이는 몇몇 지역을 제외하고는 성장이 부진한 것으로 나타났다(Harth 1994, 178).

이미 1900년 이전부터 대도시의 오염과 번잡함에서 벗어나고 싶어하는 수많은 부유한 함부르크 시민들은 발트되르퍼보다는 알토나와 블랑케네제 사이의 엘베강을 따라 함부르크 서쪽에 위치한 프로이센 마을들에 매력을 느껴 이곳에 빌라를 지었다. 이때 지어진 크고 화려한 건물들 덕분에 엘프쇼세 거리는 특히 유명한 지역이 된 반면, 발트되르퍼에서는 건물 투기꾼들이 땅을 팔지 못했다. 1904년 협궤열차가 운행을 시작한 이후에야 몇몇 부유한 함부르크 주민들이 도시의 북쪽 가장자리에도 전원주택을 마련하기 시작했다. 1914년의 홍보 책자는 이러한 '부유한 동료 시민들'의 빌라와 함께 기존의 기반시설 또한 광고하고 있다. 예를 들어 토지개발회사 파름제너회Farmsener Höh는 반츠베크의 기존 도로와 하수시스템을 언급하며 자신들의 부지를 소개했고, 또다른 토지 소유자는 연못을 설치하기에 적합한 수로 근처에 자신의 부지가 위치해 있음을 강조했다. 폴크스도르프는 중등학교와 같은 적절한 공공시설을 갖춘 미래의 비즈니스 허브이자 커뮤니티센터로 홍보되었다.

함부르크 시민들의 새로운 거주지로 발트되르퍼를 선택해야 하는 두 가지 강력한 논거가 홍보 책자 첫 페이지에 특별히 강조되어 있었다. 그것은 "항구-시청광장Hafen-Rathausmarkt역에서 고속철도 운행"과 "함부르크 영토-이중과세 없음"이었다. 통근자들은 이미 오전 6시부터 폴크스도르프에서 알트랄슈테트까지 하루 28회 운행하는 전기 협궤열차를 타고 환승을 통해 함부르크 도심까지 이동할 수 있었다. 새로 건설될 발트되르퍼 철도는 함부르크 고가철도와 연결되므로 불편한 환승을 줄여주고 협궤열차보다 훨씬 더 짧은 간격으로 도심까지 운행하기 때문에 다른 빌라 주택지구의 철도 연결보다 여러 면에서 우월했다. 홍보 책자에는 발트되르퍼 철도가 완공이 되면 "부유한 함부르크 시민은 이제 프로이센 땅은 그냥 내버려두고 도시의 스모그에서 벗어나 우리 발트되르퍼로 오게 될 것입니다. 발트되르퍼는 함부르크 주변지역의 다른 어떤 빌라 거주지보다 아름다운 경치를 지니고 있으며, 함부르크 시민이 함부르크 영토에 머물며 우리 지역사회의 세금 혜택을 누릴 수 있도록 할 것입니다"라고 적혀 있다(Hamburgs Walddörfer 1914, 3).

시민계층의 피난처이자 대중의 거주지

특히 함부르크는 이미 교외 거주의 오랜 전통을 가지고 있다. 한자 도시 함부르크의 대부호 상인 및 해운업자 가문들은 1860년 이전에 도시 경계 너머에 전원주택을 짓기 시작했다. 하지만 이 주택들은 주말이나 여름에만 사용되는 경우가 많았다. 독일에서는 1857년 기업가 요한 안톤 빌헬름 카르스텐Johann Anton Wilhelm Carstenn이 계획한 함부르크 동쪽 경계지역 반츠베크의 빌라단지가 시민계층이 대도시 주변의 교외지역에 정착한 최초의 사례로 알려져 있다. 이 주택단지의 성공으로 1860년 성문이 개방된 이후 함부르크에는 몇몇 모방 사례들이 생겨났다. 독일의 다른 대도시들도 곧 그 뒤를 따랐다. 특히 제국의 수도인 베를린은 도시 외곽에 잠재적인 주택단지 프로젝트가 많고, 그와 함께 수익성이 좋은 사업들이 많았기 때문에 부동산 투기꾼과 건설회사의 활동 중심지가 되었다. 처음에는 알젠, 프리데나우, 피히텐베르크와 같은 집단 거주지가 있었고, 나중에는 그루네발트가 있었다. 그러나 라이프치히와 뮌헨 등과 같은 다른 대도시에서도 곧 빌라단지가 건설되었다. 1880년 이후 주거와 업무 공간의 기능적 분리가 활발해지고, 말이 끄는 버스와 증기기관차가 점차 전동 트램으로 대체됨에 따라 시민계층의 교외화 과정은 엄청난 발전을 이루었다(Bodenschatz 2001a).

독일제국은 도시 외곽이 정착지화되면서 영국과 미국에서 이미 상당히 진전된 발전방식을 뒤따르게 되었다. 친영국적인 함부르크 시민들 사이에서는 "영국과 미국의 관습과 비슷하게 도심에서 벗어나 조용한 시골지역에서 거주지를 찾는 것"이 거의 유행이 된 것처럼 보였다(Hamburg und seine Bauten 1914, Bd. II, 460). 1900년 이후 운송업자인 마르틴 울만Martin Uhlmann이 11만 마르크라는 적지 않은 금액을 쏟아부은 폴크스도르프의 전원주택과 같은 집들이 산발적으로 건설되었다. 이 과시적인 건물군은 안뜰을 중심으로 비대칭적으로 지어졌으며, 심지어 안뜰에는 마차를 위한 마구간과 건물도 이어져 있었다. 이러한 부르주아적 전원주택의 양식을 통해 건축가와 소유자는 한자 도시 주민들의 도시 가옥과 거리를 두었다. 건물의 건축양식뿐만 아니라 내부 설비, 그리고 특히 넓은 규모의 조경공원은 영국 모델의 영향을 받았다 (Hamburg und seine Bauten 1914, Bd. I, 545; von Behr 1996, 45ff.). 전원주택은 넓은 면적과 저층구조를 통해 거주자들에게 최대한의 편안함을 제공하도록 계획되었다. 심지어 이미 예정되어 있는 15개의 발트되르퍼 철도역의 경우에도 "이 지역의 전원주택적 특성을 최대한 고려"해야 했다(Hamburg und seine Bauten 1914, Bd. I, 460~466).

토지개발회사들은 도심까지 30분이면 도착한다는 말로 시민계층의 사업가들을 유혹했고, 이들은 근대의 통근자로서 자신의 집에서뿐만 아니라 무엇보다도 매일 출근길에서 새로운 생활방식을 경험했다. 시골에서의 새로운 도시 생활방식은 처음부터 빌라단지를 홍보하는 전략의 일부였으며, 여기에는 발트되르퍼의 지역단체장들도 참여했다. 그들은 함부르크 시민들의 의식 속에 자신들의 마을이 더욱 확고히 자리잡기를 원했고, 재정적으로 부유한 시민들을 세금을 납부하는 지역사회의 구성원으로 끌어들이고 싶어했다. 이를 위해 그들은 1912년 "정착민, 여름 휴가객, 당일치기 여행객, 도보 여행자들을 위한 실용적인 가이드"로 삽화 잡지 〈함부르크 발트되르퍼로의 동행Folge mit in die Hamburger Walddörfer〉을 발행했다. 이 잡지는 건축가들에게는 전원주택 설계를 위한 광고 공간을, 주택 소유자들에게는 빌라를 판매할 수 있는 광고 공간을 제공했다. 독일제국의 교외화 과정을 그 이전의 대도시 주변 정착과 구분짓는 것은 바로 이러한 대규모 광고활동이었다. 이 광고는 도시적 농촌 생활을 이상적인 생활방식으로 칭송함으로써 시민들이 도시 외곽의 새로운 일상을 습득하는 데 결정적인 역할을 했다.

제1차세계대전의 발발로 발트되르퍼 철도 건설이 상당히 지연되었고 이로 인해 빌라단지 개발도 지연되었다. 1918년 철도가 처음에는 증기기관차로 임시 운행되다가 1920년 이후에는 전기로 운행되기 시작하면서 발트되르퍼에는 건설붐이 일었다. 하지만 이제는 개인 빌라만 지어진 것이 아니었다. 프리츠 슈마허는 폴크스도르프의 벤젠발켄 주택단지의 평면도를 수정했는데, 이 주택단지는 1922년부터 병사정착지운동의 일환으로 듀플렉스 하우스 45채, 단독주택 9채, 연립주택 3채를 지으면서 형성되었다(Hamburg und seine Bauten 1929, 344). 1921년에는 원래 계획된 200채의 주택에 이미 3,000명의 지원자가 몰리기도 했다. 주택을 배정할 때 상이용사, 미망인, 다자녀 가족에 대해서는 특별한 배려가 필요했다. 건축사무소가 주관해 시행했기 때문에 건물의 모양은 매우 획일적이었다. 이 주택들의 특징은 붉은 벽돌, 네덜란드풍 골기와, 흰색 창문, 녹색 문과 녹색 창 덧문, 반박공지붕, 약 1,000제곱미터의 부지를 구분하는 울타리 등이었다. 프리츠 슈마허가 중요하게 생각했던 개인 정원에 대한 아이디어가 이 교외 주택단지에서 실현될 수 있었던 것에 반해(주말농장) 학교와 같이 원래 단지 중심부에 세우기로 계획되었던 중요한 공공시설 중 일부는 누락되었다(von Behr 1996, 55; Harms/Schubert 1989, 326ff.).

제1차세계대전 이후 함부르크 발트되르퍼는 매우 일관되지 못한 모습을 보였다. 한편으로는 토지개발회사에 의해 빌라단지로 개발된 거리에 부유한 시민계층의 전원주택이 늘어서 있었고, 이후 수십 년 동안 그곳에는 개별 빌라들이 더 많이 들어섰다. 다른 한편으로는 1918년 이후 주택 부족으로 인해 몇몇 고립된 소규모 주택단지가 조성되었는데, 이곳은 국가가 보조금을 지급하고 폭넓은 주민계층이 도시 외곽에 거주할 수 있도록 하기 위해 개발되었다. 근대적 주거 형태인 이 두 가지 유형의 교외 주택단지는 외부 및 내부 형태뿐만 아니라 무엇보다도 사회적 구성에서도 서로 달랐다.

바이마르공화국에서는 복지국가의 주도로 계획된 주택단지가 주택 건설의 과제가 되어 민간의 전원주택을 대체했다. 폴크스도르프의 벤젠발켄을 통해 발트되르퍼에 새로운 사회적 고객을 유치한 병사 정착지운동은 양차대전 사이 시기 동안의 공공주택 건설 프로그램의 한 가지 변형일 뿐이었다. 1924년부터 1930년 사이의 개혁 주택 건설, 1930년대 초 실업자 주택단지, 국영주택복지회사가 추진한 주택단지 프로젝트도 이 프로그램에 포함된다. 도시 외곽지역에 거주하는 대부분의 사람들은 더이상 과시적인 단독주택의 소유주가 아니라 '소형 주택'과 아파트에 사는 세입자들이었다. '대도시의 탈중심화'가 도시계획정책의 새로운 지도 원칙이었다. 예를 들어 함부르크에서는 이를 통해 대규모 다층 주택단지의 '벨트'가 형성되었다. 도시 주변부를 인구 다수가 거주할 수 있는 곳으로 개발하려는 복지국가의 노력과 더불어 철도노선을 따라 거의 눈에 띄지 않는 '조용한 교외화'가 소규모 개인 주택단지의 형태로 진행되었다. 당시 사람들은 베를린 주변지역에 15만 곳의 토지가 존재했고, 그 위에 3만에서 5만 채의 주택이 지어졌다고 추정했다. 또한 실업자와 사회적 소외계층에 속한 이들은 종종 불법적인 임시 거주지나 판자촌을 지어 "무허가 정착지"를 형성했다

(Bodenschatz 2001b; Kuhn 2001).

그러나 교외 주택단지는 이 시기에 '새로운 건축'의 실험장이 되기도 했다. 바우하우스의 창립자인 발터 그로피우스는 1926년부터 1928년까지 데사우시市의 의뢰를 받아 데사우-퇴르텐의 노동자 주택단지를 설계했다. 퇴르텐은 바우하우스가 개발한 합리적인 건축방식과 새로운 건축자재를 시험하는 실험적인 주택단지 역할을 했다. 목표는 기능화된 동선을 위한 작은 공간과 함께 자급자족을 위한 넓은 정원까지 갖춘 '최소한의 생존'을 위한 주택을 건설하는 것이었다. 1927년 공작연맹Werkbund의 전시회 '집'을 계기로 개장한 슈투트가르트의 바이센호프 주택단지도 비슷한 목표를 가지고 있었지만 르코르뷔지에, 야코뷔스 아우트Jacobus Johannes Pieter Oud, 발터 그로피우스, 미스 반데어로에와 같은 건축가들의 참여로 인해 더 많은 국제적인 관심을 받았다. 바이센호프는 건립된 건물의 수가 적었고, 명백히 전시회를 위해 구축된 인프라로 인해 매우 제한적인 주택단지였을 뿐이었다. 여기서 '새로운 집'은 "새로운 생활방식을 위한 대투쟁의 일부"로서 그 중심에 위치했다(Mies van der Rohe). 퇴르텐과 바이센호프의 저렴한 주택과 아파트가 인기를 끌기는 했지만 시대를 너무 앞서갔다. 많은 주민들이 곧 자신의 필요에 맞게 새로운 숙소를 개조했는데 건축가의 의도를 거스르는 경우도 많았다(Werkbundausstellung 1998; Bittner 2003).

독일제국의 부유층에서 처음으로 시작된 교외화 현상은 바이마르공화국시대에 계속 증가해 교외 주택단지가 놀라울 정도로 차별화되었다. 대도시 외곽으로 이주하는 동기는 매우 다양했지만 19세기 말부터 대규모 인구집단이 이동하게 된 데는 반도시적 담론이 크게 기여했다. 대도시에 대한 적대감은 특히 시민계급에 널리 퍼져 있었고, 이전에는 알려지지 않았던 농촌 낭만주의와 맞물려 진행되었다(Reulecke 1985, 139~145). 도시-농촌 이분법은 이념적 성격을 띠고 있었는데 나치시대에 정치적으로 정점에 달했다. 그렇기 때문에 '탈밀집화', '재농업화', '대도시 해체'가 나치 선전의 중요한 구성요소였음에도 불구하고 1933년 이후 독일제국의 빌라단지와 바이마르공화국의 복지국가 개혁 주택단지에 대한 격렬한 비판과 함께 계획되었던 소규모 주택단지 건설이 원래의 계획과는 달리 대도시에서 중소도시로 옮겨가지 않았다는 사실이 더욱 놀랍다(Harlander 2001b).

제2차세계대전 이후에야 동서독에서 교외 주택단지의 개발이 다시 활기를 띠게 되었다. 1950년대 후반부터 동독에서는 건설산업화의 일환으로 신규 주택 건물이 도시 외곽으로 이전되었다. 1970년대에는 조립식 패널 건물을 대량생산하는 방식으로 주택 건설이 이루어졌는데, 그중 90퍼센트가 이전에 농업용으로 사용되던 토지에 지어졌다. 주거용 고층건물은 때로는 소도시나 농촌지역에도 건설되었다. 이는 '사회주의 도시'라는 국가적 목표에 부합하는 것이었다. 즉 도시와 농촌의 격차를 해소하고, 평등한 생활 여건을 조성해 사회적 차별을 극복함으로써 '사회주의적 생활방식'을 가능케 한다는 것이었다. 이러한 대규모 주택단지에 새로 건설된 아파트는 '사회주의적 생활방식'의 핵심 요소로서 그곳에 거주하는 '사회주의적 핵가족'으로부터 높은 평가를 받았다. 실제로 많은 주택단지에서 주민 구성이 점점 더 혼합되는 경향을 보였지만 동시에 동독 특유의 사회공간적인 분리 형태가 나타났다. 이러한 위성도시들 중 대부분은 단조로운 외관과 증가하는 범죄에도 불구하고 일부 주민들에게는 거의 마을과 같은 특성을 가지고 있었다(Topfstedt 1999; Hannemann 1996; von Saldern 1995).

구서독에서 교외화는 1945년 이후 경제성장과 부의 축적에 힘입어 빠르게 "도시 개발의 구조를 결정하는 과정"이 되었다(Jessen 2001, 316). 교통 측면에서는 통근 교통수단으로 근거리 대중교통과 점점 더 경쟁하게 된 자동차의 대량 보급으로 도시 확장이 점차 가속화되었다. 소유자 거주 주택에 대한 국가 보조는 대규모 단독주택단지 건설을 지원했으며, 공공주택 건설은 도심 외곽의 고층건물이 있는 대규모 주택단지 건설을 지원했다. 제조업 이외에도 많은 서비스업 부문 기업, 특히 쇼핑센터가 도시 주변지역으로 소재지를 이전함으로써 '밀집된 주택단지' 또는 '도시화된 경관'의 출현이 더욱 가속화되었다. 관광사업과 여가의 상업화 과정에서 놀이공원, 골프장, 승마시설, 영화관과 같은 오락 및 문화 시설이 교외화가 새롭게 유행하는 데 기여했다. 늦어도 1990년대에는 일상생활의 중심 기능이 점점 더 도심에서 빠져나갔기 때문에 일부 관찰자들은 심지어 "주변부화"라는 표현까지 할 정도였다(Prigge 1998). 이에 따르면 이제 도시 외곽의 삶은 더이상 도심을 지향하지 않고 거의 전적으로 도시 주변부에서 충족된다는 것이다.

근대의 이동과 정주

도시 외곽의 정착지를 개념적으로 정의하는 것은 항상 어려운 일이었다. 1874년 함부르크의 농촌지역 15곳이 '교외'로 지정되었다. 반면 구시가지, 신시가지, 장크트 파울리, 장크트 게오르크는 함부르크시의 원래 '도시구역'이었다. 20년 후 이러한 구분은 이미 낡은 것이 되었다. 이전의 교외지역은 도시구역이 되었고, 올스도르프나 풀스뷔텔과 같은 과거의 농촌 마을은 이제 교외지역으로 간주되었다. 바름베크의 한 시민은 그의 저서 『1750년경에는 마을, 1867년경에는 함부르크 교외, 1894년부터 1910년까지는 함부르크 도시구역인 바름베크』(Voigt 1910)를 통해 이러한 급격한 변화를 핵심적으로 요약했다. '교외 소규모 주택단지' 또는 '교외 주택단지'라는 개념이 도입된 것은 아마도 1931년 10월 6일 제국 대통령의 제3차 긴급 법령을 통해서였을 것이다. 제2차 세계대전 이후의 회고에 따르면 이러한 개념은 "많은 논란을 불러일으키기도 했지만 많은 축복을 가져다주었다"(Hamburg und seine Bauten 1953, 23).

하나의 동일한 장소가 마을에서 교외나 도시의 외곽 주택단지를 거쳐 도시구역으로 변모하는 과정을 보면 도시인구의 증가로 인해 공간구조가 계속해서 재편되었음을 알 수 있다. 실제로 1885년 이후 도시화 과정의 결정적인 요인은 지방자치단체의 병합이었다. 새로운 행정단위가 만들어져야만 좁은 도시 경계를 넘어 근대사회의 도시문제를 해결하기 위한 계획을 세울 수 있었다(Reulecke 1985). 인구 밀집지역이나 도시 응집에 대한 사고와 함께 도시계획이라는 새로운 분야에서 '정원도시' 또는 '리본도시'와 같은 새로운 모델이 계속 등장했는데, 그 목적은 계속되는 도시의 성장을 보다 규제된 방향으로 유도하는 것이었다(Fehl 2000).

도시적 근대성의 화려한 한 축을 이루고 있는 고층건물과는 대조적으로 교외 거주지는 거의 눈에 띄지 않고 평범한 도시 근대성을 드러낸다. 하지만 일단 시작된 교외화 과정은 고층건물과 달리 변화의 기세가 더 이상 줄어들지 않았다. 지역 교통수단의 발전, 특히 교외 거주자들에게 처음으로 이동성을 부여한 트램과 자동차의 발전에 맞춰 도시 교외화도 함께 촉진되었다. 도시와 농촌 사이의 끊임없이 변화하는 과도기적 공간에서 교외 거주지는 도시 생활양식의 확산에 크게 기여했다. 조성이 계획된 거주지는 과거의 주종관계로부터 마을이 정치적으로 해방되게 했을 뿐만 아니라 가로등이나 하수처리와 같은 도시기반시설과 중등학교, 도서관 또는 스포츠시설(경기장)과 같은 사회시설이 도시의 주변지역에 들어서게 했다. 도시와 농촌 사이의 이러한 교차점을 통해 "대도시의 문화적 모델 기능"(Reulecke 1985, 148)이 독일 사회 전체에 전달되었다.

교외 거주지는 도시와 농촌의 문화가 상호침투하는 장소로서 고유한 생활방식을 발전시켰다. 20세기에도 교외는 부르주아의 유토피아로 남아 있었고, 그다지 부유하지 않은 사람들에게도 노력해서 얻을 만한 곳으로 여겨졌지만 교외의 생활방식은 점점 더 비판과 조롱의 대상이 되었다. 대도시 아방가르드의 관점에서 볼 때 교외는 주로 편협하고 후진적인 행동 규칙을 스스로에게 강요하는 출세한 속물적인 소가족이 살고 있는 지역이었다(**주말농장**). 모두가 똑같은 연립주택으로 이루어진 교외 거주지의 획일성이나 위성도시의 고층건물에 들어선 아파트의 익명성은 많은 사람들을 공포에 질리게 했다. 하지만 최근 들어 "중간 경관Zwischenstadt"[4](Sieverts 1999)이라고 불리는 교외 거주지는 여전히 도시 및 사회 변화의 중심이자 원동력이다.

참고문헌

Behr, Karin von (1996): Die Walddörfer. Volksdorf, Bergstedt, Wohldorf-Ohlstedt, Hamburg.

Bittner, Regina (2003): Bauhausstil. Zwischen International Style und Lifestyle,

Berlin.
Bodenschatz, Harald (2001a): Städtebau—Von der Villenkolonie zur Gartenstadt, in: Harlander (Hg.), Villa und Eigenheim, 76~105.
Ders. (2001b): Zur Karriere von Suburbia in Deutschland, in: Olaf Bartels u.a. (Hg.), Dorfanger Boberg. Ein urbanes Quartier am Stadtrand, München, 10~22.
Fehl, Gerhard (2000): Gartenstadt und Bandstadt. Konkurrierende Leitbilder im deutschen Städtebau, in: Die alte Stadt 27, 48~67.
Frank, Hartmut (Hg.) (1994): Reformkultur und Moderne, Stuttgart.
Hamburg und seine Bauten (1914): Hg. vom Architekten- und Ingenieursverein Hamburg e.V., 2 Bde., Hamburg.
Hamburg und seine Bauten (1929): Hg. vom Architekten- und Ingenieursverein Hamburg e.V., Hamburg.
Hamburg und seine Bauten (1953): Hg. vom Architekten- und Ingenieursverein Hamburg e.V., Hamburg.
Hamburgs Walddörfer (1914): Villenkolonien, Hamburg.
Hannemann, Christine (1996): Die Platte. Industrialisierter Wohnungsbau in der DDR, Braunschweig.
Harlander, Tilman (Hg.) (2001a): Villa und Eigenheim. Suburbaner Städtebau in Deutschland, München.
Ders. (2001b): Suburbanisierung—Zwischen Reagrarisierung und Evakuierung, in: ders. (Hg.), Villa und Eigenheim, 250~257.
Harms, Hans/Dirk Schubert (1989): Wohnen in Hamburg—Ein Stadtführer zu 111 ausgewählten Beispielen, Hamburg.
Harth, Susanne (1994): Stadt und Region. Fritz Schumachers Konzepte zu Wohnungsbau und Stadtgestalt in Hamburg, in: Frank (Hg.), Reformkultur und Moderne, 157~181.
Jessen, Johann (2001): Suburbanisierung—Wohnen in verstädterter Landschaft, in: Harlander (Hg.), Villa und Eigenheim, 316~329.
Kuhn, Gerd (2001): Suburbanisierung—Planmäßige Dezentralisierung und ≫wildes≪ Siedeln, in: Harlander (Hg.), Villa und Eigenheim, 164~173.
Prigge, Walter (1998), Peripherie ist überall, Frankfurt.
Reulecke, Jürgen (1985): Geschichte der Urbanisierung in Deutschland, Frankfurt.
Saldern, Adelheid von (1995): Häuserleben. Zur Geschichte städtischen Arbeiterwohnens vom Kaiserreich bis heute, Bonn.
Sieverts, Thomas (1999): Zwischenstadt. Zwischen Ort und Welt, Raum und Zeit, Stadt und Land, Braunschweig/Wiesbaden.
Topfstedt, Thomas (1999): Wohnen und Städtebau in der DDR, in: Ingeborg Flagge (Hg.), Geschichte des Wohnens, Bd. 5: 1945 bis heute. Aufbau, Neubau, Umbau,

Stuttgart, 419~562.
Voigt, F. (1910): Barmbeck als Dorf um 1750, als Vorort von Hamburg um 1867 und als Stadtteil von Hamburg 1894 bis 1910, Hamburg.
Werkbundausstellung (1998): Amtlicher Katalog der Werkbundausstellung ≫Die Wohnung≪ (1927), Stuttgart.

댐

디르크 판 라크Dirk van Laak

벽을 향해: 에더 저수구역, 1914년

독일의 녹색 심장부에서 나중에 베저강으로 흘러드는 목가적인 강 하나를 따라 걷다보면 갑자기 벽에 부딪히게 될 때가 있다. 발데커란트지역의 여행자가 동쪽에서 출발해 카셀 남쪽 헴푸르트 인근의 에더강 계곡길 중 한곳에 도달하면 경사암 덩어리를 쌓아 만든 높이 48미터, 너비 400미터의 거대한 아치가 갑자기 눈앞에 펼쳐진다. 성벽 윗부분의 왼쪽과 오른쪽은 탑과 이어져 있는데, 꼭대기 장식은 '근대의 장소'가 아니라 오히려 중세시대 난공불락의 장벽을 연상시킨다. 그에 걸맞은 마키콜레이션[5]이 보이지만 잘 살펴보면 그것은 물이 넘쳐흐르는 가장자리임을 알 수 있다. 그러니까 당신은 견고한 성 앞에 서 있는 것이 아니라 2억 세제곱미터가 넘는 양의 물을 막아두고 있는 에더 저수구역의 높은 방죽 앞에 서 있는 것이다.

에더 저수구역의 그림엽서(1928)

이 "제국시대의 마지막 거인"(Neumann 1995, 55)은 독일 댐 건설의 호황기를 대표하는 특징적인 사례이다. 이 시기에 도시와 산업 중심지의 집수지역에서 수력에너지뿐만 아니라 산업 및 식수에 대한 급증하는 수요를 충족시키기 위해 수많은 댐이 건설되었다. 에더 저수구역은 디멜 저수구역과 함께 미텔란트 운하로의 물 공급을 보장함으로써 교통로를 조정하는 역할까지도 했다.

1890년에서 1930년 사이에 루르지역 주변과 작센, 슐레지엔에 수십 개의 저수구역이 잇따라 빠르게 건설되었다. 1891년부터 1905년 사이 아헨의 구조공학 교수인 오토 인체Otto Intze는 이러한 중력벽을 혼자서 25개나 건설했다. 이는 1890년 이전에 많은 안전 문제를 야기했던 이전 세기의 점토와 흙 제방보다 훨씬 더 안정적이었다. 그렇다고 해서 반대의견이 사그라지지는 않았다. 특히 건축물 때문에 주거지를 옮겨야만 했던 사람들은 이러한 계획에 지속적으로 저항했다. 에더 저수구역의 경우 3개의 마을에 거주하던 900명의 주민과 약 155개 농장이 교회와 그 안에 있던 유물들과 함께 새로 조성된 마을로 이주해야만 했다. 그곳에서는 추가적인 편리함을 제공함으로써 진정성의 상실을 보상하려는 시도가 이루어졌다. 프로이센 측량센터에서 촬영한 침수지역의 사진은 기억의 보관소가 되었다. 향토보호운동 또한 점점 거대해져가는 건축물에 반대하며 등장했다. 1904년에 설립된 독일향토보호협회는 첫 회의에서 댐 문제를 다루었다. 초대 회장인 에른스트 루도르프Ernst Rudorff는 댐은 본질적으로 "처음부터 자연을 훼손하는 것 외에는 다른 것이 될 가능성이 아예 없다"고 말했다(Rudorff 1904/05, 178).

미적인 문제에 대한 반대의견은 예술적 디자인을 도입하고 공모전을 개최하는 것으로 대응했다. 기술의 역사에서 흔히 볼 수 있듯이 기능적으로 새로운 것은 처음에는 과거의 형식언어로 포장되고는 한다. 자동차가 처음에는 마차처럼 보였던 것처럼 근대의 저수구역도 처음에는 요새의 형태를 취했다. 하지만 이미 1906년 화가이자 건축가인 파울 슐체-나움부르크Paul Schultze-Naumburg는 이러한 '기사의 성의 속임수'를 비판했다. 첨단기술에 의한 건축물의 기능적이고 근대적인 양식은 더디게 발전했다. 예를 들어 한스 푈치히Hans Poelzig는 에더 저수구역과 비슷한 시기에 건설된 드레스덴 근교의 클링겐베르크 저수구역을 단순하면서도 기능적인 형태로 설계했다. 그것은 오히려 당시의 기념물 건축양식을 더 많이 참조했다(Stabenow 1997). 왜냐하면 한스 푈치히는 "우리 시대는 실용적인 대형 상업용 건물을 통해 완벽하게 표현되고 있으며, 이것이 오늘날 건축의 진정한 기념비적 과제"라고 여겼기 때문이다(Poelzig 1911).

저수구역 관광객은 남성인 경우가 많은데, 이 방문자가 댐의 벽에서 출발해 점차 좁아지는 저수지를 따라 더 멀리 이동할수록 장엄한 인상은 점점 더 빠르게 희미해진다. 물에서 보면 호수는 보통 주변 환경과 매우 자연스럽게 어우러져 있는 것처럼 보인다. 호수 가장자리는 거의 인공적으로 보이지 않으며, 호수면은 여가활동과 이동을 위해 가장 좋은 조건을 제공한다. 일찍이 엄청난 양의 물에 잠긴 것들에 대해서는 대부분 생각도 하지 못할 것이다. 오히려 댐은 '호모파베르Homo faber'의 순례지로서 다리 또는 이 둘의 혼합 형태인 고대 로마의 수로와 매우 비슷한 인상을 준다. 물론 수로의 경우 대담함이라는 요소가 건축적으로 저수구역보다 더욱 분명하게 두드러지는 경우가 많다. 수로는 댐과 마찬가지로 공간과 시간에 대한 인간의 승리를 상징한다. 이러한 건축물들은 최고의 기술적인 성과를 내기 위해 노력하고, 특정 시기에 '인간적으로 가능'해 보였던 것들에 대한 기술사적 회고를 가능케 한다. 또한 자연경관의 자의성에 맞서 인간적 합리성의 요소를 일부 관철시킨다. 인간의 합리성을 패배시킬 수 있는 것은 오직 자기 자신, 즉 '인간의 실수'뿐이다.

실제로 에더 저수구역은 인간의 역사로 인해 여러 차례 지체되었다. 1914년 8월 25일에 계획되었던 댐의 개통은 말 그대로 '수포로' 돌아갔다. 환희에 찬 연설과 애국적인 찬가는 건축물이 아닌 이제 막 발발한 제1차세계대전에 참전하는 헴푸르트지역의 신병들을 위한 것이었다. 또한 에더 저수구역은 제2차세계대전중에도 '불가항력'의 대상이 되었다. 1943년 5월 17일 자정 직후 영국 공군의 폭격기 편대인 '댐 버스터스'가 전략적으로 중요한 저수구역을 여러 차례 공격했고, 회전 폭탄을 이용해 제방에 너비 70미터, 깊이 22미터의 구멍을 뚫었다. '정밀 폭격'의 초기 형태인 이 같은 폭격은 해일을 일으켰고, 거품과 굉음을 동반한 물보라 속에 수십 명의 사람과 수많은 동물, 농장과 시설물을 묻어버렸다. 인간의 원초적인 두려움과 그야말로 성경적인 재앙의 공포를 불러일으킬 만한 이 사건에 대해 독일 언론은 신중한 판단으로 소란을 피우지 않았다. 약 7,000명의 군인이 동시에 파괴된 에더 저수구역과 뫼네 저수구역을 가능한 한 신속하고 눈에 띄지 않게 복구하기 위해 대서양 요새에서 조용히 퇴각했다(Neumann 1995, 61; Euler 1993). 저수구역은 이후 여러 차례 복구 및 보강되었다. 그 이후 적어도 독일에서는 외부요인이 개입하지 않는 한 이 인상적인 건축물 중 어느 것도 다시 무너진 적이 없다.

콘크리트로 만든 거인: 20세기의 댐

독일에서 콘크리트댐이 도입된 것은 1925년 리나흐 저수구역과 1930년 크리프슈타인 저수구역이 건설되면서부터이다. 그 이전에는 수작업으로 벽을 쌓아올렸다. 표준화된 건축물을 통해 이 근대적 장소의 새로운 특성이 명확해졌다. 전근대시대처럼 특별한 성과를 통해 자연의 예측불가능성을 제거하고 자연으로부터 유용한 능력을 빼앗는 대신 이제는 문화경관이 설계를 통해 마침내 '야생적' 자연보다 우위를 점하게 되었다. 물의 에너지와 생명력은 더이상 물이 있는 곳에서만 활용되지 않고 산업적 합리성의 지배를 받게 되어 그 결과 배급량을 늘리면서 지속적인 이용이 가능해졌다(제철소). 1900년에서 1930년 사이의 댐 건설과 수력발전의 전성기에는 독일에서뿐만 아니라 다른 나라에서도 사용되지 않고 정비되지 않은 채 바다로 흘러들어가는 모든 강은 '낭비'로 간주되었다. 저수구역 건설은 운하 건설, 하천 정비, 습지 배수, 건조 지역의 관개 및 해안의 제방 건설을 포함하는 국가 '수력공학' 분야의 체계적인 조직화의 일부였다. 1899년에 설립된 루르 저수구역협회와 같은 급수 및 폐수 처리를 위한 특수 목적의 협회는 종종 근대 토지개발 계획의 핵심이 되었다. 근대의 인프라 네트워크(전화교환소)는 지방자치단체의 역량을 뛰어넘었고 점점 더 공간 통합의 중개인 역할을 하게 되었다.

그러나 독일에서도 저항은 여전히 꺾이지 않았다. 1934년 미국 중서부를 강타한 더스트볼Dust Bowl 재앙 또한 독일의 '경관 옹호론자들'의 회의적인 태도를 더욱 부추겼다. 고속도로를 경관에 '유기적으로' 통합하는 데 일조했던 알빈 자이페르트Alwin Seifert는 1936년 광범위한 수자원공학, 전방위적인 정비사업과 직선화 및 배수 공사가 독일에도 위협이 되고 있는 '사막화'의 위험 요소라고 다음과 같이 비난했다. "그러나 자연은 아주 작은 초원에서부터 시작해 우주 전체에 이르기까지 모든 곳에서 하나의 완결된 살아 있는 유기체입니다. 그 안에서는 가장 작은 하나하나의 조직들이 다른 모든 조직과 조화를 이루고 있습니다. 한 부분에서 일어나는 모든 변화는 나머지 모든 부분에 영향을 미치게 됩니다"(Seifert 1938, 5; Zeller 2003). 나치 정부는 그런 '생태학적' 방식으로 행동하지 않았다. 오히려 20세기에 접어들면서 세계사의 번영과 고난은 물과 연관지어 해석되었다. 그러면서 부적절한 '물 관리'로 인해 비옥한 지역이 황폐해지고 항구가 늪이 되거나 육지화되어 그 결과 이전에 '화려했던 경관'이 몰락한 것으로 추측되는 과거의 대제국들이 자주 언급되었다(Flemming 1957).

또한 물 관리의 옹호자들은 인류학적으로 지속적인 행동방식을 근거로 삼을 수도 있었는데, 예컨대 이러한 행동방식은 하천을 댐으로 막는다거나 해변의 일부를 제방으로 막아 해변으로 다가오는 조수에 맞서 싸우는 것과 같은 청소년들의 거의 강박적인 활동에서 볼 수 있었다. 실제로 물을 정비하는 것은 인류의 '산업'이 시작되면서 비로소 시행된 것이 아니라 이미 인간사회의 시작에서부터 존재해왔다. 동아시아와 남아시아, 근동, 중남미의 고대 선진문명은 수력공학의 문화로서 조직화의 필요성이 통치뿐만 아니라 사회적 분화와 다양한 문화 기술을 가능케 했다. 달력, 수학, 천문학은 '수력공학적 관료제' 국가의 농업 관리자들에게는 통치를 위해 필요한 중요한 지식을 의미했다. 수력에 의한 농업은 지역과 강력하게 연계되어 있었기 때문에 이러한 협력방식을 다른 대규모 작업, 예컨대 중국의 만리장성과 같은 거대한 방어시설로 확장하는 것이 자연스러웠다(Wittfogel 1977, 56~60)(기업형 농장).

댐은 자연과 그 법칙에 대항하는 투쟁의 건축물로서 현대에는 종종 전쟁으로 표현되기도 하지만(전선), 동시에 사람들 사이의 평화의 건축물이기도 하다. 댐의 건설은 평화로운 미래에 대한 확신과 동의어이다(von Samson-Himmelstjerna 1903). 그렇기 때문에 댐은 전쟁시에는 전략적 아킬레스건이 되고, 위기시에는 테러공격에 취약하다. 이미 19세기 말 프랑스인들은 나일강 상류에 댐을 건설해 당시 영국이 점령하고 있던 이집트의 생명줄을 끊겠다고 위협했다(Baumgart 1975, 17f.). 반면 1956년 수에즈운하의 국유화는 아스완댐 확장에 필요한 자금을 조달하기 위한 것으로, 과거에 식민지를 두고 경쟁을 벌였던 두 나라에게 제국주의시대의 종말을 가시적으로 알렸다. 오늘날에는 점점 더 부족해지는 물자원을 둘러싼 경쟁도 벌어지고 있다. 이러한 이유로 아타튀르크댐에는 방어를 위한 지대공미사일이 배치되어 있다고 한다(Vorholz 1998; Meyer 1993).

수력공학에 더 많이 의존하는 문화일수록 자율적인 결정의 가능성이 더 크다. 하지만 대부분의 경우 자연 그 자체가 반격을 가했다. 기원전 2600년경 최초의 피라미드와 같은 시기에 건설되어 가장 오래된 댐 중 하나로 추측되는 사드 엘 카파라댐은 카이로 남서쪽 와디에 모래, 자갈, 돌로 건설된 높이 10미터, 길이 100미터가 넘는 댐으로 채 완공되기도 전에 해일에 휩쓸려 사라져버렸다. 1885년이 되어서야 게오르크 슈바인푸르트Georg Schweinfurth가 이것을 재발견했다(von Wölfel 1995). 현대에는 역설적으로 '자연재해'라고 불리는 이러한 사건들은 수천 년에 걸쳐 댐이 건설되는 동안 반복적으로 일어났다(가장 최근에는 1976년 미국 아이다호주의 티턴(Teton-Dam)댐이 붕괴되어 11명의 목숨을 앗아갔다). 규모와 정의에 따라 기원전 8000년경 전부터 저수구역 공사에 대한 다양한 건설계획이 존재한다. 이러한 댐들은 관개 및 배수, 주기적으로 부족한 물의 관리 또는 과도한 물에 대한 방어, 교통 개선 및 에너지생산을 위해 사용되었다.

중부유럽에서는 이러한 기술이 수세기 동안 거의 사용되지 않았다. 그러나 중세 이후 개별 수도원에서는 물고기 양식을 위해 연못을 만들었고, 근대 초기부터 댐시설을 통해 공업용수와 물방아 에너지를 광산에서 사용했다. 중상주의시대의 강제적인 운하시스템 건설, 섬유, 석탄, 철강 사업에서의 산업적 수요, 그리고 18세기와 19세기의 도시 집중화로 인해 계산이 가능한 물의 수요가 증가했고, 이에 따라 기술혁신이 필요하게 되었다(제철소). 이때 저수구역 건설의 발전은 기계학, 정역학, 통계학에 대한 지식이 증가한 후 이루어졌다.

이미 오래전부터 기본 특징이 잘 알려져 있던 '수리건축학Architectur Hydraulica'(Forest de Belidor 1766)은 새로운 기술적 가능성 덕분에 유례없는 세계적인 성공 사례가 되었다. 수에즈운하(1869), 파나마운하(1914), 자위더르해 간척사업(1929 이후), 뉴딜정책의 테네시 밸리 프로젝트(1933 이후)와 같은 웅대하고 유명한 개별 업적들은 단지 표면적인 현상에 불과했다. 오늘날 국제대형댐위원회ICOLD의 정의에 따라 '대형댐'이라고 칭할 수 있는 댐, 즉 높이가 최소 15미터 이상이거나 저수량이 300만 세제곱미터 이상인 댐이 전 세계적으로 4만 5,000개 이상 존재한다. 현재 전 세계 강의 절반 가까이에 이러한 댐을 하나 이상 가지고 있으며, 그중 일부는 전체 길이에 걸쳐 계단식으로 건설되어 있다. 수력발전소는 전 세계 전력의 약 5분의 1을 생산한다. 전 세계에 걸쳐 여기저기 분포되어 있는 저수지들이 지축을 이동시키고 지구의 자전동작에 거의 눈에 띄지 않지만 측정 가능한 변화를 일으킬 수도 있다는 두려움이 퍼져 있는 것을 보면 얼마나 많은 양의 물이 저수지 안에 저장되어 있는지를 알 수 있다(Browne 1996).

댐의 공간성에는 댐 건설로 인해 발생하는 이주 절차도 포함된다. 밀려오는 홍수 앞에서는 식물조차 견뎌낼 수 없기에 동물과 사람 모두 도피해야 했다. 지난 50년 동안 4,000만 명에서 8,000만 명의 주민이 이러한 댐 건설로 인해 살던 곳에서 떠나야 했을 것으로 추정된다. 가장 최근에 건설된 최대 규모의 댐인 중국 양쯔강 싼샤三峡댐의 경우에서만 최소 120만 명이 이주해야 했다(Shiu-Hung/Whitney 1993). 이런 과정에서 개인적 저항이 '공동의 이익' 때문에 실패한다는 사실은 일반 대중을 위해 유익하게 사용되기는 하지만 그 위치가 민주적으로 결정되지는 않는 이러한 건축물의 역사에서 떼려야 뗄 수 없는 부분에 속한다. 대신 그 건축물들은 다른 논리를 따르는데, 그것은 바로 예상되는 외부적 제약을 근거로 삼는 기술주의적 논리이다. 이러한 자연 길들이기의 기념비적인 건축물들이 한창 번성하던 시기에 이 같은 종류의 대규모 프로젝트에 이의를 제기했던 것은 오직 국지적 저항운동, 즉 직접적인 영향권 안에 있는 사람들 또는 향토보호운동가들뿐이기도 했다(Linse u.a. 1988). 건축업자들은 이들의 반대에 '기술주의적으로' 대응하는 경우가 많았는데, 거주지를 다른 곳에 비슷하거나 심지어는 '더 높은 가치'를 갖춘 방식으로 재건했다. 1964년에서 1968년 사이에 아스완댐 확장으로 인해 다른 곳으로 이주해야만 했는데, 돌 하나하나를 옮겨 64미터 더 높은 곳에 재건된 아부심벨 사원단지의 경우와 같이 때로는 문화 또는 종교 건축물도 이전될 수 있었다.

하지만 저수구역 건설의 시대가 서서히 '메말라가게 하는' 것은 인간의 문화 건축물의 공간적 경쟁 때문이 아니라 대규모로 자연을 훼손하는 수력발전소 단지로 인해 발생하는 지속적인 환경 영향에 대한 우려가 커지고 있기 때문이다. 저수지의 '흰 석탄'인 물은 '검은 석탄'처럼 복구할 수 없도록 손실되지도 않고, 필요에 따라 전력생산을 조절할 수도 있지만 그럼에도 불구하고 저수지는 자연 균형에 막대한 개입을 하는 것으로 입증되고 있다. 1994년 미국의 개간사업국은 너무 많은 강의 생태계가 교란되고, 너무 많은 댐에 토사가 쌓였다는 이유로 미국에서 댐 시대의 종말을 선언했다. 이제는 심지어 댐이 지진을 유발한다는 의혹까지 제기되었다(Pollmann 1996).

1960년대 이후 생태학적 사고가 부상하면서 '고전적 근대'의 진보와 성장지향적 사고가 인식하고 있던 것보다 더 복잡한 상호관계가 드러났다. 과거에는 자연의 힘을 최대한 효율적으로 활용한 것과 비교하면 '국지적' 환경오염은 용인할 수 있는 것으로 여겨졌다. 대부분의 수혜자들은 특히 댐 건설로 인해 직접적인 영향을 받지 않는 경우 이를 받아들였다. 물론 세계화가 되어가는 세상에서는 더이상 이런 방치를 허용하지 않는다. 지구상의 공간이 너무 부족해졌다.

하지만 저수구역의 역사가 여기서 끝나는 것은 아니다. 오늘날에도 특히 '개발도상국'에서는 대규모 댐 건설 프로젝트가 계속해서 계획, 실행되고 있다. 저수구역은 핵무기 제조나 점점 더 높아져가는 마천루(고층건물)처럼 정치적 실행력과 경제력의 증거로 여겨진다. 댐 건설의 역사는 수치로 나타난 최고 성과와 성공적 업적을 중심으로 설명될 수 있으며, 그런 면에서 수천 년 동안 변함없이 유지되어왔다. 그럼에도 불구하고 변화의 징후가 나타나고 있다. 세계은행은 수십 년 동안 댐 건설을 신흥국들이 환경친화적이면서도 지속가능한 방식으로 경제적 독립을 향해 도약할 수 있는 이상적인 출발점으로 여겼던 1990년대 중반 이후 이러한 프로젝트에 대한 자금 지원을 점차 거부해왔다. 수십억 달러를 잘못된 곳에 사용했다는 비판을 너무 자주 받았기 때문이다. 2001년 인도에서만 약 700개의 대형댐이 건설중인 가운데 작가이자 환경운동가인 아룬다티 로이Arundhati Roy는 이미 3,600개의 댐이 존재함을 언급하며 다음과 같이 말했다. "오늘날 대형댐은 생태와 사회정의에 관한 가장 중요한 논쟁이 벌어지는 무대이며, 정치적·관료주의적 음모, 국제 금융 거래, 상상할 수 없는 규모의 부패한 계략이 꾸며지는 곳입니다" (Kämpchen 2002에서 재인용).

사르다르 사로바르댐은 30개의 대형댐, 135개의 중형댐, 3,000개의 소형댐과 총길이 8만 킬로미터에 달하는 운하시스템을 포함하는 가장 큰 규모의 대규모 건설 프로그램 중 하나이다. 이 계획은 과거에 댐을 현대 인도의 사원이라고 과장되게 예찬했던 인도의 초대 총리 자와할랄 네루Jawaharlal Nehru의 마지막 이념적 유산으로서 1,400만 명의 인도인들을 이주시킬 예정이었다. 반면 1995년 독일이 공동 설계한 이웃 네팔의 아룬 3호댐 프로젝트는 중단되었다. 그 비용이 네팔의 1년치 국가 예산보다 더 높았기 때문이다. 라틴아메리카의 유명한 대형댐 건축물도 때로는 "수십억을 삼킨 저수지"로 밝혀지기도 한다(Schuster 1997). 댐과 저수구역을 통해 구체화된 홍수 방어와 성공적인 물 관리가 언제나 인간의 권력 행사의 중심에 있었기 때문에 댐 건설에는 항상 (지방) 정치인들의 부패와 명성에 대한 욕구가 수반되었다(Seiffert 1997). 이런 현상은 1957년 카를 아우구스트 비트포겔Karl August Wittfogel이 언급한 "동양의 전제주의"(Wittfogel 1977)에서뿐만 아니라 자유주의체제에서도 볼 수 있다. 여기서는 기술을 통해 '정복된' 미국 서부에서 여전히 방문객이 가장 많은 순례지 중 하나로 허버트 후버 대통령의 이름을 딴 콜로라도강의 볼더댐만 생각해보아도 될 것이다.

역사의 흐름 속에서 규제 장벽으로서의 댐

역사학자 찰스 S. 마이어Charles S. Maier는 무엇보다도 댐을 1860년에서 1960년 사이의 영토권을 특징으로 하는 시대의 상징으로 보았는데, 이 시기에는 엄청난 양의 토사를 이동시키거나 콘크리트 벽 뒤에 엄청난 양의 물을 가둬두기 위해 거대한 규모가 중요했다(Maier 2000, 821). 하지만 저수구역은 가파르게 세워진 크레인과 댐 건축물의 이미지로 이루어진 불도저 기술만 표현하는 것이 아니다(van Laak 1999). 댐과 둑 뒤에는 물의 힘을 효율적으로 사용하거나 예기치 못한 자연현상에 유연하게 대응할 수 있도록 민감한 첨단기술이 숨겨져 있는 경우가 많다. 이러한 시스템 중 하나는 네덜란드의 델타계획으로, 3년 전에 있었던 엄청난 폭풍해일 재해에 대응해 1956년 네덜란드의 해안선을 780킬로미터 단축했고, 1986년에 개통한 오스테르스헬더 폭풍해일 방벽의 형태로 자연의 예측불가능성에 '지능적으로' 대응할 수 있게 했다. 이 방벽은 필요할 경우에만 방조제로 닫히도록 되어 있다.

한편 "고전적 근대" 또는 "권위주의적 고도 근대"(Scott 1998)의 절정기에 속하는 다른 프로젝트들, 예를 들어 뮌헨의 건축가 헤르만 죄르겔 Hermann Sörgel이 지브롤터 근처의 지중해를 봉쇄하려고 했던 공상적인 수준의 댐 프로젝트는 실현되지 못했다(Gall 1998). 1949년 '자연 개조를 위한 위대한 스탈린주의 계획'과 같이 다행스럽게도 실현되기 전에 끝난 프로젝트들도 있었는데, 이러한 계획은 대륙적 차원을 훨씬 뛰어넘는 규모였다. 이러한 댐 건설은 '지구의 역사를 바로잡기' 위해 시행되는 개입 시스템의 일부였다. 대형댐과 발전소 건물의 유토피아적 요소를 뚜렷하게 느낄 수 있는 경우가 많았다. 이러한 요소는 건설현장 자체를 과거에서 해방되어 더 나은 미래를 건설하기 위한 대담한 작업에 전적으로 헌신해야 하는 '새로운 인간'의 탄생지로 묘사하는 데에도 반영되었다(Josephson 1995; van Laak 1999).

저수구역과 관련해 피라미드나 대성당과 같은 과거의 건축물들과의 유사성이 어디에서나 발견된다. 댐의 벽 아래에서 올려다보면 디자인에 관계없이 경외심, 심지어 숭고함까지 느껴진다. 이러한 느낌은 관찰자의 작은 몸집과 현저한 대조를 이루는 벽면의 거대한 크기로부터 비롯된다. 사람들은 이 벽 뒤에 감춰진 힘을 무의식적으로 감지한다. 대부분

곡선형인 제방벽 꼭대기에서 보면 관찰자들은 집적된 힘이 영구적으로 길들여진 것에 대해 자부심을 느낀다. 여기서 댐은 건축물이 된 멈춤의 순간이며, 길들여진 에너지의 상징이자 자연의 힘에 대한 승리(벙커)임을 나타낸다.

그러나 댐은 물의 무한한 저장고일 뿐만 아니라 대중시대의 정치심리학적 이미지와 개념을 위한 저장고이기도 함이 증명되었다. '홍수'에 대비한 '댐 건설', '늪지'의 배수, '야생의 물' '길들이기'와 같은 표현은 독성과 말라리아가 위협하고 '빛에 민감한 해충떼'가 숨어 있는, 문자 그대로 '경작되지 않은' 자연의 어두운 구석, 숲, 늪지와 수역을 떠올리게 한다. 또한 '댐의 붕괴'는 재앙 그 자체와 동의어가 되었다. 물 또한 식량으로서 칭송받을 뿐만 아니라 예측불가능한 자연의 힘으로서 두려움의 대상이 되기도 한다. 따라서 자연이 일으키는 일회성 혹은 반복적인 '재앙'을 억제하고 자연의 힘을 길들일 수 있다면 이는 정치적·조직적·기술적인 영웅적 행위로 여겨진다. 오토 폰 비스마르크, 헬무트 슈미트, 마티아스 플라체크와 같은 정치인들이 제방 붕괴와 폭풍해일이 발생했을 때 전국적으로 '제방감독관' 또는 위기 관리자로 유명해진 것은 우연이 아니었다.

반면 오늘날 개인심리학에서는 인간 영혼의 가장 깊은 곳에서 분출되는 모든 감정적인 것에 대해 댐을 쌓아야 한다는 주장은 오류로 여겨진다(카우치). 자연의 정복과 '개선'이 심리적·도덕적으로 완전히 양가적인 과정이라는 사실이 이미 '예술'문학에 꾸준히 반영되어왔으며, 이를 위해 근대에는 때때로 제방 건설이라는 주제를 다루기도 했다. 1832년 괴테는 『파우스트』 2부에서 거대한 토지개간 프로젝트를 그렸지만, 또 한편으로는 필레몬과 바우키스라는 인물을 통해 그러한 사업으로 인한 인간의 손실 또한 주제화했다. 테오도어 슈토름Theodor

Storm의 『백마의 기수』는 제방감독관 하우케 하이엔을 중심으로 근대적인 추진력과 전근대적인 나태함 사이의 갈등을 형상화했다. 여기서 대규모 건설현장은 "미신적인" 낡은 것이 새로운 것과 씨름하는 장소가 되었다(Knittel 1939; Monnier 1963). "영혼의 기술자들"이 찬사를 보냈던 구소련의 "공산주의의 대규모 건설현장"에서도 상황은 비슷했다(Westermann 2003). 진보가 희생을 요구한다는 사실은 '고전적 근대'의 문학에서 비극적인 갈등으로 자주 등장하지만 언제나 '근대'에 유리하게 결론이 나는 것은 아니었다. 오히려 '야생적인' 자연은 도피처로 설계되었고(주말농장), 그러한 자연이 현실에 드물게 존재할수록 문학에서는 더욱 강력하게 이상화되었다. 그리하여 독일의 라인강 낭만주의는 라인강을 직선화하고 길들이는 작업과 같은 시기에 등장했으며, 1861년에는 독일 최초의 공공 수족관이 문을 열었다(Blackbourn 2000, 445ff.).

오늘날 반듯한 도로, 인공적인 장애물과 차단시설로 이루어진 산업화된 문화적 경관의 명확한 구조는 동일한 형태의 역사적 흐름 속에서 '미학적이지 않고' '건강하지 않은' 개입으로 인해 규제 장벽으로 여겨지는 징후가 존재한다. 심리학에서와 마찬가지로 모든 것은 구조화된 환경 속에서 다시 '흘러가야' 한다. 자연을 정복하는 기술의 강력한 힘은 '폭력'으로 해석되는 경향이 더 크다(기업형 농장). 댐에 대한 거부 성향은 생태학적 반대에 근거하는데, 이에 따르면 강에 서식하는 생물종의 다양성이 제한되고 장어나 연어와 같은 이동성 어류는 댐의 벽을 통과할 수 없으며, 발전소의 터빈에서 수백만 마리의 생물이 죽음에 이르고 해마다 일어나던 범람 현상이 사라지면서 토양이 염분화되고 비료가 부족해지며, 고인 물에서 모기가 들끓고 심할 경우 치명적인 기생충병인 주혈흡충증이 확산된다는 것이다.

일단은 이러한 반대의견에 대해 연어가 상류로 이동할 수 있도록 댐 옆에 계단식 구조물을 건설하는 등 기술적인 방식의 대응이 꾸준히 이루어지고 있다. 하지만 그와 동시에 댐이라는 아이디어는 하류를 향하고 있는 듯하다. 1997년 4월 스위스 글랑에서 세계댐위원회WCD가 설립되었는데, 여기에는 댐 반대자들도 명시적으로 포함되었다. 2000년 11월 위원회는 이 건축물에 대한 균형잡힌 평가를 제공하기 위해 노력한 보고서를 발표했다. 위원회에 따르면 댐은 분명 인류 발전에 주목할 만한 기여를 했으며 상당한 이익을 창출했다고 밝혔다. 하지만 그 과정에서 사람과 환경, 납세자를 위해 과도하게 비싼 대가를 치른 경우가 너무 많았다. 따라서 이러한 대규모 프로젝트의 활용 및 이익의 불공정한 분배에 대한 의구심을 성공적으로 해결하기 위해서는 일찌감치 이해관계의 균형이 요구된다는 것이다(Dams and Development 2000; Baur 2001).

그러나 여름철 폭염 기간 동안 저수구역의 수위가 낮아졌다는 사실이 알려지면 일부 사람들은 실제로 세차나 잔디밭에 물을 주는 일 등을 자제하는 경우도 있을 것이다. 그럼에도 이러한 장면을 관찰하는 사람은 생태학적으로, 탈근대postmodern적으로 교육된 시민조차도 기본적인 생존 문제의 해결을 위해서는 고전적 근대에 만들어진 조건에 얼마나 의존하고 있는지를 다시 한번 깨닫게 된다.

참고문헌

Baumgart, Winfried (1975): Der Imperialismus. Idee und Wirklichkeit der englischen und französischen Kolonialexpansion 1880~1914, Wiesbaden.

Baur, Jörg (2001): Mehr Nutzen aus Staudamm-Großprojekten? Zum Bericht der

World Commission on Dams, in: Aus Politik und Zeitgeschichte B 48~49, 23~29.

Blackbourn, David (2000): Besiegte Natur. Wasser und die Entstehung der modernen deutschen Landschaft, in: Bernd Busch/Larissa Förster (Hg.), Wasser, Bonn, 440~453.

Browne, Malcolm W. (1996): Dams for Water Supply are Altering Earth's Orbit, an Expert Says, in: The New York Times, 3. März.

Dams and Development (2000): A New Framework for Decision-Making. The report of the World Commission on Dams, London.

Deutscher Verband für Wasserwirtschaft und Kulturbau e.V. (Hg.) (1987): Historische Talsperren, bearb. von Günther Garbrecht, Stuttgart.

Euler, Helmuth (1993): Wasserkrieg. 17. Mai 1943: Rollbomben gegen die Möhne-Eder-Sorpe-Staudämme, 2. Aufl., Balve.

Flemming, Hans Walter (1957): Wüsten, Deiche und Turbinen. Das große Buch von Wasser und Völkerschicksal, Göttingen u.a.

Forest de Belidor, Bernard (1766): Architectura Hydraulica oder die Kunst, das Gewässer des Meeres und der Flüsse zum Vorteil der Verteidigung, der Festungen, des Handels und des Ackerbaus anzuwenden, Augsburg.

Gall, Alexander (1998): Das Atlantropa-Projekt. Die Geschichte einer gescheiterten Vision. Hermann Sörgel und die Absenkung des Mittelmeers, Frankfurt/New York.

Josephson, Paul R. (1995): ≫Projects of the Century≪ in Soviet History: Large-Scale technologies from Lenin to Gorbachev, in: Technology and Culture 36, 519~559.

Kämpchen, Martin (2001): Rumpelstilzchen baut sich ein großes Haus, in: Frankfurter Allgemeine Zeitung, 18. Januar.

Knittel, John (1939): Amadeus. Roman, Berlin.

Laak, Dirk van (1999): Weiße Elefanten. Anspruch und Scheitern technischer Großprojekte im 20. Jahrhundert, Stuttgart.

Linse, Ulrich u.a. (1988): Von der Bittschrift zur Platzbesetzung. Konflikte um technische Großprojekte, Berlin/Bonn.

Maier, Charles S. (2000): Consigning the Twentieth Century to History: Alternative narratives for the modern era, in: American Historical Review 105, 807~831.

Meyer, Thomas (1993): Von der Beherrschung der Natur zur Schadensbegrenzung, in: Heidi Hinz-Karadeniz/Rainer Stoodt (Hg.), Die Wasserfalle. Vom Kampf um Öl zum Kampf um Wasser: Aufstieg und Fall eines Großprojektes in Kurdistan, Gießen, 52~63.

Monnier, Thyde (1963): Die Talsperre, Wien.

Neumann, Michael (1995): Die Ederstaumauer—ein letzter Gigant der Kaiserzeit,

in: Die Denkmalpflege 53, H. 1, 55~65.
Poelzig, Hans (1911): Der neuzeitliche Fabrikbau, in: Der Industriebau 2, 100~106.
Pollmann, Uwe (1996): Babylonische Bauten, in: Die Zeit, 25. Oktober.
Rouvé, Gerhard (1987): Die Geschichte der Talsperren in Mitteleuropa, in: Deutscher Verband (Hg.), Historische Talsperren, 297~325.
Rudorff, Ernst (1904/05): Zur Talsperrenfrage, in: Mitteilungen des Bundes Heimatschutz 1, 175~180.
Samson-Himmelstjerna, Hermann von (1903): Die Wasserwirtschaft als Voraussetzung und Bedingung für Kultur und Friede, Neudamm.
Schultze-Naumburg, Paul (1906): Ästhetische und allgemeine kulturelle Grundsätze bei der Anlage von Talsperren, in: Der Harz 13, 353~360.
Schuster, Gerd (1997): Wasserkraft in Südamerika: Stausee der versunkenen Milliarden, in: Der Stern, 18. September.
Scott, James C. (1998): Seeing Like a State. How certain schemes to improve the human condition have failed, New Haven.
Seifert, Alwin (1938): Die Versteppung Deutschlands, in: Die Versteppung Deutschlands? (Kulturwasserbau und Heimatschutz). Sonderdruck mit Aufsätzen aus der Zeitschrift Deutsche Technik, Berlin/Leipzig, 4~10.
Seiffert, Bernd (1997): ≫Der Staudamm nützt nur der Regierung—nicht uns!≪ Geschichte und Auswirkungen des Lesotho-Hochland-Wasserbauprojektes, Berlin.
Shiu-Hung Luk/Joseph Whitney (Hg.) (1993): Megaproject. A case study of China's Three Gorges Project, Armonk, N.Y./London.
Stabenow, Jörg (1997): Staumauer und Monument. Die Talsperre Klingenberg, ein Werk des Architekten Hans Poelzig, in: Architectura, 183~199.
Vorholz, Fritz (1998): Eine letzte Oase. Kampf ums Wasser: Das Lebenselixier könnte zu Kriegen führen, in: Die Zeit, 5. März.
Westermann, Frank (2003): Ingenieure der Seele. Schriftsteller unter Stalin—eine Erkundungsreise, Berlin.
Wittfogel, Karl August (1977): Die Orientalische Despotie. Eine vergleichende Untersuchung totaler Macht (1957), Frankfurt/Berlin/Wien.
Wölfel, Wilhelm von (1995): Eine Talsperrenkatastrophe vor 4000 Jahren, in: Bautechnik 72, 830~832.
Zeller, Thomas (2003): ≫Ganz Deutschland sein Garten≪: Alwin Seifert und die Landschaft des Nationalsozialismus, in: Joachim Radkau/Frank Uekötter (Hg.): Naturschutz und Nationalsozialismus, Frankfurt/New York, 273~307.

점유하다: 전시의 장소

발터 벤야민에게 19세기 파리의 아케이드는 잠재적인 구매자를 사로잡고 환상을 새로운 현실로 만들기 위해 생산품이 상품으로 전시된 근대의 대표적인 장소였다. 이러한 전시의 장소에서는 유동적이고 순간적이며 눈에 보이지 않는 방식으로 연결된 근대의 세계가 가시화되고 구체화된다. 박물관 전시품과 제품 전시, 영화 상영, 무대 공연은 이미지와 희망의 교환 장소를 만들어낸다. 어떤 것들은 구입이 가능하고, 어떤 것들은 닿을 수 없는 것으로 남는다. 의상, 메이크업, 포장의 가면극은 드러나지 말아야 할 것을 감추거나 바로 그 폭로의 긴장감을 가지고 유희한다. 표면은 유혹을 받고자 하는 청중을 유혹하며, 그들은 인공적인 대체 현실을 풍요로움으로 여기기 때문에 그 세계로 들어간다.

전시의 장소는 그 안에 '실재'하는 것과 '보이는 것' 사이의 분열을 내재하고 있기 때문에 종종 허상의 장소라는 비판을 받아왔다. 이러한 비판의 이유는 전시장의 상업적 성격 때문인데, 이로 인해 전시장은 통제와 합리화의 장소가 되기도 한다. 이곳에서는 사용자의 희망사항을 고려하고, 욕구를 생성하고 불러일으키며 그것을 충족시키는 다양한 것들을 제공한다. 이러한 장소는 관람자들에게 선택권을 주는 동시에 그들의 마음을 사로잡거나 독점해야 한다. 이와 동시에 그곳은 구매자이자 방문객들이 자신을 소개하고 익명으로 가까워지고 차이를 선택하는 무대이기도 하다. 환상적인 특징으로 인해 그곳은 사람들이 꿈을 꾸고 작은 탈출을 감행할 수 있도록 초대하는 은둔의 섬이 된다.

백화점은 다양한 제품군을 한곳에 모아 쇼윈도처럼 인상적인 디스플레이를 기반으로 한 판매 콘셉트 안에 통합한다. 이곳은 제공, 관람, 구매의 상호작용 속에서 조종당하는 선택의 자유를 상징하는 장소가 된다. 그러나 백화점에서의 이러한 소비 형태는 처음에는 전체 소매 거래 중 극히 일부만이 매장에서 판매되었기 때문에 대중적인 경험으로서 제한적으로 실현되었다. 슈퍼마켓과 셀프서비스 레스토랑 역시 무엇보다 상상력을 충족시켰고, 일상적인 상품 공급을 모두 장악하지 않은 상태임에도 제품 커뮤니케이션에 대한 표준을 설정했다.

백화점의 사치스럽게 연출된 효과에 비해 1860년대에 탄생한 여행사의 사무실은 소박하게 꾸며져 있었다. 유일하게 희망적인 것은 이곳에서 체험 가능한 공간으로 판매되는 넓은 세계였다. 학문과 교육의 품격을 통해 다루어진 머나먼 낯선 세계는 **민족학박물관**의 주제이기도 하다. 처음에는 '야생 원시민족'의 인간 표본이 동물원에 전시되기도 했지만 이제 박물관 관람객은 전시된 물건을 먼 곳의 문화 대표자로서 경건하게 받아들여야 했다.

박물관 전시품이 진정성을 암시한다면 **영화관**에서 보여주는 것은 의심의 여지없이 허구이다. 인위적이고 연출된 이미지를 통해 이 대중매체는 근대적 인식에 지속적인 영향을 미쳤다. 이때 영화관 체험은 어두운 실내에서의 관객 배치뿐만 아니라 스크린에서 일어나는 사건, 영화 스튜디오의 꿈의 공장에서 만들어진 대서사와 환상기법에 의해서도 결정된다. 백화점만큼 다양하고 영화관처럼 인공적인 놀이공원은 도시 안에 위치한 작은 상업적인 오락 도시이다. 각각의 구경거리들이 시선을 끌고, 사람들은 자신의 힘과 능력을 증명하거나 롤러코스터 같은 극한의 경험을 할 수도 있다. 놀이공원은 전체적 앙상블로서 장관을 이루며, 복잡한 다양성, 장비의 기술적 복잡성 및 감각적으로 압도하는 장식의 힘이 깊은 인상을 남긴다.

웨이트룸에서는 모든 것이 더 집중되어 있다. 대중매체를 통해 점점 더 확산되는 규범은 근력운동 기구에서의 작업 목표를 설정하는데, 이를 통해 더 강하고 최적의 형태를 갖춘 몸을 만들어야 한다. 통제를 통한 근육 형성의 필수 요소는 거울 속 자신의 모습을 관찰하는 일이다. 자신의 외모에 매료되는 이러한 종류의 자기성찰은 미용실에서도 발견할 수 있다. 하지만 그곳에서는 자신의 노력이 아니라 전문 스타일리스트의 작업을 통해 원하는 결과를 얻게 된다. **스트립 클럽**의 공간 배치를 특징짓는 것은 몸을 바라보고 보여주는 행위이다. 한 명의 여성이 무대 위에서 자극적인 춤을 추며 옷을 벗는 모습을 대부분 남성으로 이루어진 관객들이 멀리서 바라본다. 영화가 서스펜스가 없으면 지루해지는 것처럼 스트립쇼는 완전한 나체의 클라이맥스를 향해 달린다. 하지만 두 경우 모두 시뮬레이션에 불과하다. 섹스가 벌어지지도 않고, 동영상 속의 꿈같은 이야기도 현실이 되지 않는다.

백화점

우베 슈피커만Uwe Spiekermann

베를린의 헤르만 티츠백화점, 1914년

1914년 4월 헤르만 티츠Hermann Tietz는 자신의 백화점에서 '봄의 입성'을 축하했다. 소비의 전당은 상업적인 전성기를 맞이했지만 단순한 판매가 아닌 예술적인 실내 장식에 중점을 두었다. "모든 층의 실내 공간은 향기로운 봄꽃으로 장식되어 있고, 아트리움에서는 인상적인 장식들이 선풍적인 관심을 끌었다." 라이프치거슈트라세에 위치한 본관은 "일본풍으로 유지되었다. 벽은 섬세한 찻집 스타일로 장식되어 있으며 풍부한 격자 구조물로 서로 연결되어 있다. 중앙에는 3층탑이 우뚝 솟아 있는데, 노란색 램프와 화려한 종이 초롱의 불빛 속에서 탑의 진한 붉은색이 지붕의 금색과 어우러져 다채로운 이미지를 만들어낸다. 닭 모양의 탑 장식이 달린 붉은 기와지붕, 부활절 종이 달린 종탑, 투명한 창문이 있는 돌출된 창, 부활절 토끼의 삶을 묘사한 경박한 장면은 오래된 아트리움의 특징이며, 녹색으로 뒤덮인 측벽은 오래된 독일제 등불이 빛을 발하면 다가오는 부활절의 기쁨을 예감하도록 멋진 분위기를 자아낸다"(Einzug 1914). 알렉산더플라츠와 프랑크푸르터 알레에 위치한 별관에도 봄이 찾아왔고, 경제적으로 여유롭지 못한 고객들은 이곳에서 꽃으로 장식된 지붕, 아트리움의 반딧불이 같은 조명, 꽃이 만발한 사과나무, 그리고 당연히 풍성한 꽃 장식 역시 즐길 수 있었다.

백화점은 이러한 반복적이고 끊임없이 변화하는 실내 장식을 통해 스스로를 과시했으며, 시간과 공간의 경계를 초월하고 그 규모와 화려함이 궁정 예식에 상응할 만한 시민적이고 계산적인 예술 공간을 만들어냈다. 상업성과 체험은 이곳에서 새로운 차원의 결합을 이루었다. 19세기 말 백화점은 근대의 장소로 등장했다. 어느 누구든 이 장소에 대해 어떤 입장을 취해야만 했고, 이곳에 무관심한 사람은 아무도 없었다. 아담 스미스에 따르면 모든 생산과 모든 산업화 노력의 실제 목표인 소비가 이 네모난 공간 안에서 새로운 의미를 얻게 되었다. 재생산에 대한 강박에서 벗어나 새로운 생활방식의 일부가 되었던 것이다. 동시대인들은 이 장소에 매혹되었는데, 일요일 산책은 교외 주택단지에서 백화점으로 이어졌으며 여성과 가족들은 저렴하면서도 세련된 물건을 찾기 위해 움직였다. 역사가들은 이러한 행동과 해석을 과장해서 '백화점 사회'라고 표현하기까지 한다(Kuhn 1990, 61). 이는 백화점이 현대의 가장 과대평가된 장소 중 하나임을 보여주는데, 장소에 대한 상상이 실제 의미를 넘어서는 경우가 많기 때문이다(Spiekermann 1999, 363~382; Tamilia 2002).

판매 공간과 소비의 꿈: 체험세계로서의 백화점

일단 백화점은 소매업 분야에서 자본주의적으로 관리되는 대형 기업에 지나지 않는다. 이곳에서는 단일한 판매 공간 혹은 매장 안에서 내부적으로 서로 관련이 없는 다양한 유형의 상품을 제공한다. 독일 최초의 백화점은 1891년 베를린에 세워진 카이저 바자르이다. 영국이나 프랑스의 경우와 비교했을 때 이는 늦은 감이 있으며, 독일이 소비 분야에서도 서구의 민주주의국가들보다 뒤처져 있음을 보여주는 듯하다. 하지만 개념 정의를 통해 바로 이러한 통념이 잘못된 것임을 알 수 있다. 파리, 런던, 브뤼셀, 뉴욕 등과 같은 서구의 대도시에서는 1870년대 중반부터 백화점의 핵심 요소를 갖춘 상점들, 특히 전례없이 화려한 건물들이 지어졌다. 휘틀리, 해러즈, 마셜필드, 스틱스 배어 앤드 풀러, 워너메이커, 메이시스, 프랭탕, 사마리텐, 루브르 등의 회사 이름은 소비사회의 트레이드마크가 되었다. 1882년 에밀 졸라는 소설 『여인들의 행복 백화점』에서 거대한 봉 마르셰에 대한 문학적 기념비를 세우며, 근대의 기계적 판매시스템을 비판하는 동시에 찬사를 보냈다. 하지만 이러한 상점들은 모두 대형 백화점Warenhaus이 아니라 섬유제품과 가구를 중점적으로 판매하는 전문 백화점Kaufhaus으로서, 아직은 식료품과 요리까지 아우르는 종합적인 물품을 판매하지 않았다. 따라서 유럽과 미국의 대형 백화점은 사실상 세기전환기 즈음에야 비로소 제대로 자리를 잡았다.

그럼에도 불구하고 파리 '상점magasin'의 매력은 독일 백화점의 성공에도 중요한 원천이 되었다. 1880년대 후반 점점 더 많은 대중 잡지에서 이러한 시설의 세련미와 정교함, 합리적인 가격, 대도시적 소비에 대해 상세한 기사를 실었다. 그러나 독일, 특히 베를린과 함부르크와 같은 대도시에는 파리와 런던의 대형 소매업인 전문 백화점에 대한 대응물로서 19세기 중반까지 거슬러올라가는 대형 종합상점의 전통이 존재했는데, 그것은 창고형 상점과 백화점이었다. 백화점에서도 섬유와 가구에 중점을 두기는 했지만 대형 종합상점에서 대부분의 상품을 직접 생산한 반면, 백화점에서는 거의 전적으로 판매에만 집중했다. 그들은 이미 초기에 규모와 매출 측면에서 기준을 제시했고 수백 명의 직원을 고용했으며, 주로 중산층 고객에게 어필하기 위해 정교한 광고의 기회를 체계적으로 활용했다. 이외에 다른 선구자들도 있었다. 독일제국에서는 늦어도 1870년대부터는 할부 상점이 등장해 소시민과 노동자들을 대상으로 소비재를 판매했다. 체인점 시스템은 식료품 부문에서 점점 더 자리를 잡았다. 또한 주로 저렴한 가격에 초점을 맞춘 여행 캠프나 바자회를 이용하는 소란스러운 형태의 사업이 유행했다.

이후 백화점은 세분화된 소매시장의 핵심 경영 원칙을 받아들여 이를 새롭게 결합함으로써 섬유 전문 상점에서 다음 단계로의 성장을 이루었다. 백화점은 실제로 새로운 요소가 존재하지 않음에도 불구하고 뭔가 새로운 것이었다. 헨리 포드가 나중에 생산 분야에서 달성한 것, 즉 이미 존재하는 것을 재구성해 구조적으로 새로운 것을 창조하는 작업을 1890년대 이후 새로운 기계적 판매시스템에서도 실행했다. 그러나 1914년 소매 판매에서 차지하는 비중은 2.5퍼센트에 불과해 할부 상점이나 20만 명의 행상인보다 낮았다.

그러나 소비의 장소로 돌아가 백화점 자체를 살펴보면 세기가 바뀌면서 특히 베를린의 대표적 백화점인 베르트하임과 헤르만 티츠에서 새로운 건축양식이 등장했다. 이러한 양식은 많은 지역적 차이에도 불구하고 유럽 전역에 정착하게 되었다. 그 결과 빛으로 가득하고 넓으며 기념비적인 인상을 풍기는 공간이 탄생했는데, 그 주된 특징은 아트리움이었다. 이곳을 통해 미적으로 표현된 것은 옹졸한 소매상의 정신이 아니라 관대한 기업가정신이었으며, 이를 통해 소박한 상품 구매를 위한 새로운 환경이 만들어졌다. 아트리움은 백화점에 숭고한 인상을 부여했으며 그 규모에서는 일부 기차역의 웅장함을 연상시켰고, 세속적인 것에서 벗어난 듯한 이미지는 지나간 시대의 대성당을 연상시켰다. 이 센터를 중심으로 여러 층과 매장이 그룹을 지어 위치했다. 계단과 엘리베이터를 통해 빠르면서도 여유로운 이동이 가능했다. 공간의 광활함은 사람들로 하여금 이곳저곳 주변을 둘러보게 만들었고, 구매하는 군중과 판매상품이 결합되어 미적인 앙상블을 이루었다. "백화점이 그 자체로서, 그 안에서의 감각적인 번잡함과 활기를 통해 실행하는 광고에 비한다면 모든 신문과 카탈로그의 광고는 아무것도 아니다!"(Stresemann 1900, 715)

그러나 이 공간은 그 자체로 존재하는 것이 아니었으며, 냉정하게 계산된 소비세계를 만들어냈다. 이곳에서는 단지 상품만 판매되는 것이 아니라 '쇼핑'이 하나의 체험이 되었다. 시민계층의 관찰자들은 처음에 이것을 비판했다. 예를 들어 막시밀리안 하르덴Maximilian Harden은 초기에 베르트하임의 유일한 업적은 "고객이 갈망하는 모든 종류의 즐거움을 하나의 상점 건물에서 입장료를 받지 않고 이른 시간부터 늦은 시간까지 저렴하고 다채롭게 제공한 것"이라고 조롱했다(Harden 1894, 46). 하지만 프로그램을 통해 오락을 제공하는 영화관과 마찬가지로 백화점 방문은 언제나 놀라움으로 가득차 있었다. 제1차세계대전 직전 더욱 엄격한 규제가 이루어지기 전까지 때로는 연간 100회가 넘는 재고 정리

소비의 대성당인 베르트하임백화점의 아트리움 건축물(1909)

를 위한 염가 판매가 빠르게 번갈아가며 진행되었고 다양한 제품군이 부각되었으며, 쇼윈도 디스플레이와 실내 장식이 체계적으로 리뉴얼되었다. 신축 건물과 리모델링된 건물도 이러한 체험 경쟁과 관련이 있었다. 1912년 라이프치거슈트라세에 위치한 베르트하임백화점의 면적은 약 1만 5,000제곱미터였으며, 그중 약 2,300제곱미터가 유리 지붕의 아트리움에 할당되었다. 이것은 1만 1,200제곱미터의 독일 국회의사당 건물보다 훨씬 더 큰 규모였다.

대형 건물은 다양한 제품들로 근대의 상업적 성취를 보여주는 상설 전시장을 연상케 했다. 대량생산된 제품들은 마치 명품인 것처럼 부각되어 빛을 발했고, 휴게실과 독서실은 방문객들을 머물게 했으며, 미술 전시회와 연극 공연은 자극과 오락을 제공했다. 이곳에서는 기술의 혁신이 전시되고 칭송되었으며 영사기, 축음기, 가전제품 등이 자리했다.

백화점에서는 쇼핑이 여가 체험이 되었고, 상품 판매는 서비스로 등장하며 소비자의 자유를 표현했다. "그는 아무도 자신에게 신경쓰지 않기 때문에 구매를 해야만 한다는 불쾌한 감정에서 벗어났다. 그는 건물 전체를 자유롭게 돌아다닐 수 있고, 엘리베이터를 타고 꼭대기층까지 올라갈 수 있으며, 화려하게 장식된 매장과 넓은 홀을 돌아다니며 최신 패션, 모든 분야의 값진 제품, 근대적인 실내가구, 희귀한 유물과 귀중한 예술작품을 감상할 수 있으며, 뷔페에서 자유롭게 식사하며 힘을 충전하고, 겨울과 여름 정원의 야자수와 꽃 사이에 머물 수 있으며, 우산이나 외투, 무거운 짐을 물품보관소에 맡겨 무료로 보관할 수 있다"(Buß 1906/07, 608f.).

그러나 백화점은 홀로 존재하는 것이 아니라 "주변 도시지역의 상업화를 선도하는 기업"이었다(Gerlach 1987, 94). 백화점이 위치한 장소는 도시의 중심, 구시가지였다. 이곳의 교통량이 증가하고 왕래가 집중되었다. 경쟁업체, 전문 매장, 레스토랑 및 서비스 제공업체 등이 판매 중심지 주변에 모여들어 둥글게 자리를 잡고 그 매력을 활용하는 동시에 더욱 증가시켰다. 그 결과 부동산 가격이 폭등했고, 도심지역은 텅 비게 되었다. 그리하여 불과 12년 전에 지어진 임대주택 건물 8채는 1907년에 문을 연 카데베백화점KaDeWe, Kaufhaus des Westens을 위해 자리를 내주어야만 했다. 파괴는 체험이 되었고 소비, 경제, 상상을 위한 공간으로 변모했다.

소비 공간으로서의 백화점은 '산업화'나 '산업적 근대성'과 같은 일반적인 개념이 너무 협소하다는 것을 분명하게 드러낸다. "증기와 전기는 시간과 공간을 넘어섰고, 물질을 짓누르는 중력을 거의 극복했다. 기계는 수천 가지 형태로 변형되어 인간이 손으로 하는 작업을 대체한다. 대량생산, 대량소비, 대량운송, 대규모 정착이 근대의 외형을 결정짓는데, 일상생활에 필요한 모든 생필품과 식료품의 다업종 판매처인 백화점이 여기에 해당한다"(Buß 1906/07, 601). 백화점은 소비사회로의 전환의 일부이자 표현이었다. 경영의 목표는 생산이 아니라 상품의 판매와 소비였으며 그것은 지금도 마찬가지이다.

화려한 광채를 벗기고 보면 백화점은 대량생산된 제품의 판매처였다. '큰 매출, 적은 수익'이 그들의 경영 원칙이었다. 대도시와 중소도시에 기반을 둔 기업의 지점 네트워크를 통해 묶음 구매가 가능해졌고, 이를 통해 큰 비용의 절감효과를 거둘 수 있었다. 그곳에서는 고정된 가격으로 현금 판매를 했다. 다양한 제품을 제공함으로써 계절에 따른 변동이 완화되었고, 정기적인 재고 정리 판매로 상품 회전율과 매장 가동률이 높아졌다(Ullmann 2000). 그들은 '고객'을 발견했고, 그들을 위해 자신만의 품질을 갖춘 쇼핑 공간을 꾸미고, 고객을 정중하고 예의바르게 대했으며, 내용적으로 충실하고 미적으로 만족스러운 광고를 통해 고객들에게 다가갔다(Spiekermann 2005). 이를 통해 시간과 비용이 많이 드는 도심으로의 이동과 같이 그 자체로 높은 시장 이용의 비용은 상쇄되고도 남았다.

백화점은 점점 더 폭넓은 계층의 사람들을 포괄하는 삶의 종합적인 상업화와 경제화를 상징한다. 이러한 근대성의 중심 요소는 서구의 모든 나라에서 찾아볼 수 있다. 기업들은 서로 경쟁했을 뿐만 아니라 서로를 관찰하고 서로에게서 배우기도 했다. 제1차세계대전 이전에 미국의 백화점은 근대적 운영 및 판매 조직의 선구자였으며 베를린 백화점의 모델이 되었고, 해외로 확장해 런던의 주요 매장 중 하나인 셀프리지 Selfridge를 설립했다(Lawrence 1999). 그러나 독일 역시 서구 소비문화 형성에 기폭제 역할을 했다. 20세기에 접어들어 헤르만 티츠는 '화이트 위크'를 정착시켰는데, 이는 정기적인 섬유 특별세일로서 세계대전 이후 프랑스, 영국, 미국에서 확고하게 자리를 잡았다.

근대의 일부로서 백화점은 종종 민주화효과가 있다고 일컬어진다 (Stresemann 1900, 714). 이는 돈을 통해 더 많은 사람들이 상품에 접근할 수 있게 되었기 때문에 원칙적으로는 맞는 이야기이다. 누구나 자유롭게 백화점을 방문할 수 있었지만 모두가 백화점을 방문하는 것은 아니었다. 주로 시민들이 작성한 자료들은 계급사회의 영향력을 과소평가하고 있다. 광범위한 노동자층과 마찬가지로 귀족 역시 이곳에서 쇼핑을 거의 하지 않았다. 비록 참여의 기회를 통해 계급사회에 최초의 정신적 균열을 야기시켰지만 백화점은 본질적으로 시민계층을 위한 장소였다. 제1차세계대전 이전에 노동자협동조합에서 이미 '백화점'을 설립한 것은 우연이 아니었다. 특히 이들은 영국에서 민간부문 기업가들과 제대로 경쟁을 벌였다. 베를린의 예를 통해 사회적 차이를 분명히 볼 수 있다. 이곳에는 1900년경 라이프치거슈트라세에 지어진 주요 백화점만 있었던 것이 아니다. 얀도르프는 '서민의 백화점'으로 여겨졌고, 헤르만 티츠는 중산층을 위한 좀더 비싼 상품을 제공했던 반면, 베르트하임은 명품을 판매했다. 라이프치거슈트라세에는 상류층 시민계급의 마차와 최초의 자동차가 운행되었지만 각 지역 지점의 고객 프로필은 다른 모습이었다. 로젠탈러슈트라세와 오라니엔슈트라세에 위치했던 초기 베르트하임 매장은 소시민 소비자를 대상으로 했던 반면, 쾨니히슈트라세와 모리츠플라츠에 있는 지점은 보다 부유한 시민계층을 대상으로 했다.

백화점은 성별에 따른 역사적 관점에서 볼 때 훨씬 더 해방적인 영향을 미쳤다. 남성 구매자보다 여성 구매자가 훨씬 더 많았다. 백화점은 여성이 남성 동반자 없이 돌아다닐 수 있는 공적인 공간이었다. 쇼핑이 중심이기는 했지만 특히 시민계층의 여성들은 상업적 여가활동에 점점 더 많이 참여하게 되었는데, 런던의 웨스트엔드가 그 좋은 예이다(Rappaport 1996). 여성들은 대형 백화점을 통해 유행의 변화를 현장에서 관찰하고 트렌드에 맞춰 자신의 집을 세련되게 꾸미는 소비 전문가로서의 전통적인 역할을 강화했다. 백화점은 비교적 가격이 저렴했기 때문에 여성들은 자신의 살림 솜씨를 발휘할 수 있었다. 이를 통해 기존의 성별 고정관념과 전통적인 가족 내 노동분업이 고착되기는 했지만, 이와 동시에 백화점은 젊은 미혼여성들을 위한 중요한 노동시장이기도 했다. 소시민 계층의 근대 노동사회로의 통합은 사무실과 조립라인보다는 근대 판매시스템의 엄격한 위계적 운영 조직을 통해 이루어졌다(**노동청, 제철소**).

판매 장소로서의 백화점은 자신의 소재지를 초월해 확장되었다. 구매한 상품을 구매자의 집으로 배달하는 것이 임무인 흔히 볼 수 있는 운송사무소의 경우는 그렇지 못했다. 백화점의 판매상품은 카탈로그를 통해 주변지역과 지방으로까지 퍼져나갔는데, 이는 유럽대륙에서 흔히 볼 수 있는 발전 양상이었던 반면, 특히 미국에서는 전문 통신판매회사가 시장을 장악했다. 공장 직배송업체, 전문 백화점, 독일 공무원이나 육군 및 해군 전용 백화점과 같은 직업 및 업종 전문 통신판매회사 또는 농업제품 공급업체와 대규모 **기업형 농장**과의 치열한 경쟁에도 불구하고 백화점은 상당한 시장점유율을 확보하고 수백만 부의 카탈로그를 배포하는 데 성공했다. 경제적 이득은 엄청났다. 계절상품을 시즌이 끝난 뒤에도 판매할 수 있게 되었으며, 지역 영업의 변동을 균형 있게 조정하고 직원 활용도를 최적화할 수 있었다. 또한 도시와 지방은 더 가까워졌고, 이윤에 대한 꿈은 추구하는 대상이 서로 다를지라도 시민계층과 농민을 하나로 묶는 경향이 있었다.

백화점은 쇼핑을 위한 공간일 뿐만 아니라 '경제의 공간'이기도 했다. 그 내부구조는 근대의 사회적 변화를 반영했다. 대도시에서는 근무자의 수가 수천 명에 달했는데, 이들은 여성 판매원과 재봉사, 구매 담당자와 부서 관리자로 구성되어 있었다. 당시 그들은 새로운 존재로 여겨졌고, '신중산층'으로 불렸다. 직원들은 광고와 상거래를 중시하고 새로운 여가문화를 지지하는, 소비사회에 확고하게 통합된 독립적인 라이프스타일과 소비스타일의 선구자들이었다. 장기적으로 이렇게 다양화된 소비문화는 상품과 운영 형태가 다양해지면서 제1차세계대전 이전의 백화점의 입지를 약화시켰다.

회사 내 지배체제는 엄격했다. "감상적인 배려와 부드러운 관용으로는 수천 명의 직원을 관리할 수 없다"(Colze o. J., 34). 특히 여성 판매원들의 경우 이직률이 매우 높았고, 작업 규정도 엄청났다. "개인은 그 자리에 배치되어 그곳에서 작업을 수행해야 하는 하나의 숫자이며, 거대한 메커니즘의 작은 톱니바퀴로 더이상 쓸모가 없어지면 전체의 진행을 방해하지 않도록 새로운 것으로 교체된다"(앞의 글, 31). 노동력과 작업 과정을 조정하는 것은 특히 대형 매장에서의 핵심적인 문제였다. 마찰로 인한 손실도 상당했다. 한편으로 이 사업에는 세심하고 유능한 서비스가 필요했지만, 다른 한편으로 높은 기본임금은 직원 이직률을 고려할 때 큰 의미가 없었다. 선도적인 기업들은 매출 연동 보너스, 회사 자체 사회복지 보조금, 직무 연수 제공, 실질적인 승진 기회를 보장하는 방식으로 대응했는데, 이러한 혼합방식은 현대 기업문화의 전형이 되었다. 백화점에서 사회정치적인 학습 과정이 분명히 진행되었고, 이는 산업별 노동조합의 중요성이 점점 더 커지는 데에도 반영이 되었다.

근대의 다른 어떤 장소보다 백화점은 소비사회의 시나리오가 펼쳐지는 '상상의 공간'으로 자리잡았다. 빈곤과 결핍이 없는 풍요로운 사회에 대한 긍정적인 장밋빛 전망이 명백하게 언급되지 않으면서 자주 거론되었다. 백화점과 그 내부의 미학화 그리고 이전에는 외부를 지배했지만 이제는 내부 공간을 규정하게 된 쇼윈도의 힘, 이 두 가지는 심각한 사회적 갈등이 없는 합리적으로 조직된 소비사회라는 포드주의적 이상으로 이어졌다. 1950년대와 1960년대에 현실이 될 '자본주의 황금기'의 유토피아가 내포한 상업성은 백화점을 통해 표현되었고, 그 평등주의와 연대성은 당시 막 태동하고 있던 소비자협동조합운동을 통해 표현되었다.

그러나 백화점의 상징세계는 그 이상을 포괄했는데, 특히 상업화된 새로운 시대에 대한 두려움을 표현하는 부정적인 시나리오를 한데 모았다. 많은 군중이 한곳에 모이는 것은 새로운 위험을 내포하고 있었으며, 동시대인들은 백화점 화재사건을 겪으면서 이를 거듭 인식하게 되었다. "수공업자 여러분, 상인 여러분, 농부 여러분 [……] 당신이 언젠가 당신의 아내와 딸들을 불에 탄 상태로 [……] 맞이하지 않기 위해서라도 그곳에 가지 못하게 하십시오"(Suchsland 1904, 30). 명성을 날렸던 외피형 철골구조 기술은 열에 취약한 것으로 드러났으며, 독일에서도 브라운슈바이크, 릭스도르프, 오버하우젠 백화점이 잿더미로 변한 후에야 건축자재의 개선, 스프링클러시스템, 연기탐지기 및 엄격한 화재방지 규정을 통해 위험이 최소화되었다. 모든 화재, 특히 1896년 부다페스트 골드버그백화점에서 발생한 참사는 많은 동시대인들에게 새로운 상업시대의 위험, 단순명료했던 성실과 신뢰의 세계로부터의 이탈을 알리는 신호탄처럼 보였다.

화재의 위험이 주기적으로 발생한 데 비해 오늘날에도 여전히 유효한 범죄 통계 범주의 명칭이기도 한 '백화점 절도'는 지속적으로 나타나는 현상으로서, 대중과 심리학자, 범죄학자들에게 끊임없이 자극을 주며 매번 다르게 해석되었다(Spiekermann 1999a). 빅토리아시대 백화점에서 발생한 수많은 시민계층 여성의 절도사건은 일찌감치 쟁점이 되었고, 시민세계의 몰락을 경고하는 신호로 논의되었다. 그러나 더 많은 주목을 받은 것은 파리 '백화점'에서의 반복되는 절도사건이었다. 1880년대부터 이것에 대한 소식은 독일제국의 대중 잡지와 심리학자들의 전문 문헌에 대거 등장했다(Dubuisson 1904; O'Brien 1983). 아직은 이러한 현상을 프랑스인의 유혹 기술에 투영할 수 있었고, 심리학자들은 그러한 탈선이 프랑스 여성의 특별한 예민함에 기인한다고 보았다.

이러한 상황은 1898년 이후 독일에서도 백화점 절도가 점점 더 많이 알려지게 되면서 바뀌었다. 백화점은 일상의 유혹, 일상의 범죄가 일어나는 장소가 된 것처럼 보였다. 이곳에서 도덕성의 타락을 초래하는 미국의 교활함과 프랑스의 거짓에 맞서 싸워야 했다. 중산층 비평가들은 근대의 대량소비에 맞서는 싸움을 가부장적인 '진정한' 독일성을 위한 싸움으로 보았다. 결국 부도덕한 제안의 희생자가 된 것은 주로 시민계층의 여성들이었고, 그들의 정신적 열등감은 남성 심리학자들에 의해 평가되고 확인되었다(König 2000). 그들에 의해 백화점은 끊임없는 성적 유혹의 장소로 여겨졌다. 욕망과 유혹은 상품에서만 나오는 것이 아니었다. 제1차세계대전 직전에 이르러서야 백화점 절도는 그 상징적인 힘을 잃었다. 사회적으로 차별화된 통계에 비추어볼 때 시민계층 여성의 특별한 역할은 사라졌고, 하층계급의 '좀도둑질'이 증가했다.

그럼에도 백화점이 가장 큰 영향을 미친 것은 바로 중산층이었다. 근대 자본의 집중된 힘에 의해 소규모 자영업체들이 밀려나는 것처럼 보이자 사회적 몰락과 기존 사회질서의 붕괴에 대한 그들의 두려움이 분명하게 드러났다. 중산층은 왕좌와 제단, 가족과 품위를 지탱하는 존재이자 "언젠가 전체 소매업을 유대인의 손에 맡겨 독점하는 것"이 목표인 것처럼 보이는 범람하는 자본주의의 거친 파도에 맞서는 최후의 절벽으로 여겨졌다(Grävell 1899, 10). 1880년대부터 유럽과 미국의 전문 백화점과 대형 백화점에 특별 무역세가 부과되었는데, 이는 '황색 인터내셔널'에 저항하는 투쟁의 일환으로 여겨졌다. 이러한 인식은 이미 세기 전환기에 최고조에 달했음에도 불구하고 세계경제 대공황기 동안 특별세에 대한 논의가 다시 등장하고, 나치정권 초기에 백화점 영업을 조직적으로 방해하며, 일부 독일의 백화점 왕들이 기업가적 기반을 확보하기 위해 광범위한 아리안화가 행해진 것을 통해 여전히 남아 있었음을 알 수 있다.

소비의 네트워크, 근대의 네트워크

백화점은 고전적 근대의 핵심적인 발전을 한데 묶음으로써 그 시대의 다른 많은 장소들과 밀접하게 연결되어 있었다. 상품 조달을 위해서는 산업체의 의존도가 점점 높아졌을 뿐만 아니라 토마토나 저렴한 과일 및 채소 통조림과 같은 혁신적인 상품들이 비로소 유통될 수 있도록 한 효율적인 기업형 농장도 참여했다. 그 운영구조는 사무실의 관료적 조직과 조립라인의 합리적 구조와 유사했다(노동청, 제철소). 백화점의 공간 개념은 독창적이었지만 **그랜드호텔**이나 **기차역**과 같은 일시적인 경유의 장소에서는 공간 규모와 공간 설비의 유사한 기본 요소들이 존재했다.

제1차세계대전 이전에 이미 소비자, 엔지니어, 건축가 모두에게 깊은 인상을 준 것은 무엇보다도 전기와 가스, 전력, 빛과 냉기의 사용이었다. 1920년대 후반 소매업에서 백화점이 차지하는 비율이 4퍼센트로 증가하면서(미국에서는 15퍼센트) 백화점은 새로운 전성기를 맞이했고, 이는 신즉물주의양식이나 '국제주의양식International Style'의 건물에 반영되었다. 이제 판매기계는 근대적 생활의 표현으로 명백히 이해되고 형성되었다. 쇼켄사의 지점 외에도 1929년에 건축된 베를린 헤르만플라츠의 카르슈타트백화점 건물은 특히 이러한 디자인적 의도를 잘 표현했다(Stürzebecher 1979, 41f.). 2개의 중앙 타워는 초고층 빌딩을 연상케 하며 높이가 57미터로 주변 건물보다 훨씬 더 높다(**고층건물**). 백화점에는 자체 지하철역이 생겼고, 24개의 에스컬레이터가 가용면적이 7만 2,000제곱미터에 달하는 건물단지 안으로 소비자를 안내했다. 철근콘크리트 골조 건물에는 3개의 대형 아트리움이 있었지만 전문 잡지와 대중 잡지에서는 스프링클러, 냉난방, 전화 및 라디오 설비와 같이 고객에게는 알려져 있지 않으면서 이 건물을 특징짓고 있는 기술이 더욱 높이 평가되었다. 이로 인해 지하에서 상품을 지속적으로 공급한다는 신화가 탄생했는데(Bartosz 1929; Freundlich 1931), 이는 이 건물 때문에 카르슈타트 그룹이 거의 파산할 뻔한 위기에 처하기 전까지의 일이었다.

백화점은 정보 및 공급 구조의 중심에 있었고, 대형 매장에는 일반적으로 **전화교환소**가 설치되어 있었다. 구매 담당자들이 회사 운영의 관점에서 가격 정보와 지식을 처리하는 매일매일의 회의는 그 형태와 구조에서 신문사 편집부와 그들의 활동을 연상시킨다. 증권시장은 은밀한 방식으로 언제나 존재하고 있었다. 증권시장의 자본력이 없었다면 근대의 대기업은 상상도 할 수 없었지만 동시에 그것은 백화점에게 새로운 상업적 의존성을 의미하기도 했다. 백화점은 특별한 형태의 놀이공원을 형성하고, 근대적 소비 스타일의 방향으로 쇼핑과 여가를 결합시켰다. 백화점은 도시와 시골, 도심과 교외 주택단지를 연결했다. 근대 소비사회의 표현이자 상징인 백화점은 근대의 경제활동을 구체적이고 감각적으로 경험할 수 있는 장소가 되었다. 돈과 사업의 순환 없이 근대의 장소는 생각할 수 없었고, 그것은 지금도 마찬가지이다.

참고문헌

Bartosz, Bruno (1929): Ein vollendet modernes Weltstadt-Kaufhaus, in: Siemens-Mitteilungen 119, 22~23.

Buß, Georg (1906/07): Das Warenhaus. Ein Bild aus dem modernen Geschäftsleben, in: Velhagen & Klasings Monatshefte 21, 601~616.

Colze, Leo (o. J.): Berliner Warenhäuser, 3. Aufl., Berlin/Leipzig.

Dubuisson, Paul (1904): Die Warenhausdiebinnen, 2. Aufl., Leipzig.

≫Der Einzug des Frühlings≪ bei Hermann Tietz, Berlin (1914), in: Zeitschrift für Waren- und Kaufhäuser, Nr. 14, 18a.

Freundlich, Erich (1931): Die Kälteanlage im Warenhaus Karstadt, Berlin, in: Die Kälte-Industrie 28, 129~132, 142~145.

Gerlach, Siegfried (1987): Warenhaus und Citybildung in wilhelminischer Zeit, in: Die alte Stadt 14, 393~402.

Grävell, A. (1899): Zum Kampfe gegen die Waarenhäuser! Eine Zeit- und Streit-Frage, Dresden-Blasewitz.

H[arden], M[aximilian] (1894): Wertheim-Theater, in: Die Zukunft 6, 45~47.

König, Gudrun M. (2000): Zum Warenhausdiebstahl um 1900: Über juristische Definitionen, medizinische Interpretamente und die Geschlechterforschung, in: Gabriele Mentges/Ruth-E. Mohrmann/Cornelia Foerster (Hg.), Geschlecht und materielle Kultur. Frauen-Sachen, Männer-Sachen, Sach-Kulturen, Münster u. a.,

49~66.

Kuhn, Axel (1990): ≫Verkauf von Waren und Träumen≪. Die Warenhausgesellschaft, in: August Nitschke u. a. (Hg.), Jahrhundertwende. Der Aufbruch in die Moderne 1880~1930, Bd. 2, Reinbek bei Hamburg, 61~75.

Lawrence, Joan Catherine (1999): Building Selfridge's: Constructing on an American scale in a London setting, in: David Goodman (Hg.), The European Cities and Technology Reader. Industrial to post-industrial City, London/New York, 161~174.

O'Brien, Patricia (1983): The Kleptomania Diagnosis: Bourgeois women and theft in late nineteenth-century France, in: Journal of Social History 17, 63~77.

Die Organisation des Warenhauses A. Wertheim (1907), Berlin.

Rappaport, Erika (1996): ≫The Halls of Temptation≪. Gender, politics, and the construction of the department store in late Victorian London, in: Journal of British Studies 35, 58~83.

Schneegans, Alphons (1923): Geschäftshäuser für Kleinhandel, Großhandel und Kontore, in: Handbuch der Architektur, T. 4, Halbbd. 2, H. 2., 2. Aufl., Leipzig, 3~221.

Spiekermann, Uwe (1994): Warenhaussteuer in Deutschland. Mittelstandsbewegung, Kapitalismus und Rechtsstaat im späten Kaiserreich, Frankfurt.

Ders. (1999a): Theft and Thieves in German Department Stores, 1895~1930: A discourse on morality, crime and gender, in: Geoffrey Crossick/Serge Jaumain (Hg.): Cathedrals of Consumption. The European department store, 1850~1939, Aldershot, 135~159.

Ders. (1999): Basis der Konsumgesellschaft. Entstehung und Entwicklung des modernen Kleinhandels in Deutschland 1850~1915, München 1999.

Ders. (2005): From Neighbour to Customer. Retailer-consumer relations in twentieth century Germany, in: Heinz-Gerhard Haupt/Frank Trentmann (Hg.): Knowing Consumers: Actors, images, identities in modern history, Cambridge.

Stresemann, Gustav (1900): Die Warenhäuser. Ihre Entstehung, Entwicklung und volkswirtschaftliche Bedeutung, in: Zeitschrift für die gesamten Staatswissenschaften 56, 696~733.

Stürzebecher, Peter (1979): Das Berliner Warenhaus. Bautypus, Element der Stadtorganisation, Raumsphäre der Warenwelt, Berlin.

Suchsland, E. (1904): Die Klippen des sozialen Friedens. Ernste Gedanken über Konsumvereine und Warenhäuser, 6. Aufl., Halle a.d.S.

Ullmann, Hans-Peter (2000): ≫Der Kaiser bei Wertheim≪. Warenhäuser im wilhelminischen Deutschland, in: Christof Dipper/Lutz Klinkhammer/Alexander Nützenadel (Hg.), Europäische Sozialgeschichte, Berlin, 223~236.

Tamilia, Robert D. (2002): The Wonderful World of the Department Store in Historical Perspective: A comprehensive bibliography partially annotated, Montreal.
Weisse Woche (1930), in: Der freie Angestellte 34, 71~72.

민족학박물관

안야 라우쾨터Anja Laukötter

베를린 왕립 민족학박물관, 1886년

1886년 베를린 민족학박물관은 마침내 새 보금자리를 갖게 되었다. 1830년부터 존재했던 프로이센 왕립박물관 내 미술관의 민족지학 부서는 이미 13년 전에 독립 박물관으로 전환되었다(Westphal-Hellbusch 1973, 6ff.). 이제 이 박물관은 쾨니히그레처슈트라세와 프린츠알브레히트슈트라세가 만나는 모퉁이에 위치한 기념비적인 건물로 이전할 수 있게 되었다(Essner 1986, 65ff.). 이 건물은 오늘날의 마틴 그로피우스 바우Martin-Gropius-Bau인 공예박물관과 프로이센 의회 바로 근처에 위치했으며, 제국의회 의사당과 도시의 중요한 상업지구와도 멀지 않은 곳에 있었다. 독일에서 가장 크고 중요한 민족학박물관은 이제 도보, 마차, 트램 1호선과 28호선을 통해 쉽게 접근할 수 있게 되었다.

19세기 후반 함부르크, 라이프치히, 드레스덴, 뮌헨, 쾰른 등을 비롯

쾨니히그레처슈트라세 120번지의 베를린 민족학박물관(1905)

한 여러 도시에 갑자기 수많은 민족학박물관이 설립되었다. 베를린 민족학박물관은 소장품의 규모로 인해 전국적·국제적으로 지속적인 선구자 역할을 수행해왔다. 베를린과 비슷한 규모의 다른 민족학박물관들은 1900년 이후에야 도심에 기념비적인 새 건물을 건립했다. 함부르크에서는 1912년 로텐바움쇼세에 새로운 민족학박물관이 문을 열었고, 라이프치히에서는 1927년 요하니스플라츠에 새로운 그라시박물관이 문을 열었다. 이 박물관 건물들은 매우 많은 비용이 소요되는 프로젝트였다. 수년간의 준비 기간 동안 박물관 책임자들은 후원자들과 건물의 내부 및 외부 디자인에 대해 계속해서 논의했다. 세기전환기에 지어진 모든 민족학박물관 건물은 건물의 기념비적 성격을 강조하는 외부 정면의 기둥, 빛의 활용도를 높이기 위한 큰 창문, 관람객이 오르막을 오르는 육체적 긴장을 통해 박물관에서 행해질 행사에 대비할 수 있도록 준비시키는 정문으로 이어지는 계단, 그리고 많은 무리의 관람객을 수용할 수 있음을 알리는 여러 개의 입구 등 비슷한 외부구조를 가지고 있었다.

박물관 건물의 내부 디자인 역시 하나의 유형을 다양하게 변형시킨 것이었다. 입구홀에는 관람객을 매료시킬 만하고 감탄을 불러일으키는 특별한 가치를 인정받은 전시품이 자리잡았다. 여기에서부터 길고 넓은 계단은 관람객에게 장엄한 공간감을 전달하기 위해 노력하는 동시에 불안정한 균형을 유지하도록 강요했다. 이 계단은 건물의 각 층과 각각의 전시실로 이어졌는데, 그곳은 넓은 홀로 처음에는 지리적 원칙에 따라서만 나누어져 있었다. 수많은 진열장은 이리저리 돌아다니는 관람객들에게 셀 수 없이 많은 민족학적 유물들을 담은 투명한 용기로 모습을 드러냈다. 그것은 박물관장이 일반인이 거의 이해할 수 없는 기준에 따라 전시할 지역을 대표하는 것으로 선정한 민족지적 전시품들이었다.

박물관 공간과 박물관에서의 일상

최초의 민족학 개인 수집품은 17세기에 이미 등장했다. 왕실의 희귀품 전시실의 소장품들과 마찬가지로 이러한 수집품들은 민족학박물관 설립의 기반이 된 경우가 많았다. 이 같은 사례로 1873년에 설립된 라이프치히 민족학박물관의 기반이 된 것은 드레스덴의 사서였던 구스타프 클렘Gustav Klemm의 개인 소장품이었다(Zwernemann 1997, 28). 베를린의 경우 초기의 민족지적 유물 대부분은 왕실의 희귀품 전시실에서 나왔다(Hog 1981, 9f.). 다른 민족학 컬렉션들은 처음에는 그러한 유물들을 소유하고 있지 않았던 박물관들 내에서 하나의 부서로서 생겨났다. 함부르크의 경우 최초의 민족지적 소장품에 대한 기록은 1849년부터 찾아볼 수 있다. 이 소장품들은 1867년 자연과학박물관협회가 인수할 때까지는 시립도서관의 소유였다가 1879년 함부르크 상원의 관리 아래 새로운 민족학박물관의 기본 소장품이 되었다(Zwernemann 1984, 8).

민족학박물관의 전시품은 대부분 의복, 보석, 도구, 전쟁 및 사냥 장비와 같은 일상용품이었으며, 이는 제2차세계대전 이전의 전성기에도 마찬가지였다. 1918년 베를린 박물관 안내서에서는 아프리카 민족지적 수집품에 대해 다음과 같이 묘사했다. "많은 공통점 외에도 [……] 이 모든 민족은 고유한 특색을 가지고 있으며, 이는 문화적 소유물의 특징을 통해 훌륭하게 표현이 되었다. 특히 주목할 만한 것은 다음과 같다. [……] 매우 우아하고 정교하게 제작된 칼, 도끼, 창 [……] 아름답게 조각된 술잔(일부는 사람 머리 모양)과 나무로 만든 기타 그릇류, 뼈로 만든 마우스피스가 달린 나무 담배 파이프, 물소의 뿔로 만든 화려한 장식의 술잔과 나무로 만든 모조품, 다양한 모양의 칼과 단검, 라피아 야자수 섬유로 만든 화려한 플러시 직물"(Führer 1918, 54f.).

초기에는 박물관이 체계적으로 구분되어 있지 않았고, 세기전환기에야 비로소 방법론이 도입되었다. 이 기간 동안 민족학은 학문 영역으로 더욱 전문화되었고, 지금은 대부분 설립자의 후임자들이 운영하게 된 민족학박물관의 작업도 마찬가지였다. 박물관에는 하나의 대륙 혹은 인도네시아나 중국과 같은 더 작은 고정적인 '지리적 단위'를 전담하는 부서가 생겼다. 따라서 박물관의 조직은 이같이 산지 기준 원칙에 따라 이루어졌는데, 때로는 공간 부족으로 인해 그러한 원칙이 포기되거나 분과들이 통합되기도 했다.

여기서 '유럽'은 대부분 제외되었다. 자국의 민속은 지역적·조직적으로 독립된 민속박물관에서 전시되었다. 게오르크 틸레니우스Georg Thilenius가 이끄는 함부르크 민족학박물관의 경우처럼 몇몇 민족학박물관만이 일시적으로 해당 부서를 설치하기도 했다. 이러한 '자기' 대륙의 배제는 예를 들어 베를린의 경우 민족학박물관의 중심 연구 대상인 '원시인'은 유럽 외부에서만 찾을 수 있다는 주장으로 정당화되었다(Führer 1881, 3f.). 또한 석기시대에 속하는 '인류의 선사시대'를 담당하는 '선사시대' 부서가 설치되었고, 세기전환기 이후 '비교문화 부서'가 점점 더 추가되어 다양한 문화의 주제별 전시품들이 전시되었다. 마지막으로 해골과 두개골을 갖춘 '인류학 부서'가 등장했는데, 바이마르공화국 시기에는 '인종 연구적' 관점에서 이러한 부서가 조직되기도 했다.

전시회가 표방하는 목적은 언제나 인류의 기원과 전시된 '문화'의 삶의 방식이 갖는 독특함과 복잡성을 이해할 수 있게 하는 것이었다. 전시된 유물들은 대부분 비유럽권의 '낯선 민족'이나 '낯선 문화'의 다양성에 대한 개요를 제시하고자 했으며, 이때 민족과 문화의 개념은 동의어로 사용되었다. 민족학박물관은 '민족'을 보여주고자 하지 않았고 보여줄 수도 없었으며, 그들의 간접적인 문화적 표현 형식만을 보여줄 뿐이었다(Köstering 2003, 17). 관람객은 여러 '문화'를 비교할 수 있어야 하며, '다른 삶의 방식'에 대한 전시를 통해 자신의 '문화'를 성찰해야 했다. 이미 1906년 민족학자인 오스발트 리히터Oswald Richter는 "오늘날 소위 '원시민족'에 대한 연구는 [……] 과거에 대한 연구와 비슷한 방식으로 현재를 이해하게 한다"(Richter 1906, 202ff.)는 것을 인식했다.

세기전환기에 설립된 민족학박물관은 많은 수집품의 유입으로 점점 더 많은 공간을 차지했기 때문에 매우 빠르게 확장되어야 했다. 민족학박물관은 빠르게 각 도시경관의 중요한 일부가 되었다. 이는 미술관부터 동물원에 이르기까지 모든 종류의 박물관이 제도화되는 추세의 일부였다. 이러한 공공 전시장 설립의 붐은 도시화 과정에서 대도시 시민계층의 확산과 밀접하게 연관되어 있었다. 그러나 이 같은 이유로는 민족학박물관의 출현을 부분적으로만 설명할 수 있다.

국제적으로 비교해보면 미미한 수준이기는 하지만 독일에도 강력한 영향을 미친 식민주의가 중요한 역할을 했다. 비스마르크가 "식민지 금욕주의적 태도"(Gründer 1999, 93)를 포기하자 독일제국은 1884년부터 아프리카('독일령 남서아프리카', 토고, 카메룬, '독일령 동아프리카'), 남태평양('독일령 뉴기니'), 일부 남태평양섬('독일령 사모아' 등)과 '임대지역'인 중국의 자오저우膠州에서 매우 빠르게 '보호령'을 쟁취했다. 새로운 식민지제국은 영국, 러시아, 프랑스 등 강대국의 식민지 소유와는 비교할 수 없었지만 독일제국의 6배에 달하는 규모였다. 현장 연구자들은 식민지지역에서 이제 더 나은 작업조건을 확보했는데, 이는 그들이 민족학적 유물들을 더욱 무자비하게 획득할 수 있다는 것 또한 의미했다. 새로이 파견된 수많은 탐험대는 유물을 수집하는 것 외에도 '원주민'을 촬영하고 측량하며, 그들의 '문화'에 대해 기록하는 임무도 맡았다. 1890년대 탐험 여행가이자 민족학자인 카를 폰 덴 슈타이넨Karl von den Steinen이 주창하여 특히 제1차세계대전 이후 "참여 관찰"과 인터뷰가 추가되었는데, 이는 훗날 민족학자들이 선호하는 작업방식이 되었다(Hermannstädter 2002, 83ff.).

세기전환기에 국가에서도 민족지적 사업에 점점 더 많은 자금을 지원했다. 이에 따라 민족학박물관은 소장품의 증가와 '이방민족'의 연구에서 최고 번성기를 누렸다(Hog 1981, 11). 그러나 이들의 성공 스토리를 독일 식민주의, 즉 "집단 간의 지배관계"(Osterhammel 2001, 21)의 결과로만 보고 민족주의적 야망의 관점에서 설명하거나 박물관화된 식민지 선전으로 해석한다면 그것은 너무 단순한 이야기가 될 것이다(Penny 2002, 176f.). 최초의 민족학박물관은 독일 식민지시대 이전에 설립되었으며, 일부 설립자들은 식민지정책에 대해 기회주의적인 발언을 하기도 했지만 민족주의적인 성격을 띤 경우는 거의 없었다.

오히려 민족학박물관의 출현은 '근대성'의 도전에서 비롯된 특정한 욕구를 통해 설명할 수 있다. 사회경제적 격변의 상황은 특히 낯선 세계가 점점 더 가까워지고 있다는 사실을 통해 그 특징을 드러냈다. 세계 및 식민지 전시회에서 먼 나라의 사람들을 전시한 것이 큰 성공을 거두었고, 1873년부터 베를린 밀랍인형박물관 '카스탄의 진기품 진열실 Castan's Panoptikum'에서는 태아와 기형뿐만 아니라 나중에 동물원 내의 하겐베크 식민지쇼에서 자신들의 삶의 방식을 재현하게 되는 '야만인'도 전시했다(Staehelin 1993, 26ff.; Thode-Arora 1989, 133; Eissenberger 1996). 이러한 맥락 속에서 민족학박물관은 '새로 발견된' 공간과 그곳의 민족을 분명히 학문적인 방식으로 다룰 것을 약속했다. 따라서 민족학박물관 관장들은 하겐베크 식민지쇼에서 사용된 물건이 나중에 민족학박물관의 소장품으로 확보되었음에도 불구하고 이 쇼를 포퓰리즘 행사로 격하하곤 했다(Thode-Arora 1989, 133). 민족학박물관은 스스로를 세계를 위한 학문적이고 따라서 '진정한' 질서유지의 기관으로 내세웠으며, 이를 통해 '창조'에 대한 문화적 해석의 필요성을 충족시켰다.

이러한 요구사항은 박물관 '건축가'의 공간 이미지에 영향을 미쳤다. 민족학박물관의 설립자들은 박물관 공간의 구성 방침에 대해 체계적으로 언급한 적이 거의 없었던 반면, 2세대 박물관 관장들이 등장하면서 그러한 상황이 바뀌었다. 민족학박물관을 최적화하려는 그들의 노력은 무엇보다도 관람객 수를 늘리고자 하는 열망에서 비롯되었다. 왜냐하면 민족학자들은 박물관을 모든 사회계층을 위한 '국민교육적' 성격을 지닌 기관으로 점점 더 인식했기 때문이다. 또한 관장들은 시와 주 보조금을 협상할 때 관람객 수의 증가를 언급했다. 그러나 학생과 직장인을 대상으로 한 가이드 투어와 강연을 통해 박물관에 새로운 고객을 유치하려는 시도는 아직까지 눈에 띄는 성공을 거두지 못했다. '관람객의 발견'으로 인해 박물관의 위치가 매우 중요하게 여겨지게 되었다. 베를린 하원에서는 당시 베를린 교외에 속했던 달렘에 새 건물을 짓는 문제를 둘러싸고 광범위한 논쟁이 벌어졌다. 몇몇 정치인들은 박물관을 중심부에서 시 외곽으로 이전하는 것은 박물관을 소외시키는 행위라고 주장했다(Geheimes Staatsarchiv 1904, 241).

또한 박물관 공간이 관람객에게 미치는 영향도 고려되었다. 1910년 함부르크 박물관장인 게오르크 틸레니우스는 함부르크 상원의원에게 새로운 건물 계획에 대한 편지를 보내면서 중앙 건물의 '독특하고 풍부한 장식 디자인'을 옹호했다. 그는 '조화로운 장식'이라는 건축의 원칙과는 달리 심리적 과제를 우선시했다. "그것은 박물관에 입장하는 관람객으로 하여금 분리되어 있음을 의식하게 하고, 입장 공간의 재료와 색상을 통해 전시된 소장품을 호의적으로 받아들이도록 그의 정서에 영향을 미치는 일입니다. 이러한 측면을 고려하지 않은 새로운 박물관은 특히 소장품의 예술적 가치를 통해 영향을 미칠 기회가 없는 상태로, 관람객에게 유럽적 관점에서 이질적이고 때로는 비예술적이며 추악한 유물을 소개해야 하는 과제에 직면할 경우 그다지 우호적이지 않은 비판을 받게 될 것입니다"(Staatsarchiv Hamburg 1910, 3f.). 게오르크 틸레니우스가 서술했듯이 특히 현관홀과 중앙 건물은 관람객을 (유럽) 외부세계로부터 (비유럽) 전시의 세계로 이동시키기 위해 관람객에게 '분리에 대한 의식'을 불러일으켜야 했다. 공간 속에서 이루어지는 이러한 전환은 공간이 어두워지고 영화가 시작되는 순간, 즉 '현실'세계에서 '허구'세계로 전환되는 '영화관적 모먼트'에 해당된다.

20세기에 접어들면서 박물관 기획자들은 건물, 현관, 전시실, 진열장을 민족지적 유물의 연출에 포함시켰고, 민족학박물관을 종합예술작품으로 선언했다. 그때까지 박물관은 주로 '유럽화'로 인해 몰락할 위험에 처한 '비유럽문화'의 민족학적 유물을 보관하는 역할을 해왔다(Vogel/Thilenius 1911, VIII). 그 유물들은 당연히 전시용이기도 했다. 게오르크 틸레니우스에 따르면 이제 '근대의 박물관'은 전시를 특정한 방식으로 인식할 수 있도록 관람객의 의식을 준비시켜야 했다. 따라서 건축된 공간은 표현이기도 했으며, "동시에 인간, 제도, 지식을 구조화하는 과정에서의 행위자"(Köstering 2003, 6)가 되었다.

'종합예술작품 박물관'이 제대로 기능하기 위해서 이곳은 학문의 장소가 되었다. 이는 전시품이 전시장에 도달하게 되는 경로를 통해 분명해진다. 수집품의 박물관화 과정은 세 단계로 진행되었다. 첫째, 물품을 원래의 맥락에서 끄집어냄으로써 기능을 제거해 탈시간화 및 탈공간화했다. 그런 다음 이 수집품들은 새로운 표지를 달고 민족학박물관 내의 박물관 규정 속에 통합됨으로써 '의미론적 변화'를 겪었다. 즉 그 수집품들은 새로운 환경의 일부이자 다른 수집품들의 이웃이 되었고, 이제는 본래의 상징적·기능적 맥락에서 벗어나 설명과 해석이 필요하게 되었다(Sturm 1991, 42). 세번째 단계에서는 관람객의 특정한 시선, 즉 "관람의 제스처"(Horst Rumpf)를 통해 수집품들은 마침내 박물관화되었다. 수집, 명명, 보관 체계화부터 전시에 이르기까지의 이러한 단계는 민족학 수집품의 중요성과 진정성을 보장하는 데 그치지 않았다(Jenkins 1994, 255). 오히려 이러한 과정을 통해 유물은 비로소 민족지적 수집품으로 변모했다. 냄비나 국자 같은 평범한 물건들이 관찰을 통해서만 그 의미가 완성되는 전시라는 과정을 통해 독점적인 아우라를 획득했던 것이다. 그러나 민족학박물관은 민족학적 전시품만을 만들어낸 것이 아니라 민족학이라는 신생 학문 분야를 근거로 삼아 스스로의 존재 이유까지 함께 제시했다(Kirshenblatt-Gimblett 1991, 410, 387f.). 박물관은 방대한 양의 '새로운 지식'을 대중에게 제공하고 이를 통해 새로운 '전문가'를 배출했으며, 이러한 전문가들은 다시 이 '지식'을 수집, 해석, 조직해 전시했다.

관람객은 경외감을 품고 이러한 지식에 접근해야 했다. "사회적으로 정확하게 정의된 규범에 의해 어떻게 움직여야 하는지, 어떤 형식으로 대상에 접근해야 하는지, 얼마나 큰 소리를 내도 되는지, 어떤 순서로 박물관 관람을 진행해야 하는지가 결정된다"(Sturm 1991, 108f.). 이러한 맥락에서 관람객을 위한 복장 규정을 살펴보아야 할 것이다. 교회에 갈 때 '주일 정장'을 입는 것처럼 박물관 관람객은 '단정한 복장'을 갖춰야 했다. 관람객은 복장 규정을 준수함으로써 박물관에 대한 존중과 겸손을 표현해야 했다. 이는 박물관과 신성한 장소와의 유사성을 보여주는 하나의 예일 뿐이다. 동시에 복장은 일상생활과 박물관 방문을 명확하게 구분해줌으로써 관람객이 자신에게 요구되는 태도를 민감하게 알 수 있도록 했다. 어린이 입장에 대해서도 논란이 없지 않았다. 1900년경 베를린 박물관을 찾은 관람객들은 어린이들의 규율 부족으로 인해 박물관을 즐기는 데 방해가 된다고 불평했다(Penny 2002, 141f.). 정해진 행동규범은 관람객들이 위반에 대해서는 제재가 있기를 원할 정도로 내면화되어 있었던 것이 분명하다.

하지만 게오르크 틸레니우스가 질문을 던졌듯이 '이질적이고' '때로는 비예술적이며 추한' 그렇지만 학문적으로 정당화된 전시품들은 관람객에게 어떤 영향을 미쳤을까? 학문적 정당화는 무엇을 위한 것이었는가? 세계의 '민족', 하지만 주로 비유럽 '이방민족'의 문화를 전시품을 통해 재현해야 한다는 민족학박물관이 스스로 설정한 요구를 통해 박물관은 '타자'와의 만남을 제도화했다. 박물관은 차이의 인식과 '문화비교'가 습득되는 장소였다. 박물관에서는 '자신의 것'과 '타자의 것'을 구별하는 것에 기반한 특정한 관람 형식을 훈련시켰다. 이를 통해 민족학박물관은 매우 인기 있었던 인간 전시Völkerschauen나 카스탄의 파노프티쿰Castan's Panoptikum에서 이미 형성된 사회적 관람 행위와 연결되었다. 민족학자들은 이러한 행사들과 차별화하기 위해 '학문적으로' 파악되고 제시된 민족지적 유물들의 도움으로 박물관에 그들의 "식민지적 환상"(Kundrus 2003)을 제시했다. 민족학박물관에서 세계는 더이상 불확실한 기준에 따라 상상되지 않고 "학문적으로", 즉 객관적인 방식으로 상상된다는 주장이었다(Mitchell 2002, 156).

민족학박물관 초창기에 그리고 이 시기를 훨씬 뛰어넘은 시기까지도 15세기 이후 발전한 여행기의 영향을 받아 '문화'는 여전히 변별적인 특징이었다. 박물관 관장과 기타 민족학자들은 '원시민족'과 '문화민족'을 언급함으로써 통용되는 구분을 거듭 확인했다. '문화민족'은 합리성, 교육, 기술 진보, '문명'과 같은 범주를 통해 확인되는 반면, '원시민족'은 성찰의 능력이 없고 유치하며 기술적으로 무능하고 '미개한' 것으로 여겨졌다. 그러나 바이마르공화국 말기에 민족학 전시회에서 '문화' 대신 점점 더 (인종)인류학적 관점을 전면에 내세우게 되면서 이러한 구분의 기준적 특징이 상호교환될 수 있다는 사실이 분명해졌다. 1900년경 찰스 다윈의 진화론과 멘델의 유전법칙의 르네상스를 통해 '인종'에 기반한 헤게모니적 사고는 새로운 '학문적' 근거를 갖게 되었고, 민족학자와 인류학자들 역시 이를 통해 인간에 대해 보다 정확하게 기술할 수 있을 것이라는 기대를 품었다(El-Tayeb 2001, 18).

근대의 장소로서의 민족학박물관

1900년경의 박물관은 일반적으로 기술 발전의 혜택을 받은 것이 사실이다. 예를 들면 새로운 박물관 진열장의 개발을 통해 이전보다 개선된 관객 친화적인 전시가 가능해졌다. 하지만 민족학박물관은 기술 및 미디어 혁명의 결과라기보다는 조립라인(제철소)이나 해변처럼 새로운 공간 관리로 인해 등장했다. 민족학박물관은 세계를 '문화 공간'으로 나누고, 이를 대표적인 물품을 통해 구체화하여 세계에 대한 표상을 구조화했다. 우주선이 우주 공간을 상상할 수 있게 만든 것처럼 민족학박물관은 새로운 것, 특히 식민지지역에 대한 상상의 탐험을 가능하게 했다. 민족학박물관은 "세계를 전시회로"(Mitchell 2002, 148ff.) 요약함으로써 세계를 축소시켰다. 동시에 이곳에서는 자동차나 비행기와 같은 기술적인 측면이 아닌 상상의 차원에서 외견상 경험 가능한 공간을 확장시켰다. '아프리카'는 수프용 스푼과 도구의 전시를 통해 해독 가능하다는 메시지를 전했다.

박물관은 학문적 접근방식을 근거로 스스로를 '합리성의 장소'로 여겼지만 동시에 특정한 교육적 사명을 지닌 민주적 기관이어야 했다. 왜냐하면 대학과는 달리 박물관은 '대중'을 대상으로 한 곳이었기 때문이다(Jenkins 1994, 245f.). 이곳이 대중소비를 위한 경험의 장소이어야 했기 때문에 학문과 대중사회 간의 대립관계는 해소되었다. 하지만 민족학박물관은 영화관이나 경기장처럼 오락적인 기능을 원하지 않았다. 오히려 "평가 권력"(Bourdieu 1972, 149)이라고도 부를 수 있는 다양한 문화적 해석을 관람객들에게 제공하기 위해 해석의 공적 주권을 놓고 인간 전시와 같은 다른 '대중적'인 행사와 경쟁했다. 민족학박물관은 백화점과 마찬가지로 관심을 보이는 대중을 고객으로 간주했는데, 그들에게 전시품을 통해 사물화되고 가시화된 학문을 보장해주었다.

전시품은 평가, 준비, 표기, 체계화의 과정을 통해 학문적 정당성을 부여받았는데, 이러한 과정은 비공개적으로 작업실에서 진행되었으므로 실험실을 연상시켰다. 이곳에서는 만국박람회와 마찬가지로 현실과 가깝게 표현이 되었지만 그것은 관람객들의 생활세계와는 달랐다(Mitchell 2002, 156). 따라서 관람객은 자신이 아프리카의 '카피르족'과 '호텐토트족' 등 '타자'와 특정한 관계에 있음을 볼 수 있었고, 이러한 관계가 차이에 기반한 것이었음에도 불구하고 이 같은 관찰을 할 때 '자신의' 문화에 대한, 어쩌면 부정확할지도 모르는 묘사로 인해 방해를 받지는 않았다. 이와 같이 민족학박물관은 '저 외부세계'에 대한 정보의 원천 역할을 했을 뿐만 아니라 동시에 학문적으로 검증된 자기 확신의 장소이기도 했다.

영화라는 매체를 통해 새로운 기술적 가능성과 변화된 시각적 습관이 등장했다. 특히 바이마르공화국에서는 일부 영화제작자들이 민족학박물관의 민족지적 유물들을 즐겨 활용해 베를린을 위한 '문화' 또는 광고 영화를 제작했고, 이러한 영화들은 이후 영화관에서 상영이 되었다. 또한 많은 민족학자들이 탐험중에 학문적 연구의 일환으로 영화를 활용했다. 그들은 '문화'를 검증하고 보존할 수 있는 새로운 가시적 형태로 변화시켰다.

그렇다면 민족학박물관은 박물관 관장들과 민족학자들이 가정했던 것처럼 유물을 수집하거나 '문화적 행위'를 촬영함으로써 멸종 위기에 처한 민족에게 '생명의 은인'이 되었을까? 아니면 장 보드리야르Jean Baudrillard가 말한 것처럼 민족학은 오히려 '문화 파괴의 힘'을 구현하고 있으며, 따라서 민족학박물관은 기억의 장소라기보다는 망각의 장소(Sturm 1991, 93)였던 것일까? 분명한 것은 현대 민족학박물관의 건물과 전시회는 적어도 전시품이 그들이 표현해야 할 '문화'에 대해 알려주는 것만큼이나 그 설계자의 '문화'에 대해서도 많은 것을 알려준다는 것이다.

참고문헌

Bourdieu, Pierre (1972): Die Museumskonservatoren, in: Thomas Luckmann/Walter Michael Sprondel (Hg.), Berufssoziologie, Köln, 148~154.

Eissenberger, Gabi (1996): Entführt, verspottet und gestorben. Lateinamerikanische Völkerschauen in deutschen Zoos, Frankfurt.

El-Tayeb, Fatima (2001): Schwarze Deutsche. Der Diskurs um ≫Rasse≪ und nationale Identität 1890~1933, Frankfurt/New York.

Essner, Cornelia (1986): Berlins Völkerkunde-Museum in der Kolonial-Ära. Anmerkungen zum Verhältnis von Ethnologie und Kolonialismus in Deutschland, in: Berlin in Geschichte und Gegenwart. Jahrbuch des Landesarchivs Berlin, 65~94.

Führer durch die Königlichen Museen zu Berlin (1918): Museum für Völkerkunde.

Die Ethnologischen Abteilungen, 17. Aufl., Berlin.

Führer durch die Ethnologische Sammlung (1881): Berlin.

Geheimes Staatsarchiv, Preußischer Kulturbesitz (1904): I HA Rep. 151 I C, Bd. IV, Nr. 8256 (Errichtung eines ethnologischen Museums in Berlin).

Gründer, Horst (1999): ≫... da und dort ein junges Deutschland gründen≪. Rassismus, Kolonien und kolonialer Gedanke vom 16. bis zum 20. Jahrhundert, München.

Hermannstädter, Anita (2002): Abenteuer Ethnologie. Karl von den Steinen und die Xingú-Expedition, in: Staatliche Museen zu Berlin—Preußischer Kulturbesitz, Ethnologisches Museum/dies. (Hg.), Deutsche am Amazonas—Forscher oder Abenteurer? Expeditionen in Brasilien 1800 bis 1914, Münster u.a., 66~85.

Hog, Michael (1981): Ziele und Konzeptionen der Völkerkundemuseen in ihrer historischen Entwicklung, Frankfurt.

Ders. (1990): Ethnologie und Öffentlichkeit. Ein entwicklungsgeschichtlicher Überblick, Frankfurt.

Jenkins, David (1994): Object Lessons and Ethnographic Displays: Museum exhibitions and the making of American anthropology, in: Comparative Studies in Society and History 36, 242~270.

Kirshenblatt-Gimblett, Barbara (1991): Objects of Ethnography, in: Ivan Karp/ Steven D. Lavine, (Hg.), Exhibiting Cultures. The poetics and politics of museum display, Washington, 384~443.

Köstering, Susanne (2003): Natur zum Anschauen. Das Naturkundemuseum des deutschen Kaiserreichs 1871~1914, Köln/Weimar/Wien.

Kundrus, Birthe (Hg.) (2003): Phantasiereiche. Zur Kulturgeschichte des deutschen Kolonialismus, Frankfurt.

Mitchell, Timothy (2002): Die Welt als Ausstellung, in: Sebastian Conrad/Shalini Randeria (Hg.): Jenseits des Eurozentrismus. Postkoloniale Perspektiven in den Geschichts- und Kulturwissenschaften, Frankfurt, 148~176.

Osterhammel, Jürgen (2001): Kolonialismus. Geschichte—Formen—Folgen, 3. Aufl. München.

Penny, Glenn H. (2002): Objects of Culture. Ethnology and Ethnographic Museums in Imperial Germany, Chapel Hill/London.

Richter, Oswald (1906): Über die idealen und praktischen Aufgaben der ethnographischen Museen, in: Museumskunde 2~6, 1906~1910.

Staatsarchiv Hamburg (1910): 361~5 I Hochschulwesen Reg. Spez. CIIa 16 Bd. II.

Staehelin, Balthasar (1993): Völkerschauen im Zoologischen Garten Basel, 1879~1935, Basel.

Sturm, Eva (1991): Konservierte Welt. Museum und Musealisierung, Berlin.

Thode-Arora, Hilke (1989): Für fünfzig Pfennig um die Welt. Die Hagenbeckschen Völkerschauen, Frankfurt/New York.

Vogel, Hans/Georg Thilenius (1911): Eine Forschungsreise im Bismarck-Archipel, Hamburg, VXVI.

Westphal-Hellbusch, Sigrid (1973): Zur Geschichte des Museums, in: Baessler-Archiv N.F. 21, 1~99.

Zantop, Susanne (1997): Colonial fantasies. Conquest, family and nation in precolonial Germany (1770~1879), London/Durham.

Zimmermann, Andrew (2001): Anthropology and Antihumanism in Imperial Germany, Chicago/London.

Zwernemann, Jürgen (Hg.) (1984): Hamburgisches Museum für Völkerkunde. Führer durch die Sammlungen, München.

Ders. (1997): Aus den frühen Jahren des Museums für Völkerkunde zu Leipzig, in: Jahrbuch des Museums für Völkerkunde zu Leipzig 41, 27~46.

영화관

다니엘 모라트Daniel Morat

빛의 동굴에서:
'우니온 테아터 운터 덴 린덴', 베를린, 1910년

1910년에 문을 연 베를린의 '우니온 테아터 운터 덴 린덴Union Theater Unter den Linden'에 광고 문구로 장식된 입구를 통해 들어간 사람은 먼저 외투보관소와 여러 개의 휴게용 좌석이 마련되어 있는 우아하게 디자인된 로비에 도착하게 된다. 이곳에서 넓은 계단을 올라가면 패널을 덧씌운 2개의 문으로 이어졌고, 그 뒤에는 창문이 없는 길쭉한 형태의 영화관이 자리하고 있었다. 그곳에는 약 400석의 좌석이 단단하고 빽빽하게 열을 지어 배치되어 있었다. 이 좌석들은 관객들이 커튼 뒤에 스크린이 설치되어 있는 영화관의 좁은 끝부분을 향해 앉도록 되어 있었다. 영화 상영이 시작될 때는 전기 촛대의 조명이 꺼지고 커튼이 걷히면서 관객석 뒤쪽에 설치된 영사기가 영화필름에 촬영된 사진 이미지를 스

'우니온 테아터 운터 덴 린덴'의 관람석(베를린, 1914)

크린 위에 빠른 속도로 투사해 그곳에서 연속적인 움직임이라는 시각적 인상을 만들어냈다. 상영이 끝나면 커튼이 다시 닫히고 극장의 조명이 켜졌다.

이러한 공간 배치와 상영 과정의 구조를 통해 '운터 덴 린덴' 영화관은 1910년에 이미 그 기본적 특징이 오늘날의 전형적인 영화관 상황과 일치했다. 영화관은 장소인 동시에 비장소, 즉 공간의 경계를 넘어선 세계로 가는 관문이 될 수 있도록 설계되었다. 상영관의 패널은 영화관 공간을 외부세계로부터 차단하는 반면, 스크린은 그 공간을 가상으로 개방한다. 내부와 외부 사이에는 관문 역할을 하는 2개의 문이나 커튼이 설치되어 있는 경우가 많다. 외투보관소, 휴게용 좌석, 음료와 과자 판매대가 있는 로비 역시 거리와 영화상영관 사이의 관문 역할을 한다.

상영관으로의 입장은 다른 장소로의 이동을 보장해준다.

전형적인 영화관적 모멘트는 상영관의 조명이 꺼진 후 스크린에 영상이 투사되기 직전까지의 순간이다. 이 어둠과 침묵의 순간은 전환과 변화의 순간으로, 이 순간 실제 관객의 공간은 갑자기 등장하는 이미지 공간에 의해 뒤덮이고 채워진다. 현존하는 육체의 세계는 가상의 이미지세계를 위해 일시적으로 중단된다. 상영의 끝은 동시에 이러한 비현실적인 이미지세계로부터의 귀환이기도 하다.

어트랙션영화[1]에서 서사 통합의 영화로

그러나 이러한 이상적인 영화관 상황은 시간이 흐르면서 비로소 영화 관람의 패러다임적 질서로 형성된 것이었다. 초기의 영화관은 여러 가지 형태로 등장함으로써 외부세계와 대안적인 습득 행위에 대해 훨씬 더 개방적이고 변화에 유연했으며, 이러한 특성은 지금도 여전하다. '우니온 테아터 운터 덴 린덴'은 여러 측면에서 과도기적 단계를 나타내는데, 그것은 초기의 소형 영화관과 '킨토프Kintopp'에서 넓은 홀을 갖춘 영화관과 고급 영화관으로, 프롤레타리아 영화관과 축제장 영화관에서 부르주아적 고급 영화관으로, 레뷰 같은 쇼프로그램에서 서사 장편영화로, 소규모 영화사의 난립에서 대기업의 경제적 집중으로 발전하는 다양한 측면을 포괄한다. 왜냐하면 이 영화관의 역사는 영화가 처음 시작되었던 시기로 거슬러올라가기 때문이다. 1896년에 이미 베를린 최초의 영화관이 같은 건물에 들어섰는데, 그것은 빌헬름스할렌 건물이 복원된 뒤 들어선 '이졸라토그라프Isolatograph'라는 이름의 극장이었다. 이 건물은 영화사의 중요한 단계를 모두 경험하게 된다.

일반적으로 1895년 12월 28일 파리의 그랑 카페Grand Café 지하 '인도 살롱'에서 루이 뤼미에르Louis Lumière와 오귀스트 뤼미에르Auguste Lumière 형제가 영화를 공개 상영한 것이 영화의 탄생 순간으로 여겨진다. 이미 6개월 전 뤼미에르 형제는 파리의 국립산업진흥협회에서 학자들에게 자신들의 영화 〈공장 노동자들의 퇴근La sortie des usines Lumière〉을 상영한 바 있었다. 그러나 1895년 11월 1일 막스 스클라다노프스키Max Skladanowsky와 에밀 스클라다노프스키Emil Skladanowsky 형제가 베를린의 바리에테 빈터가르텐Varieté Wintergarten에서 영화를 상영하고, 그 이후 유료 관객 앞에서 공개 상영을 했기 때문에 이것을 영화의 실제 시작이라고 보는 것이 타당하다. 움직이는 사진, 초기 환등기(Laterna Magica), 엔터테인먼트산업의 다양한 선구자들이 비로소 이곳에 모여 영화를 탄생시켰다. 따라서 1894년에 소개된 토마스 에디슨의 키네토스코프는 아직 영화로 볼 수 없다. 엿보기 상자 형태의 이 영사장치로는 짧은 영상을 개별적으로만 볼 수 있었기 때문이다. 하지만 영화를 구성하는 기본 요소는 다수의 관객 앞에서 행해지는 (스크린) 투사이다. 영화 자체는 연속적인 움직임의 촬영, 저장, 재현에 관한 과학적 실험을 기반으로 하고 있지만 대중매체로서 급속한 발전을 이룬 것은 19세기 후반 대중 오락문화의 발전 덕분이다.

1895년 이후에는 베를린의 '이졸라토그라프'의 경우처럼 식당 내의 부속 공간을 전용으로 임대해서 영화를 상영하는 경우가 많았다. 그러나 순회 상영이 주를 이루었는데, 주로 축제장과 바리에테극장 등으로 장소를 바꾸어가며 영화를 상영했다. 특히 바리에테극장의 넘버방식 진행이 초기 영화에 큰 영향을 미쳤다. 그리하여 영화 상영은 프로그램의 일부로 무대 공연에 이어서 진행되는 경우가 많았다. 초기의 영화는 기술적인 한계로 인해 넘버로 이루어진 레뷰처럼 서로 연결되지 않은 짧은 장면들만 보여주었는데, 그중에는 바리에테 넘버를 촬영한 영상도 여럿 포함되어 있었다. 그러나 스클라다노프스키 형제는 바리에테 프로그램의 단순한 복제는 그 매력을 곧 잃게 될 것임을 금세 깨달을 수밖에 없었다. 영화에 내재된 리얼리티효과는 거리, 기차역, 공장의 일상적인 장면을 보여주는 뤼미에르 형제의 작품과 같은 다큐멘터리 영화를 통해 달성되었다. 이러한 영화들은 실제에 가까운 현실 재현을 가장 직접적으로 경험할 수 있도록 했다. 영화를 통해 일상 자체의 묘사가 일상을 뛰어넘는 화젯거리가 되었다. 이야기를 전달하는 새로운 매체의 능력 또한 일찌감치 발견되었다. 조르주 멜리에스Georges Méliès는 1900년경 바리에테 영상과 마술영화로부터 환상적인 일루전 영화를 발전시킨 최초의 '장편영화 감독'으로 꼽힌다.

세기가 바뀌면서 고정 영화관인 '상점 영화관Ladenkino' 또는 '니켈로디언Nickelodeon'이 점점 더 많이 생겨났는데, 이러한 영화관은 대부분 빈 상점 안에 몇 줄의 좌석과 하나의 스크린으로만 이루어졌으며, 주로 중산층 이하의 관객을 끌어모았다. 동시에 일부 바리에테극장은 운영방식을 영화 상영으로 완전히 전환했다. 1910년경 점점 더 많은 영화관이 문을 열었고, 이제 이곳은 더욱 향상된 안락함을 제공할 뿐만 아니라 무대용 극장에 상징적으로 가까워짐으로써 중산층 관객의 관심을 끌고 영화를 사회통합적인 대중매체로 정착시키기 시작했다. '우니온 테아터 운터 덴 린덴'에서는 예를 들어 화려한 장식 및 1층 관람석과 대조를 이루는 2층 칸막이 좌석에서 이러한 경향을 확인할 수 있다. 상영홀을 갖춘 이러한 영화관은 1909년 그랜드호텔 알렉산더플라츠 안에 베를린 최초의 '영화관'인 '우니온 테아터 암 알렉산더플라츠'가 자리잡았던 것처럼 대부분 백화점, 대형 쇼핑몰 또는 호텔에 통합되었다. 1913년에는 놀렌도르프플라츠에 '치네스Cines'가 개관했는데, 이는 베를린 최초로 독립 건물에 지어진 전용 영화관이었다. 이러한 대형 영화관과 영화 전용 극장의 전성기는 제1차세계대전 이후 20년 동안이었다. 영화관은 대도시의 상업 중심지뿐만 아니라 주거지역과 교외에도 점점 더 많아졌고, 높이 설치된 네온사인과 화려하게 디자인된 외관을 통해 유흥에 열광하는 대중 관객의 관심을 끌었다.

영화 상영 부문에서의 이러한 발전은 제작 차원에서의 변화와 함께 진행되었다. 순회 영화관시대에 영화 제작과 영사는 대부분 동일한 사업자가 맡았고, 영화는 영사기와 함께 상영주에게 판매되었기 때문에 그는 동일한 영화를 가지고 매번 새로운 관객을 찾기 위해 이곳저곳으로 옮겨다녀야 했다. 반면 고정 영화관에서는 동일한 관객을 대상으로 계속해서 새로운 영화를 상영해야 했다. 새로 도입된 배급시스템을 통해 영화는 영화관에서 영화관으로 유통될 수 있었다. 그러나 이는 또한 점점 더 중앙집중화되고 독점화되는 제작산업에서 만들어진 영화의 상품적 성격을 더욱 분명하게 드러내기도 했다. 1910년부터 미국 영화산업의 영향력은 프랑스와 이탈리아의 영화 제작에 비해 커졌다. 미국의 영화산업은 1920년대 할리우드 영화를 통해 오늘날까지 이어지는 주도적인 위치를 차지하게 되었다.

여기서 '할리우드'는 특정 스튜디오 컨소시엄의 시장 주도권만을 의미하지 않는다. 미국의 영화 제작은 오늘날에도 여전히 고전영화로 여겨지는 서사 장편영화의 발전에도 선구적인 역할을 했다. 이러한 '서사 통합 영화'는 영화 자체의 미적 수단뿐만 아니라 관객의 "스크린 행위"(Musser 1984), 영화 체험 전체를 특징짓는 상영관 내에서의 사람들의 행동을 통해서도 이전의 "어트랙션영화Kino der Attraktion"(Gunning 1990)와 구별된다.

초기의 영화관은 서두에서 이야기한 영화관 상황과는 거의 관련이 없는 "다형적인 체험 장소"(Elsaesser 2002, 75)였다. 사람들은 영화관에서 먹고, 마시고, 담배를 피웠다. 단편영화를 쇼의 넘버처럼 연속적으로 상영했기 때문에 스크린 위에서 일어나는 사건이 반복적으로 중단될 수밖에 없었고, 이러한 상황은 관객들의 논평과 소견을 이야기하도록 유도했다. 무성영화 필름에는 다양한 음악과 음향효과가 곁들여졌으며, 일반적으로 전문적인 '영화 해설자'가 설명을 해주었다. 영화 기사도 영화의 순서를 자유롭게 결정하고, 때로는 개별 시퀀스를 새롭게 조합하거나 영사 속도를 변경할 수도 있었기 때문에 영화 상영에 큰 영향을 미쳤다. 따라서 영화의 수용은 영화 자체의 서사 논리보다는 상영에 의해 더 많이 통제되었다. 어트랙션 영화는 관객이 그것을 받아들인 후에야 비로소 영화적 체험으로 완성되었다. 따라서 이러한 영화들은 오랫동안 지속되는 완결된 이야기를 전개하기보다는 표현과 보여주기식의 논리를 따랐다. 배우들은 마치 무대 위에 오르듯이 카메라 앞으로 뛰어들어 자신의 묘기를 선보였고, 상영이 끝나기 전에 고개 숙여 인사하는 일도 드물지 않았다. 스크린 공간 자체는 마치 액자처럼 구분되어 있었지만 영화는 이런 식으로 관객과 직접적인 관계를 맺었다.

이와 대조적으로 서사영화의 스크린은 더이상 무대가 아니라 다른 세계로 통하는 창으로 나타났다. 서사 장편영화는 자체적인 연속성을 지니고 있었기 때문에 더이상 해설자가 영화 밖에서 설명할 필요가 없었다. 이는 또한 서사 공간 속으로 끌려들어간 "개인화된 관찰자 주체"

를 탄생시켰다(Elsaesser 2002, 87). 왜냐하면 서사영화는 이제 침묵하며 움직이지 않고 영화를 감상해야 하는 개별 관객에 의한 영화의 내면화를 목표로 삼았기 때문이다. 이를 통해 가상의 긴장관계가 형성되었고, 관객은 '서스펜스suspense'를 기반으로 이러한 관계 속에 통합되었다.

영화산업의 관점에서 볼 때 서사영화의 결정적인 영향은 이제는 영화 체험에 대한 통제권이 영화 제작사에 훨씬 더 많이 부여되었다는 것이다. 왜냐하면 장편영화는 스스로 의미를 전달했기 때문이다. 그 결과 1920년대 후반 아직 유성영화가 도입되기도 전에 영화 해설자들은 영화관에서 거의 자취를 감추었다. 무성영화 역시 자막과 편집 기술의 발전 덕분에 자체적인 설명이 가능해졌다. 그러나 관객은 유성영화를 통해 스크린 속의 사건에 훨씬 더 깊이 빠져들었다. 왜냐하면 음향은 대부분의 관객을 침묵하게 했을 뿐만 아니라 영화를 더욱 현실감 있게 만들었기 때문이다. 음향 기술이 오늘날의 '서라운드 사운드surround sound'까지 계속 발전해오는 동안 영화는 관객석에 더욱더 깊이 파고들었다. 공간 경험은 더욱 강렬하고 감각적인 특성을 지니게 되었다.

'어트랙션영화'와 '서사 통합 영화'는 두 유형이 서로 다른 시기에 등장했음에도 불구하고 항상 나란히 존재해왔다. 1950년대 무엇보다도 텔레비전의 보급이 원인이 되어 영화관이 광범위하게 문을 닫았던 영화의 위기 이후 어트랙션영화는 르네상스를 맞이했다. 할리우드는 시네마스코프와 같은 새로운 영화 기술과 스펙터클한 기념비적 영화로 위기에 대응했다. 이러한 감각적인 압도방식은 오늘날에도 수많은 블록버스터와 기술적으로 강화된 멀티플렉스 영화관에서 계속되고 있다. 반면 영화 위기에 대한 유럽의 대응은 여러 국가에서의 뉴시네마운동('누벨바그Nouvelle Vague', 뉴 저먼 시네마New German Cinema, '뉴 브리티시 시네마New British Cinema')으로 이루어졌는데, 이러한 운동 역시 고전적 서사 영화를 버리고 편집과 몽타주라는 새로운 영화기법을 실험했다. 그럼에도 불구하고 서사 통합 영화와 관련된 관조적 몰입이라는 수용방식은 일반적인 영화 관람방식으로 자리잡았다. 다양한 형태의 이벤트 영화에도 불구하고 어두운 상영관은 이러한 영화들과 함께 상상 속의 먼 곳으로 출발하도록 끊임없이 초대하는 영화관 고유의 공간 배치로 남아 있다.

근대의 꿈의 기계로서의 영화

영화는 여러 측면에서 근대의 산물이다. 기술적으로 산업혁명의 발명과 혁신의 결과이며, 동시에 사회적·문화적 제도로서 이 시대의 변화된 생활조건에도 부합된다. 실제로 1895년은 영화가 도입되기에 더할 나위 없이 무르익은 시기처럼 보였는데, 이는 19세기를 거치며 여러 부문에서 이미 준비되어 있었기 때문이다. "근대문화는 영화가 등장하기 이전부터 영화적이었다"(Charney/Schwartz 1995, 1). 이는 특히 19세기 중반 이후의 대중문화와 오락문화의 부상(Maase 1997)과 "공간과 시간의 산업화"(Schivelbusch 2000) 과정에서 진행된 시각의 동원에 해당한다.

영화는 처음에는 대도시 현상이었지만 이후 시골과 소도시로 퍼져나갔다. 영화가 도입되기 전에도 대도시에는 근대적인 오락문화가 발달해 대도시 관객들의 호기심과 선정성을 자극했다(Schwartz 1998). 특히 축제장이나 바리에테극장과 같은 초기의 상영 장소에서 분명하게 알 수 있듯이 초기의 영화는 이러한 오락문화 속에 깊이 자리잡았다. 또한 최초의 고정 영화관은 도시 지형학적으로 기차역, 지하철역, 자동차 차고, 쇼핑 아케이드, 그랜드호텔 등 새롭게 부상하는 대도시 교통의 중심지에 위치했다. 이러한 장소들과 영화관의 공통점은 대량 이동에 내재된 친밀한 익명성으로서(해변), 여기서 대도시 사람들은 서로 가까이 다가가면서도 동시에 멀리 떨어져 있었다(Simmel 1995). 대도시의 공간적·사회적 차별화(교외 주택단지)는 도심과 중산층 유흥가에 위치한 극장형 영화관에서부터 프롤레타리아 교외지구의 노동자 영화관에 이르기까지 다양한 영화관 건물에도 반영되었다.

오락문화의 출현을 위한 핵심적인 전제조건은 노동시간과 여가시간이 분리된 근대 노동사회의 발전이었다. 소비와 재생산 영역은 생산 영역과 동일한 경제법칙의 적용을 받았다. 일리야 에렌부르크Ilja Ehrenburg는 기계시대의 '존재법칙'을 "낮에는 컨베이어벨트, 저녁에는 영화"라고 칭했다(Ehrenburg 1931, 32). 실제로 많은 문화평론가들은 포드주의와 대량생산이 만들어낸 생산과정의 소외(제철소)가 이러한 보상적 해소의 장소에도 반영된 것으로 보았다. 유명한 예로 지크프리트 크라카우어Siegfried Kracauer의 '산만함Zerstreuung 숭배'에 대한 비판, 그리고 영화관에서 직업적 일상으로부터 벗어나려고 노력하지만 결국 그곳에서도 자신들을 무의식적으로 시스템에 묶어두는 '사회적 이데올로기의 총합'과 다시 직면하게 되는 '어린 여점원들'에 대한 비판을 들 수 있다. '환상적인 영화산업'의 스타시스템과 사회적 상승이나 개인적 구원을 다룬 수많은 영화 소재는 다양한 약속을 만들어냈다. 사람들은 경제적 착취의 악순환에서 벗어나지 못한 채 행복에 대한 환상적인 기대를 품고 그 약속을 믿을 수 있었다.

그러나 지크프리트 크라카우어는 영화에서 촉발되는 상상의 활동에 유토피아적 과잉이 있음을 인식했다. 시각적 활동 매체로서 영화는 특히 "새로운 출발의 유토피아"(Engell 1992, 52)를 창조하고 미래의 가능성을 구성해낼 수 있다. 최초의 장편영화 중 하나인 조르주 멜리에스Georges Méliès의 1902년작 〈달세계 여행Voyage dans la lune〉이 환상적인 공상과학영화였다는 것은 우연이 아니다(우주선). 대중문화의 일부로서 영화는 탄생 이후 사회적 재생산 기능을 수행했을 뿐만 아니라 허구적 서사매체로서 사회의 집단적 상상력과 공상활동에 결정적인 역할을 해왔다.

그러나 영화는 대중문화의 맥락에서뿐만 아니라 지각매체로서의 능력에서도 진정으로 근대적인 면모를 보인다. 오락문화와 마찬가지로 '영화적 시각' 역시 영화가 발명되기 전부터 이미 준비되고 있었다. 특히 철도 여행은 훗날의 영화와 비슷하게 승객들을 "움직이지 않은 채 움직이면서 실제 움직임을 관찰하는 관찰자"(Paech 1989, 71)로 만들었다(기차역). 시각의 유동화는 자동차와 비행기를 통해 계속되는 기술적 이동성의 실질적인 증가와 병행해 이루어졌다. 따라서 앙리 베르그송Henri Bergson의 주장대로 근대적 지각 전반의 "영화적 본질"(Segeberg 1996, 353)에 대해 이야기할 수 있을 것이다.

그러나 영화적 지각에 대해 이야기할 때 그것은 단지 시선의 움직임뿐만 아니라 영사 기술과 편집으로 인한 영화의 파편화와 "연결된 것의 해체"(Engell 1992, 23) 또한 의미하는데, 이러한 현상은 근대 대도시 생활의 감각적 자극이 증가하면서 반복되어 나타나는 것이다. 게오르크 지멜Georg Simmel 이후 대도시와 대도시의 교통은 파편화된 지각 공간으로 반복적으로 묘사되어왔으며, 이는 특별한 방식으로 영화와 조응한다. 근대 지각의 충격적인 성격에 대해 이야기한 발터 벤야민은 영화가 인간이 대도시와 기술세계 전반에서 제기된 자극 관리라는 새로운 과제에 대처하는 법을 배우는 "교육 과정"이라고 생각했다(Benjamin 2002).

따라서 영화는 근대 생활의 가속화와 감각의 과부하를 다양한 방식으로 반영했다. 동시에 현실 매체로서 영화는 사진의 발명 이후 미디어 현상의 다양화라는 맥락 안에 위치해 있다. 왜냐하면 19세기의 사진, 녹음 기술, 영화 촬영 등 모방 기록시스템의 발전은 결국 유성영화와 텔레비전을 통해 통합되어 20세기 매스미디어화를 위한 토대를 형성했기 때문이다(Schanze 2001, 214f.). 영화는 '시사'와 주간 뉴스를 통해 오랫동안 뉴스매체의 역할을 해왔으며, 근대 매스미디어의 리얼리티에 대한 약속을 전달했다(신문사 편집부). 관객들은 동영상의 현실성이 항상 명확하지는 않다는 점에 익숙해져야 했다. '다큐멘터리'와 '허구' 사이의 긴장관계는 영화의 장르적 가능성을 드러낼 뿐만 아니라 영화 이미지 자체가 담고 있는 가변적인 현실성 또한 보여준다. 이러한 인식론적 모호함은 특수효과 기술의 발전과 궁극적으로 20세기 말 영화의 디지털화를 통해 더욱 심화되었다. 그러나 영화는 처음부터 리얼리티에 대한 미디어의 약속을 전달했을 뿐만 아니라 "허구의 문화"를 확립하기도 했다(Müller 2003, 14). 관객들은 현실과 허구를 구별하는 법을 배웠을 뿐만 아니라 허구의 현실성을 그 자체로 인식하는 법, 즉 (영화) 이미지를 주어진 실제 상황으로 받아들이는 법을 배웠다.

그러나 초기에는 순진하게도 영화가 현실을 그대로 보여준다고 믿는 경우가 많았다. 그리하여 영화는 발명 이후 학문 연구의 도구이자 교육 매체로도 활용되었다. 예를 들어 1927년 오스카어 칼부스Oskar Kalbus

는 영화가 초자연적 현상을 과학적으로 조사하고 심령술사 사기꾼들을 폭로하는 데 사용될 수 있다고 생각했다(Kalbus 2002). 그러나 이와는 달리 영화 자체는 세기가 바뀌면서 정기적으로 최면이나 강령술과 같은 오컬트 현상과 행위의 영향 아래 놓이곤 했다(Andriopoulos 2000). 이러한 영적 세계와의 친밀성은 무엇보다도 스크린에 등장하는 영화적 형상의 비현실성과 비물질성 그리고 어두운 영화관이라는 수용 상황에서 비롯되었다. 이를 통해 영화관을 의미하는 '꿈의 공장 Traumfabrik'이라는 은유의 좀더 감추어진 두번째 의미가 드러나는데, 이는 '어린 여점원들'의 소망과 백일몽뿐만 아니라 어둠 속에 모인 관객들의 어두운 꿈과 집단적 무의식을 가리킨다.

영화관의 어둠은 종종 잠의 어둠과 비교되는데, 어둠 속에서 영화를 보는 지각활동이 꿈을 꾸는 것과 유사하기 때문이다. 이때 영화관 공간은 "의식의 언어적 조직 아래에서 작동하는 점유 및 전이 과정의 공간"으로 나타난다(Kappelhoff 2002, 152). 특히 얼굴의 클로즈업은 정서적 참여와 (불균등한) 감정 교환을 유도하는 "감정적 이미지"(Kaes 2000, 160)로 작용할 수 있다. 비록 잠시라도 영화 속 인물에게 마음을 빼앗겨 보지 않은 사람이 있을까? 한번쯤 영화의 주인공처럼 되고 싶지 않은 사람이 있을까? 하지만 영화에서의 감정활동은 잠재의식에 대한 상징적 작업으로 해석될 수도 있다. 그렇다면 이러한 감정활동은 꿈 자체가 아니라 꿈의 해석에 비교될 것이다. 이러한 의미에서 펠릭스 가타리Félix Guattari는 영화를 "가난한 사람의 카우치"(Guattari 1977)라고 말했다. 영화관 방문이 정신분석학자를 찾아가는 경우를 대체하는 것은 우디 앨런의 작품에만 해당되는 이야기가 아니다.

더욱이 영화관의 어둠은 이미 일찍부터 도덕적으로 해롭다는 비판을 받아왔다. 영화는 정서적 참여를 강력하게 유도하고 처음부터 에로틱한 환상의 무대였기 때문에 영화관에서 자극되는 감정이입은 종종 본능적인 활동으로 이해되기도 했다. 관음증의 학교로서의 영화는 스트립 클럽과 핍쇼Peep Show에 더 가까워졌고, 이러한 영역 내에 포르노영화라는 고정적 하위 형태가 오늘날에도 여전히 존재한다. 그러나 영화관에서 관객이 스크린을 향해 감정을 전이하는 현상만 일어나지는 않는다. 반대로 "관객의 무의식 자체가 점령의 장"(Kappelhoff 2002, 156)이 되기도 한다. 영화는 우리의 집단적 꿈을 위한 무대일 뿐만 아니라 우리의 꿈에도 영화 이미지가 스며들어 있다. 20세기에 영화는 사회적 상상력의 주요 매체가 되었고, 우리의 생각과 감정에 확실하게 각인되었다. "나는 더이상 내가 생각하고 싶은 것을 생각할 수 없다. 움직이는 이미지가 내 생각을 대체했다"(Georges Duhamel, Benjamin 2002, 378에서 재인용).

기억에 대해서도 상황은 비슷하다. 영화(관)는 새로운 출발의 유토피아를 위한 장소일 뿐만 아니라 향수의 장소이기도 하다. 이러한 향수는 근대성에 수반되는 서사로서 감속의 필요성(주말농장)을 표현한다(Fritzsche 2002). 한편으로 영화(관)는 일상 속에서 끊임없이 앞으로 나아가야 한다는 압박으로부터 2시간 동안 탈출할 수 있도록 초대함으로써 그 자체로 이러한 감속의 장소가 될 수 있다. 다른 한편으로 우리의 기억은 영화 이미지에 집착하게 되는데, 그 이미지들은 감정적 내용을 통해 과거를 상기시키고 이를 통해 집단적 기억 기능을 수행한다(Klippel 1997). 이처럼 영화는 근대성 안에서 스스로의 우울한 면을 드러낸다.

영화가 우리의 감정에 호소하는 다양한 방식 역시 궁극적으로는 육체적 차원을 가지고 있는데, 어트랙션영화와 서사 통합 영화는 그 형상화 방식이 다르다. 앞에서 묘사한 전이와 감정적 고양은 서사영화의 전형적인 특징에 속한다고 볼 수 있다. 이때 관객은 거의 이미지 속으로 들어가고 자신의 육체를 영화관 좌석에 남겨두게 된다. 하지만 관조적인 몰입에서도 "우리 몸은 화면 속 '사물'과 감각적인 관계"를 맺는다(Robnik 2002, 252). 이러한 감각적 관계는 '어트랙션영화'에서 그 성격이 달라진다. 여기서 육체적 접촉은 충격효과를 통해 일어나는 경향이 있는데, 발터 벤야민에 따르면 이러한 효과는 "신체와 이미지 공간"의 상호침투로 이어진다(Benjamin 1977, 310). 이러한 신체와 이미지의 상호침투는 오늘날 이벤트 영화와 특수효과 영화에서 다시 찾아볼 수 있다. 영화가 사이버 공간에 개방되고 멀티미디어 네트워크에 속하게 되면서 오늘날 어두운 영화관과 관객을 뛰어넘는 새로운 형태의 미디어 공간의 경험과 물리적 체험이 발전하고 있다. 따라서 고전영화는 이미 역사적인 시대에 속하며, 그 시대의 지나간 미래를 자신의 이미지 저장고 안에 보존하고 있다.

참고문헌

Andriopoulos, Stefan (2000): Besessene Körper. Hypnose, Körperschaften und die Erfindung des Kinos, München.

Benjamin, Walter (1977): Der Sürrealismus. Die letzte Momentaufnahme der europäischen Intelligenz, in: ders., Gesammelte Schriften II.1, Frankfurt, 295~310.

Ders. (2002): Das Kunstwerk im Zeitalter seiner technischen Reproduzierbarkeit, in: ders., Medienästhetische Schriften, hg. v. Detlev Schöttker, Frankfurt, 351~383.

Charney, Leo/Vanessa R. Schwartz (Hg.) (1995): Cinema and the Invention of

Modern Life, Berkeley/Los Angeles/London.
Ehrenburg, Ilja (1931): Die Traumfabrik. Chronik des Films, Berlin.
Elsaesser, Thomas (2002): Filmgeschichte und frühes Kino. Archäologie eines Medienwandels, München.
Engell, Lorenz (1992): Sinn und Industrie. Einführung in die Filmgeschichte, Frankfurt.
Fritzsche, Peter (2002): How Nostalgia Narrates Modernity, in: ders./Alon Confino (Hg.), The Work of Memory. New Directions in the Study of German Society and Culture, Urbana, 62~85.
Frölich, Margrit/Reinhard Middel/Karsten Visarius (Hg.) (2001): Zeichen und Wunder. Über das Staunen im Kino, Marburg.
Guattari, Felix (1977): Die Couch des Armen, in: ders./Gilles Deleuze, Mikro-Politik des Wunsches, Berlin, 82~99.
Gunning, Tom (1990): The Cinema of Attractions. Early film, its spectator and the Avant-Garde, in: Thomas Elsaesser (Hg.), Early Cinema. Space, frame, narrative, London, 56~63.
Hänsel, Sylvaine/Angelika Schmitt (Hg.), Kinoarchitektur in Berlin 1895~1995, Berlin.
Kaes, Anton (2000): Das bewegte Gesicht. Zur Großaufnahme im Film, in: Claudia Schmölders/Sander L. Gilman (Hg.), Gesichter der Weimarer Republik. Eine physiognomische Kulturgeschichte, Köln, 156~174.
Kalbus, Oskar (2002): Das Übersinnliche im Film (1927), in: Albert Kümmel/Petra Löffler (Hg.), Medientheorie 1888~1933. Texte und Kommentare, Frankfurt, 255~267.
Kappelhoff, Hermann (2002): Kino und Psychoanalyse, in: Jürgen Felix (Hg.), Moderne Film Theorie, Mainz, 130~159.
Klippel, Heike (1997): Gedächtnis und Kino, Basel/Frankfurt.
Kracauer, Siegfried (1977): Das Ornament der Masse. Essays, Frankfurt.
Maase, Kaspar (1977): Grenzenloses Vergnügen. Der Aufstieg der Massenkultur 1850~1970, Frankfurt.
Müller, Corinna (2003): Vom Stummfilm zum Tonfilm, München 2003.
Dies. (1994): Frühe deutsche Kinematographie. Formale, wirtschaftliche und kulturelle Entwicklungen, Stuttgart/Weimar.
Musser, Charles (1984): Towards a History of Screen Practice, in: Quarterly Review of Film Studies 9, 59~69.
Paech, Joachim (1989): Das Sehen von Film und filmisches Sehen. Zur Geschichte der filmischen Wahrnehmung im 20. Jahrhundert, in: Knut Hickethier (Hg.), Filmgeschichte schreiben. Ansätze, Entwürfe und Methoden, Berlin, 68~77.

Robnik, Drehli (2002): Körper-Erfahrung und Film-Phänomenologie, in: Jürgen Felix (Hg.), Moderne Film Theorie, Mainz, 246~280.
Schanze, Helmut (Hg.) (2001): Handbuch der Mediengeschichte, Stuttgart.
Schivelbusch, Wolfgang (2000): Geschichte der Eisenbahnreise. Zur Industrialisierung von Raum und Zeit im 19. Jahrhundert, Frankfurt.
Schwartz, Vanessa R. (1998): Spectacular Realities. Early mass culture in fin-de-siècle Paris, Berkeley u.a.
Segeberg, Harro (1996): Von der proto-kinematographischen zur kinematographischen (Stadt-) Wahrnehmung. Texte und Filme im Zeitalter der Jahrhundertwende, in: ders. (Hg.), Die Mobilisierung des Sehens, München, 327~358.
Sierek, Karl (1993): Aus der Bildhaft. Filmanalyse als Kinoästhetik, Wien.
Simmel, Georg (1995): Die Großstädte und das Geistesleben, in: ders., Aufsätze und Abhandlungen 1901~1908, Bd. 1, Frankfurt, 116~131.

웨이트룸

마렌 뫼링Maren Möhring

'근력-예술 연구소'의 웨이트룸, 드레스덴, 1919년

통풍과 채광을 위한 측면 창문과 인공조명까지 갖추고 있는 비교적 넓은 공간에 청소하기 쉬운 바닥재가 깔려 있다. 실내 곳곳에는 다양한 크기의 덤벨, 덤벨 홀더, 웨이트머신이 배치되어 있다. 실내 중앙에는 그리스 청년 조각상이 놓여 있고 벽에는 대형 거울이 여러 개 설치되어 있다. 이는 1919년 화가이자 조각가인 사샤 슈나이더Sascha Schneider가 드레스덴에 개관한 '근력-예술 연구소Kraft-Kunst-Institut' 내 연습실의 모습으로, 여기에 탈의실과 화장실은 나와 있지 않다. 1922년에는 '여성 전용실'이 신설되었다(Röder 1999; Starz 2003). 이곳에서 예술가 사샤 슈나이더는 다양한 방식의 보디빌딩을 통해 '이상적으로 아름다운' 모델을 양성하고자 했다.

사샤 슈나이더는 오늘날 유행하는 피트니스운동의 효시라고 할 수

사샤 슈나이더의 근력-예술 연구소 내 연습실의 일부 전경(드레스덴, 1921)

있는 신체단련운동의 지지자로서 산업화시대에 자주 경고를 하던 신체적 '퇴화'에 맞서 싸우는 데 기여하기를 바랐다. 심지어 '피트니스'라는 용어는 '적자생존'이라는 (사회적) 다윈주의적 시나리오를 의미한다. 생활개혁운동과 많은 유사점을 지닌 신체단련운동은 이와 마찬가지로 문명 비판적인 성격을 띠고 있었지만 확실히 근대적 운동으로 인식되었다. 훈련이라는 비판을 받았던 체조와 기록에 초점을 맞춘다는 점 때문에 거부당했던 스포츠와는 달리 초기 피트니스운동에서는 주로 신체를 미적으로 스스로 가꾸는 데 초점을 맞춘 새로운 형태의 신체활동이 개발되었다. "정의된 기준에 따라 [……] 신체를 변화시키기 위해 특별한 기술방식을 사용하는 조직적인 실습"(Honer 1985, 155)으로서의 피트니스 훈련과 보디빌딩은 트레이닝룸에 있는 기계의 고정된 배치에 의해 영향을 크게 받는다. 신체를 최적화하기 위해 표준화된 트레이닝 머신이 사용된다. 이러한 의미에서 웨이트룸은 "자신의 신체를 위한, 신체 안으로의, 신체에 대한 모든 사람의 욕망의 강화"(Foucault 1976, 107)가 패러다임적으로 표현되는 근대성의 장소로 볼 수 있다. 거울을 보고 다른 훈련자들과 자신을 비교하는 것도 중요하지만 특히 (고대 조각상을 통해 구현된) 가상의 이상적인 이미지와의 비교가 중요하다. 이를 통해 현재의 신체 상태가 부족하고 개선이 필요하다는 것을 알게 된다.

웨이트룸에서 피트니스 스튜디오로

포괄적인 미적 비전을 통해 사샤 슈나이더의 근력-예술 연구소의 지향점은 당시의 다른 트레이닝센터와 차별화될 수 있지만, 공간의 내부 인테리어 측면에서는 당시의 일반적인 트레이닝시설과 비슷했다. 최초의 웨이트 전문 스튜디오는 19세기 말에 설립되었는데, 대부분의 초기 체육관들은 근력 강화를 목표로 했다. 예를 들어 1885년 상트페테르부르크에 설립된 체육관의 경우 설립자는 야망을 불러일으키는 남성의 탄탄한 신체 사진으로 연습실을 장식했다. 브뤼셀에 위치한 '아틸라 교수'의 웨이트 전문 스튜디오가 유명세를 탔는데 그의 본명은 루이 뒤라허Louis Dürlacher로, 그는 1900년경 가장 유명한 근력 운동선수로 손꼽히는 오이겐 샌도Eugen Sandow의 트레이너로 이름을 널리 알렸다. 1902년 테오도어 지베르트Theodor Siebert는 알스레벤 안 데어 잘레에 독일 최초의 체육관인 '회복강화센터'를 설립했다.

유럽과 미국의 정확한 웨이트 전문 스튜디오의 수는 알려져 있지 않다. 제1차세계대전 이전의 독일제국에서는 50개에서 100개에 달하는 체육관에 각각 수백 명의 회원이 존재했다. 이러한 상업적 시설은 회원들의 회비로 운영되었으며 전직 프로 운동선수가 운영하는 경우가 많았다. 주로 도시에 위치했으며 특히 회사원, 공무원, 학생들이 이용했다(Wedemeyer 2003, 40f.). 대부분의 체육관은 덤벨을 이용한 근력 강화, 즉 좁은 의미의 보디빌딩에 중점을 두었다. 웨이트트레이닝은 다른 스포츠나 체조의 경우처럼 클럽을 통해 조직되지 않았기 때문에 이곳에서 새로운 형태의 사회적 상호작용이 시도되었다. 사람들은 친밀한 익명성 속에서 훈련했다(해변).

미국에서는 헬스장이 비교적 꾸준히 큰 인기를 누린 데 반해 독일에서는 20세기 초 30년 동안 이어졌던 초기의 열광 이후 1980년대에 들어서야 피트니스 스튜디오의 진정한 붐이 일기 시작했다. 그 이유 중 하나는 독일에서 체조 클럽과 이후의 스포츠 클럽이 조직 형태로 확고하게 자리잡았기 때문일 수 있다. 또한 1900년경에는 뮐러와 멘젠디크의 '가정 체조시스템'을 통해 개인 체력단련의 전통이 이미 자리잡고 있었다. 가정 체조는 체육관, 공기욕장 또는 헬스장을 방문해야 하는 다른 형태의 신체운동을 대신하면서 시간과 비용을 절약할 수 있는 대안으로 권장되었다(Möhring 2004).

독일의 체육관들은 오랫동안 클럽과 학교 스포츠의 지배력에 맞설 수가 없었지만 본명이 막스 웅거인 라이오넬 스트롱포트Lionel Strongfort가 독일뿐만 아니라 스위스와 오스트리아에도 설립해 사망 직전까지 운영했던 덤벨 웨이트트레이닝학교처럼 오랜 시간 동안 독자적인 입지를 다진 몇 곳의 시설도 있었다. 나치시대에는 대부분의 웨이트 전문 스튜디오 운영자들이 비교적 자유롭게 사업을 운영할 수 있었다. 그러나 종전 직후에는 사람들이 더 저렴한 클럽을 찾는 경향이 있었기 때문에 방문객 수가 다소 적었다. 서독 최초의 웨이트 전문 스튜디오는 1955년 미군 병사 해리 겔브파브Harry Gelbfarb에 의해 슈바인푸르트에서 새롭게 문을 열었다(Wedemeyer 1996, 173). 피트니스 훈련 분야에서 미국문화의 전파는 이때부터 결정적인 역할을 하게 되었다.

1980년대 초까지만 해도 독일 체육관에서는 보디빌딩, 즉 성과 위주의 근력 강화만 행해졌고 방문자도 대부분 젊은 남성이었지만 미국에서 유입된 에어로빅 열풍으로 인해 트레이너의 구성과 체육관의 지향점이 바뀌었다. 이제는 점점 더 많은 여성과 노년층이 트레이닝룸을 찾게 되었고, 이후 이곳에서는 피트니스, 즉 순화된 형태의 보디빌딩 또는 웰니스에 특화된 훈련이 행해졌다. 그리하여 체육관 출입 조건과 사용방식이 근본적으로 바뀌었는데, 이는 공간에도 반영되었다. 검소하고 기능적으로 갖춰진 보디빌딩 스튜디오는 점차 사치스럽게 디자인되고 카펫이 깔리거나 식물이 장식된 피트니스센터로 바뀌었다. 이곳에서는 웨이트룸 외에도 에어로빅이나 긴장완화 수업을 위한 충분한 공간을 제공했으며 사우나, 일광욕실 및 '식음료 공간'까지 갖춘 경우도 많았다.

이전에는 체육관의 유일한 공간이었던 웨이트룸은 점점 더 그 중요성을 잃어갔다. 1980년대 말부터 여가를 활용하고자 하는 체육인들이 피트니스 스튜디오 고객의 85퍼센트 이상을 차지하게 되자(Höller 1991, 14) 보디빌더들은 체육관을 떠나 웨이트트레이닝협회의 틀 안에서 자신들만의 트레이닝룸을 마련하기 시작했다. 이와 동시에 다른 스포츠클럽도 회원들에게 피트니스룸을 제공하게 되면서 상업용 체육관과 경쟁하기 시작했다. 피트니스시장은 고도로 분화되었는데 이러한 분화 과정은 이미 1900년경에 시작되었다. 오늘날 개별 체육관과 수많은 지점을 보유한 체인은 각각 사회적 지위, 성별, 성적 지향에 따라 각기 다른 다양한 고객층을 대상으로 한다.

지난 100년 동안 헬스장이 겪은 상당한 변화에도 불구하고 분명한 연속성을 찾아볼 수 있다. 웨이트 전문 스튜디오 초창기에는 주로 덤벨을 이용해 훈련을 했지만 1900년대 초에는 이미 다양한 푸시, 풀, 스윙머신이 존재했다. 이러한 기구는 18세기에 시작된 것으로(Borgers 1988) 오늘날의 근력 운동기구와도 매우 유사했다. 예를 들어 테오도어 지베르트의 제자인 게오르게 하켄슈미트George Hackenschmidt가 설계한 다리근육 운동기구의 경우는 오늘날에도 여전히 사용되고 있다.

다양한 기구를 이용해 자신의 몸을 단련하는 일, 신체와 기구의 결합은 웨이트룸을 신체의 근대적 기계화, 기술을 통한 신체의 최적화와 불가분의 관계에 있는 장소로 만든다. 이러한 측면은 훈련자들에 의해 충분히 고찰되고 있다. "그는 채플린의 〈모던타임즈〉를 생각했다. [……] 왜 기계에 의해, 그것도 레저용 기계에 의해! 사람이 어떻게 움직여야 하는지, 어떻게 훈련받아야 하는지 지시를 받는단 말인가?"(Würzberg 1987, 16) 현대사회에서 신체는 사람이 개입할 수 있고 기술적 감독이 필요한 장소와 과정으로 이해된다. 표준화된 기구가 운동의 유형과 방향을 대부분 규정하기 때문에 웨이트룸에서 신체성은 통제된 방식으로 형성된다. 이때 기구의 사용을 통해 운동기능이 장비에 맞춰 조정될 뿐만 아니라 "장비에 맞게 기능하는" 법을 익히는 신체가 만들어진다(Gebauer/Wulf 1998, 36).

체육관의 웨이트머신은 특정한 방식으로 공간 전체에 분산되어 있다. 기구들의 배치와 공간 내 개인의 배치 역시 고정되어 있기 때문에 공간은 규격화된 방식으로 구성되어 있다. 이러한 분할방식은 개인의 신체에도 똑같이 적용된다. 신체의 각 부위는 개별적으로 훈련되는데,

이를 오늘날 보디빌딩에서는 '고립운동Isolation'이라고 한다. 현대 생리학에서 신체를 유기체로 생각한다는 것은 신체를 개별 요소들이 기능적으로 분포되어 있는 조직화된 통합체로 이해한다는 의미이다. 이러한 구조는 "신체의 소유자", 즉 "기계 장인"(Mensendieck 1912, 1, 112)이 자신의 신체를 통제할 수 있도록 하기 위한 것이다. 이때 인간의 의지는 신체시스템을 중앙에서 통제하는 기관으로 여겨진다(중앙당사, 전화교환소).

트레이닝이 주로 자기통제와 자기훈련에 관한 것이지만 체육관에서 코치나 트레이너의 특별한 역할을 과소평가해서는 안 된다. 그들은 운동기구 사용법을 지도하는 것 외에도 훈련 계획 수립을 통해 통제기능을 수행한다. 훈련 계획은 식단이나 식이요법 계획과 비슷하게 장기적이고 미래지향적이며 체계적인 신체 형성의 중심 요소로서 피에르 부르디외Pierre Bourdieu가 말한 부르주아적 생활방식의 특징을 보여준다(Bourdieu 1986, 110f.). 훈련 계획에는 운동기구의 순서와 선택 그리고 일반적으로 개인의 동작 반복 횟수가 명시되어 있다. 그러나 이러한 규정된 틀 안에서도 "교묘한 방식으로 '다양한' 관심과 욕구가 드러날 수 있다"(de Certeau 1988, 85). (아직) 계획에 포함되어 있지 않더라도 재미있어 보이는 기구를 간단히 시험해볼 수 있다. 운동을 몰래 생략하거나 반복 횟수를 과장할 수 있다. 이와 같이 시간적인 조작을 통해 합리적인 것이라고 제시된 그 장소의 규정을 그대로 따르지는 않게 된다.

개별적인 훈련 과정이 서로 겹치는 경우 다른 사용자와 (때로는 암묵적인) 합의를 해야만 하는 경우도 있다. 때로는 훈련자 간의 권력관계(나이, 훈련 경력, 성별)가 기구 사용에서 누가 우선권을 갖는지에 영향을 미칠 수도 있지만, 전반적으로 대부분의 체육관 회원들은 대체로 상대방에게 원활한 훈련 과정을 보장하는 것으로 보인다. 규율적으로 조직된 공간은 이러한 측면에서 도움이 되는데, 공간적 특성상 개인의 '무질서한 방황'과 '불필요하고 위험한 반복'을 막을 수 있도록 구성되어 있기 때문이다(Foucault 1989, 183).

무계획적이지만 계획적인 전용방식은 장소 자체에 광범위한 변화를 야기하는 방식으로 수렴될 수도 있다. 예를 들어 에어로빅 열풍으로 인해 체육관의 용도가 변경되었을 때가 이러한 경우이다. 훈련방법도 다양해졌다. 시합에 참가할 수 있는 능력을 키우기 위해 가장 무거운 역기를 들어올리는 '파워리프터' 외에도 특정 스포츠 종목을 위해 근육을 키우는 '기구주의자', 적당히 운동하고 체육관에서 제공하는 서비스를 최대한 활용하는 '피트니스 타입', 그리고 진정한 '보디빌더'가 있다(Würzberg 1987, 128~138).

20세기 전반에는 헬스장 방문자들 중에 노동자층은 거의 없었기 때문에 초기의 방문자들이 단조롭고 고단한 기계 노동에 대한 보상을 찾는 경우는 적었다. "육체적 노동이 필요하지 않은"(Wuppermann 1909, 173) 곳에서 신체는 점점 더 다른 역할을 수행할 수 있게 된다. 즉 소통과 자아 형성을 위한 매개체로서 기능할 수 있게 된다. 건강, 아름다움, 젊음은 새로운 것은 아니었지만 생명정치학적인 특성이 두드러진 20세기에는 삶의 모든 영역에서 치명적인 신체규범이 되었다. 피트니스운동은 지속적이고 절제된 훈련을 통해 이러한 기준에 도달할 수 있다고 주장했으며, 건강과 아름다움은 개인의 책임이라는 사상을 기본으로 삼았다. "모든 사람은 최대한 아름다워질 의무가 있다!"(Surén 1925, 67)

20세기에 신체는 자기정체성을 위한 안전한 장소로 여겨지고 그 같은 기능을 점점 더 많이 맡게 되었으며, 스스로 획득한 아름다움과 건강, 그리고 그에 따른 성과와 의지력을 보여줌으로써 사회적 구별의 담지자가 되었다. 그에 따라 사람들은 예전에도 지금도 땀을 흘리며 신체에 대한 투자를 해왔다. 이는 더이상 노동하는 신체로서의 기능(제철소)이 아니라 지위의 상징이자 소비하는 신체로서의 기능에 대한 투자이다. 신체는 이미 헬스장 안에서, 즉 거울 앞에서 집중적인 자기관찰을 통해 소비된다. 스트립 클럽에서와는 달리 이곳의 관음증은 주로 자신의 신체를 향한 것이다. 이때 이러한 소비의 생산성은 강조될 만하다. 즉 거울 속의 자신의 모습을 바라봄으로써 통일된 신체 이미지를 만들어 내고 "정상성의 판단자"(Foucault 1989, 392)가 되는 것이다. 운동 수행의 오류와 미학적 관점에서의 신체적 결함이 거울 속에 기록된다.

거울을 통한 끊임없는 자기관찰은 현대의 (자기) 정상화 시선이 '비정상'을 자세히 포착할 수 있게 해주는데, 이는 웨이트룸에서 끊임없이 연습하는 기술이다. 동시에 웨이트룸은 근육을 '부풀림'으로써 지배적인 아름다움의 기준을 초월할 수 있는 기회를 제공한다. 특히 여성 근력 훈련은 처음부터 신체의 경계를 모델링할 뿐만 아니라 그 경계를 넘어서는 것으로 명성을 얻었다. 여성 보디빌더를 '여장부'로 흔히 묘사하는 것은 이성애중심주의적인 이상이 해체된 상태를 나타내는데, 이때 그러한 해체는 우스꽝스럽고 동시에 위험한 것으로 여겨진다.

아널드 슈워제네거Arnold Schwarzenegger 또한 신체를 완벽하게 만드는 데 있어서 시각이 얼마나 중요한지 강조하고 있다. "결국 중요한 것은 신체를 변화시키는 것이다. 이러한 변화의 일부는 감정적으로 인지하게 되고, 나머지는 시각적이다"(Schwarzenegger 1995, 44). 이때 자기관찰은 여러 가지 방식으로 매개된다. 19세기 말 거울이라는 매체는 웨이트룸뿐만 아니라 시민의 주거지(아파트)와 백화점에서도 중요한 소품이 되었다. 거울은 "신체를 끊임없이 성찰하려는 20세기적 강박"(Penz/

Pauser 1995, 14)을 충족시키고 조절했다. 그보다는 덜 피상적인 기술로서 사진과 영화가 등장했다(영화관).

예를 들어 1905년 신체단련 잡지 〈힘과 아름다움Kraft und Schönheit〉에서 샌도시스템Sandow-System에 따른 자신의 훈련을 설명한 리하르트 운게비터Richard Ungewitter는 자신의 팔뚝과 다른 신체 부위의 정확한 치수 외에도 다양한 전후前後 사진을 보고서에 포함시켰다. 사진과 측정표는 자신과 다른 사람들에게 새롭게 만들어진 몸을 확인시키는 역할을 했다. "이전에는 신체단련운동을 전혀 하지 않았고, 사무직 노동자로서 거의 움직임 없이 일하다보니 근육이라고 할 만한 것이 전혀 발달하지 못했지만, [……] 이제는 규칙적인 운동을 통해 변화가 일어나기 시작했다. [……] 근육 발달은 더욱 빠르게 진행되었고 이를 관찰하면서 나의 에너지가 크게 증가했다." 시선의 자극효과로 인해 운동은 "예외없이 충분히 큰 거울 앞에서" 수행되어야 한다(Ungewitter 1905, 138~141).

보디빌더가 체육관 거울 앞에 서 있으면 나르시시즘이라는 비난이 곧바로 그에게 쏟아진다. 그러나 자크 라캉Jacques Lacan의 주장대로 주체의 형성이 대체로 전체적인 (상상적) 신체 이미지 생성에 기반을 두고 있고, 신체의 전체성은 단순히 존재하는 것이 아니라 먼저 생성되어야 하며, 이것이 결정적으로 시선을 통해 이루어진다고 가정하면(Lacan 1991), 자신을 거울에 비춰보는 행위는 다른 의미를 지니게 된다. 거울의 정체성 형성 기능은 이미 20세기 초에 논의된 바 있다. "너 자신을 알라—이는 물리적인 의미에서 거울 앞에 벌거벗은 상태로 있을 때만 가능하다"(Theoros 1921, 517). 주체가 거울 속에 비친 형상과 자신을 동일시함으로써 거울 벽을 갖춘 웨이트룸은 자기 관련성의 대표적인 공간화로 읽힐 수 있다. 자기지시 속의 단층선, 자기현시 속의 부재는 거울에서 공간적 물질성을 획득한다.

동시에 거울은 공간 속에 차이를 만들어낸다. 거울에 의해 반사되고 디자인된 이미지는 거울 앞의 공간을 확장시켜 전체 공간질서에 영향을 미치는 가상의 공간을 만들어낸다. 거울이 이종적 장소인 이유는 "내가 유리 속의 나 자신을 보는 동안 점유하는 장소를 완전히 현실로 만들고 주변의 공간 전체와 연결"시키지만, "동시에 그곳의 가상 지점을 통해서만 지각될 수 있기 때문에 그 장소를 비현실적으로 만들기"(Foucault 1997, 266) 때문이다. 완전한 신체의 유토피아와 거울의 헤테로토피아는 '웨이트트레이닝 공간'이라는 장소에 다른 공간적 차원들과 상상적 위치 설정의 가능성을 더한다. 이곳에서 "완벽한 분신"(Kirchhoff 1980, 148) 또는 "신의 죽음 이후의 '모방Imitatio'"(Sarasin 1998, 451)에 대한 소망을 표현할 수 있다. 어떤 경우든 헬스장은 자신의 신체에 대한 현대적 욕망을 실현할 수 있는 공간을 열어준다.

꿈의 체육관: 피트니스운동과 근대적인 신체의 최적화

신체와 자아의 근대성은 1900년경 피트니스운동에서 고대를 수용하는 방식으로 표현되었다. 오이겐 샌도, 라이오넬 스트롱포트Lionel Strongfort, J. P. 뮐러와 같은 당대 최고의 보디빌더이자 신체단련자들은 고대의 포즈로 사진을 찍었다. 이상적인 아름다움은 최대한 "고대 조각상과 가장 닮은 모습"(Müller 1908, 4)에 기반하고 있었다. 따라서 앞에서 설명한 사샤 슈나이더의 근력-예술 연구소 같은 체육관은 "새로운 그리스 궁전"으로 묘사되었다(Theoros 1921, 520). 트레이닝시설은 비록 실제 사용되는 공간이 체육관인 경우가 많았지만 더이상 체육관이어서는 안 되었다. 고대의 수용은 소위 자연친화, 자연과 문화의 조화로운 중재의 순간을 신체단련적 피트니스 담론에 도입했다. 테오도어 지베르트의 '회복강화센터'에서 훈련은 날씨가 허락하는 경우 자연 속이나 야외에서 이루어졌고, 부득이한 경우에만 통풍이 잘되는 홀에서 진행되었다.

따라서 생활개혁운동 출신의 피트니스 애호가들에게 헬스장은 대체로 날씨가 나쁠 때 이용할 수 있는 대안에 불과했다. 늦어도 1920년대부터 (자칭) 건강한 갈색 피부가 근대적 신체 미학으로 여겨졌기 때문에 '빛과 공기' 속에서 하는 훈련이 이상적인 것으로 간주되었다. 이것은 웨이트룸만으로는 얻을 수 없는 것이었다. 따라서 나체주의 주창자이자 주렌 체조의 창시자인 한스 주렌Hans Surén은 이미 1927년에 오늘날의 피트니스 스튜디오와 매우 유사한 다기능 '체조 궁전'을 꿈꾸었다. "마치 커피숍에 가는 것처럼 저렴한 비용으로 아무런 부담 없이 각 동네에 있는 멋지고 시설이 잘 갖추어진 트레이닝룸을 방문할 수 있어야 한다. 여기에는 일광욕시설과 자외선 치료기구가 갖추어져 있어야 하고, 라디오와 휴게실이 있어야 하지만 술은 금지되어야 한다"(Surén 1927, 177f.).

이 같은 꿈의 장소는 한편으로는 근대의 위생적인 체제에서 비롯된 건강의 사원으로 계획된 것이었다면, 다른 한편으로는 휴식과 체험의 형태로 즐거움을 조직하는 것을 의미하기도 한다. 이 이상적인 체육관에는 다양한 근대적인 장소가 결합되어 있다. 이는 갈색 피부에 대한 새로운 요구뿐만 아니라 (커피숍과의 비교에서 암시된) 사교적 관심도 충족되어야 했다. 스포츠 클럽과 비교했을 때 헬스장의 장점은 원할 경우 소통이 가능하다는 것이지만 해변에서와 같은 친밀한 익명성도 누릴 수 있다는 점이다. 체육관의 준공용 장소에서 일시적인 사교활동을 할 수 있는데, 이곳에서는 관습적으로 서로 반말을 사용하기 때문에 이러한 소통이 용이하다. 이러한 '자연스러운' 교제가 이루어지는 통과 지점은 바로 탈의실이다. 그러나 탈의실만이 경계 공간은 아니다. 헬스장 전체가 전환의 장소로 특징지어질 수 있다. 이곳에서는 신체의 변환이 지속적으로 이루어지며, 따라서 현대적이고 끊임없이 변화하는 주체의 형성을 위한 작업이 구체적으로 진행된다. 스튜디오에서 정형화되고 대중매체를 통해 전파된 이상적인 신체를 모방하는 과정과 그 모방에서 발생하는 이상과의 차이를 통해 현대의 주체성은 규격화된 개성으로 체험된다.

웨이트룸은 신체성의 파괴(강제수용소, 전선)가 아닌 신체성의 통제된 생산을 목표로 하지만, 신체 강화의 측면을 통해 신체의 군사화에 확실히 기여하고 있다. 체육관에서 수행되는 신체의 기술적 최적화는 헬스장을 녹음실이나 풍압 실험실과 같은 다른 근대적 장소들과 연결해주는 특징으로, 주로 미적 지향성을 띠므로 미용실의 매니큐어나 웨이트룸과 같은 시기에 유행한 성형수술과 유사한 기능을 수행한다. 성형수술이나 중환자실의 기계화된 생존 관리와는 달리 웨이트룸에서는 개인 스스로 자신의 신체에 개입한다. 이때 기계 작업은 사용자가 속도를 설정할 수 있기 때문에 비교적 자체적으로 결정된다. 그러나 신체와 기계의 합리적 연동, 기계에서의 움직임에 대한 시간적 처리 및 최적화의 추구를 통해 또다른 근대성의 장소를 떠올리게 되는데, 그것은 바로 테일러주의 또는 포드주의적 공장(제철소)이다. 프레더릭 W. 테일러는 자신이 1911년에 출간한 『과학적 관리의 원칙』이 공장 운영에만 국한된 것이 아님을 명백히 했고, 모든 유형의 (신체) 관리에 적용할 것을 권장했다. 그리하여 프랑크푸르트 주방과 아파트에도 이러한 원칙이 구현되었다. 따라서 공간적 실행과 공간적 경험은 "(노동 또는 여가의) 장소에 따라" 구분되는 것이 아니라 각각의 양상에 따라 구분되어야 한다(de Certeau 1988, 77). 웨이트룸에서는 기계화된 신체 최적화, 규격화된 개성, 친밀한 익명성이 특정한 방식으로 결합됨으로써 근대적 주체와 자기 관계의 형성을 매우 성찰적으로 꾸준히 주제화한다.

참고문헌

Borgers, Walter (1988): Von der Motionsmaschine zum Fitness-Studio. Aspekte des apparativen Zugriffs auf den Körper, in: Brennpunkte der Sportwissenschaft 2, 130~152.

Bourdieu, Pierre (1986): Historische und soziale Voraussetzungen des modernen Sports, in: Gerd Hortleder/Gunter Gebauer (Hg.), Sport—Eros—Tod, Frankfurt, 91~112.

Certeau, Michel de (1988): Kunst des Handelns, Berlin.

Foucault, Michel (1976): Mikrophysik der Macht. Über Strafjustiz, Psychiatrie und Medizin, Berlin.

Ders. (1989): Überwachen und Strafen. Die Geburt des Gefängnisses, 8. Aufl., Frankfurt.

Ders. (1997): Andere Räume, in: Politics-Poetics. Das buch zur documenta X, hg. v. documenta u. Museum Fridericianum Veranstaltungs-GmbH, Ostfildern-Ruit, 262~272.

Garb, Tamar (1998): Bodies of Modernity. Figure and flesh in fin-de-siècle France, London.

Gebauer, Gunter/Wulf, Christoph (1998): Mimesis. Kultur—Kunst—Gesellschaft, 2. Aufl., Reinbek bei Hamburg.

Höller, Jürgen (1991): Fitness erfolgreich vermarkten. Das Managementfachbuch für Sportstudios und Fitnessanlagen, Mannheim.

Honer, Anne (1983): Körper und Wissen—Die kleine Lebens-Welt des Bodybuilders. Eine wissenssoziologische Untersuchung zu Ideologie und Praxis, unveröff. Magistraarbeit, Konstanz.

Dies. (1985): Bodybuilding als Sinnsystem. Elemente, Aspekte und Strukturen, in:

Sportwissenschaft 15, 155~169.
Kirchhoff, Bodo (1980): Body-Building. Erzählung, Schauspiel, Essay, Frankfurt.
Lacan, Jacques (1991): Das Spiegelstadium als Bildner der Ichfunktion, wie sie uns in der psychoanalytischen Erfahrung erscheint, in: ders., Schriften I, hg. v. Norbert Haas, 3. Aufl., Weinheim/Berlin, 61~70.
Mensendieck, Bess M. (1912): Körperkultur der Frau. Praktisch hygienische und praktisch ästhetische Winke, 5. Aufl., München.
Möhring, Maren (2004): Marmorleiber. Körperbildung in der deutschen Nacktkultur (1890~1930), Köln/Wien/Weimar.
Müller, J. P. (1908): Mein System. 15 Minuten täglicher Arbeit für die Gesundheit, Leipzig/Zürich.
Penz, Otto/Wolfgang Pauser (1995): Schönheit des Körpers. Ein theoretischer Streit über Bodybuilding, Diät und Schönheitschirurgie, Wien.
Pronger, Brian (2002): Body Fascism. Salvation in the technology of physical fitness, Toronto/Buffalo/London.
Röder, Hans-Gerd (1999): Das Kraft-Kunst-Institut von Sascha Schneider, in: Dresdner Hefte 17, 22~30.
Sarasin, Philipp (1998): Der öffentlich sichtbare Körper. Vom Spektakel der Anatomie zu den curiosités physiologiques, in: ders./Jakob Tanner (Hg.), Physiologie und industrielle Gesellschaft. Studien zur Verwissenschaftlichung des Körpers im 19. und 20. Jahrhundert, Frankfurt, 419~452.
Schwab, Andreas/ Ronny Trachsel (2003) (Hg.): Fitness. Schönheit kommt von aussen, Zürich.
Schwarzenegger, Arnold (1995): Bodybuilding für Männer. Das perfekte Programm für Körperund Muskeltraining zu Hause vom erfolgreichsten Bodybuilder der Welt. Unter Mitarbeit von Bill Dobbins, München.
Starz, Ingo (2003): Kunstort oder Sportplatz? Ästhetische Aufrüstung zwischen Dekadenz und Faschismus, in: Schwab/Trachsel (Hg.), Fitness, 59~72.
Surén, Hans (1925): Der Mensch und die Sonne, 64. Aufl., Stuttgart.
Ders. (1927): Surén-Gymnastik für Heim, Beruf und Sport. Für Männer, Frauen; alt und jung, 35., völlig neubearb. u. erw. Aufl. der ≫Surén-Gmynastik im Bild≪, Stuttgart.
Ungewitter, Richard (1905): Was energisch durchgeführte vernünftige Leibeszucht zu leisten vermag, in: Kraft und Schönheit 5, 137~142.
Wedemeyer, Bernd (1996): Starke Männer, starke Frauen. Eine Kulturgeschichte des Bodybuilding, München.
Ders. (2003): Zwischen ≫Beruf≪ und ≫Berufung≪. Zur Geschichte der kommerziellen Fitnessanbieter, in: Schwab/Trachsel (Hg.), Fitness, Zürich.

Würzberg, Gerd (1987): Muskelmänner. In den Maschinenhallen der neuen Körperkultur, Reinbek bei Hamburg.
Wuppermann, Oskar (1909): Schönheit und Technik, in: Die Schönheit 7, 173~189.

스트립 클럽

파스칼 아이틀러Pascal Eitler

거꾸로 된 '파놉티콘': 알카사르 바리에테극장, 함부르크 장크트파울리, 1925년

스포트라이트가 어두워진다. 너비 10미터, 깊이 5미터의 무대를 희미한 어스름이 둘러싸고 있다. 작은 테이블 주위에 그룹을 지어 앉은 200명의 남녀 관객이 사자 우리 안으로 기어오르는 한 여인을 홀린 듯이 바라보고 있다. 그녀는 사라지기 직전에 반투명 베일을 떨어뜨린다. 짧은 순간 그녀는 완전히 벌거벗은 모습이다. 사자 우리는 무대에서 사라지고 관객들은 열광한다. 스포트라이트가 켜지고 홀은 화려하게 빛난다. 오케스트라가 연주를 시작하고, 2명의 저글러가 무대에 등장한다.

1925년 함부르크 장크트파울리 알카사르극장에서 열린 셸리(사자 우리 속 여성의 가명)의 공연은 독일 최초의 스트립쇼 중 하나로 손꼽힌다(Barth 1999, 58f.). 장크트파울리는 세기전환기 이후 독일에서 가장 유명한 유흥가였으며, 알카사르는 바로 그 중심인 레퍼반 110번지에 위치하고 있다. 저녁 9시부터 새벽 3시까지 '15분마다 센세이션을 일으키다'가 이곳의 모토이다. 엄밀한 의미에서 최초의 스트립쇼는 스트립 클럽에서 공연되지 않았다. 독일에서 스트립 클럽은 제2차세계대전이 끝난 후에야 등장하게 되는데, 장소는 또다시 장크트파울리이다. 알카사르는 바리에테극장이다. 약간의 차이가 있기는 하지만 스트립 클럽은 분명 이 극장의 전통을 잇고 있다.

스트립 클럽은 외부에서는 들여다볼 수 없으며 모든 사람이 출입할 수도 없다. 창문은 어둡고 입구는 감시당한다. 이곳에는 남자들에게만 공개되는 비밀이 감추어져 있는 듯하다. 그러나 무대 위의 여성은 사실 아무것도 숨기지 않는다. 비록 그녀가 자신을 '드러내고', 그녀의 다소 벗은 몸이 노골적으로 섹슈얼리티를 약속하는 것처럼 보이는 듯하지만 말이다. 섹슈얼리티는 이 장소에서 제한적으로만 제공되며, 섹스는 단지 재현에 불과하다. 사실 스트립 클럽은 기본적으로 술집, 즉 무대가 갖춰진 바Bar라고 할 수 있다. 이곳은 경계를 초월하는 장소로 잘못 상상되곤 하지만 사실은 섹슈얼리티에 대해 특유의 현대적 방식으로 이상화된 표현이다.

스트립 클럽은 가부장적 성별관계를 확인시켜주는데, 이는 이곳에서 뚜렷한 시선의 비대칭성으로 드러난다. 이곳은 1791년 제러미 벤담Jeremy Bentham이 설계한 '파놉티콘', 즉 중앙에서 주변부에 배치된 감방들이 완전히 보이는 감옥의 형태를 연상시킨다(Foucault 1995, 256ff.). 그러나 스트립 클럽에서는 주변부가 중심부를 관찰하고 조사한다. 이 거꾸로 된 '파놉티콘'에서 객석의 많은 남성들은 무대 위 한 명의 여성에게 시선을 집중한다. 남성들은 옷을 입은 채 어둠 속에 앉아 있고, 여성은 조명 아래에서 느린 음악에 맞춰 춤을 추며 천천히 옷을 벗는다.

스트립 클럽은 성적 접촉을 위한 장소가 아니라 누드를 생산하는 장소이다. 스트립 댄서는 옷을 벗고 자신의 몸을 더 많이 드러낼수록, 관객석의 남성들에게 더 가까이 다가갈수록 그들로부터 멀어진다. 1930년대 초부터 인기를 끌었던 캣워크는 여성을 남성의 '손이 닿을 수 있는 거리'에 데려다놓은 것처럼 보이지만 실상은 그렇지 않다. 왜냐하면 관객과 무대 사이의 직접적인 접촉은 엄격하게 금지되어 있기 때문이다. 그것은 완전히 가상의 행위이다. 노출이 많을수록 섹스는 줄어든다(Eco 1995, 18ff.). 스트립쇼는 성적 자극을 위한 것이지만 '행위' 자체는 다른 장소에서 이루어진다. 스트립 클럽에서는 가시적인 특정 질서가 구현되는데, 이는 감각적인 것을 배제한다. 이런 점에서 매춘업소와는 확실하게 구분이 된다.

스트립 댄서들은 비교적 짧은 순간, 약 10분 정도 지속되는 공연의 마무리 단계에서만 완전히 벌거벗는다. 정확히 말하면 그들은 나체 상태가 된다. 성적인 느낌을 자아내며 옷을 벗는 것은 전환의 실행을 나타낸다(Barthes 1994, 68ff.). 이것이 바로 스트립쇼 역사의 근본적인 문제인데, 누드댄스가 언제나 명확하게 구분되지는 않기 때문이다. 옷을 벗고 자극한다는 의미의 '스트립쇼strip-tease' 개념 자체가 이러한 모호함을 나타낸다. 사람들은 온갖 상황에서 옷을 벗지만 이러한 행위가 자극적인 경우는 가끔일 뿐이다. 따라서 우리가 언제 그리고 아마도 처음으로 누드댄스를 접하게 되는가는 해석의 문제로서, 그 해석은 날짜가 명확한 창작물에 대한 것이 아니라 가치판단과 관련이 있다. 이는 '상업'과 '예술', '예술'과 '포르노그래피', '포르노그래피'와 '에로티시즘' 간의 의심스러운 구분에 근거하고 있다. '예술'이라고 할 경우 그것은 표현주의 무용을 의미하고, '그저' '상업'만을 다룰 경우 그것은 스트립쇼를 의미한다. 표현주의 무용은 '에로틱'한 것으로 간주되는 반면, 스트립쇼는 '포르노그래피적'인 것으로 간주된다. 그러나 '예술'과 '상업'의 경계는 '에로티시즘'과 '포르노그래피'의 경계만큼이나 유동적이다. 섹슈얼리티의 역사에서 이러한 분석적인 용어들은 단지 바람직하고 바람직하지 않은 형태의 섹슈얼리티, 그 표현 또는 공연을 나타낼 뿐이다.

스트립쇼는 '외설적'이라는 이유로 시민사회로부터 배제된다. 이는 스트립 댄서뿐만 아니라 객석의 남성들에게도 해당된다. 공간적 분리는 이러한 가상의 배제에 상응하여 진행된다. 스트립 클럽은 특정 환경, 즉 '홍등가' 또는 '유흥가' 근처에서 발전하며 도시 외곽에 위치하는 경우가 많고, 항구 또는 기차역 근처에서 형성되는 경우도 드물지 않다. 시민사회는 이러한 유흥가를 '죄악의 소굴' 또는 질병과 범죄의 '온상'으로 낙인찍고 공공안전에 위협이 되는 곳으로 간주한다. 뉴욕의 바워리Bowery, 런던의 소호Soho, 파리의 몽마르트르Montmartre, 함부르크의 장크트파울리St. Pauli 등이 악명 높은 지역이다. 1980년대와 1990년대에 이르러서야 이러한 홍등가의 형태가 부분적으로 사라졌다. 지금은 스트립 클럽에서 무언가 특별하고 외설적이며 심지어 비밀스러운 일이 일어난다는 생각이 남아 있을 뿐이다. 사실 오늘날 섹슈얼리티와 나체, 옷 벗기와 자극하기는 거의 모든 곳에 존재하며 더이상 명확히 어느 곳에 존재한다고 정의할 수 없는데도 그러하다.

각선미쇼에서 엿보기쇼로: 누드댄스의 급진화

스트립쇼라는 개념은 1930년대 초반에 등장했지만 제2차세계대전 이후에야 널리 퍼졌다(Jarrett 1999, 99~113). 좁은 의미에서 최초의 스트립 클럽은 1950년대에 독일, 프랑스, 영국, 미국에서 거의 동시에 등장했다. 그러나 스트립쇼의 전사前史는 1870년대까지 거슬러올라간다. 스트립쇼는 댄서들이 '다리를 드러내는' 벌레스크(Burlesque, 익살극)의 일부로 바리에테극장 무대에서 시작되었다. 각선미쇼는 1868년 영국 바리에테쇼 댄서인 리디아 톰프슨과 브리티시 블론즈British Blondes팀이 뉴욕에서 처음 공연을 하면서 미국에서 선풍적인 인기를 끌었다. 엄밀히 말하면 각선미쇼가 '초기 스트립쇼'라고 보기는 어렵지만 리디아 톰프슨과 그녀의 댄스팀은 수십 년간 금발머리, 긴 다리라는 스트립쇼 댄서의 전형화된 이미지에 강한 영향을 끼쳤다. 브리티시 블론즈의 놀라운 성공으로 인해 수많은 모방자들이 등장했는데, 특히 마담 프로딩햄Madame Frothingham의 너티 블론즈Naughty Blondes가 대표적이다. 이 기간 동안 대서양 건너편에서는 '금발'에 대한 수요가 매우 높아 금발이 아닌 댄서들은 금발의 가발을 쓰기도 했다(앞의 글, 22ff.).

벌레스크는 1860년대에 바리에테쇼의 한 형태로 등장했다. 연극과 노래, 춤과 서커스가 혼합된 '종합' 행사로 때로는 '민중', 때로는 '대중', 때로는 '프롤레타리아'로 불리던 사람들을 즐겁게 하는 것이 목표이다. 벌레스크는 경박하고 교태스러우며 저속하고 관객은 빠르게 남성들로만 구성된다. 각선미쇼는 대부분 여러 명의 댄서들이 옷을 입은 채 무대에 등장하는데, 적어도 이 시기에는 여전히 옷을 입은 상태로 무대에서 퇴장한다. 댄서들은 아직은 자신의 몸을 적어도 오늘날의 관점에서 볼 때 너무 많이 드러내지는 않는다. 주로 다리를 드러내는데 실상은 자신들이 신고 있는 스타킹을 보여주는 식이고, 마지막으로 스타킹과 속옷 사이의 아주 약간의 다리 부분만을 보여주는 정도이다. 하지만 무대 위의 여성들은 춤만 추는 것이 아니라 노래와 연기도 한다. 코미디언, 마술사, 저글러들이 프로그램을 함께 완성한다. 각선미쇼는 벌레스크의 중심에 있기는 하지만 여러 공연 중 하나일 뿐이다(Sobel 1947).

'카드리유 레알리스트quadrille réaliste'는 각선미쇼에서 거의 없어서는 안 될 부분이다. 하지만 이 춤은 1890년대에 이르러서야 '캉캉'이라는 이름으로 세계적인 명성을 얻게 되는데, 그것도 뉴욕의 벌레스크의 맥락에서가 아니라 파리의 레뷰 공연을 통해서였다. 레뷰는 1880년대부터 바리에테쇼에서 탄생했다. 레뷰는 벌레스크보다 더 화려하고 비용이 많이 들며, 더 큰 무대는 점점 더 강렬하게 장식되고 많은 수의 댄서들은 호화스러운 의상을 입는다. 벌레스크와 달리 레뷰는 주로 시민층 관객을 대상으로 하며, 관객은 대다수 남성과 소수 여성들로 구성되어 있다.

세기가 바뀔 무렵 물랭루주와 폴리베르제르에서는 파리에서 가장 화려하고 값비싼 레뷰를 제작했다. 이들은 캉캉을 매일 밤의 인기상품으로 만들었고, 파리를 수많은 찬사를 받는 '사랑의 수도'로 만들었다. 이 시기에는 댄서와 매춘부 사이의 경계가 여전히 모호했다. 예를 들어 폴리베르제르에는 건물 뒤편에 '대기실'이 있는데, 댄서와 매춘부들이 각선미쇼 전후에 자신을 선보이고 필요한 경우에는 수많은 별실 중 하나로 '숨어들' 수 있었다. 탐욕스러운 여자라는 뜻의 '라 굴뤼La Goulue'라는 별명으로 불린 캉캉 댄서 루이즈 웨버Louise Weber는 무대 밖에서도 동료들보다 훨씬 더 노골적으로 섹슈얼리티를 기대하게 만들어 물랭루주의 유명한 스타가 된다. 그녀는 물랭루주의 세계적인 명성에 크게 기여한 앙리 드 툴루즈 로트레크의 그림을 통해 탐욕스러운 여인으로 영원히 기억되고 있다.

물랭루주는 스트립쇼의 역사에서 특히 중요한 의미를 지니는데, 그 이유는 그곳이 누드댄스의 발전에 중요한 영향을 미친 벨리댄스와 연결되기 때문이다. 물랭루주는 파리 만국박람회(민족학박물관)와 같은 해인 1889년에 문을 열었다. 이 전시회의 주요 볼거리 중 하나는 물랭루주에게 영감을 준 알제리와 이집트에서 온 벨리 댄서들이 처음으로 많은 관객들 앞에서 공연을 펼친 '카이로 거리'이다. 4년 후 시카고 만국박람회는 이 콘셉트를 받아들여 '리틀 이집트'라는 가명으로 불린 벨리 댄서를 선보였는데, 이 댄서 이후 수많은 모방자들을 낳게 된다(Jarrett 1999).

벨리댄스가 스트립쇼에 미친 영향은 에드워드 사이드Edward Said가 "오리엔탈리즘"이라고 일컬은 현상을 잘 보여준다(Said 1981). '서양'은 식민주의와 제국주의 시대에 '동양'의 환상적인 이미지를 만들어낸다. 이러한 이미지는 스트립쇼에서 에로티시즘과 이국주의의 결합으로 펼쳐진다. 아랍의 벨리댄스 외에도 특히 인도의 사원춤과 같은 '동양'의 춤이 스트립쇼에 매우 중요한 영향을 미친다. '서양' 관객들은 리드미컬하게 엉덩이를 돌리는 소위 '동양적' 특징을 신비로울 뿐만 아니라 자극적인 것으로 받아들인다. 또한 베일, 깃털, 구슬 장식의 의상이 널리 퍼졌는데, 오리엔탈리즘은 이러한 댄서들의 의상과 무대 세트 디자인에도 반영되어 있다. 그리하여 건물 뒤쪽에 둥근 아치, 열주, 대형 코끼리 조각상을 갖춘 물랭루주는 세기전환기에 스스로를 의도적으로 '동양적인' 궁전으로 연출한다(그랜드호텔).

세기전환기 이후 아랍의 벨리댄스를 기반으로 한 〈살로메의 춤Tanz der Salomé〉은 이러한 오리엔탈리즘의 스타일 형성에 영향을 미치게 된다. 캐나다의 표현주의 무용수인 모드 앨런Maud Allan은 1906년 빈의 칼극장에서 이 춤을 처음 공연한 후 유럽을 순회하며 큰 성공을 거두었는데, 그중에서도 런던의 팰리스극장에서 1년 넘게 객원 공연을 하기도 했다(Jarrett 1999, 65~76; Ochaim/ Balk 1998, 98f.). 모드 앨런은 리하르트 슈트라우스의 동명의 오페라에서 영감을 받았는데, 이 시기의 음악에서도 오리엔탈리즘이 표현되고 있다. 그녀는 성경 속 살로메 이야기를 여러 장으로 나누어 춤으로 표현하며, 이러한 방식으로 '타블로 비방tableau vivant'[2]의 전통에 연결된다. 그녀의 살로메는 움직이는 '살아 있는 조각상'이다. '살아 있는 조각상'은 18세기 후반 바리에테쇼에서 이미 등장했던 바 있다. 한 명 이상의 여성, 때로는 남성들이 일반적으로 고전 회화 스타일로 배치되어 전시되었는데, 거의 나체였으며 때로는 피부색의 전신 의상을 입고 있기도 했지만 언제나 부동자세였다(Jarrett 1999, 67ff.; Wortley 1976, 12ff.).

비록 〈살로메의 춤〉이 '타블로 비방' 전통과의 연결, 성경 이야기와의 연관성, 시민극장에서의 공연을 통해 '예술'로 인정되는 것처럼 보이는 듯해도, 비록 모드 앨런이 누드댄스의 대표자가 아니라 표현주의 무용의 선구자로 간주될 수 있다고 해도 이전에는 여성이 무대 위에서 그녀처럼 자신의 신체를 많이 드러낸 적이 거의 없었다. 처음에는 베일을 두르고 있었지만 공연이 끝날 무렵에는 구슬 장식의 의상으로 가슴과 음부만을 가리고 있을 뿐이다. 제1차세계대전이 시작되기 전까지 그 이상의 노출을 감행한 여성은 거의 없었다. 미국의 루스 세인트 데니스Ruth St. Denis나 악명 높은 마타 하리처럼 인도 사원춤의 영향을 받은 무용수들조차도 '베일'을 다 벗지는 않았다. 몇 안 되는 예외 중 한 명은 베를린의 누드 댄서 올가 데스몬드였는데, 그녀는 1910년 '아름다움의 밤'의 일부로 선별된 관객 앞에서 거의 나체로 공연을 했다(Ochaim/Balk 1998, 76ff., 103ff.; Barche 1985, 307f.).

제1차세계대전이 시작되기 전 오리엔탈리즘, 표현주의, 누드 체조의 영향권 안에서 표현주의 무용이 탄생한 것은 스트립쇼를 위해서는 획기적인 일이다. 그러나 1920년대가 되어서야 비로소 여성들은 무대 위에서 줄지어 거의 또는 완전히 나체로 공연을 하게 된다. 미국인 조세핀 베이커Josephine Baker는 황홀하다고 묘사되는 그녀의 춤을 1925년부터 1927년까지 파리에서, 그리고 1926년부터는 베를린에서도 공연하며 세계적인 명성을 얻었다. 그러나 조세핀 베이커는 완전히 나체로 등장하지 않고 '바나나'로 만든 의상으로 음부를 가리고 있었는데, 이는 무용수의 고향으로 추정되는 '아프리카'를 명확히 암시하는 것이었다. 조세핀 베이커에게도 에로티시즘과 이국주의의 결합이라는 오리엔탈리즘의 환상이 적용되지만 약간 변형된 방식이다. 그녀는 아프리카의 원시적 자연과 미국의 기술적 근대성 간의 연결을 상징한다(Nenno 1997; Jarrett 1999, 84f.).

독일에서 완전히 나체로 공연한 최초의 무용수 중 한 명은 아니타 베르버Anita Berber이다. 그녀는 양차대전 사이 누드댄스의 가장 재능 있는 대표자 중 한 명으로 손꼽힌다. 1919년 베를린에서 처음 등장한 그녀는 1922년 빈 콘체르트하우스에서 발표한 〈악덕, 공포, 황홀경의 춤〉으로 잘 알려져 있다(Jarrett 1999, 90~97). 아니타 베르버는 조세핀 베이커보다는 모드 앨런과 올가 데스몬드에 더 가까운 표현주의 무용수이자 누드 댄서이다. 그러나 이러한 형태의 '예술'은 두 가지 측면에서 각선미쇼의 '상업'보다는 스트립쇼와 훨씬 더 유사하다. 즉 아니타 베르버와 같은 누드 댄서들은 댄스팀의 보호를 받지 않고 홀로 관객 앞에 등장한다. 따라서 이들은 좁은 의미의 스트립 댄서 못지않게 관객석 남성들의 시선에 많이 노출된다. 그들의 공연 장소는 보통 바리에테극장이 아닌 카바레이다. 따라서 무대는 비교적 작고 거의 장식이 되어 있지 않으며 친밀감을 느낄 수 있는 분위기이다. 모드 앨런, 올가 데스몬드, 아니타 베르버와 같은 댄서들의 사례는 스트립쇼의 역사에서 '예술'과 '상업'의 경계가 얼마나 유동적인지를 강조한다.

스트립쇼라고 분명하게 규정할 수 있는 최초의 공연은 벌레스크 무대를 통해 누드댄스의 전사가 시작된 뉴욕에서 열린다. 1917년 내셔널 윈터가든 공연중에 미국인 메이 딕스Mae Dix가 가슴을 살짝 드러냄으로써 화제를 모은 것이 그 시초이다. '스트립쇼'라는 용어는 약 15년 후 내셔널 윈터가든의 소유주인 빌리 민스키Billy Minsky에 의해 만들어진다. 얼마 후 스트립쇼에 캣워크를 도입한 사람 역시 바로 이 '벌레스크의 왕'으로 불리는 인물이다(Jarrett 1999, 102~122). 스트립쇼는 양차 대전 사이의 시기에 대서양 양쪽에서 상당히 급진적인 발전을 하게 된다. 몇 년이 지나지 않아 각선미쇼는 가슴쇼로 변한다. 이러한 발전을 크게 주도한 것은 장크트파울리에서는 아르투어 비트코프스키Arthur Wittkowski가 운영한 알카사르이고, 베를린에서는 코미셰 오퍼Komische Oper극장의 제임스 클라인James Klein과 아드미랄스팔라스트Admiralspalast극장의 헤르만 할러Hermann Haller이다(Jansen 1987). 그러나 이름에서 알 수 있듯이 일반적으로 가슴쇼의 맥락에서 음모 부위는 여전히 가려져 있다.

누드댄스를 위한 전용 장소로서의 좁은 의미의 스트립 클럽은 제2차세계대전이 끝난 후 등장한다. 그중에서도 특히 1953년 알랭 베르나르댕Alain Bernardin이 파리에 문을 연 크레이지 호스 클럽은 스타일을 선도하는 곳이 된다. 크레이지 호스의 무대는 비교적 작고 장식이 거의 없다. 어떤 것도 관객석 남성들의 시선을 무대 위 여성으로부터 분산시켜서는 안 된다. 이 클럽은 바리에테극장이 아닌 카바레의 전통을 계승하고 있다. 벌레스크나 레뷰와는 달리 무대의 목적은 단 하나, 바로 옷을 벗고 자극하는 것이다. 무대 위의 여성들은 오로지 스트립 댄서들일 뿐 그들은 노래도 연기도 하지 않는다. 그러나 크레이지 호스에서도 1960년대까지 당시의 법적 상황에 따라 여전히 유효한 원칙이 하나 있다. 무대 위의 여성이 공연이 끝나기 직전에 완전히 나체가 되면 그녀는 움직이지 않고 정지해 있다가 흐릿한 어둠 속에서 무대를 떠난다(Wortley 1976, 31f.; Jarrett 1999, 135~144).

초기에는 스트립쇼를 '뷰티댄스'라고 불렀던 독일에서 처음으로 마지막 '베일'이 벗겨진 것은 1963년 역시나 장크트파울리였으며, 한스 헤닝 슈나이더라이트의 문라이트 바에서였다. 5마르크를 추가하면 댄서들은 팬티까지 벗었다. 한스 헤닝 슈나이더라이트는 얼마 지나지 않아 문을 연 하이하 사파리 클럽에서 한걸음 더 나아가 1964년 관객 앞에서 처음으로 성교를 재현한 공연을 선보였다. 이는 장크트파울리에서 최초의 라이브 섹스쇼가 열리기 6년 전의 일이다(Barth 1999, 106ff.; Gutberlet 2000, 35ff.). 당시 독일의 어느 곳도 장크트파울리만큼 매춘이 잘 조직화되고 확고하게 자리잡은 곳은 없었으며, 이곳보다 더 많은 포르노 잡지가 제작되는 곳도 없었다. 무엇보다도 이곳이 덴마크와 지리적으로 가깝기 때문이었다. 1967년 덴마크에서 음란물이 합법화되고 1년 후 스웨덴에서도 합법화되면서 그 영향으로 독일은 진정한 '음란물

열풍'에 휩싸이게 된다. 대중매체를 통한 음란물의 보급, 잡지와 영화관, 극장과 텔레비전에 성적 표현과 누드가 만연하게 되면서 스트립 클럽은 압박을 받게 된다. 그곳의 댄서들이 점점 더 많은 신체를 노출하는 가운데 1970년대와 1980년대에 핍쇼가 등장한다. 핍쇼는 스트립쇼가 끝나는 곳에서 시작된다. 핍쇼의 경우 그것도 무대라고 부를 수 있을 경우 무대 위에 선 여성은 옷을 벗지 않는다. 그녀는 처음부터 끝까지 누드 상태이다. 그녀의 신체는 남자들의 시선에 무제한으로 노출되어 있다. 다만 이제 관객은 창문과 벽으로 무대와 분리되어 있고, 남자들은 자신의 부스에서 개별적으로 무대를 바라본다.

남성, 여성 그리고 신체에 대한 관심

각선미쇼에서 핍쇼에 이르기까지 누드댄스의 역사는 지속적이고 결국에는 가속화된 급진화로 설명할 수 있으며, 이 과정에서 스트립쇼 공연장은 점차 근대의 장소로 부상한다. 다양한 장르와 형태의 오락이 혼합된 바리에테극장에서 영화관, 댄스홀, 스트립 클럽과 같은 전문화된 유흥의 장소가 탄생했다. 이러한 장소들은 고층건물, 교외 주택단지, 주말농장과 마찬가지로 도시 생활의 다양한 영역 간의 기능적 차별화를 보여준다. 도시 내에서 스트립 클럽은 대부분 홍등가에 위치하며, 기차역 근처에 있는 경우가 많다. 기차역과 마찬가지로 스트립 클럽 역시 지형적으로는 도심에 위치하지만 도시로부터 배제된다. 시민사회에서 유흥가와 함께 스트립 클럽은 상상적·공간적으로 배제된 주변적인 장소이다. 그러나 이러한 배제는 특정한 형태의 경계짓기와 함께 진행된다. 시민사회는 자신의 왜곡된 거울 이미지, 즉 자신의 '구성적 외부'로서의 이 특정한 환경에 묶여 있는 셈이다(Butler 1997, 30ff.). 스트립 클럽은 감옥과 마찬가지로 시민사회가 자신의 이미지를 얻기 위해 끊임없이 거리를 두어야 하는 소위 '완전히 다른 것', 외설적이고 비밀스러운 것을 나타낸다.

시민사회는 유흥가를 주변부화하고, 이러한 방식으로 금기시되는 동시에 많은 관심의 대상이기도 한 '유흥'의 문제를 해결한다. 섹슈얼리티의 배제는 생산적으로 생각해야 한다. 이는 역설적으로 섹슈얼리티와 섹슈얼리티에 대한 욕구의 다원화를 초래하기 때문이다(Foucault 1996). 이러한 점에서 스트립 클럽은 **백화점**과 유사하다. 백화점 역시 단지 욕구를 충족시키려는 것처럼 보이지만 사실은 욕구를 만들어내고 그것을 증식시킨다. 따라서 1960년대와 1970년대에 성인용품점과 '에로틱센터'가 유흥가에, 나중에는 심지어 쇼핑 아케이드의 뒷골목에까지 진출한 것은 놀라운 일이 아니다. 그러나 스트립 댄서는 일반적인 의미에서의 상품이 아니다. 왜냐하면 누드댄스 자체는 상대적으로 저렴하거나 심지어 무료이며 주요 수입원은 쇼가 아니라 요식업이기 때문이다. 핍쇼에 이르러서야 댄서 자신이 판매의 대상이 된다.

현대사회에서 성적 욕구의 증가는 가상화와 밀접한 관련이 있다. 매춘업소와 달리 스트립 클럽에서의 섹스는 단지 재현될 뿐이다. 이곳에서는 마치 **경기장**과 **영화관**에서와 같이 무대와 관객 사이의 눈맞춤만 허용된다. 경기장 역시 역逆파놉티콘의 특징을 가지고 있으며, 운동장은 댄스 무대와 매우 유사하다. 영화관에서는 시선이 무대가 아닌 스크린을 향하지만 무대 위의 여성과 관객석의 남성 사이의 접촉 또한 순전히 가상에 머물러 있는 한 영화관과 스트립 클럽의 차이는 모호해진다.

1970년대와 1980년대에는 '기차역 영화관'이 스트립 클럽의 기능을 점점 더 차지하게 되고, 1990년대에는 비디오와 인터넷으로 거의 완전히 대체된다. 이러한 가상화 추세는 인터넷의 스트립쇼를 통해 일시적으로 정점에 이르게 된다. 구매 가능한 누드와 구매를 유도하는 누드는 매체화된 형태를 통해 오랫동안 도시 생활의 영역에만 한정되어 있던 상태에서 벗어나 이제는 거의 모든 공공 및 사적 공간에서 볼 수 있게 되었다. 인터넷이라는 가상 공간에서 허용되는 것과 금지되는 것의 관습이 이제 해체되어가는 도시 공간의 경계를 재생산한다.

낯선 관객들 앞에서 마지막에 완전히 나체가 되어 무대 위에 선 여성, 즉 광범위한 익명성 속에서 극도의 친밀감을 표현하는 일은 스트립 클럽의 특징으로서 **해변**과도 연결되는데, 해변에서도 신체적 근접성의 조건 아래에서 누드가 등장한다. 그러나 해변에서는 시선의 비대칭성이 스트립 클럽에서만큼 두드러지지는 않는다. 이러한 비대칭성은 **댄스홀**에서도 찾아보기 어렵다. 비록 댄스 플로어에서 남성과 여성들이 어느 정도 벗은 몸을 드러내기도 하고, 제2차세계대전 이전에는 바리에테극장과 댄스홀이 서로 매우 가까이 위치하는 경우가 많았음에도 말이다. **웨이트룸** 또한 대부분 익명의 신체 표현이 이루어지는 장소이다. 웨이트룸을 탄생시킨 나체주의운동의 맥락에서 '살아 있는 조각상'이 적어도 섹슈얼리티와 공개적으로 연관되지는 않지만, '타블로 비방'이 웨이트룸의 역사와 스트립 클럽의 역사를 연결하는 것은 우연이 아니다. 이러한 맥락에서 나체주의운동은 원치 않는 섹슈얼리티와 원하는 누드 사이를 엄격하게 구분한다.

신체 표현의 장소로서 스트립 클럽, 댄스홀, 해변, 웨이트룸은 각각 고유한 방식으로 신체에 대한 특별히 근대적인 관심을 표현한다. 스트립 클럽의 경우 일반적으로 단 하나의 신체, 즉 무대 위 여성의 신체만이 표현의 대상이 된다. 스트립 클럽은 대부분의 다른 근대적 장소보다 훨씬 더 가부장적인 성별관계에 기반을 두고 있으며, 이를 제한 없이 재생산한다. 전선이나 경기장과 같은 '남성적인' 장소와는 달리 이곳에서는 여성의 존재가 가시적 지배질서의 기본이 된다. 이러한 가부장적 성별관계의 기반이 되는 시선의 비대칭성은 스트립 클럽에 정치적 차원을 부여해 1970년대 이후 이곳은 페미니즘의 주요 비판의 대상이 된다. 이러한 정치적 차원은 특히 미국과 영국에서 스트립 클럽을 겉보기에 사적인 것으로 여겨지던 것이 치열한 정치적 쟁점으로 바뀌는 장소로 만든다. 앤드리아 드워킨Andrea Dworkin과 같은 페미니스트들은 이곳이 섹슈얼리티보다 권력이 문제가 되는 장소라는 것을 보여주었다. 그러나 1990년대에 주디스 버틀러Judith Butler와 같은 포스트 페미니스트들은 이러한 권력이 항상 불완전할 것이라고 적절하게 지적했다. 근대의 다른 모든 장소와 마찬가지로 스트립 클럽 역시 활동의 여지를 제공하는데, 댄서들에게뿐만 아니라 관객석의 남성들에게도 매우 작은 활동의 여지가 제공된다. 이를 통해 본래 의도하지 않은 행동의 가능성이 살짝 열리게 된다. 이런 점에서도 스트립 클럽은 근대적이고 양가적인 장소이다.

참고문헌

Barche, Gisela (1985): Als der siebte Schleier fiel, in: Michael Köhler/dies. (Hg.), Das Aktfoto. Ansichten vom Körper im fotografischen Zeitalter, München, 304~310.

Barth, Ariane (1999): Die Reeperbahn. Der Kampf um Hamburgs sündige Meile, Hamburg.

Barthes, Roland (1994): Strip-tease, in: ders., Mythen des Alltags, Frankfurt, 68~72.
Butler, Judith (1997): Körper von Gewicht, Frankfurt.
Eco, Umberto (1995): Platon im Striptease-Lokal, in: ders., dass., München, 16~21.
Elsom, John (1973): Erotic Theatre, London.
Foucault, Michel (1995): Überwachen und Strafen. Die Geburt des Gefängnisses, Frankfurt.
Ders. (1996): Der Wille zum Wissen. Sexualität und Wahrheit, Bd. 1, Frankfurt.
Gutberlet, Ronald (2000): Die Reeperbahn. Mädchen, Macker und Moneten, Hamburg.
Jansen, Wolfgang (1987): Glanzrevuen der zwanziger Jahre, Berlin.
Jarrett, Lucinda (1999): Striptease. Die Geschichte der erotischen Entkleidung, Berlin.
Nenno, Nancy (1997): Femininity, the Primitive, and Modern Urban Space: Josephine Baker in Berlin, in: Katharina von Ankum (Hg.), Women in the Metropolis. Gender and Modernity in Weimar Culture, Berkeley u.a., 145~161.
Ochaim, Brygida/Claudia Balk (1998): Varieté-Tänzerinnen um 1900. Vom Sinnenrausch zur Tanzmoderne, Frankfurt.
Said, Edward (1981): Orientalismus, Frankfurt.
Sobel, Bernard (1947): A Pictorial History of Burlesque, New York.
Wortley, Richard (1976): A Pictorial History of Striptease. 100 years of undressing to music, New York.

밀집하다: 파괴의 장소

폭력과 전쟁, 대량학살은 근대사회가 기술적 진보를 통해 더 나은 세상을 향해 부단히 전진하고 있다는 환상을 깨뜨렸다. 긴 세기전환기에 이룬 수많은 성과는 식민지 '민족'과 토착 하층민들의 희생으로 이루어졌다. 그러나 근대적 폭력의 장소 중에서도 유례를 찾기 어려운 곳이 있으니 바로 아우슈비츠 가스실이다. 많은 사람들이 그곳에서 벌어진 대량학살이 전근대적 '야만'으로 후퇴한 것이라고 생각하고 싶은 유혹에 빠졌다. 그러나 효율적으로 행해진 학살은 이러한 생각에 의문을 불러일으킨다. 그곳에서는 근대 기술이 단순히 비이성적인 목적으로 오용된 것이 아니었기 때문이다. 근대 기술의 파괴적 사용은 질서, 위생, 보안이라는 개념과 불가분의 관계에 있었다. 이처럼 파괴의 장소는 대개 합리화의 장소이기도 하며, 이곳에서 근대의 양면성이 극명하게 드러난다. 진보와 죽음, 개조와 파괴가 서로 얽혀 있는 곳에서 삶은 종종 단순한 생존으로 축소된다.

잠수함은 전통적인 전쟁 장비를 넘어선다. 군사적 분쟁에서 아군뿐만 아니라 적군이 될 수도 있는 요소가 있기 때문이다. 외부세계로부터의 고립은 극히 제한된 공간에 위계적인 연대 공동체를 형성하도록 강요하며, 이 공동체는 자신의 취약성이 허용하는 한 공격적으로 행동한다. 장갑차 또한 진격하는 동안 공격자를 외부세계로부터 단절시킨다. 장갑차는 더 익숙한 육지 지형에서 **전선**의 모습을 바꾸었다. 이제 전선의 모습은 총력전이 벌어지는 가운데 산업화된 살육의 현장이 되었다. 익명의 죽음과 파괴에 직면해 참호 안의 강제된 근접성이 '전선공동체'라는 이미지로 영웅화되었다.

상호 폭력과 생존 가능성이 있는 군사적 전투와는 달리 민간의 일상생활에서 제도화되고 공간적으로 집중된 살상은 일방적이고 예외 없이 발생한다. 위생적인 식품 공급에 대한 필요성은 도축장에서 동물들이 대량으로 도살되고 가공되는 산업화된 공정을 고안하게 되는데, 이는 컨베이어벨트의 모델이 된다. 반면 전기의자에서는 사회의 안전을 극단적으로 침해한 혐의로 유죄판결을 받은 개인이 죽음을 맞이한다. 사형집행은 극단적이고 최종적인 형태의 배제를 의미한다. 그에 앞서 고도의 보안시설에 구금함으로써 공동체가 스스로를 보호한다.

반면 **벙커**는 전쟁이 국내전선으로 번지거나 민간 첨단기술이 통제 불능 상태에 빠졌을 때 파괴할 수 없는 건물 안에서 집단 전체를 안전하게 보호하는 역할을 한다. 일상생활에서 비상구는 외부로 탈출하기 위한 것인 데 반해 벙커로 들어가는 것은 밀집된 생존공동체로 들어가는, 대개 특권적인 비상구와 같다. 벙커는 '위험사회'의 시나리오로서 20세기 후반까지 이어졌다.

마찬가지로 광범위하게 격리된 곳이 **강제수용소**이다. 그러나 이곳은 안전이나 구조를 도모하며 후퇴하기 위한 곳이 아니다. 오히려 이곳의 수감자들은 합리적인 공간 배치 속에서 유례없이 철저하게 지배에 노출되어 있어서 이곳은 개성을 말살하기 위한 실험장으로 볼 수 있다. 기술적으로 확장된 전선에서와 마찬가지로 강제수용소에서의 파괴는 고도로 밀집된 공간에서 이루어졌다. 독재정권에서조차 이러한 공간들을 격리했는데, 이는 그들이 자신들의 파괴 행위가 가시화되는 것을 원하지 않거나 통제되고 왜곡된 형태로만 드러내고자 한다는 사실을 의미한다.

잠수함

얀 뤼거Jan Rüger

어뢰 모양의 강철 선체: U-1, 1906년

"킬, 12월 15일. 독일 최초의 잠수함 'U-1'이 어제 취역함." 1906년 12월 볼프 전신국에서 발표한 간결한 이 보고는 길이 42.4미터, 너비 3.8미터의 어뢰 모양의 강철 선체에 관한 것이었다. 외부 선체는 아연으로 도금된 어뢰정 강판으로 제작되었으며, 최대 두께는 12밀리미터이고 1.6미터 간격으로 프레임이 설치되었다. 수중에서 과압에 견딜 수 있는 최대 강도를 얻기 위해 단면을 원형으로 만들었다. 물 위에서는 2개의 6기통 2행정 엔진으로 구동되고, 수중에서는 2개의 전기모터로 구동되는 이 독일 해군 최초의 잠수함은 최대속도 10.8노트(수상) 또는 8.7노트(수중)의 속력을 냈다. U-1의 배수량은 수상 238톤, 수중 283톤이었다. 정격 잠수 깊이는 30미터였고, 설계자가 잠수정과 승조원이 감당할 수 있을 것이라고 생각한 최대 잠수 깊이는 50미터였으며, 기관실의 수심 압

강철 선체. 잠수함 U-1의 전체 모형과 단면 모형(1906)

력 게이지에 빨간색 선으로 표시되어 있었다.

그런데 잠수함 전체가 기관실인 셈이었기 때문에 '기관실'이라는 표현은 오해의 소지가 있어 보인다. 동력용 축전지는 내부 전체에 분산되어 있었고, 전선과 배관이 선수에서 선미까지 관통하고 있었다. 심지어 잠수함의 '신경센터' 또는 '두뇌'라고 불리는 지휘실(전화교환소)도 기관실이었다. 지휘실에는 '함교탑'으로 가는 엄격하게 통제된 입구가 있었고 전력망의 스위치와 퓨즈가 설치되어 있었으며, 특히 잠망경을 비롯한 가장 중요한 항법 및 통신 장비가 있었다. 그 옆에 컴프레서, 메인 빌지펌프bilge pump,[1] 송풍기를 구동하는 모터가 있었다. 따라서 승조원들은 복잡한 기계 안에 있다는 인상을 받을 수밖에 없었다. 그것은 흔히 기술적 '유기체'라고도 불리는 매우 복잡한 네트워크였다. 1911년 퇴역한 해군 소령 베른스토르프 백작은 잡지 〈가르텐라우베Gartenlaube〉의 독자들에게 다음과 같이 설명했다. 잠수함 안에는 "온갖 종류의 배관과 전선이 어지럽게 얽혀 있어서 처음에 우리는 깜짝 놀라 어떻게 이런 혼돈 속에서 길을 찾을 수 있는지 물어보았다"(Bernstorff 1911, 187).

최소한 12명의 대원들이 이 '혼돈' 속에서 길을 찾아야 했다. 승조원들은 잠수함의 업무 분담에 따라 여러 구역으로 나뉘어 각자 자신의 전문 업무를 수행했다. 작업 공간과 생활 공간은 대부분 공간적으로 분리되지 않았다. 승조원들은 잠수함에서 자신이 일하는 곳에서 생활한다. 승조원들이 잠을 자거나 휴식을 취하는 곳에서도 기술과 강철이 지배한다. U-1호 잠수함 승조원들의 침대 역할을 한 강철 프레임은 수중에서 잠수함에 동력을 공급하는 배터리 바로 위에 설치되어 있었다. 이 강철 프레임은 목재와 같은 전통적인 건축자재로 덮거나 분리하지 않았다. 당시 민간 및 군용 선박 건조에는 비록 단순히 스타일만을 가져오거나 인용하는 식일지라도 전체적으로 산업화 이전 시대의 요소들이 채택되었다. 이에 반해 잠수함은 이 같은 영향을 받아들이지 않았다. 잠수함의 재료와 구조를 결정하는 것은 기능성과 효율성이었다. 전통과 어느 정도의 위계질서조차도 이러한 기준을 따라야 했다. 장교구역은 나머지 승조원들과 공간적으로 분리되어 있었지만 승조원들은 정기적으로 그곳을 지나다녔다. 모든 고전적인 잠수함과 마찬가지로 U-1에는 '함내 이동'을 위한 통로가 하나뿐이었고, 이 통로는 함선 전체를 종으로 통과했다. 예를 들어 기관실에서 화장실로 가려면 지휘실과 '장교들의 거주 공간'을 가로질러야 했다. 별도의 주방은 없었지만 전기냄비 3개와 보온조리함[2] 하나가 있었다. 화장실은 어뢰실 좌현에 위치해 있었고 칸막이가 설치되어 있지 않았다. 잠수함의 기술적 합리성이 사생활과 수치심보다 우선시되었다. 모든 계급의 승조원들은 이곳 강철 벽과 어뢰관 사이에서 용변을 보았고, 용변은 압축공기로 펌핑되어 잠수함 밖으로 배출되었다. 함선의 나머지 부분에서와 마찬가지로 이곳에서도 기계적 특성이 두드러졌다.

잠수함은 압력 선체로, 폐쇄된 강철 캡슐 안에서는 육체적·정신적 압박과 고립이 발생한다. 개인이 이러한 조건에 복종하는 것은 잠수함의 정상적인 운용과 임무의 성공, 승조원의 안전을 위한 전제조건이다. 출구를 일시적으로 봉쇄하는 것은 잠수의 시작과 승조원이 외부세계로부터 고립되는 것을 의미한다. 밀폐된 상태, 열악한 공기, 반복되는 상승과 하강은 특히 신입 대원들에게 스트레스로 작용한다. 잠수함에서의 시간은 체념, 공기 부족, 자기단련의 시간으로 경험되었다. 몸은 익숙하지 않은 변화에 적응해야 했고 약해졌다(Das U-Boot 1918, 47f.). 많은 승조원들이 이 압력 선체 안에서의 고립을 일종의 감금 상태로 묘사했다. 1916년 한 승조원은 "우리는 잠수함의 장갑 함교탑 속으로 기어내려간다. 무거운 덮개가 우리 머리 위에서 공기를 차단하며 닫힌다. 이제 우리는 그 안에 갇힌 죄수나 다름없다"라고 기술했다(Das U-Boot 1916, 34).

잠수함: 근대의 산물

잠수함은 '고전적인' 산업적 근대의 산물이다. 잠수함의 건조와 작동방식의 거의 모든 핵심적인 측면은 1880년에서 1930년 사이의 결과물이다. 잠수함에 대한 계획들은 16세기와 17세기로 거슬러올라간다. 19세기 중반에는 여러 척의 중요한 선구적 잠수함들이 건조되었다. 그중에는 1851년 첫 시험 항해 중 킬만灣에서 침몰한 빌헬름 바우어Wilhelm Bauer의 '브란트타우허', 1863년 프랑스 해군의 의뢰로 건조된 '플롱죄르', 미국 남북전쟁 당시 남부연합군의 인력 추진식 잠수정 'H. L. 헌리'가 대표적인 예이다. 헌리호는 1864년 승조원들이 적의 봉쇄선에 설치한 기뢰가 폭발하면서 함께 침몰했다. 19세기 후반의 업적, 특히 일련의 전기공학 발명품들을 조합하면서 비로소 독자적으로 잠수와 부상을 하며 수중에서 이동할 수 있는 선박을 만들 수 있었다. 로버트 화이트헤드Robert Whitehead가 어뢰를 발명하면서 잠수함은 스스로를 직접적으로 위험에 빠뜨리지 않고 사용할 수 있는 무기를 갖추게 되었다.

잠수함은 잠수셀이라고도 불리는 밸러스트 탱크에 펌프로 물을 주입해 잠수한다. 이 밸러스트는 속이 빈 강철 캡슐의 부력을 저지한다. 수면 위로 올라오기 위해서는 압축공기를 사용해 밸러스트 탱크의 물을 빼낸다. 물속에서 잠수함은 산소와 무관한 추진방식이 필요하다. 세기전환기에 강력한 전기모터와 축전지를 사용하는 이러한 추진방식이 개발되면서 비로소 잠수함이 실용화될 수 있었다. 물 위로 다닐 때에는 석유 연소 엔진으로 구동되며, 이때 축전지를 충전해 수중에서 전기모터를 움직이고 펌프, 압축기, 송풍기에 에너지를 공급한다. 잠수시간에 결정적인 영향을 미치는 것은 에너지 비축량 외에도 산소이다. 잠수함이 잠수했을 때 호흡한 공기는 이산화탄소를 흡수하는 칼륨 카트리지를 통과한다. 추가적으로 산소통의 산소로 보충할 수도 있다. 이로 인해 20세기 초 잠수함의 잠수시간은 4일에서 5일로 연장될 수 있었다.

1950년대에 처음으로 원자로가 잠수함의 공기불요추진체계AIP로 사용되기 전까지는 내연기관과 전기모터의 조합이 모든 잠수함의 기본적인 추진방식이었다. 아일랜드계 미국인 존 필립 홀랜드John Philip Holland

는 근대의 이러한 공학 기술을 이용해 최초의 시제기를 제작했다. 홀랜드 6호는 1897년에 진수되어 1900년에 미국 해군에 인수되었다. '홀랜드급' 1세대인 영국 잠수함도 이 시제기를 기반으로 제작되었다. 1903년 2월 영국 해군의 첫번째 잠수함인 A-1이 취역했다.

알프레트 폰 티르피츠Alfred von Tirpitz가 이끈 독일 해군사령부는 처음에는 잠수함에 대해 회의적이었기 때문에 영국, 미국, 프랑스 함대보다 뒤늦게 잠수함 개발에 적극적으로 뛰어들었다. 킬에 있는 게르마니아 조선소에서 러시아를 위한 잠수함 3척을 완성하고 이 잠수함의 유용성이 입증된 뒤에야 제국 해군은 1904년 12월에 훗날 U-1으로 불리게 될 잠수함을 의뢰했다. 이 잠수함은 이미 러시아에 인도된 3척의 잠수함을 기반으로 설계되었지만 중요한 부분을 수정했기 때문에 조선소는 1905년 4월에야 건조를 시작했다. 이 잠수함은 1906년 8월 4일에 처음 진수되었고 11월에 U-1이라는 이름이 붙여졌으며, 광범위한 시험운항을 거친 뒤 12월에 마침내 취역했다. 1911년 해군이 "매우 우수한 잠수함임이 입증되었다"(Rössler 1997, 10)라고 인증한 이 선구적인 잠수함의 뒤를 이어 연달아 잠수함이 건조되었다. 1910년 독일 해군 최초의 잠수함 함대가 결성되었고, 제1차세계대전이 발발했을 때에는 28척의 잠수함이 함대에 배치되었다.

잠수함은 제1차세계대전을 거치며 무기의 한 종류로서 중요한 비중을 차지하게 되었고 동시에 세분화되었다. 독일측에 배치된 잠수함은 소형 연안 잠수함(125~250톤)부터 대서양을 횡단할 수 있는 순양 잠수함(1,700~3,200톤)까지 다양한 유형이었다. 독일 해군사령부는 '잠수함 무기'의 신속한 확장을 명령했는데, 특히 1915년 2월 '무제한 잠수함 전쟁'을 선언하면서 잠수함은 전략적으로나 정치적으로 점점 더 전통적인 전투함대를 압도했다. 1915년 5월 7일 U-20이 여객선 루시타니아호를 어뢰 한 발로 침몰시킨 사건은 잠수함의 새로운 역할에 대한 상징성과 후대의 기억에 결정적인 영향을 미쳤다. 1,198명의 승객과 승무원이 목숨을 잃었는데, 그중에는 당시 아직 중립을 지키던 미국 시민 120명이 포함되어 있었다.

제2차세계대전은 잠수함의 전략적·상징적 역할을 확인시켜주었다. 잠수함은 1914년에서 1918년 때보다 국가 간의 군사적 충돌에서 훨씬 더 핵심적인 역할을 하게 되었다. 처음에는 '잠수함부대 지휘관Führer der U-Boote'이었다가 1939년부터 '잠수함부대 총사령관Befehlshaber der U-Boote'이 된 카를 되니츠Karl Dönitz의 지휘 아래 독일 해군은 1936년부터 잠수함 함대를 구축하기 시작했다. 1940년부터 '강화된 잠수함전'을 선언하면서 이 함대는 영국과의 전쟁에서 공군과 더불어 중추적인 역할을 수행했다. 대규모 투입과 카를 되니츠가 도입한 '이리떼 전술'은 새로운 것이었지만 잠수함에 부여된 전략적 임무는 본질적으로 제1차세계대전과 동일했다. 이는 해상에서 적의 보급품과 군수물자 공급을 차단하는 것이었다. 잠수함 전쟁에 참여한 열강들은 다양한 기술과 모델을 실험했다. 독일 해군은 전쟁이 끝날 무렵에도 여전히 조립공정방식으로 전환할 계획을 세우고 있었다. 벙커 안의 조립라인에서 잠수함을 안전하게 건조하는 방식이었다(제철소, 벙커). 그러나 결국 제2차세계대전의 거의 모든 잠수함은 세기전환기에 도입된 내연기관과 전기모터의 조합에 기반을 두고 있었으며, 이는 독일의 U-1에서 시작되었다.

1954년 미국 해군은 최초의 핵추진 잠수함인 USS 노틸러스를 취역했다. 이 잠수함은 동력 부족으로 인해 수면 위로 올라올 필요가 없었기 때문에 종종 최초의 '진정한 잠수함'으로 불린다. 원자로가 지속적으로 전기를 생산해 전기모터를 구동했다. 모터 구동에 산소가 필요하지 않았고 승조원이 호흡한 공기를 교환할 수 있었기 때문에 처음으로 수개월 동안 중단 없이 수중에서 이동할 수 있었다. 이후 핵추진 잠수함에 탄도미사일과 핵탄두가 장착되면서 근본적으로 새로운 역할이 등장하게 되었다. 20세기 후반의 잠수함은 핵 억지력과 냉전의 도구가 된 것이다.

근대성과 기계

잠수함의 근대성은 외관에서 분명하게 드러났다. 잠수함에는 전통이나 친족관계를 암시하는 장식이나 문장 또는 인물이 없었다. 이미 당시 사람들은 "몇 개의 환풍기, 접이식 시그널 마스트, 잠망경 파이프, 엔진의 굴뚝이 깃대와 함께 상갑판 장식의 전부"라는 사실을 강조했다(Bernstorff 1911, 187). 공식적인 표현은 이러한 단절을 강조했는데, 잠수함이 함대의 일부로 인식되어서는 안 되었기 때문이다. 그것은 너무 이질적이고 위험해서 역사적 전통을 통해 정당화할 수 없었다. 빌헬름 함대의 공개 무대인 시가행진과 해상쇼에서(Rüger 2005) 잠수함은 부차적인 역할을 할 뿐이었다. 해군 지도부와 황제는 잠수함이 통합적이고 정체성을 형성하는 역할을 할 수 있다고 믿지 않았기 때문에 함대를 묘사하는 제국 전통에 잠수함을 포함시키지 않았다. 오직 순양함과 전함에만 과거의 승리를 기념하고 국민과 제국의 통합을 선포하는 대부의 이름이 부여되었다(Rüger 2004). 이 함선들은 독일의 장군과 군주들, 독일 도시와 영방국가들의 이름을 가지고 있었다.

반면 잠수함의 이름은 문자와 일련번호인 숫자의 무미건조한 조합으로 이루어졌다. 독일 최초의 잠수함은 프로이센의 육군원수 이름인 '블뤼허'나 '몰트케' 또는 '그로서 쿠르퓌르스트'[3] 대신 단순히 'U-1'으로 불렸다. 영국 최초의 잠수함은 '드레이크', '브리타니아', '트래펄가' 대신 'A-1'으로 명명되었다. 잠수함은 오랫동안 '약자의 무기'로서 "기사도적이지 않"은 것으로 여겨졌다(Broelmann 2003, 186). 군사사적 측면에서 잠수함의 근대성은 두 함대가 '전투집단'으로 서로 대치하는 전통적인 해전을 철저하게 거부한 점이었다. 러디어드 키플링Rudyard Kipling은 잠수함이 이루어낸 전통과의 단절을 바로 이 새로운 선박의 명칭에서 확인할 수 있다고 보았다. 그는 1914~18년에 발표한 시 「무역」에서 전통과 결부된 이름의 부재를 언급하며 시작했다(Kipling 1922, 712). "그들은 고전적인 이름 대신 / 피부에 문자와 숫자를 새긴다 / 그들은 눈을 가린 채 소름끼치는 게임을 한다 / 납으로 만든 작은 상자 안에서."

이 '납 상자'는 승조원들에게 매우 양가적인 경험을 선사했다. 한편으로는 기계의 힘과 발명가정신을 통해 새로운 공간을 개척하는 주권적 행위였으며, 다른 한편으로는 이 공간을 탐사하고 군사적으로 활용하는 것을 예측하거나 통제할 수 없고 생명을 위협할 수 있는 위험을 수반한다는 인식이었다. 잠수함의 양면적인 소통 상황은 이러한 경험을 더욱 강조했다. 외부세계와의 유일한 연결은 무선 기술이었는데, 바로 이 무선통신을 통해 잠수함의 위치를 파악할 수 있었다. '잠행' 또한 이러한 고립을 나타낸다. 위치를 드러내지 않으려면 소음, 특히 엔진에서 발생하는 소음을 피해야 하기 때문이다. 강철 캡슐을 에워싼 공간인 바다는 보호와 위협을 동시에 의미한다.

이러한 상황으로 빠져드는 과정은 한결같이 불안한 경험으로 묘사되어왔다. 1918년 독일의 한 잠수함 승조원은 "우리가 처음 잠수했을 때 마치 발밑의 땅이 사라지고 내가 무한한 심해로 가라앉는 것 같은 느낌을 받았다"라고 회상했다(Das U-Boot 1918, 47). 끝이 없어 보이는 바다의 깊이와 광활함을 스스로 누릴 수 있으려면(해변) 오직 잠수함 탑승시 정반대되는 상황, 즉 극도의 협소함과 고립, 규율에 대한 지속적인 압박을 견뎌야만 가능했다. 자신의 힘을 느끼고 자연의 법칙을 극복하는 경험을 하기 위해서는 그 힘을 의미하는 도구의 합리성에 거의 전적으로 종속되어야 하며, 그 도구의 사용에 수반되는 위험을 감수해야 했다. 동시에 비상 상황에서의 생존은 팀의 질서와 개인의 창의성을 보완하는 가운데 최대한의 집중력과 유연성, 힘과 기술을 동원해야 했다.

따라서 잠수함 스토리 장르의 주요 모티브는 공포와 모험이다. 이 장르는 쥘 베른Jules Verne에 의해 명성을 얻게 되었으며, 세기전환기 이후 대중문학의 기본적인 레퍼토리가 되었다. 이 장르에서 잠수함은 근대의 상징으로 찬사와 존경을 받았다. 잠수함은 후대의 우주선과 마찬가지로 새로운 공간에 대한 탐험, 정복 그리고 그 공간에 대한 활용을 의미했다. 잠수함은 이 목적을 위해 개인을 기계의 도구적 합리성에 종속시켰고, 해군주의와 제국주의 시대에 예상하지 못한 군사적 가능성을 약속했다. 당시 사람들이 "어두운 영역"(Gentsch 1895)이라고 부른 잠수함에 의해 열린 영역은 근대적 연구뿐만 아니라 국가 간의 위협 시나리오에도 이용될 수 있었다. 비행기나 체펠린비행선(Fritzsche 1992; Wohl 1994; Syon 2002)과 마찬가지로 잠수함은 국제적 대결의 상징이 되었다. 세기전환기의 미래주의 소설은 잠수함에서 경험하고 상상할 수 있게 된 심해에 대한 매혹과 두려움을 보이지 않는 적의 위협과 결합시켰다. 해군의 첫 잠수함 함대가 대중에게 공개되었을 때 〈태글리헤 룬트샤우〉 신문의 특파원은 1911년 11월 6일자 엔터테인먼트 부록란에 다음과 같이 썼다. “이것은 공포가 현실이 된 것이다. 수천 명의 관중들 사이에 정적이 감돈다.”

동시대의 대중문학에서 잠수함은 바다를 두려우면서도 매혹적인 존재로 만들었다. 이는 제1차세계대전이 발발하기 전 몇 년 동안 이어진 영국과 독일의 대립으로 인해 더욱 힘을 얻었다. 퍼시 웨스터먼Percy Westerman이 1913년에 발표한 소설 『라이벌 잠수함The Rival Submarines』에서 두 나라는 비밀리에 무시무시한 수중전쟁을 벌인다. 전쟁이 발발하기 직전에 쓴 아서 코넌 도일Arthur Conan Doyle의 단편소설 『위험Danger』에서는 영국 함대가 독일 잠수함의 기습공격을 받아 침몰한다(Westerman 1913, Doyle 1914). 유럽 대중문화에서는 잠수함에 대한 집착이 지나쳐 풍자의 대상이 되기까지 했다. 예를 들어 어니스트 올드메도Ernest Oldmeadow는 풍자소설 『북해의 거품The North Sea Bubble』에서 당시의 첩보, 전쟁, 침략에 대한 환상을 과장되게 묘사했다. 무엇보다 소설 속에서 ‘바다의 여신’이라는 이름을 가진 신비로운 선박이 섬으로 위장하고 잠수함을 동반해 영국을 공격한다(Oldmeadow 1906).

이처럼 세기전환기에 잠수함은 이미 위협의 상징으로서 국가 간의 공간 개념에서 중요한 위치를 차지했다. 제1차세계대전이 발발하고 특히 ‘무제한 잠수함작전’이 선포되면서 이 위협은 현실이 되었다. 전쟁중에는 “보이지 않는 무기”(Broelmann 2003)의 불가사의함, 무엇보다도 잠수함 승조원의 주체적 고립(우주선)이 계속해서 이상화되었다. 잠수함은 기계시대의 기술적 합리성을 구현하고 새로운 형태의 박탈과 자기훈련을 받아들이며, 산업화된 전쟁에서 전통적인 가치와 규범을 버림으로써 새로운 자유를 경험하는 새롭고 근대적인 개인을 요구하는 것처럼 여겨졌다.

고립된 잠수함에서 이러한 자유는 상급자와 상의하거나 답변을 들을 필요 없이 생사를 결정한다는 것일 수 있다. 이러한 이상화의 한 예로 빈의 〈노이에 프라이에 프레세〉의 문예란 편집자였던 파울 치퍼러 Paul Zifferer가 쓴 재판을 거듭한 에세이 『잠수함 안에서Im U-Boot』가 있다. 1916년에 그는 다음과 같이 썼다. “전쟁의 모든 공포가 좁은 공간에 압축되어 있는 것 같다. 그러나 여기서 전쟁은 우리에게 더 자유로운 모습을 보여주며, 개인의 행동은 위대함을 목표로 한다. 다른 모든 곳에서 전쟁은 공포라는 획일적인 잿빛 옷을 입고 있다. 과거에 평화의 일상이 있었던 것처럼 전쟁의 끔찍한 일상이 존재한다. 하지만 잠수함의 항해는 여전히 자신만의 색깔을 가지고 있다. 거기에는 창공을 나는 비행기의 여행보다 더 신비로운 무언가가 존재한다. 잠수함의 비좁은 강철 감방 안에는 완전히 분리된 독립된 전쟁의 세계가 존재한다. 이 젊은 지휘관은 상급자로부터 어떤 도움이 되는 명령도 받지 못하고 조언을 구할 곳도 없다. 그는 오로지 자신에게만 의존한다. 우리는 여기서 개인의 헌신이 결정적임을 느낀다”(Zifferer 1916).

또한 이러한 과장된 표현 속에는 남성과 기계 사이의 새로운 특히 근대적인 관계도 찾아볼 수 있는데, 그것이 특정한 형태로 구현된 것이 잠수함이었다. 잠수함은 언제나 기술, 전쟁, 남성성이 강렬한 상징으로 결합되어 있는 응축된 공간으로 묘사된다. 여기서 두 가지 측면이 특히 주목할 만한데, 이는 잠수함 승조원들의 증언뿐만 아니라 대중문화 작품에서도 나타난다. 하나는 잠수함이 새로운 유형의 남성을 위한 행동과 경험의 공간이라는 점이고, 다른 하나는 잠수함이 성적 긴장감이 고조되는 장소로 묘사된다는 점이다.

제1차세계대전에서 잠수함이 사용되면서 승조원들에게 큰 부담(육체적 긴장, 상호의존성, 기술적 복잡성, 정서적 갈등)이 가해졌을 뿐만 아니라 새로운 형태의 살상 경험이 더해졌다. 잠수함은 휴대용 화기의 개발과 함께 시작된 흐름을 더욱 발전시켰다. 전쟁의 산업화와 익명화, 전투원 간의 '개인적 관계'의 상실이 그것이다(전선). 잠수함 승조원들은 대부분 적의 운명에 대해 전혀 알지 못한다. 기껏해야 소리로만 살상했다는 사실을 알 수 있을 뿐이다. 잠수함작전의 '신경전'에 따른 도전들은 영웅주의와 남성성에 대한 새로운 이상을 만들어냈다. 독일 잠수함협회의 기관지 〈다스 우보트〉는 정기적으로 '잠수함 영웅'에 대해 묘사했다. 그것은 공기 부족, 비좁은 환경, 복잡한 기술적 문제에도 불구하고 밀려오는 물에 맞서 끝까지 싸우고, 중요한 기계부품을 제때 수리하거나 질식해 죽을 때까지 몸을 바쳐 탈출구를 찾는 남성의 모습이다. 그러나 무엇보다도 이 영웅들은 기계시대의 가능성 앞에서 물러서지 않으며, 기술적 근대의 요구에 자신을 맞추고 그 합리성을 행동의 원칙으로 삼은 남성들이었다. 잠수함이 자연적인 장애물을 극복한다면 잠수함 영웅은 자신의 본성을 이겨내는 것이다. 잠수함은 종종 '강철 챔버' 또는 '쇠 튜브'라고 불렸는데, 잠수함 영웅은 이 기계 및 무기의 일부가 된다. 1916년 4월 〈다스 우보트〉는 '어느 잠수함 승조원의 이미지'를 묘사한 장교의 시를 실었다. 인간을 기계로 은유해 표현하는 것이 중심 모티브였다. "온몸을 강철과 청동으로 감싸서 막고, / 물고랑 아래 깊이, / 각자의 이마는 강철이며, / 심장마저 강철이다."

강철과 남성성, 기술과 죽음에 대한 이러한 은유는 잠수함에만 국한된 것이 아니었다(비행기). 이는 에른스트 윙거와 같은 작가들이 산업적 말살과 익명화된 살인이라는 새로운 현실(전선) 속에서 근대적 자아의 역할을 파악하기 위해 시도한 언어의 일부였다. 자아의 한계에서 벗어나 산업적 전쟁기계와 통합된다는 경험이나 생각은 에른스트 윙거의 회고록 『강철 폭풍을 뚫고』에서도 나타나는데, 특히 잠수함에서 두드러지게 나타났다. 잠수함과 승조원 사이의 긴밀한 관계는 상호간의 전이를 통해 암시되었다. 한편으로 남성의 몸에는 강철 캡슐의 속성이 부여되어 남성의 몸이 전투기계의 일부로 나타났다. 앞에서 인용한 시에서 계속 표현하고 있는 것처럼 '공기를 요구하지 않는' 강철로 된 남성인 것이다. 다른 한편으로는 잠수함이 인간과 동물의 은유를 통해 표현되었다. 바다 괴물, 물개, 상어, 강꼬치고기, 늑대, 용 등이 반복적으로 등장하는 이름이다. 쥘 베른의 미래소설 『해저 2만 리』(1869~70)에서 이미 인간과 기계 사이의 이러한 전이가 등장했다. 이 소설에서 전기는 노틸러스 잠수함의 '통치자'이자 '영혼'으로 등장하며, 기계시대의 이상적인 남성성에 부합하는 자질들을 통해 특징지어졌다. "노틸러스 전체가 단 하나의 동력에 의해 지배된다. 그것은 유연하고 빠르며 단순하고 모든 임무에 복종하는 강력한 힘이다"(Verne 1972, 43).

잠수함은 기술, 전쟁, 남성성이 교차하는 근대의 다른 장소보다 훨씬 더 성적인 의미를 띠는 장소였다(스트립 클럽). 전쟁의 경험과 성적 경험의 밀접한 연관성(Fussell 1975, 270~309; Theweleit 1978)은 잠수함에서 특히 유효했다. 잠수함의 남근적 상징성은 반복적으로 언급되며 어뢰에 의해 더욱 강화된다. 어뢰발사관은 기계적 유기체의 에너지를 한데 모아 무기화하는 것처럼 보인다. 심지어 승조원들이 어뢰를 다루는 방식을 설명하는 반공식적인 기록에서도 성적 욕망은 분명하게 드러난다. 이에 따르면 어뢰에 기름을 바르고 어루만지며 별명과 애칭을 붙이고, 성적 삽입과 폭력 및 파괴에 대한 욕망이 한데 녹아 있는 상상을 덧붙인다. 생물학적 또는 유기적 은유로 흔히 표현되는 자아와 기계 무기의 은유적 결합은 이러한 성적 함의를 강조한다. 따라서 이 근대적 장소의 경험은 전적으로 신체적 경험이었다. 그것은 자신의 신체가 잠수함의 압력 선체 및 타인의 신체와 맺는 관계로서 고립과 깊이, 위협과 산업화된 살인, 기계와 섹슈얼리티를 동시에 경험하는 가운데 형성되었다.

비행기, 자동차, 체펠린비행선, 댐 등 고전적인 근대의 다른 첨단기술 제품들과 마찬가지로 잠수함은 신기술의 위험성과 통제 가능성에 대한 논쟁을 불러일으켰다. 이는 기계 안에서 인간의 역할과 기능에 대한 새로운 고민을 야기했다. 처음부터 잠수함에 대한 인식에는 기술적 사고와 '재앙'이 수반되었다. 1904년 영국 최초의 잠수함 A-1이 충돌 후 침몰했다. 필사적인 노력에도 불구하고 승조원들은 구조되지 못했다. 1911년에는 독일 잠수함 U-3가 실종되는 '잠수 사고'가 발생해 승조원 3명이 사망했다. 공식 조사 결과에 의하면 조선소에서 기관실 환기 마스트 덮개가 잘못 설치된 것으로 밝혀졌다(Rössler 1986, 41f.). 이러한 사고는 잠수함 운용에 언제나 불확실성 요인이 존재한다는 것을 보여주었다. 잠수함이 더욱 전문화되고 정교해질수록 기술적 오류뿐만 아니라 인간적 오류의 가능성 또한 커졌다.

'위험'은 이 근대의 장소에 대한 인식과 해석에서 중심적인 범주가 되었다. 1907년 영국의 잠수함 장교이자 기술자인 머리 수터Murray Sueter는 잠수함 운용의 목표는 위험을 최소화하는 것이어야 한다고 기술했다(Sueter 1907, 370). 초기 잠수함의 발명가와 운영자들은 새로운 기술과 그 적용에 내재된 위험에 대처하기 위해 전문지식과 철저한 훈련을 요구했다. 그것은 근대가 새로운 기술에 대응하는 전형적인 방법으로, 바로 실험실에서 실시하는 동물 실험을 한 것이다. 훗날 우주비행(우주선)에서 그랬듯이 위험성을 테스트하기 위해 동물이 사용되었다. 영국의 A급 잠수함은 '위험 지표'로 흰쥐 세 마리를 기본 장비로 탑재했다. 세기전환기에는 잠수함 내 일산화탄소 농도가 지나치게 높아지는 것을 경고할 수 있는 신뢰할 만한 테스트 방법이 없었다. 그래서 승조원들은 기관실에 흰쥐가 든 우리를 매달아놓았다. 이 '효과적이고 실용적인 방법'은 일산화탄소가 사람보다 쥐의 혈류에서 더 빨리 작용한다는 인식에 근거한 것이었다. 잠수중에 쥐가 갑자기 쓰러지면 즉시 잠수함을 수면 위로 부상해 환기시켜야 한다는 것을 알 수 있었다(Sueter 1907, 251). 머리 수터뿐만 아니라 세기전환기의 영향력 있는 프랑스의 잠수함 이론가였던 G.-L. 페스G.-L. Pesce 역시 영국 잠수함에서 질식사한 쥐 세 마리의 인상적인 사진을 자신의 저서에 실었다(Pesce 1906, 112). 이처럼 머리 수터와 G.-L. 페스는 근대적 양면성을 구현하고 있는 이 동물들의 상징적 의미를 적어도 무의식적으로나마 인정했다. 즉 기술의 진보에도 불구하고 새로운 공간으로 진출하려는 인간의 생존은 인간보다 훨씬 열등하다고 여겨지는 생물에 달려 있을 수 있다는 것이다.

흰쥐의 충실한 봉사와 모든 기술적 개선, 그리고 전문가들의 노력에도 불구하고 한 가지 위험이 남아 있었는데, 그것은 바로 인간 자신이었다. 비극적으로 사망한 영국 최초의 잠수함 승조원들에게 헌정한 머리 수터의 책은 이 재난에 대해 다음과 같이 매우 근대적인 설명으로 끝을 맺었다. "인간의 실수는 결코 완전히 배제될 수 없다는 사실을 우리 모두가 인정해야 한다"(Sueter 1907, 370).

참고문헌

Bernstorff, Graf (1911): Unterseeboote, in: Gartenlaube, 184~188.

Broelmann, Jobst (2003): U 1. Die unsichtbare Waffe, in: Ulf Hashagen/Oskar Blumtritt/Helmuth Trischler (Hg.), Circa 1903. Artefakte in der Gründungszeit des Deutschen Museums, München, 179~202.

Doyle, Arthur C. (1914): Danger, in: Strand Magazine, Juli.

Duppler, Jörg (1999): Die Erfindung des Ubootes und seine Entwicklung bis zur Einsatzreife zu Beginn des 20. Jahrhunderts, in: Deutsches Schiffahrtsarchiv 22, 23~33.

Fritzsche, Peter (1992): A Nation of Fliers: German aviation and the popular imagination, Cambridge, Mass.

Fussell, Paul (1975): The Great War and Modern Memory, Oxford.

Gentsch, Wilhelm (1895): Unterwasserfahrzeuge. Eine Studie auf dunklem Gebiete, Berlin.

Kipling, Rudyard (1922): Rudyard Kipling's Verse. Inclusive edition, 1885~1918, Edinburgh.

Marvin, Carolyn (1990): When Old Technologies Were New. Thinking about electric communication in the late nineteenth century, New York.

Nitschke, August (1990): Die Jahrhundertwende—eine Epoche? Eine Diskussion, in: Jahrhundertwende. Der Aufbruch in die Moderne 1880~1930, Bd. 1, Reinbek, 13~25.

Oldmeadow, Ernest (1906): The North Sea Bubble. A fantasia, London.

Pesce, G.-L. (1906): La Navigation Sous-Marine, Paris.

Reeve, John/David Stevens (Hg.) (2003): The Face of Naval Battle. The human experience of modern war at sea, London.

Rieger, Bernhard (2003): ≫Modern Wonders≪. Technological innovation and public ambivalence in Britain and Germany, 1890s to 1933, in: History Workshop Journal 55, 153~176.

Rössler, Eberhard (1986): Geschichte des deutschen U-Bootbaus, Bd. 1: Entwicklung, Bau und Eigenschaften der deutschen U-Boote von den Anfängen bis 1945, Bonn.

Ders. (1997): Die Unterseeboote der Kaiserlichen Marine, Bonn.

Rüger, Jan (2004): Nation, Empire and Navy, 1887~1914, in: Past & Present.

Ders. (2005): ≫The Last Word in Outward Splendour≪: The cult of the navy and the imperial age, in: David Stevens (Hg.), The Navy and the Nation, London.

Salewski, Michael (1979): Tirpitz. Aufstieg, Macht, Scheitern, Göttingen.

Ders. (1998): U-Boot Krieg. Historisches, in: ders., Die Deutschen und die See, Stuttgart.

Sueter, Murray (1907): The Evolution of the Submarine Boat, Mine and Torpedo From the Sixteenth Century to the Present Time, Portsmouth.

Syon, Guillaume (2002): Zeppelin! Germany and the airship, 1900~1939, Baltimore.

Theweleit, Klaus (1978): Männerphantasien, Bd. 2: Männerkörper. Zur Psychoanalyse des Weissen Terrors, Frankfurt.

Verne, Jules (1972): Vingt mille lieues sous les mers (1869/70), Paris.

Westerman, Percy F. (1913): The Rival Submarines, London.

Wohl, Robert (1994): A Passion for Wings. Aviation and the popular imagination, New Haven.

Zifferer, Paul (1916): Im U-Boot, in: Neue Freie Presse (Wien), 12. September.

전선

하보 크노흐Habbo Knoch

전시된 전쟁: 동물원 안에 지어진 관람용 참호, 베를린, 1915년

일요일에 전선을 구경하는 사람들의 모습을 찍은 사진은 잘 차려입은 여성들이 10대 자녀들과 함께 안내를 받으며 참호시설들을 구경하고 있는 모습을 보여준다. 제복을 입은 남자는 인기 전시물의 기술적인 세부사항을 자세히 설명하고 있는 것으로 보인다. 그것은 볼품없는 폭탄처럼 보이지만 일종의 망원경인 잠망경으로, 실제 전쟁에서 적의 참호를 관찰하는 데 사용하는 것이다. 그런데 적의 참호는 베를린이 아니라 서부전선에 있었다. 서부전선에서 벌어진 전쟁은 전달해야 할 새로운 소식이 많았기 때문에 모형 참호를 만들고 전시회를 개최한 것이다. 국내전선은 자부심과 현대전에 대한 이해를 바탕으로 병사들을 지원해야 했다. 제1차세계대전의 직접적인 전투 경험은 여전히 남성의 몫이었지만 이러한 전시회는 이미 군인과 민간인, 남녀노소의 경계를 모호하게 만드는 총력전의 전조였다.

과거의 전쟁에서도 약탈한 물건들을 전리품으로 전시한 적이 있었지만 도심의 공원을 대규모 모형 전선으로 만들어 국민 계몽에 사용한 것은 처음이었다. 1915년 5월에는 하이델베르크에서, 얼마 지나지 않아 하노버와 다른 지역에서, 그리고 마지막으로 12월에 베를린의 동물원에서 미래의 신병들이 참호를 파는 연습을 했다(Brandt 2000; Lange 2003). 이러한 훈련은 1914년 이전부터 군사훈련장에서 이미 실시되었다. 전략가들이 전장에서만 전쟁의 승패가 결정되지 않을 것이라고 예견했기 때문이다. 공식적인 전쟁 전시회가 군대의 책임하에 이루어졌다면, 모형 참호는 민간의 주도하에 적십자의 도움으로 만들어지는 경우가 많았다. 이 모형 참호는 전선의 상황을 최대한 생생하게 보여주어야 했다. 1916년 민속학자 빌헬름 페슬러Wilhelm Peßler는 이미 오감을 활용하는 전시방식을 제안했는데, 이러한 방식은 수십 년 후 런던의 제국전쟁박물관에서 처음으로 실현되었다. "[전선에서는] 수많은 소리가 한데 섞이기도 하고 부딪히기도 한다. 대포의 천둥소리, 포탄의 윙윙거리고 쉭쉭거리며 쾅쾅거리는 소리, 기관총의 덜커덕거리는 소리, 소총의 노랫 소리, 군도가 찰칵찰칵 맞부딪치는 소리, 북과 나팔의 신호, 다그닥거리는 말발굽소리, 마구와 마차의 덜컹거리는 소리, 명령을 외치는 소리. 어쩌면 축음기를 사용해 [……] 이 거대한 소리 덩어리에서 뽑아낸 한 단면을 [……] 재현할 수 있을 것이다"(Lange 2003, 87에서 재인용).

대포의 천둥소리나 말발굽소리가 없더라도 최대한 정확하게 참호를 재현함으로써 참호전을 체험할 수 있게 하는 것이 목표였다. 하지만 충실하게 재현한 디테일에는 윤색이 가해졌다. 독일군 참호는 온전하고 깨끗하며 최적의 장비를 갖추고 있었던 반면, 반대편에는 유탄에 파인 자

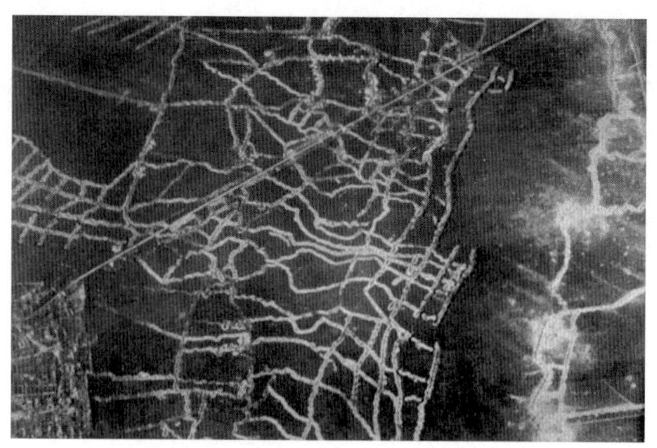

돌격공격을 위해 구축된 프랑스군 공격 진지의 항공사진
(왼쪽, 베리오박 인근, 1915년 9월 18일)

국들을 만들어 공격이 일방적이고 성공적이었음을 보여주었다. 전쟁포로 역할의 엑스트라들이 방문객들을 향해 돌진했지만 실제로 공격할 수는 없었기 때문에 참호의 방어장치를 특히 설득력 있게 시연할 수 있었다. 이러한 전시는 국내전선을 안심시키는 것이 목적이었다. 또한 1917년 한 전선 보고서에서는 참호의 '맥박'이 '고향의 심장부'로 되돌아가 전선과 고향을 한몸으로 만들 수 있기를 간청했는데, 이처럼 민족공동체 속에서 전선의 맥박을 유지하기 위해서도 이러한 전시가 필요했다(Brandt 2000, 73에서 재인용).

지도에 근거해서 전선구역의 구조를 재구성해볼 수 있다. 전선구역은 기관총 진지가 있는 본래의 참호 외에도 공격이나 파괴를 피하기 위한 예비 참호들로 구성되었다. 병사들은 공격용 참호 안에서 안전하게 전선 바로 앞까지 도달할 수 있었고, 참호 너머 저 멀리 무인지대까지 과감하게 전진할 수 있었다. 그곳에서 병사들은 적의 눈에 띄지 않고 돌격을 위한 출발대('참호머리')에 집결했다. 참호는 표적 면적을 최소화하기 위해 깊이 2미터, 너비 1미터에 불과했다. 좁은 참호 안에서 복무하는 병사들은 전우들뿐만 아니라 날씨에도 무방비 상태로 노출되었다. 비가 오면 진흙탕에 서 있어야 했다. 작전이 지속되는 동안에는 참호가 숙소의 나무 침상을 대신했고 병사들은 선 채로 잠을 잤다.

지상의 구축물과 참호에서부터 지하로 연결된 갱도 끝에 있는 안전한 공간들, 일명 '영웅 지하실'이 어느 정도 방어를 해주었다. 적진 사이의 무인지대 쪽으로는 철조망을 설치해 아군의 전선을 보호했다. 전선 바로 뒤에는 포병 진지가 다양한 밀도로 배치되어 있었다. 병사들이 포진지에 가까워질수록 파괴적인 포격, 소음과 연기로 인한 오감의 압박, 전투의 긴장감에 더 많이 노출되었다. 보급선이 전선과 후방을 연결했고, 후방에는 집결지, 지휘본부, 야전병원으로 구성된 물류기지가 병사들을 기다리고 있었다. 반대편에는 죽음의 위협이 도사리고 있었다.

공포의 프리즘: 참호에서의 전쟁 경험

진지전에서는 비슷한 군사력을 가진 두 상대가 보급선의 지원을 받으며 진을 친다. 전통적인 전쟁에서 이와 가장 유사한 것은 포위전이었다. 포위전은 일방적인 공격으로, 도시나 요새를 포위전선으로 만들어 포위된 적군을 굶겨 죽이는 것이 목표였다. 1943년 레닌그라드가 잔인하게 증명했듯이 포위전은 근대 전쟁에서 사라지지 않았다. 게다가 포위전은 다른 형태를 취하기도 했다. 마치 컨베이어벨트(제철소)처럼 돌아가는 탄막사격Trommelfeuer[4] 속에서 병사들이 기댈 곳은 자신들의 작은 요새뿐이었다. 1940년 이후 전투기의 공격준비사격Feuerwalze[5]이 도입되면서 공중에서의 포위공격은 더이상 굶어죽기를 기다릴 필요가 없었다(벙커).

참호는 이미 미국 남북전쟁(1861~1865) 당시에도 존재했지만 전쟁의 승부는 여전히 게티즈버그와 같은 전통적인 전장에서 결정되었다. 러일전쟁(1904~1905) 당시에는 중국 항구도시인 뤼순항Port Arthur 근처의 요새를 둘러싼 반년간의 진지전에서 10만 명에 가까운 군인이 사망했다. 이미 이 전쟁에서 1870년대 미국 서부에서 처음 발명된 철조망이 일시적이지만 효과적인 진지를 구축하는 데 적합하다는 것이 입증되었다(Razac 2002, 35f.).

그러나 근대적 물량전의 본보기가 될 만한 공간이 나타난 것은 1914년에서 1918년 사이 서부전선이 처음이었다. 인구밀도가 낮은 동부전선에도 진지가 있었지만 전선은 보다 개방적으로 유지되었다. 이곳에서 병사들은 정복과 식민지화를 반복하는 '격전'을 자주 벌였는데, 여기에는 전후 시기와 섬멸전에서 나타나는 공간에 대한 집착이 이미 반영되어 있었다(Liulevicius 2002). 서부전선에서는 독일측이 전쟁을 성공적으로 시작한 지 몇 주 만에 기동전이 빠르게 끝날 것이라는 기대가 사라졌다. 벨기에의 게릴라부대, 동부전선의 예상치 못한 병력 수요, 마른과 이프르에서 벌어진 첫 대규모 전투에서 근대 군사기술의 치명적인 사용 등으로 인해 독일의 군사전략가들은 1914년 늦가을에 이미 성공에 대한 자신들의 생각에 의문을 품기 시작했다. 그들은 새로운 유형의 '화력지대'를 극복해야 할 것이라고 예상했다. 그러나 그때까지 한번도 본 적이 없는 밀도로 투입된 기관총과 대포는 예상치 못한 많은 사상자를 냈고, 정면공격의 속도를 크게 둔화시켰다. 독일군은 연합군의 반격을 방어하는 동안 이 전투의 후방에서 전략적으로 유리한 후퇴 지점을 찾아 참호를 구축했다. 그럼에도 불구하고 특히 영국측에서는 수개월 동안 '공격'이 기본 구상으로 유지되어 적진에 대한 무의미한 중대 단위의 정면공격으로 수천 명의 병사가 목숨을 잃었다.

병사들은 죽음을 피하기 위해 스스로 땅을 파야 했고, 이로 인해 전쟁은 시간적·공간적으로 장기화되었다. 참호는 벨기에 이프르에서 프랑스 베르됭까지 700킬로미터의 전선을 따라 뻗어 있었다. 병사들은 최전선이 후방으로 확장되면서 최종적으로 4만 킬로미터에 달하는 참호를 파게 되었다. 참호는 전선구역의 요구사항과 강도, 지형의 특성, 전쟁 상대의 전략에 따라 길이와 깊이가 다양했다. 잘 구축된 진지는 병사들에게 자부심을 갖게 했다. 참호를 건설한 뒤에는 세밀한 작업이 추가되었는데 방어를 위한 철조망, 나무, 나뭇잎과 파편을 막기 위한 모래주머니, 사격대와 감시초소를 위한 계단 등이 설치되었다. 시간이 지남에 따라 특히 종교적인 축제 기간 동안에는 병사들이 사생활의 기분을 느낄 수 있도록 진지를 장식하기도 했다. 미로처럼 얽힌 참호망 속에서 헤매지 않도록 참호 지도와 참호 표지판으로 길을 안내했다.

전방 참호에서의 일반적인 근무 기간은 3일에서 5일, 때로는 최대 10일까지 지속되었지만 차단 사격이나 보급선 파괴로 인해 병사들이 더 오래 진지에 머물러야 하는 경우도 있었다. 전쟁 초기나 포격이 심할 때는 교대 간격이 이보다 짧았다. 전선이 조용할수록 병사들은 전선에 더 오래 머물렀다. 그곳은 낮에는 대체로 조용했지만 어둠이 찾아오면서 밤은 낮으로 변했다. 감청초소와 참호초소는 특히 감시가 강화되었으며 수리를 하거나 공격과 방어를 위한 준비가 이루어졌는데, 이를 위한 가장 좋은 시간은 새벽이었다. 불안한 기다림은 지루함만큼 사람들을 지치게 했다. 짓누르고 지치게 하는 이러한 무인지대의 경험에서 '텅 빈 공간'이라는 근대의 중심적 공간구조가 생겨났다(Kern 2003). 전선에서의 근무 후에는 후방지역에서 며칠간의 대기 근무와 휴식기가 이어졌다. 수백만 통의 야전 편지와 엽서, 그리고 귀향 휴가가 병사들을 민간세계와 연결해주었다(Ziemann 1997).

전선에서의 체류는 잦은 부상으로 중단되기도 했는데 대부분 근접전이 아닌 포격에 의한 부상이었다. 총알 파편은 사람들의 얼굴을 알아볼 수 없게 만들고 당시 급성장하던 성형외과(웨이트룸)의 실험 대상으로 만들었다. 필요한 경우 군병원에서 퇴원한 뒤에도 요양소에 머물렀다. 그러나 그곳에서도 참호에서의 포격 경험 이후 엄청나게 많은 사람들이 겪게 된 트라우마적 '포탄쇼크shell shock'는 빠르게 치유되지 않았다. 일반적으로 포탄쇼크는 탈영 시도나 기껏해야 심신미약으로 진단되었다(카우치). 전기충격은 산산이 부서진 병사들을 참호로 다시 몰아넣기 위한 것이었다. 이러한 치료에 대한 두려움만으로도 충분한 경우가 많았다. 적지 않은 병사들이 전우들과의 연대감 때문에 다시 돌아왔지만 돌아왔을 때는 이미 많은 전우들이 그곳에 없었다. 자해와 탈영은 가혹한 처벌을 받았다. 전쟁 막바지 몇 달 동안 100만 명에 달하는 병사들이 전선에서 탈영하면서 붕괴가 가속화되었고, '배후중상설Dolchstoßlegende'[6]이 생겨나는 데 기여했다. 그럼에도 불구하고 전선에서 '버티는 것'은 그 자체로 가치가 있었으며, 이는 이후 '전선 체험'의 신화화로 이어질 수 있었다.

전선은 혼돈과 무기력이 공존하는 공간이었다. 아군 진영 내에서는 많은 움직임이 있었고, 기다림의 시간 및 극도의 긴장과 시련, 위협과 압도의 순간들이 교차했다. 특히 적의 참호가 서로 가까이 있는 곳에는 중화기 포대가 집중적으로 배치되었다. 죽음의 공간과 생존 가능성이 더 큰 공간이 있었다. 감각에 대한 끊임없는 공격에서 벗어나는 것은 거의 불가능했다. 포탄의 감각적인 압박, 열기, 섬광과 함께 전쟁의 소음, 즉 실제 공격이 가까워질수록 수상쩍은 고요함, 점점 커지는 쉭쉭거리고 울부짖는 포성, 위협적인 굉음 등이 항상 존재했다.

정체된 참호전은 반복적으로 대규모 공세에 의해 돌파되었고, 전쟁이 장기화되면서 이러한 대규모 공세는 결정적인 전투로 이어졌다. 1916년 2월부터 수개월간 베르됭 일대에서 벌어진 전투와 같은 해 여름 솜전투에서 전쟁 이래 가장 격렬한 집중포격으로 150만 명 이상의 군인이 전사했다. 그러나 이 시기가 결코 독일군이 가장 많은 사상자가 발생한 시기는 아니었다. 전쟁 초기 3개월과 전쟁이 끝날 무렵에는 병사 10명 중 1명 이상이 목숨을 잃었고, 그중의 많은 수가 전쟁에 환호했던 열혈 소년병들이었다. 생존 여부는 우연과 운명뿐만 아니라 대개 사회적 지위와 결부된 군대 내 지위에 따라서도 결정되었다. 장교들은 일반 병사들보다 더 잘 먹고 철조망 옆보다 참모진에 배치되었기 때문에 생존 가능성이 훨씬 높았다. 돌격대Sturmtrupp에는 젊고 건장하며 미혼인 남성이 우선적으로 선발되었다. 이로 인해 부모들은 아들을 잃은 슬픔에 빠졌지만 적어도 정부의 관점에서는 아버지를 잃은 가족은 없는 셈이었다.

주요 전투현장에서는 수십만 발의 포탄이 지형을 분화구처럼 바꾸어 놓았다. 무거운 포탄은 시신을 알아볼 수 없을 정도로 갈기갈기 찢어놓았다. 돌격공격에서는 돌격하는 쪽과 진지를 지키고 있던 쪽 모두 전멸했다. 구덩이와 시체, 무기를 밟고 달리는 동안 어떤 공격대형도 계획대로 움직일 수 없었다. 생존자들은 자신과 죽음 사이의 "마지막 보호막"이 무너졌을 때 일종의 자기최면이나 자동 마취가 엄습했다고 증언했다(Eksteins 1990, 262에서 재인용). 진지를 바꾼 프랑스 병사들은 다음날 아침이 되어서야 "우리 참호가 시체더미 한복판에 있다는 사실"을 알게 되었다. 전에 그 진지를 지키던 병사들이 "그곳에 누워 있는 시체와 유해를 보지 않기 위해" 방수포를 펼쳐놓았던 것이다(Ferro 1988, 163에서 재인용). 1915년에 처음으로 독가스가 사용되었고, 곧이어 폐를 태우는 백린탄과 겨자가스가 사용되었다. 두 가지 모두 독일의 화염방사기와 마찬가지로 국제법상 불법이었다. 공격이 끝난 뒤에는 철조망 속에서 죽어가는 사람들의 신음소리가 밤의 기만적인 정적을 깨뜨렸다. 말들이 죽기 전에 몰아쉬는 가쁜 숨소리도 견디기 힘들었다. 여름에는 시체의 악취까지 더해졌다.

물량전이 등장하면서 "학살의 세기"가 시작되었다(Eric Hobsbawm). 영국 전쟁성장관 허버트 키치너Herbert Kitchener 경이 느끼기에 서부전선에서의 참호전은 기술적 파괴력 때문에 "단순히 전쟁이 아니"었다(Eksteins 1990, 252에서 재인용). 그런데 바로 이러한 기술의 사용 가능성에 대한 전망은 많은 작가와 예술가들에게 임박한 전쟁을 더 나은 미래를 위한 정화이자 선택지로 여기게 만들었다. 그러나 물량전은 '귀족적인 인간'을 위한 학교로는 적합하지 않았다. 물량전은 그때까지 전쟁의 상징으로서 중심이 되었던 말과 기병대를 대체하고 군사전략과 위계관계를 변화시켰다. 전쟁은 거대한 노동력의 투입으로 변질되었다. 공장처럼 운영되는 전선(제철소)에서는 이상적으로 서로에게 협력하는 영웅화된 개인들이 집단에서 두각을 나타냈다. 즉 비행기 조종사(비행기), 무기 시스템을 조정할 수 있는 기술 전문가, 그리고 무엇보다도 성공적인 돌격부대 등이 그들이었다. 전쟁이 끝날 무렵 결정을 내려야 한다는 압박이 커지고 영국의 '탱크'가 새로운 전쟁수단이 되면서 전선은 다시 유연해졌다. 이와 함께 유연한 전투에서 신체와 기술을 자유자재로 다룰 수 있는 '돌격대장'의 시대가 도래했다. 이는 나중에 특히 에른스트 윙거에 의해 이상화되었다.

에른스트 윙거의 '전선의 병사Frontsoldat'는 자신의 신체와 폭력에 대한 인식을 모두 강화했다. 이는 근대의 물량전이 무자비하게 드러낸 인간의 고통스러운 취약성을 극복하기 위함이었다(Morat 2001). 이 '전선의 병사'에 대한 이상화는 전쟁중에 이미 시작되었고, 1920년대 랑게마르크와 베르됭에서 '새로운 인간'이 탄생했다는 신화와 함께 발전했다(Hüppauf 1993). 나치가 이를 정치적으로 도구화함으로써 전선에서의 경험이 얼마나 다양했는지를 오랫동안 제대로 바라보지 못했다. 병사들의 잔인성을 일괄적으로 이야기할 수는 없다. 살아남은 병사들에게 영향을 미친 것은 에른스트 윙거의 작품에서 주로 묘사된 근접전보다는 익명의 살인이었다. 또한 많은 병사들은 참호 속에서 민간의 삶과 밀접하게 연결되어 있었다. 특히 시골 출신 남성들은 향수병에 시달렸다(Ziemann 2000).

20세기의 '총력전'은 전선과 후방의 이중 동원을 요구했다. 1914년 독일군의 진군에서 이미 그 위력이 입증되었다. 수송열차는 10분 간격으로 쾰른의 호엔촐레른 다리를 건너 벨기에로 향했다. 기계화전쟁은 원자재, 생산시설, 노동력 등 자원을 둘러싼 경쟁이었다. 국가와 산업계는 원자재와 공장뿐만 아니라 농업생산(기업형 농장)도 최적화해 상호이익을 위해 활용하면서 더욱 긴밀히 협력했다. 이 업무를 전담하기 위한 독자적인 전시경제 관료 조직이 등장했다. 이 조직은 복지국가가 가족복지 및 생계 지원 영역까지 더욱 깊숙이 개입하는 데 필요한 사회보조서비스까지 감독했다. 생필품 배급과 가전제품의 최적화도 더이상 개인의 주방 생활에만 맡겨두지 않았다. 1916년 국가, 군대, 산업계는 힌덴부르크 프로그램을 통해 최후의 진격을 위한 국내전선의 총동원을 도모했다. 이제 국가가 노동이 가능한 인구를 광범위하게 동원할 수 있게 되었다(노동청).

또한 당국은 귀환한 병사들이 비교적 신속하게 재통합될 수 있도록 힘썼다. 새로운 국가에 대한 위협은 전쟁의 실제 경험보다는 오히려 그것을 정치적으로 신화화한 우익 준군사 조직과 민족주의단체들에서 비롯되었다. 이들은 소수의 적극적인 전선의 병사들만으로 조직되었지만 모든 것을 불사할 준비가 되어 있는 반국가적 폭력이 여기에 결집되었다. 베르사유조약의 개정을 갈망하는 훨씬 더 큰 규모의 재향군인단체들도 민주주의의 반대세력이 되었다. 위기감이 고조되면서 참호에서 '새로운 인간'이 탄생한다는 이미지가 점점 더 폭넓은 지지를 얻게 되었다. 1920년대 말부터 독일의 정치적 공간은 폭력적인 시가전 전선으로 분열되었다. 1929년 에리히 마리아 레마르크Erich Maria Remarque는 세계적인 베스트셀러 『서부전선 이상 없다Im Westen nichts Neues』에서 서부전선을 무의미함의 장소로 탈신화화했다. 동시에 이 책의 성공은 언론매체의 폭력 묘사에 대한 관음증을 낳았다. 이 책을 둘러싼 격렬한 논쟁 속에서 많은 사람들이 영웅적인 군인의 부활이 없는 점을 아쉬워했다. "끔찍한 전투 장면을 구역질이 날 정도로 [……] 나열하면서 전쟁 경험의 모든 고양된 순간들을 단순히 생략하는 것은 [……] 오해의 소지가 있다"(von der Goltz 1992, 85)는 것이다.

1917년 이후 참호전이 유연화되면서 미래의 전쟁에서는 참호전이 전략적으로 종말을 맞이하게 될 것이라는 사실이 이미 예고되었다. 광범위하게 펼쳐진 참호에서 볼 수 있듯이 전투 공간은 이제 "더이상 선형이 아니라 그물망 형태로 인식되었고, 전선은 더이상 최전선에 위치하는 것이 아니라 다양한 강도의 결절점들로 이루어진 면적 형태로 구상"되었다(Kaufmann 2004, 43). 전차의 투입으로 무력의 동력화가 시작되면서 참호전은 전략적으로 간주곡에 불과한 것이 되었다. 최초의 수행 능력은 시속 10킬로미터 미만으로 여전히 매우 취약했지만 전쟁 막바지 몇 달 동안 대량 투입되고 보충된 전차만으로도 서방연합군은 결정적인 우위를 차지할 수 있었다.

1920년대에는 전차를 작전에 활용하고 고전적인 전선을 초월하는 공중전에 대한 비전이 이론과 실전에서 확산되었다. '연합전'에서는 여러 종류의 무기가 하나의 표적을 겨냥했다. 제2차세계대전에서는 빠른 기갑사단의 출현으로 진지의 중요성이 상대화되고 기동전이 완전히 새로운 형태를 띠게 되었다. 기동화된 돌격부대와 전투기 편대는 전선을 움직이는 전장으로 바꾸어놓았고, 전장은 제1차세계대전 때보다 연료와 같은 자원에 훨씬 더 의존하게 되었다. 고속도로가 전략적으로 매우 중요해졌고 철도, 비행장, 군수공장은 전쟁의 새로운 목표물이 되었다(자동차, 기차역, 제철소). 이러한 군사 기동력을 방어하기 위해 프랑스 마지노선 맞은편에 독일 서쪽 국경을 따라 '서부방벽Westwall'이 건설되었다. 1936년에 건설되기 시작해 2년 후에는 몇 개월 만에 8,000개 이상의 벙커가 건설되었다. 1940년대 초에는 그 수가 1만 7,000개로 증가했다. 이 대규모 건설현장에서 프랑스 원정을 위한 군수지원체계도 시험해볼 수 있었다. 하지만 1940년 5월 출정이 이루어지기 전에 병사들은 몇 달 동안 서로 대치하며 '지구전'을 벌였다. 독일이 서유럽과 북유럽을 점령한 뒤 그 해안선을 따라 콘크리트와 철로 이루어진 대서양 장벽이 건설되었는데, 이 과정에서 많은 강제수용소 수감자들이 목숨을 잃었다.

그러나 이러한 장벽 외에도 기동전에서는 넓게 펼쳐진 여러 겹으로 이루어진 전선이 참호를 대체했다. 기동전에서도 전투차량으로 보호받지 못하는 병사들의 전투는 여전히 중요한 위치를 차지했고, 제1차세계대전 당시 전선에서 경험한 많은 특징들도 여전히 존재했다. 그러나 구소련과의 전쟁 초기에 엄청난 진격이 이루어지고 포위전의 전장에서 단계적인 결전이 다시 등장했으며, 점점 더 무력화되는 방어전에서 차량을 사용할 수 없게 된 것은 참호전 상황에 대한 경험 및 기억을 덮어버렸다.

또한 전투기는 전선을 후방의 민간지역까지 이동시켰다. 민간인의 사기를 꺾기 위해 도시를 표적으로 폭격하는 것은 1939년 독일이 폴란드를 공격하면서 전쟁의 한 형태가 되었다. 이는 곧 영국군과 미국군이 독일의 도시를 폭격하면서 폭격전의 공중전선으로 발전하게 되었다(벙커). 베를린을 더이상 방어할 수 없게 되자 베를린은 '전선도시'로 선포되었고 1989년까지 그 상태를 유지했다. 1945년 히로시마와 나가사키에 원자폭탄이 투하되면서 전선이 민간세계로까지 경계 없이 극단적으로 확장되었고, 이전에는 상상할 수 없었던 형태의 파괴로 이어졌다.

그러나 전선은 1945년 이후에도 '철의 장막'이라는 이름 아래 장벽과 철조망, 사살지대 형태로 계속 존재했다. '냉전'이라는 표현은 제2차세계대전보다는 제1차세계대전을 더 많이 연상시켰다. 공습과 기갑전, 게릴라전술과 정글전, 대량학살 전략과 지속되는 내전은 다른 유형의 전선과 전쟁의 또다른 이미지를 만들어냈다. 오늘날의 비대칭적 개입 전쟁에서는 전선의 원형인 포위공격이 다시 등장하고 있다. 힘의 균형은 처음부터 불균등하다. 참호전은 결코 일어나서는 안 된다. 자국의 손실을 피하고 그것을 미리부터 국가적 대의를 위한 희생으로 영웅시하지 않으려는 태도는 제1차세계대전의 유산이다. 마찬가지로 최대한 효율적으로 파괴하기 위한 새로운 군사기술을 끊임없이 개발하는 것 역시 그 유산에 속한다.

근대의 분화구: 전선에서 벌어지는 진보와 파괴의 충돌

전선에는 기술적 근대성이 깊이 자리잡았다. 사정거리가 길고 연속 발사가 가능한 총기 및 무기 기술은 고전적인 전장을 원거리에서 통제할 수 있는 공간으로 바꾸어놓았다. 이는 **자동차**를 '탄환Geschoss'이라고 표현하는 것에서 찾아볼 수 있다. 적이 멀리 있고 보이지 않기 때문에 새로운 형태의 방호(벙커)가 필요했을 뿐만 아니라 관측과 통신을 위한 새로운 매체도 필요했다. 이는 공중정찰의 발전을 촉진시켰고, 아직 초기 단계에 있던 항공기를 전투수단으로 사용하는 것보다 훨씬 더 효과적이었다.

보급과 수송은 철도와 차량의 수용 능력을 확대하고 최대치까지 활용해야만 확보할 수 있었다. 전선은 집결, 재배치, 전방 이동으로 인해 거대한 **기차역**이 되었다. 전선을 지원하기 위해 점령지의 **영화관**, **댄스홀**, **기업형 농장** 등을 이용하는 보급 및 오락 시설이 생겨났다. 그러나 전투에서 전선은 **경기장**과 마찬가지로 남성들만의 장소로 남아 있었다. 각 지역 간의 연결을 유지하기 위해 병사들은 전화망을 더욱 안정적으로 구축할 수 있도록 끝없이 긴 케이블을 설치했다. 전화망은 군수참모부의 **전화교환소**에 의해 통제되었다. 정찰기 조종사는 관측한 내용을 지상국에 무전으로 전송할 수 있었다. 그러나 보병전선과 포병대 간의 직접적인 교신은 수천 개의 광신호로 안전하게 이루어져야 했다.

서부전선의 미로 같은 참호 속에서 관찰자가 도덕적 감수성을 키울 수 있는 낭만적 풍경이라는 이상은 사라져버렸다. 갈가리 찢긴 전쟁 풍경은 고유한 파괴의 미학을 지니고 있었으며, 이는 모더니즘 문학의 탄생에 영감을 주었다. 오토 딕스Otto Dix나 조지 그로스George Grosz의 그림들은 로베르트 무질Robert Musil이나 프란츠 카프카Franz Kafka의 단편 스타일 속에 살아남았다. 이들의 작품에서 전장과 신체는 훼손되어 서로 구분할 수 없었다. 동시에 전선은 텅 빈 공간으로서 문화적·정치적 의미를 갖게 되었다. 행위자들이 눈에 보이지 않고 서로에게 익명으로 남아 있었기 때문에 더이상 "도덕적 자아"에 얽매이지 않는 "시야 내의 대상에 대한 유희적 접근"이 발전하게 된 것이다(Hüppauf 1991, 121). 전선의 무인지대에서는 적이 더이상 눈에 보이지 않았기 때문에 거침없는 섬멸에 나설 수 있었다.

여러 면에서 이것은 게오르크 지멜이 1914년 이전에 이미 묘사했던 근대인이 대도시에 적응하는 것과 유사했다. 보행자와 기차의 낯선 흐름에 직면한 근대인은 무감각함에 이를 정도로 자극 방어 능력을 발전시켰다. 발터 벤야민은 이를 제1차세계대전의 결과까지 확장했다. 전선에서 끊임없이 이어진 포격의 충격은 근대적 미디어, 특히 영화의 감각적 공격으로 이어졌다는 것이다. 발터 벤야민에 따르면 전후의 인간은 경험과 감각을 분리함으로써 도시, 전쟁, 미디어에서 오는 이 모든 인상들로부터 자신을 보호했다. 그는 자신의 내면과 분리된 일종의 제2의 시선을 개발했다.

제1차세계대전의 이미지는 파괴적인 힘으로 특징지어지지만 동시에 과학의 시험장이기도 했다. 군병원과 목욕시설은 부활의 기적의 세속적인 버전을 구현했다. 그러나 실제로는 독일군 10명 중 1명, 프랑스군 5명 중 1명이 무기로 인한 부상이 아닌 영양부족과 기상조건으로 인한 질병으로 사망했다. 부상자들은 사진을 촬영하기 전에 치료를 받아야 했다. 보철물 제조업체들은 전쟁 부상자들을 전쟁 생산을 위한 국내전선에 다시 투입할 수 있도록 공장에서 발생한 산업재해를 통해 얻은 지식을 완벽하게 발전시켰다. 처음으로 사용된 독가스는 화학 실험실에서 생산된 신상품으로 적을 좀더 효율적으로 공격하기 위한 것이었다.

대량학살은 집단 무덤으로 이어졌다. 전선에도 휴식을 취할 수 있는 공간이 있기는 했지만 병사들은 죽을 때나 죽음에 이르러서야 비로소 홀로 남게 되었다. 바로 이 때문에 엽서의 이미지에서는 죽어가는 병사가 전우들 한가운데에 있는 연출된 모습을 통해 죽음을 낭만적으로 표현했다. 처음에는 임시로 조성한 무덤들이 추후에 추모의 숲으로 확장되면서 비로소 전선의 공간이 유기적인 전체로서 이상화될 수 있었다. 수십만 명의 병사들을 신원 미상으로 만든 익명의 죽음과 급하게 조성된 집단 무덤은 나중에 강제수용소와 관련된 집단학살의 역학관계를 암시한다. 제1차세계대전의 파괴적인 폭력이 전멸을 목적으로 한 것이 아니었음에도 불구하고 그 성격은 이미 많은 사람들에게 미래를 예감하게 했다. 1930년 발터 벤야민은 다음과 같이 냉소적으로 평가했다. "가스전은 미래의 전쟁 양상을 군사적 범주가 아니라 스포츠의 범주로 완전히 바꾸어놓을 것이다. [……] [그것은] 학살 기록 경쟁을 바탕으로 한 터무니없는 도박이 될 것이다. 이러한 전쟁의 발발이 국제법의 규범 내에서 일어날 것인지[……] 의심스럽다. 그 전쟁의 끝은 더이상 그러한 제한을 고려할 필요가 없을 것이다"(Benjamin 1964, 130).

그러나 제1차세계대전중에 독일군과 병사들은 이미 특히 벨기에와 프랑스 침공 당시 보복 행위를 행함으로써 국제법을 위반했다(Horne/Kramer 2004). 벨기에인들이 대량 총살로 인해 계속해서 네덜란드로 탈출하는 것과 암거래가 번성하는 것을 막기 위해 벨기에의 독일 총독부는 1915년 벨기에-네덜란드 국경을 따라 180킬로미터 길이의 '죽음의 띠'를 건설했다(Herzog/Rösseler 1998). 전기 철조망에는 경보장치와 탐조등과 같은 보안장치가 설치되었고, 독일 경비대가 순찰했다. 독일 역사상 최초의 '죽음의 띠'는 전쟁이 끝날 때까지 최소 3,000명의 목숨을 앗아갔다.

서부전선에서 근대가 탄생한 것은 아니다. 그러나 참호 환경 속에서 폭력의 파괴적 잠재력과 이를 활용하려는 의지가 유례없는 정도로 응축되었다. 참호는 기계화전쟁이 전개된 장으로 고유한 기술적 혁신을 탄생시켰다. 동시에 보급품과 자원에 대한 수요 증가로 인해 전쟁은 민간인지역으로까지 확대되었다. 서부에서의 참호전이 근대적 전선을 탄생시켰지만 동시에 이러한 형태는 1918년에 이미 시대에 뒤떨어졌기 때문에 서부전선은 역사적으로 일회적인 장소이다. 풍경과 얼굴 그리고 영혼에 파인 분화구들과 함께 근대의 예상치 못한 심연이 펼쳐졌다. 그 내면적 모순이 적나라하게 드러난 것이다. 이로 인해 서부전선은 아우슈비츠나 히로시마와 마찬가지로 20세기의 전형적인 기억의 공간이 되었다. 이러한 장소에서는 진보의 유토피아와 파괴의 병리학이 극히 좁은 공간에서 충돌했다.

참고문헌

Benjamin, Walter (1964): Theorien des deutschen Faschismus. Zu der Sammelschrift ≫Krieg und Krieger≪ von Ernst Jünger (1930), in: Das Argument 28, 129~137.

Booth, Allyson (1996): Postcards from the Trenches. Negotiating the space between modernism and the First World War, New York/Oxford.

Brandt, Susanne (2000): Vom Kriegsschauplatz zum Gedächtnisraum: Die Westfront 1914~1940, Baden-Baden.

Chickering, Roger (2002): Das Deutsche Reich und der Erste Weltkrieg, München.

Eksteins, Modris (1990): Tanz über Gräben. Die Geburt der Moderne und der Erste Weltkrieg, Reinbek bei Hamburg.

Ferro, Marc (1988): Der große Krieg 1914~1918, Frankfurt.

Goltz, Freiherr von der (1992): Erich Maria Remarque: ≫Im Westen nichts Neues≪ (1929), in: Bärbel Schrader (Hg.), Der Fall Remarque. Im Westen nichts Neues. Eine Dokumentation, Leipzig, 84~85.

Herzog, Martin/Marko Rösseler (1998): Der große Zaun, in: Die Zeit, 16. April.

Hirschfeld, Gerhard/Gerd Krumeich/Irina Renz (Hg.) (2003): Enzyklopädie Erster Weltkrieg, Paderborn u.a.

Horne, Alan/John Kramer (2004): Deutsche Kriegsgreuel. Die umstrittene Wahrheit, Hamburg.

Hüppauf, Bernd (1991): Räume der Destruktion und Konstruktion von Raum. Landschaft, Sehen, Raum und der Erste Weltkrieg, in: Krieg und Literatur 3, 105~123.

Ders. (1993): Schlachtenmythen und die Konstruktion des ≫Neuen Menschen≪, in: Gerhard Hirschfeld/Gerd Krumeich/Irina Renz (Hg.), ≫Keiner fühlt sich hier mehr als Mensch≪. Erlebnis und Wirkung des Ersten Weltkriegs, Essen, 43~84.

Ders. (2003): Das Schlachtfeld als Raum im Kopf, in: Steffen Martus/Martina Münkler/Werner Röcke (Hg.), Schlachtfelder. Codierung von Gewalt im medialen Wandel, Berlin, 207~234.

Kaufmann, Stefan (2004): Raumrevolution. Die militärischen Raumauffassungen zwischen dem Ersten und dem Zweiten Weltkrieg, in: Rother (Hg.), Weltkrieg, 42~49.

Kern, Stephen (2003): The Culture of Time and Space 1880~1918, Cambridge, Mass./London.

Lange, Britta (2003): Einen Krieg ausstellen. Die ≫Deutsche Kriegsausstellung≪ 1916 in Berlin, Berlin.

Lipp, Anne (2003): Meinungslenkung im Krieg. Kriegserfahrungen deutscher Soldaten und ihre Deutung 1914~1918, Göttingen.

Dies. (2004): Erfahrungsraum ≫Front≪, in: Rother (Hg.), Weltkrieg, 58~67.

Liulevicius, Vejas Gabriel (2002): Kriegsland im Osten. Eroberung, Kolonisierung und Militärherrschaft im Ersten Weltkrieg, Hamburg.

Morat, Daniel (2001): Die schmerzlose Körpermaschine und das zweite Bewußtsein. Ernst Jüngers ≫Über den Schmerz≪, in: Jahrbuch zur Kultur und Literatur der Weimarer Republik 6, 181~234.

Peßler, Wilhelm (1916): Das Historische Museum und der Weltkrieg, Teil 3, in: Museumskunde 12, 91~104.

Razac, Oliver (2002): Barbed Wire. A history, London.

Rother, Rainer (Hg.) (2004): Der Weltkrieg 1914~1918. Ereignis und Erinnerung, Wolfratshausen.

Tooley, Hunt (2003): The Western Front. Battle ground and home front in the First World War, Basingstoke/New York.

Ziemann, Benjamin (1997): Front und Heimat. Ländliche Kriegserfahrungen im südlichen Bayern 1914~1923, Essen.

Ders. (2000): Das ≫Fronterlebnis≪ des Ersten Weltkrieges—eine sozialhistorische Zäsur? Deutungen und Wirkungen in Deutschland und Frankreich, in: Hans Mommsen (Hg.), Der Erste Weltkrieg und die europäische Nachkriegsordnung, Köln, 43~82.

벙커

마르크 부겔른Marc Buggeln

잉에 마르숄레크Inge Marszolek

콘크리트 건축의 상징 또는 기념관: 잠수함 벙커 '발렌틴', 브레멘 파르게, 1944년

브레멘 북쪽에는 베저강이 목가적인 강의 풍경을 이루고 있다. 이곳에서 강은 폭이 넓어지고 초원은 강둑까지 이어지며, 강 가운데 나무가 있는 녹색섬이 있고 소풍을 나온 사람들은 술집이나 베저 강변에 앉아 있다. 그런데 갑자기 눈앞에서 끝이 보이지 않는 거대한 콘크리트 벽을 마주하게 된다. 그것은 바로 나치가 남긴 가장 큰 군사 유물 중 하나인 '발렌틴' 잠수함 벙커의 남쪽 면이다. 벙커의 길이는 426미터, 너비는 최대 97미터, 높이는 최고 33미터이다. 바닥 면적은 3만 5,375제곱미터이며, 벙커 내부의 밀폐된 안전한 공간은 52만 세제곱미터에 달한다. 벙커가 마치 괴물처럼 보이는 것은 크기 때문만은 아니다. 이 거대한 물체는 마치 영원히 지속되도록 만들어진 것처럼 파괴할 수도, 침범할 수도 없어 보인다. 액체 콘크리트를 이용해 건물 전체를 벽에 균열이나 윤곽선을 찾아볼 수 없는 커다란 회색 상자로 만들었다.

1944년에 목가적인 강의 풍경은 파괴되었다. 베저강을 통해 운반된 자갈을 하역하기 위한 시설들이 강을 따라 건설되었다. 공사장 주변은 거대한 모래언덕 풍경처럼 보였고, 농장과 무성한 풀밭은 공사를 위해 자리를 내주어야 했다. 모래언덕 사이에는 대형 자재 창고가 있었고, 그 사이를 작은 수송열차들이 오갔다. 풍경 한가운데에는 많은 대형 크레인에 둘러싸인 최초의 거대한 콘크리트 벽이 보였다. 1944년 해군 건축 감독관이 촬영한 아마추어 영화는 분주하고 번잡한 모습을 생생히 보여주고 있다. 수천 명의 사람들이 철근과 콘크리트 자루를 나르고, 콘크리트를 섞거나 휘저으며 삽으로 모래를 퍼내고 있다. 언뜻 보면 모든 것이 평범한 근대의 대규모 건설현장처럼 보인다. 하지만 자세히 살펴보면 강제수용소 포로들의 줄무늬 포로복과 영양실조로 쇠약해진 몸, 그리고 노동자들의 얼굴에서 절망과 체념을 발견할 수 있다. 매일 벙커에서 일하던 8,000명에서 10만 명의 사람들 중 대다수는 민간인 강제노동자, 전쟁포로, 노동교화소Arbeitserziehungslager, AEL와 강제수용소의 수감자들이었다.

건설현장은 매우 위계적인 소우주였다. 가장 힘들고 위험한 건설 작업은 강제수용소 수감자들이 수행해야 했던 반면, 민간인 강제노동자들은 비교적 쉬운 작업을 맡을 수 있었다. 모집 절차도 달랐다. 강제수용소 수감자들은 해군상급건설청Marineoberbauamt이 나치친위대 경제행정본부SS-Wirtschafts-Verwaltungshauptamt에 직접 요구했고, 민간인 강제노동자들은 노동청에 행정 경로를 통해 요청했다. 강제수용소 메인 캠프(강제수용소)의 시설이 제대로 지어진 것과 달리 외곽 수용소의 숙박시설은 임시로 지어진 경우가 많았다. 브레멘 파르게에서는 수감자들이 지하 탱크컨테이너의 끔찍한 환경에서 잠을 자야 했다. 약 1,000명의 강제노동자들, 특히 강제수용소 수감자들이 과로와 수용소의 열악한 환경으로 인해 사망했다.

독일 노동자들은 거의 전적으로 숙련된 작업이나 포로들의 교육을 담당했다. 1940년 제국경제부 총괄 고문인 한스 케를Hans Kehrl이 이미 선언했듯이 이곳의 독일 노동자들은 '유럽의 감독관'이었다(Opitz 1977, 786). 강제노동자들, 특히 강제수용소 수감자들의 탈출을 막기 위해 해병대는 공사장 주위에 초소를 설치했다. 나치친위대가 궁극적으로 포로들의 생사를 좌우한 반면, 건설현장의 주인은 건설 기술자와 건축가들이었다. 건설현장을 담은 영화와 사진은 모두 그들의 자신감 넘치는 모습을 보여준다. 그들은 설계도를 팔에 끼고 모래 위를 걸어다니며 관리자를 불러 지시를 내렸다. 그들은 전쟁에서 이미 패색이 짙어지던 1944년에 전쟁과 미래를 위해 "세계 8대 불가사의"(Weser-Kurier, 1955. 10. 3)를 건설했다. 철근콘크리트 기술은 나치 건축가 알베르트 슈페어Albert Speer의 '폐허가치이론'7에 따라 이 벙커가 수천 년 동안 존속될 것임을 보장하는 것처럼 보였다(Wenk 2001b, 21).

건축감독관, 기술자, 해군들은 강제노동자들이 공사중에 병이 들고 다치거나 심지어 사망했는지에 대해서는 전혀 관심이 없었다. 중요한 것은 그들이 일을 하는 것이었다. 잠수함 벙커의 설계사무소 책임자였던 에리히 라크너Erich Lackner 교수는 1981년 6월 16일 라디오 브레멘과의 인터뷰에서 자신은 전체 작업 배치와는 아무런 관련이 없다고 강조하면서 "작업조건은 건설현장의 모든 사람에게 동일했다"고 슬쩍 덧붙였다. 이 발언은 오늘날의 건설현장에 적용한다고 해도 의심스러울 수 있는데, 당시의 상황을 생각하면 터무니없는 말이었다. 에리히 라크너에게 이 건설은 입신출세의 시작이었다. 그는 서른 살에 엔지니어링회사인 아가츠-보크의 부서장으로서 잠수함 벙커 '발렌틴'과 '호르니세'의 건설 업무를 총괄하는 임무를 맡았는데, 이는 그의 인생에서 가장 크고 명예로운 과제였다. 그는 1981년까지도 독일 엔지니어링 및 건축 기술의 뛰어난 성과에 대한 자부심을 드러냈다. 자신들이 그렇게 거대한 건축물에 처음으로 7미터 두께의 천장을 설계했고, 기초를 구축할 때 자재 부족으로 인해 극도로 재료를 절약했으며, 약 3만 톤의 기계가 있는 유럽에서 가장 큰 건설기계 현장을 지휘했다는 것이었다. 어려운 상황에도 불구하고 전쟁이 끝나기 직전까지 공사는 예정대로 진행되었다.

그러나 벙커를 근대적 무기의 상징을 생산할 독일 해군최고사령부의 최대 규모의 첨단기술 프로젝트로 만든 것은 이러한 외부 건축뿐만이 아니었다. 내부시설 또한 중요했는데, 보호용 콘크리트 지붕 아래에서 조립공정방식으로 잠수함을 완성할 수 있는 최초의 블록건조 조선소 Sektionswerft를 건설할 예정이었다. 각 섹션에서 잠수함 부품들을 제작한 후 마지막 공정에서 용접만 하는 방식은 미국의 상선 건조방식을 모방한 것이었다. 브레멘의 불칸 조선소와 협력해 13개의 조립 스테이션과 4개의 조립라인에서 동시에 작업을 수행할 수 있는 시스템을 개발했다. 조립라인들은 벙커 전체에 걸쳐 최대 400미터 길이로 평행하게 이어졌다. 따라서 엔지니어와 작업자들의 눈앞에 이전의 모든 조선소 건물의 규모를 뛰어넘는 거대한 크기의 작업장이 펼쳐졌는데, 이는 오늘날에도 공장이라기보다는 거대한 성당을 연상시킨다(제철소). 오늘날과 달리 당시 벙커 공간은 비어 있지 않았다. 곳곳에 크레인과 컨베이어벨트가 설치되어 있었다. 벙커 앞쪽 100미터에는 벽으로 분리된 작업장과 자체 발전소가 있었는데, 이는 폭격으로 인해 정전이 발생하더라도 생산을 계속할 수 있도록 하기 위한 것이었다.

벙커가 원래의 기능을 수행했다면 세계에서 가장 크고 현대적이며 가장 잘 보호된 생산시설 중 하나가 가동되었을 것이다. 노동력이 부족했기 때문에 강제노동자와 전쟁포로, 그리고 아마도 강제수용소 수감자들도 생산에 동원하려는 계획이었다. 따라서 이 벙커는 철저히 자본주의적으로 조직된 '제3제국'의 경제에서 강제노동자들을 어떻게 효과적으로 활용했는지를 보여주는 사례이다. 인종주의적 기준에 따라 조직된 강제노동과 자본주의적 생산은 모순되지 않았다. 이 둘의 밀착은 근대의 전쟁 수행뿐만 아니라 근대화 과정을 위한 잠재력이었다.

벙커: 민족공동체의 장소인가, 사회계층의 장소인가?

1943년 8월 3일자 〈함부르거 차이퉁〉에는 벙커에서의 생활을 묘사한 "벙커에서 본 시각. 내 벙커에서 일어난 사건과 생각"이라는 제목의 기사가 실렸다. "'폐허 한가운데 있는 거대한 콘크리트 블록'은 이제 나의 집이자 나의 보호자이자 친구가 되었다. [……] 갑자기 중요한 것과 중요하지 않은 것이 보인다. 중요한 것은 존재의 기쁨에서 불굴의 힘을 끌어내는 건강하고 단순한 삶이며, 이는 미래의 씨앗이다." 이 전시 선전 기사는 영어권에서 유래한 벙커라는 단어의 이중적 의미를 언급하고 있다. 영어에서는 이 의미가 '벙커bunker'와 '피난처shelter'라는 2개의 서로 다른 단어로 사용되고 있다. 19세기 말부터 사용된 단어인 벙커는 처음에는 분말, 과립 또는 액체물질을 저장하는 용기를 의미했다.

제1차세계대전 당시 벙커는 전선 인근에 있는 부대 대피소였고, 독일어권에서 공습을 피할 수 있는 방공호와 동의어가 된 것은 제2차세계대전 이후였다. 또한 〈함부르거 차이퉁〉의 기사는 민족공동체를 벙커공동체로 구성하는 것을 언급하고 있다. 이는 나치의 미래를 위한 '씨앗'이 되어 전선공동체와 연결되어야 했다(전선).

하지만 현실은 달랐다. 전쟁 초기에 독일제국은 공습에 거의 대비하지 못했다. 1940년 10월 10일 영국과의 공중전에서 패색이 짙어진 후에야 61개 도시에 방공호를 건설하라는 총통의 지시가 내려졌다(Foedrowitz 2002, 10f.). 며칠 후에는 '모자母子 행동'이라는 총통 프로그램이 발표되었다. 특히 어린 자녀를 둔 어머니들은 새로 건설된 벙커에서 밤을 보내야 했다. 베를린에는 이를 위해 특별히 "모자 벙커"가 건설되었다(Arnold/ Arnold/ Salm 1997, 114). 1941년 방공호 프로그램은 독일 건설활동의 중심이 되었다. 노동력이 부족했기 때문에 주로 외국인 전쟁포로와 강제노동자들이 벙커를 건설해야 했는데, 베를린에서는 이들이 전체 노동력의 3분의 2를 차지했다(Foedrowitz 2002, 53). 그러나 그들은 대부분 공습 때 방공호로 대피할 수 없었다. 이 프로그램은 1942년에 이미 제한되었고, 결국 1942년 9월에는 서부방벽 건설을 위해 대폭 축소되었다(Groehler 1990, 244). 1944년 6월 연합군이 노르망디에 상륙한 후 서부방벽이 더이상 건설되지 않았음에도 독일의 건설역량은 다시 민간 방어시설 건설로 전환되지 않았다. 대신 군수산업을 보호하고 지방으로 이전하는 데 사용되었다.

1943년 중반까지 건설 프로그램의 일환으로 40만 명을 수용할 수 있는 2,000여 개의 방공호가 건설되었다. 그러나 선정된 대도시에는 약 1,900만 명이 살고 있었기 때문에 벙커는 주민의 약 4퍼센트만을 수용할 수 있었다. 따라서 대부분의 사람들은 건물 지하에 마련된 대피소를 찾아야 했고, 1,160만 명을 수용할 수 있었다. 주로 독일 북부와 서부의 특히 위험한 대도시들과 좀 덜하지만 남부 독일의 대도시들도 이 프로그램에 포함되었다. 반면 동부 독일에는 거의 건설되지 않았다. 연합군 폭격기의 폭격 범위가 확장된 이후에는 드레스덴이나 켐니츠 주민들에게 치명적인 결과를 초래할 수밖에 없는 상황이었다.

독일이 가장 큰 규모의 방공 프로그램을 시작했지만 공중전의 위험에 가장 먼저 대응한 나라는 영국이었다. 뮌헨협정이 실책으로 판명된 뒤 네빌 체임벌린Neville Chamberlain 총리는 1938년 11월 방공위원을 임명했다. 그는 자신의 이름을 딴 '앤더슨 벙커'를 건설하기로 결정했다. 개인 주택 정원에 평균 바닥 면적 3제곱미터에 6명이 들어갈 수 있는 공간으로 건설할 계획이었다. 영국 주택에는 보통 지하실이 없었기 때문이다. 전쟁이 시작될 무렵 이러한 벙커가 약 200만 개 완성되었다. 이 벙커가 너무 작다는 이유로 1940년 3월부터 대규모 공공 벙커 건설이 시작되었다. 일부 벙커가 독일의 첫 공습을 견디지 못하자 많은 런던 시민들은 공습을 피해 지하철역으로 대피했다. 정부는 집에 머무는 사람들을 최소한으로 보호하기 위해 두 사람이 누울 수 있는 일종의 철제 테이블인 '모리슨 셸터Morrison-Shelter'를 도입했다. 이와 동시에 런던에 각 8,000명을 수용할 수 있는 8개의 거대한 지하 벙커 건설이 시작되었다. 그러나 독일 공군이 '영국 본토 항공전'에서 패배한 후 영국에 그다지 위협이 되지 않는다는 것을 알게 되었기 때문에 이 벙커들은 완공되지 않았다.

영국은 독일과 더불어 유럽에서 가장 광범위한 방공체계를 가지고 있었는데, 다른 국가들이 공습을 대비하는 데 거의 신경을 쓰지 않았기 때문이다. 독일의 벙커는 통일되어 있지 않았고, 계획과 실행은 선정된 각 도시에 맡겨져 있었다. 많은 벙커가 직육면체 블록으로 지어졌고, 일부는 지붕에 대공포 진지를 설치하기도 했다. 폭탄이 미끄러져 지면에서만 폭발하도록 뾰족한 지붕이 있는 탑을 위에 설치하기도 했다. 어떤 벙커는 완전히 지하에 위치했다. 벙커의 규모 또한 매우 다양했다. 일부 벙커는 '수정의 밤Kristallnacht'[8] 당시 파괴된 유대교 회당터에 지어졌다(Bartetzko 2001).

1943년부터 관통 사례가 발생하기 시작했음에도 폭격이 발생했을 때 주민들은 벙커를 도시에서 가장 안전한 장소로 여겼다. 하지만 벙커에 자리를 구하는 것은 매우 어려웠다. 1941년까지는 나치나 관할 방공 지구대에서 배포한 카드를 소지한 사람만이 해당 벙커에 출입할 수 있었다. 그러나 공습이 증가하면서 이러한 관행은 점점 무의미한 것이 되었다. 경계경보 시간이 짧았기 때문에 검사는 더이상 의미가 없었고, 1943년에는 증명서가 완전히 폐지되었다. 그후 사람들이 한꺼번에 벙커로 몰려들면서 서로 밀치거나 몸싸움을 벌이는 일이 빈번하게 발생했다. 전쟁포로, 동유럽 노동자, 폴란드인들은 안전하지 않은 엄폐호로만 피신할 수 있었고, 적어도 서유럽국가의 강제노동자들은 빈 공간이 있는 경우 벙커에 들어갈 수 있었다.

원칙적으로 벙커는 주로 어머니와 어린이, 중증의 전쟁 부상자들이 사용하도록 되어 있었다. 16세에서 60세의 남성은 필요한 경우 소방 작업을 더 빨리 도울 수 있도록 지하 방공시설로 가야 했다. 베를린에는 1943년부터 벙커에 가장 먼저 들어가기 위해 벙커 앞에서 몇 시간씩 기다리는 '벙커 아줌마' 또는 '접이식 의자부대'가 있었다. 선별은 벙커 입구에서 정신없는 상황 속에서 이루어졌고 이 과정에서 종종 다툼이 발생했다. 문은 보통 공습경보가 울리기 직전에야 열렸다. 최대 2만 명을 수용할 수 있는 대형 벙커에 사람이 모두 들어차는 데에는 약 15분이 걸렸고, 4개의 큰 문이 있었다. 초당 짐을 든 사람 6명이 5미터 너비의 문을 통과해야 했다. 당시의 목격자들에 따르면 공황과 히스테리가 발생했고 때로는 압사하는 사람도 있었다. 그후 경보가 해제될 때까지 모든 문은 폐쇄되었다.

벙커에서는 종종 일시적인 '비상공동체'가 형성되었다. 사람들은 자신의 집에서 쫓겨났다는 공통의 운명과 다시는 자신의 소유물을 볼 수 없을지도 모른다는 두려움을 공유했다. 이 특수한 상황에 놓인 사람들 사이에서 지위와 재산의 차이는 평소보다 그리 중요하게 작용하지 않았다. 그러나 이 비상공동체는 나치가 선전하던 민족공동체와는 거리가 멀었다. 늦어도 1943년이 되자 지속적으로 폭격을 받은 독일의 대도시들에서는 체념이 확산되었다. 게슈타포의 상황 보고서들은 무관심, 무력감, 냉담함에 대해 기록하고 있다. 그러나 일부 연합군 공군 전략가들의 예측과는 달리 주민들은 끊임없는 폭격에도 불구하고 폭동을 일으키지 않았다. 체념은 무엇보다도 무감각해 보이는 인내심으로 이어져 주변의 모든 것이 무너져내리는 상황에서도 평소처럼 삶을 이어가려고 노력했다(Padover 1999, 18f.; Groehler 1990, 294). 나치의 우려와는 달리 사람들이 한꺼번에 도시를 탈출하는 것을 막을 일은 없었고, 오히려 도시에서 긴급히 필요하지 않은 사람들을 안전한 시골로 이주하도록 설득해야 했다(Friedrich 2002, 435f.).

전쟁이 끝나갈 무렵 벙커는 파괴된 도시에서 많은 사람들의 거주지가 되었다. 거의 모든 공간에 다층 침대가 설치되었다. 25명이 화장실 하나를 공동으로 사용했다. 임산부를 위한 별도의 공간이 마련되었고, 종종 산부인과 병동도 마련되었다. 300명마다 응급처치실을 의무적으로 설치해야 했고, 병원시설이 갖춰져 있는 경우도 꽤 있었다. 모든 방공호에서 가장 중요한 것은 환기시스템이었다. 공기 소모로 인해 사람이 꽉 찬 벙커에는 약 300리터의 깨끗한 공기를 펌프로 공급해야 했다. 벙커 주변이 화염에 휩싸이고 유독가스가 생성되었을 경우 아무리 뛰어난 방독면 필터도 제한된 시간 동안만 가스의 침투를 막을 수 있을 뿐이었다. 사람들은 종종 질식사와 화염지옥 중 하나를 선택해야 했다. 벙커에 머무는 시간이 길어질수록 상황은 점점 악화되었다. 벙커 거주자들 다수가 옷가지도 별로 없다보니 그마저도 점점 더 더럽고 낡아졌다. 특히 협소한 벙커 안에서는 질병이 빠르게 퍼졌기 때문에 면역력이 약해진 사람들은 질병에 더 취약해졌다. 독일 대도시의 주민 대다수는 벙커나 지하실 또는 지하에서 생존했다. 그러나 참혹한 상황 속에서 벙커의 일시적인 비상공동체는 공간적으로 고립된 '무감각의 민족공동체'로 변모했다.

폭격전의 규모와 방공호의 중요성을 평가하는 데에는 일본과의 비교가 도움이 된다. 독일에서는 약 5년간 지속된 폭격전으로 40만 명이 사망했으며, 적어도 마지막 2년 동안은 가장 격렬했다. 폭격전은 일본에서도 독일과 유사한 심리적 영향을 미쳤다. 승리에 대한 이전의 확신은 확실한 패배를 직감하면서 고통으로 바뀌었다. 승전 기간 동안 일본 정부는 독일 정부보다 방공망 구축에 더 많이 소홀했다. 전세가 변하자 일본은 벙커를 건설할 원자재를 더이상 확보할 수 없었다. 그 대신 대도시에 있는 수천 채의 가옥을 허물어 도시를 관통하는 길을 만듦으로써 도시 안에 불이 번질 수 없게 하는 방법을 택했다. 그럼에도 불구하고 방공시설의 부족으로 인해 매우 많은 희생자가 발생했다. 9개월 동안 일본인 약 80만 6,000명이 부상을 입었고, 그중 33만 명이 사망했다

(MacIsaac 1976).

벙커는 오늘날까지도 여전히 전쟁 전략의 일부로 남아 있다. 독일에서는 1992년이 되어서야 민간 방공의 일환으로 개별 벙커를 핵전쟁에 대비해 개량하는 프로그램이 중단되었다. 그러나 나토(NATO, 북대서양조약기구)의 기술적 우위로 인해 가까운 미래에 벙커가 본래의 사용 목적인 방공용으로 사용될 가능성은 거의 없어 보인다. 따라서 나토국가에서는 군대와 정부를 핵공격으로부터 보호하기 위한 목적으로만 벙커를 설계하고 있는 반면, 일부 주변국에서는 벙커 건설이 활발히 진행되고 있다. 제2차세계대전에서 시작된 콘크리트와 폭탄의 경쟁에서 미국과 영국의 이라크 공격은 공중전과 방공체계의 최신 현황을 잘 보여주었다. '충격과 공포' 공격 프로그램은 대규모 정밀폭격을 통해 적의 통제센터를 무력화시키려는 것이었다. 제2차세계대전의 무차별 폭격과는 달리 이 공격은 적어도 이론적으로는 적의 군사, 정치, 경제 중심지를 정밀공격하는 것이 핵심이다. 표적의 정확도가 향상되었음에도 대규모 폭격으로 인한 민간인의 사망은 여전히 불가피하다.

한편 벙커 건설 기술도 상당히 발전했다. 사담 후세인의 가장 크고 중요한 벙커들은 독일과 스위스 엔지니어들이 설계했다. 이 벙커들은 지하 깊숙한 곳에 위치하며 두꺼운 콘크리트 천장으로 덮여 있다. 따라서 전쟁을 앞두고 미군 내부에서는 기존의 벙커 파괴용 폭탄이 새로운 벙커에도 여전히 효과적일지 의구심이 생겼다. 이 때문에 벙커 파괴용 폭탄에 소형 핵탄두(미니 핵폭탄)를 장착하는 방안이 논의되었다. 2002년 2월 미국 국무부 군축 담당 차관 존 볼턴John Bolton은 히로시마와 나가사키 이후 존재해온 전쟁에서 핵무기를 먼저 사용하지 않겠다는 국제적 합의에 미국은 더이상 구속되지 않는다고 선언했다(Washington

Times, 2002. 2. 22). 전쟁이 성공적으로 진행됨에 따라 미국은 기존의 벙커버스터만을 사용했지만 이 역시 약 1.5톤의 우라늄으로 채워져 있어 타격지역을 오염시켰다.

벙커 지형학: 다의적인 기억의 풍경

'발렌틴' 벙커는 전후 독일의 문화적 기억에서 역설적인 존재이다. 한편으로 이 벙커의 존재는 무시하거나 파괴할 수 없다. 영국과 미국 공군이 전후에 새로운 로켓 추진 폭탄의 관통력을 시험하기 위해 이 벙커에 폭격을 가했지만 파괴되지 않았다. 이에 반해 브레멘과 인근 마을 주민들의 머릿속에서는 이 벙커가 오랫동안 사라져 있었다. 이 벙커를 도시의 잔해더미 속에 묻어버리려고 했던 브레멘 상원들의 계획은 실현되지 않았지만 기억의 가상 공간에서 거대한 콘크리트덩어리는 전원의 풍경을 방해하는 요소일 뿐이었다. 강제노동자와 강제수용소 수감자들에 대한 기억은 이미 지워버렸다. 기껏해야 암묵적으로나마 강제노동자들이 등장한 것은 예를 들어 1955년 〈베저 쿠리어〉지가 벙커를 "파라오 시대의 미완성 건축물"로 묘사했을 때였다. 당시의 목격자들은 전쟁의 공간적 표식으로서의 벙커의 의미뿐만 아니라 건설현장과 수용소, 주변 지역 사이의 긴밀한 관계망을 무시했다.

폴 비릴리오Paul Virilio는 일찍이 1950년대 말부터 대서양 장벽의 요새 건축 유적에 관심을 가진 사람 중 한 명이었다. 그는 대서양에서 수영을 하던 중 벙커 건축의 유적과 마주하게 되었다. 그는 새로운 지도를 발견한 것이다. "며칠 동안 바다를 따라 걷다보면 텅 빈 수평선 앞에 세워진 콘크리트 제단들을 끊임없이 마주칠 수 있다. 이 프로젝트의 과도함은 상식적인 이성으로는 이해할 수 없는 것이었다. 총력전의 모습이 바로 이곳에서 신화적인 차원으로 드러났다"(Virilio 1992, 12). 여기서 폴 비릴리오를 특히 매료시킨 것은 이 건축물의 절대적인 근대성에 파괴가 새겨져 있다는 점이다. 그러나 그것의 기능적 미학은 오늘날까지도 서로 다른 이유에서 많은 이들을 매혹시키고 있다. 폴 비릴리오에게 이 벙커들은 과거의 전쟁을 상징하는 동시에 새로운 전쟁, 즉 "군과 민간의 거대한 융합"으로 이루어진 총력전에 대한 경고이다(앞의 글, 46). 벙커는 다의적인 기억의 장소로서 과거와 미래를 동시에 가리킨다.

자칭 '벙커 고고학자들' 역시 콘크리트 건축물의 미학적 매력에 사로잡혀 있다. 그들은 나치의 민족공동체 연출 의도에 따라 기술과 노동조직의 융합이라는 나치의 서사를 계속해서 써내려간다. 이는 나치 토트 조직Organisation Todt, OT[9]의 전쟁화가인 테오 오르트너Theo Ortner의 전통을 따른 것으로, 그는 대서양 장벽의 잠수함 벙커뿐만 아니라 '발렌틴' 벙커 건설현장을 그리는 데도 헌신했다. 테오 오르트너의 그림은 매끄러운 벽, 반사되는 고요한 물, 벙커 안의 배들을 보여주며 평온함과 차가움을 동시에 발산한다. 전쟁이 한창이던 시기에 그려진 이 그림들에는 전선에서 들려오는 패전 소식과 공중전으로 도시가 파괴된 상황에서도 이러한 공포가 표현되어 있지 않다. 콘크리트 벽이 거대한 벙커 안의 작은 사람들을 삼켜버릴 것처럼 보인다. 오늘날에도 당시와 마찬가지로 이 미학에서 강제노동자의 흔적은 찾아볼 수 없다.

도시 방공호의 벙커 지형 또한 문화적 기억 속에 거의 남아 있지 않다. 특히 지상 벙커는 생생하게 남아 있음에도 불구하고 그러하다. 전쟁이 끝난 후 많은 방공호는 비상대피소로 실용적인 용도로 변경되었다.

도시가 재건되면서 벙커는 그대로 남아 있었지만 더이상 전쟁의 유적이나 증인으로 여겨지지 않았다. "의도적인" 기념물이 된 경우는 드물었다(Hatton 2001, 58). 기억은 유적과 분리되었고 벙커는 창고, 하위 문화활동 공간 또는 음악 그룹의 연습실로 사용되었다. 이것은 벙커를 저장시설이라는 원래 목적으로 되돌리는 것만큼 무해한 것처럼 보인다.

그러나 벙커는 무해하지 않으며, 전쟁의 유적으로서 타자의 장소로 남아 있다. 타자는 보호에 대한 갈망일 수도 있고, 보이지 않는 것에 대한 매혹일 수도 있다. 그러나 실제 건축물과 연관지어서 볼 때 벙커는 오염을 가리킨다. 즉 벽 뒤에 숨겨진 것의 취약성, 나치 민족공동체의 기반이 된 인종주의적 배제를 나타낸다. 또한 매끈한 콘크리트 벽에는 다양한 지배의 흔적이 새겨져 있다. 전쟁을 통한 신체의 지배와 나치즘의 연출을 통한 정신의 지배, 그리고 벙커를 건설한 사람들의 운명에 대한 지배가 그것이다. 보호 공간을 찾던 민간인과 보호 공간을 건설해야 했던 강제노동자 사이의 차이는 벙커 벽에 흔히 감춰져 있었지만 최근에는 점점 더 분명하게 언급되고 있는 텍스트이다. 이것은 결코 지울 수 없는 차이이다.

참고문헌

Arnold, Dietmar/Ingmar Arnold/Frieder Salm (1997): Dunkle Welten. Bunker, Tunnel und Gewölbe unter Berlin, Berlin.

Bartetzko, Dieter (2001): Gebaut für die Ewigkeit. Die Friedberger Anlage in Frankfurt a.M., in: Wenk (Hg.), Erinnerungsorte, 89~96.

Beer, Wilfried (1990): Kriegsalltag an der Heimatfront. Alliierter Luftkrieg und deutsche Gegenmaßnahmen zur Abwehr und Schadensbegrenzung, dargestellt für den Raum Münster, Bremen.

Boberach, Heinz (Hg.) (1984/85): Meldungen aus dem Reich. Die geheimen

Lageberichte des Sicherheitsdienstes der SS 1938~1945, Herrsching.
Boog, Horst (1990): Der angloamerikanische strategische Luftkrieg über Europa und die deutsche Luftverteidigung, in: Das Deutsche Reich und der Zweite Weltkrieg, Bd. 6: Der globale Krieg, Stuttgart, 429~560.
Ders. (2001): Strategischer Luftkrieg in Europa und Reichsluftverteidigung 1943~1944, in: Das Deutsche Reich und der Zweite Weltkrieg, Bd. 7: Das Deutsche Reich in der Defensive, Stuttgart, 3~418.
Christochowitz, Rainer (2000): Die U-Bootbunkerwerft ≫Valentin≪. Der U-Boot-Sektionsbau, die Betonbautechnik und der menschenunwürdige Einsatz von 1943 bis 1945, Bremen.
Friedrich, Jörg (2002): Der Brand. Deutschland im Bombenkrieg 1940~1945, München.
Foedrowitz, Michael (2002): Bunkerwelten. Luftschutzanlagen in Norddeutschland, Eggolsheim.
Groehler, Olaf (1975): Geschichte des Luftkrieges 1910 bis 1970, Berlin (Ost).
Ders. (1990): Bombenkrieg gegen Deutschland, Berlin.
Hatton, Brian (2001): Strategische Architektur. Die unbeweglichen Objekte der Vorstellung, in: Wenk (Hg.), Erinnerungsorte, 52~70.
MacIsaac, David (Hg.) (1976): The United States Strategic Bombing Survey. A collection of the 31 most important reports printed in 10 volumes, New York.
Müller, Hartmut/Günther Rohdenburg (Hg.) (2001): Kriegsende in Bremen: Erinnerungen, Berichte, Dokumente, 2. Aufl., Bremen.
Neitzel, Sönke (1991): Die deutschen U-Bootbunker und Bunkerwerften. Bau, Verwendung und Bedeutung verbunkerter U-Bootstützpunkte in beiden Weltkriegen, Koblenz.
Neumann, Hans-Rudolf (2003): Bunker. Eine Bibliographie, Regensburg.
Opitz, Reinhard (Hg.) (1977): Europastrategien des deutschen Kapitals 1900~1945, Köln.
Padover, Saul K. (1999): Lügendetektor. Vernehmungen im besiegten Deutschland 1944/45, Frankfurt.
Virilio, Paul (1992): Bunker-Archäologie, München/Wien.
Weihsmann, Helmut (1998): Bauen unterm Hakenkreuz. Architektur des Untergangs, Wien.
Wenk, Silke (Hg.) (2001a): Erinnerungsorte aus Beton. Bunker in Städten und Landschaften, Berlin.
Dies. (2001b): Bunkerarchäologien. Zur Einführung, in: dies. (Hg.), Erinnerungsorte, 15~37.
www.bombenkrieg.historicum.net

강제수용소

하보 크노흐Habbo Knoch

철조망 뒤의 질서: 다하우 강제수용소, 뮌헨 인근, 1937년

1933년 3월에 다하우 강제수용소가 세워지고 4년 후 두번째 수용소가 건설되었다. 제1차세계대전 당시 화약공장이었던 석조 건물은 그동안 수감자 숙소로 사용되다가 철거되고 새로운 유형의 막사 수용소가 들어섰다. 이곳에서는 엄격한 대칭을 권력수단으로 이용했다. 새로 조성된 넓은 수용소 도로 양쪽을 따라 6,000명의 수감자를 수용할 수 있는 목조 막사가 좌우로 각각 17채씩 늘어서 있었다. 목조 막사는 돌 기초 위에 세워졌고 박공 모양의 앞면을 도로로 향한 채 정확히 세로로 정렬해 있었으며, 북쪽 감시탑에서 이곳을 내려다볼 수 있었다. 가로 250미터, 세로 800미터 부지 남쪽 끝에는 주방과 세탁실 외에도 샤워실과 구금용 벙커가 있는 관리동이 길게 뻗어 있었다. 막사와 관리동 사이에는 4만 명을 수용할 수 있게 설계된 넓은 점호장이 있었다. 그 옆으로 약간

비껴서 입구인 주르하우스Jourhaus가 있고 낮은 아치형 통로를 통해 점호장으로 이어졌다. 그 서쪽에는 운하로 분리된 특수 보안이 유지되는 넓은 사령부구역이 있었는데, 이곳에는 행정 건물, 병영, 친위대원들을 위한 휴게실이 있었다.

수용소 지도자들의 본부인 주르하우스는 일상과 수용소 세계의 경계를 나타내는 곳으로, 수감자들은 작업에 투입될 때에만 감시하에 이 곳을 나갈 수 있었다. 경비들은 수감자들이 수용소에 도착했을 때 치르는 '환영식'에서뿐만 아니라 저녁에 돌아올 때에도 괴롭힘을 통해 이 공간에 대한 지배력을 과시했다. 철제 출입문에 새겨진 "노동이 자유롭게 하리라"라는 문구는 탈출구를 약속했지만 수용소 수감자들에게는 주어지지 않았다. 수용소의 생활환경과 강제노동 외에도 여러 층의 보안 시설을 통해 탈출을 방지했다. 수용소 부지는 해자와 이중 철조망을 갖춘 담장이 둘러싸고 있었고, 담장을 따라 7개의 감시탑이 불규칙하게 배치되어 있었다. 수감자들은 막사에 비해 담장이 실제보다 훨씬 더 높았다고 기억한다. 수용소 지도에는 '벙커'와 '의무실'도 눈에 띄게 강조되어 있었는데, 이 두 곳이 특별히 위험한 곳이었기 때문이다.

1940년 11월 수감자였던 에드가 쿠퍼-코버비츠는 수용소에 도착했을 때의 첫인상을 다음과 같이 묘사했다. "무언가 잔인하고 끔찍하고 얼음처럼 차가워서 무서웠으며" 모든 것이 "지나치게 깨끗하게 유지되어 작은 종잇조각 하나도 눈에 띄지 않았다." 수용소 규정은 강제 공동체로서 고립되어 있다는 느낌을 더욱 강화했다. 수감자들은 머리를 삭발하고 똑같은 죄수복을 입었기 때문에 멀리서 볼 때 각 수감자 그룹별로 죄수복에 부착한 삼각형 표식의 색깔을 통해서만 구별할 수 있었다. 노동과 열악한 영양 상태로 인해 차이는 더욱 사라졌다. 막사는 수감자들이 청결하게 유지해야 했으며, 수감자들은 불시에 이루어지는 검문으로 인해 막사에서도 사생활을 완전히 박탈당했다. 수감자들 자신만의 시간과 공간에 대한 감각을 빼앗기 위해 그들을 수용소 공간의 추상적인 틀에 끼워맞추려고 했다. 많은 수감자들은 이러한 총체적인 통제에 맞서 가능한 한 자신만의 공간을 만들었다.

나치친위대는 강요된 청결을 선전했는데 그 이면에는 수용소의 폭력이 숨겨져 있었다. 수영장과 정원은 물론 전역에 걸쳐 철저히 관리된 청결과 질서를 통해 잘 운영되고 있는 모범 사업장이라는 인상을 주고자 했다. 나치친위대는 화약공장을 강제수용소의 모델로 바꾸었다. 이 공장은 1920년에 문을 닫은 후 폐허가 된 상태였다. 몇 년 후에는 "최신식 편의시설을 갖춘 멀리 떨어진 작업장에서도 사람들이 살고 싶어하지 않는다"(Richardi 1995, 43에서 재인용)는 말이 돌았다. 1933년에는 수용소 도로가 아직 없었지만 보안 조치가 강화되고 수감자구역과 사령부구역이 분리되면서 다하우는 이후 모든 강제수용소의 원형이 되었다. 1933년 3월 20일 하인리히 힘러Heinrich Himmler는 수용소 개소에 맞춰 뮌헨에서 특별 기자회견을 열었다. 하인리히 힘러에 따르면 5,000명의 공산주의자와 사회민주주의자를 "법정 감옥에 수용하는 것은 장기적으로 불가능하고 국가기관에 너무 큰 부담이 되기 때문에 이곳에 한데 모아야 한다"는 것이었다(Völkischer Beobachter, 1933. 3. 21). 그는 수용소를 법의 통제를 받지 않는, 국가기관으로부터 독립된 나치친위대의 지배 공간으로 만들고자 했다. 그는 테오도어 아이케Theodor Eicke를 다하우 강제수용소의 소장으로 임명했으며, 그의 수용소 규칙은 이후 모든 수용소에 적용되었다. 하루 일과, 수감자의 행동 및 처벌을 규제하는 가장 엄격한 규칙을 통해 억압은 더욱 체계적으로 이루어졌으며, 간수들의 자의적인 행동은 규제하지 않았다.

1933년 테오도어 아이케는 비어 있는 건물이나 지하실, 노역소 등에 설치되었던 많은 소규모 수용소들을 폐쇄하고 강제수용소시스템을 소수의 친위대 수용소에 집중시켰으며, 그중 일부는 새로 지어질 예정이었다(Drobisch/Wieland 1993; Orth 1999). 1937년 다하우에 새로 건축된 건물들은 이러한 개편의 일환이었다. 동시에 정치경찰과 나치친위대의 임무도 확대되었다. 강제수용소는 이제 사회생물학적·인종주의적 관념에 기반한 포괄적이고 예방적인 '적대자 제거Gegnerbekämpfung'정책의 일부가 되어야 했다. '동성애자', '반사회적 인물', '상습범죄자' 등이 수용소를 가득 채웠다. 이로 인해 수감자사회는 크게 변화했다. 특히 전과가 있는 강제수용소 수감자들은 다른 경험과 행동을 야기했다. 그들은 정치범들과는 달리 자신의 신념에 따라 집단을 형성하지 않았다. 나치친위대는 이들 중 다수를 직책수감자로 선발해 정치범들의 주도권에 맞서게 했다.

새로운 수감자들은 전쟁 준비를 위한 추가 노동력으로 활용되었다. 국경에서 멀리 떨어진 5개의 새로운 거점 강제수용소도 이러한 목적에 맞춰 위치를 선정했다. 1936년 베를린 근처 작센하우젠에 계획적으로 설계된 모델 수용소가 세워졌고, 이후 부헨발트, 다하우의 확장이 이어졌으며, 마지막으로 라벤스브뤼크와 노이엔가메 수용소가 건설되었다. 하인리히 힘러는 이등변삼각형 모양의 평면도를 가진 작센하우젠 강제수용소를 "언제든지 확장할 수 있는 완전히 새롭고 현대적인 수용소"(Morsch 1998, 116에서 재인용)라고 높이 평가했다. 1만 명의 수감자를 수용할 수 있는 68개의 막사는 점호장을 중심으로 네 겹의 반원형 고리를 이루어 배열되어 있었고, 기관총이 설치된 초소에서 감시할 수 있었다. 이 형태는 18세기 이후 등장한 현대 교도소의 감방과 감시초소의 파놉티콘적 배치라는 이상에 부합하는 것이었다(Foucault 1994). 이 시기의 모든 강제수용소에는 경비대를 위한 광범위한 시설이 있었는데, 이는 이 수용소들이 어떻게 SS-토텐코프부대SS-Totenkopfverbände[10]의 훈련 장소로 확대되었는지를 보여준다. 전쟁중에 이 부대가 이동학살부대Einsatzgruppen[11]에서 가장 큰 부분을 차지했다.

그러나 작센하우젠의 평면도를 그대로 따라한 곳은 없었다. 제일 먼저 부헨발트에 이어 새로 지어진 가장 큰 수용소단지인 아우슈비츠-비르케나우에서도 막사의 평면도에 맞춰 직사각형으로 부지를 구획하는 방식이 자리잡았다. 일찍이 제1차세계대전중의 포로수용소(Backhaus 1915)가 이런 형태였고, 1933년 이후에도 엠스란트의 에스터베겐 강제수용소와 같은 새로 건설된 수용소에서도 충분히 시험된 바 있었다. 최적의 공간 활용과 감시가 용이한 부지 분할이라는 목적에 가장 잘 부합하는 것이 직사각형의 기본 형태였다. 격자형 모양은 가축 운반 차량처럼 배치된 막사에서도 그대로 이어졌다. 아우슈비츠 막사의 취침 공간에는 "3층 침대 48개가 3개의 통로로만 분리된 채 벌집처럼 다닥다닥 붙어 있어 천장까지 전체 공간이 손실 없이 채워져 있었다. [……] 바닥 면적이 너무 제한적이어서 한 공간의 수감자들이 모두 들어가려면 최소한 절반은 침대에 누워 있어야 했다"(Levi 1992, 35). 과밀 수용, 잦은 이동, 그리고 가능한 한 다양한 수감자들을 함께 모아놓는 것은 공동체 형성을 막기 위한 것이었다.

수천 개의 외곽 수용소, 강제노동수용소, 포로수용소로 이루어진 전체 수용소의 체계에서는 수용소 간은 물론 수용소와 노역장, 일상세계 간에도 엄청난 이동성이 존재했다. 다하우 강제수용소는 최종적으로

200개에 달하는 외곽 수용소를 갖게 되었다. 수용소와 사회의 경계는 자주 희미해졌는데, 마지막으로 1945년 봄에 수용소를 소개하는 과정에서 수천 명의 다하우 강제수용소 수감자들이 바이에른을 가로질러 이동했을 때 이 경계는 완전히 무너졌다. 과밀화와 식량 부족으로 인해 식사 배급이나 점호 또는 노역시 수감자들 사이에서 자신의 공간을 확보하려는 싸움이 증가했다. 체계적으로 형성된 "감시 공간"(Sofsky 1993, 67)이 지닌 힘은 수용자사회 내의 위계질서에 의해 강화되었으며, 이는 간수들에 의해 도구화되었다. 지배는 공간에 대한 권리를 통해 경험되었고, 그것은 어떤 정당화도 불필요했다. 프리모 레비Primo Levi가 창틀에서 주운 얼음조각으로 갈증을 달래려고 하자 한 직책수감자가 그의 손에서 얼음을 빼앗아갔다. 프리모 레비는 이유 대신 "여기에는 '이유'가 없다!"(Levi 1992, 31)라는 말을 들었다.

사망률은 증가하고 발진티푸스 등의 전염병으로 생활환경이 악화되어 다하우 강제수용소의 수감자 20만 명 중 3만 명 이상이 살해되거나 사망했지만, 다하우 강제수용소는 아우슈비츠나 트레블링카와 같은 절멸수용소는 아니었다. 그러나 사망률이 증가하자 1939년 수용소 북서쪽에 자체의 소각시설이 설치되었다. 3년 후 샤워실로 위장해 건설된 소각로 4기를 갖춘 가스실은 더이상 가동되지 않았다. 그러나 1945년 봄 시체더미와 대량으로 죽어가는 사람들의 모습을 목격한 연합군 병사들과 보고서는 더이상 강제수용소와 절멸수용소를 구분하지 않았다.

폭력의 실험실: 20세기의 강제수용소

1949년 한나 아렌트Hannah Arendt는 해방된 수용소의 사진들이 "심령술 모임에서 신비로운 존재를 찍은 사진과 비슷한 설득력"을 가질 것이라고 추측했다(Arendt 1986). 수용소의 비현실성이 그 어떤 르포의 기록적 성격보다 더 강력하다는 것이었다. 이는 "전체주의적 권력과 조직기구의 중심 기관"인 강제수용소의 본질을 반영하고 있다. 한나 아렌트에 따르면 '전체주의적 지배'의 특징은 대량학살이 아니라 그에 선행하는 "인간을 불필요하게 만드는 전체주의적 정서가 엄청난 위험"으로, 이는 수용소에 국한된 것이 아니었다. 한나 아렌트는 이것이 근대의 부정적 잠재력으로서 강제수용소에서 극단적으로 나타난 것으로 보았다(Traverso 2000, 103~149). 이런 의미에서 1980년대 말 사회학자 지그문트 바우만Zygmunt Bauman은 현대 관료주의의 '사회공학social engineering'에 "대량학살 행위"의 가능성이 내재해 있다고 주장했다(Bauman 1989).

일찍이 한나 아렌트는 야만적 수용소와 문명화된 근대의 구분을 없애고자 했다. 한나 아렌트는 전체주의적 지배기구와 수용소가 근대적 대중시대의 전형적인 특징인 정치적 행위의 '무구조성'과 예측불가능성을 급진적으로 밀고 나간 것이라고 보았다. 이는 합리적 목적에서 벗어난 '전체주의적 지배'에서 집약되어 나타났다. 특히 수용소라는 유령세계에서는 '결과도 책임도' 없었다. 그 목적은 권력을 획득하거나 유지하는 것이 아니라 사람들을 통제 가능하고 교환 가능한 '반응 묶음Reaktionsbündeln'으로 만들어 그들의 정체성을 체계적으로 빼앗는 것이었다.

강제수용소는 자발성과 개성을 말살함으로써 '죽음 자체를 상시적인 것'으로 만들었다. 공간적 고립(잠수함)은 수감자들을 죽음보다 더 효과적으로 산 자의 세계와 단절시키는 틀이 되었을 뿐이다. 한나 아렌트에 따르면 "그토록 괴물 같은 잔혹함을 야기하고 궁극적으로 절멸을 지극히 정상적인 조치로 보이게 만드는 것은 철조망 자체가 아니라 철조망으로 둘러싸인 사람들의 조작되고 정교하게 만들어진 비현실성"이다. 결국 수감자들은 간수들의 사고방식에 순응하지 않을 수 없었고, 이로써 강제수용소는 "사람들을 완전히 지배할 수 있는 [……] 유일한 형태"임이 입증되었다. 한나 아렌트는 여기에 수용소의 고유한 합리성이 있다고 한다. 전체주의적 지배는 "핵심 부대를 광신화"하고 "전체 국민을 완전한 무관심 상태로" 유지하기 위해 강제수용소에 대한 공포에 의존하기 때문이다.

수용소는 "[……] 인간을 완전히 통제할 수 있는지", "꼭두각시"로 만들 수 있는지의 여부를 확인하기 위한 "실험이 이루어지는 실험실"이었다. 한나 아렌트는 근대의 장소로서 강제수용소가 갖는 중요성이 바로 이 점에 있음을 인식했다. 강제수용소 수감자들이 느낀 불필요성의 경험은 "인구 과잉의 세계에서 자신의 불필요함과 이 세계 자체의 무의미함에 대한 근대 대중의 경험과 정확히 일치"한다. 한나 아렌트의 문화비판적 시각에서 볼 때 강제수용소에서 '실험된' 것은 이데올로기시대인 근대사회의 일상적 경험 중 가장 극단적인 예로서, 합리적 목적과 결부된 직접적인 현실 경험이 '초월적 의미'를 통해 대체되는 것이었다(영화관, 신문사 편집부).

한나 아렌트는 수용소 유형이나 개별 강제수용소의 역사적 구분에는 특별히 관심을 두지 않았다. 그 이전의 형태들은 전체주의체제라는 배경이 없었기 때문에 중요하지 않았다. 이 용어는 1896년 스페인 식민정부가 쿠바에 반란군을 가두기 위한 '요새 수용소'를 설치하면서 처음으로 사용되었다. 마찬가지로 미국인들이 필리핀에서 식민지 봉기를 제압하면서 "비전투 민간인"을 수용하기 위해 "강제수용소concentration camp"를 설치했다(Kaminski 1982, 34f.). 미국 고유의 담론에서는 수용소와 강제수용소를 동일한 개념으로 사용하는 경향이 오늘날까지 견고하게 유지되고 있다. 비판적인 언론에서는 1838년에 설치된 체로키족 수용소와 보호구역조차 '강제수용소'라는 용어로 통칭한다. 기억에서 억압된 인디언에 대한 '문화말살정책ethnocide'이라는 측면에서 출발한 이러한 관점은 최근까지 무시되었던 제2차세계대전 당시 일본계 미국인의 수용 문제로 이어지고, 나아가 비상 상황에서 국가의 실제적이고 잠재적인 적들을 수감하기 위한 미국 전역에 퍼져 있는 800개의 '정치범수용소prison camp'시스템에 대한 비판으로 연결된다(Embry 1956; Wegly 1996). 제2차세계대전 당시 영국과 프랑스도 주로 나치의 통치지역을 탈출한 난민들을 위해 수용소를 건립했다(Cesarani/Kushner 1993; Peschanski 2002).

보어전쟁 당시 이미 이른바 '강제수용소'는 여론의 초점이 되었다(신문사 편집부). 1900년 9월 영국군은 자신들의 잔인한 '초토화'정책으로 머물 곳을 잃은 백인 보어족과 흑인 동맹군을 위해 텐트와 막사로 임시수용소를 설치했다. 12만 명에서 16만 명의 수감자 중 2만 명 이상이 사망했으며, 보급품이 부족했고 수용소는 최소한의 시설도 갖추지 못했다(Kaminski 1982, 35). 이듬해 6월부터 비판적인 언론보도가 나오면서 수용소는 정치적 종말을 맞이했다. 강경한 제국주의정책을 옹호했던 앨프리드 밀너 경은 곧 '강제수용소의 충격적인 사망률'이 정당화될 수 없다는 사실을 깨달았다. 여론의 소란 없이 어차피 "남아프리카 초원에서" 일어났을 일에 대해 이제 수용소 때문에 책임져야 하는 상황이 된 것이다(Krebs 1999, 39에서 재인용).

또한 1907년 여론의 항의로 인해 독일령 남서아프리카[12]에 있던 독일군 수용소 5곳이 해체되었다. 독일의 아프리카 식민지에 주둔한 식민지 보호군Schutztruppe은 1904년부터 잔인한 방법으로 헤레로족의 봉기를 진압해왔다. 이듬해 수용소가 설치되었을 때 헤레로족 다수가 이미 이 폭력에 희생된 상태였다. 보호군사령관 로타르 폰 트로타Lothar von Trotha는 이전에 시행했던 말살정책을 수용소를 통해 계속 이어가고자 했다. 한 선교사의 보고에 따르면 경비병들은 "무자비한 야만성, 호색적인 육욕, 잔인한 지배의식"으로 이에 부응했다고 한다(Heinrich Vedders 1905, Zimmerer/Zeller 2003, 64에서 재인용). 헤레로 전사들 외에 여성과 어린이들도 남아 있는 반군들을 지원하지 못하도록 수용소로 보내졌다. 농장주와 광산회사는 이곳에서 노동력을 조달했다.

이러한 수용소들은 당시에 이미 '강제수용소'라고 불렸지만 철조망으로 울타리를 치고 천으로 만든 움막이나 덮개로 덮은 숙소를 설치한 임시 공간이었다. 공간계획, 의도, 체계화 측면에서 후대의 강제수용소 건설과 직접적인 연관성을 찾을 수는 없다. 그럼에도 불구하고 이 수용소들은 "낮은 수준의 국가적 조직화에 의한 초기의 민족말살과 나치즘의 관료주의적 범죄 사이의 연결고리"(Jürgen Zimmerer)였다. 제대로 먹지도 못하고 중노동에 시달리며 결핍성 질병과 기후조건으로 인해 수감자의 절반가량이 떼죽음을 당했다. 인종 생물학적 연구가 행해졌다. 수감자들은 금속 꼬리표로 식별되었다. 수용소가 해체된 후 원주민에 대한 통제는 여권제도와 강제노동이 결합되면서 관료주의적 형태를 띠게 되었다(노동청).

나중에 생긴 강제수용소는 제1차세계대전 당시의 전쟁포로수용소 경험을 바탕으로 설립되었다. 전쟁 당시 양측 모두 야외 부지에 막사로 된 수용소를 설치했는데(Backhaus 1915), 이미 기반시설이 잘 갖추어져 있었기 때문에 나치시대에 다시 전쟁포로수용소와 강제노동수용소로 자주 사용되었다. 더 나아가 강제수용소는 히틀러 청소년단 캠프, 직업훈련 캠프, 단체 연수원 등 민간 영역까지 확장된 수용소화의 일부였다(Dudek 1988). 나치는 강제수용소의 실체를 여론에 위장하기 위해 이러한 민간 강제 공동체의 이미지를 활용했다(Knoch 2001, 75~91). '강제수용소'라는 용어가 독일 땅에 공식적으로 도입된 것은 제1차세계대전 이후 콧부스와 슈타가르트Stargard[13]에 "동부 유대인"을 위한 추방 수용소가 설립되면서였다(Wippermann 1999, 26ff.). 세기전환기 이후 민족주의자들과 반유대주의자들은 "수많은 동부 유대인이 밀려오는 것"(Georg Fritz 1915, 앞의 글 26에서 재인용)에 대해 거듭 경고하며 제국 국경의 폐쇄를 촉구했던 것이다. 추방 수용소는 1923년까지 특히 독일군 경비대의 행동에 대한 항의로 인해 폐쇄되었다. 그러나 '강제수용소'라는 용어는 1933년까지 신티족과 로마족을 수용하는 수많은 소규모 수용소의 형태로 존속했다.

당시 구소련에는 이미 10년 이상 강제수용소가 존재했는데, 주로 부르주아계급과 특정 민족집단의 구성원으로 이루어진 "계급의 적"을 수용하기 위한 시설이었다(Applebaum 2003). 블라디미르 레닌과 레온 트로츠키는 혁명 기간과 직후에 과거 포로수용소를 이용해 이러한 시설을 설치했으며, 처음에는 국지적 테러의 대책이었다. 1923년 비밀경찰이 최초의 독자적인 수용소를 만들었고, 여기서 굴라크GULAG라는 중앙통제시스템이 발전했다. 굴라크시스템은 나치 수용소시스템과 유사하게 다양한 유형의 수용소로 구성되었지만, 처음부터 일관되게 수감자의 노동력을 국민경제적으로 활용하는 데 더 초점을 맞추었다. 1920년대 말부터는 '교정 노동수용소'라는 표현으로 미화되어 불린 굴라크시스템은 명시적으로 스탈린의 산업화정책의 일부였으며, 1937년과 1938년 대숙청을 거치며 크게 확대되었다. 굴라크 수감자였던 알렉산드르 솔제니친의 보고에 의하면 나치 강제수용소와 같은 시기에 재편되면서 그때까지 남아 있던 '외부'로 연결되는 '끈'이 끊어졌다. 수용소부대가 강화되면서 비로소 "수용소는 완전히 현대적인 [……] 모습을 갖추게 되었다"(Kaminski 1982, 94에서 재인용). 1950년대 초까지 총 1,800만 명 이상이 수용소에 수감되었다.

수백만 명이 주로 굶주림과 탈진으로 사망했지만 구소련의 수용소는 특정 인구집단에 대한 계획적 말살이나 사회생물학적 프로그램의 실행을 위해 이용되지는 않았다. 따라서 나치정권이 유대인에 대한 공장식 학살을 자행하기 위해 사용한 시설들은 없었다. 아우슈비츠의 거대한 수용소단지는 가스실에서의 학살이 비교적 작은 공간에 국한되었다는 사실을 쉽게 간과하게 만든다. 동시에 이 시설은 좁은 의미의 강제수용소가 전쟁이 진행되는 동안 점점 더 살해체계의 물류적 구성요소로 전환되었으며, 자체 가스실이 없었음에도 생활조건의 악화나 처형으로 인해 절멸의 장소가 되었음을 명확히 보여준다. 반면 트레블링카 절멸수용소는 소수의 행정 막사, 특별 작업부대Sonderkommando[14]용 숙소와 가스실 이외에는 거의 아무것도 없었다. 또한 최초의 절멸수용소들은 해당 지역의 게토Ghetto에서 추방된 사람들을 위한 것으로 임시로만 설치되었다.

제2차세계대전 이후 강제수용소는 다양한 독재정권의 지배도구로 자리잡았다. 루마니아, 칠레, 아르헨티나에서는 반정부 인사들이 수용소와 감옥으로 사라졌다. 중국에서는 공산주의 통치자들이 '재교육 수용소'라는 모델을 채택했다. 굴라크와 마찬가지로 이곳에서도 경제적으로 중요한 공장식 생산시설이 탄생했다. 캄보디아의 경우 폴 포트는 처음에 수도의 전체 인구를 시골의 수용소로 이주시켰다. 전체 인구의 3분의 1에 해당하는 200만 명이 사망했다(Kiernan 1996). 1990년대 초 유고슬라비아의 스레브레니차에서 촬영된 사진에서 철조망 뒤에 있는 수감자들의 모습이 강제수용소 수감자들의 상징적 이미지를 보여주었던 것처럼 테러의 온상으로서의 강제수용소의 역사는 현실에서도 미디어에서도 아직 끝나지 않았다(Hoffmann 1998; Knoch 2001; Chéroux 2001).

거부된 근대성: 강제수용소와 근대의 폭력

나치체제 안에서 강제수용소는 고정된 것이 아니라 "정치적 기능 배분에 따라 크게 변화하는 지배수단"(Tuchel 1998, 56)이었다. 1930년대 후반부터 강제수용소는 점점 더 나치친위대의 독자적인 경제제국의 일부가 되었다(Kaienburg 2003). 수감자들에 대한 이러한 착취는 의학 실험이라는 과학적 표현으로 위장되었다. 1940년대 초부터 다하우 강제수용소에서는 고압 및 저압 실험, 저체온증 실험이 이루어졌고, 특별히 설치된 실험시설에서 수감자들을 말라리아에 감염시키는 실험도 행해졌다(실험실). 나치친위대와 많은 경비대원들은 강제수용소를 근대적인 장소라고 칭송했다. 그들은 강제수용소가 한 사회의 총체적 지배를 보여주는 모델로서 중기적으로는 불필요해질 것이라고 예상했다. 일부 사람들은 강제수용소를 미래의 대규모 주거단지의 특히 진보적인 핵심이라고 보았다(Steinbacher 2000). 경비병들을 위한 술집, 영화관, 주말농장은 이러한 주장을 강조했다.

이에 반해 체계적인 학살에까지 이르는 자의성과 착취가 수감자들의 상황을 규정했다. 프리모 레비에 따르면 '겨울'은 추위 그 이상을 의미했으며, 그 자체로 이미 위험했다. 수감자들은 겨울과 함께 "선별이 가까워졌음을 감지했다. [……] 무언가를 시도할 수 있는 사람은 그렇게 하지만 그런 사람은 극소수이다. 왜냐하면 선별을 피하는 것이 매우 어렵고 독일군은 매우 진지하고 놀라울 정도의 정확성으로 이 일을 하기 때문이다"(Levi 1992, 149f.). 강제수용소는 근대의 잠재적 위험을 드러냈다. 수감자들을 등록, 분류, 표식하는 과정에서는 근대과학과 근대 관료주의의 요소가 나타났다(노동청). 근대적 통신수단의 사용으로 수용소는 근대 감시국가의 핵심이 되었다(중앙당, 전화교환소). 의사와 과학자들은 의학 실험에서 수용소 공간의 무법 상태를 이용해 인체가 극한 환경에 적응하는 능력을 시험했다(비행기, 우주선, 잠수함). 몸을 가꾼다는 의미에서의 몸 만들기(웨이트룸)는 강제수용소에서 정반대로 이루어졌다. 수감자들의 경험은 노동력을 유지하고 재생산하는 것이 아니라 주로 육체노동을 통해 다소 통제된 방식으로 체력을 소모하는 것이 특징이었다.

수용소는 다양한 목적을 위한 공간적 저장소였으며, 전선과 마찬가지로 지배 기술의 시험장이었다. 수용소 건설 과정에서 개별적인 공간 배치가 이루어지고 계속해서 증축하고 막사를 수시로 옮기는 것은 근대 기능 건축에 내재된 지속적인 적응이라는 경제 원칙을 채택한 것이었다. 그러나 강제수용소는 거의 모든 것이 '규범과 목표에 구애받지 않고 시험, 반복, 강화 또는 중단될 수 있는 폭력의 실험실'로서만 가능했다.

폭력을 통한 이러한 권력의 정점은 '죽음의 공장'이었으며, 여기서 노동은 연쇄 살인과 시체 처리로 변질되었다(제철소). 수감자들은 의도된 "절대적 무력감"에 맞서 개성을 보존하고 집단 연대를 구축하는 등 나름의 전략을 통해 수용소의 "강제된 연속적 대중"으로부터 거리를 두려고 노력할 수 있었다(Sofsky 1993, 35f.). 생활조건이 악화될수록 기본적인 생활필수품과 모든 종류의 사생활이 거부된 결과, 삶은 외부에 의해 통제되는 연속성으로 변질되었다(아파트). 강제수용소는 사람들을 '대중화된 개인Massenindividuum의 사고방식'에 강제적으로 적응시키기 위한 공간적으로 가변적이고 고도로 조직화된 행동의 장이었다. 이는 궁극적으로 "보편적 의심"이라는 원칙에 기초해 동료 시민들을 적으로 만들었다(Arendt 1986, 665).

참고문헌

Applebaum, Anne (2003): GULAG. A history, New York.

Arendt, Hannah (1986): Elemente und Ursprünge totaler Herrschaft (1951), München.

Backhaus, Alexander (1915): The Prisoners of War in Germany. About 250 actual photographs from German prisoners camps, Siegen.

Baumann, Zygmunt (1989): Modernity and the Holocaust, Oxford.

Cesarani, David/Tony Kushner (Hg.) (1993): The Internment of Aliens in Twentieth Century Britain, London.

Chéroux, Clément (Hg.) (2001): Mémoire des Camps. Photographies des camps de concentration et d'extermination nazis (1933~1999), Paris.

Drobisch, Klaus/Günther Wieland (1993): System der NS-Konzentrationslager 1933~1939, Berlin.

Dudek, Peter (1988): Erziehung durch Arbeit. Arbeitslagerbewegung und freiwilliger Arbeitsdienst 1920~1935, Opladen.

Embry, Carlos B. (1956): America's Concentration Camps. The facts about our Indian reservations today, New York.

Foucault, Michel (1994): Überwachen und Strafen. Die Geburt des Gefängnisses, Frankfurt.
Frankl, Viktor E. (1982): … trotzdem Ja zum Leben sagen. Ein Psychologe erlebt das Konzentrationslager, München.
Herbert, Ulrich/Christoph Dieckmann/Karin Orth (Hg.) (1998): Die nationalsozialistischen Konzentrationslager—Entwicklung und Struktur, 2 Bde., Göttingen.
Hoffmann, Detlef (Hg.) (1998): Das Gedächtnis der Dinge. KZ-Relikte und KZ-Denkmäler 1945~1995, Frankfurt.
Kaienburg, Hermann (2003): Die Wirtschaft der SS, Berlin.
Kaminski, Andrzej J. (1982): Konzentrationslager 1896 bis heute, Stuttgart.
Kellerhoff, Sven Felix (2004): Vernichtung des Hererovolkes, in: Die Welt, 14. Januar.
Kiernan, Ben (1996): The Pol Pot Regime. Race, power and genocide in Cambodia under the Khmer Rouge, 1975~79, New Haven u.a.
Knoch, Habbo (2001): Die Tat als Bild. Fotografien des Holocaust in der deutschen Erinnerungskultur, Hamburg.
Konzentrationslager Dachau 1933~1945 (1978): Katalog zur Dauerausstellung, hg. v. Comité International des Dachau, 9. Aufl., München.
Krebs, Paul M. (1999): Gender, Race, and the Writing of Empire. Public discourse and the Boer War, Cambridge u.a.
Levi, Primo (1992): Ist das ein Mensch? Ein autobiographischer Bericht (1958), München.
Morsch, Günter (1998): Oranienburg—Sachsenhausen, Sachsenhausen—Oranienburg, in: Herbert/Dieckmann/Orth (Hg.), Konzentrationslager, 111~134.
Orth, Karin (1999): Das System der nationalsozialistischen Konzentrationslager. Eine politische Organisationsgeschichte, Hamburg.
Peschanski, Denis (2002): La France des camps. L'internement, 1938~1946, Paris.
Razac, Olivier (2002): Barbed Wire. A political history, London.
Richardi, Hans-Günter (1995): Schule der Gewalt. Das Konzentrationslager Dachau, München.
Schwarz, Gudrun (1990): Die nationalsozialistischen Lager, Frankfurt.
Sofsky, Wolfgang (1993): Die Ordnung des Terrors. Das Konzentrationslager, Frankfurt.
Steinbacher, Sybille (2000): ≫Musterstadt Auschwitz≪. Germanisierungspolitik und Judenmord in Ostoberschlesien, München.
Traverso, Enzo (2000): Auschwitz denken. Die Intellektuellen und die Shoah, Hamburg.

Tuchel, Johannes (1998): Planung und Realität des Systems der Konzentrationslager 1934~1938, in: Herbert/Dieckmann/Orth (Hg.), Konzentrationslager, 43~59.

Wegly, Michi Nishiura (1996): Years of Infamy. The untold story of America's concentration camps, Seattle.

Wippermann, Wolfgang (1999): Konzentrationslager. Geschichte, Nachgeschichte, Gedenken, Berlin.

Zimmerer, Jürgen/Joachim Zeller (Hg.) (2003): Völkermord in Deutsch-Südwestafrika. Der Kolonialkrieg (1904~1908) in Namibia und seine Folgen, Berlin.

물러나다: 해방의 장소

근대의 일상 속에서 사람들은 과도한 부담에 시달리며 살고 있다. 인간의 움직임은 계속해서 점점 더 빨라지고 있고 사람들은 온갖 종류의 조종 기술을 익혀야 하며, 끊임없이 낯선 이들과 소통해야 하고 합리화 과정 속에 자신을 적응시켜야 하며, 극단적인 감각적 자극에 반응해야 한다. 이 같은 외부적 영향으로부터 벗어나려는 열망은 혼자 또는 여러 사람이 물러나 쉴 수 있는 장소를 찾게 만들었다. 이러한 은둔의 장소들은 뚜렷하게 대도시에서 벗어나려는 경향을 보이지만 근대성을 거부하지는 않고 그 주변부에 자리잡음으로써 근대성을 측면으로 밀어낸다. 또다른 장소들은 개성을 펼칠 수 있도록 공간적으로 분리되는 것을 선호한다. 이러한 해방의 효과는 모순적이며 19세기에 유행했던 자유에 대한 열정과는 일치하지 않는 측면이 있다. 자발적으로 스스로를 제한함으로써 영역이 확장될 수 있고, 외부와의 차단은 유대감의 전제조건이 될 수도 있기 때문이다. 해방은 무엇보다도 공간적인 조건이다. 그것이 민주주의적인 행위를 보장해주는 은밀함이든 아니면 정원 안 자그마한 정자의 친숙함이든 사람들은 일단 '혼자' 있게 된 후에야 '자기 자신'이 될 수 있다.

소도시는 제한적이고 후진적인 곳으로 알려져 있다. 소도시 주민들은 지방민의 불만을 품고 대도시를 질투와 의혹의 시선으로 바라본다고 한다. 그러나 독일의 경우 소도시는 단지 작은 도시 이상의 의미를 지니며, 대도시의 근대성에 대한 반대의 장소 그 이상의 곳이다. 소도시에서 발산되는 지적인 창의력이 근대적 개성을 발달시켰다. 소도시는 가상적인 소통의 공간으로서 개인이 사회의 합리화 과정에 매몰되지 않도록 보호해준다. 소도시와 비슷한 장소로 예술인 마을을 들 수 있는데, 전원지대에 자리잡은 창조적인 사람들의 이 공동체는 도시 유역에 머물러 있다. 일상생활 속에서 도시구조에 건강한 삶의 환경을 조성하고자 하는 정원도시 역시 도시적 자연을 제공한다. 반면 시민공원은 도시 내에서의 단기적인 휴식을 취할 수 있게 하는 곳이다. 일상에서 벗어나 도시 외곽으로 물러날 수 있게 해주는 장소는 **주말농장**이다. 이곳에는 농가에서의 자율성 흔적과 전원생활을 유지하기 위한 자발적 규제가 결합되어 있다. 주말농장에서의 전원생활은 가족 간의 친근함을 보장하는 동시에 이웃과의 촘촘한 네트워크에도 속해 있다. 대부분의 참여자는 그곳의 엄격한 규정을 받아들인다.

반면 소형 **아파트**는 주로 도심에서 개인적인 자유 공간을 제공한다. 자기만의 공간 속으로 들어감으로써 사회적 규제와 공적인 공간으로부터 벗어나려는 시도는 그 목적을 달성하기에는 충분하지 못하지만 근대적 개성을 펼치기 위한 전제조건이 된다. 표준화된 내부 설비양식을 창조적인 방식으로 활용함으로써 사적인 영역이 발생한다. 스스로에 대한 책임감과 자의식을 지닌 아파트 거주자는 기표소에서 국민으로서도 동일한 자질을 가지고 있음을 증명할 수 있다. 지역공동체를 선거 과정에서 배제해야만 독립적이고 개별적인 의사 표현에 기반한 정치적 공론장이 기능할 수 있다. 대중민주주의에서는 기표소의 비밀을 통해 개인에게 불이익을 주지 않는 방식으로 갈등을 표현할 수 있다.

완전히 다른 방식으로 자유롭게 의사 표현을 할 수 있는 칸막이 모양의 또다른 공간이 제1차세계대전 이전부터 존재했다. 공중전화 박스는 도시의 공적 공간 속에서 쉽게 접근할 수 있는 동시에 고립되어 있는 인프라로, 이동중 아무때나 연락할 수 있는 공간이다. 게다가 집밖의 전화이기 때문에 가족이라는 환경의 통제를 받지 않고도 의사소통이 가능하다. 정신분석용 카우치 위에서 나누는 비밀이 보장된 두 사람의 대화 역시 고립에 기반하고 있다. 분석가와 환자로 이루어진 팀은 일그러진 환자의 영혼을 치유하기 위해서는 외부의 영향을 차단해야 한다. 그리하여 휴식을 위한 시민적 가구는 자기탐구, 기억, 회복의 희망이 펼쳐지는 장소가 된다.

소도시

베른트 휘파우프Bernd Hüppauf

황량하고 글로벌한 곳: 소도시

얼마 전 나는 과거에 그랬던 것처럼 기차를 타고 독일 남서부에 위치한 작은 도시를 찾았다. 나는 내가 아름답고 오래된 소도시에 도착했다는 것을 알고 있었다. 나는 그 도시를 잘 알고 있었다. 하지만 기차역 밖으로 나왔을 때 나의 시야에 들어온 것들은 나의 기억과는 너무나 다른 것들이었다. 꿈속의 한 장면 같았다. 내가 본 그 도시의 모습은 어디서나 흔히 볼 수 있는 전혀 개성 없는 풍경이었다. 독일 소도시와 대도시에 있는 수십 개의 기차역 앞에서 볼 수 있는 그런 황량한 풍경이었다. 흰색 차선이 그려진 검은색 아스팔트, 유리 칸막이가 있는 버스 정류장, 줄지어 선 택시들, 곡선을 그리며 사라져가는 자동차들, 체인 커피 전문점 앞에 놓인 의자들, 그 뒤로는 상점과 호텔의 정면이 줄지어 있었고, 그와 맞닿은 거리에는 성인 영화관이 있는 홍등가가 자리하고 있었다. 기차역 주변부의 경계가 정확하게 표시되어 있지는 않았지만 그 지점 정도에서 끝나는 것이 분명했다. 광장의 분주함 위로는 단조로움이라는 서글픈 황량함이 깔려 있었다. 국제주의의 힘은 이제 독일의 소도시를 덮쳐 그곳에 최후의 종말을 안겼다.

세계화의 건축학적 양상이라고 할 수 있는 철저한 규범화는 모든 지역을 흡수하거나 주변부로 밀어내는 데 큰 성공을 거둔 것으로 보인다. 니클라스 루만Niklas Luhmann의 말처럼 "세계화라는 목표로 인해 공간적 경계들이 기능적 체계에 더이상 아무런 의미도 갖지 못하게" 된다면 그후에는 지역성, 즉 '버내큘러vernacular'[1]를 위한 여지가 조금이라도 남아 있게 될 것인가, 또한 친숙한 것, 고향과의 동일시가 여전히 존재할 것인가?(Luhmann 1977, 890) 이러한 질문은 근대성의 승리를 선택하거나 아니면 특별한 것과 예외적인 것을 허용하지 않는 시민문화에 대한 반감을 선택해야 하는 가치평가로 연결된다. 오늘날 형성되고 있는 글로벌한 공간은 명백히 합리화와 근대화의 요구에 종속되어 있거나 아니면 아예 그러한 요구의 생산물이다. 그러나 그에 못지않게 분명한 또 하나의 사실은 이러한 과정이 세계화의 열린 공간과 철저히 지역적인 문화의 장소들 사이에서 뚜렷이 드러나는 긴장에 대해 민감하게 반응한다는 것이다.

소도시는 오랫동안 근대화의 세계주의에 저항하는 장소였다. '소도시'는 불분명한 명칭이다. 사람들이 살아가는 실제 장소를 가리키기도 하고, 상상이나 생각 속의 정신적인 장소를 가리키기도 한다. 역사적 사실과 숫자들에 근거한 고정된 개념은 소도시의 정신에 대해 아무것도 보여줄 수가 없다. 왜냐하면 그 경계가 불분명하고 상상 속에 자리를 잡고 있기 때문이다. 역사적 객체로서의 소도시와 상상으로서의 소도시는 서로 명확하게 연결되어 있지 않으며, 서로를 기준으로 삼아서는 안 된다. 두 경우 모두에서 가치와 규범의 체계가 영향을 미치고 있지만 이는 반드시 일치하지 않는다. '소도시'라는 단어가 묘사하는 내용은 역사책에 등장하는 어떤 소도시와도 부합되지 않는다. 개인적이고 집단적인 의식 상태, 산업화에 대한 저항으로서의 도시성, 이미지 생산기계로서의 도시, 정신병과 허구적 운명 등 소도시의 현실은 백일몽과 상상으로 이루어져 있으며, 그 내용은 말로 표현되는 즉시 변한다. 소도시를 역사적으로 재구성하는 것만으로도 이 상상의 가능성은 사라지고 말 것이다.

정신적 공간으로서의 소도시는 흐릿하고 불분명한 상태로서만 상상할 수 있다. 그러나 소도시는 이러한 방법을 통해서만 통속화의 위험에서 벗어날 수 있다. 소도시는 후진적인 요소인 동시에 근대세계를 보완하는 길이기도 했다. 또한 정치권력과 문화적 설득력 면에서는 대도시에 비해 건설적이거나 화려하지 않았고 궁극적으로 영향력도 적었지만 그럼에도 불구하고 완고하게 그것을 고집했다. 소도시에 대한 질문이 단순히 근대의 지형도 위에서 소실된 한 지점을 역사적으로 재구성하는 데 그치지 않고 근대의 공간에 관한 질문에 통찰을 제공할 수 있으려면 합리성, 생산성, 화폐경제를 특징으로 하는 공적 삶 속에서의 개성과 감정의 파괴라는 관점에서 소도시라는 장소를 관찰해야만 한다. 소도시를 상상의 공간으로 묘사함으로써 소도시 주민들은 사회학의 단순한 재구성으로는 발견할 수 없는 적당한 자유를 부여받게 되고, 그들이 이러한 묘사방식을 사용하는 순간 그 안에서 자기 자신의 모습을 발견할 수 있게 된다.

소도시의 종말은 19세기 후반 소도시가 가벼운 저항으로 맞섰던 근대의 위기와 함께 찾아왔다. 근대에 들어 소도시를 비하하는 이들의 관점은 소도시를 근대화 과정중의 생산적인 장소로 보는 시각을 왜곡할 수밖에 없다. 소도시는 국민국가의 성공적인 대도시들과의 비교에서 벗어나는 순간 근대로 향하는 또다른 길의 공간으로 인정받을 수 있다. 소도시는 현실세계와 상상의 세계에서 100년 이상 이러한 다른 길을 걸어왔다. 소도시는 단순히 지방의 비생산적이고 낙후된 장소가 아니었으며, 언제나 창의성의 장소이자 부서지기 쉬운 혼합체, 모순적인 힘들의 양가적인 조합의 장소이기도 했다.

독일 소도시의 공간

지금까지 독일의 소도시에 대해 발표된 유일하게 비중 있는 역사적 연구 논문에서 맥 워커Mack Walker는 이 기이한 정치적·사회적 지역 단위를 30년전쟁 이후 정치적으로 분열된 독일에서 수도의 역할을 담당하기 위해 탄생한 후 1871년 독일제국이 수립될 때까지 지속된 특별한 장소로 정의한다. 맥 워커는 소도시가 갖는 역사적 특수성을 이해할 수 있도록 미국 독자들을 위해 '홈타운home town'이라는 용어를 사용해 단지 양적으로 본 소도시와 당시의 독일 소도시, 즉 독일의 소도시와 미국식 '스몰타운small town' 사이에 차이가 있다는 점을 분명히 했다. 이 소도시는 대도시의 축소판 그 이상의 의미를 가지고 있었고 조금은 다른 곳이기도 했다.

소도시는 도시의 익명성과 농촌의 보존 능력과 배치되었다. 농촌은 결코 전원적인 곳이라고 할 수는 없지만 소도시와는 매우 달랐다. 역사

사회학에서는 적당한 부를 소유한 시민계층이 소도시의 근간을 이루고 있다고 설명한다. 수공업자, 공무원, 법률가, 의사, 약사, 상인, 하층 귀족, 교사, 교수, 은퇴한 공무원과 장교인 이들은 가난한 경우가 드물었고, 산업화사회로의 발전 과정에서 두드러진 프롤레타리아계급의 새로운 빈곤화 현상을 겪지 않았다.

이렇듯 상대적인 동질성에 근거해 고유한 정치구조와 사회적 시설의 통일성이 이루어졌고, 그로부터 공간적 질서가 종종 형성되었으며, 특히 주목할 만한 사실은 고유한 시간이 형성되었다는 점이다. 대도시의 시간이 점점 단일화되고 공간질서가 경제적 효율성과 명확성을 추구하는 것과는 분명한 차이를 보였다. 소도시의 시간은 개인 존재의 시간보다, 그리고 근대화의 거센 흐름에 지속적으로 순응하고 변화하던 대도시의 근대 정치적·경제적 조직에서의 시간보다 더 천천히 흘렀다. 지속의 경향은 소도시 사회구조의 중심에 놓여 있었다. 근대적 도시와 비교했을 때 탈속도화의 경향이 관찰된다. 이에 상응하는 또다른 중심적 특성은 고립이다. 맥 워커의 관찰에 의하면 소도시의 내부 문제에 대한 외부의 정치적·행정적 개입은 거의 없었다고 한다. 19세기 사진에서 도시의 성벽은 도시화가 소도시들에 영향을 미치지 않았다는 사실을 보여준다(Walker 1971, 31f.).

18세기 중반 이후 유럽의 대도시는 역사가 이루어지는 장소, 특히 문화사와 문학사가 만들어지는 장소가 되었다. 대도시는 새로운 삶의 형태와 수행적 양식, 그리고 소설에서 신문 문화면에 이르기까지 변화된 글쓰기 장르를 탄생시켰다. 대도시는 사회소설의 서사적 전개를 위한 사회적·공간적 조건을 제공했다. 이러한 중심지에서는 새로운 규범과 이상이 만들어졌는데, '세계'가 세계로부터 벗어나지 않기 위해서는 그에 맞추어 살아가고 글을 써야 했다. 동시에 돈과 익명의 시장이 점점 더 중요해짐에 따라 20세기 초반 이후 도시적 삶의 상대주의 속에서 완전히 사라진 모든 형식과 양식, 개인적이고 집단적인 규범과 생활방식의 해체를 위한 전제가 마련되었다. 이에 반해 시골은 '그대로' 존재했다. 문학은 시골을 통해 진정성의 장소를 보존하고자 했다. 그 결과 시골은 전통 및 낙후와 경직성이라는 개념과 밀접하게 연관되었는데, 이는 전혀 근거가 없는 것도 아니었다. 도시성의 전형이 된 창조적 정신의 불안정함이라는 관점에서 볼 때 과거에는 이상적이었으나 이제는 요지부동으로 보이는 시골은 메마르고 척박한 장소로 여겨졌다. 대도시는 이상적인 장소가 된 반면, 지방과 소도시는 구시대의 전형이 되었다.

그러나 모든 사람들이 대도시를 찬미하는 데 동조한 것은 아니었다. 적지 않은 사람들이 도시에서의 삶은 '진정성이 없다'고 여겼다. 지루함이라는 유럽적 태도는 수많은 연구 대상이 되었던 19세기의 전형적 현상이었다. 샤를 보들레르Charles Baudelaire에게 지루함이란 조르주 외젠 오스만Georges-Eugène Haussmann에 의해 근대화되어 평범하고 단조로운 형태에 어떤 새로움이나 매력도 지니지 못하게 된 파리에 대한 반응이었다. 다른 이들에게 지루함이란 존재에 대한 근본적인 질문이 심리적 경직성을 초래하는 근대적 대도시의 특수한 발전을 의미했다(Goodstein 2004; Kessel 2001). 삶의 도전이 거세질수록 보상과 도피의 필요성은 더욱 커졌다. 사람들은 연극, 오페라, 오페레타, 바리에테쇼, 유흥가, 각종 오락, 그리고 곧이어 등장한 새로운 영화관으로 도피했다. 비평가들은 이러한 것들이 도시의 특징인 진정성의 부재를 이루고 있다고 평했다. 이러한 대도시의 생활조건은 사람들을 이와 정반대되는 세계로 이끌었는데, 사람들은 교외에서 피난처를 발견했고, 소수 상류층의 경우는 별장과 쾌적한 저택들이 피난처 역할을 했다. 이러한 시각에서 볼 때 대도시라는 이상적 공간은 모두가 인정하는 곳이었지만 비싼 대가를 치르고 얻은 곳이었다.

1900년경 게오르크 지멜은 근대의 대도시에 대한 대안적 시각을 제시했다. 그는 판단을 내리고 대도시 생활방식의 비인간적 성격을 비난하는 대신 새로운 생활조건에 대한 생리적·인지적 적응 과정에 놓인 대도시의 모습을 묘사했다. 그는 대도시의 급격하고 지속적인 자극에 적응하고 새로운 유형의 인간 생활의 형성을 위한 심리적 기반을 마련하는 "신경 생활의 강화"를 관찰했다(Simmel 1995). 게오르크 지멜의 견해에 의하면 계산적이고 빠르게 반응하는 '오성'과 '의식의 고양'이 행동의 중심이 된다. 영혼은 갇혀 있는 것이나 마찬가지이며, 행동은 감정과 주관적 자아의 개입을 최소화하면서 조절된다는 것이다. 그는 대도시에서의 삶에서 가장 전형적인 심리적 특질은 '거만함'이라고 말한다. 그것이 대도시의 위압적인 자극에 시달리는 신경체계를 구할 수 있는 최후의 가능성일 것이라는 주장이다.

게오르크 지멜의 대도시 삶의 현상학은 대도시 대 과거의 다른 존재방식인 지방과 시골 간의 대립 구도에 기반하고 있다. '지방주의'는 발전이 훨씬 더 많이 이루어진 중심지로부터의 지리적 간격이라고 정의할 수 있다(Clark 1981). 이러한 관점은 동질적인 영역을 전제로 하며, 중심지와 주변부 사이에 작용하는 선형적인 힘이 존재한다고 본다. 이는 민족문화의 공간적 개념에 기초하고 있으며, 그 고유한 특징은 중심지와 주변부의 관계 속에서 거리, 가까움과 멀리 있음, 그리고 그것의 극복으로부터 얻어진다. 그러나 좀더 자세히 살펴보면 이러한 힘의 영역은 전혀 통일적이거나 균등한 구조를 이루고 있지 않다. 프랑스의 지방도시들은 파리의 생활조건을 모방하지 않고도 근대적일 수 있다. 하위 중심지들은 자체적인 중력장을 형성한다. 서로 겹치기도 하고 상쇄되기도 하는 수많은 힘들이 존재하며, 이는 지역의 중심지와 반중심지들의 상반되는 운동의 장이다.

독일에서의 발전 양상은 달랐다. 독일에는 국민국가의 수도가 존재하지 않았고, 영국이나 프랑스의 경우처럼 중심지와 지방의 대립을 통해 문화적인 영역이 발달하지 않았으며, 중심지를 위협하는 동시에 강화시키는 역할을 하는 식민지도 없었다. 그 대신 문화사학자 빌헬름 릴Wilhelm Riehl이 "개인화된 땅"이라고 칭한 제3의 공간이 탄생했다(Riehl 1853; 1855). 이 공간은 중심지의 흡인력과 그 문화적·이념적 지배력에서 벗어나 있었다. 그 대표적인 장소가 소도시였다. 소도시는 도시와 시골, 중심지와 주변부 간의 세력다툼을 무의미하게 만들었다. 소도시는 나름 도시적이었지만 대도시에 비해 통일적이거나 강제적인 면은 훨씬 적었다.

'소도시'는 이상적인 건축 유형을 대표했다. 그것은 기계, 공장, 기술적 사고의 새로운 세계라는 대형 프로젝트 아래 사라질 위기에 처한 도시문화의 개념을 소도시의 작음과 융합시킨 것이었다. 근대 이전의 사고가 거리, 광장, 대규모와 소규모의 공적이고 사적인, 세속적이고 종교적인 건물에 남겨놓은 건축적인 흔적들은 기하학적 질서와 과학기술시대의 추상화를 규범으로 삼는 미학과 뚜렷한 대조를 이루었다. 근대도시의 목표가 공간을 철저하게 합리화하는 것이었다면 소도시는 경계와 제한, 무계획적인 요소와 체계 없이 구체적인 요소가 보존되는 일탈의 장소였다.

소도시에서 근대성은 조용한 공명을 얻는 동시에 저항에 부딪혔다.

공격적인 대도시의 매력과 그 획일성에 저항해 소도시에서는 다양성과 완고함이 존재했다. 세간의 견해와는 달리 소도시는 현실도피의 공간도, 편협함과 병약함, 타성의 공간도 아니었다. 생산성과 효율성의 광포함은 저항하는 모든 것을 사로잡아 무자비하게 균등화시키거나 몰아냈고, '소도시'의 공간 또한 포괄했다. 그럼에도 불구하고 거리는 유지되었고 주관성에 대한 저항적 사고의 가능성은 열려 있었다. 소도시의 이러한 입장은 순진하지도 순박하게 전원적이지도 않았다. 이것은 방해 요소가 되어 문화적 차이의 다양한 판도를 변화시켰다. 또한 중심지와 주변부 간의 세력다툼에 개입해 혼란을 초래했다. 하인리히 폰 트라이치케Heinrich von Treitschke와 같은 민족주의자의 관점에서 볼 때 문학적·문화적 삶에 독일의 소도시가 미치는 막대한 영향력은 매우 유감스러운 것이었다. 그는 소도시가 독일이 세계적으로 인정받는 영향력 있는 수도를 가진 강한 민족이 되는 데 방해가 된다고 한탄했다(von Treitschke 1911).

진보와 합리화에 대한 소도시의 저항은 지역적 자유와 지방자치의 자유를 누렸던 정치적 전통에 기반을 두었으며, 19세기 중반에는 한동안 기독교 이단의 전통에 기반을 두기도 했다. 소도시는 많은 작은 중심지를 만들어 이를 통해 주변부를 더 많은 주변부로 해체시킴으로써 일차원적인 권력관계에서 벗어났다.

소도시는 중앙집권화와 정치적 권력 형성에 기여하는 대신 다중심적이고 멀리서는 거의 인지하기 어려운 그룹화와 운동들 간의 문화적 차이를 형성하기 위한 고유한 공간들을 탄생시켰다. 소도시는 근대 이론에서 이름조차 없었던 '버내큘러'의 장소였다. '버내큘러'라는 용어는 집이라는 폐쇄된 공간과 공공 영역 사이의 긴장 속에 존재한다. '버내큘러'는 본래 사적이고 가정적인 것들을 공적인 것으로부터 법적으로 분리하는 것을 의미했다. 그러나 독일어에서는 대부분 '고향Heimat'으로 번역된다. 이러한 의미론적 간극 때문에 이 단어가 근대의 기질사에서 갖는 의미가 간과되어서는 안 된다. 소박하고 조용하며 유연했던 토착성은 생존의 힘을 키우는 데 성공했고, 국제주의의 지배와 점점 더 크고 더 획일적인 이념이 지배하는 가운데에서도 사라지지 않고 오히려 작고 구체적으로 눈에 잘 띄지 않는 영역에서 대안과 결정, 참여 혹은 거리두기를 위한 공간을 열어두고 우정과 친교공동체의 형성 및 그들 특유의 소통방식을 촉진하는 데 성공했다.

역사적인 소도시와는 달리 정신적 공간으로서의 '소도시'는 18세기 후반의 발명품이었다. 이 발명품은 지도, 여행 안내서, 여행 잡지 등에 실린 소도시들과 느슨한 연관관계에 놓여 있었다. 예외적 장소인 소도시는 점점 증가하는 불확실함과 방향 상실에 대한 저항의 역할을 했다. 소도시는 도구적 이성에 의해 점점 더 추상적으로 구조화된 일상세계에서 자리를 차지하기 위한 자아의 지극히 근대적인 투쟁의 무대가 되었다. 그것은 친밀함을 제공했고 근대화로 인해 개인이 받는 상처로부터 보호해주었다. 소도시가 현재의 시대정신과 그에 따른 진보의 세속적인 숭배를 바꾸어놓을 수는 없었다. 그러나 소도시는 부드러운 저항의 장소였다. 소도시는 주관성의 기초가 마련될 수 있는 공간을 만들어냈다. 이곳에서는 계몽주의의 보편주의 및 획일성과 대조를 이루는 객관적으로 특수한 것, 그리고 일탈적이고 기이한 것까지도 공간을 획득했다.

소도시는 번역이 어려운 '교양'이라는 단어로 표현되는 도덕과 지식의 세계를 기반으로 건설되었다. 코미타스Comitas[2] 혹은 사회적 관계의 우호성은 대도시의 차가운 바람 속에서 살아남지 못한 '시민사회'의 한 측면을 소도시의 삶에 부여했다. 알렉산더 폰 훔볼트Alexander von Humboldt는 이러한 지성적 환경에서 출발했으며, 하나의 완결된 세계를 반제국주의적 태도로 탐사한 후 다시 이곳으로 되돌아왔다. 그는 정치적 성공을 이루지도 않았고, 그의 저작들이 19세기의 세분화된 학문체계의 의미에서 새로운 지식생산에 기여하지도 않았다. 그가 구축한 지식은 진보와 거대라는 우상을 섬기지 않고 이해의 이상을 따랐는데, 이는 훗날 막스 베버에 의해 이해사회학이라는 이론적 틀로 정립되었다.

소도시는 필수적이면서 요란스럽지 않은 고요함, 그리고 성찰적인 행동을 위해 꼭 필요한 지배와 진보의 이념과 근대의 히스테릭한 정상성으로부터의 거리를 제공했다. 이곳에서 오직 이곳에서만 하나의 완결된 세계를 머릿속에서 창조하고 움직였던 19세기의 이상주의가 탄생할 수 있었다. 그리하여 스탈 부인은 독일을 여행하던 중 바이마르에서 그곳의 주민들은 '우주 시민'들이고 "독서와 사고의 폭넓음을 통해 지배적인 외부환경의 좁은 한계에서" 벗어나고 있음을 목격했다(de Staël 1962, 119). 그녀는 유럽 예술과 문학의 최신 동향이 소도시의 초라하고 제한적인 외부환경 속에서 논의되고 있다고 기록했다.

공간적인 제약이 집중과 지성적 생산성으로 변화되었다고 언급한 것은 스탈 부인뿐만이 아니었다. 문학작품 속에서 독일의 소도시에 대한 애정이 드물지 않게 드러났다. 이반 투르게네프Ivan Turgenev도 그랬고, 고트프리트 켈러Gottfried Keller의 『녹색의 하인리히Der grüne Heinrich』 도입부에서는 무역과 유통에 특화된 라인강 상류와 보덴호 근교 소도시들의 개방적인 정신을 칭송하고 있다(Keller 1958, 9ff.). 18세기 후반부

바이마르박물관에서 바라본 시내 전경을 담은 관광엽서(1923)

터 소도시의 공간적인 제약과 지적 대담성 간의 대조가 두드러졌다. 민족주의적이고 보수적인 사상이 수도의 문학적 우위를 차지하고 있던 시대에 세잔, 마네, 고갱, 로댕 등과 같은 프랑스 모더니즘 예술에 감탄하거나 건축, 예술, 생활방식에 대한 실험이 장려된 곳은 바이마르와 같은 소도시들이었다.

비더마이어시대의 소도시적 전원풍경과 19세기의 여행 묘사에 나타난 조화로운 도시들(하인리히 라우베Heinrich Laube가 그 전형을 만들었다)은 이런 갈등을 왜곡하고 단순화해 피상적인 안락함으로 끝맺게 한 것에 지나지 않았다. 그러나 소도시의 지성적 공간은 특수한 참여 행위의 출발점이 되었다. 괴테가 『헤르만과 도로테아Hermann und Dorothea』에서 1731년 잘츠부르크의 종교적 피난민들을 1789년 파리에서의 혁명적 전복으로부터 탈출한 사람들로 변모시켰을 때 그는 전형적인 근대의 이분법을 형상화했던 것이다. 급진적인 변화는 삶을 합리적이고 자율적이며 '인간적인' 것으로 만들려고 하지만 동시에 모든 전통과 안정감, 그리고 감각을 앗아간다. 괴테는 수도에서 혁명의 위협으로부터 탈출하는 모습, 고요와 평안의 장소인 이상화된 소도시로의 피난 장면을 보여준다. 그는 소도시는 '행복한 구석'으로서 그곳에는 피난의 비참함에 감정적인 호의를 가지고 대하는 헌신적이고 배려심 많은 사람들이 살고 있다고 말한다. 이 서사시에서 '적당하게 작은' 소도시의 자부심은 계몽된 근대의 이상이 요구하는 만큼 인간적이고 계몽적이며 근대적이라는 것이다.

괴테에게 소도시는 인간성의 신고전주의적 이상을 실현 가능케 하는, 오히려 우정이라는 이름에 더 어울릴 법한 사랑을 위한 이상적인 공간이었다. 이상화된 우정은 정치를 피하고 사적인 영역이 중앙집권적 권위에 점점 더 종속되는 것에 저항하는 반대세계를 구축한다. 우정의 이상 속에서 작동하는 계산적이지 않은 신뢰는 추상적 합리성을 중시하는 대도시의 문화와 극명한 대조를 이룬다. 형이상학적인 체계가 붕괴된 후 소도시의 고독한 개인은 마찬가지로 고립된 다른 주체들과의 만남을 위한 세속적인 공간을 만들었다. 그들의 정서적 유대는 정치성의 주도를 약화시켰고, 평등주의적 이상 대신 개인적 선호를, 합리적 범주에 기반한 결정 대신 감정적 동기를 정당화시켰다. 이러한 소도시와 우정의 조합은 19세기와 20세기 초 독일의 교육받은 청소년들의 특징이었던 반정치적인 태도와 동일한 것으로 볼 수 있다. 여기서 시작된 시민계급의 혁신에 대한 희망은 빌헬름 폰 훔볼트와 같은 이를 사로잡았지만 소도시의 이상과 마찬가지로 곧 시대에 뒤떨어진 것이 되었다.

소도시는 숲속 오두막이나 호텔 방과 같이 모든 연결을 끊고 해체해버리는 단절과 고독의 장소들과는 대조적으로 우정의 모델을 기반으로 한 관계들을 지원했다. 감정과 비합리성은 이상화된 과거의 잘못된 기억과 기억의 완전한 소멸 사이의 대립에 사로잡히지 않고 발전했다. 심오한 복잡성은 소도시의 특성이었다. 소도시의 단절 속에서도 그리스 폴리스의 세계가 메아리치는 집단적 기억의 힘이 보존되었다.

소도시의 규모가 크지 않은 공공 영역에는 타인을 위한 자리가 보장되어 있던 도시적 소통구조를 근대에도 유지하고자 하는 시도가 담겨 있었다. 소도시의 주민들은 하나의 직업계층, 종교, 클럽 또는 비밀결사에 속해 있었지만 그들은 그 이상으로 도시의 일부였으며, 도시는 규모가 크지 않았고 다른 소속의 의미를 상대화시키는 가치와 덕목을 장려했다. "도시의 공기가 자유롭게 한다!"라는 말이 중세 말기 이후 소도시의 중심사상이 되었다. 이와 동시에 소도시는 개인의 고립을 막았고, 그 개인은 주체성의 해방을 위해 대도시가 요구하는 고립이라는 비싼 대가를 치르지 않고도 자기 자신에 대한 감각을 발전시킬 수 있었다(Umbach 1998).

소도시의 문화는 공적 담론에서 현대의 도시에는 더이상 물리적·정신적 공간이 존재하지 않는 관계를 만들어냈다. '아고라agora'는 사라졌다. 사회적 교류와 소통을 위한 오래된 네트워크는 파괴되었고, 주체들은 고립된 채 제어가 불가능한 시장법칙에 노출되었다. 소도시의 조건 아래에서 다른 형태의 소통방식이 발달했는데, 이는 더 높은 수준의 구술성을 유지하고 익명의 시장에서 상징적 가치를 교환할 때 평등을 피하는 대신 직접적이고 인격적인 소통의 불평등을 유지하는 것이었다. 19세기 말에 시작된 매체성의 승승장구로 인해 이러한 시도는 시대착오적이 되었다.

소도시 역시 근대성의 승리에 동참했지만 이러한 참여는 양면성을 지닌 것으로 밝혀졌다. 바이마르와 데사우의 바우하우스는 분명 소도시정신의 산물로 여겨지지 않는다. 그러나 그 초근대적인 국제주의는 소도시의 한적함 속에서 기획되었다. 이러한 혁신은 스탈 부인이 100년 전에 관찰했듯이 좁은 골목에서 넓은 세계의 혁신적인 중심지들을 반영하는 정신의 보편주의가 싹트는 곳에서 비롯되었다. 1922년 다다이즘과 구성주의의 대표자들이 바이마르에 모였을 때 그들은 독일의 소도시는 아직 어둠 속으로 가라앉지 않았으며, 오히려 상상력과 예술적 창의력을 위한 열린 공간을 창조할 수 있는 잠재력을 가지고 있었다는 신호를 넓은 세상을 향해 내보냈다.

그러나 소도시는 이 시기에 이미 자기소멸의 길로 접어들고 있었다. 근대화 과정을 자신의 고유한 위치와 정체성을 유지한 채 거리감을 두고 교정하면서 지켜볼 수 있었던 소도시의 능력은 고갈된 상태였다. 소도시는 대도시의 축소판이 되었고, 대도시와의 경쟁이라는 압박을 받게 되었다. 소도시는 곧 토지등기소의 한 항목으로 축소되었다. 그 잔재를 보고 로베르트 무질Robert Musil의 소설 『특성 없는 남자Der Mann ohne Eigenschaften』에 등장하는 뼛속까지 대도시 시민인 울리히는 이러한 시도를 괴이한 몰락으로 여겼다. 그는 기차를 타고 빈에서 벗어나 소도시로 여행을 떠났다. 그는 기차역을 빠져나와 소도시를 처음 본 순간 이 하나의 도시를 넘어 소도시 일반에 대한 성찰에 빠져들게 된다. "이 도시에는 역사가 있었고, 얼굴도 있었다. 하지만 그 안에서 눈과 입이 어울리지 않았고, 턱과 머리카락이 어울리지 않았다. 또한 모든 것 위에는 내적으로 공허한 매우 파란만장한 삶의 흔적이 남아 있었다"(Musil 1978, 672).

아무튼 소도시의 이미지가 동질적인 공간으로 그려진다면 그것은 착각일 것이다. 소도시의 특별한 지위는 그 대가를 치러야 했고 소도시 문학은 그것을 숨기지 않았다. 소도시는 양가성의 전형적인 장소였다. 로베르트 무질의 소설에서 울리히가 기차역을 나서면서 느낀 것은 표면 아래에 항상 감춰져 있던 소도시의 본질이었다. 그는 "무언가 '심적으로 공허함'을 느꼈는데, 그 안에서 길을 잃어 제어할 길 없는 상상을 펼치고 싶은 마음이 일깨워질 정도였다." 이러한 무절제는 언제나 소도시의 어둡지만 매력적인 측면 중 하나였다. 울리히에게 소도시는 (위협적인) 근친상간의 장소이자 '다른 상태'라는 이름 아래 삶에 대한 거대한 실험을 시작하는 장소가 된다.

소도시가 주관성을 보호하고 그 무절제를 통해 특별한 형식의 창의력을 위한 조건을 만들었지만 소도시의 구조는 제한, 한계, 자유의 제약과 주관성의 정복에도 맞추어져 있었다. 이 시기에 무절제는 반대로 변해 강제와 지역성의 억압으로 바뀌었다. 그리하여 안전과 신뢰의 장소는 악몽의 장소로 쉽게 변했고, 그곳에서는 "형이상학의 검은 날개"(Hölderlin)가 정신의 주위를 맴돌았다. 또한 소도시는 돌이 되어버린 시대의 어두운 무의식(카우치)이기도 했으며, 때로는 끝을 알 수 없는 심연이 소도시의 결정적인 매력을 이루기도 했다. 빌헬름 뮐러Wilhelm Müller는 방랑자로 하여금 "낯선 이로 들어와서 낯선 이로 다시 떠나네"라며 소도시와의 관계를 한탄하게 했고, 슈베르트의 작품은 당시 유행했던 세계고世界苦의 우울한 음조를 정확히 포착했다. 소도시가 제공하는 유대는 시민적 동경과 맞아떨어졌다. 소녀는 사랑에 대해 이야기했고, 어머니는 심지어 결혼에 대해 이야기했다. 이러한 소망들은 동시에 위협이기도 했으며 두려움으로 추락하는 것들이었다. 슈베르트의 연가

곡과 19세기의 가곡 장르 등 성악과 피아노를 위한 이러한 가곡들은 고립과 집중적인 자기성찰, 소도시의 두려움 없이는 생각할 수 없는 것들이다. 상상 속의 소도시는 우울증과 가정 음악이 결합된 이미지를 위한 이상적인 공간을 만들어냈다.

소도시는 안과 밖의 구분을 통해 불안과 위협을 경감시켰지만 단지 외부의 위협으로부터만 보호해주었다. 내부의 위협, 모욕, 위험으로부터는 보호해줄 수 없었다. 이것이 소도시의 역설적인 상황의 일부였다. 소도시의 이상화된 상황은 주변의 현실과는 모순되었고, 그로 인해 주관성은 근대적 현실과 모호한 관계에 놓이게 되었다. 소도시의 자율성 보장은 고독한 영혼들을 만들어냈고, 그들은 소통을 통해 해소될 수 없는 고립과 무력감이라는 악몽에 노출되었다. 자율적인 영혼에게 다른 자율적인 영혼은 열망의 첫번째 대상이 되었다. 그에 반해 우정의 이상은 계속해서 힘을 발휘하지 못했다. 외로움은 더욱 심해졌다.

상상된 소도시는 이러한 열망으로부터 자연과 근대화의 단편화에 의해 보호받는 동시에 격리되어 개인이 자신의 깊은 심연을 자유롭게 들여다볼 수 있는 심리적 공간을 만들었다. 소도시는 표면적으로는 조화로워 보이지만 갈등과 병든 영혼의 통제되지 않은 폭발이 번식하는 온실이었다. 이곳에서 자연의 드라마는 대도시의 종합적인 오락세계를 통해 보충되거나 통속화되지 않았다. 도시인들은 자신을 보호하기 위해 야경꾼을 고용했다. 야경꾼은 나팔과 창으로 무장한 채 유령에 맞서 싸웠지만 허사였다. 소도시에서 안정을 찾는 사람들은 이 유령으로부터 자신을 지키고자 했다. 최악의 경우에는 야경꾼 자신이 악의 대리인으로 밝혀지기도 했다. 어둠 속에서 가면은 벗겨지고 소도시는 공포의 방으로 바뀌었다. 그 뒤틀린 궤도 위에서 자유롭게 풀려난 환상이 미친

듯이 날뛸 수 있었다.

근대적 자아의 역사는 경계가 없는 절대적 자유의 이미지와 안전과 신뢰의 고정적인 장소에 대한 욕구의 이미지라는 극단적인 이미지 사이에서 전개된다. 이 양극단은 나름의 어두운 면을 가지고 있다. 열린 것에 대한 공포(장 파울Jean Paul)와 토마스 베른하르트Thomas Bernhard의 작품 속 소도시의 절망에 대한 강박적인 이미지들이 구현하고 있는 바와 같은 구속에 의한 억압에 대한 증오(Bernhard 1964) 또는 빌헬름 라베Wilhelm Raabe나 요제프 로트Joseph Roth의 소설에 등장하는 우울과 의기소침이 그러한 예들이다. 집과 고향이 있다는 기쁨은 쉽게 반전되어 폐소공포증의 위기로 이어진다. 공간의 제약은 19세기 문학과 예술에서 공포의 토포스가 되었다. 넓은 세계로부터 고립된 소도시는 자기 자신을 중심으로 움직였고, 광장과 골목들을 감옥으로 만들어 이 폐쇄된 공간에서 움직이는 모든 이들로부터 숨쉴 수 있는 공기를 앗아갈 수 있었다.

소도시의 공간은 공포와 우울의 화석화된 구체적 형상으로 변모할 위험에서 자유로웠던 적이 없었으며, 집과 살롱을 공포와 악마와의 계약의 온상으로 바꾸어놓을 위험도 언제나 존재했다. 그곳에서 도플갱어가 탄생했다. 집밖에서는 광장과 거리 사이의 공간에 자아의 해체를 위한 무대가 생겨났다. 시민 가정 출신의 예민한 아이의 눈을 통해 본 것으로서 발터 벤야민이 그린 1900년경 베를린의 미니어처 안에는 도시의 장소와 사물들이 갖는 이러한 모호성이 여전히 살아 있다(Benjamin 1987). 지크문트 프로이트Sigmund Freud는 친숙한 것das Heimliche이 사실은 섬뜩한 것das Unheimliche의 이면에 지나지 않으며 그 중 하나가 다른 하나로 쉽게 변할 수 있다고 관찰했는데, 이를 소도시의 일상 한가운데에 존재하는 무시무시하고 섬뜩한 요소를 그린 대표적인 작가 에른스트 호프만의 예를 들어 설명하고 있다. 지크문트 프로이트의 관찰은 소도시의 삶에 대한 표본적인 사례이며, 이는 오직 소도시의 삶에서만 가능하다고 말하는 것도 전혀 틀리지는 않을 것이다(카우치). 독일의 소도시가 아닌 어느 곳에서 파우스트 박사가 악마와 계약을 맺을 수 있었으며, 독일의 소도시가 아닌 다른 어느 곳에서 토마스 만Thomas Mann의 파우스트 박사가 인문주의와 교양의 종말을 도모할 수 있었겠는가? 소도시의 안전하고 오래된 친숙한 장소보다 더 섬뜩한 곳은 없을 것이다. 이러한 공간은 개인을 마법의 끈과 같은 것으로 묶고는 다른 곳으로 이동하거나 자신을 위한 자율적인 공간을 획득할 권리를 거부했다. 에두아르트 뫼리케Eduard Mörike가 상상 속의 나라 오르플리트로 도피할 때 혹은 에른스트 블로흐Ernst Bloch가 나무 위 집에서의 황홀경을 꿈꿀 때 언급했던 억압으로부터 도피하고 자신을 감출 수 있는 행복의 경험 뒤에는 내면화라는 보이지 않는 수단을 통한 이러한 지배가 자리하고 있다.

근대의 또다른 장소로서 상상된 소도시의 종말

1900년경 시인과 철학자들은 소도시에 대한 혐오감으로 거짓된 이상과 현실의 편협함에 대항해 반란을 일으켰다. 그들은 이제 고산지대와 바다 같은 극한의 자연적인 장소 혹은 남태평양과 같은 문명화 이전의 장소에 대해 상상하며 이를 통해 그곳에서 대도시와 대조되는 세계의 이미지를 그려낼 수 있었다. 전쟁터에 관한 선취적인 꿈 또한 중요해졌다. 게오르크 하임Georg Heym의 시와 일기에서 꿈꾸었던 것처럼 이 전쟁에서 근대와 시민적 합리성의 전형인 대도시는 폐허가 되어 몰락할 것이었다(전선). 고유성과 '토착성vernacular'의 장소로서의 소도시에 대한 상상은 낡은 것이 되었다. 소도시는 반란과 부친 살해의 장소가 되었다. 소도시는 점점 돌처럼 굳어지더니 마침내 20세기의 문학이 여러 차례 묘사했던 것처럼 생명력 없는 화석이 되었기 때문에 웃음거리가 되거나 아예 무시의 대상이 될 수 있었다. 〈죽은 도시〉라는 제목의 에곤 실레Egon Schiele의 소도시 초상은 이러한 화석을 보여준다. 니체의 차라투스트라는 이러한 도시를 속물들의 장소로 경험하고 산과 숲이 있는 곳으로 도망친다. 베르톨트 브레히트의 『바알Baal』과 그의 초기 시들은 소도시의 속물들, 편협함, 위선으로 가득한 세상에 선전포고를 했다. 그들의 집에서는 『가정 기도서』에 나오는 부모의 살인범 아펠뵈크의 옷장 속에서와 같이 부패한 시체의 악취가 났다.

이제 대도시는 새로운 빛 속에서 볼 수 있게 되었는데, 그것은 소도시의 어스름한 빛이 아니라 새로운 아크등의 현란한 빛이었다. 고트프리트 벤, 알프레트 되블린, 베르톨트 브레히트, 로베르트 무질은 매혹적인 대도시의 이미지를 창조했다. 그들은 대도시의 새로움과 거대함에 대한 열광 혹은 순수한 냉소주의로 인해 소도시의 공간에서 긍정적인 구성요소였던 구체성과 친밀함의 측면들, '버내큘러'의 모든 측면들을 파괴했다. 소도시는 이제 텅 비고 공허한 곳이 되었고, 오직 대도시만이 근대성의 높은 수준에서 모순, 적대감, 몰락을 위한 무한하다고 상상되는 공간을 소유하게 되었다. 그 끝에 총탄과 언어로 가득 채워진 긴 고민이 존재했던 베르테르의 소도시에서의 운명 대신 이제는 대도시가 전쟁을 모델로 한 거친 삶의 투쟁을 위한 장소로 등장했다. 그 장소는 소음으로 가득하지만 소통이 부족하고 본질이 결여된 평화 속 전쟁터의 연장선상이었다. 세상의 몰락은 대도시를 필요로 한다.

1925년 바이마르에서 근대 건축과 예술적 미래를 위한 프로젝트가 중단되자 음울한 이념이 그 자리를 차지했다. 그것은 소도시의 정신에 뿌리를 두지 않은 것이었다. 그러나 다른 한편으로 한때 중심지와의 공개적인 투쟁을 벌이도록 강요받았던 소도시가 정치적인 대결을 위한 힘을 소유하고 있지 않았다는 사실 또한 분명했다. 소도시는 처음부터 이 전쟁에서 패자였다. 나치당NSDAP이 소도시에서 엄청난 강세를 보이며 선거에서 승리했을지 모르지만 그 이념은 대도시의 것, 즉 도시의 규모가 클수록 더 잘 어울렸다. 기념조형물의 건립과 엄청난 규모의 행진용 가도는 거대함과 집중화의 망상에 대한 증거이다.

시민적 과거에 의해 상상되었던 소도시는 몰락해 잊혔다. 소도시는 근대화의 힘에 대한 부드러운 저항이 전개된 장소였고, 그 영향력은 오랫동안 지속되었다. 고립과 참여가 동시에 존재하는 이 공간은 균일화의 힘을 이겨낼 수 없었다. 이제 개성을 지켜낼 힘을 되찾기 위해서는 다른 공간을 발견해야 한다.

참고문헌

Benjamin, Walter (1987): Berliner Kindheit um 1900, Frankfurt.
Bernhard, Thomas (1964): Frost, Frankfurt.
Clark, Kenneth (1981): Provincialism, in: ders., Moments of Vision and other essays, New York.
Goodstein, Elizabeth (2004): Experience without Qualities. Boredom and modernity, Stanford.
Keller, Gottfried (1958): Der Grüne Heinrich, in: Sämtliche Werke und ausgewählte Briefe, hg. v. Clemens Heselhaus, München.

Kessel, Martina (2001): Langeweile. Zum Umgang mit Zeit und Gefühlen in Deutschland vom späten 18. bis zum frühen 20. Jahrhundert, Göttingen.

Luhmann, Niklas (1977): Die Gesellschaft der Gesellschaft, Frankfurt 1977.

Musil, Robert (1978): Der Mann ohne Eigenschaften, Gesammelte Werke, Bd. 3, Reinbek bei Hamburg.

Riehl, Heinrich (1853): Die bürgerliche Gesellschaft, Stuttgart.

Ders. (1855): Land und Leute, Stuttgart.

Simmel, Georg (1995): Die Großstädte und das Geistesleben, in: ders., Gesamtausgabe, Bd. 7, Frankfurt, 116~131.

Staël, Germaine de (1962): Über Deutschland, hg. v. Sigrid Metken, Stuttgart.

Treitschke, Heinrich von (1911): Bilder aus der deutschen Geschichte, Bd. 2, Leipzig.

Umbach, Maiken (1998): The Politics of Sentimentality and the German Fürstenbund 1779~1785, in: The Historical Journal 41, 679~704.

Walker, Mack (1971): The German Home Towns. Community, state and general estates 1648~1871, Ithaca.

주말농장

우파 옌젠Uffa Jensen

이웃한 직사각형: 베를린 주말농장, 1910년경

어느 베를린 가족 3대가 축음기소리에 귀를 기울이고 있다. 일요일 나들이 옷차림을 한 부부가 하얀색 옷을 차려입은 어린 딸과 함께 오후의 커피타임을 즐기고 있다. 남자들은 맥주를 마시며 카드놀이를 하고 있다. 여자들은 선베드나 해먹에 편안히 누워 햇볕을 쬐거나 뜨개질을 한다. 아이들은 모래 위에서 놀거나 그네 위에 앉아 있다. 이 모든 일요일의 즐거움을 위한 장소로 20세기 초의 베를린에는 주말농장보다 더 적합한 장소는 없었다. 식물들의 흠잡을 데 없는 상태가 증명해주듯이 자신의 일을 모두 마친 농장주와 그의 가족들은 요란하게 꾸민 농막 앞에 자리잡고 앉아 도시 공간으로부터 힘들게 얻은 작은 행복을 즐긴다. 그들은 조금은 자랑스러운 모습으로 사진사를 향하고 있다. 주말농장의 낙원은 그 주인에게 과일과 채소를 제공하지만 이러한 기능에서 끝나

베를린의 주말농장 농막 앞에서 카드놀이를 하는 남자들(1906)

지 않는다. 이 같은 근대적 장소 안에는 사소한 것 하나까지에도 깊은 애정이 숨겨져 있다. 직접 마련한 휴식을 위한 이 피신처는 주말농장을 소유하지 않은 이들에게만 때때로 별나다는 인상을 주었다.

직사각형 모양의 주말농장은 그 크기가 다양해서 몇몇의 경우에는 300제곱미터에 이르기도 한다. 가장자리의 경계는 울타리나 덤불로 이루어져 있으며, 대부분의 경우 농막이 있는 폐쇄된 구역, 작물을 재배하는 밭, 그리고 휴식을 위한 공간 등 3개의 구역으로 나뉜다. 이 구역들의 비중은 역사적으로 변화가 심했다. 왜냐하면 특히 곤궁기에는 경작지가 확대되었지만 제2차세계대전 이후에는 휴식이 더 중요해졌기 때문이다. 그렇다고 해서 작물을 제공하는 주말농장의 기능이 의미를 잃게 된 것은 아니었다. 농막의 크기 또한 10제곱미터에서 20제곱미터 사이로 다양했다. 대부분의 농막들은 처음부터 숙박이 가능했기 때문에 1900년 이후 초기 주말농장운동에서는 연중 사용 허가를 얻기 위해 지방자치단체와 갈등을 빚었다(Richter 1930, 48ff.). 대부분의 주말농장 소유주는 소시민과 하층 시민계급 출신이었는데 이러한 경향은 지금까지도 여전하다. 1928년 베를린의 주말농장 소유주 중에는 특히 노동자들이 많았다. 반면 직장인, 하급 및 중급 공무원, 수공업자와 연금생활자인 경우는 드물었다(앞의 글 1930, 39~42). 그 위치뿐만 아니라 도시 주민의 특정 그룹이 사용하는 공간이라는 점에서 주말농장과 **교외주택단지** 사이에는 공간적·사회적 차별화의 장소로서의 공통점이 존재한다.

직사각형 주말농장의 경계는 유연한 편이어서 그곳의 거주자들끼리 공동체를 형성할 수 있다. 사람들은 주말농장 입구를 통해 드나들며 물건을 들여오거나 내간다. 덤불이나 울타리로 이루어진 경계를 통해 소리와 대화가 다 들리며, 일반적으로 울타리의 높이가 특정 정도를 초과해서는 안 되도록 규정되어 있기 때문에 눈이 마주칠 수도 있다. 이 직사각형은 여러 개의 유사한 직사각형으로 구성된 단지의 일부분이다. 모든 주말농장은 예외 없이 단지에 속해 있다. 개별 직사각형들은 대칭적인 구조를 이루고 있지만 주말농장단지의 전체 형태는 무정형인 경우가 많다. 시외 간선도로와 철도선로 사이에 끼인 채 지방자치단체의 건축 부지 확보 의욕으로 인해 이리저리 잘려나간 단지는 불균형한 형태로 확장되었다. 단지와 도시 주변부와의 경계 또한 유동적이다. 주말농장단지가 도시 외곽에 위치함으로써 도시 생활의 배경소음이 항상 들려오는 효과를 얻게 된다. 일부 주말농장 소유주들은 저녁이 되면 종종 수 킬로미터 떨어진 도시에 있는 자신의 집으로 돌아가기도 한다.

모든 주말농장이 단지에 속해 있는 것과 마찬가지로 모든 주말농장 소유주들은 다른 주말농장 소유주들과의 밀접한 관계 속에 존재한다. 주말농장의 잘 정비된 직사각형 구조와 단지의 불규칙한 외부 경계선 사이의 연결 지점에 생겨난 토지는 공동으로 사용하는 경우가 많으며, 이 같은 토지가 없을 경우 단지에는 이러한 목적을 위해 사용되는 다른 구역이 확보되어 있다. 공동의 목적을 위한 것으로는 무엇보다도 협회 건물을 들 수 있는데, 이곳에서는 회원들이 정기 모임을 갖고 자치와 관련된 문제점들을 논의하거나 단지의 정기적인 축제를 개최하기도 한다. 오늘날 공동으로 사용되는 다른 시설로는 놀이터, 위생시설, 주차장 등을 들 수 있으며 때로는 호수가 포함되기도 한다.

다시 시골로, 교외로: 주말농장의 탄생

1862년 일부 베를린 시민들은 코트부스 성문 밖 슐레히터비젠에서 각각 280제곱미터의 토지를 1라이히스마르크에 임차했다. 그들은 비와 바람을 막기 위해 작은 가건물을 짓고, 땅 주위에 울타리를 친 뒤 채소와 과일을 심기 시작했다. 이 새로운 촌락의 주민들은 대체로 베를린에 오래 살지는 않았지만 시골의 생활방식을 그리워했고, 도시의 주거환경에 '혐오감'을 느끼고 있었다(Förster/Bielefeld/Walter 1931, 28). 또한 그들은 주말농장을 통해 급격히 성장하는 베를린의 주거 및 생필품 부족 문제에서 벗어나고자 했다. 베를린의 인구는 1850년대부터 1871년까지 해마다 5퍼센트씩 증가했다. 단지가 형성되기 직전인 1861년에 이주율이 가장 높았다. 3년 후에는 이주자의 비율이 처음으로 베를린 토박이의 비율을 넘어섰다. 이러한 상황에서 운하 건설 전문가인 제임스 호브레히트James Hobrecht의 이름을 딴 건축계획이 결정되었는데, 이 계획의 도입으로 도시에는 한동안 민간주택 건설붐이 일었다(Stein 1998, 241f.). 그리하여 "세계 최대의 임대주택 도시"가 탄생했고(Hegemann 1931), 수많은 사람들이 작은 집에서 북적대며 모여 살았다. 조밀한 건축으로 인해 특히 안마당이 딸린 집에는 빛이 들지 않게 되었고 너무 좁은 마당에는 녹지 공간이 없었으며, 너무 급하게 지어진 주택단지를 지배한 것은 익명성이었다. 이러한 상황으로 인해 도시 내의 민심이 들끓었다. 1863년 견디기 어려운 상황에 저항해 최초의 세입자 폭동이 일어났지만 경찰에 의해 신속히 진압되었다(앞의 글 1931, 331f.). 다른 세입자들은 이 문제를 회피하는 방법을 택했는데, 그들은 살기 불편한 이 도시를 떠나 외곽으로 몰려갔다(Richter 1930, 9).

그리하여 최초의 주말농장형 단지가 생겨났고, 이를 통해 도시 외곽에 생활과 식량, 휴식을 위한 추가 공간을 확보하는 추세가 시작되었다. 초기의 이러한 경향은 아직 임시적인 성격이었고 훗날 잘 조직된 주말농장의 시설 형태와는 많이 달랐다. 이후 몇 년 동안 도축용 초지를 비롯해 프랑크푸르트 성문과 란츠베르크 성문 밖의 다른 도시 외곽지역에도 새로운 도시구역이 자생적으로 성장했다. "'바라키아Barackia'라고 불렸던 이러한 곳들은 모두 관청에서 계획한 것도, 건축사가 설계한 것도 아니었다." 자생적 주거지들에 대한 묘사는 매우 전원적으로 들린다. 모두가 서로 도왔고, 창고 같은 임시 숙소 앞에는 정원이 조성되었으며, "독일 국기 색깔에 독일제국 문장의 독수리가 그려진 깃발이 지붕 위에서 펄럭였다"(Lange 1976, 133). 그럼에도 시에서는 1872년 '블루멘가 폭동' 당시 이러한 불법적인 외곽의 임시 막사 마을을 철거했다.

그러나 시 행정부는 주말농장형 단지의 이러한 자발적인 형성을 어떻게 활용해야 할지도 알고 있었다. 시에서는 도시가 성장할 경우 사람들이 거주하게 될 시 외곽의 땅을 매입했다. 그러고는 휴경지인 이 땅을 개발하기 전까지 대표 소작인 한 사람에게 임대했는데, 그는 이 땅을 여러 단위로 분할해 단기로 다시 임대했다. 그리하여 소형 농장의 소유주들은 명백한 종속관계에 놓이게 되었다. 그러나 그들의 계약은 보통 1년 동안만 유효했으며, 특히 지방자치단체에서 그 땅을 개발해 건축 부지로 변경하고자 할 때에는 언제든지 해약이 가능했다. 지방자치단체와 대표 소작인들이 지속적으로 상승하는 소작료에 관심을 갖게 되면서 일부 땅은 공개 경매를 통해 제공되기도 했다. 이러한 불안정한 상황은 주거 양태에도 직접적인 영향을 미쳤다. 작은 정원이 딸린 농막들은 임시적인 장소가 되었고 이곳에 대한 투자도 제한적으로만 이루어졌다. 이와 동시에 대표 소작인은 부분적으로 자신의 토지에서 공급되는 음식물, 그중에서도 특히 음료사업을 관리했다. 1908년에 작성된 임대 계약서에 따르면 소규모의 임차인은 "오직 임대인이나 그 대리인을 통해서만" 필요한 음료를 구매할 것을 규정하고 있었으며, 이를 위반했을 경우 계약관계를 즉시 해지할 수 있다는 경고 조항이 있었다(Richter 1930, 13). 브레멘, 라이프치히, 함부르크, 뉘른베르크에서도 이와 비슷한 일괄 임대제도가 개발되었다. 세기전환기까지 주로 존재했던 것은 '무질서한 주말농장체제'였다. 도시는 규제에 거의 개입하지 않았다. 그러나 대표 소작인체제의 불합리한 조건으로 인해 소규모 임차인들의 불만이 커졌다. 20세기 초 그들은 최초의 주말농장협회를 통해 동맹을 맺었는데, 이는 1901년경 창설된 '베를린과 주변지역 전체 경작자협회'였다. 소규모 임차인들의 자치조직은 〈농경 시민Der Ackerbürger〉이라는 잡지를 발간하는 등 외부적으로 대표기관의 역할을 했으며, 대표 소작제가 무효화될 수 있도록 공동으로 땅을 확보하는 데 앞장섰다(Stein 1998, 250).

1890년대 중반 베를린의 주말농장 소유자의 수는 이미 4만 명에 달했다(Brando 1965, 23f.). 주말농장단지는 많은 새로운 베를린 시민들에게 익숙한 생활방식을 제공했다. 단지의 술집은 특별히 사랑받는 장소는 아니었지만 대표 소작인이 소유하고 있는 경우가 많았다. 그럼에도 불구하고 이곳으로부터 특별한 형태의 사교 모임이 발전했고, 이후 수십 년 동안 그 중요성은 점점 더 커졌다. "몇 주에 한 번씩 파티가 있다! 이곳에서는 '가족 파티'가 있고, 저곳에서는 '어린이 파티'가 있다! 그다음에는 숫양 한 마리가 공개적으로 내걸리고, 그후에는 몇 마리의 토끼가 내걸리는 식이다. '추수감사 축제'는 8일 동안 계속되기도 했는데, 저녁마다 축제 행진이 펼쳐졌다." 제1차세계대전 전까지 일괄 임대제도에서 벗어나고 단지들의 자체적인 조직이 점점 증가하면서 단지의 술집이 자체적인 협회회관으로 바뀌어 자부심 강한 주말농장 임차인들의 조직을 위한 집결지 역할을 했다. 그러나 외부인들을 불안하게 만든 것은 바로 주말농장단지의 공동체 형성 기능이었다. 왜냐하면 본래 "하위계급의 휴식과 정신적·윤리적·물질적 고양을 위한 재배지"로 구상되었던 시설들이 "윤리적 야만화"의 터전이 될 위험이 커졌기 때문이다(Coenen 1911, 23ff.). 특히 베를린의 주말농장단지가 이 같은 식의 우려를 불러일으켰는데, 그 이유는 이곳이 잠재적 사회민주주의자인 주말농장 임차인들의 통제되지 않은 보금자리로서 사회적 소요를 교외지역으로 전파하는 듯해 보였기 때문이다.

다양한 성향의 사회개혁가들은 주말농장이 사회적 문제의 해결, 특히 증가하는 산업노동자들에 대한 문제의 해결책이 될 수 있다고 보았다. 그들은 규모가 확대되고 있는 대도시의 삶의 질이 주말농장을 통해 고양되고, 간접적으로는 국민의 윤리적 상황이 개선될 것이라고 주장했다. 사회개혁과 농장 문제를 이 같은 식으로 연계시키기 시작한 것은 19세기 초의 복지국가운동 때부터였는데, 이 운동은 독일에만 국한되지 않았다. 영국에서 '할당allotment'이라고 불리는 최초의 정원 부지가 생겨났다(Stein 1998, 45ff.). 이러한 부지들은 처음에는 의회가 공유지를 봉쇄하는 동안 재산을 잃게 된 빈민층을 위한 보상으로 고안되었지만 이제는 교육적인 기능에 중점을 더 두었고, 주말농장 부지의 위탁과 빈민 지원은 구분되었다. 1880년대부터 영국 정부는 특히 도시의 '정원 할당garden allotment'을 지원했는데, 이는 도시화의 진전에 따른 잘못된 발전 양상을 완화하려는 목적을 가지고 있었다. 독일의 사회개혁가들은 영국의 모델을 수용했다. 프랑스의 '노동자 정원jardin ouvrier'은 완전히 다른 구조였지만 역시 비슷한 경우였다. 이것은 1890년대에 개발되었고 노동자복지사업으로 계급을 초월한 사회통합에 기여하고자 했다. 그후 독일에서는 특히 보수적인 사회개혁가들이 이 제도에 관심을 가졌다. 주말농장운동가이자 베를린의 제국보험청 추밀참사관이었던 알빈 빌레펠트Alwin Bielefeld가 그중 한 사람이었다.

독일에서는 베를린의 자발적인 주말농장단지 이외에도 부분적으로 유럽식 모델을 기반으로 다양한 형태의 주말농장이 생겨났다. 19세기 초반 독일에도 빈민 농장의 전통이 있었지만 주로 북독일의 몇몇 소도시에 국한되었고 도시가 성장하면서 곧 해체되었다(Erichsen 1956). 슐레지엔과 루르 지방처럼 과거 농업지대였던 곳들이 산업화되는 동안 사업체의 노동자복지사업으로 형성된 정원 부지 역시 훗날의 주말농장의 선구자로 여겨진다. 이러한 가족주의적 지원정책은 노동자들의 식량 사정을 개선하는 동시에 노동자들을 사업체에 더 단단하게 결속시키려는 목적을 지녔다. 19세기 말 적십자와 다른 자선기구들이 설립한 노동자 농장들은 비교적 보수적이고 사회정치적인 성향을 띠었는데, 이는 노동자층 내의 윤리적 붕괴 경향에 저항하는 투쟁도구로 여겨졌기 때문이다. "'자연의 품'에서 산업자본주의의 분업 노동자들은 어느 정도 새로운 구도로 결집하고 신선한 공기를 호흡하며, 일상의 소외에서 벗어나 자기 자신으로 돌아갈 수 있어야 했다"(Stein 1998, 79). 이 정원 부지들은 그 밖에도 도서관, 의류 매장, 대출기관과 의료 및 법률 상담소까지 계획하고 있는 더욱 포괄적인 구상의 일부였다. 이곳은 프랑스의 사례를 기준으로 삼았고, 사업체의 지원을 받은 주말농장과 함께 제1차세계대전 발발 때까지 종종 사회민주주의적인 성향을 띠었던 베를린의 주말농장 소유자들과 정치적·정신적 경쟁관계에 놓여 있었다.

근대 주말농장의 중요한 선구자이면서 종종 과대평가되는 사례는 라이프치히의 슈레버 주말농장이었다. 이 주말농장은 그 명칭과는 달리 다니엘 고틀로프 모리츠 슈레버Daniel Gottlob Moritz Schreber가 직접 시작한 것이 아닌 어느 부모운동단체에 의한 우연한 산물이었다. 그럼에도 진보적 교육의 사상적 선구자였던 라이프치히의 의사이자 교육자인 모리츠 슈레버는 이 변형된 농장 형태의 주창자들에게 영향을 미쳤는데, 특히 그의 친구였던 교장 에른스트 이노센츠 하우실트Ernst Innocenz Hauschild에게 영향을 주었다(Rudolph 2002, 370f.). 1864년에 설립된 슈레버협회는 학생들에게 놀이터를 만들어주려는 에른스트 이노센츠 하우실트와 부모들의 계획에 의해 시작되었다. 4년 후 놀이터의 '놀이 아버지'였던 교사 카를 게젤Karl Gesell은 아이들을 위해 놀이터 가장자리에 작은 화단을 만들자고 제안했다. 그러나 이 교육적 조치는 실패했고, 부모들은 방치된 화단을 관리해야 했다. 이로 인해 최초의 가족 화단이 만들어졌고, 이는 곧 주말농장으로 발전해 1870년에는 이미 그 수가 100개를 넘어서게 되었다. 그럼에도 불구하고 라이프치히의 슈레버운동은 오랫동안 원예활동에만 국한되지 않았다. 이 운동이 도시의 경계를 넘어서는 큰 성공을 거두었음에도 불구하고 모리츠 슈레버가 자신의 교육학 논문에서 요구했던 슈레버 놀이와 슈레버 놀이터는 협회의 활동을 구성하는 고정적인 요소였다. 1909년 이 운동은 전국적으로 약 6,000명의 회원을 보유한 70개의 협회로 성장했다. 같은 해 이 운동은 적십자의 노동자 농장과 연합해 '독일 노동자 농장과 슈레버 농장 중앙연맹'을 결성했다. 베를린 주말농장 소유자들은 이 협회에 가담하지 않았는데, 그 이유는 이 협회에 소속된 조직들이 보수적인 관료주의국가의 사회정책을 지지했기 때문이다. 제1차세계대전이 끝난 후에야 모든 형태의 주말농장들이 공동으로 참여하는 전국연맹이 탄생했다.

바이마르공화국 말기 40만 명이 넘는 주말농장 소유자들이 소속되어 있던 총 4,000여 개의 협회들 가운데 슈레버 농장에 소속된 회원의 수는 6분의 1에 불과했지만, 오늘날까지도 슈레버 농장은 전체 주말농장운동과 동일시되는 경우가 많다. 이를 통해 정원들의 공급 기능보다 그 중요성이 두말 할 필요 없이 인정되는 사회개혁적 동기가 강조된다. 이로써 주말농장은 시민적 프로젝트에도 통합될 수 있었다. "라이프치히에서의 설립은 여러 가지 부수적인 의미를 지니고 있었고, 생활개혁운동의 성격을 띠었으며 그 운동의 실현 과정에서 시민적, 즉 소시민적으로 변모했는데", 그 결과 다른 주말농장의 설립에도 그늘을 드리웠다 (Rudolph 2002, 375). 이 과정에서 이러한 농장들이 도시의 식량 공급에 미치는 엄청난 영향은 무시되었는데, 이러한 측면은 특히 제1차세계대전 동안 더욱 두드러지게 드러났다(Stein 1998, 333ff.). 마침내 국가기관에서도 농장들이 이러한 측면에서 얼마나 중요한 역할을 하는지를 이해하게 되었고, 1919년 최초의 독일 주말농장법을 제정했는데 무엇보다도 이 법을 통해 대표 소작인체제가 완전히 폐지되었다.

'주말농장의 세계': 주말농장은 도시의 반대 장소?

1931년 한여름, 기자인 이본느 크래에Yvonne Kraehe는 베를린 시구역인 베딩의 '주말농장의 세계' 속으로 뛰어들었다. 분명 이곳은 그녀에게 완전히 새로운 환경이었다. 그녀는 주위에 '전면이 포치형으로 지어진 아기자기한 집들', '동화 속 마법의 정원 같은 분위기를 가진 화원', 텃밭과 작은 가축을 위한 우리와 멋진 과수원이 펼쳐진 것을 보았다. 몇 년 전 쓰레기 매립지의 휴경지에 건설했다가 이미 반쯤 버려진 다른 단지와 이곳을 비교하면 놀라움은 더욱 커졌다. 주말농장 소유자들은 그들만의 리듬을, 남들과는 다른 그들만의 삶의 감각을 가지고 있는 듯했다. "4월 1일부터 10월 1일까지 이 사람들은 자신들이 삶에 시달리는 도시민이라는 사실을 잊는다. 일을 해서 건강해진다. 업무를 마친 후 귀가해 신선한 공기 속에서 살아간다. 휴경지와 하치장을 비옥한 땅으로 탈바꿈시킨다. 그들이 다른 방법을 통해서는 누릴 수 없었을 건강한 식생활을 해마다 누리고 있다. 모두가 서로에게서 배운다"(Kraehe 1931). 수도를 취재하는 기자에게 이것은 도시의 미지의 세계를 방문하는 것과 같았다. 그 세계는 나름의 법칙에 따라 움직이고 있어서 기자는 자신의 독자들에게 많은 것을 설명해야 했다. 그러나 이 세계는 주위를 둘러싸고 있는 도시세계가 없었다면 존재할 수 없는 것이기도 했다.

처음부터 주말농장은 탈속도화가 존재하는 녹색의 직사각형을 형성했다. 주말농장은 여가와 회복의 장소로서 점점 가속화되는 대도시의 일상과 구별되면서도 대도시와의 연관성을 잃지 않는 온갖 종류의 장소들에 대해 범례적인 역할을 했다. 오늘날까지 주말농장단지들은 그 이름에 가장 중요한 이러한 기능을 이미 담고 있다. '고향땅', '뻐꾸기 둥지', '여름 행복', '근심 탈출', '안락'과 같은 것 등이 그 예이다. 이 농장의 공간구성은 이곳에서 이루어지는 특히 강도 높은 경작활동에만 맞추어지지는 않았다. 멈춘 시간과 정지된 동작이라는 정서적 세계와 연결되어 이 작은 직사각형에서는 오히려 하나의 대안세계가 과거에도 지금도 만끽되고 있으며, 그곳의 울타리와 담장은 고단한 일상의 삶과의 경계선을 의미하기도 한다. 노동자 술집, 볼링장, 예술가단지와 같은 장소들도 매우 유사한 방식으로 기능했다.

그러나 역설적이게도 바로 이러한 고단함은 결코 완전히 사라졌던 적이 없었다. 탈속도화는 자체적으로 구성한 이러한 세계와 단지 입구 앞에 놓인 주변세계 간의 끊임없는 대립 속에서 비로소 이루어졌다. 자연과 자연스러움으로부터의 소외를 상징하는 도시는 항상 현존하고 있었고, 그럼에도 한가로운 직사각형은 바로 그 도시의 가속화하는 외곽에 위치해 있었다. 기차가 지나가는 소리나 고속도로 진입로의 소음은 '근심 탈출'과 '안락'에서는 허용되지 않는 이동성을 떠올리게 했다(자동차, 비행기). 이와 동시에 그곳의 거주민들은 주말농장이 그 영향력을 펼칠 수 있도록 농장의 외적인 형태에 많은 주의를 기울였다. 그들의 시각에서는 탈속도화가 주된 목표였지만 그 목표에 이르는 길은 여전히 험난

했다. 자신들의 직사각형 내부의 세세한 부분 하나하나에 쏟은 애정은 결국 고단한 노동이 되었다. 하지만 사람들은 이러한 일이 일상의 삶처럼 고단하다고 느끼지는 않았다. 그것은 소외된 노동이 아니라 스스로 결정한 일이었기 때문이다. 유명한 정원 장식용 난쟁이 인형들은 오늘날까지도 잔디밭 가장자리를 장식하고 있다. 왜냐하면 그것들은 대도시 삶의 탈속도화와 스스로 결정한 노동에 대해 느끼는 즐거움이라는 일견 모순적으로 보이는 이러한 요소들을 잘 대변하고 있기 때문이다.

근대 주말농장을 특징짓는 또 하나의 모순은 바로 자연과 (인간적) 질서 간의 관계였고, 이는 지금도 마찬가지이다. 주말농장은 농촌의 생활방식과 유사한 인공적인 자연세계를 연출했다. 잠재적으로 향수를 불러일으킨다는 점에서 주말농장은 폐허, 벼룩시장, 골동품점에 가까웠다. 농장의 '자연스러움'은 주말농장 소유자들 간의 전문적인 대화에서 자주 등장하는 주제였다. 이와 동시에 농장 경작은 언제나 일종의 기술로 여겨지기도 했다. 자신의 주말농장이 정말로 '자연스럽게', 즉 야생적으로 자라게 방치하는 것은 단지 내에 최악의 갈등을 야기한다. 자기 소유의 자연은 잘 돌보아야 한다. "제거되지 않은 잡초와 해충들"은 1931년에 이미 "해약 사유"였다(Kraehe 1931). 소위 자연스러움과 기교적인 질서 간의 모순은 19세기 후반부터 유행했다. 주말농장의 본래적 특성에 대한 갈망은 도시화되고 산업화된 사회를 고향으로의 회귀를 통해 구원하겠다는 환상과 양립할 수 있었다. 주말농장 소유자들은 대지와 연결된 농민정신을 정신적·사회적으로 회복하고자 했던 도시의 선구자들이었다. 반면 개간과 관련된 주말농장의 질서는 식민지에 대한 환상을 떠올리게 했다. 도시 중심부의 문명화된 성과는 도시 외곽 주변부로 확산되어야 했다(Stein 1998, 255ff.). '토골란드', '카메룬', '트란스발'

과 같은 몇몇 베를린 주말농장단지의 이름은 이러한 연관성을 상기시킨다(민족학박물관). 주말농장 소유자들은 향수에 젖은 귀향자이자 문명의 전초기지로서 은유적인 형상을 띠게 되었다.

주말농장 체험에서 또 하나의 모순은 구성요소였고, 이것은 지금도 마찬가지이다. 이 직사각형 모양의 지역에 사는 거주자들은 자칭 개인주의자들이었으며, 새로운 건축계획, 임대료 인상 및 규정으로 자신들의 삶을 힘겹게 만드는 지방 당국에 맞서 자신들이 지속적인 투쟁을 벌이는 것에 대해 자부심을 가지고 있었다. 또한 다른 사회의 집단들로부터 전형적인 소시민이라고 비난받는 자신들의 삶의 방식에도 자부심을 가졌다. 특히 시민계급의 엘리트들에게 주말농장은 사회적 구분의 대상이었다. 오직 훈련된 시선을 가진 사람만이 농장 소유자의 속물적인 행복이 이기적인 자기기만임을 폭로할 수 있다고 주장했다. 예를 들어 작가 에리히 바이너트Erich Weinert는 '벽지 바른 여름 농막'을 비난했다. 〈슈피겔〉지는 1979년까지도 "모든 사람은 자신의 행복을 설계해야 한다. 다른 사람이 나와 무슨 상관인가?"라는 식의 거만한 외부 시선을 견지함으로써 이러한 견해가 오래 지속되고 있음을 증명했다. "주말농장 소유자들이 추구하는 행복은 분명하게 밝혀졌다. 획일화된 몰취미, 규격 생산된 키치, 인공비료가 대유행이다. 여기서 요구되는 것은 안정과 질서, 근면과 청결같이 철저한 독일적 덕목들이다. 기껏해야 정원장식용 난쟁이 인형을 고를 때나 개성을 펼칠 수 있다"(Rudolph 2002, 367에서 재인용)(아파트). 관찰자는 주말농장의 고유성과 그 특별한 외형을 인정하지만 그는 그러한 면들을 존중하기보다는 혼란스럽게 여길 뿐이다.

실제로 주말농장 소유자들은 자신들의 '거처home'를 '성castle'으로 여기고 열성적으로 변호한다. 강한 개인주의는 단지의 전체주의에 대해 표면적으로만 대립될 뿐이다. 베를린 주말농장 소유자들의 운동이 명백히 보여주듯이 처음부터 주말농장단지는 단순한 직사각형들의 집합 그 이상이었다. 주말농장협회를 통해 상호교류가 조직되어 정기적인 여름 축제, 사진 경연대회, 어린이 행사, 그리고 상금이 걸린 카드놀이와 같은 공동의 행사들이 개최되었다. 물론 이외에도 공동체적인 소통이 지속적이고 자발적인 방식으로 이루어졌다. 사람들은 울타리 너머로 농장을 가꾸는 일, 경작하는 일, 해충을 퇴치하거나 농막을 짓는 일뿐만 아니라 자신들의 가족과 다른 주민들에 대해서도 활발한 대화를 나눴다. 일부 외부인들에게는 규정에 따라 생활하는 공동체라는 것이 단지 생활의 중심을 이루고 있다. 그러나 이러한 생각은 주말농장 참여자들이 스스로 느끼는 것과는 많이 다르다. 오히려 스스로를 개인주의자라고 칭하는 그들은 동시에 단지의 공동체 안에서 성취를 추구하고 그것을 이루는 열성적인 집단주의자들이기도 하다.

주말농장은 바로 그 모순적인 성격 때문에 그동안 많은 관심을 받아왔다. 주말농장의 주민들은 적어도 경작 기간 동안에는 안정과 공동체에 대한 자신들의 욕구를 이곳에서 표출하는데, 바로 여기서 일상적인 도시 생활에 대한 그들의 양면적인 태도가 드러난다. 이 작은 직사각형 안에서 그들은 무엇보다도 중요한 한 가지를 성취한다. 그것은 바로 그들에게 맞게 작동하고, 또 그들 자신도 그 안에서 제대로 기능하는 그들만의 세계이다. 주말농장은 근대 대도시의 활력 넘치는 일상의 장소가 되었다. 이곳을 마음에 들어한 것은 이본느 크래에 기자만은 아니었다. 1931년 베딩거단지의 가든파티에 초대받은 그녀는 이렇게 기록했다. "늦은 시간에 나는 비틀거리며 낙원을 떠났다. 나를 초대한 이가 직접 빚은 달콤한 과일주를 잔뜩 마신 후였다. 직접 재배한 과일로 구운 케이크를 실컷 먹어 배가 불렀다. 품에는 야생의 꽃다발과 딸기 봉투를 안고 있었다. 이제는 나도 경작하며 농막에서 살고 싶다"(Kraehe 1931).

참고문헌

Brando, Paul (1965): Kleine Gärten — einst und jetzt. Geschichtliche Entwicklung des deutschen Kleingartenwesens, Hamburg.

Coenen, Friedrich (1911): Das Berliner Laubenkoloniewesen, Göttingen.

Erichsen, Ernst (1956): Das Bettel- und Armenwesen in Schleswig-Holstein während der ersten Hälfte des 19. Jahrhunderts, in: Zeitschrift der Gesellschaft für Schleswig-Holsteinische Geschichte 80, 93~148.

Förster, Heinrich/Alwin Bielefeld/Reinhold Walter (1931): Zur Geschichte des deutschen Kleingartenwesens, Frankfurt.

Hegemann, Werner (1931): Das steinerne Berlin. Geschichte der größten Mietskasernenstadt der Welt, Berlin.

Kraehe, Yvonne (1931): In der Welt der Kleingärtner, in: Tempo, 23. Juli.

Lange, Annemarie (1976): Berlin zur Zeit Bebels und Bismarcks: Zwischen Reichsgründung und Jahrhundertwende, 2. Aufl., Berlin.

Richter, Elli (1930): Das Kleingartenwesen in wirtschaftlicher und rechtlicher Hinsicht, dargestellt an der Entwicklung in Gross-Berlin, Berlin.

Rudolph, Hermann (2002): Der Schrebergarten, in: Etienne François/Hagen Schulze (Hg.), Deutsche Erinnerungsorte, Bd. 3, München, 363~379.

Stein, Hartwig (1998): Inseln im Häusermeer. Eine Kulturgeschichte des deutschen Kleingartenwesens bis zum Ende des Zweiten Weltkriegs. Reichsweite Tendenzen und Groß-Hamburger Entwicklung, Frankfurt u.a.

아파트

모리츠 푈머Moritz Föllmer

쿠르퓌르스텐담 보가단지의 아파트, 베를린, 1931년

쿠르퓌르스텐담 뒤편에 위치한 건축물은 독일 최초의 원룸아파트단지이다. 이 건물은 주택대지매각주식회사WOGA가 지은 단지의 일부였다. 이곳에는 여러 주거용 건물, 카페, 영화관, 술집이 속해 있었는데, 이 단지는 유명 건축가 에리히 멘델존Erich Mendelsohn이 설계했다. 4채의 집은 각각 30제곱미터의 방 하나, 붙박이장과 선반이 있는 좁은 현관, 미니 전기레인지가 달린 간이주방, 그리고 세면기, 세탁대, 욕조와 변기가 있는 화장실로 구성되어 있었다. 이 집들은 전화선, 전기초인종, 출입문 개폐장치, 계단층과 엘리베이터를 통해 외부세계와 연결되었다.

이처럼 공간이 독립되고 자신의 주거 공간을 통제할 수 있으면서 안락함을 누릴 수 있는 것이 그때까지만 해도 당연한 일로 여겨지지 않았다. 그래서 남녀 독신자들과 일부 젊은 부부들에게도 이러한 공간의 제

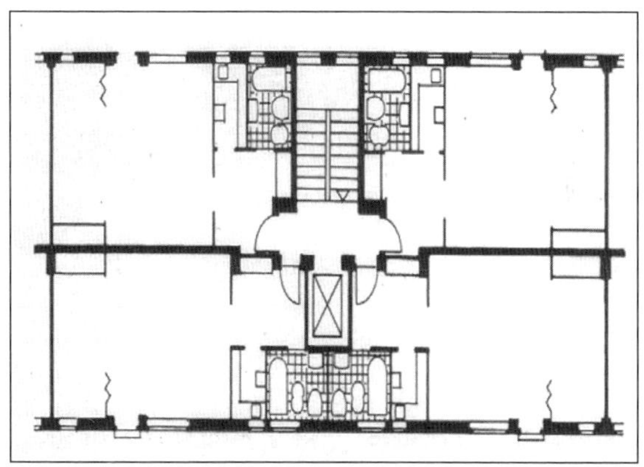

쿠르퓌르스텐담 보가단지의 원룸아파트 주택설계도(1931)

공은 매력적인 것이었다. 왜냐하면 이곳에 입주한 사람은 더이상 자신의 부모나 집주인 또는 이웃 사람들의 호기심어린 눈길이나 불신하는 듯한 시선에 시달릴 필요가 없었고, 욕실과 실내 화장실이 갖추어지지 않은데다 난방시설도 열악한 주거조건을 견뎌낼 필요가 없게 되었기 때문이다. 이제 그들은 근대적 주거시설의 모든 편리함을 누리게 되었고, 자신이 이곳에서 어떤 관계를 맺을지 이전보다 더 독립적으로 결정할 수 있었다.

우리는 몇 명의 남자와 여자가 그 집에 거주했는지, 세입자가 자신의 원룸아파트를 어떻게 꾸미고 어떤 방식으로 행동했는지, 그들이 근대적인 가구를 소유했는지 아니면 오래된 가구를 소유했는지, 그들이 얼마나 자주 식사를 준비하고, 얼마나 자주 목욕을 했는지 혹은 얼마나 자주 손님을 초대했는지는 알 수 없다. 또한 그들이 보가단지의 유흥지인 쿠르퓌르스텐담 뒤편의 음식점이나 그 외의 베를린 서부에 존재하는 수많은 오락거리들을 얼마나 이용했는지도 잘 알려져 있지 않다. 우리가 그 자세한 내용을 알지 못하는 이유는 표준화된 공급과 개인적인 사용 가능성, 친밀함과 익명성이 이곳에서 특별히 근대적인 방식으로 연결되었기 때문이다. 이러한 점이 원룸아파트를 매력적으로 만들었다. 이것이 에리히 멘델존의 건축물이 어느 타블로이드 신문에서 "독신남-천국"이라고 칭해진 이유이다(8-Uhr-Abendblatt, 1930. 11. 25).

사적 공간으로서의 아파트: 시민 가족에서 도시의 독신자로

"19세기의 수도"(Walter Benjamin)인 파리의 아파트 역사를 살펴보는 것이 도움이 될 듯하다. 왜냐하면 도시의 공간 부족이라는 상황에서도 가족의 은밀함을 지키고자 하는 시민적 욕구를 충족시킬 수 있는 주거 형태에 대한 탐색이 이곳에서 시작되었기 때문이다. 이미 근대 초기에는 부유한 파리 시민들조차 다세대주택에 거주했었다. 이러한 집들은 여러 개의 공간으로 이루어져 있었고, 여러 층에 걸쳐 있는 경우가 많았으며 현관이 없었기 때문에 다른 세입자의 방을 통해 출입해야 했다. 1820년대부터 1840년대까지 6층에서 8층 높이의 건물들이 많이 지어졌는데, 각각의 아파트들이 보다 명확하게 분리되었다. 그러나 여전히 다양한 사람들과 서로 다른 인간 유형들이 이웃하며 살았는데 현관홀, 계단, 복도 등에서 서로 마주쳤다. 1층에 자리잡은 상점과 식당들, 그리고 인도와 바로 인접해 있어 사적인 삶과 공적인 삶은 뚜렷하게 분리되기보다는 유동적으로 서로 연결되었다. 이는 거리와 집들이 서로 보완작용을 하는 전면적으로 접근 가능하고 투명한 도시 공간이라는 당대의 이상에 부합하는 것이었다.

그러나 이러한 개방성은 점점 더 가족의 은밀함이라는 시민적 이상을 옹호하는 비판자들의 반발을 불러일으켰다. 그들의 관점에서 볼 때 남편들은 자신의 아내를 집에 혼자 남겨둘 경우 이웃 남자들과의 성적인 경쟁을 염려해야 했다. 게다가 하위 시민계층 출신으로 건물 내에서 정보와 소문을 전하는 데 막강한 영향력을 발휘하는 관리인 부인은 부부 생활과 가족 생활을 염탐하고 필요한 경우에는 이 내용을 이용할 위험도 있었다. 파리의 아파트 건물은 남성 거주자들을 여성화시킬 위험이 있는 여성적 특성을 지닌 공간구조물로 묘사되었다. 1850년대 오스만 남작을 통해 이루어진 도시의 과격한 변형과 함께 사회적으로 훨씬 더 동질적인 구역이 형성되었고, 동시에 주택가와 상점가, 사적 장소와 공적 장소는 엄격하게 분리되었다. 이러한 경향을 더욱 뒷받침해주는 지침서가 있었는데 이는 시민들, 특히 시민 여성들에게 계단까지 이어지는 위협적이고 더러운 도시환경으로부터 안전하고 위생적인 가정의 내부 공간을 구분짓도록 촉구했다. 또한 아파트 실내에서는 손님을 맞이하는 응접실과 식사 공간을 보다 더 은밀한 공간인 침실과 서재로부터 최대한 분리하도록 했다. 그렇게 해야만 열악한 공간의 기본 구조와 세입자로서의 불안정한 신분에도 불구하고 자신의 개성을 보존하거나 심지어 발전시킬 수 있다는 것이다.

영국과 미국에서는 아파트와 공동주택 단지에 대한 비판이 공유되었을 뿐만 아니라 단독주택의 이상을 뒷받침하기 위한 경계이론으로 작용하기도 했다. 파리에서의 삶에 사생활 보호가 부족하다는 사실은 정원 초과 상태인 '숙박소'의 사회적 비참함과 함께 부정적인 배경이 되어, 주택을 소유하려는 노력을 개인주의적인 영국 민족성의 핵심 요소로 드러냈다. 이러한 사고는 도시에서의 급격한 인구 증가에도 불구하고 바뀌지 않았으며, 예를 들어 런던 주거지역의 건축설계에 구체적인 영향을 미쳤다. 표준화된 기본 모형에 따라 지어진 연립주택들이 주를 이루었으며, 이러한 주택들은 상가지역과 분리되어 있었고 지나가는 행인들의 시선을 피할 수 있도록 앞뜰이 조성되어 있었다. 19세기 후반의 몇 안 되는 아파트 건물들의 특징은 각 집마다 외부 계단을 통해 출입할 수 있는 서로 분리된 별도의 입구가 있다는 점이었다. 오늘날까지 영국인들은 주로 단독주택에 거주한다. 마찬가지로 미국에서도 성인이 이러한 규범에서 벗어날 경우 미성숙한 인간의 징후로 여겨진다. 로스앤젤레스에서는 1960년대부터 개별적으로 아파트 건물을 건축하기만 해도 '이웃관계'가 머지않아 붕괴될 징후로 여겨졌다. 이는 주거의 질과 부동산 가치가 하락할 것을 염려한 각 지역 주택 소유자들의 격렬한 저항운동을 불러일으켰다(Davis 1994, 200~208).

19세기 중반부터 이미 시민적 사생활의 이상이 자신의 집안에서 실현되는 경우가 점점 더 줄어들었던 맨해튼의 상황은 달랐다. 게다가 좁은 공간에서 인구가 급격히 증가했기 때문에 땅값이 너무 높았다. 이에 대한 즉흥적인 해결책으로 재임대차 생활을 하거나 그랜드호텔에 거주하는 형태는 비평가들과 주민들의 시각에는 가족의 은밀함에 대한 용납하기 어려운 침해로 여겨졌다. 그리하여 1860년대부터 아파트 건물들이 등장하기 시작했다. 아파트 건축업자들은 중산층과 상류층의 고객을 겨냥했기 때문에 '하층민의 공동주택'과는 분명한 선을 그으려고 노력했다. 파리의 모델이 이를 위한 길잡이 역할을 했기 때문에 새로운 주거 형태의 초기 명칭인 '프렌치 플랫'에도 그 흔적이 남게 되었다. 그러나 이 주거 형태는 중앙난방, 가스조명, 근대적인 하수시설을 갖추지 못하고 사적인 내부 공간이 충분히 보호되지 못했기 때문에 계속해서 비판을 받았다.

하지만 이것은 해결할 수 있는 문제점들이었다. 불과 몇십 년 사이에 근대의 기술을 갖춘 아파트가 맨해튼의 특징적인 주거 형태가 되었고, 이 건물들은 곧 10층 높이까지 솟아올랐다(고층건물). 건축가들은 사회적인 동질성과 최대한의 은밀함을 원하는 중산층의 요구에 부응하기 위한 노력으로 다양하면서도 기본 구조에서는 표준화된 주거시설을 제공했다. 전형적인 아파트는 감시시스템이 설치된 현관문, 로비, 엘리베이터, 복도를 통해 접근할 수 있었는데, 이러한 공동 공간은 최소한의 필수적인 것으로만 제한되거나 거주자들의 신분에 맞추어져 있었다. 아파트에는 접견실(응접실, 식당, 고급 주택의 경우 도서관이나 음악실까지)과 사적 공간(침실과 서재)이 갖추어져 있었는데, 이 두 공간은 파리의 경우보다 더 엄격하게 분리되어 있었으며 두 공간은 모두 현관을 통해 출입할 수 있었다. 이외에도 대부분 팬트리를 거쳐 식사 공간과 연결되는 주방, 그리고 욕실과 화장실이 갖추어져 있었는데, 더 고급 주택인 경우에는 두 공간이 별도의 공간으로 분리되어 있었다. 경우에 따라서는 하인들을 위한 방이 추가되었다. 이러한 기능적인 분할은 시민의 은밀함에 대한 이상과 건축가들의 의도에 상응하는 것이었지만 이 같은 분할이 거주자들에 의해 희미해지는 경우도 많았다. 그들은 좁은 공간에서 자신들의 개인적인 요구를 충족시켜야만 했기 때문에 거실과 식사 공간을 합치거나 주방에서 식사를 했다.

여전히 우려가 존재하기는 했지만 시간이 지남에 따라 이러한 새로운 주거 형태의 장점이 전면에 점점 더 부각되었다. 이러한 장점 중 하나는 집안일이 수월해졌다는 것이었고, 이제 한 층에서 모든 일을 처리할 수 있게 됨으로써 이전보다 인력이 덜 필요하게 되었다. 곧 중앙난방,

전기조명, 하수도시스템, 보일러 또는 온수, 인터폰, 전화, 냉장실과 같은 새로운 기술이 추가되었고, 종종 중앙 세탁실이 추가된 경우도 있었다. 이러한 기술은 아파트 건물 내에서 공동으로 사용되고, 관리인의 관리를 받았기 때문에 매우 일찍부터 도입될 수 있었다. 1900년경에는 소규모 가족에게 맞춰졌던 주택 제공의 범위가 확대되어 이제는 뉴욕의 미혼 남녀들에게 거실, 침실, 욕실이 직접 연결된 일반적으로 주방이 딸려 있지 않은 소형 아파트를 제공했다. 또한 독신남뿐만 아니라 가족들도 사적인 삶과 공적인 삶, 지속성과 임시적 성격이 혼합된 주거 형식을 향유할 수 있고 다양한 서비스를 제공받는 아파트 호텔이 등장했는데, 이러한 아파트 호텔은 그랜드호텔과 영화관 같은 오락시설 근처 중심지에 위치하는 경우가 많았다.

20세기 독일에도 아파트가 널리 보급되면서 사람들은 이것이 이미 19세기부터 시민계급 거주지에서 일반적으로 볼 수 있었던 가족용 주택이 아닌 독신남이나 젊은 부부를 위한 장소라고 생각했다. 1900년경부터 미국 도시에 등장한 소형 아파트가 모델이었는데, 이는 미국을 지향하는 새로운 개인주의의 등장을 알리는 것이었다. 아파트 건물은 사무실 건물, 주택단지, 노동자 주택에 집중했던 '신新건축'운동의 그늘에 가려져 있었다. 서두에서 언급한 에리히 멘델존은 투자자와 사용자들의 요구를 수용하고, 그럼으로써 근대 소비사회를 받아들이겠다는 의지를 가진 사람으로서 동료들 사이에서는 다소 예외적인 인물이었다. 그러나 이미 바이마르공화국 시절에 도시의 독신자라는 생활방식이 뚜렷이 나타났는데, 이들은 자신의 상황을 결코 단순한 결핍의 상태로 여기지 않고 적어도 일정 기간 동안은 그에 적응하며 살았다. 아파트는 이런 시기를 더이상 부모님의 집이나 어느 과부 집의 하숙방에서 지내는 것이 아니라 혼자 살면서 모든 근대적 편리함을 누릴 수 있는 가능성을 의미했다. 베를린의 대중지는 새로운 주거양식이 자기실현을 위한 정당한 노력의 표현이라고 옹호했다. 따라서 미혼의 직장 여성까지도 "자신들이 원하는 대로 꾸밀 수 있는 자기만의 사방 벽을 갖고 싶다는 소망"을 품는 것이 정당하다고 홍보했다(8-Uhr-Abendblatt, 1930. 11. 1).

투자자와 건축가들은 기존의 주택을 아파트로 분할하거나 처음부터 자체적인 아파트 건물을 건축함으로써 이러한 수요에 대응했다. 이 아파트는 엘리베이터, 붙박이 옷장, 소형 레인지, 중앙난방, 온수와 욕실이 갖춰진 편리한 원룸으로 이루어져 있었다. 새로운 주거 형태는 소득이 높고 소비지향적인 개인주의자들을 대상으로 겨냥했는데, 이들 중 많은 이들이 사무직이라는 새로운 사회적 집단에 속했다. 이는 2개의 방과 욕실, 화장실을 갖춘 독립적이고 '우아한' 아파트를 개인에게 임대한다는 광고에서 확인할 수 있다. 반면 독신남들은 "완전히 독립되고 가구가 딸린 우아한 2룸 또는 2.5룸의 아파트, 모든 현대적 편의시설 포함, 서부지역에서 즉시 임대 가능"과 같은 조건의 집을 찾았다. '품위 있는 여성 세입자'와 '직장 여성Madem.'은 자신을 이같이 칭함으로써 혼자 사는 여성에 대한 의구심에 대응했지만, 이러한 편견 때문에 자신의 필요에 맞는 집을 구하는 일을 포기하지는 않았다(B. Z. am Mittag, 1930. 7. 29, 1930. 5. 17, 1930. 3. 20, 1930. 5. 17).

바이마르공화국 시절 새로운 주거 형태에 대한 초기 반응은 제한적이었다. 그러나 1950년대에 이르러 상황이 바뀌었다. 이제 고층의 아파트 건물은 건축적인 면과 실제 삶의 현대성을 구현한 예로서 세인의 큰 관심을 끌었고 뜨거운 논쟁을 불러일으켰다(고층건물). 격렬한 비판도 있었지만 현대성을 추구하는 중산층의 광범위한 수요도 존재했다. 예를 들어 그들이 함부르크-그린델베르크를 높이 평가했던 이유는 이곳에서는 개인적으로 칩거하며 이웃과 친근하면서도 적당한 거리를 유지하는 관계가 가능했기 때문이다. 바이마르공화국 시절 도시계획 담당관으로 집단주의적인 '신건축'을 대표했던 마르틴 바그너는 베를린의 한자피어텔지역을 "영화계 스타들을 위한 아파트"를 모아놓은 곳이라고 폄하했다(Geschichte des Wohnens 1999, 835에서 재인용). 그러나 인터바우 전시회 일정에 맞춰 첫번째 건물이 완공되자 각 30제곱미터 면적의 독신용 주택 164채에 대해 약 7,000건의 신청이 접수되었다. 이 주택은 작은 주방이 있는 여성용 주택과 간이 조리대와 좀더 넓은 거실이 있는 남성용 주택으로 나뉘었다(B.Z., 1957. 7. 29; Dolff-Bonekämper 1999, 154).

새로운 건물 유형의 지지자들은 바둑판처럼 표준화된 우편함까지 포함해 고층 아파트 건물의 획일적인 형태를 옹호했다. "건축가는 이 7층 건물과 그 건물에 딸린 3층짜리 부속동棟에서 거주자의 이런 평등 혹은 동등한 권리를 은폐해야 한다는 말인가?"(Bauwelt 1955, 649) 다른 이들은 근대성 비판의 고전적 문구들에 대한 대응으로 주거용 고층건물이 자연 속에 조화롭게 자리잡았다는 점을 강조했다. 그들은 본 근처에 신축 주택단지가 건립된 "초지경관의 공원적 성격"을 칭송하거나(Die Kunst und das schöne Heim 1952, 117), 바로 그 건물의 높이 때문에 고전적인 조밀한 뒤뜰형 건축물보다 훨씬 더 많은 '빛과 일광'을 제공하고 게다가 공간도 덜 차지한다고 주장했다. 이러한 방식으로 뮌헨 최대 규모의 아파트 건물 앞에 위치한 '특히 아름답고 오래된 나무들'이 보존될 수 있었으며, 이 나무들은 "그 건물이 상당한 건축 규모에도 불구하고 거리의 풍경에 자연스럽게 녹아들도록" 기여하고 있다는 것이다(Die

Kunst und das schöne Heim 1958, 460f.).

이러한 장소를 꾸미려면 어떻게 해야 할까? 거주자들은 다양한 안내 책자의 도움을 받을 수 있었다. 그 책자들은 가구산업의 광고 전략가들의 지원을 받아 대부분 미리 정해져 있는 표준화된 공간, 현대적 삶의 요구사항과 독신남이나 젊은 부부들의 요구 사이의 긴장관계를 주로 다루었다. 이 책자의 저자들은 특히 소형 신축 주택들을 최대한 집안일을 줄이고 싶어하는 직장인들을 위한 공간으로 보았다. 또한 그들은 이러한 생활방식의 일시적인 성격을 강조했으며, 개인의 소망을 실현할 때 이러한 특성을 고려해야 한다고 생각했다. 자기 마음대로 구조를 변경해서는 안 되고, 장기간 사용을 전제로 한 무거운 안락의자, 침대, 옷장 대신 가볍고 이동 및 설치가 가능하며 시류에 제약을 받지 않는 가구들을 찾아야 했다. "모든 주거 설비는 언제든 새롭게 결합하고 보완할 수 있어야 한다. 이는 간단한 형태에 좋은 자재를 사용한 뛰어난 구성의 모델인 경우에 가능하다"(Wohnen heute 1960, 6).

이러한 안내 책자가 처음에는 현대적 삶의 요구와 그것이 주거 생활에 미친 영향에 초점을 맞추었던 반면, 1960년대에는 공간 활용과 점진적인 자기계발 사이의 연관성을 더욱 강조했다. 독자들은 주어진 틀 안에서 자신의 집을 자기 것으로 만들고, 그곳에 개별적인 성격을 부여해야 했다. 어느 여성 작가에게는 이미 가구가 딸린 하숙방이 더이상 임시로 견뎌야만 하는 불행이 아니라 좁은 공간에도 불구하고 많은 일을 할 수 있는 자기실현의 장소로 여겨졌다. 단, '지혜로운 집주인'이 단순한 가구를 설치해 그것을 '자기 나름의 취향대로 옮기는 것'을 허용할 경우에 가능했다. 세입자는 이러한 가구에 새로 칠을 하거나 세탁이 가능한 덮개를 씌우고 멋진 자기 소유의 가구를 들여와 보완할 수 있었다. 그뿐 아니라 칸막이를 이용해 세면대를 방의 다른 부분과 분리하는 것도 좋은 방법이었다. 이 칸막이에 벽지를 바르거나 유명 영화배우나 자동차 모델의 사진을 붙여 '완전히 개인적인 전시장'으로 변모시킬 수도 있었다. 이 같은 방식으로 "자신의 방에서 '연습'을" 시작했다면 젊은 부부로서의 삶에 대한 준비가 된 것이다. 첫번째 집에서 각자 가져온 가구를 조화롭게 배치하고 그동안 습득한 공간 장식 능력을 발휘해야 했다. 안락의자와 같은 가구를 새로 구입해야 할 경우에는 두 부부의 개인적인 요구사항을 고려하는 것이 중요했다. "각 파트너에게 가장 적합한 것을!"(Schmid 1960, 21~32)

이처럼 아파트에서의 생활은 학생이나 초보 직장인의 가구가 비치된 하숙방과 아이가 있는 부부가 사는 단독주택 사이의 과도기적 단계로 구상되었다. 1960년대의 전형적인 사고방식대로 사람들은 일직선적인 수직 상승과 발전을 기대하고 있었으므로 초반의 넉넉하지 못한 자원은 효율적이고도 품위 있게 사용되어야 했고, 점진적으로 확장되어야 했다. 개인적인 욕구와 결혼 생활은 서로 모순되지 않았으며 배우자와의 관계 속에서 중재를 통해 해결되었다. 각자 소유하고 있는 가구를 결합하고 새로운 가구를 구입함으로써 그러한 관계는 더욱 밀접해졌다. 이러한 기본 모델은 많은 사람들의 주거 이력 속에서 유사한 모습을 보였다. 특히 중산층 사람들은 학업과 취업이 마무리되고 나면 곧바로 가정을 이루기 위해 노력하는 것이 일반적이었다. 이와 함께 도시 외곽이나 근교에 자신의 집을 마련하려는 열망이 생겼는데, 이는 정착과 안정을 상징했다(교외 주택단지). 아파트는 임시 주거 형태로 확고히 자리잡았지만 독신자의 모습에 내재된 사회적 관계에 대한 폭발력은 희미해진 듯했다.

아파트에 대한 해석: 규격화된 개성의 양가성

20세기는 주로 규격화된 개성의 경향이 주도했다. 점점 더 많은 사람들이 대량으로 생산되고 표준화된 제품들을 구입하거나 적어도 그것을 구입하려는 노력을 기울이기 시작했다. 이러한 제품들의 의미는 기본적인 욕구의 충족을 넘어서는 것이었다(제철소). 소비제품의 소유 여부는 많은 사람들이 자신을 정의하는 데 있어서 중요한 역할을 했다. 특히 대량생산되고 규격화된 제품들은 개인적 선택, 조합 및 자기화의 많은 가능성을 제공했기 때문에 사람들은 그 속에서 자신의 자아를 개발하고 발전시킬 수 있는 기회를 보았다.

연립주택이나 캠핑카와 마찬가지로 아파트 역시 이러한 규격화된 개성이 공간적으로 구체화된 주거 형태였다. 문화적으로 전달된 이상과 행동규범을 체득한 거주자들은 규격화된 주택으로 이사하고, 대량생산된 가구를 구입한 후 자신의 필요에 맞추어 집을 꾸밈으로써 발전할 수 있었다. 공간을 직접 구성할 수 있다는 이러한 가능성 때문에 아파트는 웨이트룸과 같이 표준화되고 근대 기술을 갖춘 다른 자기단련 공간과는 구분되었다. 또한 초기의 시민적 의구심의 영향으로 근대 주택을 건축하는 데 있어서 은밀한 친밀성이 상당히 보장되었을 뿐만 아니라 대형 신축 건물에서 사회적 관계들이 제한됨에 따라 이러한 은밀한 친밀성은 더욱 촉진되었다. 아파트의 경우 연립주택과 캠핑카와는 달리 가족 간의 은밀한 친밀성이 아닌 젊은 부부와 독신남들의 은밀한 친밀성이 중요했는데, 이는 근대 고층건물의 익명성과 부합했다.

자기계발과 표준화, 은밀한 친밀성과 익명성의 이러한 연결을 통해 아파트는 현대적 개인의 양면성을 희극적이거나 비극적으로 극단화시키는 장소가 되었다. 1940년대에서 1960년대까지의 영화와 오락소설에는 자신의 집을 사랑의 모험의 장소로 이용하지만 그 과정에서 피할 수 없는 사고와 혼란을 극복해야만 하는 독신남들의 이야기가 등장한다. 빌리 와일더Billy Wilder 감독의 〈아파트 열쇠를 빌려드립니다The Apartment〉(1960)에서는 기혼자인 뉴욕 보험회사의 간부들이 연인과 단둘이 있기 위해 직원에게 열쇠를 자주 빌리곤 한다. 반면 같은 건물 내 다른 집들과 오직 숫자로 구분되는 아파트에 사는 것은 사회적 고립의 표현으로 여겨졌는데, 이는 수많은 살인사건 피해자들의 묘사에서 증명된다. 서독 출범기 최대의 사회적 스캔들을 영화화한 〈소녀 로제마리Das Mädchen Rosemarie〉(1958)에서는 주인공이 고급 창녀로 성장해가는 과정이 그녀가 낡은 지하방에서 현대적인 아파트로 이사하는 것을 통해 상징적으로 그려진다. 하지만 그녀는 결국 자신의 상류층 고객의 청부에 의해 그곳에서 살해된다. 또한 도러시 휴스Dorothy Hughes의 범죄소설에서는 범행을 저지르는 개인주의자가 자신의 피해자 중 한 사람의 집을 확보하는데, 그 집은 그에게 익명의 은신처를 제공하고 그의 범죄 행각의 출발 지점이 된다. 하지만 그곳은 동시에 피할 수 없는 무언가를 지니고 있다. "내가 갈 수 있는 곳은 없었다. 베벌리의 거리는 소도시의 거리처럼 조용했다. 아파트로 돌아가는 것 외에는 갈 곳이 없었다"(Hughes 2003, 189).

아파트의 규격화된 개성은 심각한 비판을 불러일으켰는데, 이러한 비판은 이미 20세기 초에 제기되었지만 1960년대 후반 이후 특히 서독에서 격렬해졌다. 얼마 전까지만 해도 주도적이었던 진보에 대한 믿음이 수세에 몰리는 바람에 아파트의 편리함은 더이상 행복한 기술혁신이 아니라 문제점이 있는 것으로 인식되었다. 이러한 주거 형태는 다시 한번 결핍된 개성과 연결되었지만 비판의 방향은 바뀌었다. 19세기에는 단독주택과 비교했을 때 사적인 영역의 부족에 대한 우려가 존재했던 반면(영국과 미국에서는 이러한 우려가 계속 존재했다), 이제는 반대로 기술적으로 완벽하고 익명성이 지배하는 고층건물에 고립된 인간이라는 참혹한 이미지를 만들어내어 그것을 비인간적인 현대의 징후로 삼았다. "약 30개의 원룸이 있는 아파트 건물. 세입자는 직장인들이다. 그들 중 한 사람이 병에 걸리면 그는 사실상 난민이나 다름없다. 왜냐하면 누구도 자신의 이웃을 알지 못하기 때문이다. 하지만 인간은 소라게처럼 삶을 살도록 설계되지 않았다"(Mitscherlich 1965, 69f.).

많은 사회학자들을 포함한 비평가들은 현대의 공간환경이 사회적 관계뿐만 아니라 개성을 약화시키고 변형시킨다고 주장했다. 그들의 주장에 따르면 신축 아파트의 거주자들은 비정치적인 것으로 악명이 높으며, 자신들만의 좁은 세계에 갇혀 있다. 그들은 이런 방식으로 직장에서의 결핍된 자율성을 보상했다. 비록 그들이 겉보기에 통제할 수 없도록 개인적으로 행동했지만 실제로는 외부의 강제를 내면화하고 있었다. 특히 그들이 완전히 다른 종류의 물건들을 결합해 집안을 장식할 때마저도 그러했다. "낙타 안장부터 인도 사원의 종까지 [……] 거의 탐욕스러울 정도로 [……] 온갖 물건과 소품들을 집안에 들여놓았다. 이것은 부지런한 제조업체와 대체품에 특화된 이국 취향 및 노스탤지어산업의 지원으로 가능했다. 이 과정에서 개성을 유지하고 외부의 간섭으로부터 자유롭게 생활환경을 조성하는 일은 어느새 사라지고 만다." 그러므로 집을 "자율이 가능한 사실상의 마지막 이상향으로 유지"하기 위해서는 "자신의 상상력에 대한 용기"와 "창의력"이 필요하다(Weiter wohnen 1979, 6ff.).

이러한 비판의 결과로 사람들은 아파트와 단독주택을 의도적으로 멀리하게 되었다. 표준화된 '속물적인' 개인주의를 극복하기 위해 오래된 건물과 농촌에서의 주거공동체가 집단적 주거 생활의 장소로 발견되었다. 주거공동체는 노동과 소비사회의 영향력이 미치지 않고 삶의 속도가 느려지는 공간에 대한 현대 특유의 갈망을 충족시켰다(주말농장). 이것은 소수의 선구적 집단에게만 국한된 일이었지만 개인주의적인 중산층 젊은이들의 주거양식에 영향을 미쳤다. 그리하여 그들은 더이상 고층건물이 아닌 동일한 수준이지만 더 높은 '삶의 질'을 가진 개축된 옛 건물에서 살기를 원했다. 이러한 경향은 특히 서독에서 더욱 두드러지게 나타났다.

이와 동시에 아파트는 현대적인 매력을 잃었다. 경제적 번영이 계속되면서 고소득의 독신자와 젊은 부부들은 1950년대의 아파트 건물보다 더 넓은 공간에서 살 수 있게 되었고, 더이상 원룸을 특별히 바람직한 주거 형태로 여기지 않게 되었다. 몇 년 전만 해도 특별한 안락함을 의미했던 실내 화장실, 붙박이 주방, 중앙난방, 엘리베이터 이용은 이제는 일반적인 생활수준의 일부가 되었다. 이러한 시설들은 1960년대와 1970년대의 대규모 주택단지로 이주했던 많은 노동자들도 누릴 수 있었다. 심지어 현대적 공공주택에 사는 저소득층 거주자들조차도 이러한 생활수준을 포기할 필요가 없었다. 동구권에서는 조립식 건축법으로 지어진 주택이 모두에게 주어지는 것은 아니었고 보통은 결혼을 해야만 그곳에 들어갈 수 있었지만, 이 주택은 곧 전형적이고 인기 있는 주거 형태가 되었다. 개인적으로 꾸밀 수 있는 범위는 제한적이었지만 그럼에도 자신의 집 사방 벽 안으로 물러나 어느 정도 사적인 삶을 누릴 수 있었다.

오늘날 설문조사에서 '전통적인' 가구에 애착을 보이는 사람은 대규모 신축 주택단지의 거주자들인 경우가 많다. 이러한 경향은 마르찬지역이나 베를린 한자피어텔지역 창문의 레이스 커튼을 통해서도 분명하게 확인할 수 있다. 아파트는 여전히 다원화된 주택 공급의 일부이지만 근대적이고 개인주의적인 주거양식의 발전에서 선구자적인 역할은 하지 못했다. 이 개념이 여전히 통용되는 곳은 자신을 개발하려는 열망이 제약을 받거나 사적인 삶이 보장되는 것이 아니라 일정한 특혜로 여겨지는 곳들뿐이다. 오늘날의 아파트, 세컨드 하우스, 휴양지의 숙박시설이나 노인용 주택에는 주중 통근자, 휴가객, 부유한 연금 생활자들이 거주한다.

참고문헌

Cromley, Elizabeth Collins (1990): Alone Together. A history of New York's early apartments, Ithaca.

Davis, Mike (1994): City of Quartz. Ausgrabungen der Zukunft in Los Angeles, Berlin.

Dolff-Bonekämper, Gabi (1999): Das Hansaviertel. Internationale Nachkriegsmoderne in Berlin, Berlin.

Geschichte des privaten Lebens (1993): Bde. 4 und 5, Frankfurt.

Geschichte des Wohnens (1996~1999): Bde. 3~5, Stuttgart.

Hawes, Elizabeth (1993): New York, New York. How the apartment house transformed the life of the city (1869~1930), New York.

Hughes, Dorothy L. (2003): In a Lonely Place (1947), New York.

Marcus, Sharon (1999): Apartment Stories. City and home in nineteenth-century Paris and London, Berkeley.

Mendelsohn, Erich (2003): Dynamik und Funktion. Realisierte Visionen eines kosmopolitischen Architekten, 2. Aufl., Ostfildern-Ruit.

Mitscherlich, Alexander (1965): Die Unwirtlichkeit unserer Städte. Anstiftung zum Unfrieden, Frankfurt.

Schildt, Axel (1988): Die Grindelhochhäuser. Eine Sozialgeschichte der ersten deutschen Wohnhochhausanlage Hamburg-Grindelberg, Hamburg.
Schmid, Eva M. J. (1960): Unsere Wohnung. Einrichten und Gestalten, Gütersloh.
Weiter wohnen wie gewohnt? (1979): 19. Ausstellung im Haus Deutscher Ring, Hamburg, 3. April bis 25. Mai 1979, Hamburg.
Wohnen heute (1960): Schweizer Warenkatalog.

기표소

토마스 메르겔Thomas Mergel

독일의 투표장, 1903년 6월 16일

6월 16일은 일요일이었다. 하지만 이른 시간부터 거리는 사람들로 가득 찼다. 요란한 옷차림을 한 이들이 독일 제국의회 선거가 치러질 강당과 사무실을 향해 몰려들었다. 하지만 이번에는 예전과 달랐다. 예전에는 투표소 앞에서 자기 당의 후보들을 당선시키려는 당의 대표들로부터 각 당의 후보자 이름이 적힌 투표용지를 받은 후 투표소 안에서 그중의 한 장을 접어 선거관리위원에게 건네면 그가 투표용지를 투표함에 넣었다. 이제는 시민들이 투표소에서 선거관리위원으로부터 봉투를 받아 그것을 가지고 옆방이나 기표소 안으로 들어가 후보자의 이름이 적힌 투표용지를 봉투에 집어넣었다. 시민들이 봉인된 봉투를 선거관리위원에게 건네주면 그는 그것을 투표함에 넣었다. 이 시기의 여성은 아직 투표권이 없었다.

1903년 독일 제국의회 선거 당시의 다양한 기표소 유형들

이제 새로운 법령에 따라 비밀선거권이 지켜지게 되었다. 이 새로운 상황을 모든 사람이 곧바로 받아들인 것은 아니었다. 베를린 교외에서는 한 유권자가 선거관리위원에게 규정대로 봉투를 건네고는 "추바일!"이라고 자신이 찍은 후보자의 이름을 큰 소리로 외쳤다. 다른 유권자들은 투표용지에 서명한 후 자신의 인장으로 봉투를 봉인하거나 자신이 받은 후보자의 용지를 모두 봉투에 넣었다(Deutsche Tageszeitung, 1903. 6. 17). 선거를 앞두고 운송과 관련된 여러 문제점들도 발생했다. 기표소의 구조는 사람들이 투표자의 모습을 볼 수 있으면서도 그가 투표할 때의 손동작을 볼 수 없도록 설계되어야 했기 때문이다. 뮌헨시는 슈투트가르트에 기표소를 주문했는데, 그 기표소가 뚱뚱한 뮌헨 시민들에게는 너무 좁았기 때문에 그것을 다시 돌려보내야만 했다. 베를린의 기표소가 가장 단순했던 이유는 이곳에 가장 많은 기표소가 필요했고, 시의 예산 때문에 더 복잡한 구조를 갖출 수 없었기 때문이다

(Volkszeitung, 1903. 6. 7).

기표소는 1903년 4월부터 효력을 갖게 된 새 선거법의 핵심적인 구성요소였다. 수년간의 투쟁과 제국의회에서 10번에 걸쳐 반복된 법안 통과 끝에 이 법률안의 가장 열렬한 옹호자의 이름을 딴 '렉스 리케르트Lex Rickert'법이 마침내 참의원에서 채택되었고, 제국의 수상이었던 베른하르트 폰 뷜로Bernhard von Bülow에 의해 공포되었다. 보수적인 반대자들이 '화장실법'이라고 불렀던 이 법안은 형식적인 비밀선거가 실제로도 비밀이 보장되도록 하려는 것이었다. 왜냐하면 독일제국 수립 이후 여러 선거구에서 비밀선거권이 제대로 보장되지 않는다는 불만이 점점 커졌기 때문이다. 지역의 권력자들인 지방행정관, 성직자, 대농장주, 심지어 공업도시의 노조위원장들까지 자신들의 피보호자들이 '올바른' 투표를 할 수 있도록 관심을 가졌다. 그리하여 대규모의 통제와 위협이 만연했다(Anderson 2000; Arsenschek 2003).

비밀선거권을 이같이 제멋대로 다루게 된 것은 권력을 유지하기 위해 자신의 뜻대로 선거에 영향을 미치고자 했던 지역 특권층의 이해관계 때문만은 아니었다. 오히려 비밀투표는 지역공동체의 전통은 물론 시민적 주체로서의 자부심에 어긋나는 것이었다. 역사학자 하인리히 폰 트라이치케Heinrich von Treitschke는 투표를 위해 '훈제실'로 가라는 명령에 격분했다. "명예로운 사나이들에게 이 무슨 무례인가! 이런 식으로 비밀을 유지하는 체하는 짓은 남성적인 용기를 완전히 망가뜨리는 것이다. 또한 국가는 종속적으로 사고하는 수백만 명의 노동자들이 거짓말을 하도록 인위적으로 부추기고 있다"(Leipziger Neueste Nachrichten, 1903. 1. 30). 공개적으로 자신의 선택을 알릴 수 있는 용기를 가진 유권자만이 시민으로서 유용한 존재일 것이며, 이것이 시민의 조건이 될 것이었다. 시민들이 상상하기에 비밀선거는 성직자, 당 간부, 아내로부터의 은밀한 설득을 가능하게 해줄 뿐이었다. 반대로 자유주의자들과 노동운동 대표자들은 농촌이나 공장 노동자들이 주인들의 강요로 '올바른 질서'를 위한다는 명목 아래 투표해야 했던 수많은 사례들을 제시했다. 이러한 비판은 특히 프로이센의 주의회 선거로 인해 더욱 강화되었는데, 이 선거에서는 완전히 다른 공개적이며 불평등하고 간접적인 3등급 선거권이 시행되고 있었다. 이곳에서는 선거가 집회 형식으로 치러졌는데, 제일 먼저 빈곤층인 제3계급의 대표자들이 나와서 자신들이 투표하고 싶은 후보자를 지명했다. 그다음에야 상류계급의 대표자들이 선거를 했다. 그리하여 엘베강 동부지역의 농장 노동자들은 농장주의 감시하에 투표를 했고, 루르지방의 공장주들은 노동자들이 누구에게 투표하는지 알고 있었다(Kühne 1994).

이러한 배경에서 비밀선거권에 대한 유보적 자세가 나오게 된 것은 단순히 선거 조작과 '불충분한' 민주주의 의식에 대한 분노뿐만 아니라 선거의 비밀성에 어떤 정당한 기능도 부여하지 않으려는 정치적 성향 때문이기도 했다. 지역사회에서 선거란 일차적으로 개인적인 일이 아닌 집단적 사건이었다. 선거는 집회 형식으로 치러졌고, 투표 자체는 토론의 마지막을 장식하는 상징적인 행위일 뿐이었다. 이 토론에서 중요한 것은 누가 다수의 지지를 받는 후보자인가가 아닌 가능하면 '모두'에 의해 선출되어야 할 '최고'의 후보자가 누구인가 하는 것이었다. 따라서 선거 행위는 소속감의 표시였다. 바로 이러한 이유로 유권자들은 때때로 자신들의 스승, 시장 혹은 선거관리위원회에 속한 다른 유력인사들에게 자신들이 투표용지를 '올바르게', 즉 공동의 뜻에 맞게 선택했는지를 묻곤 했던 것이다.

언제부터 의견 일치에 대한 전통적인 요구가 사라지고 '선거 조작'과 부패가 시작되었는지 정확하게 이야기하기는 어렵다. 선거방식의 형식적 구성이 거의 이루어지지 않았던 것도 그 원인이 되었다. 1871년 입법기관에서는 불필요한 관료주의를 피하고자 했기 때문에 규정을 거의 정하지 않았다. 투표용지는 규격화되지 않았다. 단지 흰 종이로만 만들면 되었기 때문에 사람들은 집에서 아무 종이에 투표를 한 뒤 가지고 올 수 있었다. 얼마 지나지 않아 각 당의 주도 아래 투표소 앞에서(적어도 투표소 안에서는 공식적으로 금지되어 있었지만) 후보자들의 이름이 인쇄된 종이를 유권자들에게 나누어주게 되었고, 유권자들은 그것을 투표함에 넣기만 하면 되었다. 이러한 투표용지는 개인적으로 제작되었기 때문에 종이의 종류와 규격만 보아도 쉽게 구별할 수 있었다. 선거관리위원이 '잘못된' 규격의 투표용지를 거부하고 유권자에게 '올바른' 다른 투표용지를 제출하도록 강요하는 것은 매우 흔한 일이었다. 유권자 수가 많지 않은 작은 선거구에서는 누가 누구에게 투표했는지 쉽게 알 수 있었다. 이는 공공연한 비밀이었고, 사람들은 그것을 놓고 협상을 벌이기도 했다.

많은 유권자들이 비밀선거권의 느슨한 운영을 매우 부당한 일로 여겼다. 제국의회에 제출된 선거 조작과 선거 사기에 대한 고발이 끊이지 않을 정도로 만연했기 때문이다. 프로이센에서는 제국 통치 기간 동안 전체 선거의 22퍼센트에 대해 이의를 제기했다(Arsenschek 2003, 114). 이러한 청원 행위는 민주주의 선거의 학습 과정을 보여준다. 지역적 합의라는 개념은 점점 더 주목을 받지 못했고, 그 대신 지역의 특권계층이 자신들의 뜻에 따라 선거에 영향을 미치려고 한다는 추측이 대두되었다. 그러나 이러한 비판은 대농장주, 성직자, 공장주들뿐만 아니라 사회민주주의자들에게도 제기되었다. 보수 성향의 신문 〈크로이츠 차이퉁〉은 "타지에서 온 사회민주주의자 감독관들이 옆 테이블에서 유권자들이 투표용지를 봉투에 넣는 모습을 지켜보는 것"을 막을 길이 없다고 보았다(Kreuzzeitung, 1903. 3. 24).

보수적인 제국의회 의원이었던 게오르크 외르텔Gerog Oertel이 렉스 리케르트 법안에 대해 제기한 '화장실법'이라는 개념은 선전효과를 가지고 있었다. 왜냐하면 선거는 공개적인 사건이고 투표 순간의 유권자는 공적인 공무원으로 여겨졌지만 투표 행위는 비밀리에 이루어져야 했기 때문이다. 기표소에 들어가야 하고 봉투를 사용해야 하는 의무는 유권자를 보호하기 위한 것이었다. 그렇게 하지 않을 경우 많은 지역에서는 단순히 기표소에 들어가는 행위만으로도 반대의사를 표명하는 것으로 여겨졌기 때문이다. 공적인 의무를 비밀스럽게 수행해야 한다는 것이 이 선거방식의 모순점이었다. 그러나 19세기에도 선거는 공개적인 행사였다. 때로는 정치공동체가 등장하고 비유권자, 특히 여성들도 참여하는 축제의 형식을 띠기도 했다. 비유권자들은 직접 투표용지를 제출할 수는 없었지만 그래도 투표소 앞에서 이루어지는 준공공적 의사결정 과정에는 참여할 수 있었다. 실제 투표 행위를 기표소 안으로 옮기면서 선거권이 없는 사람들은 투표에서 배제되었다. 그리하여 기본적으로 여전히 정치적 공동체의 집단적 행위로 여겨졌던 투표 행위가 개인적 행위로 전환되었다.

공개투표에서 비밀투표로, 집단적 합의에서 개인적 갈등의 표출로

공개투표는 더 오래된 체제였지만 19세기 내내 비밀선거를 규정한 정치체제가 계속 존재해왔다. 그 시작은 프랑스에서 1789년 아직 혁명이 일어나기 전에 행해진 삼부회 선거에서였다. 그러나 프랑스는 19세기 내내 공개선거권과 비밀선거권 사이에서 결정을 내리지 못했으며, 헌법에 규정조차 명시하지 못한 경우가 많았다. 독일에서도 이미 1808년 지방선거를 위한 프로이센의 시 조례를 통해 남성의 비밀선거권을 도입했다. 벨기에는 1831년에 그뒤를 따랐다. 영국에서는 차티스트운동가들이 1838년부터 비밀선거권을 요구했으나 1872년이 되어서야 도입되었다(Sternberger/Vogel 1969, I).

1871년 독일제국과 그 전신인 북독일연방은 비밀, 평등, 직접 선거를 결합한 선구자였다. 그러나 비밀선거의 실행에서 독일은 후발주자였다. 이미 1856년에 오스트레일리아의 식민지 빅토리아주에서 최초로 인쇄된 투표용지, 기표소, 투표함을 사용한 투표제도가 도입되었다. 이로부터 '오스트레일리아식 투표Australian ballot'라는 용어가 유래했다. 이 시기부터 투표의 조건과 '비밀'의 개념 규정에 대해 국제적인 논의가 진행되었다(Schäffle 1865). 1872년 영국은 유럽 최초로 비밀선거와 함께 기표소와 국가에서 제작한 표준화된 투표용지를 도입했다. 벨기에는 1877년과 1884년에 이 제도를 도입했다. 1888년 매사추세츠주는 미국 최초로 비밀선거를 도입했고, 10년 후에는 사실상 미국 전역에서 비밀선거가 시행되었다. 심지어 칠레에서도 1890년부터 투표함을 사용했다. 독일보다 더 오랜 시간이 걸린 나라는 프랑스뿐이었는데, 프랑스는 1914년에야 봉투와 기표소제도를 도입했다(Anderson 2000, 259; Vogel/

Sternberger 1969, I).

이 모든 국가들은 '오스트레일리아식 투표'를 도입함으로써 광범위하게 퍼져 있는 선거 부정을 종식시키고자 했다. 왜냐하면 비밀선거든 공개선거든 상관없이 19세기의 투표 역사는 유럽대륙과 아메리카대륙 모두 거의 예외없이 투표나 개표를 조작하려는 시도와 연관되어 있었기 때문이다(Posada-Carbó 1996). 스페인과 미국의 경우 정치체제와는 상관없이 사실상 '선거 조작'의 공개적인 문화가 존재했다고 말할 수 있다. 공개선거의 경우 투표할 때 옆에 있는 것만으로도 쉽게 이루어졌던 일이 비밀선거의 경우에는 속임수와 조작을 통해 이루어졌다. 마음에 들지 않는 유권자의 거부, 투표용지의 감시 및 교환 등의 방법이 사용되었다. '맥주정책politics of beer'을 통한 선거 관련 금품수수는 말할 것도 없었다. 영국에서는 이러한 방법이 적어도 1867년 제2차 대규모 선거법 개혁이 이루어지기 전까지 일상적으로 행해졌다. "투표용지가 결과를 만들지 않는다. 개표원들이 결과를 만든다"는 뉴욕 당수 윌리엄 트위드 William Tweed의 말은 유럽에서도 그대로 적용되었다.

그러나 그 반면 비밀선거를 쟁취하기 위한 투쟁이 반드시 민주화와 더 많은 참여를 위한 투쟁은 아니었다. 미국의 경우 비밀선거권에 대한 지지는 대부분의 경우 글을 읽을 줄 모르는 흑인계층을 배제하고자 하는 의도에서 비롯되었다. 그 결과 '오스트레일리아식 투표'가 도입된 후 투표율이 현저하게 감소했다(Buchstein 2000b). 영국에서도 비밀선거가 곧바로 민주주의의 발전을 가져온 것은 아니었다. 왜냐하면 그곳에서는 하층계급의 비유권자들이 1867년까지 상대적으로 소수였던 유권자들에게 자신들의 대변자로 행동해줄 것을 요구했기 때문이다. 당시에는 성인 남자의 약 10퍼센트만이 선거권을 가지고 있었다. 비유권자들은 투표소로 가는 길목을 가로막고 종종 협박을 하거나 폭력을 행사하면서 유권자들에게 자신들이 원하는 후보에게 투표하도록 압력을 가했다. 선거법에 의하면 선거에 영향을 미치는 것이 금지되어 있었던 여성들도 이러한 방법을 통해 영향력을 행사할 수 있었다(Vernon 1993, 90ff.).

비밀선거는 고전적 민주주의이론에서도 반드시 참여의 발전으로 여겨지지는 않았다. 몽테스키외나 루소는 공개적인 선거가 전체 집단의 의사 형성을 강요하기 때문에 더 민주적이라고 생각했다(Buchstein 2000a). 반면 누구에게 투표할 것인지를 개인적으로 결정하는 일은 개인으로 하여금 자신의 주장을 혼자서 간직하게 하고, 이를 통해 '일반 의지volonté générale', 즉 집단적 합의에 이르러야 할 공동의 의사 형성 과정에서 그것을 제외시킨다. 프랑스가 비밀선거를 도입하는 데 그토록 오랜 시간이 걸린 것은 바로 이러한 전통 때문이었을 것이다. 그러나 물론 민주주의의 고전주의자들은 동등한 권리와 능력을 가진 사람들의 공동체를 구상했다. 하지만 현실적인 권력 차이와 종속성을 고려할 때 비밀선거를 쟁취하기 위한 투쟁은 이탈의 가능성을 위한 투쟁이었다. 기표소는 '일반 의지'에 관한 루소의 표상이 얼마나 비현실적이었는지를 증명해주었다. 이는 18세기 전반에야 영국에서 의회문화의 고유한 요소로 자리잡은 야당의 정당성을 공고히 했다(Kluxen 1956). 독일에서는 '야당'이 정치적 핵심 개념으로 자리를 잡기까지 100년이 더 걸렸고 (Jäger 1978, 507ff.), 정치적 절차가 이러한 상황을 직접 반영하기까지는 더 오랜 시간이 걸렸다.

그에 상응하여 1903년의 '화장실법'은 선거 행위에 몇 가지 중요한 혁신을 이루었는데, 이는 종속적인 유권자들조차도 자유로운 결정을 할 수 있게 하기 위한 것이었다. 이 법은 의무적으로 사용해야 하는 기표소를 도입했다. 투표용지의 크기와 색깔을 표준화해서 이제 그것들은 더이상 쉽게 구별되지 않게 되었다. 또한 국가에서 제작한 중립적인 봉투를 도입했다(그리하여 비웃는 사람들은 편지 봉투의 증권 시세가 올라가게 될 것이라고 추측했다). 또한 이 법은 투표소에서의 연설과 선동 행위를 금지했다. 몇몇 규정들은 규칙을 위반할 수 있는 여지를 제공했다. 이에 따르면 유권자는 봉투를 직접 투표함에 넣으면 안 되었고, 봉투를 선거관리위원에게 건네주어야 했다. 따라서 선거에 대한 결정은 말 그대로 '그의 손안에' 있었다. 표준화된 투표함 또한 아직 존재하지 않았다.

1903년의 선거에서는 일련의 규정 위반 사례들이 드러났다. 이러한 사례들은 한편으로는 선거 조작자들의 창의성을 어느 정도 증명하는 것이었고, 다른 한편으로는 주로 시골의 몇몇 지역이 단순히 새 법안에 무지하다는 사실을 보여주는 것이었다. 시골지역에서는 기표소를 설치할 자금이 부족한 경우가 많았으므로 사람들은 인접한 방을 사용하곤 했다. 그러나 이곳에서는 감시하기가 더욱 어려웠기 때문에 자체적으로 칸막이를 설치하는 경우도 있었다. 스트립포우에서는 칸막이가 너무 낮아 선거관리위원들이 유권자가 투표용지를 봉투에 넣는 모습을 지켜볼 수 있을 정도였다. 이 선거구는 선거 조작으로 유명한 푸트카머 백작의 이름을 따서 '푸트카메룬'이라고 불리기도 했다(Berliner Zeitung, 1903. 6. 23). 시가 상자나 수프 냄비를 '투표함'으로 사용해 투표용지가 제대로 섞이지 못해 누구의 투표용지인지 구분할 수 있게 만든 것은 창의적이었다. 또한 투표함 옆면에 투입구를 설치해 봉투들이 차곡차곡 쌓이게 함으로써 (금지된 방식이었지만) 투표자의 순서를 기록

했을 경우 각각의 투표자들을 곧바로 찾아낼 수 있었던 것도 창의적이었다. 1913년이 되어서야 그 안에 든 투표용지들이 골고루 섞일 수 있는 표준화된 투표함이 도입되었다. 반면 이 법안에 대한 단순한 무지를 보여준 것은 선거관리위원들이 봉인된 봉투를 뜯어 '올바른' 용지가 아니라는 말과 함께 투표용지를 돌려주고는 자신들이 원하는 후보의 이름이 적혀 있는 경우에만 비로소 봉투를 수령한 경우였다. 1924년에야 독일제국 선거법에 의해 국가에서 제작한 동일한 투표용지를 사용하는 비밀투표장이 공식적으로 지정되었다. 사람들은 이 투표용지에 하나의 당을 선택해 표시해야 했다.

지역의 지도자들과 유력인사들은 만일 아래로부터의 활발한 운동이 선거를 감시하지 않았다면 계속해서 자신들의 뜻대로 선거를 조작했을 것이다. 선거는 공개적인 행사였기 때문에 지방 목사와 농장 관리인뿐만 아니라 다른 모든 시민들은 규정을 준수하는지 감시할 수 있었다. 독일제국 대법원의 판결에 따르면 감시를 하기 위해 반드시 선거권을 가지고 있을 필요는 없었다. 주로 소수당에서 파견한 이러한 하층계급의 선거 감시인들(이 활동이 항상 안전한 것은 아니었다)은 규정 위반이 곧바로 선거에 대한 이의제기로 이어지도록 했다. 이러한 시민사회의 운동 덕분에 비로소 규범적인 권리가 실제로 법적 관행이 되었다. 이렇게 해서야 비로소 기표소가 유권자의 행동에 실질적인 영향을 미칠 수 있었다.

이러한 영향은 엄청났다. 1903년의 선거에서 사민당SPD은 의원 수가 거의 절반가량 증가했는데, 이 사실을 통해 비밀선거권을 지키지 않았을 때 누가 가장 큰 피해를 입었는지를 보여주었다. 그러나 새로운 선거방식이 미친 영향은 선거의 상징과 정치권력의 구조에까지 확대되었다. 특히 선거와 직접적인 관련이 있는 지역사회는 선거 결과에 큰 영향을 미치지 못하게 되었다. 지역의 권력자 대신 이제는 정당 간부들의 영향력이 커졌다. 그들은 선거를 앞두고 유권자들을 설득하고 투표 당일 최대한 많은 지지자들을 동원해야 했다. 이로 인해 폭발적인 선거전이 벌어지게 되었고, 이러한 선거전은 물량전으로 변질되었다. 1907년 사민당은 5,500만 장 이상의 전단지를 배포했는데 5년 후에는 무려 8,000만 장의 천문학적인 수에 이르게 되었다. 선거운동의 영향은 어느 정도 흔적을 남겼고, 그것은 기표소를 통해 눈으로 확인할 수 있는 사실이기도 했다. 즉 선거는 더이상 공동체적 합의의 표현이 아니라 정치적 갈등의 표현이라는 것이었다. 또한 유권자들은 익명을 통해 그 갈등을 해결하는 것이 아니라 오히려 그 갈등을 가시화하는 데 기여했다. 개별화된 유권자는 극단적인 경우 완전히 은밀하게 결정을 내릴 수 있었기 때문에 기표소는 정치 현장에 결정적으로 불확실성을 가져왔다. 왜냐하면 선거를 통해서만 유권자들이 지난 몇 년 동안 정부의 업무에 만족했는지의 여부를 보여주었기 때문이다.

정당들은 이러한 불확실성을 해소하기 위해 많은 노력을 기울였다. 그리하여 이제는 미지의 존재가 된 '유권자'를 이해하고자 하는 정당과 정치인들의 필요성이 결정적인 원인이 되어 현대 여론조사가 탄생하게 되었다(Kruke 2005). 여론조사의 기원은 바이마르공화국 시절로 거슬러올라가는데, 당시 요하네스 샤우프Johannes Schauff와 같은 최초의 선거 연구자들이 자신들은 이해하기 어려운 정당의 성공과 실패 사례를 통계와 비교 수단을 사용해 조사했다(Schauff 1975). 투표가 개별화됨에 따라 유권자 전체가 익명화되었기 때문에 여론조사 전문가들은 개별 유권자가 아닌 집단적 단위를 연구했다. 유권자들은 나이, 사회계층,

성별, 주거지역 등의 사회구조적인 집단 소속에 따라 파악되었다. 기표소 내의 개별 유권자가 선거 연구자들이 추측한 것과 같이 표를 찍었는지는 물론 알 수 없었다.

바이마르공화국에서는 비밀선거권이 더이상 논란거리가 되지 않았다. 1924년부터 투표용지가 표준화되고 선거구가 확대되어 더이상 개별 유권자가 구체적으로 드러날 수 없게 되었고, 게다가 후보자가 아닌 정당을 뽑아야 했기 때문에 유권자들은 실제로 매우 자유롭게 결정할 수 있었다. 그러나 정부는 이제 선거를 앞두고 유권자들의 바람을 더이상 확실하게 알 수 없게 되었다. 그리하여 제국의회가 해산될 때마다 정부는 미래에 대한 불확실한 희망을 갖곤 했다. 나치당이 압승을 거둔 1930년의 제국의회 선거가 가장 널리 알려진 예인데, 정부측에서 판단 착오를 일으켜 유권자들의 예상치 못한 반응에 직면하게 되었기 때문이다.

나치정권은 자유선거를 인정하지 않았음에도 첫번째 선거를 비밀로 치르도록 허용했다. 하지만 사실상 테러와 선전선동이 이때부터 활개를 쳤다. 1933년 3월 선거 이후 더이상 경쟁 후보자가 존재하지 않게 되었지만 반대표나 무효표를 던지거나 기권할 수 있었다. 많은 투표소에서 기표소가 폐쇄되거나 아예 존재하지 않았고, 다음과 같은 구호가 걸려 있었다. "모든 독일인은 공개적으로 투표한다! 누가 비밀로 투표하는가?"(Deutschland-Berichte der Sopade, 제1권, 1984, 284) 그럼에도 불구하고 유권자의 최대 20퍼센트가 투표를 거부하는 선거구가 여전히 존재했다. 그러나 1938년 4월 10일 오스트리아 합병을 결정하는 국민투표에서 유권자들은 투표를 강요받았고, 투표용지는 대량으로 조작되었다. 그럼에도 여전히 기표소가 존재했고, 많은 경우 비밀투표가 가능했다(Deutschland-Berichte der Sopade, 제5권, 1984, 419ff.).

이러한 방법은 1945년 이후 사회주의국가에서도 사용되었다. 형식적으로 비밀선거권은 침해되지 않았고, 기표소에서 봉투와 투표함에 이르기까지 비밀선거의 모든 장치들이 갖추어져 있었다. 그러나 폴란드, 동독, 구소련은 이러한 권리의 요구가 사회주의의 선거 개념에 모순되며 반국가적인 태도로 여겨질 것이라고 선전했다. 계급에 충실한 프롤레타리아의 경우 어차피 비밀투표를 할 이유가 없다는 것이었다(Sternberger/Vogel 1969). 헌법적으로 비밀선거에서 중요한 것은 권리의 요구이지 서구의 경우처럼 선거의 의무조항은 아니라는 주장이 제기되었다(Kloth 2000, 105f.). 어차피 연합선거체제에서는 주어진 명부 이외의 다른 대안은 존재하지 않았다.

따라서 나치정권과 공산주의 모두 선거를 본질적으로 이미 확정된 집단적 의지를 다시금 박수와 환호로 승인하는 행위일 뿐이라고 보았다. 비록 상당한 폭력이 수반되더라도 시민들은 공동체에 대한 충성을 공개적으로 드러내야 했다. 19세기와 마찬가지로 사람들은 대중으로 하여금 '올바르게' 투표하도록 강제해야 했던 것이다. 이와 동시에 적어도 기표소, 투표함, 봉투가 형식적으로 계속 존재한다는 사실을 통해 민주주의의 이념과는 그리 많은 공통점을 가지고 있지 않은 사회에서도 비밀선거가 민주주의의 상징적 보장으로서 어떤 가치를 지니고 있었는지가 드러난다. 이러한 사회의 이념에 따르면 개인은 완전히 사회적이고 따라서 공개적인 존재임에도 비밀이라는 허구는 여기에서도 유지되었다.

1959년 오스트리아가 공식 투표용지를 마지막으로 도입한 이래 서구 민주주의국가에서의 선거는 전반적으로 고도로 표준화되었다. 공적 이미지 속에서 비밀선거는 민주적 참여의 우상과도 같은 존재가 되었다. 정치인이 기표소에서 나와 미소를 띤 채 봉투를 투표함에 넣는 장면의 사진은 셀수없이 많다. 대부분의 서구국가들에서는 투표환경도 변하지 않았다. 즉 투표는 일요일이나 공휴일에 행해지며(미국의 경우는 제외), 시민들은 그 행위를 산책과 연결시킨다. 날씨가 좋으면 투표율이 더 높다. 유권자들은 흔히 일요일의 단정한 옷차림으로 나타난다. 자원봉사자들과 비바람에 강한 폴리스타이롤 기표소가 있어 엄숙하기보다는 일요일 오후의 분위기를 자아내는 투표장의 모습은 서구사회에서는 친숙하게 경험할 수 있는 것이다.

공간과 가상 사이의 민주주의 선거

이런 목가적인 정경이 얼마나 오랫동안 더 유지될 수 있을지는 의문이다. 대부분의 서구국가에서는 우편투표가 가능하다. 독일에서는 1956년부터, 영국에서는 이미 1918년 이후부터 허용하고 있다. 이 방법은 오랫동안 거의 활용되지 않았는데 지난 20년 동안 점차 인기를 얻고 있다(LeDuc 1996, 16ff.). 미국의 오리건주는 1995년 상원의원 선거에서 기표소와 투표함을 없애고 우편투표를 의무제도화했다(Buchstein 2000c). 특히 미국에서는 몇 년 전부터 전자투표의 가능성이 시험되고 있다. 우선은 여전히 기표소 안에서만 이루어지므로 봉투와 투표용지만 불필요해졌을 뿐이다. 그러나 미래에는 점점 더 인터넷으로 옮겨가게 될 것으로 예상되며, 독일에서도 이미 초기적인 시도가 이루어지고 있다(Buchstein 2001). 민주주의 이론가들은 선거를 가상 공간에서 실시하는 것은 그 기술이 완벽하게 작동하더라도 비밀선거가 의무사항이 아니라 선택사항이 될 가능성을 열어놓는 것이라고 주장한다. 왜냐하면 비밀 유지의 여부가 유권자 자신에게 맡겨질 수밖에 없기 때문이라는 것이다.

그러나 아직 완벽하지 않은 이 기술은 결코 중립적이지 않으며, 어쩌면 오히려 이전보다 더 큰 조작과 위조의 가능성을 열어놓을 수도 있다. 선거용 컴퓨터가 다운됨으로써 매우 근소한 차이였던 선거 결과에까지 영향을 미쳤던 2000년의 미국 대통령 선거 스캔들은 그 원인이 기계 고장에 있는 것이 아니라 적극적인 조작 때문이라는 소문이 끊이지 않는다. 또한 비밀선거를 중요하게 생각하지 않고 이때의 선거처럼 자신의 표를 인터넷 경매에 내놓은 사람들을 어떻게 해야 하는지에 대해서도 해명이 되지 않은 상태이다(Buchstein 2001, 151).

그러므로 미래에는 선거 장소가 사라질 가능성도 있다. 기표소가 근대의 장소가 된 것은 이곳에서 공개성과 비밀이 혼합된 방식으로 서로 연결되었기 때문이다. 시민권이 뒤편으로 물러나면서 지역공동체에서 선거가 본래부터 가지고 있었던 그리고 선거를 단결과 소속의 상징으로 만들었던 합의의 성격이 희미해졌다. 그 대신 선거는 사회 안에서의 갈등에 대한 척도가 되었다. 비밀선거가 관철되면서 유권자와 비유권자 간의 구분이 더욱 분명해졌다. 그러나 점점 더 많은 사람들이 유권자가 되면서 이러한 구분은 다시 해소되었다. 선거가 가지고 있던 초기의 공동체적 성격은 다시 형성되지 않았다. 지역의 권력자들이 선거에 대한 통제력을 잃고 그 영향력을 정당에게 넘겨주어야 할 만큼 선거는 초지역적인 사건이 되었다. 오늘날 지방선거는 전국적인 시험 선거로 여겨지기조차 한다. 왜냐하면 비밀선거의 보장 아래 유권자들이 자신의 결정을 위해 선거운동가들이 내세우는 것과는 다른 기준들을 고려하기 때문이다. 이를 통해 기표소는 유권자가 지역의 권력뿐만 아니라 정치적 지배로부터도 해방되는 것을 상징한다. 그러나 기표소는 또한 정치적 참여의 영역에 불확실성이라는 근본적인 요소를 초래했다.

참고문헌

Anderson, Margaret Lavinia (2000): Practicing Democracy. Elections and political culture in Imperial Germany, Princeton.

Arsenschek, Robert (2003): Der Kampf um die Wahlfreiheit im Kaiserreich. Zur parlamentarischen Wahlprüfung und politischen Realität der Reichstagswahlen 1871~1914, Düsseldorf.

Buchstein, Hubertus (2000a): Öffentliche und geheime Stimmabgabe, Baden-Baden.

Ders. (2000b): Geheime Abstimmung und Demokratiebewegung. Die politischen Ziele der Reformbewegung für das ≫Australian Ballot≪ in den USA, in: Politische Vierteljahresschrift 41, 48~75.

Ders. (2000c): Präsenzwahl, Briefwahl, Onlinewahl und der Grundsatz der geheimen Stimmabgabe, in: Zeitschrift für Parlamentsfragen 31, 886~902.

Ders. (2001): Modernisierung der Demokratie durch e-Voting? in: Leviathan 29, 147~155.

Deutschland-Berichte der Sopade (1984): Bd. 1: 1934, Bd. 5: 1938, Frankfurt.

Jäger, Wolfgang (1978): Opposition, in: Geschichtliche Grundbegriffe, hg. v. Otto Brunner u.a., Bd. 4, Stuttgart, 469~517.

Kloth, Hans Michael (2000): Vom ≫Zettelfalten≪ zum freien Wählen. Die Demokratisierung der DDR 1989/90 und die ≫Wahlfrage≪, Berlin.

Kluxen, Kurt (1956): Das Problem der politischen Opposition. Entwicklung und Wesen der englischen Zweiparteienpolitik im 18. Jahrhundert, Freiburg.

Kruke, Anja (2005): Zwischen Verwissenschaftlichung und Medialisierung: Demoskopie und ihre Auswirkungen auf den politischen Markt der Bundesrepublik, 1949~1990, Essen.

Kühne, Thomas (1994): Dreiklassenwahlrecht und Wahlkultur in Preußen 1867~1914. Landtagswahlen zwischen korporativer Tradition und politischem Massenmarkt, Düsseldorf.

LeDuc, Lawrence u.a. (Hg.) (1996): Comparing Democracies. Elections and voting in global perspective, London.

Posada-Carbó, Eduardo (Hg.) (1996): Elections before Democracy. The history of elections in Europe and Latin America, Houndmills.
Schäffle, Georg (1865): Die geheime Stimmgebung bei Wahlen in die Repräsentativkörperschaften geschichtlich, theoretisch und nach dem Stande der neueren Gesetzgebung betrachtet, in: Zeitschrift für die gesamte Staatswissenschaft 21, 379~434.
Schauff, Johannes (1975): Das Wahlverhalten der Katholiken im Kaiserreich und in der Weimarer Republik (1928), Mainz.
Sternberger, Dolf/Bernhard Vogel (Hg.) (1969): Die Wahl der Parlamente und anderer Staatsorgane. Ein Handbuch, 2 Bde., Berlin.
Vernon, James (1993): Politics and the People. A study in English political culture, c. 1815~1867, Cambridge.

카우치

우파 옌젠Uffa Jensen

부재자들 사이의 상호작용: 프로이트의 카우치, 베르크가세 19번지, 빈, 1910년

1910년 러시아의 귀족 세르게이 판케예프Sergei Pankejeff는 처음으로 지크문트 프로이트의 진료실을 찾았다. '늑대 인간'은 훗날 세르게이 판케예프의 유명한 사례를 칭하는 명칭이 되었는데, 정신분석학자 지크문트 프로이트는 이 '늑대 인간'을 요양원에서 이미 한동안 진료한 적이 있었다. 몇 주 간의 외래진료 후 마침내 병원 예약이 가능해져 환자가 베르크가세 19번지에 나타나게 된 것이다. 병원은 빈의 중산층구역에 위치하고 있었지만 오히려 수수한 건물이었다. 1907년 지크문트 프로이트는 자신의 집과 같은 층에 진료실을 마련했기 때문에 환자는 2층으로 향하는 계단을 올라가야 했다. 세르게이 판케예프는 층계참 오른쪽의 작은 방으로 향했고, 그곳에서 바로 오른쪽 옆문을 열고 대기실로 들어섰다. 이곳에서 그는 이전 진료가 끝나기를 기다릴 수 있었다. 다른 환자와 마주칠지도 모른다는 두려움을 가질 필요는 없었다. 진료를 마친 환자는 복도를 통해 진료실에서 바로 작은 방으로 이동할 수 있었다.

중증의 '늑대 인간'은 정신분석학자가 무엇보다도 '자신의' 건강을 염려하고 있다는, 진료를 위해 매우 중요한 느낌을 간직한 채 진료실 안으로 들어갔다. 그곳이 바로 정신분석학의 탄생 공간이었다. 그의 시선은 곧바로 '휴식용 소파'로 향했을 것이다. 이 소파는 1891년 어느 환자가 감사의 표시로 프로이트에게 선물한 뒤 꽤 오랫동안 그의 진료실에 놓여 있었다. 이와 더불어 세르게이 판케예프의 눈에 들어왔을 것은 그 카우치의 머리 부분 뒤쪽에 놓인 높은 팔걸이가 있고 녹색 덮개를 씌운 무거운 안락의자와 바로 그 앞에 놓인 높은 발받침이었다. 벽걸이 융단tapestry, 바닥에 깔려 있는 카펫과 어두운 벽지가 방의 아늑한 분위기를 더해주었다. 난로에 설치된 물통은 겨울에 쾌적한 습도를 유지해주었다. '늑대 인간'은 자신이 받은 인상을 다음과 같이 요약했다. "이곳의 모든 것은 사람들이 현대 생활의 분주함에서 벗어나 일상의 걱정으로부터 멀어진 채 안전하다고 느낄 수 있도록 해주었다"(Gardiner 1972, 174에서 재인용).

카우치에 누운 러시아 귀족의 관점에서 바라보는 나머지 방의 모습은 그의 뒤쪽 의자에 앉아 있는 지크문트 프로이트가 보는 것과는 완전히 달랐다. 세르게이 판케예프는 누운 채로 자신의 위쪽에 걸려 있는 여러 장의 그림과 사진들을 보았는데 고대의 문양을 담고 있는 것이 많았다. 그의 시선은 구석에 설치된 난로 오른쪽의 진열장에 머물렀다. 그곳에는 다양한 고고학적 인물상들이 놓여 있었는데 종교적인 것이 많았다. 그는 그 옆의 열려 있는 문으로 프로이트의 연구실과 책상을 볼 수 있었다. 프로이트가 앉아 있는 의자에서 바라볼 때는 완전히 다른 시야가 펼쳐졌다. 구석에는 신화적 형상들이 그려진 몇 개의 벽화가 보였고, 그의 앞쪽으로는 책상과 목각인형이 놓인 유리 진열장, 그리고 맞은편 끝에는 입구가 보였다.

두 사람의 시선을 통해 이 방안의 많은 물건들이 모습을 드러냈다. 프로이트의 진료실은 당시의 전형적인 방식으로 꾸며져 있었을 뿐만 아니라 진정한 보물창고, '고고학적 별실Gardiner'이기도 했다. 지크문트 프로이트는 '늑대 인간'에게 고고학자는 깊이 탐구하며 감춰진 것을 발굴하는 그 작업방식에서 정신분석가와 비슷하다고 말하며, 자신이 고고학을 좋아하는 이유를 설명했다. 동시에 그 방은 고전적인 학자의 방처럼 꾸며져 있었고 방 주인의 지적인 활동을 암시하는 것들로 가득차 있었다. 그럼에도 불구하고 이처럼 의미로 가득찬 공간이 카우치와 의자에 앉은 사람으로 하여금 구체적인 공간으로의 탐험 여행을 시작하도록 의도한 것은 아니었다. 지크문트 프로이트가 한동안 자신의 작업에서 중요하게 생각했던 것은 공간이 환자들에게 가능한 한 빨리 당연한 존재로 여겨지고 눈에 띄지 않게 사라져 만남의 본래 주제인 환자의 내적 억압에 관심을 기울이도록 하는 것이었다.

카우치의 배치는 환자와 정신분석가가 외부의 영향으로부터 보호받으며 온전하게 상호작용을 할 수 있게 하기 위한 거의 자연과학적이고 실험적인 배치방식을 구현한 것이었다(연구실). 이것이 프로이트의 핵심적인 혁신이었다(de Swaan 1978, 821f.). 지크문트 프로이트가 자신의 「정신분석 치료에 임하는 의사를 위한 조언Ratschlägen für den Arzt bei der psychoanalytischen Behandlung」에서 정신분석 상황을 다음과 같이 현대 기술과 연관시켜 설명한 것은 그에 상응하는 과학적 이해 때문이다. 정신분석가는 "자신의 무의식을 수신기관으로 삼아 환자의 무의식이 주는 쪽으로 향해야 하며, 마치 전화기의 수신기가 화자에게 맞추어져 있듯이 자기 자신을 분석 대상자에게 맞춰야 한다. 수신기가 음파에 의해 발생한 전자진동을 다시 음파로 바꿔주듯이 의사의 무의식은 그에게 전달된 무의식의 유도체로부터 환자의 병증에 결정적 역할을 했던 무의식을 재구성할 수 있다"(Freud 1912, 175f.)(전화교환소). 전화의 경우처럼 이야기한 내용의 전달은 가능하면 소음이나 외부의 방해 없이 진행되어야 했다. 그러나 정신분석가는 대화 당사자 중의 한 사람과 같은 역할은 아니었다. 그는 음파를 이해할 수 있는 목소리로 변화시켰다. 적어도 프로이트의 이론에 의하면 정신분석용 카우치에서는 좁은 의미에서의 대화가 이루어지지 않았다. 그보다는 환자와 정신분석가 사이의 상호작용은 독백으로 축소되었고, 정신분석가는 이러한 독백을 이끌면서 반영하고 나중에 분석할 때 비로소 해석의 방식을 통해 그 독백에 개입했다.

지크문트 프로이트는 분석 상황이 방해받지 않고 비대칭적인 상태를 유지할 수 있도록 하기 위해 '의식'에 대한 한 가지 간단한 지침을 제시했다. "나는 환자를 소파에 눕게 하고 자신은 환자가 보지 못하도록 그의 뒤에 자리를 잡으라는 조언을 고수한다." 이 말은 프로이트의 공간기법적인 혁신을 드러내고 있기 때문에 좀더 자세히 살펴볼 필요가 있다. 먼저 누워 있는 자세는 정신분석학에서 가장 중요한 행위, 즉 가능하면 자유롭게 생각을 연결하고 그것을 전달하는 일을 촉진시켰다. 프로이트는 자신의 환자들에게 평범한 대화 자세와의 차이점을 설명해주었다. "보통의 경우 당신이 자신의 이야기의 요지를 놓치지 않으려 노력하고 방해가 되는 모든 잡생각과 의미 없는 이야기들을 제거해, 흔히 말하듯이 이야기가 산으로 가지 않도록 하는 것이 당연한 것과는 달리 이곳에서는 다르게 행동해야 합니다. [……] 이러한 비판에 절대 굴복하지 말고 그냥 하던 이야기를 계속하기 바랍니다. 아니 오히려 당신이 거부감을 느꼈다면 바로 그 때문에 이야기를 계속해야 합니다"(Freud 1913, 193f.).

자유로운 연상을 도와주는 또다른 공간적 요소는 의사와 환자가 직접 대면할 수 없다는 사실이었다. 그럼에도 불구하고 정신분석가는 서로 자세가 다르고 또한 의자가 카우치 바로 옆에 놓여 있었기 때문에 언제든지 환자의 반응을 정확하게 살필 수 있었다. 이러한 장점은 환자가 분석 대상이 될 수 있는 본능적인 행동(예를 들어 핸드백 내려놓기, 치맛단 똑바로 펴기)을 하는 경향이 있을 때 의미 있었다(앞의 글, 198). 반면 환자는 정신분석가를 관찰할 수 없었다. 이러한 두 참여자의 불균형에 종종 저항하는 환자들도 있었다. 프로이트 자신은 이러한 불평등한 배치에 대해 적어도 한 가지 근거를 제시했다. 하루 8시간 이상, 일주일에 6일 내내 뚫어져라 응시당하고 싶지 않다는 것이었다(앞의 글, 193). 이와 동시에 환자는 시선을 서로 마주치지 않음으로써 방해받지 않고 의식의 흐름에 몸을 맡긴 채 자신에 대해 이야기하는 것이 쉬워졌다. 그리하여 환자는 은밀하고 불쾌한 생각과 기억에 대해서도 이야기할 수 있었는데, 이는 상대방의 직접적인 반응을 보지 않아도 되었기 때문이다. 이러한 은밀함의 보호는 부르주아시대의 엄격한 사회규범에 비추어볼 때 이 같은 '고백'이 얼마나 어려웠는지를 보여준다.

환자에게 해당되는 자유로운 연상의 법칙에 대응할 만한 비슷한 태도가 정신분석가측에도 존재했는데, 이 역시 공간 배치를 통해 촉진시킬 수 있는 것이었다. 정신분석가는 "동일하게 유지되는 관심"(Freud 1912, 171)을 가지고 자기 환자의 이야기에 귀를 기울여야 하며, 어떤 것도 의도적으로 기억하거나 기록해서는 안 될 뿐만 아니라 특히 상호적인 대화 상태에서처럼 친밀함을 내보이며 대답을 해서는 안 되었다. 이런 방식으로 자신을 자제하고 오직 자신의 의식의 흐름에만 전념할 수 있도록 안락의자와 발받침은 정신분석가에게 편안한 자세를 제공했다. 그리하여 정신분석 시간의 두 가지 기본 행동, 즉 자유로운 연상과 동일하게 유지되는 관심은 카우치와 안락의자라는 단순하지만 효과적인 공간 프로그램을 통해 상호연관되었다. 부재하는 대상들 사이에서 정화된 상호작용이 발생했다.

이러한 독특한 상호작용의 관계는 양측이 자신들의 행위에 완전히 집중할 수 있도록 하기 위한 추가적인 규정을 통해 더욱 안정화되었다. 지크문트 프로이트가 그 이전에 사용했던 최면술이나 압박술과는 달리 환자와 의사 사이의 모든 신체적 접촉은 피해야 했다. 프로이트가 자신의 안락의자를 카우치 뒤로 옮긴 이유 중 하나는 아마도 그의 회고에서도 알 수 있듯이 과거에 여성 환자들이 반복적으로 신체적 접촉을 해왔기 때문일 것이다(Gardiner 1972, 177). 이것이 사실이든 전설이든 카우치 배치는 참여자들 사이에 특정한 신체 규율을 확립했고 그들을 서로 분리했다. 환자의 신체는 무의식적인 반응을 통해 관찰이 가능했지만 정신분석가의 신체와는 명확하게 분리되어야 했다. 그럼에도 불구하고 정신분석가의 기침소리와 같은 주변의 소음은 환자의 자유연상의 흐름을 방해할 수 있었다. 분석가가 내 말을 듣고 있지 않은 것일까? 내가 한 말에 그런 방식으로 반응한 것일까? 카우치의 배치가 얼마나 복합적인 일인지는 환자들이 머리맡에 앉아 있는 정신분석가에게 가까이 다가가고 싶어하면서도 두려워한다는 사실에서도 알 수 있다. 카우치의 머리받침은 쿠션을 이용해 그리고 나중에는 자동장치로도 높이를 조절할 수 있었는데, 이는 정신분석가의 신체에 대한 방어벽이 되기도 했고 또는 그의 무릎 위로 슬그머니 옮겨앉고 싶다는 욕망을 구체화하기도 했다(Moser 1976, 53f.). 정신분석가는 정신분석이 진행되는 동안 바로 이러한 욕망과 경계의 대상이 되어야 했다. 정신분석가의 신체는 환자와 분리되어 있음에도 불구하고 혹은 이러한 분리 때문에 병의 증상을 반영하는 환자의 연상 속에 개입되었다. 이것이 분석에 유용한 전이의 핵심이었다.

지크문트 프로이트가 제시한 또다른 규정들은 순수한 상호작용의 관계를 사회적인 영향으로부터 보호하기 위한 것들이었다. 그는 미래의 정신분석가들에게 상담료 문제에 적극적으로 임할 것을 권고했다. 그 이유는 무엇보다도 동시대 사람들이 성생활에서와 마찬가지로 돈 문제에 있어서도 '이중성, 가식적 엄숙, 위선'을 드러낼 것이라고 생각했기 때문이다. 그는 일요일을 제외하고 매일 분석시간을 갖는 것을 선호했다. 그럴 경우 일반적으로 환자가 나타나지 않아도 비용을 지불해야 했는데, 그렇게 하지 않으면 저항 단계에 접어든 환자들이 자주 분석시간을 빼먹고 싶다는 유혹을 받을 수 있기 때문이었다. 프로이트는 개인적으로 알고 지내거나 심지어 친구까지도 환자로 받아들이지 말라고 경고했다(Freud 1913, 191, 185). 환자의 가족들 역시 치료에 잠재적인 위험이 되었기 때문에 그들의 관심사는 분석에서 제외되어야 했다. 일반적으로 환자에게 "치료 과정중에는 직업이나 결정적인 사랑의 대상을 선택하는 것과 같은 일생의 중대한 결정을 내리지 말 것"을 권고했다(Freud 1914, 213).

그리하여 정신분석이 이상적으로 진행될 경우 정신분석가와 환자는 진료실을 지워버리고 서로의 신체를 최대한 분리함으로써 그들의 육체성은 기껏해야 전이의 대상으로서만 영향을 미칠 수 있게 된다. 사회적·경제적·가족적 외부세계 또한 배제되어 환상의 형태로만 등장한다. 이러한 의미에서 상호작용의 관계가 순수와 불균형의 단계에 도달하면 "전이를 분리하고 그것이 그 순간 저항으로 강렬하게 변형되어 나타나도록" 할 수 있다(Freud 1913, 193f.). 카우치 배치가 추구하는 "사회적 제로 상황"(de Swaan 1978, 796)은 환자의 질병을 분리하기 위한 실험적 조건을 가능하게 했다. 환자의 연상, 그의 실수, 갈등을 해소하는 그의 행동, 연상에 대한 그의 저항, 외상성 기억, 그리고 무엇보다도 정신분석가에 대한 그의 관계가 그 자체로 가시화될 수 있었다. "그러니까 우리는 [……] 환자와 우리 사이의 상황을 완전히 합리화해 그 상황을 계산표처럼 개관할 수 있도록 만들었다고 생각한다. 그런데 그렇게 하고 나면 이 계산에서 고려되지 않았던 그 무엇인가가 숨어드는 것 같다." 이 '무엇'은 전이였다. "우리는 치료 상황이 그러한 감정의 발생을 정당화할 수 있다고 믿지 않기 때문에 이것은 감정이 의사의 인격으로 전이되는 것이라고 생각한다. 오히려 우리는 이 모든 감정적 준비 상태가 다른 곳에서 연유했으며, 환자의 내부에서 준비되었다가 정신분석 치료를 통해 의사의 인격으로 전이된 것이라고 짐작한다"(Freud 1916/17, 422~425). 정신분석은 전이를 통해 드러나는 질병의 계기를 밝히고자 했다. 새로운 카우치의 배치는 정화된 상호작용을 통해 환자의 내면적 삶을 있는 그대로 바라볼 수 있게 해주었다.

과학적 실험과 시민적 일상 사이에서: 카우치의 탄생(1886~1914)

1886년 지크문트 프로이트가 빈에 개인병원을 개업한 후 이 젊은 의

사는 환자들의 정신질환을 검증 가능하게 영구적으로 치료할 수 있는 신뢰할 만한 방법을 찾고 있었다. 이와 동시에 그는 개업의로서 살아남기 위해서는 도시에서 이름을 알려야 했다(de Swaan 1978, 797ff.). 치료 방식은 성공을 보장해야 할 뿐만 아니라 가급적 지불 능력이 있는 환자들의 눈에도 그럴듯하고 매력적으로 보여야 했다. 정신분석 치료법의 탄생에는 이 두 가지 요소가 모두 작용했다. 이 방법은 기존의 방식이 신뢰할 만하지 못하다는 것에 대한 반응이면서 시민계층의 고객 요구에 대한 반응이었다.

지크문트 프로이트는 새로 개업한 병원에서 처음에는 주로 최면요법을 사용했는데, 이는 그가 프랑스의 장 마르탱 샤르코Jean Martin Charcot와 이폴리트 베른하임Hippolyte Bernheim의 병원에서 배운 것이었다. 그러나 그들의 연구소와 같은 환경은 개인병원에서는 갖추기 힘들었고, 재가 치료의 경우에는 현실적으로 사실상 불가능했다(Mayer 2003, 19). 게다가 프로이트는 암시요법이 모든 환자에게 효과가 있는 것은 아니라는 점을 알게 되었다. 특히 교육을 받은 환자들은 이 요법에 종종 저항하는 것처럼 보였다. 처음에 이 방법이 도움이 되었던 다른 환자들은 얼마 후 다시 증상이 나타났다. 최면요법이 지속적인 치료를 보장해주지 못한다는 것이 분명해 보였다(Freud 1904, 102). 독일의 치료사인 오스카 폭트Oskar Vogt와 같은 다른 의사들도 이와 비슷한 결론에 이르렀고, 이에 따라 자신들의 병원에서 이 요법을 수정하는 실험을 실시했다. 이 과정에서 환자의 편안함이 점점 더 중요해졌다. 따라서 그에 상응하는 편안한 가구가 중요해졌는데, 장 마르탱 샤르코의 파리 병원에서 이 가구들은 여전히 불편하고 거친 목재였다(Mayer 2003, 22).

지크문트 프로이트는 1890년대 중반 이후 최면요법으로부터 점차 멀어졌다. 그는 누워 있는 환자들에게 점점 더 집중하고 눈을 감은 후 증상이 처음 나타났던 때를 기억해보라고만 충고했다. 또한 그는 압박요법을 함께 시도했는데, 환자의 이마에 자신의 손을 얹어 환자의 저항을 가라앉히고 기억 능력을 향상시키고자 했다(de Swaan 1978, 803). 프로이트는 치료요법에 대한 환자의 저항에 실제적인 문제가 있다는 것을 점점 더 분명하게 깨달았다. 그는 압박요법을 포기한 후 눈을 감는 것도 포기했다. 남은 것은 오직 누워 있는 자세뿐이었다. 그러나 정신분석학의 획기적인 업적으로 칭송받는 '꿈의 해석'을 통한 그의 자기분석은 실상은 책상에서 탄생한 것이었다. 개별적인 분석기법들을 산책하는 동안 직접 시험해보기도 했다(Mayer 2003, 29). 1904년이 되어서야 프로이트는 한 논문에서 카우치와 안락의자의 기본 배치에 대해 설명했다(Freud 1904, 102). 그리하여 이 빈의 의사는 꽤 먼 길을 돌아 새롭고 단순화된 공간구조를 발견했지만 최면운동의 기본 이념은 그대로 유지했다. 즉 실험적인 배치 속에서 환자의 무의식적인 상태가 드러나고 치유될 수 있어야 한다는 것이었다.

최면 치료에서의 발전은 카우치의 학문사적 발생 과정을 설명해주지만 그것이 진료실에서 빠르게 자리를 잡게 되고 대부분 시민계층이었던 프로이트의 환자들에게 결정적인 영향을 미치게 된 이유는 설명하지 못한다. 그는 이 고객층이 결코 쉬운 상대가 아니라는 사실을 그들의 거부로 인해 최면이 신뢰를 잃게 된 이후로 알고 있었다. 이 점에 있어서도 카우치 배치는 혁신적이었는데, 이를 통해 시민계층의 환자들이 거주하는 공간구조가 치료적으로 기능하는 배치로 전환되었기 때문이다. 1910년 세르게이 판케예프가 프로이트의 진료실에 들어섰을 때 아마도 그는 자신이 이 장소에서 편안함을 느낄 수 있게 만들어주는 다양한 공간적 관계에 대해 분명하게 의식하지는 못했을 것이다. 빈의 베르크가세 19번지의 평면도를 살펴보면 카우치가 프로이트의 시민적 일상생활 속에 깊이 자리하고 있었다는 사실을 알 수 있다. 이렇듯 카우치와 그의 작업실과의 긴밀한 관계는 거의 필연적이었는데, 프로이트는 정신분석을 치료효과뿐 아니라 언제나 과학으로 이해했기 때문이다. 세르게이 판케예프가 2층에서 왼쪽 입구 쪽으로 몸을 돌렸다면 그는 프로이트의 사저 현관으로 들어갔을 것이다. 현관 한쪽으로는 거실, 다른 한쪽으로는 가족 응접실이 연결되어 있었다. 만약 그에게 자신의 정신분석가의 사적인 일상을 그런 식으로 들여다보는 일이 금지되어 있지 않았다면 그는 가족 응접실을 통해 침실과 옷방으로 들어갈 수 있었을 것이다. 지크문트 프로이트는 카우치 배치를 통해 시민적 일상생활의 이러한 구조를 출발점으로 삼았지만 이와 동시에 작은 변화를 통해 그 일상생활을 무력화하고자 했다.

먼저 가구 자체의 역사는 시민 가정의 변화를 보여준다. 훗날 유명해진 카우치는 19세기 말 독일어권 지역에서는 비교적 새로운 것이었다. 소파의 옛 형태는 세 면에 높은 등받이와 팔걸이가 있는 경우가 많았고 앞쪽만 트여 있었다. 18세기부터 사용된 셰즈롱(Chaiselongue, 긴 의자)에는 머리받침 외에 등받이가 있는 경우가 많았다. 일반적으로 응접실에 놓인 이러한 가구들은 반쯤 누운 자세를 취하도록 만들었다. 가장 이상적인 경우는 부인들이 그 위에 누운 채 그녀 주위로 반원형으로 서 있거나 앉아 있는 남자들과 수다를 떨었다(Siebel 1999, 144). 19세기에 응접실에서의 대화와 가구 배치는 서로 영향을 미쳤다. 그리하여 공간 디자인이 편안하고 가변적이며 소통이 가능한 형태일 경우에는 대화가 활발해질 수 있었다. 여기에 가구 기술이 기여를 했는데, 새로운 기술을 통해 조절이 가능하고 쿠션감이 좋은 침대형 가구들이 다양하게 갖추어졌기 때문이다(Giedion 1948). 프로이트의 진료실에는 머리 부분에 둥근 받침대 하나만 있는 새로운 형태의 긴 의자가 놓여 있었는데, 이 받침대는 접어서 치우거나 쿠션을 이용해 높일 수도 있었다(Engelmann 1977). 등받이는 없었다. 원래는 카우치에 표백되지 않은 흰색 무명천이 씌워져 있었으나 그 위에는 언제나 여러 장의 붉은색 카펫과 쿠션, 담요가 덮여 있어서 편안하면서도 다양한 자세로 누울 수 있게 해주었다. 그러나 그 자세로는 서 있거나 앉아 있는 사람과 평범한 대화를 나누기는 어려웠다(Freud Museum 1998, 53). 종종 휴식용 침대라고 불리기도 했던 이러한 가구들은 응접실에서는 별로 쓰임새가 없었을 것이다.

카우치는 결국 19세기 동안 시민 가정에서 응접실을 보완하는 공간으로 점점 더 인기를 얻게 된 거실의 필요에 맞추어 여러 응접실용 긴 의자들을 변형한 것이라고 할 수 있다. 사람들은 카우치 위에서 휴식을 취하거나 간단한 독서를 하거나 자신만의 생각에 잠길 수 있었는데, 응접실은 이러한 일들을 하기 위한 공간은 아니었다. 이와 더불어 본래 응접실의 가구 배치와 함께 시작된 추세가 계속되었다. 누워 있는 자세는 응접실에서든 거실에서든 엄격한 예의범절이 느슨해지는 것을 의미했고 더 많은 편안함을 제공했으며, 전체적으로 친밀함이 강화된 공간적 느낌을 주었다. 이러한 발전 양상은 카우치 배치에도 반영되었다. 그러므로 누워 있는 자세가 역사적으로는 응접실에서의 의사소통에서 시작되었음에도 불구하고 치료기법을 설명하는 프로이트에게는 얼굴을 맞대고 나누는 상호적인 대화와의 차이점이 매우 중요했다. 이 정신분석가는 자신의 저서에서 자신의 개인 거주지와의 또다른 공간적 관련성을 언급했다. 환자는 "모든 근육의 긴장과 모든 방해되는 감각적 인상"으로부터 자유롭도록 "편안하게 등을 바닥에 대고 누워야" 한다(Freud 1904, 102). 그러나 환자는 층계참 건너편 시민 가정의 침실에서처럼 긴장이 풀린 상태에서 잠이 들어서는 안 된다. 환자는 지금 자신과 분석적 대화를 시작해야 하는 정신분석가와 마찬가지로 깨어 있어야 하며, 자신의 꿈에 대해 대화를 나누는 경우도 드물지 않다. 또한 의사는 아침에 옷을 입을 때처럼 "분석 대상에게 불투명한 존재이어야 하며, 거울처럼 자신에게 비춰지는 것 외에는 아무것도 보여주어서는 안 된다"(Freud 1912, 178). 침실과 거실, 응접실, 옷방. 이렇듯 카우치와 안락의자로 이루어진 프로이트의 공간 앙상블은 일상적인 시민적 삶을 떠올리게 하지만 이와 동시에 그 안에서 견디고 경험해야 했던 심연을 다루겠다고 약속하기도 했다.

자아das Selbst에 대한 염려와 은밀함의 합리화: 근대적 체험의 장소, 카우치

공간 배치의 일부로서 카우치는 치료 작업의 성공을 위한 전제조건이다. 그럼에도 불구하고 카우치는 1914년 이후 발표된 수많은 정신분석 문헌에서 그다지 중요하게 다루어지지 않았으며, 1930년대 이후 이론적으로 단순한 도구로서의 지위를 차지하게 되었다(Mangabeira 1999, 327, 344). 이는 정신분석 절차의 무의식이 되었다. 물론 지크문트 프로이트가 창시한 정통적인 정신분석의 형태에 대해서는 처음부터 비판과 이견이 존재했다. 치료기법에 관한 그의 규정들은 이미 그가 자신의 제자 및 동료들과 벌였던 해석 투쟁의 일부였다. 그 과정에서 카우치는 거듭 결정적인 쟁점이 되었다. 카를 구스타프 융Carl Gustav Jung, 알프레트 아들러Alfred Adler, 그리고 훗날의 샨도르 페렌치Sándor Ferenczi까지도 더이상 카우치를 사용하려 하지 않고 환자에게 보다 동등한 자리를 제공하는 실험을 실시했다.

그럼에도 불구하고 프로이트는 정통적인 해석을 수사적으로 탁월하게 확립함으로써 정신분석학을 제도화하는 데 결정적인 영향을 미칠 수 있었다. 동시에 그는 이러한 작업을 통해 정신분석의 기술적 측면에 대한 모든 의심을 이단이라고 비난했다. 그리하여 카우치는 오늘날까지도 표준화된 진료에서 당연히 갖추고 있어야 할 요소로 남아 있게 되었다. 그럼에도 세월이 흐르는 동안 공간 배치에는 다양한 변형들이 자리를 잡게 되었다. 진료실이 프로이트의 병원에서와 같이 학자의 연구실인 경우는 거의 없다. 특히 1950년대에는 가능하면 삭막해 보이는 실내 장식이 유행했다. 병원의 무균적 분위기를 통해 환자에게 어떠한 연상의 단서도 제공하지 않으려고 했던 것이다. 이에 반해 오늘날 정신분석을 시행하는 병원들은 다시 개성에 더 많은 중점을 두는 듯하다. 카우치와 안락의자의 배치가 매우 다르게 이루어진 경우가 많다. 이 둘 사이의 간격은 더 멀어졌다. 경우에 따라서는 안락의자가 카우치 옆으로 옮겨지기도 한다. 카우치 자체는 다양하게 조절이 가능해 여러 자세로 누워 있을 수 있다. 현대의 병원에서는 정통적인 접촉 금지를 위반하는 경우가 비일비재하다(Guderian 2004b). 그럼에도 불구하고 기본 배치는 오늘날까지도 놀라울 정도로 안정적으로 유지되고 있다.

카우치는 신진 정신분석가를 위한 교육의 장소로서 특별한 의미를 갖는다. 프로이트시대부터 정신분석가를 지망하는 사람은 모두 훈련

분석을 의무적으로 받아야 했다. 직접 분석을 받는 것만으로도 자신의 환자들에게 일어날 수 있는 전이 현상에 대비할 수 있다는 것이다. 이와 동시에 지크문트 프로이트는 이러한 방법을 통해 새로운 학문을 자신의 제자들에게 전수하고 제자들 또한 이를 다시 전수함으로써 학문의 제도화에 영향을 미칠 수 있었다(Mangabeira 1999, 339ff.). 그런데 훈련분석의 카우치 위에서 새로운 현상이 발생했다. 그것은 환자인 학생과 분석가인 스승 사이의 긴밀한 관계로서 물론 그 안에서는 '일반적인' 정신분석에서 나타나는 모든 전이효과가 똑같이 나타났다(Moser 1976). 이렇게 의미가 부과된 교육관계에서 카우치는 중요한 역할을 해왔고, 그것은 지금도 마찬가지이다. 카우치를 떠나 스스로 그것을 이용할 수 있게 된다는 것은 일종의 입문 의식이 되었다. 카우치는 다양한 정신분석학파들을 연결해주며 빈의 베르크가세에 놓여 있던 원조 카우치 이후 그것이 역사적인 지속성을 유지하고 있음을 증명한다. 또한 카우치는 자신이 받았던 정신분석을 상기시키고 이 치료 형식의 기술과 규정을 준수하라고 일깨워준다.

여러 이론적 고찰을 통해 알 수 있듯이 아마도 이러한 사항들이 카우치가 만들어진 지 100년이 지난 지금 더욱 주목받게 된 이유일 것이다. 카우치는 정신분석적·심리요법적 치료의 명실상부한 핵심적 상징이다. 독일어권 지역에서는 이 개념 자체가 정신분석학의 담론적 성공과 밀접한 관련이 있는 것으로 보인다. 제1차세계대전 이전에는 '카우치'라는 단어가 사용되지 않았다. 이 단어는 지크문트 프로이트의 발명이 대중화됨에 따라 비로소 함께 자리를 잡게 되었다(Guderian 2004a, 141). 카우치가 20세기 동시대 사람들에게 행사한 암시적 힘은 실제적 장소로서의 의미를 훨씬 뛰어넘는다. 이 근대적 장소의 매우 성공적인 담론화는 그 장소의 경험 가능성에 근거하지 않았다. 그러기에는 사회와 치유방법에서 정신분석의 위치는 너무 주변적이었다. 카우치는 근대적인 자화상에 대한 탁월한 투사면이 되었다. 왜냐하면 이곳에서 근대의 주체성과 그것이 직면한 위협에 대한 견해들이 다른 곳에서 보기 힘들 정도로 한곳에 응축되었기 때문이다.

근대의 공동체는 그 구성원들에게 평생에 걸친 뛰어난 적응력을 요구한다. 유동적인 사회적 관계와 상황들 속에서 적응해나가기 위해 필요한 신체적·정신적 민첩성은 개인의 자아 강도를 끊임없이 시험한다. 카우치는 그로부터 발생하는 상실의 경험을 위한 공간을 제공한다. 그리하여 카우치는 비록 현실에서는 아니더라도 투사 속에서 근대의 "자기배려"(Foucault)가 이루어지는 특권적인 표현의 장場이 되었다. 카우치는 신체적 증상에만 집착하는 고전의학에서 버림받은 중환자들에게 새로운 치료의 기회를 제공했고, 종종 그들이 평범한 일상으로 돌아갈 수 있게 해주었다. 이러한 측면에서 카우치 또한 탈속도화의 장소(주말농장)이자 새로운 자기 체험의 장소(댄스홀)이기도 하다.

더욱이 카우치는 한번도 정신분석적인 상황 자체를 경험해본 적이 없는 많은 사람들에게 이전에는 혼란스러운 방식으로 암시되었던 자기 이해의 측면을 주제화할 수 있는 언어와 도구를 제공했다. 이제는 상당한 진전이 이루어져 정신분석학적인 용어를 사용하지 않고서는 자아와 그 과거에 대해 이야기하는 것이 불가능해졌을 정도이다. 카우치 위에서 자아에 대한 근대적 배려는 언어와 더불어 안식처를 찾았고, 그것은 이 장소의 실제 경험 가능성과는 완전히 별개로 이루어졌다. 물론 이는 카우치를 통해 경계가 설정된다는 의미이기도 했다. 즉 다른 사람들은 '카우치 위에 누워야' 하는 반면, 자신은 건강하다는 것이다. 그럼에도 불구하고 카우치에 대한 수많은 유머와 그 안에 깔려 있는 불편함, 심지어는 이 장소에 대한 공격적인 거부조차도 카우치가 근대적 주체의 자기 주제화에서 중심적인 기능을 차지했음을 증명해준다.

반면 신체를 효과적인 기술에 내맡기는 카우치의 공간구성(웨이트룸)에서는 근대적 합리화 경향이 은밀함과 무의식의 영역으로까지 확장되고 있음이 분명하게 드러난다. 지크문트 프로이트는 자신의 주체성을 통제할 수 있는지에 대한 근본적인 의문에 사로잡혀 있었음에도 불구하고 그가 (자연)과학적이고 실험적으로 검증된 방식으로 심리적 질병을 치유할 수 있다는 믿음에서 19세기의 사람들이 과학에 대해 가지고 있던 진보에 대한 확신이 아직도 남아 있었다는 사실이 드러났다. 이 같은 방식으로만 환자와의 관계를 "완전히 합리화"해 그 관계를 "계산 문제처럼" 다룰 수 있기를 희망했던 그의 모습을 설명할 수 있다(Freud 1916/17, 422). 자신의 자아를 통제할 수 있는지에 대한 모든 의심 뒤에는 여전히 의식적으로 구성되고 제대로 기능하는 삶에 대한 꿈이 존재하고 있었다. 이런 식으로 해방과 치유의 카우치 위에서 새로운 체제가 자리잡을 수 있었는데, 이 체제는 자신의 신체와 자신의 주체성을 다루는 방식을 규제하고 자기 자신을 돌보고자 하는 우리를 근대적 합리화의 기능적 대상으로 만들겠다고 위협한다.

참고문헌

Engelman, Edmund (1977): Berggasse 19. Das Wiener Domizil Sigmund Freuds, Stuttgart/Zürich.

Freud, Sigmund (1904): Die Freudsche psychoanalytische Methode (1904), in: Alexander Mitscherlich/Angela Richards/James Strachey (Hg.), Sigmund Freud.

Studienausgabe, Ergänzungsband: Schriften zur Behandlungstechnik, Frankfurt 2001, 99~106.

Ders. (1912): Ratschläge für den Arzt bei der psychoanalytischen Behandlung (1912), in: ebenda, 169~180.

Ders. (1913): Zur Einleitung der Behandlung. Weitere Ratschläge zur Technik der Psychoanalyse I, in: ebenda, 181~203.

Ders. (1914): Erinnern, Wiederholen und Durcharbeiten. Weitere Ratschläge zur Technik der Psychoanalyse II, in: ebenda, 205~215.

Ders. (1916/17): Vorlesungen zur Einführung in die Psychoanalyse, in: Alexander Mitscherlich/Angela Richards/James Strachey (Hg.), Sigmund Freud. Studienausgabe, Bd. 1: Vorlesungen zur Einführung in die Psychoanalyse, Frankfurt 1994, 34~445.

The Freud Museum (Hg.) (1998): 20 Maresfield Gardens. A guide to the Freud museum, London.

Gardiner, Muriel (Hg.) (1972): Der Wolfsmann vom Wolfsmann. Sigmund Freuds berühmtester Fall, Frankfurt.

Gay, Peter (1989): Freud. Eine Biographie für unsere Zeit, Frankfurt.

Giedion, Siegfried (1948): Mechanization Takes Command. A contribution to anonymous history, New York.

Guderian, Claudia (2004a): Die Couch in der Psychoanalyse. Geschichte und Gegenwart von Setting und Raum, Stuttgart.

Dies. (2004b): Die Magie der Couch. Bilder und Gespräche über Raum und Setting in der Psychoanalyse, Stuttgart.

Mangabeira, Wilma C. (1999): On the Textuality of Objects in Disciplinary Practice: The couch in psychoanalysis, in: Psychoanalytic Studies 1, 327~354.

Mayer, Andreas (2003): Zur Genealogie des psychoanalytischen Stettings, in: Österreichische Zeitschrift für Geschichtswissenschaft 14, 11~42.

Moser, Tilmann (1976): Lehrjahre auf der Couch. Bruchstücke meiner Psychoanalyse, Frankfurt.

Siebel, Ernst (1999): Der großbürgerliche Salon 1850~1918. Geselligkeit und Wohnkultur, Berlin.

Stern, Harold (1983): Die Couch. Ihre Bedeutung für die Psychoanalyse, Frankfurt.

Swaan, Abram de (1978): Zur Soziogenese des psychoanalytischen ≫Settings≪, in: Psyche 32, 793~826.

체험된 세계: 근대의 경험 공간

알렉사 가이스트회벨Alexa Geisthövel

우파 옌젠Uffa Jensen

하보 크노흐Habbo Knoch

다니엘 모라트Daniel Morat

고전적 근대의 장소들은 오늘날에도 여전히 곳곳에서 찾아볼 수 있다. 이 장소들은 끊임없이 변화하고 있음에도 불구하고 앙상블로서, 그리고 그 공간적 표본 속에서 놀랄 만큼 강인한 생명력을 증명하고 있다. 이곳들은 심지어 '포스트모더니즘'보다 더 오래 지속되었는데, 이 포스트모더니즘의 주요 특징은 상위 해석체계의 위기뿐만 아니라 공간의 가상화와 역사적으로 확립된 장소 및 양식들과의 정체성 형성관계의 상실로 여겨진다. 20세기의 마지막 20년을 실제로 그런 근본적인 변화로 특징지을 수 있는지 혹은 단지 사회적인 자기 묘사가 변했을 뿐인지에 대해서는 논란의 여지가 있다. 그러나 어쨌든 '공간'이 근대의 사회화를 특징지었으며, 그리고 역사적으로 진화한 공간구성이 19세기와 20세기의 경험세계를 특징지었고 지금도 여전히 특징짓고 있다는 인식이 증가했다.

지금까지 '근대'는 일반적으로 시간의 흐름에 따른 문화적 해석, 사회적 구성 또는 정치적 질서의 변화를 의미했다. 19세기에 이 개념이 처음으로 정립되었을 때 이미 사람들은 이 개념을 가지고 무엇보다도 당대의 예술양식을 이전 시대의 예술양식으로부터 구분했다. 1906년판 『브로크하우스 소형 백과사전』에는 '근대적modern'이라는 말이 문학과 예술에서의 최근 발전 경향을 의미하는 것으로 여전히 비전문적으로 사용되고 있었다. 다만 방사선과 다양한 전기요법을 포함하는 '근대적 치료방법'에 대해 여러 번 언급할 때만은 의미상으로 1900년 전후의 기술적인 변혁을 연계시켰다. 그럼에도 불구하고 19세기 후반부터 일상세계의 '획기적인' 변화에 대한 인식이 확산되면서 그것이 아방가르드 문필가나 건축가들에 의해 가장 예리하게 표현되었을 뿐만 아니라 행정실무자, 기술자, 기업가들의 그룹으로까지 널리 퍼져나갔다.

합리화, 규율화, 개인화와 같은 사회과학적 범주들 또한 근대적 경험세계의 공간적 차원을 반영하지 않은 채 일반적으로 사용된다. 게오르크 지멜이 근대화의 양가적인 과정을 공간에 결부된 것으로 설명하는 접근방식은 독일에서는 오랫동안 주변적인 위치에 머물러 있었지만 미국에서는 도시 미시사회학의 중요한 원천이었다. 공간이 앞에서 언급한 체계 개념에 의존하는 근대 해석에 개입했을 때 비유적으로는 "강철같이 단단한 껍데기"(Max Weber)로, 이와 비슷하게 비판적으로는 "장치" 및 "작동" 또는 근대 감옥의 치밀한 지배 기술이라는 파놉티콘 모델로 표현되었을 가능성이 크다(Michel Foucault). 근래에 들어서야 데이비드 하비David Harvey, 앙리 르페브르Henri Lefebvre, 앤서니 기든스Anthony Giddens와 같이 주로 역사적인 방식으로 작업하는 사회학자와 지리학자들이 공간을 사회적 행위의 구성요소로 차별화해 관찰하게 되었다. 예를 들어 앤서니 기든스는 '지역'을 상호작용을 통해 경계가 정해지고 형성되는 공간이라고 이야기한다. 이러한 지역에서의 행동 표본과 공간, 신체, 그리고 행동의 특정 구성은 각 개인까지 포괄하는 과정들과 습관적 일상을 통해 일반화된다.

이러한 접근방식들에 비추어볼 때 근대는 안정적인 사회질서도 아니고 특정한 진보의 목표를 가진 시간적 과정도 아니다. 반대로 '근대성'은 개인적·사회적 행동이 공간적 표본을 포함한 생활세계의 조건들과 어떻게 상호작용하는지, 그리고 이로부터 구조와 동력이 어떻게 형성되는지를 강조한다. 사회적 구성은 언제나 공간을 통해 전달되며 연속적인 '공간 배열'을 따른다. 누군가 아파트에 살든 혹은 교외 주택단지에 살든, 자동차를 타고 직장에 가든 혹은 댐을 따라 산책을 하든 개인의 행동은 언제나 다양한 공간적 배열 상태를 거치게 되며, 이러한 공간적 배열은 변화하는 사회질서 및 행동 표본과 연계되어 있다. 함께 있는 사람들 간의 상호작용, 부재자들 간의 기술적으로 매개된 의사소통 행위는 공간, 공간 경험, 문화적 체제의 원칙들에 의해 각인되지만 이것들에 의해 결정되지는 않는다. 근대의 이러한 원칙들은 철저한 합리화를 목표로 하면서도 모순적인 형태로 나타나며 소도시에서처럼 일탈적 실행을 위한 공간을 제공하기도 한다.

따라서 시간과 공간은 "사회적 삶의 문화적 좌표계"(Kaschuba 2004, 13)로서 절대적인 기준이 아니라 그 경험적·사회적 형태 속에서 역사적으로 형성된 사회적 구조, 인식 표본, 전유방식의 산물이다(Löw 2002). 사회화 과정은 이미 중세의 수도원, 교회, 대학, 초기 근대의 카페, 궁정, 극장, 시민적 과도기의 살롱, 가로수길, 도시 궁전과 같은 장소들을 통해 구체화되었다. 중세 후기와 19세기 초 사이의 근대 이전과 근대 초기의 오랜 시대 동안 근대의 장소들을 위한 세 가지 본질적인 토대가 마련되었다. 무엇보다도 노동과 경제 세계는 점차 계산가능성과 합리성의 범주에 따라 변형되었다. 공공 시계탑을 통해 기계화된 시간은 이미 14세기부터 존재해왔지만, 이러한 종류의 시간 계산이 구속력을 갖게 된 것은 절대주의와 그 이후의 국민국가에서 경제적·관료적 공간들이 완성된 후에야 비로소 가능했다. 국가적인 시간 측정과 국제적으로 유효한 시간대는 19세기 말과 20세기 초의 산물이었다. 동시에 자연과학적 사고는 과학자들의 연구실과 실험실에서 대중에게로 퍼져나갔다. 여기에 18세기의 프리메이슨연맹, 학술단체, 파리의 살롱들은 "계몽주의 프로젝트의 실험실" 역할을 했다(Burke 2001, 63).

이외에도 산업화가 진행되기 훨씬 이전부터 장소와 공간들은 기능적 측면과 분업의 필요에 따라 세분화되었다. 수도원은 병원과 공공 복지시설로 발전했고 무역회사, 증권거래소, 조합회관 등에서는 경제활동이 서로 얽히기도 하고 해체되기도 했다. 근대 초기에는 왕실 궁정으로부터 극장, 동물원, 박물관 등이 생겨났다. 마지막으로 이동성의 원칙과 공간 통합의 원칙이 실천, 욕구, 문화적 규범으로 확고히 자리잡았다(Schivelbusch 1977). 철도가 발명되기 전까지 시민의 여행문화는 긴 이동시간으로 인해 제약을 받기는 했지만 이미 18세기 후반부터 귀족을 본보기로 삼아 시야를 넓히는 것이 이상으로 자리잡았다(Kaschuba 2004).

이미 1794년에 광학 전신이 제한적인 의사소통의 지평을 극복하는 데 기여했음에도 불구하고 공간 체험의 합리화, 세분화, 유동화는 여전히 초기 단계에 머물러 있었다. 원칙적인 구상은 있었지만 전반적인 실현과 확산은 답보 상태였다. 1870년에서 1930년 사이에 이르러서야 생활세계의 공간적 질서는 모든 사회계층에 걸쳐 근본적인 변화를 겪게 되었다. 이러한 격변을 통해 가속의 경험, 거리의 극복, 부재자들 간의 네트워킹이 이루어졌다. 이로부터 한 세기 전, 개념사적으로 "말안장시대Sattelzeit"[1](Koselleck 2000)로 알려진 1789년에서 1848년 사이의 혁명적 시대의 기운 속에서 '새로운 시대' 혹은 '근대Neuzeit'에 살고 있다는 느낌은 주로 시간 개념을 통해서만 표현되었다. 그러나 1900년경 '근대적modern'이라는 느낌은 훨씬 더 분명하게 공간적으로 암호화되어 근대의 장소들과 연결되었다. 이동 공간은 확장되었고, 작업 공간은 합리적으로 조직되었으며, 행정 공간은 철저하게 계획되었고, 권력 공간은 웅장하게 설계되었으며, 생활 공간은 분화되었고, 오락 공간은 상업화되었으며 휴식 공간이 조성되었다(Borscheid 2004; Kaschuba 2004; Schlögel 2003). 이와 같은 시기에 게오르크 지멜은 '사회'를 더이상 신분이나 계급적 소속에 기반한 것이 아니라, 공간적으로 파악될 수 있는 네트워크와 관계들, "수많은 연결선과 매듭 [……], 그리고 견고화와 증발"을 통해 규정되는 질서로 보았다(Simmel 1992, 780).

이렇듯 상황의 영향을 받는 동시에 전통적으로 뿌리내린 근대의 관계망은 특정한 공간적 '질서'와 연결되어 있었다. 이러한 관계망은 공간을 '전유'하는 과정에서 사회적 만남에서의 거리 문제를 제기했고, 근대적 공간 배열이 신체성과 주관성의 변화와 결합되는 행동 표본과 이동 방식을 탄생시켰다. 근대의 장소들에 의미를 부여하는 '해석'의 중심에는 질서와 전유가 존재했다. 규정되고, 획득되고 부여된 의미들은 근대적 경험의 공간적 배치를, 그것이 현장에서 개인적으로 구체화될 경우 체험된 세계로 바꾸어주었다.

질서: 근대적 장소들과 공간의 경제학

16세기 이후 지식과 기술의 혁명, 자본주의, 제국주의 지배가 대규모의 "공간혁명"(Carl Schmitt)을 초래했다. 공간혁명은 점차 글로벌화되는 초지역적인 경제체제에 기반을 두었고, 종교적 세계질서를 대체하는 지역과 무역로의 지리적 지도화를 통해 나타났으며, 19세기와 20세기의 국민국가에서 임시적인 기반을 발견했다. 산업화 과정에서 경관은 대규모로 변모했다. 새로운 산업들이 지역적으로 밀집해 들어서면서 사회적인 이주의 물결을 일으켰고, 유럽에서는 특히 석탄과 광석 같은 천연자원이 대량으로 발굴되면서 지형이 재편되었다. 마지막으로 철도, 고속도로, 공항, 터널, 운하, 댐과 같은 사회기반시설들이 건설되어 산업 단지의 천연자원에 대한 의존도를 낮추었다.

이에 따른 도시화를 통해 노동과 사생활을 압축했지만 유럽대륙에서는 그것이 전통적인 정착구조와 혼합되었다. 중상주의에서 시작되어 19세기 후반 학문으로 발전한 공간계획은 이에 대한 규제계획을 제공했으며, 지역 관청과 도시계획가들이 이를 시행했다. 행정부가 전국적으로 광범위하게 확장됨에 따라 국가 공간은 각각의 전통에 따라 강약의 차이를 보이면서 중앙집중화되어 규제와 관료주의가 얽힌 분야로 변모했다. 광범위한 식량안보 물류는 경제화된 지역의 생산물을 그에 의존하는 장소들의 네트워크로 이동시켰다. 예술가와 여행자들의 시선 또한 그들이 바라보는 풍경의 순간을 포착하고자 했으며, 그 순간을 자연의 위대함과 그에 대한 인간의 지배를 모두 반영하는 그림이나 사진의 시점으로 전환했다.

경외와 매료가 함께 작용하는 자연력에 대한 지배는 이동 기술의 활용에도 영향을 미쳤다. 이러한 기술은 실험적 모델에서 출발해 제어가 가능하고 점점 더 효율적인 사용이 가능해졌는데, 이는 안전한 대중소비에도 적절한 것이었다. 그리하여 자전거, 자동차, 비행기가 탄생했다. 특히 우주선을 통해 엄청난 이동 범위와 기술적 자연제어의 능력이 결합되어 앞으로도 오랫동안 극소수만 접근 가능할 공간을 탐구하고 전유하게 되었다. 반면 수직적인 것에 대한 다른 정복들은 일상적인 공간에서의 이동과 방향 설정을 특징짓는다. 고층건물은 최상의 합리화된 공간질서이다. 엘리베이터는 안전에 대한 위협 요소를 내포하고 있지만 우주선과 마찬가지로 공간을 효율적으로 이용하고 상대적인 신뢰감을 제공한다. 그 이유는 엘리베이터의 기능이 첨단기술에 의한 것이 아닌 검증된 절차에 의존하기 때문이다. 무선 송신탑은 하늘을 통신 기술로 개척한 상징물이다. 다층구조의 백화점과 기차역에서도 수직 공간의 다면적 체계를 최대한 효율적으로 활용할 수 있다.

경쟁과 비용 압박 또한 수평적 측면에서 점점 더 주도면밀한 공간 개념을 필요로 했다. 20세기 초부터 새로운 공공 및 상업용 건물의 평면도에는 이상적인 이동경로의 도식이 추가되었다. 이러한 장소의 안내표지는 근로자와 고객들에게 그들이 갈 길을 어느 정도 분명하게 안내한다. 이 안내표지에는 다양한 의미론적·기호학적 축적물이 활용되는데, 이것들은 문화적인 경계를 벗어나면 이해가 쉽지 않다. 시간체계와 마찬가지로 이러한 공간질서 또한 내면화되는데, 사용자는 설계된 공간의 이동경제학에 미리 적응한다. 만일 이것을 예상하지 못했을 경우 설계된 공간은 해체되어 무질서해진다. 그러나 공간 개념은 질서에 대한 구상을 확립할 뿐만 아니라 사용자들에게 기대감까지도 만들어낸다. 대기자들이 줄을 서 있든 번호표를 뽑든, 정류장에서 탑승할 때 도착시간을 계산하든 경험에 근거해 가장 유리한 자리를 찾든, 규칙을 어기고 기대가 충족되지 않으면 갈등이 발생하게 된다. 이러한 통제에 대한 기대는 종종 개인이나 기관에 막연하게 투영되지만, 중앙당사나 신문사 편집부와 같은 특정 장소에 구체적으로 투영되는 경우도 적지 않다.

중세시대 이후 도시는 점차 공동체의 질서와 연결된 장소들의 중심지가 되었다. 시청과 살롱은 시민계급의 시대에 때때로 시민적 지배와 자유라는 두 대립점을 드러냈다. 19세기 중반 이후 도시와 일부 산업화된 마을이 내적으로 도시화하면서 이러한 긴장관계는 상업화된 공공영역의 공간질서를 통해 보완되었다. 이 과정에서 시민의 삶은 공적 공간에서 클럽과 지적인 매체로 이동하는 경향이 있었다. 기차역, 정류장 그리고 훗날의 주차장과 같은 도시 내 이동질서의 동력 공간들은 나름의 시간질서를 확립했고, 이에 따라 도시로 유입된 사람들의 분산화와 집중화 현상을 확산시켰다. 이와 비슷한 일이 도시 근처의 공장에서도 일어났는데, 이러한 공장의 문은 노동자들의 유입과 유출을 조절했다. 대도시 이동의 복잡성은 더 많은 이동 차량과 통행인들이 움직이게 될수록 더 정교한 교통질서를 필요로 했다. 대도시의 도로는 행동습관과 안전에 대한 기대치를 위한 학습장이 되었다. 오늘날까지도 소비의 장소들은 다소 유동적인 접근 메커니즘에 따라 행인들을 흡수하고 자신들의 질서 원칙을 거리에 투영한다. 백화점의 진열장은 구매를 유도하고, 영화관의 화려한 조명 광고는 의도적으로 작게 만들어진 매표소를 더욱 눈에 띄지 않게 만들며, 그랜드호텔 창문에 드리워진 실크 커튼과 빼어난 조명 램프는 꺼림칙한 사회적 관음증에 기대지 않으면서도 시선을 사로잡는다.

공간 재구성의 역동성은 주변부로까지 확장된다. 도시 외곽은 주택단지 개념의 시험장이 되었다. 공간이 무한정 주어지지도 않고 공짜로 얻을 수도 없었기 때문에 1920년대의 건축가들은 합리적인 공간 해결책을 만들어냈다. 도시의 아파트들을 통해 공간의 합리화가 사적인 생활 영역에 도입되었다. 1950년대 이후 가정에 전면적인 전기화가 이루어지기 전에도 '새로운 가사 관리new housekeeping'에 구상은 작업 과정과 자원에 초점을 맞추었다. 공장의 경제 논리가 사적인 주방 안으로 침투했고, 그곳에서 시민계급 여성들이 하녀를 고용할 돈이 부족해 습득해야만 했던 전통적인 절약의 경제관과 마주하게 되었다.

이동과 공급의 근대적 기술을 획득하거나 특정한 근대적 장소에 접근할 수 있는 가능성은 공간의 사회적 차이를 반영했다. 도시화와 함께 주거환경의 사회적 특징은 오히려 증가했다. 소속과 배제는 공간적으로 가시화되었고, 토지 가격과 임대료, 법령, 경찰 조치에 근거한 공간질서에 의해 통제되었다. 결국 20세기의 전체주의체제에서 폭력에 의해 뒷받침된 공간질서에 대한 요구는 특정 집단의 자유를 체계적으로 박탈했다. 그러나 강제수용소와 게토에서도 헤게모니적이고 세밀하게 조직된 공간 외에도 틈새와 주변부가 존재했다. 이러한 공간들은 비록 작고 경쟁이 치열했지만 어느 정도 생존을 위한 활동의 여지를 제공했다.

고전적 근대의 합리화 충동에 반해 이러한 명령에 전적으로 굴복하지 않은 공간의 반논리가 존재했다. 주말농장, 소도시 그리고 카우치는 장소에 기반한 저항성을 구현하지만 그 초기의 혁명적 잠재력은 20세기가 흐르는 동안 대부분 소진되었다. 유토피아적 흔적을 보존할 수 있었던 것은 명백한 대립의 장소들 때문이라기보다는 공공장소를 저항을 위해 유동적으로 사용하고, 무엇보다도 근대적 장소의 앙상블을 개인적으로 이용할 때 지배와 점유로부터 주관적인 거리를 유지했기 때문이다. 그러나 댐을 따라 조성된 순환도로와 아파트 발코니의 화단은 심지어 '자연'까지도 계획의 일부로 삼았다.

전유專有: 근대적 장소와 거리두기의 힘

1870년에서 1930년 사이에 많은 새로운 장소들이 이미 그전에 시작되었던 사회적 경계의 유동화를 더욱 강화하거나 이에 도전했다. 19세기 후반의 대도시에서 이미 준비되었던 것이 1920년대에 더욱 고양되었고 매체를 통해 형상을 갖추게 되었다. 기술적 근대로의 진행은 여유로움의 잔재를 휩쓸어버렸는데, 건축 장식이나 사회집단으로도 그것을 중단시킬 수 없었다. 전쟁 이전 시기의 혁신은 장기적으로 이를 준비해 왔으며, 전통적 구조들의 붕괴는 간과할 수 없을 정도였다. 이를 통해 사회적 차이 그 자체가 해소된 것은 아니지만 그 좌표와 표현 형식은 변화해 서로 간의 거리를 표현하기 위한 새로운 공간적 실행방식과 형태를 발견했다.

근대의 장소들은 이러한 사회적 변형을 위한 무대이자 동력의 원천이었으며 교류의 중심지였다. 신분제적 구분이 해체되면서 그랜드호텔이나 해변과 같은 준공공 공간들은 사회적으로 더욱 개방된 장소가 되었다. 전선이나 벙커에서는 상황에 따른 비상공동체와 강제공동체가 생겨났다. 영화 광고는 모든 계층의 관객을 유혹했고, 초기에는 사치스러운 운송수단이었던 자동차는 개인과 가족의 대중적 이동수단이 되었다. 백화점의 경우는 비록 그 스펙트럼이 호화 매장에서 저가 매장으로까지 넓게 펼쳐져 있기는 했지만 사회적 구매 장벽이 점차 허물어졌다.

사회적 거리는 위치, 외관, 규격에 따라 세분화된 장소들의 배치에 반영되었는데, 이러한 장소들은 원칙적으로 모두에게 개방되어 있었지만 다소 가시적이면서 복잡한 접근체계에 의해서만 출입할 수 있었다.

이러한 근대의 장소들의 앙상블 속에 차별화된 행동방식이 반영되어 있고, 이러한 장소들이 행동방식을 형성하기도 한다. 사람들은 공간 경험을 결합해 개인적인 체험 표본을 형성한다. 그럼에도 불구하고 그들은 거의 예측가능한 틀의 질서 안에서 움직인다. 근대적 공간 패턴 표본의 체제는 자유로운 활동의 여지를 허용하지만 동시에 사람들이 경기장이나 기차역에 함께 모이게 될 때면 일시적인 경험공동체를 창조한다. 이곳에서 문화적으로 다양하게 암호화된, 허용된 범위의 행동방식을 따르지 않는 사람은 눈에 띄게 된다. 이외의 사람들은 서로를 알지 못하지만 대체로 서로에게 신경쓰지 않고 행동한다. 자기 집 아파트에서는 누구나 자신만의 환경을 만들지만 이곳에서 개성이 강조된다는 사실은 모두가 공유하는 점이다. 근대적 장소들은 경기장에서의 질서 있는 집결 형식에서부터 박물관의 정돈된 평화로움, 주말농장의 집단적 개별화에 이르기까지 다양한 방식으로 서로 다른 거리를 유지할 수 있는 일련의 가능성들을 제공한다.

신분에 의한 귀속이 장소를 통해 선택, 소비력, 스타일에 따른 소속으로 바뀌면서 출신에 의해서가 아니라 특징과 태도를 통해 서로를 평가할 수 있는 낯선 사람들 간의 상호작용을 위한 경계 공간이 생겨났고, 경계 공간 자체가 이러한 침식 현상의 동력이 되었다. 사람들 사이의 거리는 예를 들어 말하기, 움직임, 복장, 냄새 등에 대한 새로운 규칙이 적용되는 구별의 영역이 되었다. 장소들 사이의 통과지역은 그 안에서 삶이 점점 더 집중될수록, 특히 준공공장소의 증가와 함께 그 중요성이 점점 더 커졌다. 일상생활의 통과의례는 과도기적 장소들이 다양한 경험세계를 서로 연결하고 있는 근대사회에서의 내부 행동질서를 구조화했다. 공공장소와 준공공장소의 이러한 통과지역들은 서로 간의 접근과 거리두기를 조정하고, 폭발적인 밀집이나 사회적 동일화가 일어나지 않도록 설계되어야 했다. 위협적인 것으로 인식되는 경기장이나 공장 내의 대중은 과도한 근접성으로 인해 사회적 불안감이 조성되지 않도록 통제되었다. 체계화된 거리는 동시에 시간의 지배를 관철하기 위한 기반이기도 했다. 이는 기업가들이 자신의 노동자들을 위해 획일적인 가옥들이 들어선 자체 주택단지를 건설한 이유 중 하나였다.

예를 들어 주택의 설비는 다른 소비재와 마찬가지로 가까운 지인들 사이의 생활 영역 속에서뿐만 아니라 낯선 사람들 사이에서도 사회적 차이와 거리를 나타낸다. 재화는 지위와 취향을 분류할 수 있게 해주는 식별기호이다. 밀집된 공간에서의 구별과 간격의 양식은 체득되어야만 한다. 이와는 달리 개인적으로 변경할 수 있는 일반적인 규칙들이 있다. 이를 통해 물리적인 거리를 유지하기 위한 노력은 공간적으로 반영된다. 모래성은 이러한 학습된 반사작용에 대한 반응이다. 모래성을 쌓는 사람들은 스스로를 고립시키는 동시에 자신에게 관심을 집중시킨다. 해변은 고향이 되고 이웃은 사회적 질서의 원칙인 공간적 장애물을 통해 무정형의 공간으로 전이된다. 사람들은 이러한 안전함을 통해서만 비로소 이웃의 낯선 사람들과 친숙해질 수 있다(Kimpel/Werckmeister 1995). 영역에 대한 요구는 언제나 물리적인 경계의 강화와 연결되는데, 이를 통해 여가시간과 직업세계 모두에서 정체성이 정의된다. 술집이나 휴게소에서 자주 앉는 자리에 다른 사람이 앉아 있으면 사람들은 자신의 장소에 대한 권리를 침해당했다고 생각한다. 자주 찾아오거나 정기적으로 비용을 지불했거나, 늘 특정 작업대를 사용하는 사람은 소통의 전제로서 타인으로부터 적절한 거리를 존중받을 권리를 획득한다.

거리는 신체성에 기반한다. 세속화된 동작 의식이 소통을 이끌어내는 댄스홀 같은 곳에서는 신체성과의 유희가 가능하다. 자동차 운전이나 잠수함 내 체류와 같이 직접 선택했거나 강요된 고립은 개인을 자신의 신체로 되돌려놓으며, 이를 통해 속도, 위험, 두려움의 한계에 대한 체험을 하게 한다. 비슷한 목표를 가진 많은 사람들이 모이게 되면 친밀한 익명성을 가능케 하는 일상화된 행동 규칙이 지배한다. 벨로드롬과 자동차경주 트랙은 거리와 기록 경쟁, 생명과 시간을 건 극적인 싸움, 경쟁과 뛰어난 기록으로 인해 흥분한 관중 등을 공간적으로 밀집된 상태에서 경험할 수 있게 해주며, 이는 1880년대 이후 스포츠에 새로운 방향성을 제시했다(Borscheid 2004). 1920년대 엘리트 경쟁이 대중적인 인기 행사로 자리잡으면서 비로소 산업 영역과 사무실에서 진행되었던 시간과 신체의 규율화가 스포츠에서도 왜곡된 형태로 이루어졌다. 그 에너지는 폭발적이고 제어되지 않은 채였지만 그럼에도 불구하고 뚜렷한 목적의식을 가지고 있었다. 공동의 열광 속에서도 서로 간의 거리는 대체로 유지되었지만 폭력이 발생할 위험은 항상 존재했다. 풍압 실험실에서는 거리를 유지하는 조건 아래에서 기술적 물체와 자연적 물체를 가지고 실험을 했다. 이는 특히 광고에 효과가 있는 공기역학적인 기록을 얻기 위한 것이었다.

점점 더 대중화되어가는 복싱에서도 링 위에 선 군인의 단련된 신체는 공간과 시간의 압축과 결합되었고, 그 결과 전선에서 겪은 기계화된 죽음의 체험은 남성적인 결투 속에서 뒷전으로 밀려났다. 이제 사람들은 신비화된 거리감을 유지함으로써 영웅이 되었고, 언론은 이를 친밀함의 허상으로 포장했다. 많은 사람들이 공공장소를 자기과시의 무대로 삼아 경계와 규범을 무시하는 기이한 행동을 통해 자신의 시장가치를 높였다. 언론과 사람들은 공적인 성격을 가진 공간들 너머의 사생활에 점점 더 흥미를 갖기 시작했다. 이러한 연극의 주인공들은 오직 비밀을 통해서만 자신들이 점유되지 않는다는 듯한 거리감을 유지할 수 있었다. 그러다가 의심스러울 경우 거리를 확보하기 위한 투쟁을 근대적 일상 속 미지의 영웅들과 함께했다. 그 영웅들은 일상의 부당한 요구에 맞서 일시적으로라도 질서정연한 세상과 거리를 유지하기 위해 자기 자신을 펼칠 수 있는 공간을 만들었다. 카우치 위에 누워 다른 사람에게 자신의 내면을 드러내는 친밀한 상황 속에서 "친밀함에 대한 갈망"(Föllmer 2004), 안락함과 "안식처"에 대한 강렬한 동경이 전형적인 공간을 발견했다.

이러한 거리두기와 친밀함의 질서는 대형 화재, 전쟁 또는 최근의 테러공격과 같은 재난으로 인해 도전받고 파괴되지만 더욱 강화되기도 한다. 벙커나 납치된 비행기와 같이 상황에 의해 형성된 비상공동체는 신화화될 수 있는 이야기들을 만들어낸다. 이 같은 이야기에서는 근대적 공간 앙상블의 취약성과 함께 어떤 기술보다도 오래 지속되는 사람들 간의 직접적인 소통이라는 자원 또한 주제로 다룬다. 20세기의 폭력적인 지배체제는 개인의 삶의 질서를 체계적으로 해체하기 위해 의도적으로 예외적인 상황을 만들었다. 파괴가 산업화됨으로써 사람들을 응집시키고 거리두기와 발전의 기본권리를 박탈하는 강압적인 질서가 등장했다.

해석: 근대적 공간과 인식의 효과

19세기 후반 점점 더 많은 선각자들이 기계화·전기화되고 전선으로 연결된 사회의 미래상을 제시했다. 이러한 구상에는 훗날 그것을 실제로 체험할 때만큼이나 종교적 경외감과 매혹이 담겨 있었다. 많은 발명가들이 자연과 기술을 성공적으로 통제하고자 한 것에 대한 경외심은 최초의 사용자들과 구경꾼들에게도 어느 정도 전달되었다. 자동차, 전자제품, 라디오 등이 대량생산이 되기 전에는 경탄과 두려움이 뒤섞인 신비스러운 분위기를 풍기고 있었다. 근대 기술이 세속화되어가는 이러한 과도기적 단계는 그 시대의 공간 개념에도 존재했다. 백화점의 성당 같은 분위기, 그랜드호텔의 꿈의 궁전 같은 특성, 영화관에서의 현실도피와 같은 신비스러운 분위기는 여러 장소에서 오랫동안 지속되어 오늘날에도 향수를 불러일으키며 여전히 그 흔적을 남기고 있다.

근대는 통신과 기반시설을 눈에 보이지 않게 만들지만 카우치에서는 영혼의 고통을 보고, 엑스레이에서는 신체의 내부를 볼 수 있듯이 보이지 않는 것을 보이게 만들고자 한다. 특정 장소들의 전시적 성격을 통해 근대는 과시의 문화, 시각적이고 감각적인 경쟁의 질서로 나타난다. 교회의 첨탑 위로 우뚝 솟은 고층건물은 우월함, 진보, 번영을 상징한다. 건물은 의미를 획득하려는 투쟁의 기호학적 경기장이지만 건물의 디자인은 그 기능을 식별할 수 있는 코드를 담고 있어서 방향을 제시해준다. 몇몇 장소들과 마찬가지로 표본적인 인간의 신체나 전시된 신체는 미래와 몰락을 해석할 수 있는 투사면이 되었다. 민족학박물관에서는 다른 문화들과의 거리를 분명히 하기 위해 그 문화들을 이국적인 것으로 다루었다. 스트립 클럽에서 보이는 것은 몸 자체가 아니라 성적·공간적으로 코드화된 신체뿐이다.

장소와 신체에 대한 이러한 미학적·상업적 물화를 더욱 강조한 것은 이미지에 의한 연출이었다. 건축물 사진과 그림엽서는 웅장하고 멋지게 이상화된 이미지를 전달한다. 영화에서 표현된 근대적 장소들은 이러한 인상을 강화시켰다. 그랜드호텔의 전화교환소, 대형 사무실로 연결되는 엘리베이터, 대도시 아파트의 거실과 같은 장소들은 운명의 무대 역할을 했다. 주부들이 주방에서 가전제품의 유용성을 직접 보여주거나, 남자들이 자동차를 탄 채 제일 먼저 거리를 정복하고 이어서 점점 더 많은 가족들이 자동차를 타는 모습을 보여줌으로써 전동식 대형 마차로서의 유용성을 증명해 보이는 광고 역시 이러한 이미지 세계에 대한 촉매제 역할을 톡톡히 해냈다.

이러한 이미지 레퍼토리를 구성할 때부터 이미 목표로 삼았던 것은 특정 장소들을 그 인식을 통해 근대성의 선도적인 장소로 만들고자 하는 것이었다. 인식의 가상화는 영화관에, 다원화된 욕구 충족은 백화점에, 20세기 대규모 폭력의 장소는 전선에 배치할 수 있었다. 이것들은 근대의 세속적인 상징이 되었고, 이 과정에서 일부 장소들은 교회와 궁전의 특징을 차용해 이를 대체했다. 어쨌든 성스러운 은유는 근대의 장소들을 인식하는 데 중심적인 역할을 했다. 특히 초기에는 사원, 궁전, 성당이 반복해서 언급되었다. 주문과 마법은 높고 넓은 공간에서 행해졌다. 근대의 장소들을 향수적으로 바라보는 경향은 이미 이곳에서 시작되었다. 많은 상업적 장소들이 과시했던 화려함은 이제는 현재의 회고적 분위기를 위한 장식품이 되었다.

근대의 위상학적 질서에서 장소는 해석에 따라 배열되는데, 해석은 그 물질적 용도와 반드시 일치하지는 않는다. 그리움의 장소들이 지배적이며 일상생활의 극복을 강조하는 공간적 배치가 특징이다. 대안적인 질서의 구상은 고층건물, 영화관, 해변과 연관되어 있다. 제1차세계대전 이후 계급사회에서 소비사회로의 장기적인 전환이 눈에 띄게 가속화되는 과정에서 모든 사람이 자신의 행복을 찾은 것은 결코 아니었지만 종종 매체를 통해서만 경험할 수 있는 행복에 대한 약속은 근대적 사고방식의 일부가 되었다. 매체를 통해 공간을 극복할 수 있다는 매혹이 전화통화 속에 스며들어 있었고, 라디오 스튜디오에서는 재미있는 감각적 연출을 위해 노력했다. 놀이공원이나 자동차 같은 특정 장소들은 행복을 약속하는 공간으로 입증되었다. 이러한 동경의 장소들은 무언가 감춰져 있는 환상의 공간을 만들어냈는데, 이 공간들은 이미 19세기부터 진열장과 파놉티콘을 통해 근대사회와 함께해왔다. 소도시와 같은 대립 공간에는 낭만주의적이고 유토피아적인 꿈들이 간직되었고, 다른 상상의 공간질서들 또한 그에 부응했다. 전체를 파악하기 어렵고 구불구불한 골목길은 다른 삶의 징표 역할을 했으며, 필요할 경우 틈새를 발견할 수 있는 가능성을 담고 있었다.

근대의 양가성은 자체적인 위상학 저장고에서 찾아낸 공간적 은유를 통해 표현되었다. 많은 사람들에게 근대의 감옥은 질서에 대한 근대성의 요구를 구현한 것이다. 실험실은 반복적으로 근대의 실험적 특성을 나타내는 의미론적인 코드 역할을 했다. 발터 벤야민이나 아르놀트 겔렌Arnold Gehlen과 같은 다양한 지식인들은 근대를 '장치'라고 일컬었다. 개별적인 장소들은 근대의 경험세계가 위험한 실험조건이라는 사실을 밝혀내는 프리즘으로 선언되었다. 예를 들어 기업형 농장과 댐의 경우 기술적 과시의 프로젝트로 독자적인 길을 걸었는데, 그 과정에서 위험을 증가시켰다는 평을 얻었다. 결국 근대의 영향력을 '억제'한다는 수사법은 마치 근대의 장소들의 자화상에 담긴 빛의 연출과 마찬가지로 근대의 흥망에 종속된 영원한 동반자가 되었다. 이를 통해 근대는 종교적 계시의 시각적 언어에 더욱 가까워졌고, 계몽주의의 주도적 상징이었던 빛은 경험과 안전에 대한 상업화된 약속으로 확장되었다.

내적인 확장: 고전적 근대의 장소들과 '긴' 1960년대

고전적 근대의 장소들의 앙상블과 표본은 나라별로 그 특징이 달랐고 시기적으로도 차이가 났다. 근대화는 정치적인 기본조건, 서로 다른 공간 및 거주지 구성, 소비사회로 진입하는 다양한 생산방식과 자금조달 경로, 그리고 시대마다 다른 문화적 관행으로 인해 서로 다른 경로를 거쳐 진행되었다. 1900년경에 시작된 이러한 경로 중의 일부는 제2차세계대전과 함께 큰 타격을 입고 중단되거나 완전히 다른 형태를 띠게 되었다. 예를 들어 동유럽에서는 냉전시대가 끝날 때까지 많은 그랜드호텔이 사회주의 이전 시대의 유럽의 유산을 상징했지만, 거기에 독자적인 공간 현대화의 이상이 덮어씌워졌다. 기능적이지만 광대한 중앙당사와 행정 건물, 교통을 유도하는 주요 간선도로, 조립식 건축물로 구성된 위성도시 등은 (부분적으로) 복원된 낡은 건축물들과 함께 특히 1960년대 여러 동유럽의 도시에 혼성적인 외양을 부여했다.

서유럽에서도 고전적 근대의 장소들의 앙상블은 1950년대와 1970년대 사이에 지속적으로 현대화되었다. 서독의 경우는 전쟁 폭격으로 인한 파괴 때문에 다른 많은 유럽국가들보다 이러한 현상이 훨씬 더 두드러졌다. 여러모로 바이마르공화국의 신즉물주의적 특성을 반영한

1950년대와 1960년대의 실용주의적인 건축물, 1970년대의 행정 건물과 보행자 전용구역의 확보는 도심의 공간 배치를 더욱 밀집시키고 제2차세계대전 이전보다 더 기능적으로 만들었다. 그러나 이동성과 소비 영역에서는 정말로 새로운 장소가 거의 추가되지 않았다. 그럼에도 이전에 이미 존재했던 많은 장소들은 대중소비의 민주화와 함께 일상적인 실행과 인식 속에 훨씬 더 확고하게 자리잡았다. 예를 들어 기표소는 안정적인 정치문화의 상징이었고, 노동청은 기본적 안정과 행정적 도움을 제공하는 복지국가의 모습이 구체화되는 장소였다.

그럼에도 불구하고 1950년대 이후 많은 소비재가 사적인 공간에서 보편적인 일상용품이 되면서 대중소비는 서유럽에서 고전적 근대의 장소들의 앙상블을 변형시켰다. 특히 서독의 경우 사회경제사적으로 1957년에서 1974년 사이에 해당되는 '긴' 1960년대에는 '사적인 영역'에 지속적인 영향을 미쳤으며, 이 사적인 영역은 이제 광고와 가격 정책의 우선적인 표적이기도 했다(Schildt/Siegfried/ Lammers 2000). 그리하여 냉장고는 1970년경 90퍼센트 이상 보급됨으로써 포화 상태에 이르렀고, 세탁기와 전화기는 10년 후 80퍼센트 이상 보급되었다. 이 시기에 자동차는 무엇보다도 직장 통근자들과 도시 외곽 거주자들의 급격한 증가로 인해 주로 업무용 이동수단에서 광범위한 개인 이동수단으로 변한 지 이미 오래였다(Andersen 1997).

전쟁 이후 처음에는 라디오가 대중매체로 자리를 잡았고, 1950년대 후반 이후에는 텔레비전이 세상과의 시각적 연결을 제공했다. 텔레비전의 등장으로 거실이 더욱 돋보이게 되었다. 사람들은 이 새로운 가구를 중심으로 소파와 식탁 세트를 배치했고, 중앙난방 덕분에 이제까지 집안의 사교적 중심지였던 주방 외의 다른 공간들도 난방이 가능해져 일상적인 용도로 사용할 수 있게 되었다. 어쨌든 1960년대 이후 특히 교외 주택단지를 '베드타운'으로 대거 확장함으로써 사용 가능한 주택의 수가 크게 증가했다. 비록 새로 지은 공공주택은 "간이주방이 있는 주거시설", 집안의 욕조는 "게르만족의 굴장묘屈葬墓"[2]라고 비웃음을 받았지만 주택 건설과 함께 위생 분야의 설비 수준 또한 향상되었다(Schildt 1999, 63에서 재인용). 위생은 이 시기의 대표적인 현대화 영역이었다. 1970년대 중반에는 병원에서의 출산이 가정에서의 출산을 대체하게 되었는데, 이는 병원에서 제공하는 의학적 수단이 더 많은 안전을 보장했기 때문이다. 의학 기술과 위생 기준 덕분에 기술적 생존 관리 공간인 중환자실이 탄생했기 때문이다. 전쟁 기간 동안의 응급 구급차와 1930년대의 '철제 폐Eiserne Lunge'[3]는 이러한 공간의 초기 형태였다고 할 수 있다.

육아나 신체 위생, 세탁 자동화나 합성의류, 냉동식품이나 상품 포장 등 이러한 온갖 영역에서의 새로운 청결 기준과 그 결과는 소비와 생활 방식에 혁명을 불러일으켰다. 이에 맞추어 공간적인 공급망에도 변화가 일어났다. 비행기가 운송을 보장했기 때문에 과일과 채소를 1년 내내 구입할 수 있었다. 1980년대 이후 사적인 영역에서는 활발하게 소비되었던 즉석식품 덕분에 구내식당과 간이음식점들이 널리 확산되어 가정에서의 점심식사를 대체하기 시작했다. 슈퍼마켓은 현대적 생활세계에서의 이러한 내부질서의 변화를 보여주는 새로운 기준점이 되었다. 고객들은 익숙한 익명성 속에서 미디어세계와 공간질서를 가상으로 서로 연결하는 광고문화의 안내를 받아 스스로의 조언자가 되었다(Wildt 1996).

이와 같이 긴밀하게 서로 연결된 사적 소비 공간의 앙상블에는 외국 식당, 보행자 전용구역, 셀프 세탁소도 포함되는데, 이러한 공간 앙상블은 1970년대 이후의 경지 정리나 쓰레기 매립지 건설 등을 통한 비거주 공간에 대한 광범위한 합리화 과정의 일부였다. 또한 자연보호구역의 지정이 점점 증가하는 사례에서 볼 수 있듯이 이러한 합리화 과정에 수반되는 부담에 대한 인식이 동시에 높아지고 있음을 반영하는 것이기도 했다. 특히 독일의 경우 원자력발전소는 고전적 근대의 장소들의 앙상블이 내적으로 확장되고 있음을 보여주면서 공간적 표본의 역할을 하는 특별하고도 중요한 매개화된 장소 중 하나였다. 원자력발전소는 증가하는 에너지 수요를 충족시키기 위한 것이었지만 그 첨단기술로 인해 현대의 일상세계는 또 하나의 잠재적인 위험 요소를 체험하고 인식하게 되었다. 이러한 첨단기술의 장소에 대한 열망은 처음부터 생활세계의 전기화에 내재되어 있었다. 이러한 열망은 특히 우주선에 대한 비전뿐만 아니라 새로운 원자력 기술의 군사적 사용에서 더욱 강력하게 표현되었다. 근심에 싸인 시민들은 원자력 반대운동을 통해 다른 삶의 방식에 대한 그들의 열망을 드러냈으며, 그들 중 일부는 1970년대의 반권위주의 교육의 특별구역이었던 어린이 전용 모험 놀이터와 유사한 오두막 마을에 거주했다.

실제로 원자력발전소만큼 탐사와 파괴, 효율성과 위험이 압축적으로 존재하는 곳도 없다. 동시에 이곳은 근대가 가져온 공간감각의 근본적인 변화를 구체화하고 있는 곳이기도 하다. 실제적인 에너지자원인 핵연료는 거의 눈에 보이지 않는다. 그럼에도 불구하고 핵연료의 에너지 방출을 위해 광범위한 안전장치가 필요하기 때문에 원자력발전소는 주변 경관을 압도하는 대성당처럼 자리잡게 된다. 소형화된 동력 및 제어기술과 확장된 공간적 요구사항 사이의 이러한 관계는 증기기관이 등장하고 전기화가 시작된 이후 근대의 장소들이 겪은 내적 발전의 본질적인 특징이다. 현대적 공간감각에서 자연과 공간의 중력은 인간적인 척도를 초월한 움직임을 통해, 힘의 한계를 어려움 없이 극복함을 통해, 또는 컴퓨터게임의 가상적 공간에 이르기까지 존재하지 않는 것들과의 소통을 통해 뒤로 밀려나게 되었다. 하지만 에너지, 정보, 유동적 흐름의 시대에 현대의 많은 장소들이 획일화되고 국제공항의 현금인출기와 같은 "비-장소"가 되었다고 해도(Augé 1994) 물질적 공간이 가상의 세계로 용해되어버린 것은 결코 아니다. 웨이트룸에서의 신체적인 활동과 남유럽 섬에서의 휴가는 다른 것으로의 교체가 가능한 계획임에도 불구하고 사람들이 의식적으로 추구하는 구체적인 장소의 제공과 연결된 신체적 경험이다.

그럼에도 이러한 가상적 공간의 제공은 표준화를 통해 현대적 경험의 지평을 형성하는 기본적인 구성요소가 되었다. 불안함과 위기가 닥쳐야 비로소 이러한 자명함은 의심을 받게 되고, 그 모습으로 언제나 존재해온 공간은 하나의 장소로서 다시 인식된다. 2001년 9월 11일 납치된 2대의 비행기가 세계무역센터의 고층건물로 돌진해 자본주의의 무역 및 증권의 중심지를 강타하고, 무력한 언론 전문가들이 불타는 빌딩 앞에서 공포에 질린 사람들의 모습을 비추었을 때 현대의 안전망은 매우 민감한 지점에서 붕괴되었다. 9·11 테러는 근대적 장소들의 세속적인 종교가 한편으로는 제어된 자연적 힘 혹은 직접 생성한 기술적 힘과 다른 한편으로는 결국 인간이 책임져야 하는 파괴의 위험 사이에서 얼마나 위험한 외줄타기를 하고 있는지를 깨닫게 해주었다. 근대적 장소들의 앙상블에서 안전은 반드시 확보되어야만 하지만 밝게 빛나고 있는 비상구 표지판은 위험한 상황이 일어날 수 있다는 사실을 끊임없이 시사한다. 규칙적인 흐름만이 내면화될 수 있지만 질서, 거리, 해석이 무너져내릴 위기에 처하는 예외적인 상황은 내면화될 수 없다.

참고문헌

Andersen, Arne (1997): Der Traum vom guten Leben. Alltags- und Konsumgeschichte vom Wirtschaftswunder bis heute, Frankfurt.

Augé, Marc (1994): Orte und Nicht-Orte. Vorüberlegungen zu einer Ethnologie der Einsamkeit, Frankfurt.

Borscheid, Peter (2004): Das Tempo-Virus. Eine Kulturgeschichte der Beschleunigung, Frankfurt.

Burke, Peter (2001): Papier und Marktgeschrei. Die Geburt der Wissensgesellschaft, Berlin.

Föllmer, Moritz (Hg.) (2004): Sehnsucht nach Nähe. Interpersonale Kommunikation in Deutschland seit dem 19. Jahrhundert, Stuttgart.

Giddens, Anthony (2001): Konsequenzen der Moderne, Frankfurt.

Harvey, David (1989): The Condition of Postmodernity. An enquiry into the origins of cultural change, Oxford.

Kaschuba, Wolfgang (2004): Die Überwindung der Distanz. Zeit und Raum in der europäischen Moderne, Frankfurt.

Kimpel, Harald/Johanna Werckmeister (1995): Die Strandburg. Ein versandetes Freizeitvergnügen, Marburg.

Koselleck, Reinhart (2000): Zeitschichten. Studien zur Historik, Frankfurt 2000.

Lefebvre, Henri (1991): The Production of Space, Oxford.

Löw, Martina (2002): Raumsoziologie, Frankfurt.

Schildt, Axel (1999): Ankunft im Westen. Ein Essay zur Erfolgsgeschichte der Bundesrepublik, Frankfurt.

Ders./Detlef Siegfried/Karl Christian Lammers (2000): Dynamische Zeiten. Die sechziger Jahre in den beiden deutschen Gesellschaften, Hamburg.

Schivelbusch, Wolfgang (1977): Geschichte der Eisenbahnreise. Zur Industrialisierung von Zeit und Raum im 19. Jahrhundert, Frankfurt.

Schlögel, Karl (2003): Im Raume lesen wir die Zeit. Über Zivilisationsgeschichte und Geopolitik, München.

Simmel, Georg (1992): Soziologie. Untersuchungen über die Formen der Vergesellschaftung (1908), Frankfurt.

Wildt, Michael (1996): Vom kleinen Wohlstand. Eine Konsumgeschichte der fünfziger Jahre, Frankfurt.

옮긴이의 말

하루 동안 우리 현대인은 몇 개의 공간을 통과하며 살아갈까? 아파트의 작은 방에서 깨어나 좁은 엘리베이터를 타고 거리로 나선다. 혼잡한 지하철역 안의 에스컬레이터를 타고 내려가 지하철을 탄다. 자동차를 타고 출퇴근 러시아워의 틈새에 끼어 있기도 한다. 사무실에서 일을 하고, 카페나 식당에서 식사를 하고, 여가의 시간들을 활용하기 위해 영화관이나 피트니스센터, 쇼핑몰을 찾고, 자신만의 취미 생활을 위한 공간을 찾아나서기도 한다. 개개인의 일상은 수많은 익숙한 공간들의 배열과 재배치로 이루어져 있다. 우리는 늘 공간 속에 있지만 정작 그 공간이 우리의 경험을 어떻게 조직하고 있는지에 대해서는 거의 생각하지 않는다.

흥미로운 점은 오늘날 우리 현대인의 삶을 구성하고 있는 이러한 핵심적인 공간 체험의 많은 부분이 이미 100여 년 전 혹은 그보다 훨씬 이전부터 시작되었다는 사실이다. 21세기의 우리는 시간과 공간을 초월해 본질적으로 세기전환기의 유럽인들과 많은 부분에서 비슷한 공간 체험을 하고 있다. 『근대의 장소들: 19세기와 20세기의 경험세계』는 바로 이러한 근대적 공간 체험의 출발점을 다루는 책이다. 기차역, 공장, 백화점, 영화관, 전화교환소, 해변과 주말농장 등의 공간들은 단순한 배경이 아니라 근대적 삶의 감각과 행동을 형성한 핵심적인 장치였다. 공간의 조직방식을 통해 근대적 경험세계가 구성되었고, 모든 사회계층에 걸쳐 근본적인 변화가 일어났다. 이 책의 접근방식에서 중요한 것은 장소들이 개별적으로 분석되면서도 동시에 하나의 '앙상블'을 이룬다는 점이다. 각 장소는 서로 다른 기능과 의미를 지니지만, 이들은 함께 근대적 경험의 총체를 구성한다. 근대를 이해하고 설명하는 방식은 다양하지만 이 책에서는 구체적인 장소들을 통해 근대를 읽어낸다.

『근대의 장소들』은 한 명의 저자가 쓴 단일한 저작이 아닌 25명의 신진 역사학자들이 참여한 공동 연구서로, 근대라는 시대를 공간이라는 관점에서 다시 읽고자 한 기획의 결과물이다. 이러한 문제의식은 대도시와 근대적 공간 경험을 사유했던 20세기 초반의 사회학자 게오르크 지멜Georg Simmel의 초기 통찰, 그리고 20세기 후반에 공간과 권력, 사회적 실천을 분석한 미셸 푸코Michel Foucault와 앙리 르페브르Henri Lefebvre의 논의 등 20세기 인문·사회과학에서 축적된 공간 연구의 흐름과도 맞닿아 있다. 2000년대 초반 역사학과 문화연구, 사회학 전반에서 공간에 대한 학문적 관심이 본격적으로 확산되던 시기에 출간된 이 책은 이른바 '공간적 전회spatial turn'라고 불린 학문적 흐름 속에서 구체적인 장소 분석을 통해 근대 공간 연구의 가능성을 실증적으로 보여주려는 시도라고 할 수 있다.

이 책은 32개의 근대적 장소를 중심으로 각각의 공간이 어떻게 형성되고 사용되었으며, 어떤 방식으로 인식되었는지를 면밀히 관찰하고 분석하여 기록하고 있다. 모든 장소가 독일에서 출발하지만 서술은 점차 전 유럽과 아메리카대륙까지 아우르며 국제적 맥락으로 확장되고 있어 근대적 공간의 형성과 확산 과정을 보다 넓은 시야에서 이해하게 한다. 25명의 연구자들이 비교적 통일된 서술구조를 공유하면서 특징적인 장소들을 소개하고 있는데, 역사학을 바탕으로 하고 있으면서도 공간을 화두로 삼아 사회학적·문화학적 통찰과 문학적 인용까지도 만날 수 있는 이 책은 근대를 다층적으로 읽어내려는 인문학적 시도의 결과이다.

이 책에서 반복적으로 언급되는 'klassische Moderne', 즉 '고전적 근대'라는 개념은 근대성의 핵심 구조가 가장 집약적으로 형성되어 이후의 전개를 규정하게 된 역사적 국면을 가리킨다. 일반적으로 'die Moderne'는 특정한 역사적 시기라기보다 이전과는 다른 원리로 사회와 세계가 조직되기 시작한 패러다임적 전환을 가리키는 개념으로 여러 학문 영역에서 상이하게 정의되고 사용될 수 있는데, 이 책에서는 탐구의 대상으로 삼은 '근대'를 시기적으로 명확하게 1870년대에서 1930년대에 이르는 '긴 세기전환기'로 정의하고 있다. 또한 사회의 모든 영역에서 급속한 발전과 함께 기존의 질서가 재편되었던 이 시기에 등장한 혹은 새롭게 인식된 장소들에 대한 연구를 통해 '근대성'의 내용을 구체적으로 채우고 있다. 『근대의 장소들』이 주목하는 근대성은 산업화와 도시화라는 배경 위에서 나타난 결과로서의 합리화, 기능분화, 이동성의 증가, 익명성과 대중성, 그리고 공간을 전유하고 선택하는 개인의 등장과 같은 특징들로 요약할 수 있다. 이러한 관찰을 통해 중세사회에서 대성당이나 수도원, 시장과 같은 장소들이 차지하던 중심성이 근대에 이르러 기차역, 백화점, 실험실과 같은 다른 유형의 공간들로 이동해가는 과정이 곳곳에서 포착된다. 이 과정에서 단순한 건축양식의 교체가 아니라 사회를 조직하던 공간적 중심과 상징 질서 자체가 재편되는 변화가 일어났음을 알 수 있다.

이 책은 근대적 공간을 이해하기 위한 분석의 틀로 설계Gestalten, 전유Aneignen, 인식Wahrnehmen이라는 세 가지 차원을 제시한다. 이 세 가지 차원은 서로 분리되어 존재하지 않고 끊임없이 상호작용하면서 근대적 공간의 경험을 만들어내며, 각 장소는 이들 차원이 교차하는 지점에서 분석된다. 설계의 차원은 공간이 어떻게 만들어지고 조직되었는지에 주목한다. 기차역이나 제철소, 고층건물과 같은 근대적 장소들은 기능분화와 합리성, 기술분화와 통제, 획일화 등을 전제로 설계되었다. 전유의 차원은 이렇게 설계된 공간이 실제 삶 속에서 어떻게 사용되었는지를 묻는다. 자동차, 전선, 벙커와 같은 유동적인 장소 혹은 경기장, 해변, 주말농장 같은 여가의 장소에서 사람들은 공간을 자신의 방식으로 사용하며, 설계자의 의도를 뛰어넘는 일상적 실천을 통해 공간의 의미를 재구성한다. 이 과정에서는 개인주의화, 선택 가능성, 소비력, 습관의 형성 같은 근대적 삶의 양식이 구체화된다. 인식의 차원은 이러한 공간들이 어떻게 보이고 해석되었는지를 다룬다. 영화관이나 박물관과 같은 시각적 공간뿐만 아니라 비행기, 실험실, 댐처럼 기술적 경외감을 드러내거나 근대적 논리를 체현한 공간들 또한 이에 포함된다. 이러한 장소들은 근대적 감각과 시선을 형성하는 데 중요한 역할을 하며, 근대성 자체를 해석하고 표현하는 상징으로 기능했다.

이 책이 주목하는 세기전환기의 장소들은 이전과는 다른 방식의 근대적 자기인식을 가능하게 한 장소들이었다는 점에서도 의미 있다. 이동과 소비, 관찰이 일상화된 이러한 공간들 속에서 개인은 더이상 신분이나 공동체에 의해 고정된 존재로 인식되지 않고, 타인과의 비교와 거리 속에서 스스로를 사회적으로 위치짓는 주체로 경험하게 된다. 이 과정에서 공간은 근대적 개인이 자신을 인식하고 정체성을 형성하는 조건으로 작동한다.

여기서 중요한 것은 이 책이 근대의 장소들을 단선적으로 평가하지 않는다는 점이다. 『근대의 장소들』이 제시하는 근대성은 본질적으로 양가적이다. 기차역은 이동의 자유를 확대했지만 동시에 통제와 위험도 증가시켰고, 백화점은 새로운 시각적 쾌락과 선택의 가능성을 제공했지만 욕망을 조직하고 증식시켰다. 공장은 생산성과 효율을 높였지만 노동자를 시간적으로 압박하고 신체적으로 종속시키고자 했다. 또한 영화관은 다른 현실로 도피시키지만 현실적 종속을 해소하지는 않았으며, 여가 공간은 휴식을 약속하면서도 또다른 규범을 만들어냈다. 이 책은 이러한 양가성과 그로 인해 발생하는 긴장 상태를 근대적 경험의 핵심으로 파악하고 주목하고 있으며, 그러한 인식은 '가까워지기와 거리두기', '밀집하기와 파괴하기'와 같은 책의 소제목을 통해서도 분명하게 드러난다.

이 같은 양가성은 이 책이 배경으로 삼고 있는 세기전환기를 특징짓는 것이기도 하다. 19세기 말에서 20세기 초 대도시의 급속한 팽창, 교통과 통신 기술의 확산, 소비와 여가의 새로운 공간들이 등장하면서 사람들은 이전과는 전혀 다른 공간적 가능성을 경험했지만, 그와 동시에 새로운 통제와 규율, 혼란과 소외를 피할 수는 없었다. 세기전환기의 이중적인 모습 앞에서 혼란을 겪은 것은 서론에서 언급한 소설 속의 주인공 프란츠 비버코프뿐만이 아니다. 자신의 회고록을 통해 이 시기 오스트리아-헝가리제국의 수도였던 빈의 화려하면서도 혼란스러웠던 문화적 풍경을 포착해낸 오스트리아의 작가이자 당대의 대표적 유럽인이라고 할 수 있는 슈테판 츠바이크Stefan Zweig는 세기전환기가 수많은 변혁의 시기였으며, 인류가 기술적·정신적인 면에서 "신과 같은 업적"을 이룬 동시에 도덕적인 면에서 "악마처럼 행동"하며 엄청난 후퇴를 하고 말았던 모순된 시대였음을 기록하고 있다. 이 책은 바로 이러한 모순된 근대적 감각이 형성된 조건을 구체적인 장소와 공간질서의 차원에서 추적한다.

이 지점에서 이 책의 제목이자 중심 주제인 독일어 'die Moderne'의 번역에 대한 고민을 언급하지 않을 수 없다. 이 단어는 한국어로는 '근대'로도, '현대'로도 번역될 수 있기 때문이다. 이 책의 시대적 배경이 되는 세기전환기를 생각할 때 '근대의 장소들'이 본래의 의도를 가장 잘 살린 번역이라고 생각되지만, 이 시기는 동시에 현대의 시작에 해당하는 시기이기도 하기 때문에 '현대의 장소들' 혹은 '모더니티의 장소들'로도 번역이 가능하다. 책의 개요를 설명하고 주위의 의견을 구했을 때 '근현대의 장소들', '현대를 연 근대의 장소들', '현대적 공간의 탄생', '모던의 경관들' 등 다양한 제안이 나왔는데, 이는 세기전환기에 내재된 복합적인 성격과 현대까지 미치는 지속적인 영향력을 이 책이 폭넓게 담아낼 수 있으리라는 기대감을 드러내는 것이었다. 본문을 번역하는 과정에서도 이전 시대와 명확히 구분되는 새로운 기술과 가치의 시대라는 의미에서 근대라는 개념을 선호하기는 했지만, 구체적인 사례에서는 근대와 현대를 혼용했다. 이 책의 주제 영역인 1870년에서 1930년의 구체적인 시기는 근대로, 제2차세계대전 이후의 시기 혹은 현재와 가까운 시기라는 의미의 시의성을 담을 때는 현대로 번역했다.

근대는 완결된 시대라기보다 이후의 삶 속에 지속적으로 작동해온 구조라는 점에서 이 책 전체는 근대와 현대의 경계를 끊임없이 넘나든다. 오늘날의 쇼핑몰, 교통 허브, 플랫폼 기반의 소비 공간은 물리적 형태를 달리할 뿐 설계-전유-인식이라는 기본 구조 속에서 여전히 우리의 행동과 감각을 조직한다는 것이 이 책의 기본적인 입장이다. 근대적으로 진화한 공간구성은 20세기를 지나는 동안에도 꾸준히 유지되면서 규모가 확장되고 기술적으로 첨단화될지언정 본질적인 변화를 겪지는 않았다는 것이다. 그에 따르면 디지털 기술과 새로운 매체 환경은 근대적 공간 경험을 대체하기보다 오히려 가속하고 중첩시킬 뿐이며, 이후에 새롭게 등장한 장소들이나 첨단기술을 반영한 '가상 공간', 심지어 '비장소'의 개념까지도 근대의 장소들에 포함된다는 것이다. 그리하여 새로운 공간구조를 통해 읽어내는 근대의 범위는 굉장히 유연하고 포괄적으로 확장되는데, 그러한 시야는 이 책의 장점인 동시에 근대라는 개념을 어디까지 확장할 것인가에 대한 질문을 남긴다.

『근대의 장소들』은 처음부터 끝까지 순서대로 읽어야 하는 책이라기보다 필요에 따라 펼쳐보고 다시 돌아올 수 있는 책이다. 각 장은 하나의 장소를 중심으로 구성되어 있어 관심과 문제의식에 따라 독립적으로 읽어도 무리가 없다. 기차역이나 쇼핑몰, 주말의 공원과 여가 공간 등 자신의 일상과 맞닿아 있는 장소 혹은 평소에 관심을 가졌던 장소부터 골라 읽어도 무방하다. 이 책은 독자의 관심과 경험에 따라 여러 방식으로 열릴 수 있는 구조를 지니고 있다. 책 곳곳에서 관련 분야의 학자들과 더 많은 근대적 장소들이 언급되고 있으므로, 마치 마우스 클릭을 통해 무한한 지적 여행을 떠날 수 있듯이 자신의 관심 장소에서 출발해 좀더 깊이 있는 인문학적 탐구로 나아갈 수 있다.

이 책은 근대 공간 연구의 전체적인 지형을 탐색할 수 있는 일종의 안내서로서 다양한 독자층을 겨냥하고 있으며, 각자의 관심사에 따라 다른 깊이와 방향으로 읽힐 수 있다. 일상의 공간에 관심을 가진 독자라면, 이 책을 통해 우리가 너무 익숙하게 지나친 장소들이 결코 중립적이지 않으며, 근대라는 변혁의 시대정신과 감각을 품고 있는 글로벌한 공간이라는 사실을 새삼 인식하게 될 것이다. 문학과 문화에 관심을 가진 독자라면, 이 책이 분석하는 장소들이 문학적 상상력과 문화적 표상의 중요한 토대가 되어왔음을 발견할 수 있다. 또한 독일 및 유럽의 문화적 격변기인 세기전환기에 대한 이해를 높일 수 있고, 문학을 비롯한 다양한 예술과 사회 현상의 이해를 위한 배경지식으로 활용할 수 있을 것이다. 우리가 사랑하는 많은 모더니즘 예술가들 혹은 세기전환기 문학작품 속의 인물들이 어떤 공간 속을 거닐었을지 좀더 구체적으로 상상해볼 수 있는 것이다. 학문적 관심을 지닌 독자에게는 이 책이 문화사·일상사·공간 분석을 결합한 하나의 방법론적 제안으로 읽힐 수 있을 것이다. 2005년에 초판이 발간된 후 2016년에 개정판이 발간된 이 저서는 실제로 현재까지도 도시문화와 공간이론 연구에서 꾸준히 인용되고, 독일어권 대학에서의 강의자료로도 활용되고 있다. 이 책을 번역하며 공간을 대하는 나 자신의 시선 또한 달라졌음을 느낀다. 내가 들어서는 이 공간이 어떤 원리에 의해 만들어졌는지, 나는 어떤 이유로 이 공간을 선택했고, 어떤 감정으로 이 공간을 대하고 이용하는지 등에 대한 생각을 해보게 된다. 한국에서든, 독일에서든 영화관, 아파트, 기차역, 백화점, 헬스장 등의 기본적인 공간구성이 100년 전과 크게 다를 바 없음에 새삼 놀라게 되고, 그럼에도 아파트, 소도시, 주말농장의 경우처럼 한국과 독일의 문화적 차이가 드러나는 부분에 주목하게 되기도 한다. 근대의 장소들은 과거에 머물러 있는 연구 대상이 아니라 오늘날의 공간을 이해하기 위한 하나의 원형이자 출발점으로 기능한다.

선배 교수님의 추천으로 『근대의 장소들』의 번역을 처음 시작했지만 여러 사정으로 중단되었고, 그후로 15년 이상의 시간이 흘렀다. 간혹 이 책이 열어 보여주었던 신선한 공간감각이 떠올랐고, 중요한 일을 마무리하지 못한 아쉬움이 남아 있었다. 이번에 인천대학교 인문학연구소 번역총서 발간 프로젝트의 지원을 받아 오랫동안 묵혀두었던 이야기들을 세상에 끄집어낼 수 있게 되어 기쁘고 감사한 마음이다. 이 자리를 빌려 이번 출간을 가능하게 해준 모든 지원과 격려에 감사의 마음을 전한다. 만만치 않은 분량과 난이도의 번역 작업을 나누어 맡아 함께 고민하고 토론하며, 그 과정에서 주어진 일정을 한번도 어기지 않고 페이스메이커 역할을 해주신 이재원 선생님 덕분에 이 책의 완역이 가능했다. 딱딱하고 낯선 내용물을 잘 다듬어 한 권의 친근한 책으로 묶어주신 교유서가의 꼼꼼한 손길에 대해서도 감사의 인사를 전하고 싶다.

이 책에서 진단하고 있는 것처럼 세기전환기에 형성된 근대적 공간질서가 코로나19 팬데믹을 거치고 가상화와 디지털화가 가속화된 현대, 더 나아가 AI가 일상적 경험의 층위를 바꾸어가는 오늘의 환경 속에서도 여전히 동일한 방식으로 작동하는지에 대해서는 이제 새로운 질문을 던져봐야 할 시점이라는 생각이 든다. 그럼에도 이 책은 독자들에게 특정한 해석을 강요하지 않으며 장소를 바라보는 하나의 시선을 제안하고 있기에, 이 책의 독서가 독자 각자의 일상 속 공간과 새롭게 만나는 계기가 될 수 있기를, 그리고 그러한 사유가 문학과 문화, 나아가 사회를 이해하는 또 하나의 출발점이 되기를 기대한다.

2025년 12월

인천 송도의 연구실에서

역자 대표 이노은

저자 약력

다니엘 모라트(Daniel Morat, 1973~)

베를린 자유대학교 프리드리히-마이네케 연구소 근현대사 전공 겸임 교수. 베를린 독일역사박물관 큐레이터.

괴팅겐대학교에서 역사학, 정치학, 언론학 전공. 2005년 괴팅겐대학교 박사.

데틀레프 지크프리트(Detlef Siegfried, 1958~)

코펜하겐대학교 근현대 독일 및 유럽사 전공 교수.

킬대학교에서 역사학, 사회학, 독문학 전공. 1991년 킬대학교 박사.

디르크 판 라크(Dirk van Laak, 1961~)

라이프치히대학교 독일 및 유럽 현대사 전공 교수.

에센대학교에서 독문학과 역사학 전공. 1993년 하겐대학교 박사.

레베카 라데비히(Rebekka Ladewig, 1971~)

문화사학자, 미디어학자. 바이마르 바우하우스대학교 미디어학과 연구원.

2012년 베를린 훔볼트대학교 박사.

마렌 뫼링(Maren Möhring, 1970~)
라이프치히대학교 근대 유럽 비교문화사 및 비교사회사 전공 교수.
함부르크대학교에서 역사학, 독문학, 교육학 전공. 2002년 뮌헨대학교 박사.

마르크 부겔른(Marc Buggeln, 1971~)
플렌스부르크대학교 지역현대사와 공공역사(public history) 전공 교수.
브레멘대학교에서 역사학, 문화학 전공. 2008년 브레멘대학교 박사.

모리츠 푈머(Moritz Föllmer, 1971~)
암스테르담대학교 근대사 전공 교수.
본, 괴팅겐, 파리 대학교에서 역사학, 철학, 헌법학 전공. 2000년 베를린 훔볼트대학교 박사.

베른트 휘파우프(Bernd Hüppauf, 1942~)
문화사학자. 뉴욕대학교 독문학 전공 교수 역임.
뷔르츠부르크, 괴팅겐, 튀빙겐 대학교에서 철학, 독문학, 역사학 전공. 튀빙겐대학교 박사.

브리트 슐레한(Britt Schlehahn, 1972~)
문화학자이자 미술사학자.
「연구프로젝트: 포스트모더니즘의 신체성. 카메라와 모니터라는 폐쇄된 원 안의 신체」(박사 학위 논문), 1840년부터 현재까지 독일과 오스트리아의 노동청 건축, 스키점프에서의 남성성 연출.

안드레아스 킬렌(Andreas Killen, 1962~)
뉴욕 시립대학교 시티칼리지 역사학과 교수.
뉴욕대학교 박사.

안야 라우쾨터(Anja Laukötter, 1972~)
예나대학교 문화사학 전공 교수.
쾰른, 베를린 훔볼트대학교에서 근현대사, 정치학, (유럽)민속학 전공. 2006년 베를린 훔볼트대학교 박사.

알렉사 가이스트회벨(Alexa Geisthövel, 1969~)
베를린 샤리테 의과대학 의학사 연구소 연구원.
2000년 베를린 훔볼트대학교 박사(역사학).

알프레트 고트발트(Alfred Gottwaldt, 1949~2015)

변호사, 독일 철도사학회 회원, 철도 전문잡지 〈Lok Magazin〉 발행인, 베를린 독일기술박물관 수석큐레이터, 보훔 철도박물관 재단이사 역임.

프랑크푸르트대학교에서 법학, 정치학, 근대사 전공. 2010년 베를린 공과대학교 박사.

얀 뤼거(Jan Rüger, 1972~)

런던대학교 버크벡칼리지 역사학과 교수.

외른 바인홀트(Jörn Weinhold, 1965~)

플렌스부르크대학교 학부관리자(Faculty Manager). 바이마르 바우하우스대학교 유럽 도시학연구소 연구원 역임. 빅토리아시대 영국과 빌헬름시대 독일의 환경보호 활동가. 20세기 도시계획사.

2008년 플렌스부스크대학교에서 하빌리타치온.

우베 슈피커만(Uwe Spiekermann, 1963~)

괴팅겐대학교 역사학 전공 강사. 2008~2015년 워싱턴 독일 역사연구소 부소장.

뮌스터대학교에서 역사학, 정치학, 언론학 전공. 1996년 뮌스터대학교 박사.

우파 옌젠(Uffa Jensen, 1969~)

베를린 공과대학교 역사학과 교수이자 반유대주의연구센터(ZfA) 부센터장.

독일 킬, 예루살렘 히브리, 뉴욕 컬럼비아 대학교에서 역사와 철학 전공. 베를린 공과대학교 박사.

잉에 마르숄레크(Inge Marszolek, 1947~2016)

브레멘대학교 역사학과 문화학 전공 교수 역임.

예루살렘 야드바셈기념관 산하 홀로코스트연구소 연구원, 예루살렘 히브리대학교 쾨브너 연구소 방문 교수 역임.

보훔, 베를린 대학교에서 역사학과 로만어문학 전공. 1980년 베를린 공과대학교 박사.

토마스 메르겔(Thomas Mergel, 1960~)

베를린 훔볼트대학교 20세기 유럽사 전공 교수.

레겐스부르크, 빌레펠트 대학교에서 역사학, 사회학, 교육학 전공. 1992년 빌레펠트대학교 박사.

틸 쾨슬러(Till Kössler, 1970~)
할레-비텐베르크대학교 교육사학 전공 교수.
2003년 보훔대학교 박사.

파스칼 아이틀러(Pascal Eitler, 1973~)
함부르크 현대사연구소 연구원.
19세기와 20세기의 신체사 및 감정사, 독일 연방공화국의 정치사와 종교사, 자아의 현대사, 인간-동물 관계사 등을 연구하는 역사가.

페르 레오(Per Leo, 1972~)
역사학자이자 소설가.
프라이부르크, 베를린 대학교에서 역사학, 철학, 슬라브학 전공. 2009년 베를린 훔볼트대학교 박사.

프랑크 뵈슈(Frank Bösch, 1969~)
포츠담대학교 20세기 유럽사 전공 교수. 포츠담 라이프니츠 현대사연구센터(LeibnizZentrums für Zeithistorische Forschung(ZZF)) 센터장.
함부르크, 괴팅겐 대학교에서 역사학, 정치학, 독문학 전공. 2001년 괴팅겐대학교 박사.

필리프 펠슈(Philipp Felsch, 1972~)
베를린 훔볼트대학교 문화사 전공 교수.
프라이부르크, 쾰른, 볼로냐, 베를린 대학교에서 역사와 철학 전공. 취리히대학교 박사.

하보 크노흐(Habbo Knoch, 1969~2024)
쾰른대학교 근현대사 전공 교수 역임.
괴팅겐, 빌레펠트, 예루살렘 히브리대학교, 옥스퍼드 세인트 캐서린 칼리지에서 역사학, 철학, 정치학 전공. 괴팅겐대학교 박사.

옮긴이 주

움직이다: 확장의 장소

1 헤센대공국이 루트비히 3세 대공의 이름을 따서 만든 철도노선.

2 현재 폴란드의 그단스크.

3 증기기관차 뒤에 연결하여 연료와 물을 싣는 차량.

4 1940년경부터 도시의 공습을 피해 덜 위험한 시골(대개는 수용소)로 아동들을 강제로 대피시킨 나치의 정책. 약 200만 명의 아이들이 소개되었다고 한다.

5 도매시장 건물을 말한다.

6 지붕에서 전력을 받는 철도차량에 전력을 공급하기 위해 공중에 전선을 설치한 것을 말한다.

7 프랑크푸르트와 비스바덴을 연결하는 타우누스 철도의 종착역.

8 쾨니히스베르크는 현재 러시아의 칼리닌그라드, 브레슬라우는 현재 폴란드의 브로츠와프, 뮐하우젠은 현재 프랑스의 뮐루즈, 포젠은 현재 폴란드의 포즈난이다.

9 현재 체코의 흐라데츠크랄로베이다.

10 나치의 군수장관을 지낸 건축가.

11 1871년 독일제국 창건 이후 몇 년 동안의 경제 도약기를 말한다.

12 프랑스어로 빠르다는 말이다.

13 상쾌한 휴식시간이라는 의미의 독일어이다.
14 위대한 국가라는 뜻으로 프랑스를 가리키는 말이다.
15 지붕 없는 마차를 말한다.
16 뒷좌석의 덮개를 여닫을 수 있는 마차를 말한다.
17 모델 T의 별명으로 싸구려 깡통(tin can) 차라는 뜻이다.
18 영국을 가리키는 말이다.
19 국제민간항공기구가 나라별로 분할 설정한 공역을 말한다.
20 1917년에 설립된 독일 최대 영화사이다.
21 나치 독일 시기 독일 국방군의 무기를 연구 개발하던 기관. 1919년 제국무기청으로 설립되었다가 1922년 육군무기청으로 개명되었다.
22 물방울을 뜻하는 미국의 SF 호러 영화 제목(《우주생명체 블롭(The Blob)》)이자 영화 속 외계생명체를 가리키는 말이다.
23 1991년 8월 구소련의 보수적인 공산당 강경파들이 미하일 고르바초프를 축출하고 그의 개혁정책을 뒤집기 위해 일으킨 쿠데타. 쿠데타는 실패했지만 이 사건은 구소련 붕괴의 결정적인 계기가 되었다.

연결하다: 조정의 장소

1 서독의 시사주간지 〈슈피겔〉이 1962년 10월 8일 서독의 방위 전략에 몇 가지 심각한 문제점이 있음을 보도하자 군사기밀을 누설했다는 이유로 신문사를 압수수색해 수천 건의 서류를 압수하고 발행인을 체포한 사건이다. 언론 탄압에 대한 비판이 거세져 결국 내각이 새롭게 구성되었다.
2 중앙에서 기사를 제작하고 이를 여러 지역의 신문사나 계열사에 배포하는 시스템을 말한다.
3 정치적으로 잘못이 없는 사람에게만 언론사를 인가해주는 제도이다.
4 편집 단위는 거의 동일한 편집 내용을 공유하는 신문 발행본들의 집합을 의미하며, 출판 단위(PE)라고도 한다. 독일에서 사용되는 언론 통계 용어인 재킷 섹션(Mantelteil)은 거의 동일하지만 신문 제목이나 지역 섹션 및 광고 섹션이 다른 일간신문을 설명하기 위해 사용된다. 이처럼 외부 또는 중앙에서 제작하는 재킷 섹션의 사용이 증가하는 것은 저널리즘 집중화 과정의 주요 특징이다(https://de.wikipedia.org/wiki/Publizistische_Einheit 참고).
5 1952년 시작된 독일 공영방송 ARD의 뉴스 프로그램 명이다.

6 원문에는 베르너 루트만(Werner Ruttmann)으로 되어 있으나 이 영화를 감독한 사람은 발터 루트만이다.
7 슈판다우(Spandauer)구역은 지금의 베를린 미테(Mitte)구를 말한다.
8 코민테른(Comintern)이라고도 불리는데, 이는 공산주의 인터내셔널의 약칭이다.
9 호르스트 루트비히 베셀(Horst Ludwig Wessel, 1907~1930). 나치당 돌격대원으로 활동하던 중 1930년 1월 14일 독일 공산당원의 총격을 받고 2월 23일 사망했다. 그가 지은 시에 곡을 붙인 〈호르스트 베셀의 노래〉가 나치 당가로 불리는 등 나치당의 순교자로 추앙되었다.
10 쾨니히스베르크(Königsberg)는 지금의 러시아 서부에 있는 도시 칼리닌그라드의 옛 독일어 지명이다.
11 앙거부르크(Angerburg)는 지금의 폴란드 북동부에 있는 벵고제보(Węgorzewo)이다.
12 골답(Goldapp)은 지금의 폴란드 북동부에 있는 고우다프(Gołdap)이다.
13 포피올렌(Popiollen)은 지금의 폴란드 북부 도시 포피오위(Popioły)이다.
14 1926년 프랑크푸르트에서 도입된 근대적 맞춤형 주방의 원형을 말한다.

가까워지다: 거리두기의 장소

1 브라이트헬름스톤(Brighthelmstone)은 지금의 브라이턴이다.
2 유럽 남부 휴양지 해안가에 독일인 관광객들이 몰려와 일광욕을 하며 누워 있는 모습을 희화화한 표현을 말한다.
3 노래, 춤, 대사가 결합된 주로 풍자적인 내용의 공연을 말한다.
4 노래, 춤, 코미디, 마술, 곡예 등 다양한 프로그램으로 이루어진 버라이어티쇼로, 미국에서는 보드빌(Vaudeville)이라고 불린다.
5 제2차세계대전중 프랑스에서 친나치정권인 비시 정부의 보수적이고 억압적인 사회질서에 반발해 등장한 젊은 세대의 하위문화를 가리키는 말이다. 독특한 패션과 행동으로 저항을 표현했으며, 미국과 영국의 재즈와 스윙에 열광했다.
6 독일 체육대학은 1920년에서 1933년까지 유지되었던 체육 교사 양성기관이다. 대학 설립에 스포츠 행정가인 카를 디엠이 중요한 역할을 했다.
7 마카비아 경기대회(Maccabiah Games)는 4년마다 이스라엘의 텔아비브에서 개최되는 유대인 올림픽으로, 제1회 대회가 1932년에 개최되었다.
8 1847년에 지은 기독교 찬송가.

설계하다: 합리화의 장소

1 크루프시(Krupp-Stadt)는 공식 지명이 아니다. 19세기 후반 독일 노르트라인-베스트팔렌주의 에센에 조성된 철강 및 무기 제조기업 크루프사의 거대 산업단지를 지칭한다. 크루프사 본사와 공장단지, 노동자 주거지, 병원과 소비조합 등 대중교통과 교육시설까지 포함하고 있어 독립된 자치 단위처럼 기능했다.

2 가우(Gau)는 나치시대의 행정 단위이다. 1939년 건축가 콘스탄티 구쵸우(Konstanty Gutschow)는 히틀러의 지시에 따라 함부르크 엘베 강변에 나치의 세력을 과시할 수 있는 '가우 고층건물'을 짓고 거대한 다리와 광장을 조성할 계획을 세웠으나 실현되지는 못했다.

3 세계에서 가장 거대한 규모의 항구 창고구역으로, 19세기 말 함부르크 도심 남부의 항구지역에 관세 없는 자유무역을 위한 목적으로 조성되었다. 독특한 벽돌식 고딕양식의 건물들이 늘어선 지역으로 2015년 유네스코 세계문화유산에 등재되었다.

4 토마스 지버츠(Thomas Sieverts)가 제시한 '중간 경관(Zwischenstadt)'은 전통적인 도시(urban)와 시골(rural)의 구분이 흐려진 현대의 도시구조를 뜻한다. 이곳은 더이상 전형적인 '도시도 아니고, 시골도 아닌' 중간적이고 혼성적인 공간으로 주거, 상업, 산업, 여가 등이 혼재되어 있다.

5 중세 성곽 건축에서 방어나 공격을 위해 적에게 끓는 물이나 돌 등을 떨어뜨리는 낙하용 돌출 구조물을 칭한다.

점유하다: 전시의 장소

1 영화사의 초기에 해당하는 1907년 이전까지 제작된 영화들을 일컫는다. 초기의 영상기술을 활용해 관객의 관심을 끌기 위해 스펙터클한 장면을 주로 담았으며, 서사보다는 시각적인 효과에 중점을 두었다.

2 '활인화(活人畫)'로 번역되며, 살아 있는 사람이 분장하고 부동의 자세로 명화나 조각상, 역사적 장면 등을 연출하는 것을 의미한다. 19세기 유럽 상류층의 모임에서 유희로 행해졌으며, 공연예술의 일부로 활용되기도 한다.

밀집하다: 파괴의 장소

1 배 밑바닥에 고인 물을 퍼내는 펌프를 말한다.
2 나무 상자나 철제 상자 내부에 단열재를 넣고 뜨겁게 데운 냄비를 그 안에 넣어 여열을 이용해 천천히 익히는 조리도구를 말한다.
3 그로서 쿠르퓌르스트(Großer Kurfürst)는 '대선제후'라는 뜻이다.
4 정해진 표적 없이 일정한 구역에 엄청난 물량의 포탄을 쏟아붓는 공격방식.
5 선제 사격 후 보병들이 진격하는 공격방식으로 탄막사격과 반대되는 전술을 말한다.
6 '등뒤에서 칼 찌르기'라는 뜻으로, 독일이 제1차세계대전에서 패배한 이유가 유대인과 공산주의자 등 내부의 배신자들 때문이라는 식의 음모론을 말한다.
7 고대 그리스나 로마의 유적들처럼 수천 년 후 폐허가 되더라도 미적 가치가 남아 있는 건물을 지어야 한다는 주장.
8 'Reichspogromnacht' 또는 'Reichskristallnacht'라고 한다. 1938년 11월 9일 밤 나치가 독일 전역에서 유대인 회당과 상점을 공격한 사건으로, 당시 깨진 수많은 유리창 파편들이 반짝거리는 것에서 유래해 '수정의 밤'이라고 불린다.
9 지도자 프리츠 토트(Fritz Todt)의 이름을 딴 나치의 준군사 건설부대를 말한다.
10 SS 해골부대로, 강제수용소의 관리를 담당한 나치친위대 조직을 말한다.
11 나치친위대 산하 특수작전부대로 특히 동유럽과 구소련에서 유대인을 비롯해 정치범, 집시 등 민간인들의 대량학살을 수행했다.
12 1884년부터 1915년까지 지금의 나미비아에 있던 독일제국의 식민지.
13 현재 폴란드 슈체친주의 도시 스타르가르트슈체친스키(Stargard Szczeciński)를 말한다.
14 절멸수용소에서 홀로코스트 희생자들을 처리하기 위해 유대인 수감자 중 일부를 차출해 구성한 부대를 말한다.

물러나다: 해방의 장소

1 '버내큘러(vernacular)'는 언어학에서 출발해 문화인류학, 건축학, 문학비평, 수사학 등에서 널리 사용되는 개념이다. 특정 지역에서 사용하는 방언이나 '토착어'를 의미하기도 하고, 넓은 의미에서 특정 지역이나 지방에 제한된 일상문화를 가리키기도 한다. 토착성, 지역성, 지방성 등을 특징으로 하며 '거대 서사' 혹은 제도와 대척점에 서 있는 개념이다.
2 라틴어로 상냥함, 예의바름이라는 의미이다.

체험된 세계: 근대의 경험 공간

1 대략 1750년대부터 1850년대까지를 지칭하는 역사학자 라인하르트 코젤렉(Reinhart Koselleck)이 명명한 용어로, 정치적·사회적 격변을 경험하며 사회의 의식과 가치관, 생활습관 등이 서서히 변화하고 근대로의 진입을 이룬 시기를 의미한다.

2 게르만족의 굴장묘(Germanisches Hockergrab)는 시신이 팔과 다리를 구부린 채 앉거나 누운 자세로 매장된 묘지를 의미하며, 선사시대부터 행해진 가장 오래된 매장방식으로 알려져 있다.

3 철제 폐(iron lung)는 1920년대 미국에서 처음 발명된 인공호흡장치이다. 환자의 머리를 제외한 온몸을 실린더 형태의 기계 안에 넣고 밀폐한 후 내부의 압력을 변화시켜 환자의 가슴과 복부가 팽창 혹은 수축하게 하여 이를 통해 호흡하도록 자극하는 기계장치이다.

지은이(편저자)

알렉사 가이스트회벨 Alexa Geisthövel

베를린 훔볼트대학교에서 역사학으로 박사학위를 취득했으며, 베를린 샤리테 의과대학 의학사 연구소 연구원으로 재직중이다.

주요 논문으로 「1968~1980년 샤리테 병원 신경과에서 이루어진 '비사회성'에 대한 형사법적 감정Die strafrechtliche Begutachtung von "Asozialität" an der Charité-Nervenklinik 1968~1980」(2023) 등이 있으며, 주요 저서로 폴커 헤스(Volker Hess)와 함께 편집한 『의학적 감정서: 근대적 실천의 역사Medizinisches Gutachten: Geschichte einer neuzeitlichen Praxis』(2017), 베티나 히처(Bettina Hitzer)와 함께 편집한 『다른 의학을 찾아서: 20세기의 정신신체의학Auf der Suche nach einer anderen Medizin: Psychosomatik im 20. Jahrhundert』(2019) 등이 있다.

하보 크노흐 Habbo Knoch

괴팅겐, 빌레펠트, 예루살렘 히브리대학교, 옥스퍼드 세인트 캐서린 칼리지에서 역사학, 철학, 정치학을 전공했으며, 괴팅겐대학교에서 박사학위와 교수자격을 취득했다. 쾰른대학교 근현대사 전공 교수를 역임했다.

대표 저서로 『이미지로 재현된 범죄: 독일의 기억문화 속 홀로코스트 사진들Die Tat als Bild: Fotografien des Holocaust in der deutschen Erinnerungskultur』(2001) 『그랜드호텔: 1900년경 뉴욕, 런던, 베를린의 럭셔리 공간과 사회변동Grandhotels: Luxusräume und Gesellschaftswandel in New York, London und Berlin um 1900』(2016) 『존엄의 이름으로: 독일의 한 역사Im Namen der Würde: Eine deutsche Geschichte』(2023) 등이 있다.

옮긴이

이노은

서울대학교 인문대학 독어독문학과와 동 대학원을 졸업하고 독일 킬대학에서 박사학위를 받았다. 현재 인천대학교 독어독문학과 교수로 재직중이다.

주요 논문으로 「헤르만 헤세의 『데미안』에 그려진 근대의 위기와 대안적 세계관」「안나 제거스의 소설 『통과비자』와 크리스티안 페촐트의 영화 〈트랜짓〉 비교 연구」「슈테판 츠바이크의 『초조한 마음』 연구」 등이 있다. 옮긴 책으로는 『데미안』『크눌프』『어머니의 연인』『아버지의 책』『현혹』 등이 있고, 지은 책으로는 『머릿속의 장벽』(공저)『변화를 통한 접근』(공저) 등이 있다.

이재원

서울대학교 인문대학 독어독문학과에서 학사, 석사, 박사학위를 취득했다. 현재 아주대학교에서 특임교수로 재직중이며 글쓰기를 가르치고 있다.

주요 논문으로 「대학생 인성교육의 관점에서 본 헤세의 소설 『데미안』」「우베 욘존의 『아힘에 관한 세 번째 책』 연구」「동독의 기억문화」「가족사에 나타난 전후 독일의 세대 기억」 등이 있다. 저서로 『독일, 민족, 그리고 신화』(2015, 공저)『독일 통일과 여성』(2012, 공저) 등이 있고, 역서로 『모성애의 발명』(2014)『장거리 사랑』(2012, 공역) 등이 있다.

INU 번역 총서 이어(異語)

번역 총서 이어는 서로 다른 언어들을 이어주고 연결해주는 인천대 인문학연구소의 새로운 번역 프로젝트이다. 본 프로젝트를 통해 여러 언어로 된 텍스트들이 학인들 사이를 경계 없이 유동하면서 자유와 해방의 기획으로 거듭나기를 기대해본다.

근대의 장소들

19세기와 20세기의 경험세계

초판 1쇄 인쇄 2026년 1월 26일
초판 1쇄 발행 2026년 2월 6일

지은이 알렉사 가이스트회벨 외
옮긴이 이노은 이재원

편집 박민애 이고호 | 디자인 김문비 | 마케팅 김다정 박재원
브랜딩 함유지 김은솔 박민재 이송이 박다솔 조다현 김하연 이준희 신은서
저작권 박지영 형소진 주은수 오서영 조경은
제작 강신은 김동욱 이순호 | 제작처 천광인쇄사

펴낸곳 ㈜교유당 | 펴낸이 신정민
출판등록 2019년 5월 24일 제406-2019-000052호

주소 10881 경기도 파주시 회동길 210
전화 031.955.8891(마케팅) | 031.955.2680(편집) | 031.955.8855(팩스)
전자우편 gyoyudang@munhak.com

홈페이지 www.gyoyudang.com
인스타그램 gyoyu_books | 트위터 gyoyu_books | 페이스북 gyoyubooks

ISBN 979-11-24128-37-4 93900

* 교유서가는 ㈜교유당의 인문 브랜드입니다.